天府古镇羊皮书

《天府古镇羊皮书》编辑委员会 编撰

任桂园 主编

四川出版集团
巴蜀书社

《天府古镇羊皮书》编辑委员会

主　　任　袁　辉

副 主 任　任桂园　钟先进　李世庆

编委会成员　（按姓氏笔画为序）

　　　　　　王　林　孔祥伟　邓　宇　邓　蔚　龙玉祥　付大成
　　　　　　吕　奇　任洪涛　任桂园　朱　锦　朱文明　刘　东
　　　　　　刘忠平　刘刚毅　刘嘉聪　庄光才　孙　彬　杜　甾
　　　　　　杜鸿雁　李　珂　李世庆　李汝钊　李建军　杨　斌
　　　　　　杨建伟　严永聪　吴世国　何　弢　何君成　宋德勋
　　　　　　陈　音　陈大林　林先明　欧泽春　周世刚　周启双
　　　　　　周晓华　柳光华　胡代国　赵　宇　钟先进　侯　超
　　　　　　姜德尧　袁　辉　唐光炼　高天成　曹映友　黄蓉生
　　　　　　梁　伟　谢　东　廖先贵　廖维忠

主　　编　任桂园

副 主 编　李世庆　杜鸿雁

图片增摄　严永聪

总目录 ZONG MULU

序 /004
凡例 /008
前言 /010
天府古镇方位示意图 /032
天府古镇交通示意图 /034

 天府古镇分目

1 龙泉驿区洛带镇 /036
2 青白江区城厢镇 /064
3 新都区新都镇 /090
4 新都区新繁镇 /114
5 温江区寿安镇 /140
6 彭州市白鹿镇 /156
7 彭州市新兴镇 /176
8 彭州市小鱼洞镇 /198
9 邛崃市平乐镇（内含"花楸村"） /214
10 邛崃市临邛镇 /244
11 邛崃市茶园镇 /266
12 邛崃市火井镇 /282
13 邛崃市大同镇 /304
14 崇州市崇阳镇 /320
15 崇州市怀远镇 /342
16 崇州市街子镇 /364
17 崇州市元通镇 /386
18 金堂县五凤镇 /412
19 金堂县土桥镇 /430
20 双流县黄龙溪镇 /442
21 郫县唐昌镇 /470
22 大邑县安仁镇 /492
23 大邑县新场镇 /514
24 蒲江县西来镇 /540
25 新津县永商镇 /562
26 尚合、伏虎二村与连二里市 /586

后 记 /598

序 XU

成都市人民政府副市长 刘仆

　　成都作为国务院首批公布的24座历史文化名城之一，迄今已有4500年以上的文明史和2300多年的建城史。悠悠岷江之水的无私浇灌，世世代代成都人的辛勤耕耘，把它铸就成一个沃野千里的天府之国。历史悠久、人文荟萃、风光旖旎的天府古镇如同珍珠镶嵌在田园之中。在成都平原上，我们会在不经意间拾到一枚长满老年斑的古钱币或是一块破碎的陶片，这些尤物默默地向我们诉说着天府之国辉煌灿烂的历史。

　　与江南古镇、滇黔古镇、湖广古镇相比，天府古镇有其鲜明的川西平原特点。

　　古代的成都交通发达，商贾云集。著名的南方丝绸之路就是一条从成都出发，南下云南，经缅甸、通印度的陆上贸易通道，邛崃市平乐镇和茶园古镇仍存有茶马古道的遗迹；

"五凤一张帆,成都半城盐",金堂县五凤镇、崇州市元通镇、双流县黄龙溪镇,是古代著名的水码头,其丰富遗存仍可想见当年千帆竞发、百舸争流的热闹场景。成都漆器从战国到汉代即负盛名,远漂海外;汉晋时期,织锦工艺发达,蜀锦风靡天下;唐宋时期的造纸术为全国高峰,"益州麻纸"驰名神州;北宋时期成都印刷的"交子"是世界上最早的纸币。天府古镇人才辈出、名垂青史,文君井、陆游祠、升庵桂湖至今仍让人流连忘返。在富足殷实的天府古镇,"美酒成都堪送老,当垆仍是卓文君"——川菜美味源远流长、闻名遐迩,成都小吃琳琅满目、物美价廉,天府火锅麻辣浓烈、香飘万里,古镇老酒香浓无比、勾人魂魄,成都茗茶溢播典籍、涤荡心胸。

"万派春渠交陆海,一江雪浪就三峨",正是都江堰水利工程的修建,构成了水资源丰富的灌溉系统,使成都平原从此沃野千里,水旱从人,不知饥馑。汉唐时期,舟船可东下长江,直通东吴,"门泊东吴万里船"就是当时的真实写照。城厢镇的彭家珍专祠、安仁镇的刘氏庄园、黄龙溪镇的一街三庙、新繁镇的龙藏寺、永商镇的观音寺等,每一处文物古迹都是一段珍贵的历史,它诉说着的每一个故事,都是天府古镇形成和发展的见证。

"锦城花月下,才子定忘归",在天府古镇,我们总会碰到热情幽默的成都人,雅兴便如春水方生。天府古镇自古就具有不排外、纳百川、善吸收、勇于创新的开放品格。张仪定蜀之后,筑成都"与咸阳同制",并对蜀地"移民万家以实之"(见《华阳国志》），再其后，秦灭六国，则迁徙当地豪强（指工商业大户）入蜀，给成都带来了关东六国的先进文化和先进技术；清代"湖广填四川"，促进了经济、文化、风俗的交流和融通，川剧、曲艺、川菜、小吃等，都是聚集各地之精华而又有成都特色的文化；新中国成立以来，成都又因其得天独厚的自然条件、气候条件和以人为本的创业环境，吸引了大量科技、经济、文化人才，使天府古镇始终充满活力。4000多年来，长于学习、善于吸收，成为天府古镇的显著特征之一，游走于天府古镇，我们大可"有花即入门，莫问主人谁"。

我们认识到天府古镇的历史特征是千百年来不断的人文创造才得以形成，它有如原始森林，过往不复，去不再来。天府古镇保护工作被市委、市政府提上重要议事日程，把发掘、保护历史文化遗产与小城镇现代化建设结合起来，把保护古镇历史文化风貌与体现时代特色结合起来，把古镇建设与田园风光和生态环境建设结合起来，做了大量卓有成效的工作。成都在全面完成城镇总体规划的基础上，16个国家级和省级历史文化名镇和部分市级历史文化名镇完成了历史文化名镇保护规划，部分古镇还完成了控制性详细规划、文化产业发展规划编制，为古镇保护和开发利用明确了方向。成都坚持因地制宜、择优申报、重在引导、稳步推进的原则，积极宣传引导文物古迹保护较好、旅游资源富集的古镇（村）申报省级以上历史文化名镇（村）。2009年12月，市政府命名温江区永盛镇尚合村和崇州市羊马镇伏虎村为成都市历史文化名村；今年，又将彭州市新兴镇和邛崃市大同乡命名为成都市历史文化名镇。针对少数古镇因过度开发而丧失特色的问题，市委、市政府加大了对历史文化名镇保护建设的力度。市委、市政府将洛带、平乐、街子等历史文化名镇纳入我市34个重点镇范围，同时把新繁、安仁等历史文化名镇纳入优先发展重点镇，在政策、资金投入等方面予以重点考虑。组建文化旅游投资公司对部分历史文化名镇进行投资建设，各级政府财政性资金投入古镇基础设施建设的力度

也不断加大；同时，还积极引导历史文化古镇走经营城市的路子，采用市场机制，大力吸引社会资金进入古镇保护建设领域，使古镇基础设施和公共配套设施逐渐完善，环境和面貌明显好转。在"5·12"大地震灾后城乡住房重建工作中，我们结合地形地貌、古镇资源和产业发展进行规划设计，优化空间布局，力求每个聚落建筑形态各异，甚至每家每户各具特色。都江堰市对青城山泰安古镇再次进行恢复性重建；彭州市新兴镇重现了"海窝子"历史古镇风貌；白鹿镇在重建中尊重百年天主教堂的历史渊源，促进了人文自然的和谐；崇州市着力对街子古镇和"鸡冠山旅游产业发展走廊"、白塔湖风景区进行开发性重建，推动了旅游业恢复发展。

提高历史文化名镇保护建设水平的途径之一就是认真做好符合实际的总结。正是基于这样良好的愿望，在成都市城乡建设委员会的倡导和组织下，全市村镇建设战线上的同志们在长期探索实践的基础上，又集中两年的时间，深入天府古镇采集第一手资料，细心研读浩如烟海的史料；尤其是主编任桂园教授和副主编李世庆、杜鸿雁同志，栉风沐雨、亲力亲为、青灯黄卷、披沙拣金，终于编纂成了《天府古镇羊皮书》。这是第一本系统研究、推介成都古镇的专著。期望这部著作既可为当地党委、政府和参与古镇保护的设计师、建筑师提供一些借鉴和参考；也能激发起企业家和社会各界有识之士投身保护古镇的兴趣；还可以吸引更多的游客到天府古镇走一走、看一看，陶冶情操、愉悦身心。正因如此，成都市村镇建设战线上的同志们做了一项很有意义的工作，值得肯定和尊重。

为了成都更加美好的今天和明天，我们将继续前行。我认为，只要我们遵照"保护为主、合理利用、加强监管、协调发展"的方针，加强宣传指导，提高各级各部门对历史文化名镇保护利用重要意义的认识，促进社会各界进一步发掘、保护天府古镇的传统文化、自然环境、田园景观等特色资源，天府古镇就一定能古树绽新绿，在成都建设世界现代田园城市的进程中发挥更大的推动作用。

凡 例 FAN LI

一、本书所述"天府古镇"为成都市域内的历史文化名镇（包括历史文化名村）。各古镇所属级别，在《天府古镇方位示意图》"图例"中加以注明，并在古镇各篇"引言"中具体说明。

二、本书由《天府古镇羊皮书》编辑委员会撰有《前言：天府古镇文化资源与保护开发综论》一文，对本书所述历史文化名镇进行综合性论述，以期帮助广大读者和游客对目前成都市域内的历史文化名镇有一个全面而系统的了解。

三、古镇各篇内容由"引言"、"历史沿革"、"文化积淀"、"旅游巡览"、"出行指南"等五个部分组成，内容前后呼应，形成整体；根据具体情况，另有部分古镇设有"保护与开发"的专项介绍，亦与前文内容紧相呼应。

四、"旅游巡览"一项，均由"自然与人文景观"、"风味小吃"、"地方特产"、"民俗风情"、"游览路线"、"客舍旅馆"等内容构成；但根据各古镇的具体情况在相关内容上有所增减，在述说的次序上亦适当作出调整。

五、本书中凡涉及目前学术界尚无定论的历史话题，皆认定其中一种切近相关古镇的见解进行必要的阐说，不作争论性探讨。凡属民间传说者，皆在行文中明确说明。

六、古镇各篇均配置有大量图片，采用图文穿插的方式排列。在各篇"题头图片"中以标识符号（诸如◎、●、○、◇、

⊙等）和相关文字注明"图片提供者"，同时在文中所配各幅具体图片的图题后加上标识符号。总目、序、前言、凡例、后记以及古镇方位示意图中所用图片，均选自各古镇篇中，故不重复标注。

七、各镇原提供的图片中，凡提供了拍摄者姓名的图片，均在图题后注明；但由于一些摄影者当初在将照片留给当地政府时未将姓名留下，或因时间相隔太久而无法具体确认，故此类图片一律以该镇人民政府的名义作为"图片提供者"，同时企望相关摄影者能及时与各镇政府联系，待修订再版时补上。

八、本书所涉及的内容，基本上以截止到2010年年底由各镇政府提供和实地采访拍摄搜集到的图文资料作为编撰依据；但仍有少部分图文资料为2010年底至2011年8月期间增补的内容。

九、古镇各篇正文之后，皆列有"主要参考文献"，正文中所引资料皆能在其中找到相应的书名或篇名、作者或编者以及版本等方面的介绍。

十、古镇各篇原基本图文资料提供单位均在"主要参考文献"之后注明，凡提供了收集者或收集整理者姓名的，亦加以注明。

十一、书中僻字以"汉语拼音"方式加上注音；古籍引文或行文中如有词条需加解释或说明，或引文需提示出处，皆以括号（）的形式将其内容置于该词条或引文之后。

天府古镇文化资源与保护开发综论（前言）

《天府古镇羊皮书》编辑委员会

本书将成都市25个历史文化名镇（另加3个历史文化名村）统称为"天府古镇"，是基于其共同的地域特性和各具风采魅力的历史文化而定。自20世纪90年代以来，在市委、市政府及相关领导部门的直接指导之下，"天府古镇"走过了一条极不平凡的道路。从抢救性的保护到实施"名镇之路"战略，再到"整体保护和统筹开发"，直到今天有机地融入"世界现代田园城市"的建设规划中，其间，虽经历了"5·12"汶川大地震的严峻考验，但如今的"天府古镇"却已蔚然而成大观。为让广大读者和游客在翻阅本书各镇具体内容之前，对"天府古镇"的历史文化与保护开发等内容有一个较为系统的了解，故先就这些问题进行综合性的论述。

一、成都平原称"天府"，由来已久

自李冰父子修建都江堰水利工程之后，广袤的成都平原即成为了一片河渠纵横、田地膏腴、物产富饶、人文荟萃之域，故晋代常璩《华阳国志·蜀志》（卷三）记载说："于是蜀沃野千里，号为'陆海'。旱则引水浸润，雨则杜塞水门，故记曰：水旱从人，不知饥馑，时无荒年，天下谓之天府也。"文中所谓"故记"，乃指"古书"所记，这说明在常璩之前，成都平原已有"天府"之称。

其实"天府"一词，本为周王朝"掌祖庙之守藏与其禁令"之官名，《周礼》曰："凡国之玉镇、大宝器藏焉，若有大祭、大丧，则出而陈之，既事，藏之。"故"天府"亦称朝廷藏物之府库（《周礼注疏·

春官·天府》卷二十）。至于以"天府"作为"土地肥沃、物产富饶之域"的美称，则始见于《战国策》。战国时期纵横家苏秦前后游说秦惠王和燕文侯时，称秦国和燕国之地均为"天府"。但到了秦汉之际，见诸史籍称"天府"者，乃是指函谷关以西的关中地区，此即战国末秦之故地也。

及至东汉时期，蜀地物产之富饶，实际上却已超过关中。东汉初班固所作《两都赋·西都赋》中，谓关中"郊野之富，号为近蜀"，即可证之。而史载第一次专称蜀地为"天府"者，则出自诸葛亮的《隆中对》。诸葛亮对刘备讲道："益州险塞，沃野千里，天府之土。"（陈寿撰：《蜀志·诸葛亮传》卷五）但真正称得上"天府之土"者，则如常璩所言，当指广袤的成都平原。自常璩以后，成都平原美称"天府"，即多见于前人诗文著述之中。

正由于此，2007年成都市城乡建设委员会在实施"名镇之路"和"统筹发展"之际，即明确地将成都市域内的历史文化名镇统称为"天府古镇"。而本书亦以"天府古镇"之名来述说当今中国西南大都会成都市全域内的历史文化名镇，则顺理成章。

二、古镇地域话沧桑，千古一脉

■ 古蜀文明的早期记忆

在当今成都全域，25个历史文化名镇和3个市级历史文化名村布列于主城区四周，犹若闪烁的群星，千百年来，一直映射出西蜀大地的无穷魅力；又如一颗颗璀璨的明珠，更装点出当今成都的惊世美丽。

李白《蜀道难》诗中云："蚕丛及鱼凫，开国何茫然。尔来四万八千岁，不与秦塞通人烟。"说蚕丛及鱼凫开国已有48000年，那是诗人的夸张浪漫之说，并非确数。但在古蜀国的历史上，确实存在过蚕丛、柏灌、鱼凫、杜宇、开明五代蜀王。五代蜀王，并非指五位蜀王，而是指各自延续数百年的五个不同的历史时段。最早的蚕丛时代，大致已到殷商时期。而在此历史时段中，本书中所说的一些古镇所在地，则早于成都聚邑筑城之前，已成为古蜀先民渔猎耕耘与繁衍生息的乐土。

宋代罗泌所撰《路史前纪》云："蚕丛纵目，王瞿上。"（《路史·前纪·蜀山氏》卷四）据著名的上古史专家任乃强先生考订，所谓"瞿上"，即在今彭州市新兴古镇（海窝子）。常璩《华阳国志·蜀志》载："鱼凫王田于湔山"，所谓"湔山"，即在今彭州市海窝子至小鱼洞古镇一带。这说明其后鱼凫王亦曾在此一带从事过打猎乃至军事等活动。而历代史籍虽然对"柏灌王"记载甚略，但位于成都

西部的温江区寿安古镇，柏灌王墓与鱼凫王墓以及鱼凫王妃墓至今遗址尚存，默默地保存着3000多年前殷商时期古蜀文明的历史记忆。

而位于郫县北部的唐昌古镇所在地，早在3100年前的西周初年，已属古蜀国杜宇王朝辖地。据《华阳国志·蜀志》记载："（鱼凫）后有王曰杜宇，教民务农，一号杜主……移治郫邑，或治瞿上"，"号曰望帝"。杜宇"教民务农"，说明杜宇族属早已完成了从渔猎文化到农耕文化的转变，进入到稻作农业的高级阶段。其教民务农的务实精神，使之得到了蜀民的拥戴，故能取鱼凫而代之，号"望帝"，称王于蜀。唐昌是地，则成为杜宇时代最早进入稻作农业高级阶段的地区。

大约到了春秋中期（周襄王时代），望帝以楚人开明为相，据《华阳国志·蜀志》记载："会有水灾，其相决玉垒山以除水害，帝遂委以政事，法尧、舜禅授之义，遂禅位于开明……开明位立，号曰丛帝。"开明王朝建立之后，曾将都城由郫邑南迁至今新都区军屯镇静平村高地进行营建，为区别于杜宇所营造的旧都郫邑，新建都邑名"新都"。这表明今日之新都，早在古蜀国开明王朝时期即已得名。其后不久都城又再度南移，定都于广都樊乡（今双流县境内）。及至五世开明尚，"始去帝号，复称王"，其都城方自梦郭（即樊乡）徙至成都。此即成都建城之始，开明王朝亦由此进入了它的鼎盛时期。

开明王朝"王蜀十二世"（约为前666—前316）。但其末代时期，却已处在北面秦国的威逼之下。

据《华阳国志·蜀志》记载："周慎王五年（前316）秋，秦大夫张仪、司马错、都尉墨等从石牛道伐蜀。蜀王自于葭萌（广元老昭化）拒之，败绩。王遁走，至武阳，为秦军所害。其傅、相及太子退至逢（péng 彭）乡，死于白鹿山，开明氏遂亡。"今之双流县黄龙溪古镇，即古之武阳属地，凭借其天然的地理优势，自当成为战败而逃的末代蜀王最后据守之地。逃至武阳的蜀王被杀害之后，秦军乘胜追击，蜀太子及蜀国太傅、丞相等率残部再逃至逢乡，死于白鹿山。白鹿一战，成为了古蜀国开明王朝在历史舞台上的千古绝唱。这一段史实，表明今日之双流县黄龙溪古镇与彭州市白鹿古镇所在地，早在2300多年前，已经掀开了其历史记载的第一页。古镇之古，名不虚传！

由上述可知，彭州海窝子和小鱼洞、温江寿安、郫县唐昌、新都区新都以及双流县黄龙溪、彭州白鹿等古镇所在地，与古蜀文明的发展演变有着十分紧密的联系。我们甚至可以说，是它们勾画出了远古时期成都地区的发展轮廓，是它们搭建起了今日成都与古蜀文明对话的桥梁。模糊的史影在此渐次变得清晰，尘封已久的古老历史亦由此而撩起了神秘的面纱。对此有兴趣的读者诸君，不妨再翻看一下正文中对这些

古镇的"历史沿革"或"文化积淀"的阐述与说明。同时亦求证于大方之家,企望得到赐教。

■ **古镇历史沿革综述**

古蜀国为秦军灭亡之后,于秦惠文王更元十一年(前314)被置为蜀郡。蜀郡临邛、成都、郫县所在三地,因土地肥沃、地当要冲,出于政治和军事需要,故于更元十四年(前311),秦惠文王即派大夫张仪、蜀守张若主持修建三城。蜀郡治所,置于成都。而今之邛崃市临邛镇核心区,亦即当年所筑城池之地;其城址历2300多年不变,临邛古镇,实乃古城!汉袭秦制。据《汉书》卷二十八记载:西汉时期,蜀郡所辖地域甚宽,计有成都、郫、繁、广都、临邛、青衣、江原、严道、绵虒、旄牛、徙、湔氐道、汶江、广柔、蚕陵等十五县。而本书所述各古镇所在地,在秦汉时期,实际上均已纳入蜀郡范围之中。自此以后,虽世事沧桑,行政区划多有变故,但其归属大体不离秦汉时期所置蜀郡范围。

在漫长的历史岁月中,一些古镇曾先后成为郡、州、军、府、县、市治所之地。

诸如:新都区新都镇,自秦惠文王于成都置蜀郡之后,该地即置为新都县城所在地,故常璩说:"蜀以成都、广都、新都为三都,号名城。"新都区新繁镇(原名"繁江镇"),自三国时期蜀汉延熙十年(247)得名"新繁"始,直至1965年7月撤销并入新都,该镇置为县城亦长达1700多年之久。

邛崃市临邛镇,自秦惠文王更元十四年建城之后直至今日,先后曾为州、郡、县、市治所之地,其历史尤为悠远。邛崃市火井古镇,自隋大业十二年(616)置县,至元世祖至元二十一年(1284)撤销建制、并入邛州,该处置为县城,曾有668年的历史。邛崃市平乐古镇,自北宋开宝三年(970)至至道三年(997),亦曾一度成为火井县治。

崇州市崇阳镇,自西汉初年(前206)该地置为江原县开始,迄至今日,先后曾为郡、州、军、府、县、市治地,前后已有2200多年的悠久历史。崇州市怀远镇,在1700多年前的西晋时代已开始建县,曾先后成为郡、县治地,直至北周时期,前后历时250年时间。崇州市街子镇,自(孟)蜀广政十六年(953)至元世祖至元二十年(1283)的330年时间内,亦曾为永康县治所之地。

蒲江县西来镇所在地,自西魏恭帝二年(555)置为临溪县始,直至北宋神宗熙宁五年(1072),前后共有517年的置县史。

大邑安仁镇,自唐武德三年(620)置为安仁县,至元代初年(1271)撤销,作为县城所在地,计有650年左右的历史。

郫县唐昌镇,自唐代仪凤二年(677)迄至1958年,尽管县名多有变更,唐昌是地置为县治,前后

共有1280年的历史。

青白江区城厢镇，自北宋乾德六年（964）直至1950年，曾置为金堂县治，亦有890余年的县城建置史。

上述这些古镇，其中不少倒不如说是古城。在自秦以后的历朝各代，它们不仅是其中某一历史时段当地政治、军事与经济、文化的中心，而且与身为蜀中首府的成都一直有着千丝万缕的紧密联系。这些古城或古镇，见证着成都地区近3000年的沧桑变化，连接起不同时代的历史脉络，其深厚的历史文化积淀尤显得非同一般。至于各古镇沿革变迁的具体内容，本书各篇中均有较为详明的述说，在此不作赘述。

值得注意的是，自明清时代"湖广填四川"的移民运动兴起之后，不少古镇均得以重建，故遗留下来的城镇建筑多为明清风格，譬如龙泉驿区洛带古镇、崇州市元通古镇、邛崃市茶园古镇、双流县黄龙溪古镇，以及上述曾为县城的众多古镇。还有一些古镇此后方始聚落成镇，诸如：温江区寿安古镇、彭州市白鹿古镇、新兴古镇和小鱼洞古镇、邛崃市大同古镇、金堂县五凤古镇和土桥古镇、大邑县新场古镇、新津县永商古镇等。这些古镇建筑保留着明、清风格自当不言而喻，但如果深究其发展演变的过往历史，其保存下来的各类文化遗址与遗存，又会将人们的视线引向更为遥远的古代时期。

三、文化资源呈异彩，积淀深厚

"文化"一词，应该是一个含义非常广泛的名词，它既包括人类的意识形态、思维形式、宗教信仰、心理特征以及价值观念、道德标准等，又包括人们对衣食住行、婚丧娶嫁、生老病死和家庭生活、社会生活等方面的态度，以及由此而生的种种表现形式；也包括人类通过后天学习掌握的各种知识和技巧，以及相应而生的形形色色的纯精神产品；又包括运用各种思想、知识和技巧创造出来的物质文明，即千姿百态的精神物化产品。我们所给的这种定义，实际上已具有"广义文化"的性质。

天府古镇文化，即具有上述"广义文化"的性质。但由于其发展演变的历史已有数千年之久，故在文化的累积与进步上，特别显得深厚而多彩。自新中国成立以来，虽曾惨遭"十年浩劫"，一些乡镇的古代文化遗存受到损毁，但改革开放以后，在各级领导部门的重视下，又得到了全面的修复和保护。近年来，随着旅游业的蓬勃兴起，天府各古镇，更是凭借其悠久的历史传承和厚重的文化积淀而大放异彩。总览天府古镇，不仅古蜀文化、秦汉文化、唐宋文化、明清文化等等历史文化留有鲜明的印迹，而且显现蜀地先民的思想观念、宗教信仰、生活方式与认知能力的民俗文化，亦在今日之天府古镇得到深

入的发掘。有形的古代城垣、民居建筑、宗祠、书院、寺庙、宫观、码头、街巷、茶楼、酒肆、道路、桥梁以及随处可见的古树名木，均无不以物质的形态呈现出文化的厚重；而传承已久的民间歌谣、民间灯舞、戏曲坐唱、传统工艺、农事节庆、交易方式等等，更是以非物质的形态，留下了一笔笔宝贵的文化遗产。谈及今日之天府古镇文化，真可谓异彩纷呈，令人目不暇接！为便于读者诸君对此有一个较为清晰的了解，下面特分项概括论之。

■ 历史久远的古蜀文化

早在4000多年的新石器时期，在一些古镇所在地，已有先民生活留下的痕迹。在西来古镇等地出土的古人类磨制的石斧、石锛以及陶器残片等考古资料可资证明。至于前文所说天府古镇在"五代蜀王"时期显露出来历史痕迹，亦并不仅仅见于古籍所载和当今学者的推论，也不仅见于寿安古镇有柏灌王墓与鱼凫王墓及鱼凫王妃墓遗址。从1980年春对新都"战国木椁墓遗址"进行发掘和清理的情况看，其安葬的规模与出土的众多器物，已显露出该地曾为开明时期王室成员或王公贵族的安葬之地，这从一个侧面印证了"古蜀国开明王朝曾南迁至新都北部高地营建都邑"之说并非虚语。而保存在西来古镇的巨大楠木船棺，连同一起出土的极其丰富而珍贵的随葬物品，以及平乐古镇"阁镇子遗址"所发现的春秋战国时期的空首布、平首布两类古钱币，均说明早在远古时期，古蜀文化在一些古镇所在地已得到播化。与此同时，在诸如新兴（海窝子）、小鱼洞等古镇，不少流传至今的古老的民间传说，亦从一个侧面显现出古蜀文化的传承。古籍所载、学者推论与考古文化出土的实物资料以及古老的民间传说交织在一起，实际上告知人们，历史久远的古蜀文化，在新石器时代晚期至春秋战国时代，经由蜀地先民的交往联系——诸如商业交易、战争、迁徙等——已在一些古镇所在地传播开来。而在今日天府古镇旅游文化的深度开发之中，古蜀文化的吉光片羽，更是弥足珍贵，除了展示考古遗址与出土文物以吸引游人的眼球外，更多的则是以一种文化符号的形式融入到当今的古镇旅游文化之中，显现出独特的文化魅力。

■ 传承数千年的农耕文化

天府各古镇所在地，自"杜宇教民务农"以后，一直凭借其丰富的水资源，以从事稻作农业为主。但随着社会的发展、时代的进步，农产品和农副产品的品种、数量均越来越丰盛，几乎各处均有自己独特的农产品和农副产品品种，以至成都地区能专擅"天府"美名达1800年左右时间而至今日。而以农事活动为中心的文化事象亦越来越繁多，其中一些内容则以物化的形式保存至今。譬如平乐古镇天工应物风情园，无论农家小院、耕夫土屋，抑或榨油作坊、酿酒作坊，皆以完整的古老设施再现出农耕岁月的种种特色。又如黄龙溪古镇的陈家水碾和位于连二里市近处的黄家水碾、赵家水碾等老碾，亦以实物遗存的形式，保留着农耕文化的过往记忆。而不少古镇保存完好的"字库塔"，其所蕴涵的"敬惜字纸、耕读传家"的文化意义，则使传统的农耕文化得到了不同寻常的升华。至于阡陌交通、水渠纵横、林盘簇拥、泻绿铺翠的田园风光，则在天府各古镇四周举目可见！这些物质形态的呈现，实际上蕴涵着古镇民众的心理特征与认知能力，价值观念与创新智慧，以及不断追求完美的勇气和与自然和谐共生的生存理念，千百年来，一脉相承，构成了我们所说的农耕文化的本质特征。这种农耕文化，同时又以种种非物质的文化形态显现在天府古镇的民俗事象中，诸如农时节令、歌谣号子以及岁时习俗与生活习惯等等，不少内容咸与民俗文化的种种事象相与重合，一些内容更成为了宝贵的非物质文化遗产而为世人瞩目，成为了今日天府古镇旅游开发中至为珍贵的文化资源。

■ 丰富多彩的民俗文化

我们所说的民俗文化，是指在漫长的历史发展过程中逐渐形成、反复出现并代代相习的种种生活文化事象的总和。这种文化既包括在民众中传承的物质生活文化，如衣食住行习俗，生产交易习俗；亦包括民众中传承的社会生活文化，如婚丧礼仪习俗；同时还包括民众传统的思维方式、心理习惯，如民间信仰、岁时节日习俗，以及民间传承的各种语言艺术、游艺竞技习俗等等。但值得注意的是，这种传统文化并非一成不变，随着历史的发展，往往呈现出阶段性的进化；而在一次次的"上教下化"的过程之中，又总是能在内容和形式上发生一些变化，有些甚至会被彻底地摒弃，出现质的飞跃，这便是我们所说的"移风易俗"。

在今日之天府各古镇，不少古老的民俗文化事象仍在顽强地显现出它鲜活的生命力。诸如：各古镇长盛不衰的赶场习俗，各种庙会期间敬神祈福、焚香礼佛、劝善放生习俗，岁时农节的各种祝福习俗，传统"九大碗"的宴会习俗，以及保留至今的大邑安仁特有的"以物易物"的古老交易习俗等等，均无不透射出丰富多彩的川西民俗文化的传统特色。这些民俗文化事象，与前面我们所说的"农耕文化"既有部分重合，同时又是它的延伸和扩展。至于各种节日喜庆活动，其民间文艺的表现形式，更是绚烂多姿，令人目不暇接。龙灯、狮舞、牛儿灯、幺妹灯、打连箫、打腰鼓、踩高跷、说圣谕、讲评书、坝坝戏曲表演、玩友川剧坐唱、元宵张灯猜谜、端午龙舟竞渡……这些传承千百年的民间文艺活动，在今日之大都市，早已难得一见，甚至已被遗忘，但它们却活跃在古镇的节日喜庆活动之中。尽管其形式多有雷同，但由于其自然环境与人文环境的差异，其说唱内容又有所不同。这里值得特别一提的是，在龙

灯、狮舞一项上，洛带的"刘家火龙舞"与"水龙舞"、黄龙溪的"火龙灯舞"，以及金堂土桥的"高台狮子舞"等，不仅技艺高超，而且其文化内涵亦特别深厚。而在"龙舟竞渡"一项上，又当数永商所在的新津南河最具规模与特色。凭借其宽阔的水域，通过引进国际名校赛艇赛等方式，把"龙舟竞渡"这一传统的民俗文化，传扬到了全世界。

至于世代流传在各古镇的民间歌谣、劳动号子以及神话故事、歇后语等等，虽然一些内容与前面我们所说的农耕文化重合，但更多的却是从不同的侧面以说唱的形式反映出当地民俗文化的种种事象。诸如平乐的"竹麻号子"、五凤的"沱江号子"、黄龙溪的"府河号子"、火井的"山歌子"等。而新兴古镇、新场古镇等地一些与自然景观紧密相连的神话故事与民间传说，又充分表现出当地民众传统的思维方式与美好心愿，亦从一个侧面反映出当地民俗文化的不同特征。

在古镇众多民俗事象中，这里还有必要特别说说婚俗。人类繁衍，生生不息。传承千百年的婚姻习俗，则为人类生命的延续提供了充分的文化保证。在川西各古镇，古老的婚俗大同小异，惟有洛带客家人的婚姻习俗，既保留有中原民俗文化的基因，又掺杂有粤、赣、闽等地区的一系列地方性仪礼法则，所以，其风格显得尤为热辣而繁琐，文化内涵亦特别绚丽而丰厚。但需注意的是，随着社会的进步，古老婚俗中的陈旧观念与繁文缛节的程序，早已被恋爱自由、婚姻自主以及各种新的结婚形式所取代，尽管其中还可寻觅到一些古代婚俗的少许因子，但完整而成套的古代婚俗的程式礼仪早已难得一见。对此有兴趣者不妨翻翻本书《龙泉驿区洛带镇》和《大邑县安仁镇》等篇中的相关内容，再到这两个古镇上去观摩或亲身参与一次"传统婚庆表演"，痛痛快快地体验体验，自会从中感悟到不同一般的古镇民俗文化之特色。

上述内容，在本书各古镇《旅游巡览》一章中，均有较为详细的阐说与介绍，读者诸君自可进一步深入探究。

■ **源远流长的饮食文化**

所谓饮食文化，系指人类于饮食活动中所展现的社会文化现象，它既包含有形的食料、菜品、饮料、器具，也包含无形的饮食制作技艺、饮食习俗以及与饮食有关的文学创作等。作为和人类生活最为密切的文化现象之一，饮食文化给人们提供了一个探究特定文化的切入点和平台，正如著名人类学家张光直先生所言："到达一个文化的核心的最佳途径之一就是通过它的肚子。"（张光直：《中国文化中的饮食——以人类学和历史的视角》）生活在特定地域中的人民的价值观、信仰、偏好、习俗、历史、文学等等社会文化因素，都能在饮食文化中得到相应的反映和体现。

成都地区，物产丰富，地灵人杰，自古以来，在饮与食两道的文化积淀上，均可谓源远流长。就"饮"而言，其所形成的茶文化和酒文化，在天府各古镇所在地，尤显得历史悠久而绚丽多彩。

明清之际著名的思想家顾炎武在《日知录》中讲道："自秦人取蜀而后，始有茗饮之事。"而西汉著名辞赋家王褒《僮约》中所说"武阳买茶"之事（参见《双流县黄龙溪镇·黄龙溪茶》），则说明2000多年前的汉宣帝时期，古镇黄龙溪所在地早已开始了种茶、贩茶、运茶的历史。及至唐宋时期，饮茶习俗大盛，天府古镇所在地已然成为了天下名茶与朝廷贡茶的种植、贩运之地。无论白鹿"白茶"、平乐"花楸贡茶"、火井茶、临邛"文君茶"、茶园"小叶绿茶"、怀远"枇杷茶"、街子"永康茶"、西来"临溪绿茶"，以及古人称为"黄芽"、"蝉翼"、"麦颗"、"雀舌"等等名品之散茶，千百年来，皆长盛不衰，唐宋时期，更是成为了与藏区交换马匹等军用物资的主要物品。由此而形成的"茶马古道"，则穿行于临邛、平乐、茶园、火井、大同、大邑、新场、街子、怀远、西来等各古镇所在地，并使这些古镇所在地成为了西蜀历史上一个个著名的茶叶集散中心。至于饮茶品茗的民间习俗，在天府各古镇随处可见，而众多古朴而雅致的茶馆、茶楼，以及不少环境优美的露天茶社，更把我们所说的"古镇茶文化"演绎到了极致。

历来为国人誉为玉液琼浆的酒，考古资料证明，最早开始出现于4000多年前龙山文化时期。而传说中最早酿制出酒的人则是仪狄和杜康。宋人朱肱《酒经》即记有"仪狄作酒醪，杜康作秫酒，以善酿得名"的古代传说（参见姚伟钧：《中国饮食文化探源》）。至于天府古镇所在地何时开始酿酒，暂无从细考，但从常璩《华阳国志·蜀志》"九世有开明帝，始立宗庙，以酒曰醴……"之记载，则说明在古蜀国开明王朝时期，蜀地酿酒早已兴起。而发生在2150多年前的临邛古城中一段与酒至为相关的爱情故事，则为天府古镇酒文化抹上了浓墨重彩的一笔。不但"文君当垆、相如涤器"的爱情佳话流传至今，而且临邛美酒的酿造工艺亦传承至今（参见《邛崃市临邛镇·文君酒、临邛酒》）。如果对古代酿酒工艺感兴趣，不妨去到平乐"天工应物风情园·酿酒作坊"看看，那里会让我们清楚地看到酒的整个制作流程；而作坊旁边"平乐酒肆"所供奉的酿酒祖师爷——杜康的神龛，则又会让我们进一步体味到中国酒文化的源远流长。倘若到中国博物馆小镇——大邑安仁去参观游览，可别忘了去品尝一下"刘氏庄园老酒"，其中的文化内涵则会将你对酒的注意力又引回到近代庄园文化之中。

就"食"而言，蜀中民众自古即有"好滋味、尚辛香"的传统饮食习俗（参见《华阳国志·蜀志》）。当今名扬天下的川菜风味菜肴体系，即是在这种传统饮食习俗的基础上，经千百年来不断地发展和创新而逐渐形成的。特别是在明清两代"湖广填四川"的移民运动后，来自省外的各地移民，不仅将一些新的食料（诸如辣椒等）带到蜀中，而且亦带来了他们各自不同的饮食习俗、口味爱好和烹饪技艺。在相与交融的过程中，传统风味的川菜不仅得到了发扬光大，而且更显丰富多彩。正如熊四智先生所说："所谓川菜就是以四川擅长的烹饪方法和调味方法为基础，吸收各方烹饪精华而制成的四川风味菜肴。"（《四智论食·川菜的形成发展及其特点》）

由于川菜的独特魅力，今日之成都已成为天下美食之都。而最能品尝到川菜独特风味与乡土特色的地方，却在今日之天府各古镇！天府古镇，凭借其绿色环保的生态空间与品种繁多的食材来源，自古以来，不仅是名师大厨的摇篮，而且也是各种美味佳肴的渊薮。几乎每一个古镇，都有自己独到的特色菜肴，且不说新都、新繁、崇阳、临邛等处美味大餐菜品之丰盛，即如洛带自成系列的客家菜，平乐的碗碗羊肉、竹笋烧鸡，新场的周血旺和麻油鸭，黄龙溪的焦皮肘子，怀远的豆腐帘子，五凤的"沱江仔鲢"、"凤溪羊肉汤"，街子、西来等地的老腊肉，唐昌的施鸭子、郭鸭子，海窝子的山地鸡，小鱼洞的冷水鱼，以及新津永商品类齐全的河鲜美食，均无不显现出各自的独特美味。如果在各古镇"农家乐"去吃上一顿，或参加一次"九大碗"宴席，即能品尝到当地特有的美味佳肴。至于小吃一类，在天府各古镇，更是花样繁多，且颇有地方风味。对此，本书各古镇篇中均有较为详细的介绍，有兴趣的读者和游客自可"按图索骥"，逐一品尝，定会从中感受到古镇饮食文化的博大精深。

■ **五方融合的移民文化**

所谓"移民"，一般是指从一地迁至另一地、尤其是从一国迁往另一国并且定居下来的人或人群。著名学者葛剑雄先生在其《简明中国移民史》一书中，结合中国历史上人口迁移情况，将移民界定为：具有一定数量、一定距离、在迁入地居住了一定时间的迁移人口。至于我们所说的"移民文化"，则是指因移民这种社会流动现象而使外地文化与本土文化相与融合后形成的一种新型的社会文化。这种新型的社会文化，既具有本土文化的原汁原味，又融入了外地文化的种种文化因素，而且不同时代的"移民文化"，具有各自不同的时代特点。

早在古蜀时期，所谓移民文化即在蜀中初显端倪。段渝先生在论及"蜀的起源"时讲到："早期蜀族是由成都平原先蜀文化的居民与分别来自岷江上游氐族的不同支系融合而成的。蚕丛氏早在夏代即已入蜀，与成都平原的柏濩（柏灌）一系相融合，其文化如体小扁薄的小石器在鱼凫时期仍继续传承。鱼凫氏在夏商之际入蜀，融合了蚕丛和柏濩两族，最终形成了早期的蜀族。"其后，来源于濮人居地"朱提"（汉属犍为郡）的杜宇一系，和来自荆楚属地的鳖灵一族，又先后取前古蜀王朝而代之，建立起杜宇王朝和开明王朝，各"王蜀"数百年（参见段渝：《四川通史·先秦时期》第1册）。这说明早期的古蜀文化，实际上即是一种五方融合的移民文化。本书在对寿安、新兴、小鱼洞、新都、西来、平乐等

古镇的论述与介绍中，亦有相关的内容，可资参考。

秦朝时期，更有远自山西、山东等地辗转迁徙而来的移民进入川西。据司马迁《史记·货殖列传》记载：秦破赵（其疆域包括今河北西南部、山西中部、陕西东北角，都邯郸），迁豪富入蜀。以冶铁致富的卓氏从赵匄迁居临邛，"即铁山鼓铸，运筹策，倾滇蜀之民，富至僮千人，田池射猎之乐，拟于人君。"另一位来自山东的"迁虏"程郑，"亦冶铸，贾椎髻之民，富埒卓氏，俱居临邛"。卓氏与程郑，不仅将中原先进的冶铁技术引进临邛，从而使之成为中国古代重要的冶铁基地之一，而且亦将先进的中原文化因素融入到古蜀文明之中，使临邛是地呈现出的一种新的社会文化形态。这种社会文化，不仅具有本土古蜀文化的原汁原味，而且融合了中原地区因冶铁而生的生产组织、人员管理、商业贸易等等方面先进的文化意识，以致临邛一地的冶铁工业能大成气候。西汉元狩年间（前122—前117），汉武帝在全国设置48处铁官，古临邛县，即赫然列为其中一处；而秦汉时期地属临邛县地的今蒲江西来古镇，其北面的大王面山，至今尚留存有多处古代冶铁遗址，这些史载与遗址，自可唤起人们对这段移民文化进一步的探索兴趣。

东汉建安十六年（211）和十九年（214），刘备与诸葛亮前后各率荆州兵数万，沿峡江西上，进入蜀中；221年于成都建立蜀汉政权，拉开了三国鼎立的大幕。发生在这一历史阶段的移民，虽然明显地带有军事文化的性质，但其后留存在天府古镇中的历史记忆与文化遗存，却具有巴蜀文化与中原文化、荆楚文化高度融合的特征。譬如古称"赤水"的黄龙溪，不仅因"黄龙渡清江，真龙内中藏"的奇特自然景观而成为了刘备蜀汉政权建立的舆论策源地，而且亦成为了黄龙溪古镇最早得名的缘由。又如在洛带得名的传说中，既有诸葛亮在此兴市，改原有"万福街"名为"万景街"，并建有凤仪馆、凤仪阁，以备皇后、阿斗一行小憩的历史故事，又有阿斗太子刘禅在镇上玩耍，为捉鲤鱼而不慎将玉带掉入八角井中，因而该地得名为"落带"的古老传说。又如在火井，相关古籍中又有"诸葛丞相往视之，后火转盛"的历史记载。再如怀远古镇，由于蜀汉屯兵于此，其邑聚已初具城镇规模，故自此即有"蜀门"之称。这些文化事象，均显露出了大规模的军事移民之后所形成的三国蜀汉文化的显著特征。

及至西晋惠帝太安至怀帝永嘉时期（302—313），由于战乱，关陇、秦雍土族不断南迁，形成大批流民入蜀就食，晋王朝为安置这些流民，在蜀地设置有建制无领地的侨郡、侨县。这种设置，历经东晋、刘宋、南齐、萧梁等各个时代，一直延续到西魏平蜀之后。所谓"流民"或"难民"，虽然不能等同于"移民"，但初为"流民"或"难民"，而最后却在一处进入地长期居留下来，并在此成家立业、繁衍生息，这样的"流民"和"难民"，当然也就应该归属于"移民"一类了。这一段长达250多年的

历史时期，虽然在蜀中历史上尤为混乱，但却是移民文化与本土文化再次不断融合的时期。本书《新都区新都镇》、《崇州市崇阳镇》、《崇州市怀远镇》、《彭州市白鹿镇》等篇中亦有相关文字内容可资参考。

而发生在明清时期特别是清代前期的"湖广填四川"的移民运动，更是使蜀中文化形态发生了有史以来的巨大变化。由于战火连年不断，在天府各古镇，原有场镇建筑几乎被摧毁殆尽，原住民或殁于战乱、或死于瘟疫，人口急剧锐减。正是由于"湖广填四川"的移民运动不断深入发展，外省移民大量涌入，方使天府各古镇得以复苏，渐次走向繁荣。一时间，"五方杂处，乡音各别"，呈现出标准的移民文化形态来。其中最具代表性者，当数地处成都东山的洛带古镇，本书《龙泉驿区洛带镇》篇中，已有较为详细的介绍，请君不妨一览。而一些原为小乡场的地方，自康熙初年以后，亦开始建场设镇，成为一地交通、贸易与经济、文化的中心，诸如：寿安、白鹿、新兴、小鱼洞、大同、土桥、永商等古镇，以及地跨尚合、伏虎二村的连二里市。随着外省移民不断地涌入，因战争而毁坏的古城池、古寺庙、古街、古码头等均得以恢复重建，而新建之各省会馆、宗祠、公馆、豪宅、大院、文庙、武庙、字库、戏台、茶楼、酒肆等，更是如雨后春笋般地涌现出来，既显现出不同的地方特色，又同时多具有鲜明的川西明清时代的建筑风格。雍正、乾隆时期，昆腔、高腔、胡琴、弹戏、灯戏等各地剧种同台演出，相互影响，逐渐熔为一炉，川剧由此形成。各古镇的文化生活亦由此而显得绚丽多彩，既有节日喜庆之际的连台川剧演出，又有长盛不衰的茶楼酒肆中的川剧坐唱，以致我们今日去到古镇，仍可见其踪影。至于民俗文化和饮食文化，更是将传统的本土文化与外来文化交融成一片，呈现出典型的"五方融合"的移民文化特征，对此前文已有论及，在此不再赘述。若有兴趣想追溯一下外省移民入川之足迹，本书除洛带古镇有较为集中的说明文字外，在大同古镇"文化积淀"一节中有关陶坝村的介绍、对城厢古镇陈氏宗祠和流沙河先生故居的介绍、对寿安古镇"陈家桅杆"的介绍、对永商永兴场孙家大院主人所藏《孙氏族谱》的介绍等等内容，或许能给你提供一定的帮助。

■ 形态各异的建筑文化

在天府各古镇，无论古街古巷古民居，或者会馆宗祠、公馆豪宅等，既具有明清时代川西建筑风格的同一性，又因建筑所在的自然地理环境、主人的籍贯与身份地位以及实际建造的不同时段等等因素而存在着很大的差异。如果单就各古镇建筑本身而言，似乎属于物质层面上的东西，但各种不同形态和风格的建筑遗存、院内屋舍的巧妙布局、廊柱门窗的精美雕刻，以及室内装潢与陈设布置等等，均无不透

射出不同时段的文化特征和古镇民众的文化追求、审美理念与生活情趣，这些精神层面上的东西，即是我们所说的天府古镇之建筑文化，其物质性的建筑本身则不过是这种文化的载体罢了。

就天府古镇因地理环境而形成的总的特点论，古镇"多临水，平坝的古镇，为避水患，近河而又不靠河，如安仁镇、新繁镇、城厢镇等；丘陵山地的古镇，因山上缺水，交通不便，均建于山脚下临水之平地上，如黄龙溪镇、西来镇、平乐镇、街子镇、洛带镇、永商镇、元通镇等"。而在城镇街巷的总体布局上，古镇往往"因江源河流自然条件的制约，只能依河道一侧而建，多数为一条主街，主街依地形蜿蜒曲折，从主街垂直延伸形成多条街巷。如街子镇、西来镇、黄龙溪镇、五凤镇的城镇街坊布局，洛带镇的'一街七巷子'，安仁镇唐场老街的龙形布局。这种布局是城镇发展过程中逐步形成的，城镇机理清晰，形成阶段明显，易于人们认识和理解古镇；同时布局形态随自然环境变化，街中可见山、见水、见田园，引景入镇，使城镇与环境融为一体"。

就天府古镇建筑特色而言，"古镇建筑以川西民居建筑为主，而又有不拘一格的多样化建筑形态。天府古镇的传统建筑，主要为两层以下木结构或砖木结构的穿逗建筑，篱笆墙、木门窗、瓦坡顶、体量小、青瓦、原木色、灰白墙，色彩自然质朴，具有较典型的川西城镇民居建筑特点；建筑布局多为临街连排毗邻，各户延伸进去多有天井小院。但是因成都历史上移民和外来人口众多，建筑风格和形态又不拘一格，在古镇中不乏徽派建筑、官宦乡绅的深宅大院，还有融合各种风格的客家建筑、独特的公馆建筑。如洛带镇的会馆建筑群，安仁镇中西合璧的公馆建筑群等。"（李世庆：《成都市村镇建设概论》）

在天府各古镇，保留至今的各类古建筑至少都在3000平方米以上，有的甚至多达24万平方米（如平乐）；其中大都保存完好，部分因"5·12"大地震而遭损坏的古代建筑亦已按原样加以修复或重建。对此，本书所述古镇各篇中，均有较为详细的介绍和说明，从中可进一步知晓其相同之处与形态迥异的不同特色。倘若到各镇去实地游览一遭，更会让你惊喜不已。如果说，建筑是凝固的音乐，那么天府古镇则是其中古典而又飘逸的乐章！穿行于各种形态的古街古建筑之中，无不令人有游走历史文化长廊、感受古典音乐之妙趣。

■ **相容共生的宗教文化**

中国儒、释、道三教并立的局面，自南北朝以来已经开始出现，只是到了唐初，才实际形成。自此以后的各个历史时期，由于统治阶级的政治需要而不时出现此消彼长的局面，但随着时代的发展与变迁，儒、释、道三教皆顽强地存活了下来。在漫长的共存交处的历史过程中，三教之间，虽然彼此矛盾斗争，但更为重要的却是相互借鉴、渗透，以满足中国民众精神生活上的种种需要，故而在中国形成了一种多元信仰的社会文化形态。

这种多元信仰的社会文化形态，其丰富多彩的物化形式，在天府古镇至今仍保存完好，颇能显现出各种宗教文化长期相容共生的局面。在一些历史上曾为州、县治地的古镇，祭祀孔子的文庙尤为壮观，诸如：崇州文庙、城厢孔庙、唐昌文庙等，千百年来"尊儒重教"的文化传统由此而得到完美的彰显。尽管佛教为外来宗教，但由于其传入中土历史之久远而又经不断地汉化，为广大民众所接受，故在天府古镇，佛教寺庙尤为繁多，被列为国家重点文物保护单位的即有新都宝光禅院、永商观音寺以及大同"唐代石笋山摩崖造佛群像"；此外尚有：洛带的燃灯寺和桃花寺大殿、城厢的明教寺觉皇殿与寿佛寺、新繁的龙藏寺、平乐的观音院、茶园的西禅寺与明悟庵、火井的兴福寺、怀远的祖灵寺、街子的光严禅院、黄龙溪的古龙寺、潮音寺和镇江寺、新场的壁山寺等等。这些古老的寺庙，有的始建于唐代，有的兴盛于宋、元、明、清，其庙宇建造的恢弘气势，佛像雕塑的栩栩如生，壁画碑林的精美绝伦，无不显现出高超的艺术水平。至于创于本土之道教，其宫观遗存，则以被道众称为"祖庭"的新兴阳平观、永商老君山老君庙以及城厢三清观等最具有代表性。饶有意味的是，自清代西方天主教传入中土以后，亦在天府古镇留下了它的文化印迹，其最著名者，当首数白鹿的"上书院"，以致在今日白鹿古镇的重建中，能由此演绎出独具特色的法式风情小镇来。此外，元通的天主堂、寿安的圣修堂、新场的天主堂等，亦颇富西方建筑的文化特色。

上述这些宗教文化遗存，而今已成古镇旅游开发中十分宝贵的文化资源。它既显现出不同时期、不同人等宗教信仰的文化特征，同时又以迥然有别的表现形式，展现出古镇先民的聪明才智与追求完美的艺术理念。本书中对于各古镇所存寺庙宫观及其相应的宗教活动，乃至其来龙去脉，均有较为详细的介绍说明，这或许可以为您的古镇文化游提供较大的帮助。

■ **群星灿烂的名人文化**

所谓名人文化，既包括名人自身的思想、著述及其各种活动，也包括与之相关的一切物质遗存。前者如传世作品、行踪、事迹以及与之相关的故事、传说，后者如故居、园林、祠堂、墓地、碑匾、雕塑等等。

从古及今，与天府古镇密切相关的历史文化名人和近现代名人，其数之多，影响之大，真如满天繁星，光耀尘寰！他们或出生于本土，或由外入蜀为官、游历，其事迹、遗迹和作品均已成为一种特殊的文化现象，并构成了今日古镇异常宝贵的旅游文化资源。

早在西汉时期，即有著名经学家——临邛人胡安，"聚徒于白鹤山"讲授《易经》而闻名天下；大辞赋家司马相如就曾跟随他学习。经2000多年的文化累积，而今的白鹤山，儒、释、道三教汇聚一处，已成为众多人文景观与自然景观高度融合的游览胜地。又有临邛人林闾，尤善古学，蜀中另一位大辞赋家扬雄，"闻而师之"，并留下了著名的语言学著作《方言》。还有一位著名的辞赋家王褒，不仅因一篇《僮约》给黄龙溪留下了"武阳买茶"的历史掌故，同时又因他在蜀中遥祭"金马碧鸡之神"而在唐昌留有"金马碧鸡祠"。至于大辞赋家司马相如与临邛才女卓文君，更是因其不朽的爱情故事而流传千古，并为历代骚人墨客咏叹不止，其相关的文学作品不可胜数。又有著名哲学家严君平，曾卜筮于成都、唐昌等地，至今唐昌尚有君平墓、君平卖卜巷、卖卜井、君平读书台等古老遗迹与传说故事。及至东汉时期，又有沛国丰县人张道陵率弟子入蜀，初居阳平山，后迁鹤鸣山，布道青城山，创立了中国道教，而今新兴镇阳平山即因此而建有阳平观，成为"道教祖庭"之地。三国蜀汉时期，且不说著名的军事家、谋略家诸葛亮在天府古镇所留下的遗踪和故事（参见前文），其时尚有临邛籍著名的兵器专家蒲元，不仅为诸葛孔明出征北伐设计了运粮"木牛"，而且"为孔明铸刀三千口"，其刀削铁如泥，号称"神刀"。入晋以后，又有江原人常璩，撰写了我国第一部地方史志著作《华阳国志》，该著为研究我国西南地区历史、地理的重要典籍，具有很高的史料价值。

及至唐代，与著名星相学家李淳风齐名的袁天罡，出任火井县令时，曾登相台山俯察火井地形，给古镇留下了神秘文化的精彩一笔。而一代名相李德

裕，当初为新繁县令时所凿"东湖"，千百年来，不仅唐代的全部遗址和部分园林风格保存至今，而且围绕东湖所形成的"东湖文化"，亦孕育出本土不少光耀史册的历史文化名人。而另一处被列为国家级重点文物保护单位、始建于唐代的古典园林崇州罨（yǎn）画池，不仅因其景色鲜明如彩画而得名，更因唐代诗人高适、杜甫、裴迪等曾在此迎送、唱和，宋代赵抃（biàn）、陆游等曾流连于此而闻名于世。在崇州街子古镇，由于其奇妙的自然环境与超凡脱俗的人文氛围，亦孕育出了著名的"一瓢诗人"唐求。五代前蜀时期，火井更出了一位天下闻名的"女状元"——黄崇嘏，至今火井古镇仍留有崇嘏山、崇嘏塔、崇嘏墓以及状元桥等多处相关历史文化遗存，而有关"女状元"的诗歌、戏曲创作更是屡见于其后历朝各代。这无疑给火井古镇又增添了一笔名人文化的亮丽色彩。

在宋代，一代名臣赵抃"以一琴一鹤自随"、匹马入蜀州，人称"赵青天"，故今日之崇阳（古蜀州治地）已辟有宽阔的琴鹤广场，同时还塑有赵抃的伟岸雕像。曾为蜀州通判的著名爱国诗人陆游，在此地更留下了不少动人的诗篇，故今日之崇阳不仅有纪念陆游的专祠，其陆游广场上的陆游塑像更是令人叹为观止。在宋代，蜀州本土还孕育了一位著名的医药学家——唐慎微，他所编就的《经史证类急备本草》，是为我国第一部完备的药典。又有新繁人梅挚，才情横溢，在王安石的父亲王益任新繁县令期间，二人相与唱和之诗至今流传。又有邛州人计有功，他所编撰的《唐诗纪事》八十一卷，为保存、传播中国优秀文化作出了不可磨灭的贡献。又有著名理学家——蒲江人魏了翁，创建鹤山书院，授徒讲学，使蜀人尽知义理之学。至今西来古镇邻近之高桥乡间，尚有魏公祠与了翁墓，而镇内之"了翁茶肪"、"了翁井"，亦因了翁先生常来临溪讲学的缘故而得名。

明朝时期，在新都，则孕育出了一位大名鼎鼎的诗人、文学家、学问家——杨慎。杨慎不仅是明朝时期四川唯一的状元，而且其道德文章，一直激励着一代一代的新都人，因而形成了一种独特的"状元文化"现象。列为国家级重点文物保护单位的新都"升庵桂湖"，则成为这种"状元文化"的物质载体，其环境之优美，人文之丰赡，尤令人流连忘返。

至于清代，有出生在崇阳的戍边名将杨遇春、有壮烈殉国的元通人王国英、有崇宁（今唐昌）进士其后出任山东运河道总管的罗锦文等，他们当年在古镇的府第、居所，或保存完好，或按原样复建，已成为今日古镇名人文化游中的一处处亮点。

及至近现代，更是名人辈出。在城厢，有辛亥革命英烈彭家珍大将军，而今在该镇彭家珍专祠所珍藏的众多相关文物以及海内外名人的题撰和金匾等，尤能唤起人们对彭大将军舍生取义的英雄气概的无

比崇敬之情。在新都，有共产主义的忠诚战士黄霖，有在抗日战争中为民族捐躯的抗日英雄、革命烈士王铭章，有著名的文学家艾芜等。在新繁，有著名思想家、教育家吴虞，神话专家袁珂等等。在崇阳，有护国先驱任重远、红岩英烈张露萍、十二桥烈士晏子良、书画名家胡友曾、川剧大师肖楷成等。在五凤，有被誉为"东方黑格尔"的大哲学家贺麟。贺麟先生通过对西方哲学各派的比较研究，把儒家传统哲学与西方哲学结合在一起，创立"新心学"，形成了独具一格的哲学思想。而今，在这些名人的出生地，或保留着他们的故居，或建有墓地陵园，或树有石雕塑像，或保存有他们的著述遗物，以供世人瞻仰。此外，在新场，尚有曾为川军总司令兼四川省省长、国民革命军23军军长的刘成勋，其故居遗址亦得以保存。至于在安仁，更有抗日将领刘湘、起义将领刘文辉等一大批民国时期的军政要员，他们所建造的大小公馆，连同刘氏庄园，至今保存完好，成为了今日游人了解中国半殖民地半封建社会政治、经济、文化的一个重要窗口。还有一些名人及其事迹，虽在此未能一一列出，但在各古镇相关内容中均有介绍。

由上述内容可知，在各个历史时期，无论出生本土、或是来自外地的文化名人，皆在当地的文化发展过程中，发挥过十分重要的作用，并产生了深远的影响。根植于本土的文化名人受本土人文地理的孕育和影响，其自身的行为和作品，则较多地带有浓郁的地方特色；出生于本土、其后或游学或仕宦或从戎或漂泊于外的文化名人，又将外地文化融入到本土文化中；而外来的文化名人则记录、丰富、传播和发展了当地的文化。总言之，他们的事迹、遗踪和传世作品以及相关的园林、祠堂、墓地、碑匾、雕塑等等，共同构成了一地特有的名人文化现象。正是这种特有的名人文化，已经成为了今日天府古镇各相关旅游目的地最富吸引力的一大文化资源。

■ 不同一般的特质文化

上文所论八大系列的文化资源，多是对遍及天府各古镇带有一定共同性的文化事象所作的概括性论述。此外，尚有一些古镇，其独特的历史与文化资源，却具有不同一般的文化特质。

譬如平乐古镇的"路文化"，即以秦汉驿道上所展现出来的厚重的历史文化积淀为其代表。秦汉时期，在今平乐骑龙山原始树林中的路段，即是当年南方丝绸之路"临邛道"必经之要道，因其形成年代至为久远，故又称秦汉驿道。而最为珍贵的是：这条"驿道"，虽历经千百年风雨剥蚀，但至今仍有长约1公里的路段保存较为完整。这无疑是一种稀缺的文化资源！无论是秦汉时期平乐先民构筑"甬道墙垣"的设计理念与思维，抑或当年司马相如经此驿道出使西南安抚夷人的历史故事，或者是经由此路西

走藏区、南接灵关的茶马逸事，或者是今日古镇入口镇江坊上所书之"秦埠汉衢"，这一系列由古及今的种种文化事象，即构成了平乐古镇路文化的独有特色。这实际上给今日的平乐旅游平添了一笔亮彩。

又如位于安仁的建川博物馆抗战系列5馆、西来的"成都战役红色纪念馆"、唐昌的"崇宁县抗日阵亡将士纪念碑"以及前文所讲到的在革命先烈出生之地所建专祠、雕塑、墓地、纪念碑等，又构成了天府古镇红色文化的特别记忆。在当今红色旅游方兴未艾之际，这些地方，如今均已成为人们回顾革命历史、缅怀先烈的最佳之地。

又如一些古镇的民间技艺，诸如新繁的棕编、邛崃一地的彩陶与瓷胎竹编、崇阳水陆村的风筝制作、寿安的花木盆景桩头等等，都有着不同一般的文化特质，作为独具地方特色的工艺品，在当今天府古镇旅游文化中已占据着一席之地。

本节所论天府古镇的各种文化资源，在当今古镇旅游勃然而兴之际，无疑都已成为一笔笔宝贵的财富。它们是天府古镇得以称为历史文化名镇的主要资本，是迥然有别于其他省市古镇的显著标志，是构建天府古镇现代旅游文化大厦的稳固基石，更是今日古镇旅游业可持续性发展的重要依托。正由于此，对于上述各种文化资源，如何深入挖掘其丰富的文化内涵，长期而有效地加以保护和利用，即早已成为各级领导部门和当地民众深切关注的内容。

四、保护、规划与开发，与时俱进

■ "名镇之路"战略与"城乡一体化"

在20世纪90年代，历史文化名镇的保护和开发，业已成为成都市建委的一项重要的工作内容。在当时，已有新繁、城厢、新都、临邛、崇阳、黄龙溪、安仁共7个镇被列为四川省历史文化名镇。其后，市建委又对成都市域内的古镇重新进行了全面的调查和评估，找准了存在的问题；2004年，正式提出了实施"名镇之路"的战略，并针对存在的问题，提出了一系列具体的保护要求和整治措施，以深入发掘文化资源，推动古镇的建设和发展。"名镇之路"战略的提出及多次的研讨活动，使很多古镇的发展思路大为拓宽，不但积极申报历史文化名镇，而且着手对古镇的保护与开发进行规划编修（参见李世庆：《成都市村镇建设概论》）。

2007年，随着成都市"统筹城乡经济社会发展推进城乡一体化"战略的实施，天府古镇进入了整体保护和统筹开发利用的新阶段。各古镇在"保护与开发"上，本着"有效保护、合理利用、科学管理、协调发展"的方针，前后聘请各路专家，对古镇的保护、发展以及旅游开发等作出了全面而详细的规划，并在实施的过程中，进一步作出适当调整以臻于完善。从保护的角度看，对于众多不可再生的文化资源，均严格遵循"保护为主，抢救第一"以及"修旧如故"等原则；同时扩大保护范围，将保护范围确定为核心保护区、建设控制区、风貌协调区三大区域。正由于此，不少古镇不仅核心保护区——历史文化街区的原真性和风貌的完整性得到了卓有成效的保护和整治，而且对于建设控制区内现有的与传统风貌不相协调的建筑，亦采取全面整治和逐步改造的方式，使之与核心保护区协调一致，整体风貌更显真实而完美。对于核心保护区与建设控制区以外的城镇规划建设用地，除了严格审批用地、要求建筑沿袭川西建筑文化传统外，更注意到了作为"背景"和衬托的周边山水、林木、田园等自然景观的保护和利用，这便是我们所说的"风貌协调区"。本书中对于目前正加大力度进行风貌整治的古镇，均辟有专节进行介绍，诸如：城厢、新繁、茶园、火井、大同、怀远、元通、五凤、新场、西来等。尽管总的指导方针和保护原则一致，但由于各镇所处的自然地理环境与人文传统上的差异，因而在规划和整治的具体内容上，又迥然有别。

经过十多年的建设和发展，在天府古镇中，有一些古镇的历史文化街区已经成熟，但却并不满足目前所取得的巨大成就，而是把目光投向镇外更为广阔的空间，以寻求新的突破。譬如洛带，无论三峨山、玉带湖，或者镇南生态河岸景观，抑或金龙湖金龙长城风景区，目前都正在着力打造，很快就将成为洛带古镇文化旅游的最佳延伸和补充。又如平乐，在原有古镇游的基础上，即充分利用周边美丽的自然环境以及镇域内市级历史文化名村"花楸村"等处独具特色的自然与人文风光，大力开展生态文化游，以一种田园牧歌式的诗意环境，吸引着天下游人，从而在成都市建设世界现代田园城市的战略部署中，率先迈出了第一步，获得了"2010田园成都·魅力城镇"的美名。又如新兴镇，在完成海窝子历史文化街区的复建之后，即把重点放在"一区四园"的建设上，并力争用3—5年时间，将整个新兴镇打造成为成都北部'生态养生第一镇"。又如安仁古镇，凭借其良好的文博基础，目前已从"古镇文化游"大步跨进了"文博游"，不仅获得了"中国博物馆小镇"的光荣称号，而且作出了全新的思路调整，拟在5年之内，将安仁古镇打造成为世界级的博物馆小镇，其规划面积已由原来的7.7平方公里扩展到15平方公里。

还有一些古镇，不仅将各类古代文化遗存修葺重现，而且在此基础上，进一步发掘其深厚的文化内涵，使本地历史名人文化和传统的宗教文化、民俗文化等华丽转身，呈现出与现代文明紧密结合的崭新的社会文化。诸如：新都的"香城桂花节"、"桂湖荷花节"，邛崃的"中国古琴国际艺术节暨文君文化旅游节"、"中国·邛崃七夕情人节"，寿安的"桂花文化旅游节"，崇阳的"中国·四川陆游文化节"、"金鸡风筝节"、"圣水节"，黄龙溪的"国际古镇风情节"、"中国成都国际非物质文化遗产节"以及每年举办的龙狮艺术节、放生文化节，等等。

这里值得特别关注的是，在"5·12"汶川大地震中受损特别严重的一些古镇。在艰苦卓绝的灾后重建过程中，在各级党委、政府和社会各界的关心、支持下，不仅受灾群众率先得到妥善安置，而且遭到毁坏的历史文化遗存亦逐步得到修复或照原样重建。譬如位于地震断裂带上的白鹿镇，在经历了"5·12"大地震的巨大创伤之后，古老的山乡小镇，已如一只涅槃的凤凰，迅速地获得了新生！而今走进白鹿，尤可体味中西方文化在这里相与交融的情景，法式乡村的浪漫情调随处可寻。又如新兴，截至目前，著名的灾后重建寿阳泉安置点、道教二十四治之首的阳平治道观和具有传奇色彩的狮子山，以及集川西民居建筑风格和湔江河谷水系为一体的海窝子历史文化社区等处景点、景区基本修复完毕。较之地震之前，更具魅力。而地处龙门山中段的小鱼洞，随着灾后重建工作的深入进行，原有的历史文化风貌亦正在逐渐得到恢复。再如街子，不仅提前完成了10个永久性安置点的任务，让受灾群众全部搬入了新居，而且严格按照市委、市政府"田园宜居之都、山地旅游高地"的发展定位，通过倾力投入与艰苦奋斗，一座集旅游、休闲、度假、居家、养生为一体的"风雅街子"，已呈现在世人眼前。

■ 天府古镇与现代田园城市建设

2010年初，成都市委研究决定，把建设世界现代田园城市作为成都全域未来几十年发展的目标和定位，并确定了"三步走"的战略。第一步，用5—8年时间，把成都建设成中西部地区创业环境最优、人居环境最佳、综合竞争力最强的特大现代中心城市；第二步，用20年左右把成都建设成世界三级城市，初步建成世界现代田园城市；第三步，用30—50年最终建成世界现代田园城市，争取进入世界二级城市行列。

关于建设世界现代田园城市的总体规划，成都市副市长刘仆在接受记者专访时指出："是依据正在实施的'一区两带六走廊'规划提出来的。'一区'主要是指中心城区，或叫主城区；'两带'是指龙门山、龙泉山生态带；'六个走廊'则是串珠式发展的副中心或卫星城，空间布局是走廊式的。这是在成都城乡一体化既有规划基础上提出来的，不是截然与过去划断而提出的全新的规划。"同时刘仆副市长还指出："在世界现代田园城市这个新的定位和理念下，城市形态和空间布局总的要求就是要形成多中心、组团式、网络化的城乡空间布局和人性化、生活化的城市空间结构，使它既有优美的田园风光，也有强大的现代化功能，并能体现丰富的历史、文化内涵。"（参见：2010.4.9《成都日报·特刊》）鉴于此，位于成都周边的各个古镇，凭借其优越的自然条件、良好的生态本底和丰富的历史文化底蕴，再次获得了千载难逢的发展机遇。

从已公布的11条"世界现代田园城市建设示范线"来看，本书所述大多数古镇，或在示范沿线，或与之靠近，其得天独厚的区位优势和丰富的历史文化底蕴、优越的自然条件、良好的生态本底等等，已成为成都"建设世界现代田园城市"的重要支撑和依托。譬如主题为"古镇文化及生态旅游"的邛崃示范线、主题为"历史文化及山地度假旅游"的川西旅游环线示范线、以"休闲旅游及历史文化"为特色主题的光华大道—成温邛高速—大双路示范线，以及龙门山沿线示范线、彭北路示范线、天府大道经东山快速路到双黄路示范线等，一座座历史文化名镇，犹如璀璨的明珠，光彩夺目地凸现在各条示范沿线上。而一些古镇所在的区、市、县，则进一步结合自身历史文化、自然禀赋、基础条件、产业发展等优势，在成都市规划的基础上再次进行细化、延伸，又规划出本区域内的示范线。譬如新都区，其规划的1号示范线中的文化名镇特色示范段，即连接起了千年古城新繁；2号示范线（主线）更是成为了传统文化与现代文明相融相生的文化旅游线。又如崇州市，亦在成都市确定的两条涉及崇州示范线的基础上，规划出新的6条示范线，其中的古镇文化示范线，则将街子、怀远、元通、崇阳等4个省级历史文化名镇串珠式地连接在一起，街子、怀远两镇同时还将成为浅山度假示范线上的重要节点；而地处羊马镇北端的历史文化名村——伏虎村，亦将成为花木产业示范线上的亮点。再如金堂县，在本县规划的四条示范线中，五凤古镇即在"沱江旅游休闲示范线"和"临空复合产业示范线"两条线路中，占据着十分显眼的位置。

上述示范线，虽是举例，但从中可以看出天府古镇在成都建设世界现代田园城市第一步战略部署中所占据的重要地位和作用。而各条示范线的建设，无疑将很快使"城在田中"的美丽蓝图变成现实，预计三五年时间内，这些示范线即会率先成为"现代田园城市"的现实样板。截至目前，不但一些古镇具备了田园市镇的雏形，而且随着思路的调整，其发展规划更是"再上层楼"，从中所显现出的胸襟与目光、勇气和魄力，尤令人敬佩。

与"示范线"建设几乎同时起步的是：成都全域健康绿道体系的构建。所谓"健康绿道"，是指贯通成都全域城乡的一种线性绿色开敞空间，是连接水系、山体、田园、林盘、自然保护区、风景名胜区、城市绿地以及城镇乡村、历史文化古迹、现代产业园区等自然和人文资源，集生态保护、体育运动、休闲娱乐、文化体验、科普教育、旅游度假为一体，供城乡居民、游客步行和骑游的绿色廊道。对此，成都市政协副主席、市建委主任黄平在接受记者专访时即非常明确地讲到："构建健康绿色体系正是建设世界现代田园城市主题中应有之义，是体现自然之美的支撑项目和具体抓手。通过充分梳理城乡开敞空间，确定绿道网络重要节点，合理规划绿道网络体系，构建互通共享的城乡绿色脉络，形成具有开放性、流动性、廊道性、扩散性、循环性等特征的网络结构，使'山、水、田、林、城'逐步融为一体，初步形成一线多区、一区多景的景观格局，初步实现'城在田中'、'园在城中'的生态建设目标，初步展现世界现代田园城市的基本生态特质……我们认为，成都的田园城市就是一种看得见、摸得着、体验得了的健康绿道体系，一种休闲、生态、田园的生活方式，一种城田相融、历史与现代交融的空间特质。"（参见：2010.9.16《成都日报》第1-2版）

拥有优越的自然条件、良好的生态本底与丰富的历史文化底蕴的各古镇所在地，不言而喻，在全域成都健康绿道体系的构建中仍然占据着十分重要的地位。鉴于此，温江区即在2010年5月率先全面启动了绿道建设。截至目前，已建成绿道140公里。其主干线紧邻江安河，以寿安古镇作为其重要的节点；

而寿安境内的绿道则以长青湾驿站为核心，南接万春绿道，把寿安优美的原生态自然环境，和柏灌王墓、鱼凫王墓和鱼凫王妃墓、清代"陈家桅杆"建筑群落等著名的人文景点紧紧地连接在一起，形成了寿安生态绿道独具一格的魅力。在新都，截至目前，亦已完成了43公里的绿道建设，不仅已拥有环境优美的毗河绿道，还有穿越中心城区的桂水绿道以及绕城而过的198绿道。桂湖公园、白鹤岛、泥巴沱、北部新城湿地公园等，一处处自然与人文高度融合的景点、景区，犹如熠熠闪光的绿色珍珠，镶嵌在新都的健康绿道上。此外，在永商古镇所在的新津以及崇州各古镇所在地，亦已形成了部分绿道示范段，诸如街子的"味江河畔观光步行游道"和"凤栖山康道"等。

无论示范线建设，抑或健康绿道体系的构建，无疑均使天府古镇的旅游开发跃上了一座崭新的平台。随着全域成都建设"世界现代田园城市"战略的大力推进，天府各古镇必将进一步与周边的山、水、田、林等自然之美融合成一片，构建起历史文化与当代文明相与对话的美丽空间。

余　论

本文内容，主要论及"天府古镇"的历史文化与保护开发，同时亦相应地谈到各种文化资源在当今古镇旅游开发中的地位和作用。这些被评为国家级、四川省级或成都市级的历史文化名镇，在成都全域225个乡镇中，虽然具有较强的代表性，但还不能说已是"天府古镇"的全体写照。事实上尚有不少小城镇，由于各种原因，虽然至今未能跻身于历史文化名镇的评级行列，但其丰厚的历史积淀及文化遗存与其在一地由历史传统而形成的政治、经济、文化的中心地位仍不可低估，它们同样也是构成天府古镇的因子、待发掘的宝藏。当年成都市城乡建设委员会在确定"天府古镇"这一概念时，即注意到了这一点，并明确地提出了"全市统筹，分类指导，错位发展，成熟一个启动一个"的思路。不但对全市各古镇进行分类定位，根据文化产业发展方向，确定其开发利用的方式，以避免同质化，同时亦依据其已具备的条件，统筹安排，分批启动，后启动的镇积累条件，借鉴经验，扬长避短发挥后发优势，以此不断有新的亮点推出，使天府古镇能持续地满足人们不断增长的文化需求（参见李世庆：《成都市村镇建设概论》）。鉴于此，可以预料，随着全域成都的建设和发展，颇具规模的天府古镇群，在现代田园城市的美丽图画中，必将呈现出星罗棋布的全新格局。

2011年8月

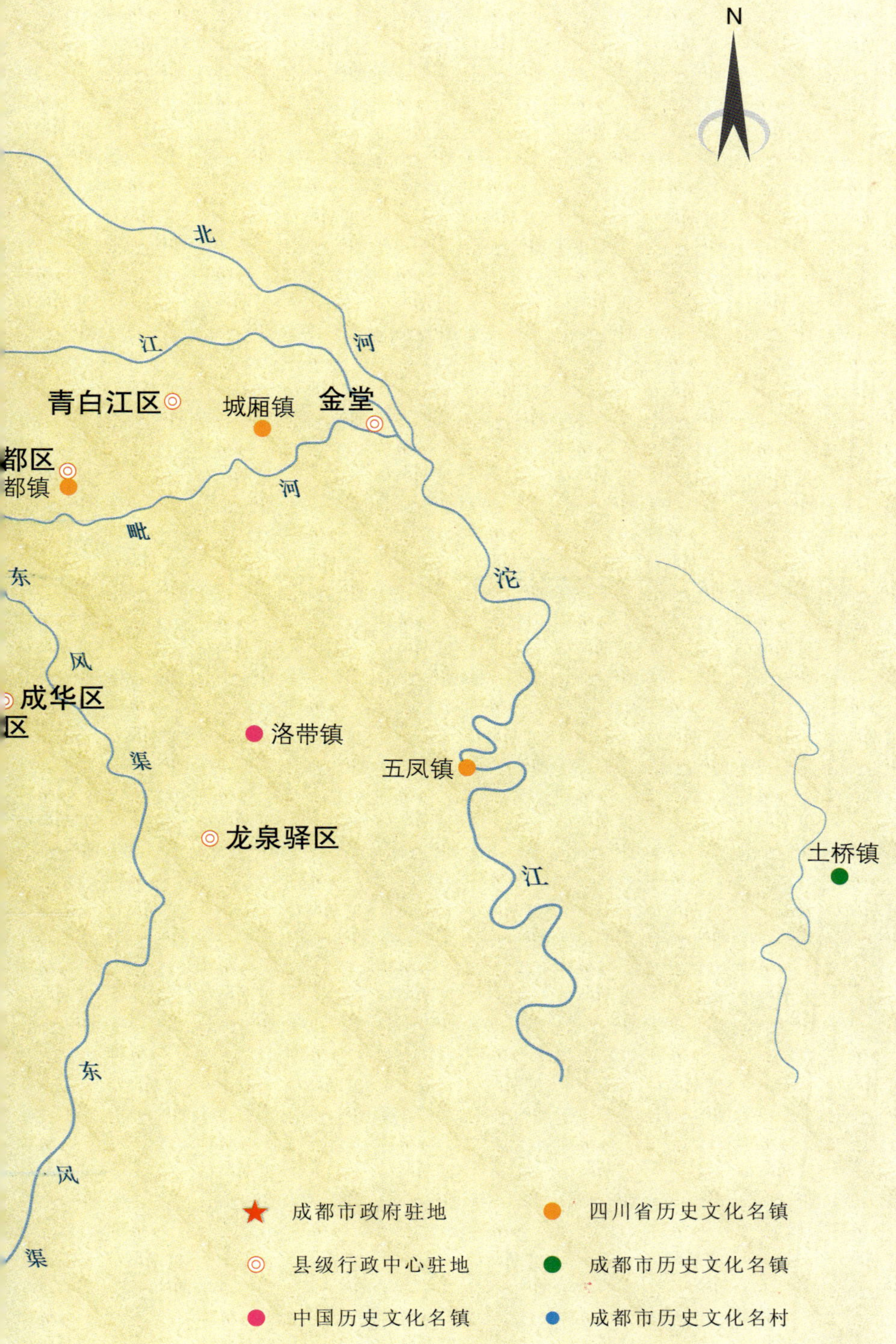

一、中国历史文化名镇（5个）

龙泉驿区洛带镇
邛崃市平乐镇
双流县黄龙溪镇
大邑县安仁镇
大邑县新场镇

二、四川省历史文化名镇（11个）

新都区新都镇
新都区新繁镇
青白江区城厢镇
崇州市崇阳镇
崇州市元通镇
崇州市怀远镇
崇州市街子镇
邛崃市临邛镇
邛崃市茶园镇
金堂县五凤镇
蒲江县西来镇

三、成都市历史文化名镇（9个）

温江区寿安镇
彭州市白鹿镇
彭州市新兴镇
彭州市小鱼洞镇
邛崃市火井镇
邛崃市大同镇
郫县唐昌镇
新津县永商镇
金堂县土桥镇

四、成都市历史文化名村（3个）

邛崃市平乐镇花楸村
温江区永盛镇尚合村
崇州市羊马镇伏虎村

图例：
★ 成都市政府驻地
◎ 县级行政中心驻地
● 中国历史文化名镇
● 四川省历史文化名镇
● 成都市历史文化名镇
● 成都市历史文化名村

本图由成都市城乡建设委员会提供　魏攀文制作

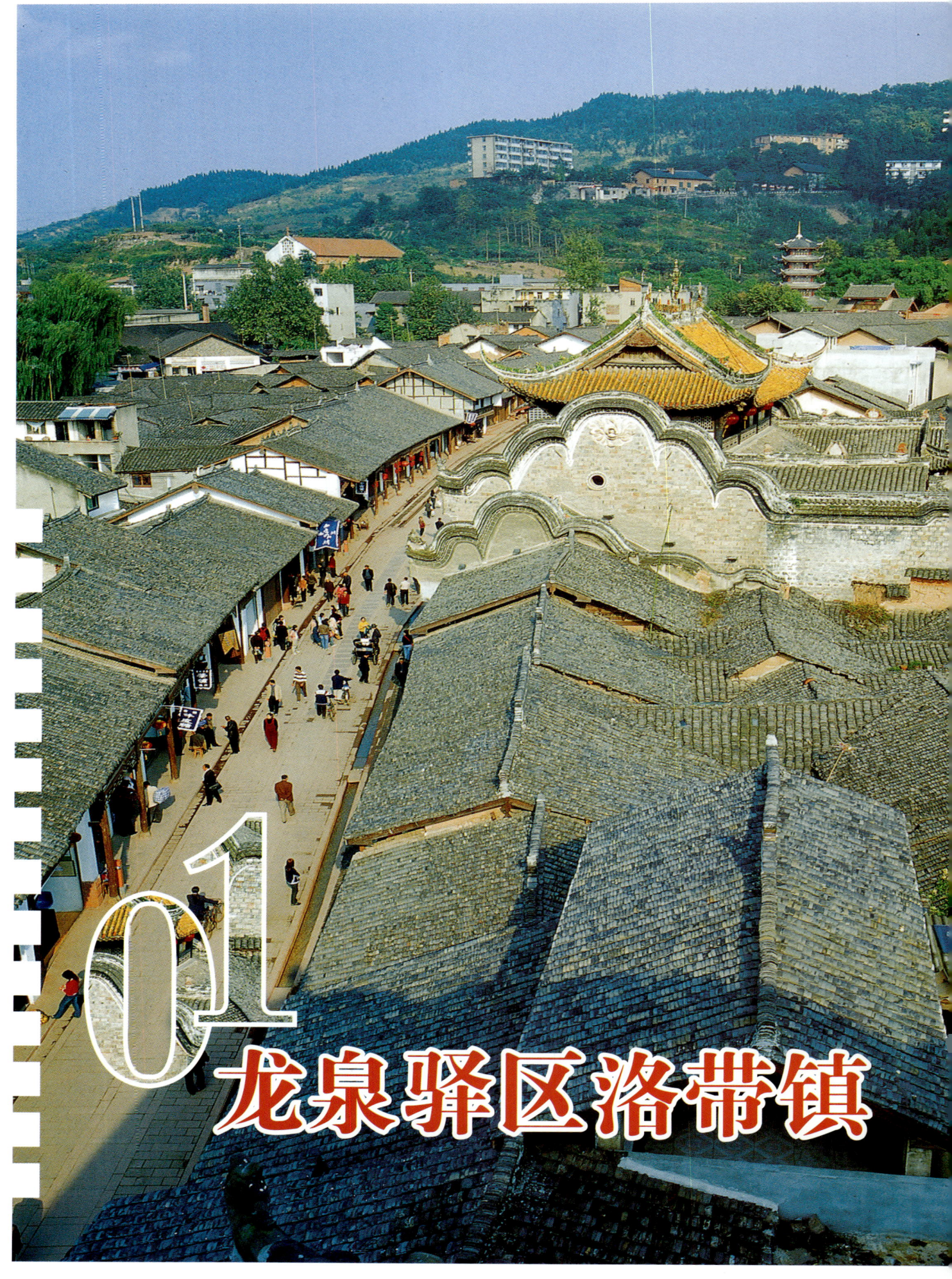

01 龙泉驿区洛带镇

位于成都市区东、北郊的龙泉山脉,自古以来,人们称之为"成都东山"。而自清代前期外省移民陆续进入龙泉山及周边的浅丘黄土地带之后,相对于广袤的成都平原而言,这一片地区要显得闭塞得多。正因为如此,在此聚族而居的广东移民、江西移民、湖广移民以及闽、陕移民,虽然五方杂处,乡音各别,但均能保持各自独特的风俗习惯,传承着各具特色的本土语言,因而形成了蜀中最为集中亦最为突出的客家文化区。至此,所谓"成都东山",已不再是一个单纯的自然地理概念,而是一个浸润着客家文化的人文地域概念。

位于天府之国腹心地带的成都龙泉驿区洛带古镇,更是成都东山客家文化最为耀眼的展现,自古以来,即有"东山重镇"之称。经客家人数百年的辛勤建造与精心培育,而今已成为中国历史文化名镇,2006年又成功创建为国家级AAAA景区。

全镇总人口为30617人,85%以上为客家人,其中尤以广东客家人为多。时至今日,他们仍然维系着婚丧嫁娶、年节岁时等方面的独特习俗;虽然都能讲一口流利的四川话,也能说时髦的普通话,但一当赶场之日,或者亲族聚会,无论少长,皆会用独特的"土广东话"相与交流;至于独具特色的古镇格局、保留着清代风格的沿街客家民居,以及巍峨多姿的各式会馆,更是将客家文化渲染到了极致,成为成都东山客家文化的标志。

2005年10月12日至14日,举世瞩目的第20届世界客属恳亲大会在四川成都隆重举行,这是一次全世界各地客家人的盛会,共有来自全球20多个国家及地区,以及内地17个省区的155个代表团、3500多名来宾参加。本届世客会以"全球客家天府情缘"为主题,以"恳亲联谊合作发展"为宗旨,是世客会第一次在中国西部举行的盛会。洛带古镇作为这次盛会的分会场,更是以其丰富多彩的客家文化赢得了与会来宾的高度赞誉。"天下客家第一镇"的美名,自此给洛带古镇插上双翼,冲出东山,飞向了世界。

图片:◎ 洛带镇人民政府提供
● 严永聪 摄影

◀ 洛带鸟瞰图 ●

一、久远的历史与客家文化积淀

（一）得名的由来与尘封的历史

洛带得名的由来，可以上溯到2200多年前，据考古资料，该处曾是秦汉时期生产皮制革带之地，所产革带谓之"洛"，故该地名为"洛带"，可见洛带是川西始建年代最早的古镇之一。此一说。据故老相传，在公元1790年前的三国蜀汉时期，此地已有名为"万福街"的古街，后诸葛亮兴市，又更名为"万景街"。传说刘备之子阿斗太子刘禅在镇上玩耍，为捉鲤鱼而不慎将玉带掉入一口八角井中，因而该地得名为"落带"，其后约定俗成，写为"洛带"。此又一说。还有一说，原古镇南有一小溪名"洛水"，自东向西蜿蜒而流，特别是雨季，溪水上涨，犹如"天落之水，状如玉带"，故称"洛带"。

从古籍文献所载，虽然"洛带"之名最早见于唐末五代道教天师杜光庭所撰《神仙感遇记》，其中所谓"成都洛带人牟羽"一语，似乎是"洛带"之名最早的文献出处，但如果我们根据其具体的地理方位结合上述人文历史掌故来看，我们可以知道，秦灭蜀置蜀郡之后，洛带所在之地归属成都县管辖。从秦至唐初，洛带实际上已成为驿道上的重要驿站。由此可见，有关洛带得名由来的历史传说亦非空穴来风。唐贞观十七年(643)，分成都县东置蜀县，洛带属之。又，据唐人李吉甫《元和郡县志·剑南道

▲ 20世纪20年代洛带街景◎

▲ 今日洛带街景俯瞰图◎

成都府》所载：唐武则天久视元年(700)，分蜀县广都置东阳县。天宝元年(742)，东阳县改为灵池县，因县南灵池为名。无论新置之东阳县，抑或其后更名为灵池县，洛带均隶属之。到了北宋初年，据宋人欧阳忞《舆地广记·成都府》载：天圣四年（1026），灵池县改名为灵泉县。据宋人苏恽于皇祐六年（1054）三月所撰《灵泉县圣母堂记》云："灵泉邑北，直向驰道，俯仅一舍，地聚落带镇市"；又据宋人扈仲荣等所编《成都文类·灵泉县瑞应院祈雨记》一文载：北宋熙宁七年(1074)，"府之邑曰灵泉，而邑之聚曰洛带"。由是可知，此时早已是称"洛带"为镇了。而北宋元丰年间(1078—1085)编发的全国性地理志书《元丰九域志》则明确记载成都府灵泉县辖"一十五乡，洛带、王店、小东阳三镇"。在北宋时期，洛带实际上早已成为地区性集镇，而此时它已积淀有千年的历史风尘了。

元代至元二十二年(1285)，灵泉县改隶简州，洛带隶属之。明洪武六年(1373)，降州为县，洛带隶属简阳县。清代及民国年间隶属关系不变。1939年，洛带被划分为简阳第三区。1955年定名为洛带区。1976年方划归成都市龙泉驿区。

洛带，地聚成镇的历史何等的久远！

（二）以客家文化为主体的文化洛带

明末清初，兵燹不断，再加上天灾、瘟疫与虎患，四川人口锐减，社会经济遭到惨烈的破坏，昔日的繁华风流云散，天府之国已是满目疮痍，破败不堪，草蓬蓬然，数十里不见人烟。在清政府积极组织和大力鼓励之下，一场轰轰烈烈的"湖广填四川"的移民运动，在康熙初年正式拉开了帷幕。来自湖广、广东、江西、福建、陕西等省的移民，荷耒负耜，扶老携幼，或涉水路，或走旱道，一拨一拨地涌进了四川。他们或"插茅杆花"以占地，或"挽草为业"而拓荒，筚路蓝缕，不辞辛劳，在一片完全陌生的土地上，开始重新创建自己美好的家园。幸存在川的土著称"老户"，外来入籍者谓之"客家"，本俗相异，土音各别，然相生相聚，共存共荣，一起重振昔日天府之国之荣耀。

进入成都地区的外省移民中，湖广籍移民要多得多，也要来得早一些，因而"插占"的地方多为土质肥美的平原地带，而广东、江西、福建、广西等省的移民，进入的时间却要相对晚一些，但他们心目中或许自有着"住山不住坝"的历史情结，面对平原沃土已被先期进入的移民占有殆尽的局面，他们义无反顾，率族举家，走进了成都东山。

背靠龙泉山的洛带古镇，尽管有着近两千年的历史积淀，但经过明末清初战乱的洗劫，原有的历史文化遗存已所剩无多，今可见者，尚有由原址三峨山迁建至洛带公园侧的燃灯寺、参照有关历史传说复建的五凤楼，以及位于洛带镇外宝胜村之明代大屋顶建筑——桃花寺大殿等。而当广东、江西、湖广等省移民陆续进入洛带镇区之后，经由各籍移民及其后裔三百多年的辛勤打造，古老的洛带而今已是不同凡响，处处均显现出独特的客家文化积淀。无论是"一街七巷子"的古街布局，抑或是雄踞在洛带老街上街、中街、老街上场口等处的广东会馆、江西会馆、湖广会馆、川北会馆，或者是具有典型清代建筑风格的巫氏大夫第、刘公馆、郑家祠，以及龙亭、"字库"、四方塔、醒酒桩、客家公园等等，无不闪现出客家文化的光辉。而自成系列的客家美食和形式多样、味道独特的客家风味小吃，更是让古镇四季飘香，令游人垂涎！徜徉在古街，各种独具客家民俗风情的手工制品琳琅满目，美不胜收。每逢吉庆佳节，客家龙舞、狮灯、腰鼓，更是营造出一派祥和、热闹的气氛，鼓声、号声，不绝于耳，欢歌笑语，弥漫古镇。至于清明祈福大典，则将客家人敬祖睦宗的古老民俗传统演绎得淋漓尽致。

这就是今日的洛带，以客家文化作为主体的文化洛带！

快走进洛带吧！它将带你避开现代城市的喧嚣，穿越时空，走进过往的历史；它将引领你去寻觅祖先的足迹，体会先辈创业的艰辛；它会令你品罢客家风味的美食赞不绝口，它会让你完全沉浸在客家文化浓郁的氛围之中，心恬气静，流连忘返！

二、文化洛带旅游巡览

（一）充满客家风情的各式建筑与景点

■ 典型的客家街巷布局与民居建筑

◆ 总体布局与普通民居

洛带场镇平面布局，形如蒸饭的甑子，故俗称甑子场，它主要由"一街七巷子"构成。主街总长2577米，七巷计有北巷子、凤仪巷、槐树巷、江西会馆巷、柴市巷、马槽堰巷和糠市巷，整个街巷呈龙骨型路网，共同组成了一个独特的镇内交通系统，同时亦构成了一个完整的防御体系。上下街口各立有一个山门，每条小巷与老街的交接处也有一个栅子门，入夜各门一关，即形成一个封闭的古场镇，可有效地防御土匪、盗贼的袭击。这种防御性建筑风格具有典型的客家建筑特性，一个小镇有如此完备的防御体系实属罕见。街道呈东西弯曲走向，长约1公里，街面宽8米，路面为青石板。街两边商号林立，铺面之后多为深宅小四合庭院。平房以土坯墙木质穿逗房、单檐硬山式、小青瓦为主，屋脊饰以中花和鳌尖，窗户是木质雕花窗。

除商铺外，客家普通民居在洛带亦得以大量保存，基本上保留了清代的建筑风格。多为"二堂屋"结构，为单四合院式，门外为小晒坝，门内为天井，天井上方正中为堂屋。屋脊有"中花"和"鳌尖"作为装饰，屋顶多以茅草或小青瓦覆盖，是典型的客家民居。

▲ 走进洛带古街◎

▲ 客家民居◎

◆ 巫氏大夫第、刘公馆与郑家祠

①巫氏大夫第

巫氏大夫第始建于清朝的乾隆至嘉庆初年，占地3200平方米，现在保存下来的古民居建筑面积有1100平方米，是洛带古镇现存民居中建筑最早、保存最完整的客家民居。大夫第的始建者是巫氏入川后的第二代传人巫作江。因巫作江曾经被清廷"诰赠为奉直大夫"，故所建住宅称"大夫第"。

巫姓客家人，在海内外享有极高声誉，始祖巫罗俊，唐初时，曾以武康之节来自于闽福汀郡，因业绩显著，唐皇敕封镇国武侯，兼赐尚方剑戟，荫袭三代，福建宁化成为巫氏之发端地。宋末元初时，巫氏先祖由福建宁化分迁至广东兴宁县罗岗，入粤始祖为禧公。在宁化石壁建有巫罗俊公祠，供天下客家人公祭。清雍正十三年（1735），巫氏锡伟、锡俊兄弟二人自广东长乐龙潭入川，锡伟公先是迁居荣昌县大草坪，后徙永川之王家坪。乾隆年间曾返粤，奉其父母象巍公夫妇骸骨葬于川。晚年以书课教，口讲指画，一室琅琅，常达旦不寐。至乾隆己丑年（1769）卒。锡俊公入川后一直在洛带以商贸为业，今洛带巫姓多为其后裔。而锡伟之二子巫作江，却是巫氏家族在洛带的主要创业者。6岁时跟从其父入川，13岁时，"伟公命之就傅受学，但因居处未定，艰于衣食，被迫辍学。15岁货殖重庆，所谋不遂，乃游阳安之洛带镇"，投奔叔父锡俊公，跟随经商。"历十年余载，囊橐颇饶，悉载东归"。后其父仍令其返洛带从商，"公奉命而返，遂一意经营。由是而活计日广，财源日丰，镇之人无不推服景仰"，为巫氏家族在洛带的崛起和步入辉煌奠定了重要的物质基础。由此，他被清廷诰赠为"奉直大夫"，且按官职居室定制，修建了规模宏大的祖屋"大夫第"，终使巫氏成为洛带古镇富甲半条街的旺族大户，人称"巫半截"。其子巫一峰，巫丽峰兄弟二人，不仅继承父业，将巫氏家族推向鼎盛时期，而且致富不忘乡梓，积极赞助地方公益事业。如：赈灾救灾、出资办学、修桥铺路、培修寺院、发掘整理文物资料等等，为当时洛带经济的繁荣和社会的发展作出了重要贡献。

巫氏大夫第的建筑，最重要的价值在于它的大小复式四合院错落有致，有木雕精美的各种撑弓、窗花、卷棚、斗拱、回廊，还有形态逼真的花鸟虫鱼，堪称是客家民居中的精品。洛带的客家民居，主要分为祖屋和普通民居两大类，巫氏大夫第是巫氏家族的祖屋，也是洛带镇建筑最早而又保存最好的客家民居的典型代表。整个建筑以大门为中轴线对称排列，单檐硬山式顶，木结构穿逗房，上盖小青瓦，

▲ 巫氏大夫第◎

主体建筑由大门过厅、院坝、前中后三堂、东西花厅、厢房以及通街厅道和一个附属小四合院组成。大门外的地方原来是竹林区和菜地。整个平面四横二纵，天井复天井。小天井连着大天井，大院落连着小院落，错落有致，别具特色，是客家移民在四川生产、生活的一部"活字典"。

②刘公馆

始建于晚清，位于洛带镇中街，占地3000平方米，建筑面积210平方米，现存近1000平方米，屋后为荷花池塘，建筑风格与巫氏大夫第类似，是洛带古镇现存重要的客家民居之一。

③郑家祠

为郑氏家族祖屋，也是客家民居的代表。其建筑平面布局与巫氏大夫第相类。现存祖屋后面两个小天井及东西两侧厢房。其特色之处在于墙壁上雕花木窗十分精致，地板为木板，天井与厢房的空间处置十分完美，采光很好，空气流通，为客家民居建筑中的精品。

■ 国家级文物保护单位——洛带会馆建筑群

洛带会馆建筑群是四川省保存最为完好的客家会馆建筑群。它既是一部浓缩了的客家移民史，又是一处集中展示客家文化的艺术殿堂，极具历史、建筑、文化、科学价值。鉴于此，《国务院关于核定并公布第六批全国重点文物保护单位的通知》国发[2006]19号文将洛带广东会馆、湖广会馆、江西会馆、川北会馆等均列为全国文物保护单位。

◆ 广东会馆

该会馆位于洛带老街上街南侧，清乾隆十一年（1746）由广东籍客家人捐资兴建，因崇尚佛教禅宗的

▲ 广东会馆全景图◎

▲ 广东会馆顶部◎

▲ 广东会馆厅堂陈设◎

创始者六祖慧能(被誉为"南华道人"),故该会馆又名"南华宫"。会馆坐北向南,主体建筑由戏台、乐楼、耳楼及前中后殿组成,呈中轴线对称排列,复四合院结构,总占地面积2712平方米,建筑面积2499平方米。广东会馆大殿石柱上有楹联多副,其中"云水苍茫,异地久栖巴子国;乡关迢递,归舟欲上粤王台"一联,最能反映出客家移民拓荒异乡、艰苦创业和思念故土之情状。而现代客家画家邱笑秋先生(龙泉驿区西河镇人,国家一级画师)为广东会馆创作并悬挂于中堂的一副对联:"叭叶子烟品西蜀土味;摆客家话温中原古音",更是以二三细节,传神地刻画出了客家人扎根四川后既融于巴蜀文化,又以"宁卖祖宗田,不丢客家言"的祖训,顽强传承自身文化的精神特质。广东会馆是目前全国保存最完好、规模最宏大的会馆之一,其封火墙建筑风格在四川绝无仅有。由于其气势巍峨,已成为洛带古镇的标志性建筑。

◆ **江西会馆**

该会馆位于洛带老街中街南侧,坐北向南,总占地面积1440平方米,建筑面积831平方米,由江西籍客家人于清乾隆十八年(1753)捐资兴建,供奉赣南乡贤神祇"许真君",又名"万寿宫"。主体建筑由大戏台、民居府、牌坊、前中后三殿及一个小戏台构成复四合院式。江西会馆的整体布局在建筑美学方面颇有价值,特别是它在中后殿之间的天井里还伸出一个小戏台,构思独特,环境空间布局十分完美,为四川客家会馆中所独有。四川客家研究中心、四川客家海外联谊会、四川省摄影家协会在洛带的基地都挂牌于该馆内。

▲ 江西会馆大门 ◎

▲ 江西会馆内戏台 ◎

① 湖广会馆●
② 湖广会馆内一角◎
③ 依照原样整体迁建的川北会馆◎
④ 川北会馆内戏台◎

◆ **湖广会馆**

该会馆位于洛带老街中街北侧，斜对江西会馆，为湖广籍移民于清乾隆十一年（1746）捐资修建，总占地面积2712平方米，建筑面积1637平方米。因供奉大禹，故该会馆又称"禹王宫"。会馆坐北朝南，依中轴线对称布局，由牌坊、戏台、耳楼、中后殿和左右厢房构成，全贴金装饰，为成都市旅游区内保存完好的湖广移民会馆的典型建筑。馆内天井虽无下水道，但无论下多大雨，即使街上已洪水漫涨，该处的水都不会淌水漫溢，为该馆的一大奇迹，传为大禹保佑之故。该会馆亦是四川客家博物馆所在地，通过图片、文献资料和实物，集中展示了客家人入川、安居、创业的艰难历程及其显著成就，为全国唯一综合性客家博物馆。

◆ **川北会馆**

该会馆现位于洛带老街上场口牌坊南130米的路东侧。会馆始建于清同治年间，总占地面积2820平方米，建筑面积837平方米，由川北籍商贾、士绅等筹资兴建。除了用于每年的定期祭祀、酬神演戏、平时聚会和接待当时从川北来成都的同乡外，更重要的是它还是清末时期的一个商务平台。当时很多川北的商务活动都在川北会馆进行。川北会馆的主体建筑由大殿、乐楼（即万年台）等构成，它的总体布局呈四合院式，中轴对称，融中国传统会馆建筑风格和川北的民风民俗为一体，集中反映了川北移民的社会生活，被称为晚清时期四川会馆中的典范。

该会馆于2001年依照原样从成都市卧龙桥街整体迁建于洛带古镇。

◆ 会馆建筑群点评

洛带会馆建筑群是一部浓缩了的客家移民史。自魏晋南北朝始，中原地区客家先民一路南徙，先后定居安徽、江苏、湖南、江西等地，宋统一后，逐渐定居闽、粤、赣，至此演化自成一系。清代前期，规模浩大的"湖广填四川"的移民运动，持续时间长达百年，客家人再次转迁，进入蜀地，至此，四川成为中国大陆客家人数最多的省份之一。入川落籍的客家人以会馆为中心，作为客家同乡聚会议事和祭祀的重要场所，同时这里也是同乡移民娱乐休闲之地。

洛带会馆建筑群是我省保存最为完好的建筑群。其中广东会馆在全国亦属保存最好的会馆之一，在客家人的心目中具有崇高的地位。客家会馆大多以中轴线对称布局，坐北朝南，寄寓对故乡的无限思念之情。入门楼为戏楼，也有将戏楼设于内院，两侧多为两层厢房，中为大坝，这是举行大型活动的场所，既独成章节，又与正堂紧密相连，将世俗的欢闹与殿堂的凝重有机地结合起来。

其中，广东会馆建筑特色最为典型，内中三重大殿依次排列，殿内设浑圆巨型木柱，十分庄重；正殿粤王楼，大厅内柱林立密布，排列有序，两侧梯道狭窄陡峭，可由此登至16米高的顶楼；顶楼之处，向北能俯瞰古镇全景，向南可眺望群山诸峰，秀色美景，一览无余。广东会馆顶部盖以黄、绿色琉璃筒瓦，正脊凌空横卧，重檐赞尖飞藏式中花高指云霄，脊状翼然，殿宇嵯峨，气势雄伟壮丽。湖广会馆为木结构单檐硬山卷棚式筒瓦房盖，八条石檐柱镌刻楹联四幅；其大殿为单檐硬山式，大殿前廊右端，置石拱门通入内院，拱门上方石额阴刻正书横读"湘雨"，左端置石拱门通入东套院，拱门上方石额阴刻正书横读"洞云"。江西会馆为复四合院布局，木结构卷棚硬山式房盖，筒瓦兽面勾头，花卉滴水，抬梁式梁架，扇面驼峰，巨型圆木立柱，抱鼓式柱础；院建小型戏台，卷棚歇山式房盖，筒瓦勾头滴水，四角立柱，上施藻井，砖石混砌须弥台基，飞椅式栏杆。

客家会馆建筑大多以砖砌风火墙，呈半圆形巨壁，高低参差，延绵起伏，犹如两条青龙腾空欲飞。各殿内圆木撑弓镂雕戏剧场面，卷棚天花中棚和屋脊等均雕刻有各式龙凤花鸟戏剧人物，造型逼真，精工细雕，十分考究，具有极高的艺术欣赏价值。

洛带会馆建筑群，正是以其丰厚的客家历史文化积淀与精美的建筑艺术品味，赢得了天下游人的青睐与赞美！

彰显客家文化的特殊景点与客家公园

◆ 龙亭

相传夏朝时期，有个叫刘累的人，专事御苑养龙。殊不知，一条龙突然得病死了，眼看国之大典将至，焦急之中，又闻孔甲帝要到御苑巡视，刘累迫于无奈，情急之中临时扎制了一条假龙以蒙混过关，这条假龙便成了中国舞龙史上第一条道具龙，刘家也就成了舞龙世家。及至清代前期，世居江西省赣州府安远县南水乡的刘家后人刘立琼、刘立璋兄弟二人，于雍正年间（1723—1735），携家带口，历尽艰难，跋山涉水，步行数旬，抵达西蜀。立琼公不幸在艰辛的旅途中死去，立璋公则率领刘氏两房人来到龙泉山下洛带宝胜村落业定居，立璋公亦成了赣南刘家进入龙泉地区的创业始祖。立璋公不忘祖业，当他第二次不畏艰辛返回赣南祖地后，即不远万里背回了刘氏祖传的"江西龙灯"。从此赣南舞龙世家"龙行东山"，扎制技艺与舞龙本事，代代相传，薪火不断，成为了远近闻名的东山刘家龙。所谓"龙亭"，即为纪念此番赣南舞龙入川之事而建，同时也含有客家人祈求龙王爷保佑风调雨顺、五谷丰登之意。

◆ **字库**

耕读传家、爱惜字纸是客家人的优良传统。有字的纸不能随便乱丢，任意糟蹋，都要集中起来焚烧。光绪六年（1880）于洛带镇上修建的字库塔，就是专为人们焚烧字纸提供的场所，镌刻于光绪六年的惜字碑即是有力的佐证。

◆ **四方塔**

洛带山川秀美，地灵人杰，自古以来，即是人文荟萃之地，亦因此而成为成都北东大路上的重镇，历来为成渝两地物资流通的中转站。而当四方移民大规模地落业西蜀之后，无论从成都前往简阳下重

▼ 四方塔◎

▶ 龙亭◎

▶ 字库◎

庆，或是到金堂五凤乘沱江之舟去外地，均要在此留宿一晚，鉴于此，客家人在镇上修建了一座四方塔，让早行的人们次日清晨来此塔内撞钟，以护佑旅途平安；随后饮龙池之水，既为避邪，又为解渴，然后方踏上漫漫旅程。

◆ 醒酒桩

康熙四十八年（1709），简州知府在洛带下街场口设醒酒桩，桩为石柱，柱高1米有余，柱上拴有一拇指粗细的铁链子。凡在场镇上醉酒的客家男人，都将被绑到这个石柱上，直至其酒醒后才放回家。这一举措在其他场镇实为少见，但在客家人聚居的洛带古镇却甚为奏效。不知今日酒后驾车者，见及此桩，可否引起高度警戒？该醒酒桩于新中国成立后被搬进了龙泉驿区博物馆。

◆ 四川省最早的公园之一：洛带客家公园

洛带客家公园位于凤仪巷北，占地总面积为12000平方米，建筑面积1557平方米，民国十七年（1928）时洛带团总刘惠安倡导地方群众集资修建，是四川省最早的公园之一。公园主要建筑为四馆、三亭、一祠。最具特色和价值的是园内的"女子茶社"，是过去客家妇女集中休闲品茶聊天的地方，不纳男宾。一副"尘世嚣嚣到厌烦时来暂歇；茶烟细细得清闲处且偷安"的对联，恰如其分地刻画出客家妇女与男人同等的社会地位和生活方式，是客家妇女生活的缩影。公园东侧的凝翠楼为小青瓦四合院，楼上曾为龙泉驿区第一座图书馆，曾藏有《万有文库》等书籍；峨山京剧社旧址也在该处。

▲ 醒酒桩◎

▶ 客家公园◎

（二）历史久远的古老寺庙与楼阁

■ 燃灯寺

燃灯寺现位于洛带八角井街北侧，该寺庙与洛带公园相对，建筑为大屋顶三重殿。燃灯寺旧址在今洛带镇三峨山，建于隋开皇（581–600）中，初名"信相寺"，唐初俗称"米母院"，唐会昌元年（841）武宗皇帝废天下寺庙时毁；大中九年（855）重建，咸通（860—874）中，改称"圣母院"。北宋大中祥符二年（1009）真宗皇帝赐名"瑞应祥院"，自此名声大振。元末毁于兵燹，明正统元年（1436）恢复。清嘉庆（1796—1820）年间，因其上殿有燃灯铁佛，改称"燃灯寺"至今。1988年3月，搬迁至现址按原样复建，总占地面积5398平方米，建筑面积1557平方米。1984年11月龙泉驿区政府以龙府发[1984]43号文将燃灯寺列为龙泉驿区区级文物保护单位。

■ 桃花寺大殿

桃花寺大殿位于洛带镇区的宝胜村，是龙泉驿区唯一仅存的明代大屋顶建筑。桃花寺初建于唐朝，后毁于兵燹，曾于明代嘉靖六年（1527）和崇祯八年（1635）前后两次进行修复。大殿坐东向西，木结构单檐歇山式瓦屋顶，抬梁式梁架，前廊子和后夹室明间之雕花瓜楞，承于翘头式华拱之上，并施雕花角背，华拱则置于补间栌斗之上；前檐圆形石柱，抱鼓式柱础，殿内四柱，覆盆式柱础，素面台几基前置阶梯式踏道三级，后明间石砌方形须弥座神台。寺内石刻佛像非常精美，堪称一绝，庙中主供释迦牟尼，现仅存大殿。1988年龙泉驿区政府以龙府发[1988]23号文将桃花寺大殿列为龙泉驿区区级文物保护单位。

▲ 燃灯寺◎

▲ 三峨山燃灯寺旧址◎

▲ 桃花寺大殿◎

▲ 五凤楼◎

■ 五凤楼

五凤楼，又名凤仪阁，三国时期，洛带为蜀汉的后花园，阿斗刘禅经常来此游玩，其母甘夫人也时常陪伴，于是朝廷专门在此修建了凤仪馆、凤仪阁，备皇后、阿斗一行小憩。现洛带老街中的凤仪巷即因此得名并保留至今。五凤楼即是参照该历史传说复建的凤仪阁，楼高23.8米，其装饰由1500只凤凰图案组成，煞是巍峨壮观。

（三）四季飘香的客家菜与风味小吃

■ 自成系列的客家菜

客家菜多自成系列，最著名的为客家九斗碗、烟熏油烫鹅、盐焗鸡等。现洛带供销社饭店的烟熏油烫鹅、新民饭店的野山菌全席、客家酒楼的水酥和面皮汤等特色菜，远

▶ 烟熏油烫鹅◎

▼ 客家品碗◎

▲ 软炸山菌◎

▲ 鲜溜乌鱼片◎

◀ 毛麻花◎
▼ 毛婆婆凉粉◎
▶ 伤心凉粉◎
▲ 李记天鹅蛋◎
▲ 高婆麻糖◎

近闻名。尤其是夏季，正值野山菌（当地人称鸡肉菌）出山之际，慕名前往的食客更是络绎不绝。

■ 主要客家风味小吃

洛带古镇的客家风味小吃形式多样，味道独特。其中客家伤心凉粉、毛麻花、毛婆婆凉粉、高婆麻糖、李记天鹅蛋等都远近闻名，深受游客朋友的喜爱。

（四）客家特色的娱乐健身器材与手工艺制品

■ 小型娱乐健身器材

◆ 陀螺

陀螺是客家人入川时带来的一种小型木质健身运动器材，民间称"牛牛"。直径大多为3到10公分，大小规格不等，具有很强的娱乐健身性。玩陀螺者一般为男性幼童。陀螺制作简单，娱乐性强，场地适应面广，可自己制作，也可在洛带街上小店购买。

◆ 响簧

响簧规格一般直径为5到20公分，大小不等，响声犹如黄牛叫，具有很强的娱乐健身性，老少咸宜，对肩周炎的治疗有一定的帮助。此为洛带特产，需到洛带老街手工工艺店购买。

◆ 地转子

地转子形状像蘑菇，由民间手工匠人专门制作。一般成年人玩得较多。规格一般有4到10个风门不等。风门越多，直径越大，所费力气就越大，扯出的声音也就越是悦耳动听，具有很强的娱乐健身性。此亦为洛带特产，需到洛带老街手工工艺店购买。

◆ 鸡公车

鸡公车原产于北方，客家人自晋唐以来的

▲ 洛带少年玩响簧◎

▲ 陀螺◎

▲ 地转子◎

▲ 其乐融融◎

几次迁徙，均将其作为重要的交通工具使用。现在将其作为旅游产品以资纪念。鸡公车分为两种：一种为载人鸡公车，又叫"矮车"；另一种为载货鸡公车，又叫"高车"。在洛带，你可以去坐坐鸡公车，在娱乐之中体味一下客家先祖转辗迁徙的万般艰辛；也可到洛带老街去购买一架制作精美的微型鸡公车，作为居家装饰用品。

■ 精美的手工艺制品

◆ 猪儿帽

猪儿帽为客家幼童独有的头饰。其规格分为大、中、小号。在客家人的心目中，猪儿帽别有寓意，他们认为：幼儿带了猪儿帽，就会像猪儿一样健康、好养。

◆ 草鞋

洛带草鞋，价廉物美，制作方便，宜走山路，具有吸汗的功能，是由客家人从江西带入西蜀的产物，是客家汉子劳作时的穿着。而今，心灵手巧的客家妇女用山上的蓑草加上麻绳等各种材料，在草鞋机上编织成各式各样的便鞋、拖鞋，既好看，又实用，同时亦寄寓了对入川先祖的追思之情。

▲ 猪儿帽◎

▶ 手工绣花鞋垫◎

▲ 各式各样的草编鞋◎

◆ 手工绣花鞋垫

绣花鞋垫为洛带民间传统的手工艺制品。客家人以前有传统，未过门的女子要为自己的男人做绣花鞋垫，做得越精致就表明女子越贤惠。而今，洛带手工绣花鞋垫越做越精美，或花团锦簇，或红梅凌霜，或鸟飞鱼跃，或寒鸭戏水，各式图纹，应有尽有，往往令游人爱不释手。挑上几双你特别钟情的绣花鞋垫带回去吧，它会时常勾起你曾到洛带旅游的美好记忆。

（五）丰富多彩的客家民俗风情

■ 独具客家特色的传统节日

◆ 火龙节

在洛带，每年元宵佳节舞火龙、烧火龙，原已成为客家人约定俗成的传统活动，故"元宵佳节"又称"火龙节"。后来为配合龙泉区的桃花节，改在了3月18日。

洛带的客家火龙舞以"刘家龙"最负盛名，其名得于参加舞龙的都是江西籍客家人中的刘氏家族人。刘氏家族人在洛带镇已经居住了14代300余年之久，刘家吉庆节日在古镇舞火龙，也已有300多年的历史了。

刘家火龙舞直接从中国古代龙舞发展而来，历史悠久，家族内部传承，一直没有中断，因此保存了

▲ 烧火龙◎

▲ 客家水龙舞◎

较多的中国古代舞龙最原始的程序和古朴的仪式。火龙共由七节组成，由刘氏家族人按照祖传的定式扎制。舞龙者皆赤裸上身，唯穿短裤一条，龙头龙身，上下腾挪，龙尾摇摆，灵动自如。观舞者用烟花喷烧，欢呼不已。烟花是吉祥的写照、财运的象征，烧得越红，则吉财越旺。火龙节自重新兴起后在洛带古镇已举行七届。

◆ 水龙节

而每逢夏日伏旱的"水龙节"，洛带的客家水龙舞，亦仍然以"刘家龙"最负盛名。水龙由九节组成，水龙上腾下挪，宛若穿行天际，兴云布雨；观舞者用水枪喷射，水盆倾泼，前追后堵，忙得不亦乐乎。舞者与观者，攻防进退，煞是刺激！客家人向来视水为实财，泼得越湿，人财越丰。在自古以来缺水而多伏旱的成都东山，水龙大显身手，即有着祈求上天普降甘霖的文化意蕴在。鉴于此，客家水龙舞亦成为了客家民俗文化中最具吸引力的一项活动。

◆ 清明祈福大典

明末清初，客家先民自闽、粤、赣聚居地出发，向蜀地迁徙。"携家室，负粮粮，跋山涉水，栉风沐雨，数千旦不畏艰险，负担奔走；夜宿祠庙、岩屋、山洞，取石支锅，拾柴做饭"，一路上历尽艰辛，饱经风霜。至洛带，垦荒种田，搭棚建屋，勤劳稼穑，贸易江湖，披星戴月，艰难创业。三百年来，扎根洛带的客家人及其后裔，艰苦奋斗，耕读传家，祖音不改，顽强地坚守、传承着客家文化。作为恪守儒道的中原古汉民后裔，客家人更是具有重名节、薄功利，重孝悌、薄强权，重文教、薄无知，重信义、薄小人的道德价值观。作为移民文化，客家文化又具有四海为家，冒险进取，敬祖睦宗，爱国爱乡、生生不息、与时俱进的特点。特别是他们对祖先的崇敬衍发而成的一种友爱团结、和谐和睦的民俗习尚，对于我们今天弘扬中华民族尊老敬祖的优良传统，构建和谐社会，都有着十分重要的现实意义

▲ 清明祈福大典上的女子龙灯舞◎

和深远的历史意义。

清明节是中华民族的传统民俗节日，也是家族团聚、追忆祖先、重温历史、教育后代的重要节日。每逢这一天，洛带客家人都要隆重举行祭祖祈福大典，借此祭奠先祖，表达不忘祖辈艰难创业的大恩大德和敬祖睦宗、耕读传家的美好心愿，并以祈求家庭和睦、家业昌盛、社会和谐、不断发展。

■ 热辣而繁琐的婚姻习俗

婚姻乃是人生的一件大事，在我国不同民族和地区，均被十分看重。尽管长期以来所形成的相关习俗各有差异，但都具有相同的最基本的格调。这种格调，既不同于人生之时的躁动和不安，也不同于人死之际的沉郁与苍凉，它总是以一种游艺性质十分明显的热辣风格展现在世人眼前。

洛带客家人的婚姻习俗，既保留有中原民俗文化的基因，又掺杂有粤、赣、闽等地区的地方性仪礼法则，所以，其风格显得更为热辣而繁琐，文化内涵尤为绚丽和丰厚。随着人们生活水平和认识水平的提高，其中一些旧有的礼俗和过于繁琐的细节，虽然已经慢慢消失，代之而起的是更为文明和实用的新风尚，但其传统婚俗的独特和热辣之处，却仍然保留在客家人的记忆之中，并不时将其中的部分程序，掺和上现代新内容，热热闹闹地火上一把。鉴于此，我们不妨将客家人的婚姻习俗及其礼仪程序中一些较有特色的内容介绍于下，以供游人对洛带客家民俗风情细加品味。

◆ 花样繁多的"合八字"

客家一旦有媒人上门提亲，第一件事就是请专门的"八字先生"进行查看，以确定男女双方的"八字"是否相合。按照客家传统的婚姻观：合，则令夫妻恩爱同心、白头偕老，后代子孙健康成长；不合，则家境不宁，妻离子散，家庭解体。因此，它是婚姻能否成功的先决条件。八字又分"草八字"和

"红八字"。草八字,是指媒人最初向女家讨取的八字帖,由于多书于草纸上,故称"草八字"。另外还有一种用嘴说的,称作"口八字"。两者都不属于正规的八字帖。"红八字"则不然,它是将男女双方的八字写在很正规的红纸封套内,表示两家正式定亲。

新中国成立前,客家另有一种合八字的土办法,即不通过"八字先生"查看,而直接由男家把双方的八字分别装入碗中,放在水缸里面,缸口用盖封严,经过一日一夜,再揭开看视。如果二碗相偎相倚有并蒂之势,那么说明这对新人的八字相合;反之,则不合。男家讨取女方的八字帖后,又通常要和自己的八字帖一起,双双压在家中神龛的香炉下面,让供奉在家的天地神灵和历代先祖考察。若八字合不来,家中便会出现某种不祥的预兆。当然,以上这些都属于旧的封建礼俗,为现代客家人所摒弃。至于"父母之命"、"媒妁之言"、"门当户对"等等陈旧的婚姻观念,亦早也不是如今洛带客家人择偶的重要依据了。

▲ 迎亲队伍穿街而来◎

▲ 走出小巷的迎亲队伍◎

▲ 新郎新娘敬献烟酒◎

◆ 花花绿绿的过礼奇观

洛带客家人结亲，一般被安排在冬腊月。这时正值农闲，人们刚刚从忙碌的收获季节里安闲下来，有足够的时间和精力来操办婚事。客家结亲历来都是伴随着丰收之后的喜悦，因而呈现出一种无比欢乐和祥和的热闹气氛。

过礼，则是在结亲的当天上午（或前一日）进行，也就是由男女双方互相交换结婚礼物。首先由男方选年轻健壮的男子数名，作为前往女方家里的送礼之人。这些人装扮洁净，相貌英俊。礼物大多是用红墨水点染过的花生、鸡蛋、核桃，以及一个完整的猪头和数十把挂面。关于猪头，客家人有专门的顺口溜述说它的好处："猪头扁尖，换你屋里的大毛辫。"女方回礼实际上是娘家的陪奁和嫁妆，这些回礼不需自送，就由男方送礼之人顺便带回。

由于"过礼"通常是用箩装肩挑，因此到了冬腊月，客家聚居地的乡村田野便呈现出一种花花绿绿的过礼奇观，一拨刚去，一拨又来，引得过往行人和田中农夫翘首观望。

◆ "一刀判吉凶"的杀喜猪

客家结亲时的杀猪和年节杀猪不同，年节杀猪一般在院外空旷处，而结亲时的杀猪则在堂屋中。家主以是否一刀致命判别结亲后的吉凶。

◆ 哀婉凄绝的"哭嫁"内容与寓意

新娘在过门的前一天晚上，必须在娘家伤伤心心地大哭一场。此称为"哭嫁"。哭前在水桶中点起七星灯，父母焚香祭祖，禀告女儿即将出嫁的消息。女儿跪在红毡或蒲团上，哭述亲爹亲娘、哥嫂弟兄往日的好处，以及对过门以后的惶悚和不安。父母双双坐于高凳上，也随之泪眼婆娑。客家哭嫁的歌词哀婉凄绝，自成体系，表达出旧时代女子婚姻不能自主的悲伤心情。客家哭嫁还喻示着女子的贞洁，因此，哭得越是长久和动容，越是能引起人们的同情和好感。

◆ "上头开脸"的仪式与忌讳

新娘于出嫁当日清晨需早起，穿好嫁装坐在妆台前，背上背一面镜子、一本日历，脚下踏着一面竹筛。懂得"皇历"的妇女在新娘子背上耐心翻看日历，待择得上头吉辰，再由另一名女客操梳。通常只梳三下，然后用丝线搓绞新妇脸上颈下的汗毛。此时忌讳毛脸姑娘、孕妇、寡妇在旁窥看。

◆ 迎亲、送亲的人员组合

迎亲之时，由媒人率新郎及十二名童男，一起前往女家。去时，媒人手提一只红毛线拴缚住提梁的烘笼，预备给新娘暖轿时使用，因为过去的客家新娘出嫁，无论贫富，都是坐轿前往。烘笼的另一个用处，据说是为了新娘解手方便。倘若遇到几十里、上百里的路程，有个烘笼在轿中，也可免新娘内急之苦。娘家送亲，则需挑选四到六对童男童女，随同新娘和媒人一起，前往男家。

◆ 拦媒、谢媒、"回车马"与进门礼仪

当媒人率新郎等来到女家，女家需用长凳拦住大门，其余通道也派人把守，俗称"拦媒"。拦媒反映了旧时妇女对待媒人的客观态度。谢媒则不同，当媒人把新娘迎回男家时，并不急于进入男家院落，而是于大门外傲然而立，等待新郎及其父母前去谢媒（客家也称"谢红"）。媒人此时信口诌说四言八句，到一段落，男家需马上递以"红包"。不满其欲，则不肯进屋。

旧时花轿抵达男家，还要行"回车马仪"。俗传新妇出嫁，本家死去的祖宗也要前来送亲，故此时需将其遣回。通常主持回车马仪的都是客家厨师，因厨师对当地的红白习俗大多了如指掌。厨师先要在托盘

上盛一碗米，点燃九品大蜡，然后一面念回车马词，一面抓盘中米各处撒打。鞭炮过后，厨师操刀，割破一只雄鸡的喉咙，速以血环洒花轿四周，一直洒到新房门前；并将一片鸡毛，沾血贴于新房门楣上。

轿夫一直将轿子抬入男家天井，一头搁在堂屋台基上，一头歇在下面天井里，前高后低，斜置地面。这时男家须上前拜谢轿夫。当轿夫将轿落于堂屋之中，口中即念念有词："轿子落地，买田置地；轿子放平，儿女成群。"新娘子下轿，烘笼交给一个活泼可爱的小男孩提着。这时候会有一个人急忙赶上，端米筛在新娘子头上猛筛。筛内放着柏树枝，枝丫上拴着小铜钱。还有一人接过小孩手中烘笼，跑到厨房，添火加炭，提出后放在堂屋地下，用一个大箩筐覆盖其上。娘亲牵引新娘坐在箩筐上，意思是：'烘胎'。烘胎的时候，必须得有妇女在旁念诵歌谣："今年坐箩箩，明年做阿婆……"以盼其早生早养，及早完成承嗣香火的任务。

◆ 新郎踩席习俗与婚宴上对娘家人的优待

拜堂结束，新郎即穿着鞋跳到厅堂中的席子上，将席子四角——踩踏，踩后新娘方能落座。这种踩席习俗，据说可以免除新娘今后外遇的可能性。

婚宴开始后，新郎新娘则挨桌敬散烟酒糖，务必成双敬赠。受敬者需要即兴说唱祝贺词。送亲而来的娘家人单坐一桌，位置在堂屋正厅，且桌上的菜要比其他桌子多出三样，这三样不能与其他菜相重复。既然男女两家已结为秦晋，男家在道义上理当对娘家的人格外优待。

◆ 安装床榻的戏谑仪式——闹房

客家闹房仪式实际上是安装床榻的戏谑仪式，并通常由木匠主持，一面架接床框、安装床板，一面和围观的人一道取闹。这时闹房的人大多是男子，一个个出口成章，言语粗放。木匠不时穿插一段具有固定格式的"斗床歌"，以此作为仪式的引导。

男子闹过，则由妇女、老人和孩子前去闹房。客家有经验的闹房者，往往能够触景生情，随手拿起一物，即能编出合理、押韵的顺口溜。这种顺口溜，实际也就是中国古老的"撒帐词"的变本。一词既出，新人必须向诌说者散发喜糖喜钱。这时烘笼已提入洞房，置于床前，称为"暖房"。

◆ 焚香膜拜男家灶神与回门及"会亲"仪式

新娘在结亲后的次日清晨，需要向公公婆婆敬奉洗脸水。尤其是第三日清早，要焚香膜拜男家的灶神。祈盼灶神赐福自己，烧火熊旺，煮出的饭菜香甜可口。

婚后三天或五天，"回门"的日子到了，由新娘家中姐妹等女眷邀请新郎新娘一起回女家做客。吃罢午宴，当日归来。回门过后，男家还要举行"会亲"仪式，遍邀女家亲友前往赴席，以加深彼此间的了解和认识。自此以后，一对新人共同的人生历程就算正式开始。

婚后月余，新娘家中还会派人向新郎新娘送去小鸡、蔬菜、谷物、种子、豆子。寓意五谷丰登、人丁兴旺。

■ 形式多样的民间文艺活动

洛带民间文艺活动，虽然以客家文化作为底蕴，但自新中国成立以后，随着时代的进步、文明的昌盛，各种外来文化亦悄然渗入洛带民间，因而该镇的群众文艺活动亦呈现出多样性与丰富性的特点，可供游人大饱眼福。

▲ 洛带腰鼓◎

▶ 广场群舞一瞥（任桂园 拍摄）

◆ 龙灯舞

客家龙舞，我们在前面着重介绍了"刘家龙"，其实，在五方杂处的文化洛带，龙灯造型、结构和玩法，亦多种多样。如加以区分，则可分为彩龙、火龙、脱节龙、水龙、小金龙等五大类。一到节庆吉日，各路龙灯，倾巢出动，争奇斗胜，各显身手。彩龙造型精美，表演多在白昼，重在舞玩。火龙则在夜间表演，任由观众用花筒火焰喷烧。脱节龙各节互不相连。小金龙仅7节，形体较小。水龙则用竹篾和树枝扎制，旧时天旱祈雨时舞玩，而今却已成为洛带一项民间文艺活动。表演龙灯需30至50人，动作主要为横舞"8"字，旧时龙灯舞有各种阵式，主要有"老龙退壳"、"张公掉雨"、"海中捞宝"、"老龙衔水"等。

◆ 狮灯

民国时期，每逢春节，狮灯多在洛带场镇表演，以示拜年。新中国成立后，除春节外，重大节日，也有狮灯表演或游行。

狮灯，主要由4人表演，其中2人扮演狮子，1人扮演笑和尚，1人扮演猴子。另有打击乐队（秧歌锣鼓）、执灯者若干人。

狮灯分平台和高台两种。平台系地面表演。高台又称"翻五台"，一般用5张（多可到12张）方桌重叠，笑和尚、猴子、狮子依次翻登至顶端，表演各种惊险动作。

狮灯有各种阵法，极似今之哑剧，破阵时一般由猴子与笑和尚破释。

狮灯有"南狮"、"北狮"之分，而近年的洛带狮灯，汲取了南北狮灯各自造型的长处，故其造型显得更加完美而逼真。狮子头硕大方正，色彩鲜明，口能开合，眼可睁闭。狮身通体黄色，长毛飘飘，表演时浑然一体，不露人腿脚，如真狮一般，就其造型而言，亦不失为一种工艺品。

◆ 连萧

连萧，亦写作"连宵"、"连响"、"连相"等。在洛带等地，连萧又叫"柳连柳"，以其唱词的和声有"柳连柳"等字句而得名。民国时期的连萧多系单人表演，边唱边舞，有人帮腔。新中国成立后，多为集体表演，并有民乐伴奏。

连萧队一般由8至24人组成，每人手持长约1米、两头嵌有小铜钱的竹竿，或击打地面，或与身体各部位相碰，以发出有节奏的响声，故"打连萧"又称"打钱棍"。近来的连萧表演，特别重视服装和化妆，队形、舞姿，也有不少改进，颇受群众欢迎。

◆ 快板

快板，本为旧时代乞丐行乞时演唱，见啥唱啥，俗称"莲花闹"。新中国成立后，在洛带群众文艺表演中，常有此类节目，唱词均为自编。1978年洛带镇文化专干林洪镕创作的对口快板《访新村》，曾获成都市文艺汇演创作二等奖。

◆ 奋进腰鼓

20世纪40年代从华北传来，一度成为群众喜闻乐见的民间流行舞蹈。建国初期，凡主要节日和党政部门召集的重要喜庆集会，几乎都有这种表演活动。而洛带腰鼓，在成都四郊区县最为著名。1991年初，王文训、刘世英、何朝富等人根据张龙创作的《奋进腰鼓》音乐，选拔出50名女青年和8名男青年组成洛带腰鼓队，进行排练，并在当年成都龙泉区"党旗颂"大型文艺晚会上，一炮走红，大获成功。此后，又参加了成都市第三届艺术节开幕式的化装游行表演，获得了成都广大市民的一致称赞。洛带奋进腰鼓，队形变化多样，动作矫健有力，着装鲜艳浓烈，鼓声整齐划一，行进间彩带飘舞，鼓声动地，虎虎有生气，常令观者赞叹不已。

◆ 千人共舞

每当夕阳西下、红霞满天，日出而作、日落而息的洛带人，便不约而同地来到了宽阔的客家广场，和着节奏明快的现代音乐，踏着轻松愉快的步子，翩然起舞。及至夜色四合、四周的古建筑幻化成轮廓分明的剪影的时候，广场上的舞者早已不下千人。老中青少，各自组成方阵，音乐同一，而舞步迥异；亦有摇扇独舞者，更是大步流星，穿梭于方阵之间。偶尔能听见一二声"土广东话"，你会猜想，说话人很可能是客家人的后裔，或许是留宿古镇的外地游人在学说"土广东"，但大家欢聚一场，其乐融融，早已跳得得意忘形，不分彼此，哪管南北西东，四海五湖。这便是当今洛带场面最为壮观的民间文艺活动，亦是最富有生气、最为健康的大众休闲娱乐！当你饱览洛带古镇诸般文化景点之余，不妨留下来吧，融入这千人共舞的热烈氛围之中，或许能让你荡尽白日里游玩的倦意，欣然起舞而浑身轻松。

（六）洛带辖区优美的自然环境与现代人文景观

洛带镇辖区总面积为43平方公里，地形东高西低,丘陵山区23平方公里，平坝20平方公里。境内平均海拔550米,最高海拔836米，最低处海拔514米。境内属我国中亚热带湿润季风气候区中部，气候温和，光温条件较好，年平均气温16.1℃，最低气温-4.8℃，最冷月(一月)均温5.7℃，最热月(七月)均温25.0℃。年内四季分明，春来较早，夏长秋短，无酷暑严寒，无霜期累计年平均280天。常年雨量充沛，平均年降水量921毫米。这样的地理环境与气候条件，正适宜各种林木与农作物的繁茂生长。

而今，全镇各处已广植果树，主要水果品种有水蜜桃、枇杷、冬草莓、葡萄、丰水梨、樱桃、李子

等，其产品大量销售国内外市场；所产水蜜桃，被誉为"天下第一桃"。

镇东三峨山，更是川西平原东面的绿色屏障。林地面积总计达22491亩，绿化率99.6%。山上有红豆木、古柏、松树、桂花、香樟等树种，树龄大多在两、三百年以上。其中有10余株红豆树最为珍贵，是客家先民念念不忘故土的历史见证和寄托相思的象征物。据传是客家先民清初入川时从广东带来的红豆种点播于此，经精心培育护理，方才长成今天的参天大树。

山上的玉带湖，面积达220亩，储水量120万立方米；湖畔四周，丛林掩映，果树环绕，空气纯净，清爽宜人，实乃休闲避暑的旅游胜地。

如果有兴趣，再向北东，直走金龙村，那里的现代人文景观——金龙仿古长城，定会让你倍感惊奇。盘亘在山的金龙长城犹如巨龙，昂首向天，左腾右挪，蜿蜒起伏于苍松翠柏之间。这是客家人传承千年的龙文化的现代演绎，是古老乐章的建筑凝固。"不到长城非好汉"！登上烽火台，放眼四望，你会发现，金龙湖碧如龙潭，金龙寺卧藏绿中，凉风嗖嗖，林涛阵阵，宛若客家舞龙锣鼓声急促响起，眼前的景象，定会让你联想到当年客家先辈走进东山，筚路蓝缕，创建美好家园的非凡勇气与万般艰辛。

① 金龙长城入口◎
② 三峨山上玉带湖◎
③ 与古柏相生一处的红豆树◎
④ 蜿蜒起伏的金龙长城◎
⑤ 金龙长城烽火台◎

（七）洛带古镇导游图与客栈旅馆简介

■ 洛带古镇导游图

▲ 洛带古镇导游图◎　　　　　　　　　　　　▲ 镇域历史文化遗存分布图◎

■ 客栈旅馆

▼ 金宫馆◎

▲ 东山别院◎

▼ 金宫馆客房◎

▲ 家宾客栈◎

酒　　店	电　　话
金宫馆	028—84892008
供销社旅馆	028—84893137
东山别院	028—84892168
添智客栈	13668133526
家宾客栈	028—84893275

三、出行指南

洛带古镇西距成都市城区约17公里，南距成都经济开发区10公里，距成渝高速公路立交桥接口4公里，距成南高速黄土出口5公里,北距成渝铁路线洪安火车站7公里，距成都双流国际机场30公里，交通十分便捷。可在成都市内乘坐81路、58路等到五桂桥汽车总站，那里直达洛带的219路公交车几分钟就有一班。也可在成都新南门乘坐空调快车直达洛带。

自驾车从成都到洛带只需十来分钟。

850路　龙泉——洛带
冬季6：00——18：00
夏季6：00——19：30

219路　成都——洛带
五桂桥6：00——20：30
洛　带6：00——20：00
成都新南门——洛带空调快车
冬季6：00——18：00
夏季6：00——19：30

四、保护规划与前景展望

随着成都市向东向南发展战略的实施，洛带，作为离成都市区最近的一个古镇，十几年

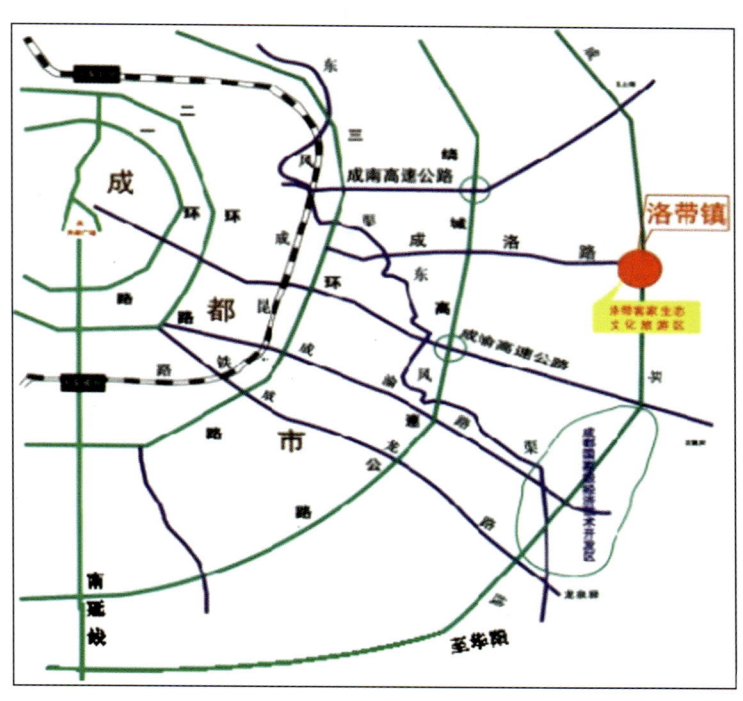

▲ 出行指南◎

▲ 洛带保护区划分示意图◎

来，一直得到省、市、区、镇各级政府的高度重视和关注。在城市的快速发展中，为使洛带古镇珍贵的历史文化资源得到很好的保护和利用，对客家先辈留下的宝贵遗产进行深入地挖掘，早在1996年11月，洛带镇人民政府即发布了《关于集镇规划建设管理制度的通告》，明确规定洛带老街内的所有住户，未经许可不得(将其住房)拆除重建或任意装饰，特殊情况需改造的，应先申请，配备建设图纸及建筑装饰色彩，经政府同意后方可建设。1999年至2000年，洛带镇人民政府先后委托四川省社会科学院、四川旅游资源研究中心、西南交大、重庆大学编制了《成都市洛带镇旅游发展总体规划》、《洛带客家古镇修建性详细规划》、《洛带古镇核心保护区控制性详细规划》；2005年3月，按照国家建设部、省建设厅关于申报全国历史文化名镇的要求，又委托成都市城镇规划设计研究院，对古镇保护规划作了进一步的补充和完善。

规划保护范围确定为核心保护区、建设控制区、风貌协调区三大区域。

核心保护区：以洛带上下古街为中心，东至成环路，西至槐树街，北至八角井街（含四川客家博物馆），南至粮站——江西会馆——区二医院一线围墙，面积为26.72公顷。

建设控制区：东以龙洪路为界（含川北会馆），南以徐家河外围规划道为界，西止槐树街，北以八角井街为界（含燃灯寺）。建设控制面积为58.75公顷。

风貌协调区：指建设控制区以外的城镇规划建设用地，面积340公顷，该区以自然山体环境区和城镇新发展区两个方面加以协调控制。

历史街区的保护无疑是核心保护区中的重中之重。规划确定，洛带古镇一横七纵的树枝状路网传统格局保持不变。历史街区内的建筑和街巷以保护和维护为主，建筑层高控制在2-3层，所有建筑高度不得超过广东会馆玉皇殿的高度。站在东部三峨山上，俯瞰古镇，就像一条摆动的巨龙，一横为龙身，七纵为龙爪。鉴于此，规划拟在成洛路和槐树街交叉处，建设入口广场，意为龙头，在上、下场口交汇处，建设会馆广场，在广东会馆对面恢复字库，修建字库广场。为使各景观轴线视廊通透，拆除障碍物和影响景观的建构物，恢复洛带古镇空间形象。

本着"有效保护、合理利用、科学管理"和"修旧如故"的原则，经过近十年的维护和整治，一街七巷子、四大会馆及四川洛带博物馆、客家公园、客家

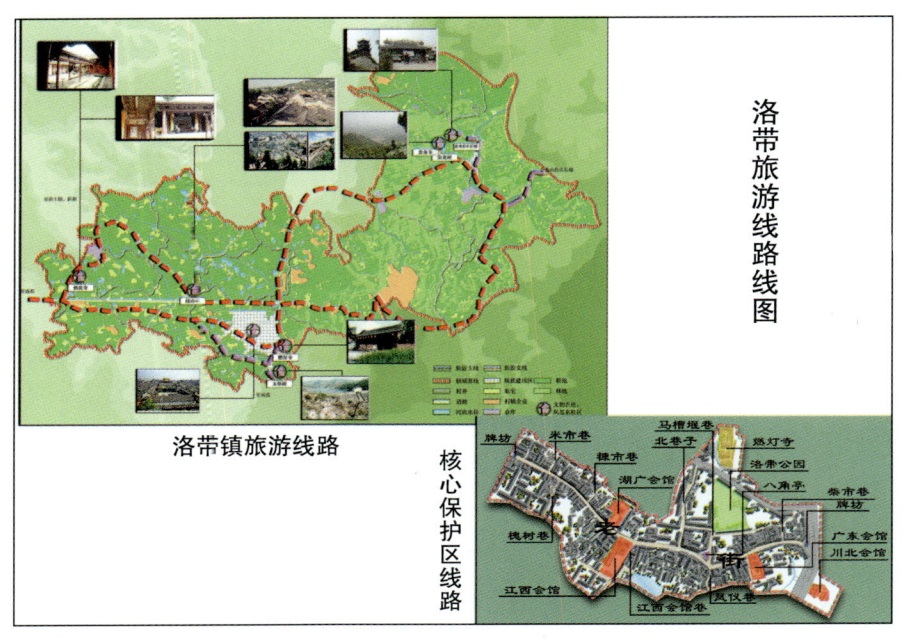

▲ 洛带旅游线路示意图 ◎

广场等均得到了良好的保护和科学的展示，古镇风貌基本恢复，客家文化得到了较为完美的展现。

随着旅游业的蓬勃发展，以文化产业为主导产业的洛带古镇，如今已是游人如织，蒸蒸日上。在上级领导部门的指导下，洛带镇人民政府决定：跳开古镇谋发展，以疏散游人，使古镇进一步得到有效的保护。鉴于此，对周边自然山水环境和城镇风貌协调区的发展控制，已正式纳入规划实施。

洛带镇东的三峨山，位于龙泉山北东段西侧，从成都平原拔地而起，山虽不高，却气宇轩昂；站在山上，可俯瞰洛带古镇，远眺成都平原。这无疑是洛带龙脉汇合的风水宝地。目前，遍山植被已得到良好的保护，松柏成片，果树成林，珍贵的红豆树已挂牌落实单位负责。山上的玉带湖，本为李家沟水库，水质纯净，尽可直接饮用；而湖畔环境，则拟进一步加以整治，使之成为名副其实的休闲避暑的绝佳境地。南面风貌协调区，拟充分利用黄家河等两条水系，使城镇建筑与山水景观融为一体，河道两岸河堤以自然风貌为主，以保护良好的生态河岸状态。北东金龙湖金龙长城风景区，亦将得到进一步完善。这些新增加的景点景区，严禁新建欧式建筑，所有建筑均应与客家古镇居住建筑相协调，以充分体现客家传统文化的气质与风韵。

无论三峨山、玉带湖，或者镇南生态河岸景观，抑或金龙湖金龙长城风景区，都将成为洛带古镇文化旅游的最佳延伸和补充。可以预料，不久的将来，洛带文化旅游的空间将得到最大化的拓展。当你再次走进洛带，美丽的自然景观与浓郁的客家文化氛围将一齐扑面而来，让你感到美不胜收，流连忘返！

主要参考文献

【唐】李吉甫撰：《元和郡县志·剑南道·成都府》卷三十二，上海古籍出版社《四库全书》影印本，1987年版。（以下版本与此相同者，均简称：四库全书本）

【宋】乐史撰：《太平寰宇记·剑南西道一·益州》卷七十二，四库全书本。

【宋】欧阳忞撰：《舆地广记·成都府》卷二十九，四库全书本。

【宋】扈仲荣等编：《成都文类·记·祠庙一》卷三十二，四库全书本。

【宋】扈仲荣等编：《成都文类·记·寺观三》卷三十八，四库全书本。

【明】曹学佺撰.：《蜀中广记·高僧记》卷八十一，四库全书本。

谭其骧：《中国历史地图集·秦汉时期》第2册，中国地图出版社，1982年版。

肖 平：《湖广填四川》，成都时代出版社，2005年1月第1版。

陈世松：《大迁徙：湖广填四川历史解读》，四川人民出版社，2005年9月第1版。

孙晓芬：《明清的江西湖广人与四川》，四川大学出版社，2005年10月第1版。

中国上海世博论坛：《中国历史文化名镇保护与开发枫泾宣言》，2009年6月4日。

成都市城镇规划设计研究院：《龙泉驿区洛带古镇保护规划》，2005年10月。

※ 原基本图文资料由洛带镇人民政府提供，陈方全、杨建洪、李晓霞、徐波、李丹等收集整理。

02 青白江区城厢镇

　　青白江区城厢镇，位于成都市东北郊，距成都市区31公里。其西北6公里处，即青白江区政府所在地。该镇城区面积2.06平方公里，城区人口1.8万人。

　　城厢镇地处川西平原都江堰自流灌区。沱江支流毗河流经该镇西南，绣川河、茅家河流经该镇南北，与城厢古镇护城河形成水网，加之马堰、粉子堰、后江堰、壁山渠等完善的水系，更是将城厢古镇置于水网之中，形成一道独特的风景线。

　　该镇海拔451-480米，气候温和，属亚热带温湿季风气候，雨量充沛，四季分明，日照偏少，无霜期长，常年气温15.8℃，降雨量952.4毫米，无霜期279天。镇内地形平坦，土层深厚，养分充足，质地沙黏适中，保水保肥力强，能排能灌，故而农业发达，水产丰盛，尤显天府之国之魅力。

　　城厢，正是由于它优越的地理环境与自然条件，所以自古以来，即为人文荟萃之地。它不仅保留了众多的历史文化遗存，可供世人观瞻；同时亦养育了不少近现代名人，可供游客寻踪访迹，于潜移默化中接受一份难得的精神洗礼。至于四周众多的自然景观与人文景观，更是将体现浓郁的川西民俗风情的各式建筑，与当地的自然生态风光和谐地融为一体，水天共色，风物秀美，植被繁茂，环境幽雅，美食美味，随处可寻，直令游人流连忘返。

　　城厢，早在1992年即被命名为省级历史文化名镇；2000年批准为小城镇建设试点镇单位；2005年又批准为优先发展重点镇，并获得了"成都市最具魅力发展古镇"之美誉。

图片：● 严永聪　摄影
　　　○ 任桂园　拍摄
　　　◎ 城厢镇人民政府提供

一、890余年的县城建置史与厚重的文化积淀

（一）始建于北宋中期的金堂古县城

城厢古镇自汉代即为先民聚落。西汉武帝时，将蜀郡东北部划出，新置广汉郡，郡治设在雒县（今广汉市），同时，从成都县中划出大部，新置新都县，隶属广汉郡。时城厢所在地属广汉郡新都县管辖。根据文物勘察发现，城厢周边及其内有大批汉代坟墓，由此可以推断，早在汉代，此地已成场镇。南北朝西魏时置金渊县并立金渊郡，直至北周，城厢为金渊县属地。唐初，为避唐高祖李渊名讳，金渊县改名为金水县。

据唐人李吉甫所撰《元和郡县志》载：咸通二年（861），蜀郡长史李崇义，分雒县、新都及简州金水三县地，新置为金堂县，属汉州。以县界连金堂山，故以为名。明代著名文献学家曹学佺则认为："曰堂者，地宽平处也。"此一说。据《图经》所载：县城所在地位于金堂峡口（一说在今治赵镇）。此后，城厢古镇所在地即为金堂县辖地。

据宋人乐史所撰《太平寰宇记》载，五代后晋天福（936—947）初，金堂县曾改为汉城县，后又恢复金堂县名。宋初乾德六年（964）二月，于金水县置怀安军，领金水、金堂二县。是时城厢古镇所在地，为怀安军金堂县辖地。

这里值得注意的是：及至宋仁宗嘉祐（1056—1063）初年，为避沱江水患，金堂县城由原址迁到了城厢古镇。自此以后，城厢古镇成为了金堂县政治、经济、文化中心。

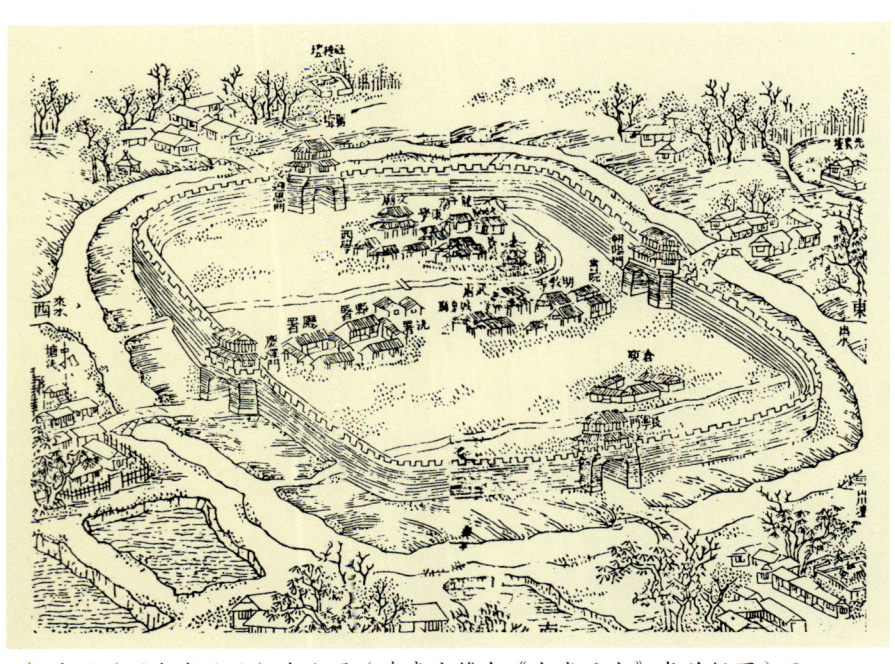

▲ 城厢（原金堂县治）城池图（清嘉庆镌本《金堂县志》卷首插图）◎

▲ 城西护城河遗存●

元代初年,将怀安军升格为怀州,至元二十年(1283),撤销怀州建制,将原怀州并入金堂县,属成都路。

明属成都府。洪武十年(1377)金堂县曾被撤销而并入新都县,但不过四年时间,又重新设置为金堂县。明成化年间(1465—1487),金堂知县王宾,组织人力财力,砌筑石城,城高一丈七尺,周长五里三分,计九百五十四丈。城门有四,名"康远"、"长宁"、"义安"、"永靖",外环以壕(护城河)。但明末毁于兵燹。及至清代嘉庆十四年(1809),又重修砖墙,"绕城开濠,离城根一丈八尺,面宽一丈八尺,底宽一丈二尺,深一丈零,四面流通,昼夜不竭。"四门亦改称为"朝阳门"(城东)、"长宁门"(城南)、"庆泽门"(城西)、"尚武门"(城北)。至今城厢古镇仍可见金堂县明清旧城遗存。

清代依明朝旧制,金堂县仍属成都府;直至1950年,金堂县城方迁离城厢古镇,移治今金堂县赵镇,城厢镇成为区公所和镇人民政府驻地。1981年划归成都市青白江区。

回溯历史,自北宋迄至民国,城厢古镇已有890余年的县城建置史,其历史文化积淀之厚重可想而知。

(二)厚重的历史文化积淀

城厢古镇,不仅以其悠久的历史闻名川西,而且亦以其厚重的文化积淀瞩目于世。近900年的县城史,留下了不少弥足珍贵的历史文化遗存,诸如:最早建于唐代、而后元末明初重建之明教寺"觉皇殿",始建于乾隆三年的寿佛宫,自北宋以来一再重修的文庙和武庙,以及建于1612年的三清观(原名"灵官庙")等等。儒、释、道三教共存,显示出该镇独特的宗教文化色彩,亦充分表现出川西名镇兼容并包的海量风范。

而修筑于明清时代的县城城池,原有城墙虽然在新中国成立后已陆续拆除,但现今的城镇格局,仍

◀ 绣川书院原景图(清嘉庆《金堂县志》插图)◎

▲ 西街街口闾门 ●

▲ 家珍公园大门处彭大将军塑像 ○

依稀可见明清时代的原有风貌；护城河至今完好无损，依然是小桥流水，古风悠悠。城内有东南西北四条大街（东西为古街）和30余条小巷。

始建于宋、而后于康熙年间自城厢西门迁建的绣川书院，即位于城厢镇东街，其规模之宏大，令人惊叹；800余年来，这里名家荟萃，人才辈出，名满蜀中，美誉天下，自可让游人深深感悟川西平原"耕读传家、尊孔重教"之古风。而今，绣川书院已列为四川省文物保护单位。

城厢西街，是目前镇内保存最为完好的一条古街，"弹丸之地，五脏俱全"，最能体现城厢古镇的历史风貌。目前，西街古县城的城池风貌和古城街道格局保存完整，现存多处极具稀缺性和历史文化价值的古迹，诸如清代县衙门、道教名刹三清观、陈氏宗祠以及原汁原味的百年民居老宅院落等等，均历历在目。西街，好似城厢古镇一块未经打磨的"璞玉"，亦可谓古代政治、经济、文化的缩影，走进西街，实际上就是在一步步地走进历史，自会让你有恍然如置身明清之感。

这里特别需要提到的是，当你走进城厢，如果不去彭家珍大将军的专祠和坐落在城厢外东玉虹桥处的衣冠墓等处瞻仰，那你的城厢古镇游等于只完成了一半。彭家珍大将军早年曾就读于绣川书院，是城厢古镇孕育的辛亥革命英烈，为辛亥革命四川三大将军之一。彭家珍牺牲以后，孙中山大总统批准追赠为陆军大将军，并亲笔题写了"我老彭收功弹丸"七个大字。今彭家珍专祠已列为四川省重点文物保护单位，而许多相关的珍贵文物以及海内外名人题撰和金匾等等，均保存、安置在纪念碑后新建纪念堂及堂后碑廊内。当你置身其中，自会为彭大将军舍生取义的英雄气概所感染，世俗的心灵亦会得到一番净化。

二、城厢古镇旅游巡览

（一）极具历史文化价值的人文景观

今日之青白江区城厢镇，虽然现代建筑鳞次栉比，但在古镇西街和东街，众多的古代建筑遗存，与保存完整的古街格局，却共同构成了城厢亮丽的古街人文景观。徜徉于古街古巷，有如泛舟于历史长河之中。

西街正街及其支巷

县衙遗存与陈氏宗祠

①县衙遗存

转过西街闸门，即可见金堂旧县城衙门遗存。该建筑坐北朝南，为清代所建，原附设有监狱。民国时期，县衙仍为金堂县政府所在地，政府各科室均设于内。监狱依旧。今由大门窥之，仍依稀可见昔日风貌。

②陈氏宗祠

陈氏宗祠位于城厢西街西端，原名旭高祠，始建于清乾隆中后期（约1741），为三进式祠堂。清康、雍、乾三朝时期，福建南靖陈氏举族共两百余户两千余口，先后迁入四川省金堂县，且大多聚居于城厢镇附近，故陈氏家族有"族聚三千余人，世间第一；居同五百多载，天下无双"之美称。新中国成立后该祠

① 金堂旧县衙署全景图（清嘉庆《金堂县志》插图）◎
② 金堂旧县衙大门 ●
③ 陈氏宗祠大门 ●
④ 陈氏宗祠右院外景 ●
⑤ 陈氏宗祠厅堂 ●

堂为凸药材仓库。2005年为陈氏后人陈贵全筹资购得，建为祭祖场所，定名为陈氏宗祠。

陈氏宗祠占地3亩，建筑面积1260多平方米。整个祠堂由大院、小院、厢房、绣楼等组成，布局考究。祠堂入口处为卷棚式，两侧有风火墙夹隔。祠堂分为左右两院，右院建筑基本完好，左院正在复原。宗祠共有大小房间46间，房屋为穿逗与台梁式结构。门窗雕刻有各种吉祥图案，栩栩如生、极其精美；梁上多处亦见雕刻，且各有一幅场景式的主图，具有传神的故事情节。陈家祠堂是川西现存较大规模的清代建筑，对于研究明清时代的历史、建筑、民俗、宗教、艺术等具有重要价值。

2007年6月1日，四川省人民政府发文公布陈氏宗祠为省级文物保护单位。

◆ **西街支巷与风水宝地槐树街**

与西街相连接有3条小巷，北侧为槐树街、坚强巷，南侧有上寿巷。

上寿巷，原名当铺巷，北端与西街交口，南端达城堰街，与大南街平行。长273米，宽3-5米，路面石板铺就。

坚强巷，原名监墙巷，原为县衙监墙所在。南端与西街交口，北端达糠市巷，与上北街、小东街平行。长224米，宽3米，石板路面。

槐树街：南端与西街交口，北端接糠市巷，与坚强巷平行。长235米，宽2.5-6米，石板路面。

槐树街可谓旧时的风水宝地，清末民初的道台公馆、昔日的米家豪宅，余家花园等都坐落于此。

①道台公馆

道台公馆，位于槐树街内，为清末民初建筑，庭院格局保存完整。主体建筑两侧尚有若干侧院，花草树木，山石盆景，亭台楼榭，鱼池假山，一应俱全。

① 西街上寿巷口茶馆●
② 西街坚强巷口○
③ 槐树街道台公馆外墙●
④ 槐树街●
⑤ 流沙河故居——余家花园院坝内拱门●

道台公馆为清代书法家、文学家何芝庭旧居。何芝庭（1826—1905），字元普，城厢人，其先祖于康熙年间自福建迁徙入川。元普青年出仕，咸丰年间已官拜二品按察使。咸丰猝逝，何元普卷入慈禧与肃顺等六大臣的权力争斗之中，作为肃顺的支持者，在慈禧掌权后，险成铲除的对象，幸得左宗棠力保，最后由二品按察使降职为甘肃四品道台。

新疆叛乱平定后不久，左宗棠去世。元普毅然作出辞官决定，时年35岁。

为了避祸，元普回到故乡城厢。对外宣称自己在附近的龙藏寺出家为僧，并为寺院捐赠了几十亩土地，但真正出家的人却是其五弟。安顿好各项事务后，元普开始了其隐姓埋名的游历生涯。在此后的44年中，他遍游山川庙宇，其间，何元普与湖南书法名家何绍基结下深厚友谊，二人于何家如画楼把酒言欢、吟诗作对，常至深夜。又据传闻，当时成都一带的许多庙宇都有何元普题撰的对联。而今镌刻在新都宝光寺大雄宝殿的楹联："世外人，法无定法，然后知非法法也；天下事，了犹未了，何妨以不了了之"，即出自何元普手笔。该副对联，以其圆融的笔触、淡定的人生智慧，深得一代伟人毛泽东赏识。

② 米家豪宅

米家豪宅亦称米家花园，始建于清代，四合院庭院式建筑布局，分主房、香房、书房等，功能合理，布局严谨，房内装饰、雕刻保留较完整，其建筑面积为1266.1平方米。

③ 著名诗人流沙河故居

流沙河先生故居即今所称之余家花园。

流沙河先生本名余勋坦，其先祖良正公，出身农家，任职武官，原籍扬州府泰州大圣村军旺庄余家湾（今江苏省泰兴县军旺镇乡下），康熙初年奉调四川成都，见城已全毁，便辞职为民。先移家资阳

县，后迁居彭县隆丰场。其子余允信后来又迁居金堂县外北大小寺，传至孙辈，已是人丁兴旺，田产千亩，虽已致富，犹勤劳作。传至曾孙辈，其中余纯笏迁居金堂县城，方于槐树街修建余家大院，时在道光二十八年（1848）。据流沙河先生回忆，儿时印象"有终身难忘者，一是从西街拐入槐树街口，遥望老家门墙内的五棵大槐树，浓荫可爱，上有栖鸦聒噪；二是八字墙的门口，阶下铺以石板，两旁码着石条，以利雨天行走；三是大小两个院坝，有树有花，石缸养鱼，两庑与环廊，大厅与中堂，高悬大匾十张以上，各有榜书金字'勤俭家声'、'耕读传家'、'乐善好施'、'高谈转清'、'紫微高照'、'堂高燕喜'、'鸾翔凤翥'、'美轮美奂'、'山海年长'、'国恩嘉庆'等。"（参见流沙河《湖广填四川·序》）现流沙河先生故居仍保留在槐树街。

■ 坐落在东街的古建筑文化遗存

◆ 绣川书院

绣川书院位于今城厢镇大东街，占地面积5085平方米，建筑面积1969平方米。该书院原名金堂书院，始建于宋。据志书记载：清康熙五十九年（1720），金堂县令陈舜明由城厢西门闹区迁建于此。乾隆年间，金堂县令孙南瑛据附近绣川河之名改为绣川书院。书院共四进：一、二进为庭院，两侧有厢房；三进为外讲堂；四进为内讲堂。为砖木建筑结构，青瓦屋面，花格门窗，现基本保存完好。

绣川书院大门三楹面向大街，八字墙。二门类似照壁，有县令李洪章撰写对联："博学多能养成佳士；依仁游艺勉作通儒。"横额为"人文

▲ 绣川书院大门 ◎

▲ 绣川书院二门 ●

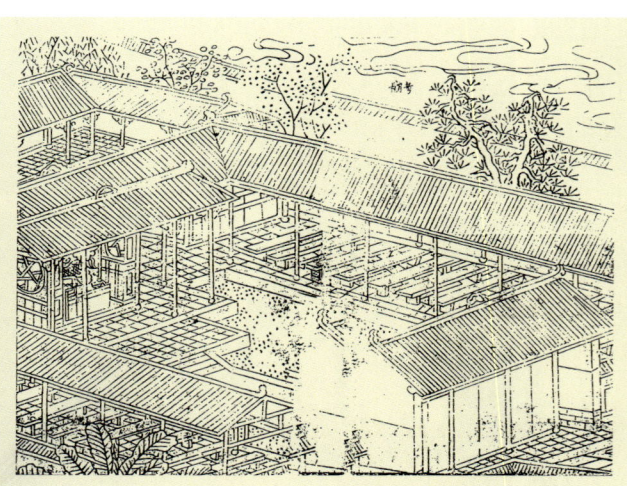
▲ 绣川书院考棚原景图 ◎

蔚起"。

清道光十年，时任金堂县令吕伟崃在书院修建了考棚，据《概要》载：书院考棚"东临城墙，以内壕为界；西抵明教寺菜园，以墙壁为界；南与绣川书院毗连"。又据县志载：考棚"从书院大门出入，由左进棚，夹道约二百步，有仪门五楹，以为试官点名处；两旁雨棚号舍各二间，……前东西各十间，后东西各十二间，每间置号桌四张，每张可坐十人，中有甬道，大堂临其上，……后有房五楹，为考官幕友阅卷所。"考棚于1964年拆除，改作城厢中学操场。

绣川书院历任山长均为博学之士，据查实的九任山长中，有进士1人，举人6人，拔贡2人。如清康熙四十一年（1702）举人，城厢人张晋生，曾任镇平县令，晚年归隐故里，任绣川书院山长。又如清乾隆十六年（1751）进士、著名的学者和诗人高辰，亦是城厢人，曾任翰林院庶吉士、礼部祭祀司主事，凤阳府同知，晚年辞官还乡，任绣川书院山长。清代绣川书院均聘用本县人士为山长，两年一换。学生多系秀才和童生中的高等生。

绣川书院是原金堂县修建最早、规模最大、藏书最多、声誉最高的一处书院。在七八百年间，培育了一大批杰出人物。2007年6月1日，四川省人民政府发文公布绣川书院为省级文物保护单位。

◆ **文庙与武庙**

①文庙

文庙位于由大东街进入下北街与奎阁巷交接处。始建于宋嘉祐二年（1057），宋末毁，明代重修。明末再毁，仅存棂星、泮池及天德、王道二石坊。清康熙初（1622），金堂县令董煜重修。康熙六十一年（1722），金堂知县陈舜明增修，使其完备。乾隆五年（1740），金堂知县田多稼倡募培修，乾隆十六年（1751），金堂知县张南瑛再培修，乾隆二十八年（1763），金堂知县饶学曦与士绅捐款修整并扩建，加种松柏，所占面积倍于前。

嘉庆十四年（1809），金堂知县谢惟杰复倡募进行大规模修整，成为城厢孔庙的最后定型：别立圣域、贤关二坊于棂星门左右；徙宫墙于坊内；以旧有的天德、王道二坊为墙外通衢，衢边砌石堤，障水池，植垂柳于夹岸。正殿（大成殿）三楹，极为雄伟；后殿（崇圣祠）亦三楹，规模较小。正殿前为月

▲ 文庙建筑群◎

▲ 文庙建筑一角●

台，台前为广阔的供祭拜之场地。东西两亭各五楹。前为戟门。门左为名宦祠，右为乡贤祠。两祠各三楹，规模较小，宫墙（文庙墙）之内，前为泮池，池前为棂星门；门外左为圣域坊，右为贤先坊，中有荷沼，沼外为庙墙，墙外，左右两侧尚有附属建筑；左有明伦堂、忠义孝弟祠、节孝祠、教谕署；右有训导署。教谕、训导二署为学官衙署，各有正屋三楹作课堂；左右屋为学生（秀才、童生）自习室；其后还有生活用房。该建筑群以文庙为主体，联同一应附属建筑，构成了城厢镇最为庞大雄伟的建筑群。

文庙与所有寺庙不同，不设塑像，只列牌位。孔子牌位居大成殿正中。颜渊（复圣）、曾参（宗圣）、子思（述圣）、孟轲（亚圣）为"四配"，离孔子牌位最近；闵子骞、冉伯牛、冉雍、冉有、子路、宰予、子贡、子游、子夏、有若、子张、朱嘉等"十二哲"，居大成殿内两侧。后殿崇圣祠，祀孔子父母以上五代祖先。

孔庙由学官教谕、训导负责管理和主办祭祀。

清末废科举，兴学校，光绪三十一（1905），金堂的学官教谕、训导改为视学员，学官署改为劝学所；光绪三十三年（1907），教谕署改为金堂县立第一国民学校；民国二年（1913），于原训导署设立绣川女子国民学校。

原主体建筑大成殿、崇圣祠、前厅和侧面两屋现仍保留，共三进，总面积2500余平方米。以大殿最为雄伟，木结构，穿逗式梁架，重檐歇山式屋顶，琉璃瓦；面阔5间21.3米，进深4间13米。通高11.1米。后殿稍次，木结构抬梁式梁架，悬山式，面阔3间14米，进深4间10.85米，通高8.7米，进深2间7.2米，通高6.7米。但因年久失修，毁损严重。

而今城厢文庙已被列为成都市重点文物保护单位。

②武庙

据《金堂县志》及谢惟杰《移建武庙落成记》载：城厢镇武庙原在镇东北文昌宫后面（今位于城厢镇中学内）。始建年月无考。清乾隆六年（1741），金堂县令曾令重修。嘉庆九年（1804），金堂县令谢惟杰以原地址逼处城隅，不便扩建，乃倡议募捐并主持迁建于东门明教寺左侧（地基原为明教寺所有），嘉庆十四年（1809）落成。原为三进，今已无后殿启圣宫（原祀关羽之父以上三代）。

▲ 武庙 ◎

现存正殿三楹。东西廊屋各十楹及前面过厅，占地总面积为1980余平方米。以正殿最为雄伟，木结构抬梁式梁架，重檐歇山式屋顶，斗拱五铺作36朵。面阔5间，18.75米，进深5间，14.7米，通高12米，素面台基高0.7米，垂带式踏道5级。正殿前有宽敞平台，台下有大院坝，相互配合，显得殿宇敞朗崇严。

武庙原为关羽专祠。清王朝把关羽尊为武圣，和孔子并列，待遇仅略次于孔子，并规定各县有文庙、必有武庙；每年农历八月十七日，从中央到地方官员祭孔，五月十三日也要祭关，其他春秋祭典亦略同。雍正五年（1727），又追封其上三代为上公，增祀于后殿启圣宫，依照孔庙的崇圣祠。民国四年（1915），奉文合祭关羽、岳飞二圣，武庙改称关岳庙。

城厢武庙亦被列为成都市重点文物保护单位。

■ **颇具稀缺性的宗教文化景观**

◆ **明教寺觉皇殿**

城厢明教寺遗址位于城厢中学内，现仅存正殿——觉皇殿。

城厢明教寺始建于唐咸通九年（868），由佛教净土宗僧人行远募化得钱于此修建，原名净土寺。寺名"净土"，喻佛所居之无尘世污染的清净世界。宋大中祥符四年（1011），明教在此地发展得势，改净土寺为明教寺。宋末元初，毁于兵火。元末明初，僧文雄在原址重建明教寺，其主殿即今之觉皇殿，佛像亦当时塑造。迄今该寺其他建筑均已荡然无存，唯存正殿觉皇殿，现已列入成都市保护文物单位。

▲ 觉皇殿遗存 ●

▲ 觉皇殿遗存侧面图景 ●

▲ 觉皇殿内"大日如来"佛金身塑像 ●

所谓"明教"，即"摩尼教"，乃波斯人摩尼所创立的宗教。其教宣扬光明与黑暗对立，为善恶本原。摩尼为"明"的代表，故摩尼教又称明教、明尊教。传入中国的时间有不同说法。据史书所载，唐武后延载元年（694），波斯人拂多诞，曾持《二宗经》来朝；唐代宗大历三年（768），在长安建摩尼寺，赐额"大云光明寺"。其教多在长安、洛阳及西域商人中流行。由此可知，明教传入中国的时间至迟在唐代武则天执政时期。及至北宋前期，城厢原建唐庙"净土寺"，竟改为了明教寺，可见此时明教在中国已蔚然得势，亦可推知明教传入川西平原的时间，很可能早在唐末五代时期。南宋陆游《条对状》云："伏缘此色人处处皆有，淮南谓之二桧（guì）子，两浙谓之牟尼教（即摩尼教），江东谓之四果，江西谓之金刚禅，福建谓之明教，揭谛斋之类，名号不一。"

原明教寺与三觉寺、云顶寺合称金堂三大佛教寺院，这三座古寺在金堂八景中占其三景，即三觉寺的"圣灯朝佛"，云顶山寺的"云顶晓岚"，明教寺的"净土晨钟"。

现存觉皇殿坐北朝南，占地407平方米。木结构歇山式屋顶，三面之墙，皆由搁架斗拱铺作形成，墙面为砖结构。明间、次间为抬梁式梁架，斗拱铺作，檐下施斗拱44朵；面阔5间18.65米，进深4间17.1米，通高8米，素面台基高0.4米。上世纪50年代末维修时，将觉皇殿原琉璃瓦改为小青瓦，并撤去飞檐翘角。

殿内现存毗卢遮那大佛一尊，侍者一。佛像面目慈祥，丈六金身，身后有飞天牌匾，为纯金箔所贴，据传为缅甸匠师所塑。毗卢遮那，亦省称"毗卢"，即"大日如来"佛，一说为"法身佛的通称"。

又有明代万历年间（1573–1619）所铸大铁钟一口，高1.67米，口径1.15米，现保存在彭家珍专祠内。故老相传，扣响此钟，上祝佛法常兴，正法久住；下祝僧众及善男信女，轻烦恼、长智慧，菩提生。

▲ 寿佛寺大门

又有清代道光十七年（1837）《重装明教寺佛像碑》一块，碑文叙及张献忠率军来到城厢、并进入明教寺搜捕，以及觉皇殿终未毁于兵燹等真实情况。此碑为不可多得之石文历史资料。

综上所述，城厢明教寺遗存——觉皇殿，真说得上是现今川西颇具稀缺性的宗教文化景观。1981年，成都市人民政府公布为市级文物保护单位。

◆ 寿佛寺

寿佛寺原名寿佛宫，始建于乾隆三年（1738）。原位于下北街，占地4余亩，有正殿3间，厢房12间。1973年建钢锉厂时被占用，1993年国家落实宗教政策，将原系城厢三楚宫之地规划为青白江佛教活动场地，寿佛宫移至此处，建寿佛寺。

现寿佛寺总体布局为两进院落，坐南朝北，占地4000平方米，有正殿7间，厢房19间。入口山门为悬山式屋顶，大雄宝殿为单檐歇山式屋顶，青瓦屋面，三开间，面阔约16米，进深12米。后殿亦为单檐歇山式屋顶，青瓦屋面，5开间，面阔20米，进深10米。两侧有二层厢房围合。山门前广场建有白塔一座，塔内供奉有西藏活佛圣物。山门有诗人流沙河题写对联一副："慈慰万物同登高寿；善安百姓共享厚福"。每逢初一、十五，城厢周边乡镇及邻县信佛群众纷纷到此，据说菩萨非常灵验，故香火十分兴旺。

◆ 三清观

三清观（原名"灵官庙"）位于西街西端北侧，紧邻西城边街。始建于明朝万历四十年（1612），由当时城厢富豪出资修建，占地近1000平方米，后毁于强人之手。清嘉庆八年（1803）重建。该观建筑形式类似于会馆，大门位于南面，进大门为戏台，从戏台下面柱阵中间进入，有较大内庭空间，作观戏之用。戏台对面为正殿，正殿坐北朝南，供奉有灵官菩萨，两侧为厢房。像这种神像与戏台同在一处的建筑格调，在川西地区而今已不多见，故亦颇具稀缺性。

① 寿佛寺内大雄宝殿●
② 大门内广场白塔●
③ 三清观大门○
④ 三清观戏楼●
⑤ 三清观正殿●

(二)名人故里与浩气长存的彭大将军

城厢古镇,地灵人杰,自古以来,名人辈出,诸如:北宋徽宗时期国子监博士、著名鸿儒谢湜;明万历进士敖选,正德进士李佶;清顺治进士张吾王莹,文史学家张晋生,乾隆年间进士、诗人高辰,乾隆进士陈钧,道光年间进士米绘裳,嘉庆诗人陈一律,咸丰年间二品按察使、左宗棠幕僚学者何元普;乾隆嘉庆年间名旦、川剧始祖魏长生等等。除此而外,我们还可以从相关记载中发现一批孕育于城厢镇区的近现代杰出人才。诸如:辛亥革命英烈彭家珍,衷情教育、两袖清风的好官曾道,热心桑梓文化教育和地方实业发展的曾绍琪,诗人陈时江,革命先烈刘仲宣,革命志士林伯渊,抗战烈士耿明,植物学家何铸,著名作家流沙河等等。这里,我们着重对辛亥革命英烈彭家珍大将军的生平事迹进行介绍,以供游人在瞻仰、游览相关纪念性专祠、堂馆、衣冠墓、碑刻、匾额、公园的过程中,深深感受彭大将军为辛亥革命毅然舍生的英雄气概。

■ 彭家珍(1888——1912)生平事迹

彭家珍,字席儒,清光绪十四年(1888)4月9日生于金堂县姚渡石龙三堰(今属金堂县杨柳乡同合村)。家珍早年曾就读于绣川书院,天资聪敏歧异,熟谙四书五经,好学好问而善于思考,同时亦深得其祖父、母亲的传统教育,幼小时即养成忠厚、仁爱的可贵品格。

光绪二十九年(1903)春,彭家珍考入四川武备学堂,毕业后被派往日本士官学校学习,同年在东京加入中国同盟会,开始秘密从事反清活动。回国后,于光绪三十三年(1907)十月任清廷新军第十七镇33协66标1营左队排长,驻成都北郊凤凰山,时年19岁。在参加同盟会发动的成都起义之后,家珍被怀疑并接受考察,但未发现疑窦。彭家珍感到在成都新军中被怀疑,不利于革命活动,于是在光绪三十四年六月离成都去昆明。初至时任陆军第十九镇随营学堂管带(相当于营长)兼教练官,后升该学堂提调。仅半年,随营学堂撤销,家珍失业。

宣统二年(1910)下旬,彭家珍离开昆明,5月初抵达沈阳,7月,被任为奉天讲武堂左队队官兼教练,并与当地同盟会取得联系。这期间,他利用讲武堂学兵营到各镇挑选学兵的机会,将革命党人商震、程起陆、李培基、李忻、张揆一、张绍玺等选入其管领的左队之中,并在该队发展刘升之、熊斌等人加入了同盟会。家珍常言"宁蹈鼎镬以求死,不甘屈蠖而偷生",为推翻帝制,建立共和,其英雄之志,长存于心。

宣统三年7月,奉天讲武堂学兵营停办,彭家珍又陷失业。尽管债台高筑,他却满怀乐观之情,亦不顾家父屡次去信催促回川完婚,赓即去到北京、天津,从各方面了解清廷动态及全国局势。9月底,家珍重回沈阳。在秘密从事革命活动中,他善于隐蔽自己,时与学兵营管带崇恭(此人与清贵族关系密切)相处"甚善"。上司认为家珍"可靠",在清廷陆军部考绩中,被

▲ 家珍纪念碑○

列为一等第一名，授予相当四品的正军校衔，并因此获得天津兵站司令部副官长、代理标统职。武昌起义之际，家珍常往来于京奉之间，借机联络，传递情报。10月底，清廷从欧洲购得大批武器经西伯利亚运往武汉前线，供镇压革命之用。家珍奉命押运一列军火，共5000支枪，500万发子弹。他与革命党人商震、程起陆等商议，车经滦州时予以截留，还从天津兵站取出上万元巨款用于革命活动，以支持革命党人发动滦州起义。

彭家珍从天津兵站取出大批款项物资事被察觉后，即脱身而走，化名朋嘉桢、朋锡三从事秘密工作。宣统三年11月，他与黄复生、罗伟章去上海学制炸弹，恰遇南方各省筹组北伐军。家珍积极参与四川的筹备工作，后熊克武与彭家珍分别当选为该部军务部正副部长、北伐蜀军正副总司令。12月，家珍返回北方，任京津同盟会军务部长。同年12月25日，孙中山从海外回上海；次日，上海各界召开大会欢迎孙中山。彭家珍赓即赶到上海，向孙中山报告了北方的情况和京津同盟会的工作。孙中山鼓励他并对其后的工作作了指示。

1912年1月，中华民国临时政府在南京成立，孙中山就任临时大总统。家珍又前往南京，再次向孙中山报告情况，请示工作。

然而，在北京的清廷仍以中央政府的姿态统治着中国北部，清王室顽固派以军咨使良弼为首，组成宗社党，与革命党人对抗，加紧反革命活动。掌握北洋军队的清廷内阁总理大臣袁世凯，利用"南北和议"玩弄阴谋，胁迫南京革命政府退让，以图实现其篡夺民主革命果实的目的。混入革命阵营的立宪派和旧官僚亦趁机鼓动，妥协之风甚嚣尘上，致使"大局动摇，民军危迫"。在此严峻形势下，彭家珍与京津同盟会的坚定分子商议，共同作出诛除袁世凯、良弼、载泽三大敌酋的决定，并报请南京同盟会总部和孙中山批准。

彭家珍独自承担诛除良弼的任务。家珍在沈阳时已熟悉崇恭的举止习性，知其与良弼关系密切，便决定装扮崇恭去见良弼。在详细了解良弼在京的各处住宅和办公地点及其活动规律后，家珍制作了崇恭的名片、军服、佩带，又预习崇恭的音容笑貌。同年1月25日，家珍写好遗嘱藏于皮包内，告别战友。26日(辛亥腊月初八)晚，家珍探知良弼等亲贵将于次日去内廷，借领受腊八喇嘛恩粥赏赐为名，密议镇压南方革命的军事行动，于是对镜化装，取出炸弹二枚，分藏于外套的两个口袋中，手枪一支插在腰间，一切处理停当后，从容出门。

家珍驱车前去良弼的红罗厂新宅，到前门后，恐良弼去军咨府或回旧宅，便转而前往两处询问，均答未见，一门房告知良弼"一般是回红罗厂新宅住宿"，家珍又驱车向红罗厂。良弼家守门人告以未归，并说"请崇大人客厅稍候"。家珍入客厅久待不晤，便即决定乘车前迎。当他出门不远，即望见军咨使的灯笼在前，知良弼已返，即令回车。家珍在良弼住宅门口下车，立于两马石中间，挡住进门之路。良弼车到，家珍拦车上前行礼，仆人将其名片呈上。礼毕，家珍将右手伸入外套右衣袋中，这时，良弼右脚已下车。弼于灯光下审视家珍，觉得不全像崇恭，顿生疑虑，急欲躲避。家珍已将炸弹掷出，左手又急插入左侧衣袋，炸弹触地而裂，一声霹雳腾空，良弼左膝立断，只有筋皮连接，周身俱伤，扑地昏厥。家珍亦不幸被一块弹片从下马石弹回击中后脑，当场牺牲，年仅23岁。时为民国元年1月27日(辛亥腊月初九)凌晨。良弼重伤，越二日死去。事后，清廷为之震恐，宗社党人作鸟兽散。民国元年2月13日，清帝被迫宣布退位。

彭家珍牺牲后，其友于烈士皮包中发现一纸绝命书，其中云："共和成，虽死亦荣，共和不成，虽

▲ 彭大将军纪念堂●

▲ 彭大将军纪念堂内●

▲ 彭大将军专祠总体示意图◎

生亦辱。与其生受辱,不如死得荣。"彭家珍"歼除大憝以收统一速效",为辛亥革命废除帝制、创建民国立下了不朽功勋,被临时大总统孙中山赞为"我老彭收功弹丸",追赠"大将军"衔,准"照陆军大将军阵亡例赐恤","崇祀忠烈祠"。

■ **彭家珍大将军专祠、纪念碑、纪念堂与衣冠墓**

彭大将军专祠坐落在家珍公园底部右侧,全祠占地18亩。始建于抗战初,扩建于80年代。祠内遍植塔柏、雪松、香樟和梅花。四周有红墙围护。初建专祠时,大门由民国政府四川省主席张群题写横额"彭大将军专祠"。1983年新建大门,仍用原额。两旁有张秀熟撰、杨超书写的联语:"千载王纲一雷灰烬;将军易水大地春城"。

正对大门,矗立着彭家珍烈士纪念碑。碑为四方体,连基及顶共五层,高9.7米。基部有石雕蟾蜍花草,有前人题咏,有石刻小字汪兆铭撰《先烈彭大将军传》。碑身四周分别刻有民国政府主席林森、考试院长戴传贤题写的"先烈彭大将军殉国纪念碑"和"彭大将军家珍烈士纪念碑"。碑右方,有初建祠时,烈士之父彭仕勋手植的梓树、梨树,而今早已高大成林。"梓梨",谐"梓里"音,寓意烈士故乡。碑左方,植笔柏、雪松、芙蓉、金桂、香樟、水杉,亦已翠绿成荫。

梓梨林中,有穿逗木结构平房"彭公祠"三间,1940年修建。正中有龛,悬烈士巨幅照片。当时,有蒋中正、宋子文、孔祥熙、陈立夫、孙科、陈诚、李宗仁、何应钦、顾祝同、白崇禧、冯玉祥、于右任等人书赠的匾额,现已复制移悬于新建纪念堂中。

新建纪念堂即位于纪念碑后方,仿古建筑,雄伟肃穆。正门横额"彭大将军纪念堂",由全国人大常委、澳门中华总商会会长马万祺题写;堂内正中巨幅座屏,为1912年3月29日南京临时政府孙中山大总统抚恤令原文,堂壁正中高悬孙中山所题"收功弹丸"匾额。四周悬以复制金匾。堂内展有彭家珍等七人在日本参加同盟会后的照片原件，彭家珍亲笔家书，民国初年追悼彭家珍纪念专集《彭大将军荣哀录》，以及陈宪民所撰《彭烈士家珍炸良弼详志》等珍贵文物、图片、文史资料300余件。纪念堂后，新建长碑廊，刻有海内外名人题撰。

衣冠墓在城厢外东玉虹桥，距专祠约两公里，1938年建，占地四亩多，围墙环绕，园内遍植桂花。

当你在了解了彭家珍大将军的生平事迹，瞻仰、观览相关的祠、堂、碑、墓等纪念性建筑及其大批珍贵文物之后，定会油然而生敬意，感到来城厢一游，真是千值万值！

■ **家珍公园**

家珍公园的前身名金刚公园。该处开创于明代天顺成化初年，迄今已500余年。当时川西丛林明教寺的僧会（低级僧官）法心，于该处凿池，名号"金刚池"，并于池周种植松竹花木，作为香客游憩之所。民国二十五年，驻军旅长杨秀春将该园从明教寺划出，进行培修扩建，作为金堂县城公园，依池名为金刚公园。抗日战争初期，在园里建彭家珍烈士专祠，其后即改园名为家珍公园。该公园占地2.44公顷，以荷花池为主体，每当夏秋，翠盖满池，莲花映日，长达数月之久。池中荷花，叶大、花茂、藕茎长，曾几度莲开并蒂，故建有"瑞荷亭"。环池建亭榭，设小桥，植垂柳，池中亘以长堤，夹堤皆桃李。春赏花，夏秋看荷，景观颇佳。

▲ 家珍公园大门 ◎

▲ 家珍公园瑞荷亭 ●

（三）美丽的自然景观——七星岛

七星岛，坐落于镇南3公里处。沱江上游的重要支流——毗河流经该处，因特殊地形形成了七个大小不一的岛屿。其总面积500亩，其中耕地面积约350亩，草地荒滩约

▲ 家珍公园金刚池 ◎

▲ 美丽的七星岛◎

150亩，可利用水域面积400亩。最大的岛约280亩，最小的岛约10亩，七个岛屿相与守望，四面环水，整个岛群依偎在毗河分流形成的怀抱之中。河床最宽处约100米，最大静水面40000余平方米。毗河有别于其他季节河，常年川流不息，水源充沛。据实地调查，该区域为自然形成，地质结构为亚黏土，上部为粉砂、泥质岩，下部为细砂岩。

岛上林木葱茏，植被繁茂，气候宜人，环境幽雅。近年来，当地农民因地制宜，扬长避短，大力发展农家观光旅游，现有较大规模的渔家乐20余家。七星岛既是古镇旅游的延伸，又是古镇旅游的重要补充，深受各地旅游者喜爱。开发前景广阔。

（四）味道鲜美的特色菜品与农家乐简介

自古以来，真正的美食美味均出自民间，水系成网的城厢镇，更是以其丰盛的物产，掺和着厚重的历史文化积淀，千百年来，逐渐酝酿出味美一方的特色菜品。当你在城厢古镇游览之余，自可闻香寻味，大快朵颐，领略到不同一般的美食风味。

场镇内餐馆有南天门酒楼、伊斯兰餐馆、园林美烧鹅馆和周德发凉菜馆等。自驾车旅游者沿唐巴公路（城厢往金堂方向）可到双梅饭店、王家庄、东方欲晓、贵和山庄、东关山酒楼、荷塘园、芮家蛇馆等农家乐就餐；沿城太路可到满园春就餐，味道不错；还可驱车到七星岛渔家乐品尝毗河鱼。这里，仅就场镇内菜品极具特色的各处农家乐作一简介，以供游客选择。

■ 双梅饭店

双梅饭店位于唐巴公路15至16公里之间，占地约2100平方米。有一级厨师一名，持有厨师证者两名。店内外环境优雅，设施完备，可同时容纳150人就餐。

特色菜品：青椒焖鸡、筒筒土黄鳝、藿香土鲫鱼、野生三角蜂、野生黄辣丁、柏丫狗肉

联系人：牟成秋　联系电话：13688392757　83686188

■ 王家庄

王家庄度假村占地20余亩，是集中餐、棋牌、茶坊、KTV歌城、会议、垂钓、园林、休闲为一体的

大型餐饮休闲中心。人工湖泊、小桥流水,为您营造天人合一的自然绿色世界。装修高雅大方,设备齐全,服务尽善尽美。是商务、会议、亲朋友聚会的好去处。

特色菜品:双椒仔排、蒜香潜鱼、风味肚丝

联系人:胡勇　联系电话:83687288、13882075227

■ 东方欲晓

位于唐巴路金堂与青白江交界处,内设餐饮、棋牌、歌舞、藏式锅庄、住宿、会议、钓鱼、射击、托老、自助耕耘等。环境幽雅,菜品可口,是亲朋好友聚会的好去处。

联系人:叶晓梅　联系电话:83686688、89260666

■ 东关山酒楼

位于唐巴路东关山,环境优美,设施完善,服务上乘,酒楼坚持星级服务、大众消费的经营理念,是您聚客邀友,举家休闲的极佳之所。能同时容纳150人就餐。

特色菜品:青椒焖鹅、筒筒黄鳝、香辣肥泥鳅、蒜茸虾

联系人:张洪富　联系电话:83686711、13881874229

■ 芮家蛇馆

位于唐巴路往金堂方向离野生世界1公里处,环境舒适,内设棋牌、麻将,以野味、河鲜系列为主,养颜美容,清肝明目,追风去湿,具有保健功效。大众消费,是亲朋好友聚会的好去处。

特色菜品:青椒焖野鸭、黄焖野兔、斑鸠补汤、折菇津汤

联系人:芮兴佳　联系电话:83686998

■ 红旗果园

红旗果园是集餐饮、园艺、苗圃于一体的新型农家乐,可供观花赏果,休闲娱乐。有自产多品种无公害蔬菜。交通方便,乘坐青白江4路公交车,即可到达果园。可同时容纳200人就餐。

特色菜品:

一鸡六吃——果园自养鸡,现场点杀,多种吃法。一兔三吃——凉拌、红烧、炒兔丁

新鲜竹笋——果园自产,竹笋肉片、竹笋烧鸡、竹鲜味美　正宗毗河河鲜系列

联系人:陈晓玲　联系电话:83687376

■ 古城鳝鱼馆

古城鳝鱼馆位于青白江城厢镇北门汽车站旁（唐巴公路与城太路交界处）。本馆属于中小型餐馆,馆内宽敞、明亮、整洁、舒适,能接待200人就餐,有停车位。

虽然是中小型餐馆,但在此消费,给人的感觉是吃得放心、玩得开心,物有所值。本馆厨师厨艺高超,不仅特色菜做得爽口,还可根据顾客的要求做出各种美味可口的家常菜。最具特色的菜为两大类:一是土黄鳝系列,二是乌鱼(俗称乌棒)系列。

特色菜品介绍：

家常筒筒鳝段系列——色泽红亮、鳝鱼细嫩、咸香微辣、口感上乘；营养丰富，具有较浓的家常风味。

乌鱼（俗称乌棒）系列

（1）凉拌蒜泥乌鱼片——色泽红亮、嫩鲜爽口、麻辣味厚，最宜佐酒。

（2）家常乌鱼片——色泽黄亮、入口滑溜、鲜美细嫩，最宜佐酒、助餐。

（3）水煮乌鱼片——肉白如玉、鱼肉细嫩、味美醇厚，最宜佐餐。

（4）乌鱼头汤——此汤清香带酸，美容、醒酒、助餐均宜，有较浓的家常风味。

联系人：鞠瑜 联系电话：88121871 83633988

■ 满园春苗圃休闲庄

满园春苗圃休闲庄位于城厢镇前锋村（成太路旁）。休闲庄占地20余亩，内设空调雅间5间，机麻娱乐室4间。可同时容纳150人就餐。园内种植花木80余种，每天均有鲜花绽放，环境幽雅，四季如春，田园风味浓厚。

特色菜品：

李庄白肉——肉质细嫩，肥瘦适宜，蒜香浓郁，特别适合夏秋季节。

青椒盘盘鸡——鸡肉鲜嫩，色泽红亮，青椒味突出。

土江芋儿仔鲶——色泽红亮，芋儿耙软，泡菜味浓，仔鲶细嫩，香麻可口。

特色小吃：宜宾燃面

联系人 徐劲松 联系电话：83637966 13438315577

■ 天天河鲜

天天河鲜位于城厢镇前锋村（成太路旁），主营河鲜、野味及农家小菜，内有机麻、乒乓、羽毛球等娱乐设施。环境幽雅，菜品可口，可从城区乘坐6路公交车直达。

特色菜品 大鲢鱼一鱼两吃、乌鱼一鱼三吃、酸萝卜烧鸭、黄焖兔、农家菜

联系电话：83636888 88127016

（五）民俗风情说古寻踪

■ 热闹非凡的各种庙会

城厢古镇有着890余年的县城史，宗教文化积淀丰厚，佛寺神庙历代皆有增修补葺，这实际上为城厢庙会的演绎提供了一方最为佳妙的活动场地。尤其是在清代前期"湖广填四川"移民大潮过后，四方移民汇聚于此，各地风俗，相与融合，蔚然而成大观，反映在诣佛进香、求神祈福的庙会上，显现出了花样繁多、异彩纷呈的热闹场面。

据清道光《金堂县志》记载，时城厢庙会名目最多，计有：二月初二"文昌会"，二月十六"火神会"，二月十九"观音大士生日会"，三月清明前后"清醮会"，三月十八"痘麻娘娘会"，三月二十三"天后圣母会"，三月二十八"东岳会"，四月初八"浴佛会"，四月二十八"药王会"，五月十三"关帝

会"，五月下旬"城隍会"，六月初六"镇江会"，六月二十三"雷祖会"，六月二十四"川主会"，七月初七"土地会"，七月十五"盂兰盆会"，七月二十三"财神会"，九月上旬"九皇会"，九月十三"关帝会"，九月十九"观音大士会"，十月初一"牛王会"，十一月初十"城隍夫人生日会"，十一月十九"太阳会"等等。每逢庙会，乡镇士女，多进庙焚香，拜佛求神，一时骈集喧阗，热闹非凡。

及至金堂县城移治赵镇前夕，城厢镇尚有许多庙会，诸如上九会、东岳会、神皇会、打教会、月光会、城隍庙会、九皇会和祭孔会等。其中，尤以城隍会、祭孔会和月光会最富特色，现简略介绍于下：

城隍会：即城隍出驾。九人头、背、手、乳等皆挂上灯，组成一组。五月二十七晚开始值班，五月二十八正式开式出驾，六月初二结束，到时人人都戴上眼镜上街观灯，热闹非凡。

月光会：该会举办时间为每年八月初一至八月十五，为当时城厢（时为金堂县城）著名的商贸盛会。八大帮会（包括金银帮、玉器帮、石头帮、斧头帮、百货帮、日杂帮、瓷器帮等）云集县城。主会场在城隍庙内，摆设各种摊位，商品琳琅满目。到时四街张灯结彩，大街口亦摆摊设点，人来人往，交易十分活跃。月光会是城厢镇最大的传统商贸盛会，其影响辐射省内外。

九皇会：该会举办时间为每年九月初一至九月初九。到时全城吃素，不见荤，每个馆子重新打灶，挂出黄旗，表示卖素食；届时各家各户自觉打扫清洁卫生，街面一新。据说是为消灾、除病。

祭孔会：每年春秋两季举行。到时由县长、绅士、学生等有组织地对孔子进行祭祀。有歌生队、舞生队，杀牛、羊，摆盐、菜、米、豆等为祭品，举行隆重的祭孔仪式。

随着时代的进步、文明的昌盛，这些庙会而今已不复存在，但我们在观览城厢各种佛寺庙宇遗存之际，仍可引为谈资，平添一份文化情趣。又，据《青白江区城厢古镇保护规划》：

随着各种佛寺庙宇的修复完善，拟适当恢复部分能够展现城厢镇独特风貌的传统文化活动。可以预料，在不久的将来，城厢庙会中最具特色的内容与热闹非凡的场面，将再现人间。

■ 名目繁多的各式宴会

旧时城厢场镇，除了传统节日中的宴会外，其他各式宴会亦名目繁多，尤其是婚宴，更是显得隆重。正是这些宴会，不仅将来自同一地方的外省移民及其后裔团结在一起，借以融洽乡情，联系友谊，而且就在这操办筵宴的过程之中，各地风味争奇斗艳且相与仿效，真正的美食美味即不断得到提炼和升华。难怪我们可以在城厢场镇大快朵颐，品尝到那么多味道鲜美的特色菜。

据清道光《金堂县志》和民国《金堂县续志》记载，旧时城厢之地，"婚嫁前一夕，夫家之亲友同行辈者，设酒果壶榼（kē，盛酒器）于庭，请新娘梳妆，交礼答拜毕，引之上座，亲友陪宴，尽欢而散，谓之'花烛宴'。女家之亲友同行辈者，亦设酒果壶榼于庭，请新郎冠带，交礼答拜毕，引之上座，亲友陪宴，尽欢而散，谓之'花夜宴'。盖花烛所以贺房、花夜所以饯别也。至日，女家遣嫁有'出阁宴'，夫家娶妇有'盘儿宴'，亲友毕贺。其明日，新妇出陪夜所携咸菜、糖食，遍待亲友，曰'摆茶宴'。有三朝女家接回门设'回门宴'者，有十朝女家眷属来夫家设'十朝宴'者。生子三日邀客，有'洗三宴'，匝月有'汤饼宴'，周岁有'抓周宴'（亦称'碎盘宴'）。六十以上生日会客，曰'寿筵'。凡吉凶事，亲友醵金以助，分年增息偿还……谓之'孝义会'，俱便于贫民，而于富贵者亦无所损。正月上元，有'试灯宴'；八月中秋，有'赏月宴'；今俗又有'春酒宴'。彼此往来，互相酬酢，洽乡情，联梓谊，固未可以征逐言也。"

这段引文读起来并不难，细心的游客自可从中读出味道来。

■ 两种民间文化娱乐活动

◆ 连箫

连箫表演是四川曲艺的一个品种，属于民间舞蹈，分为声腔和舞蹈两部分。城厢镇的连箫已有300年历史。连箫在古时用直径一寸、长3尺余的竹子制作而成。一般将竹竿两端从中挖空，两面对称，再以铁丝穿铜钱8枚或12枚即可。摇动时铜钱碰击，清脆作响，节奏感强。表演时，艺人大多右手持连箫击打腕、肘、臂、肩、腿、脚等部位，周而复始，同时伴以一唱众和的演唱。其演唱部分系濒临绝迹的四川曲艺品种。而现代连箫被当今流行舞蹈、音乐严重同化，保护原生态连箫迫在眉睫。目前城厢镇正将连箫申请为非物质文化遗产。

◆ 板凳龙

一种舞龙运动，源于汉代，由舞龙求雨的宗教活动演变而来。龙舞有"干龙"、"湿龙"之分，干龙多为娱乐，湿龙则为求雨。大约一百多年前，城厢镇就有了耍板凳龙的习俗。城厢镇的板凳龙为独凳龙，即由家厌普通花条板凳饰以彩龙(扎纸彩绘)，二人舞，舞动时按照规定套路，合着鼓点，逐一完成。套路有游龙、摆龙、盘龙、穿花、上龙背、上天梯等，表演时根据场地和情景，随心所欲地进行搭配和变化。

（六）城厢镇旅游景观分布示意图

三、城厢旅游出行指南

1. 成都荷花池汽车站（经成绵高速路直达城厢客运站）；
2. 成都梁家巷汽车站（走大件路经新都到青白江汽车站；再换乘2路公交车到城厢镇家珍公园）；
3. 成都三环路经龙潭寺立交桥上成青快速通道直达城厢。

四、保护规划与旅游前景展望

（一）保护规划

城厢镇作为四川历史文化名镇，一直受到省、市、区、镇各级领导部门的高度重视。自2005年批准为成都市优先发展重点镇以来，为尽可能多的保护历史文化遗产，无论城镇建设总体规划，或者旧镇改建，均坚持"有效保护、修旧如故"的原则，突出重点，兼及一般，即对文物古迹、历史街区、重点院落和护城河道，进行重点保护，其他地带则重在风貌的协调统一。根据城厢古镇区的格局形态和历史古迹分布状况，规划拟采取"点、线、面"相结合的保护结构体系。"点"是指保护5处文物保护单位和4处文物保护点；"线"是指保护护城河环形水系；"面"是指以西街为重点的具有传统风貌的历史文化街区。

■ 对文物古迹的保护

规划拟采取以路串点、以线串面的方法，把古镇的文保单位和历史街区串联起来，形成能反映城厢古镇历史文化特色的总体印象。

规划以南北向的主街北街、东街、南街为主轴，串结两侧的文物景点，东侧以大东街为轴，串联家珍祠、文庙、武庙、觉皇殿、绣川书院，西侧以西街为轴，串结旧县衙门、三清观、陈家宗祠、余家大院等文物点。

为保护文物建筑而设置的非建设地带，禁止建设任何建筑物和地面设施，可以作绿地或交通性的铺装或道路；凡与文物保护单位或历史建筑风貌不相协调的建筑，须按青瓦坡顶、穿逗结构、粉墙的建筑外貌要求进行整治。

利用保留的名人宅院，开辟名人纪念馆、陈列馆。利用保留的大宅院改建为镇博物馆。

■ **对历史街区的保护**

为尽可能多的保护历史街区文化遗存的真实性和风貌的完整性，以及环境风貌的整体性，同时亦为了维护生活的延续性，发挥其社会功能，规划拟定：在历史街区内，现存的风格典型、质量较好的历史建筑，需实行原样原地保存。对建筑风貌较好，结构完整，但不适应现代生活需要的历史建筑，维修保持外貌，对建筑内部进行整修改造；对风貌较差和违章搭建的建筑进行强行整治（包括拆除、重建、整饬等）。历史街区内，使用性质不合理的建筑，调整其使用功能，或为居住、或为公共建筑。

传统街巷宽度与两侧建筑高度不可随意改变。路面铺砌恢复传统石板路面，架空线路通过整治进行地埋。

历史街区内"老字号"店铺，可增添历史文化名镇的风采，对于原有"老字号"店铺，拟加以保留和恢复。

传统街巷地名是城镇发展历程的见证，是古镇记忆的一部分。对古镇改造过程中被修改的地名街巷名尽量恢复。

适当恢复部分能够展现城厢镇独特风格的传统文化活动。

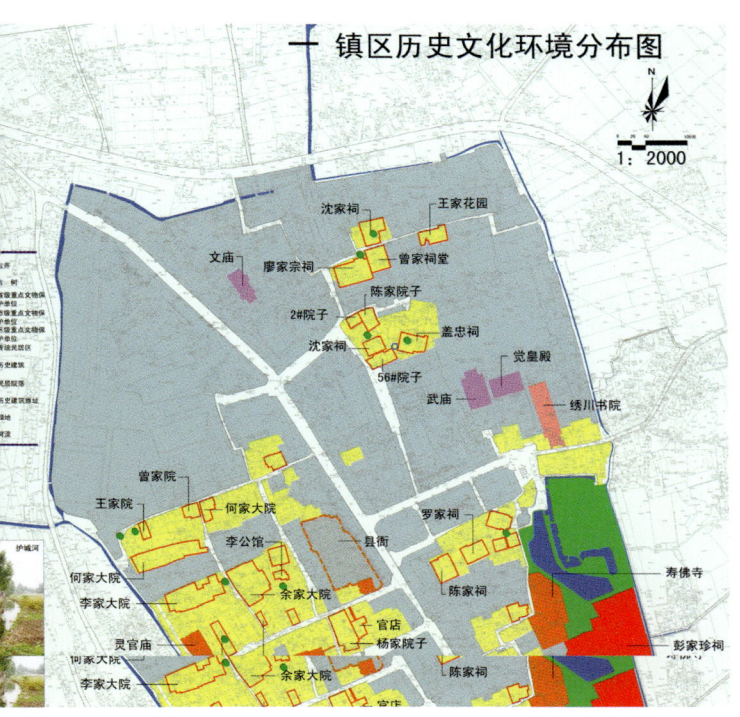

▲ 城厢镇历史文化景点分布示意图◎

▲ 护城河保护规划示意图◎

■ 对护城河的保护与整治

护城河原有的环形格局保持不变，在保护的前提下进行整治。

护城河拟整体拓宽至10米左右，局部游船码头港湾地段放宽至12-14米。河深平均1.2米。近期内以拓宽河道为主，实施初步的环境绿化。中远期逐步拆除内侧建筑，留出滨河步道，完善绿地系统建设。护城河外侧滨河路拟宽12米，其中车行道6米。

拟在护城河两侧各留30米风貌控制带，河道两侧建筑均按坡顶粉墙青瓦进行外貌整饰。

建设护城河绿地系统，为人们提供休闲散步和游憩观光的旅游环境。

护城河堤岸基础以条石浆砌，上用卵石作斜面低堤，不作栏杆，做成生态堤岸，内接绿地的散步小道，花灌、草坪、绿树间杂，保持乡间河道质朴风貌。

护城河西街街口处拟修复"庆泽门"城楼，在大东街至护城河处，拟恢复东门"朝阳门"古城墙残段，以作为古城历史标志。

护城河道上新桥、驳岸、踏步、码头，均按传统形式和传统材料进行恢复或整修。

■ 对古镇环境风貌的保护和整治

◆ 保护古树名木和古井

古树、古井是城镇历史的见证，是古镇风貌的一部分。在古树名木和古井处，设10米半径的保护圈，在圈内禁止有损古树古井的建设活动。古树古井均挂牌说明，建立责任制，落实管养单位。

◆ 建立标志物系列

规划恢复西门"庆泽门"，西街口兴建里坊式牌坊一座，与西街老街相协调对应。在城东朝阳门广场利用老城墙砖，恢复部分城墙残段。城北尚武门广场兴建西汉铜马雕塑，城南长宁门广场兴建汉代"雄龙凤座"雕塑。原县衙署，迁出幼儿园，逐步恢复县衙主要建筑，并立碑牌标示。

◆ 古镇保护区范围内建筑要求

古镇保护范围内的建筑拟分级对待。

历史文化街区是为古镇核心保护区。其建筑形式、体量、色彩、高度都必须与保护对象相适应，原则上应是原址、原样的恢复性整治。

核心保护区外围必须控制的区域为建设控制地带。在该地带内的新建筑，必须本着"小体量、色调淡雅"的原则，其建筑形式以川西民居建筑基本风貌为基调。

在历史街区以外，护城河以内的其他区域，均为古镇外围风貌协调区。其环境整治要保持与重点保护对象之间合理的空间景观过渡。建筑形式为坡顶，高度不超过四层，色彩以黑、白、灰为主，其风格面貌要求可适当放宽。协调区内除必须拆除和搬迁的以外，近期都要改造其外观形式和色彩，以达到环境风貌的统一。

（二）旅游前景展望

开展古镇旅游必须以保护古镇历史文化遗存为前提。根据城厢镇人文景观与自然风光的诸多特色，其旅游整体形象定位为：以古蜀汉文化为背景，古县治文化资源为核心，平原和丘地田园风光环境作依

托，以展示蜀汉文化，县治文化，革命文化，田园风情为内容的精品旅游度假区。

根据城厢镇所在的青白江区域旅游点成组分布的特点，确定近期1日游路线为：古城桥——谢湜墓——彭家珍衣冠冢——皇姑坟——古镇——七星岛度假区。远期2日游线路为：八阵图——诸葛井——清真寺——城厢古镇——曾家寨子——汉墓——石城山寺——七星岛度假区。

城厢古镇旅游线路确定为：

尚武门广场——文庙——祠堂碑——武庙——觉皇殿——绣川书院——家珍祠——寿佛寺——西街——名人故居——三清观——庆泽门城楼广场——护城河游船码头——长宁门广场——朝阳门码头——尚武门广场。

古镇步行旅游系统为：

护城河环行绿化步游道。北片区传统街巷奎阁巷。东片区传统街巷有家珍巷、平仓巷、九思巷、营房巷、城埝街。西片区传统街巷有槐树街、上寿巷、桑园巷、坚强巷、糠市巷和西城边街。

随着"城厢古镇保护规划"的逐步实施，可以预料，昔日的古街古巷、县治衙门、深宅大院、寺庙宫观等等，连同环绕四周的护城河，将向你完美地展现出一座古县城八百余年的历史风采，以家珍专祠建筑群为主体的众多人文景观，以及新建博物馆内的珍贵收藏，会让你承接起过往的历史，走进近现代，感受到英雄文化与革命文化的浓郁氛围。也许你有了一些疲惫，那就驱车到美丽的七星岛去吧，那里的山水田园风光美妙绝伦，碧波荡漾，空气清冽，岛上浓荫蔽日，青翠欲滴，定会令你心醉而不忍离去。如果有机会赶上城厢古镇的传统庙会，独具特色的民俗风情，更会让你沉浸其中，乐而忘返。至于根植于民间的美食美味，随处可遇的农家乐及大小餐馆，早已是各色菜品齐备，浓香扑鼻，等候你的到来。

主要参考文献

【唐】李吉甫撰：《元和郡县志·剑南道成都府》卷三十二，上海古籍出版社《四库全书》影印本，1987年版。（以下版本与此相同者，均简称：四库全书本）

【宋】欧阳忞撰：《舆地广记·成都府》卷二十九，四库全书本。

【宋】乐史撰：《太平寰宇记·剑南西道五》卷七十六，四库全书本。

【明】曹学佺撰：《蜀中广记·蜀郡县古今通释第一》卷五十一，四库全书本。

【清】黄廷桂等：《四川通志·古迹》卷二十六，四库全书本。

【清】黄廷桂等：《四川通志·城池》卷四上，四库全书本。

谭其骧：《中国历史地图集·秦汉时期》第2册，中国地图出版社，1982年版。

贾大泉主编：《四川历史辞典》，四川教育出版社，1993年版。

丁世良、赵放主编：《中国地方志民俗资料汇编·西南卷（上）》，北京图书出版社，1991年版。

肖　平：《湖广填四川》，成都时代出版社，2005年版。

成都市青白江区文体广电新闻出版局：《成都市青白江区历史文化资源》（内部资料，城厢镇人民政府提供），2009年6月6日。

成都市城镇规划设计研究院：《成都市青白江区城厢镇历史文化名镇保护规划》（内部资料，城厢镇人民政府提供），2005年9月。

※ 本篇原基本图文资料由成都市青白江区城厢镇人民政府提供。

03 新都区新都镇

　　新都位于成都市北部、距成都市16公里，为四川省历史文化名镇。全镇辖39个行政村，29个社区居委会，面积97.4平方公里，总人口26万人。

　　新都风光秀丽，景色迷人，气候温和，物产丰富，属于驰名中外的都江堰自流灌区，河渠密布，农业开发历史悠久，是全国著名的商品粮油生产基地，素有"天府粮仓"之称。

　　新都历史悠久，为古蜀国三大名都之一，距今已有2800多年历史。公元前316年秦惠文王时，新都置县，至今已有2400多年历史。及至公元598年，县治迁至今新都镇所在地，新都镇作为县城，也已有1400多年的历史了。2002年1月1日，经国务院批准、新都撤县设区，正式成立新都区，新都镇即成为成都市新都区区府驻地。

▲ 新都桂湖全景鸟瞰图●

  自古以来，新都人文昌盛，名人辈出，文化积淀丰富，有"天府明珠"、"香城宝地"之美誉。镇内宝光禅院和升庵桂湖，为国家级重点文物保护单位。2007年，以宝光禅院和升庵桂湖为核心的"新都宝光桂湖文化旅游区"被评为国家AAAA级旅游景区。

  与此同时，新都还是国家级卫生城和省级环保模范城。按照成都市新一轮规划，新都将成为成都主城区北部副中心，与青白江区共同构成100平方公里、100万人口的北部新城，成为成都市物流业发展的四个中心之一。

  新城崛起，古镇核心依在。昨天与今天在这里对话，古老的文化与现代文明交相辉映，这就是今日之新都，一个活力四射的新新都！

图片：● 严永聪 摄影
⊙新都区委宣传部提供
◇新都区旅游局提供
◎新都区建设局提供

一、新都历史文化概述

（一）历史沿革

公元前7世纪左右，古蜀国开明王朝将都城由郫邑南迁至今新都军屯镇静平村高地营建都邑，为区别于杜宇所营造的旧都郫邑，新建都邑名"新都"。此为新都得名之始。其后不久都城又再度南移，定都于广都樊乡（今双流县境内），及至开明五世，"开明王自梦郭移，乃徙至成都"。所谓"梦郭"者，即是"樊乡"（从段渝之说）。

《华阳国志·蜀志》载："蜀以成都、广都、新都为三都，号名城。"著名学者段渝认为："此三都即是春秋战国之际蜀的中心城市体系。"由此可见，即使开明王朝定都成都之后，新都仍为蜀中名城。

周慎王五年（秦惠文王更元九年，公元前316），秦灭蜀，于成都置蜀郡，新都置县，新都归属蜀郡管辖（参见《新繁篇·秦汉古县与新繁沿革》）。

西汉高祖六年（前201），新置广汉郡，领县十三，新都县划归广汉郡，县治在今新都城东二十里。汉武帝元封五年（前106），分全国为十三州刺史部，广汉郡隶属益州刺史部，新都县仍属广汉郡。

东汉光武帝建武元年（25），公孙述据蜀，改广汉郡为子同郡，新都仍以县属。建武十二年（36），公孙述败亡，东汉恢复西汉旧制，新都县仍隶属益州广汉郡。后经刘焉父子割据和三国时期的

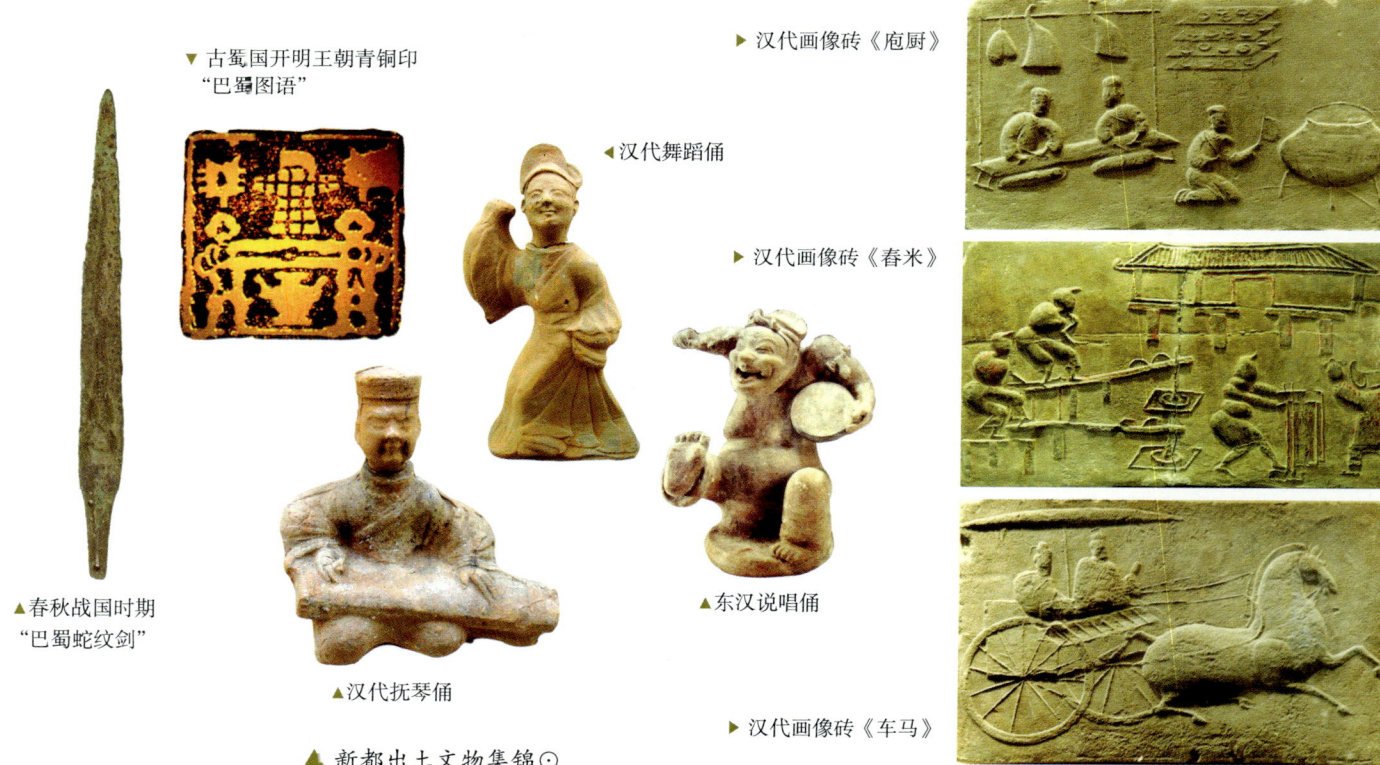

▼ 古蜀国开明王朝青铜印"巴蜀图语"

◀ 汉代舞蹈俑

▶ 汉代画像砖《庖厨》

▶ 汉代画像砖《舂米》

▲ 春秋战国时期"巴蜀蛇纹剑"

▲ 汉代抚琴俑

▲ 东汉说唱俑

▶ 汉代画像砖《车马》

▲ 新都出土文物集锦⊙

蜀汉，直至曹魏灭蜀不改。

西晋武帝泰始二年（266），分广汉郡置新都郡。新都郡划属梁州，统领雒县（今广汉）、什邡、绵竹、新都四县，郡治在雒（luò）。咸宁三年（277），晋武帝封皇子司马该为新都王，改新都郡为新都国，统县与郡同。太康六年（285）废除新都国，复为新都郡，仍领新都等四县。同年又废郡，新都以县还属广汉郡。

晋惠帝永宁元年（301），李特领导流民起义。永兴元年（304），李特子李雄据蜀称帝，国号大成，继称汉，新都仍作为县隶属梁州广汉郡。

东晋穆帝永和三年（347），桓温伐蜀，灭成汉政权，蜀地归东晋。新都的州郡隶属关系均未改变，直至东晋灭亡。

南北朝刘宋时期，广汉郡由梁州改隶益州，新都县仍隶属广汉郡。公元479年，南齐高帝萧道成取代刘宋，国号齐，新都县隶属关系未变。西魏废帝二年（553），新都县改属益州蜀郡，直至北周时期。

隋文帝开皇初年（581），悉罢全国诸郡，以州直接统县，新都县属益州。开皇三年（583）置益州总管府，新都直属益州总管府。

开皇十八年（598），改新都县名为兴乐县，始将县治迁至今新都镇。

隋炀帝大业三年（607），取消总管府，改州为郡，实行郡县二级制，兴乐县被撤销并入成都县，隶属蜀郡。

唐武德二年（619）复置新都县，隶属益州。至德二载（757），新都县属成都府剑南西川节度。唐末及五代时期，蜀地先后为前蜀、后唐、后蜀所据，新都县均属成都府。

宋太宗太平兴国六年（981），降成都府为益州，新都县属益州。真宗咸平四年（1001），新都县属益州路成都府。仁宗嘉祐四年（1059），改益州路为成都府路，新都县隶属成都府路所辖的成都府。嘉祐六年（1061），又改成都府路为剑南西川节度，直至南宋末新都县隶关系未变。

元代，新都县属四川行中书省成都路直辖的录事司。

明代，新都县属四川省布政使司成都府。

洪武十年（1377），省金堂县并入新都县，三年后金堂县恢复。

清朝沿袭明代政区制度，新都县仍属四川省成都府。

中华民国成立后，新都县隶属川西道，后改为西川道。"防区制"时期，新都县属邓锡侯率领的二十八军防区。民国二十四年（1935），国民党政权统一川政，设四川省政府，将全省划分为十八个行政督察区，新都县属第一行政督察区，直至民国三十八年。

中华人民共和国成立后，四川省划分为川东、川南、川西、川北四个行政公署，新都隶属川西行署温江专员公署。1953年行署撤销，恢复四川省，新都县仍属温江专员公署。1960年2月撤销新都县合并于新繁县，县府设今新繁镇。1962年10月恢复新都县，县府仍设今新都镇。1965年撤销新繁县并入新都县，县府亦设于今新都镇。

今新都镇为成都市新都区区委、区政府驻地。

自隋十八年（598）今新都镇作为新都（时称"兴乐县"）县治所在地始，前后已有1400多年的县城建置史，而新都得名之始，更是早在约2800年前的开明王朝时期，可谓历史悠久，其文化积淀自当十分丰厚。

（二）文化积淀

■ 考古文化中的古墓遗址与始康故城遗址

◆ 古墓遗址

新都古墓遗址甚多，无论东汉崖墓、画像砖墓、魏晋时期砖墓抑或古代名人墓等，均各有特色。为显示该地厚重的文化积淀，下面择其要而述之。

1）战国木椁墓遗址

战国木椁墓遗址位于新都西北马家镇普东村上三墩，墓坑底部各东西横置一枕木，其上南北横铺二十根木枋作为椁底，木椁东西长8.3米，南北宽6.76米，全用楠木，结构宏大。1980年3月至5月，四川省博物馆和新都文管所，对该木椁墓进行清理，出土了大量的随葬物品，有陶器、铜器、漆器等多件器物，铜器中尤以大小有序、五件一组的铜鼎最引人瞩目，最小一鼎铸造特精，盖内有铭文"邵之食鼎"，为春秋战国时期楚地流行字体，可证此鼎为楚之邵氏铸造而流传入蜀。木椁墓出土文物，现全部保存于四川省博物馆。

▶ 古蜀国开明王朝青铜鼎铭文"邵之食鼎"⊙

▲ 古蜀国开明王朝青铜鼎⊙

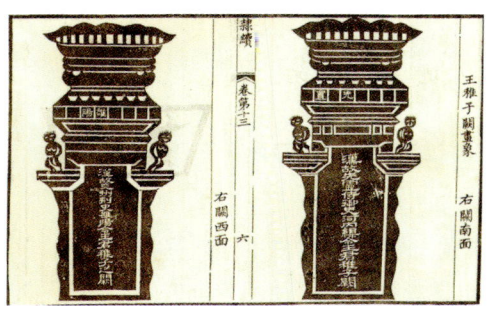

▲ "东汉王稚子石阙"画像⊙

前文言及，古蜀国开明王朝，曾南迁至新都北部高地营建都邑。而木椁墓遗址则位于此处之南，从其安葬的规模与出土的众多器物看，当为开明时期王室成员或王公贵族的安葬之地。开明王朝为来自荆楚的鳖灵所建。鳖灵本为杜宇王朝末期望帝之相，时蜀地水灾，望帝不能治理，而鳖灵却成功地制服了洪水，得到了蜀民的信赖，于是便取杜宇而代之，立为蜀王，称"丛帝"，国号"开明"。而该墓坑底部搁置枕木及木枋，以作为搁放木椁之用，则为春秋时期典型的楚国葬式，再加上铜鼎铭文字体的楚地特点，即可反证新都北部高地2800年前曾为鳖灵所建开明王朝都邑之地。

2）王涣墓遗址

王涣为东汉著名循吏，曾为温县令，后"迁兖州刺史"，"征拜侍御史"。"永元十五年（103），从驾南巡，还，为雒阳令"。东汉元兴元年（105）死于任所，遗体送归原籍安葬。

王涣为官，尽心奉公，务在惠民，"当职割断、不避豪右"，深得百姓拥戴。病逝后，"百姓市道莫不咨嗟，男女老壮皆相与赋敛致奠"。

王涣墓遗址位于新都城东北4.5公里之督桥河村。原为突出田面高约20米的一大土堆，墓前有双阙，各高3丈，相向而立。双阙上共有隶书31字，一题"汉故兖州刺史雒阳令王君稚子之阙"，一题"汉故先灵侍御史河内温令王君稚子阙"，法度劲古；阙上亦有衣冠鸟兽等像，气韵精简。王涣字"稚子"，故其墓前双石阙称"王稚子阙"，自宋以来，即为历代史家和金石学家所器重，记载和研究者不少。

惜乎"文革"中王涣墓及墓前双阙被毁，今存遗址。

3）马超墓遗址

马超（176—222），字孟起，三国蜀汉骠骑将军。其墓位于城南马超村。据明天启《四川成都府志》记载："（墓在）新都县南三里，明佥事杨瞻竖碑表之。"又，据清道光《新都县志记载》：雍正十一年（1733），立石于墓之四隅，定距墓十八步为墓域。道光十七年（1837）清丈，前后基地三亩多，竖以城垣。有碑二，一竖墓前，一竖道旁。惜乎碑石已毁，今墓地仅存遗址，有土堆，周围60米，高约20米。

4）杨氏墓地

杨氏墓地，在城西北体育场，民间称为状元坟。该墓地原有明代状元杨升庵墓、升庵父杨廷和墓，以及杨廷和之父杨春墓。民间称之为状元坟。

杨春，字元之，号留耕，进士出身，以湖广按察使佥事致仕，明正德十年（1515）卒，年八十。时长子杨廷和为少师、太子太师、吏部尚书、华盖殿大学士，因此朝廷追封杨春为资德大夫、户部尚书兼文渊阁大学士，又加封光禄大夫、柱国少保。其墓为朝廷派礼部员外郎"敕建"，规模宏大。神道碑在今状元街灵祖庙前（1960年毁），至墓约500米。墓道两旁原有石人、石狮、石马等，有庐墓，墓前有祭坛。历明、清、民国至新中国成立后，逐渐毁损。

杨廷和（1459—1529），字介夫，号石斋，明正德、嘉靖两朝首辅。嘉靖三年（1524）辞官，七年（1528）削职为民，次年卒，以庶民礼葬于杨春墓右。

杨升庵墓在其父杨廷和墓右。嘉靖三十八年（1559）卒于云南戍所，运柩回故里安葬。

后杨春与其妻叶夫人合墓，杨廷和与其妻黄夫人合墓，杨升庵与继室黄峨合墓。杨氏墓地今已不存。

◆ 古始康县故城遗址

据《四川通志·古迹》载："始康故城在（新都）县南二里，晋末置始康郡，治始康县。（刘）宋时寄治成都，西魏废。"

早在西晋惠帝太安至怀帝永嘉时期（302—313），统治集团内部连年混战，关陇、秦雍土族不断南迁，形成大批流民入蜀就食，晋王朝为安置这些流民，在蜀地设置有建制无领地的侨郡、侨县，始康县于此时设置。东晋安帝时期（397—418），设始康郡寄治成都，领始康、新城、谈、晋丰四个侨县，后经刘宋时期不改。南齐时期（479—502），始康郡领始康、谈、晋丰三县。公元502年，梁继南齐，整顿侨郡、侨县，给侨郡、侨县以实地，始康郡治遂由成都迁入新都。其时始康郡隶属益州，治所在今新都城南。直至西魏废帝二年（553）平蜀后，始康郡及始康县方予废除。

2002年在今新都城南兴建"西南石油大学"时，曾出土大量历史文物，说明史载古始康县在城南的记述是正确的。城南，今石油大学所在，正是古始康县治故址。

■ 群星灿烂的名人文化

◆ 杨廷和、杨慎及其妻黄峨

新都历史悠久，人文荟萃，在历史长河中曾涌现出无数杰出人物。其中，明代著名学者、文学家杨升庵与其父杨廷和，更是光耀史册，影响深远。

1）杨廷和（1458—1529），自幼聪敏，才智过人，19岁即中进士。"为人美风姿、性沉静；为文简畅有法，好考究掌故、民瘼、边事及一切法家言"。在朝期间，不阿附刘瑾阉党，敢于指斥佞幸。正德年间，廷和被封为少师太子太傅、华盖殿大学士，成为朝廷首辅。曾上疏劝帝"早朝晏罢、躬九庙祭祀、崇两宫孝养、勤日讲、复面奏、开言路、达下情、还边兵、革宫市、罢皇店、出西僧、省工作、减织造凡十余条"，颇能切中时弊。正德十六年（1521），明武宗死于豹房。从武宗去世到世宗朱厚熜抵京即位期间，杨廷和"总朝政几四十日"，他借此良机，大发"遗诏"，大刀阔斧地进行了一系列政治改革，严重地打击了皇室宦官的种种权益，故而深得人心，一时"中外大悦"。杨廷和由于在"议大礼"的过程中，"持论益不挠"，得罪了嘉靖皇帝，终于在嘉靖三年（1524）正月，被世宗罢去内阁首辅大学士，回到了四川新都老家。嘉靖七年（1528）又被削职为民。八年（1529）六月卒于家中，享年71岁。隆庆初（1567）追复其官，谥"文忠"。有著作《杨文忠公三录》、《石斋集》等存世。

杨廷和为官期间，不忘故里，曾为家乡筑堰开渠，重培宝光寺。家乡人民为纪念他，特地在宝光禅院建造了他的塑像。

▲ 宝光禅院内的杨廷和塑像
（任桂园 拍摄）

2）杨慎（1488—1559），字用修，号升庵，杨廷和之子。据《明史》记载："慎幼警敏，十一岁能诗，十二拟作《吊古战场文》、《过秦论》，长老惊异。入京赋黄叶诗，李东阳见而嗟赏，令受业门下。"正德六年（1511）中状元，授翰林修撰。世宗及位，任经筵讲官。嘉靖三年（1524），召为翰林学士。为争大礼，与同列群臣"伏左顺门力谏"，并"撼门大哭，声彻殿庭"。世宗大怒，两次廷杖之，继而谪戍云南永昌卫。杨慎"扶病驰万里，惫甚，抵戍所，几不起"。嘉靖八年（1529）杨廷和去世，方获准回四川新都参加葬礼。从此"或归蜀，或居云南会城，或留戍所"。但在70岁还蜀之时，却被巡抚遣四指挥将其逮回云南，嘉靖三十八年（1559）七月，竟死于谪戍之地，享年72岁。

在谪戍滇南期间，杨慎手不释卷，书无所不览，曾对人说："资性不足恃，日新德业、当自学问中来。"故好学穷理，老而弥笃。

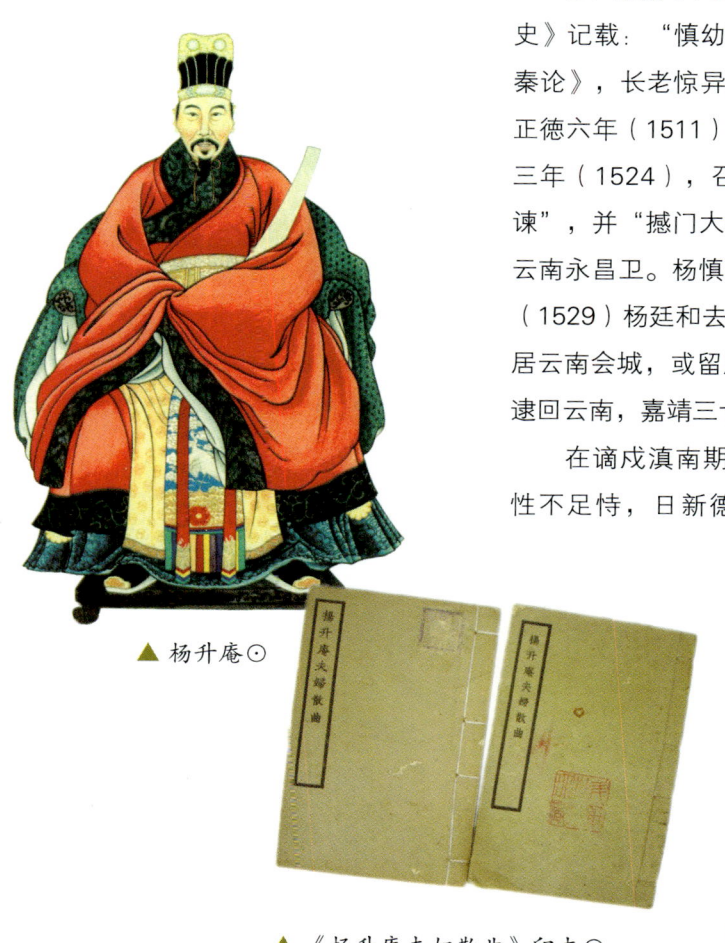

▲ 杨升庵⊙

▲ 《杨升庵夫妇散曲》印本⊙

《明史》赞曰："明世记诵之博、著作之富，推慎为第一。诗文外杂著至一百余种，并行于世。"《四川通志》则云："所著书四百余卷行于世。"隆庆初（1567），朝廷封赠光禄大夫。天启中（1621—1627），追谥"文宪"。

杨慎不仅是明代著名诗人、文学家，而且也是我国古代著名的学问家，在谪戍云南期间，更为在边疆少数民族地区传播中原文化作出了巨大贡献。

由于杨慎是明朝时期四川唯一的状元，且为人刚正不阿、气节高尚，身处逆境而学问不止，以至著作丰赡、流芳百世，故其道德文章，一直激励着一代一代的新都人，因而形成了一种独特的"状元文化"现象。在这种"状元文化"的影响，自古以来新都不但教育发达、文化昌盛，而且人才辈出，文化名人有如璀璨之群星。延续至今日，其文化教育事业更是得到蓬勃发展，全区共拥有西南石油大学、四川音乐学院、成都医学院等各类学校148所，与此同时，还出现了一系列文化研究机构和文化活动场所，诸如杨升庵研究会、新都东方文化艺术中心、新都画院等等，尤显出"状元文化"的深远影响。

3）黄峨，杨慎之妻，亦是一位博通经史、颇富才情的女诗人。黄峨一生，所作诗、词、曲甚多，"读之旨趣闲雅，风致翩翩，填词用韵，天然合律"。杨慎谪戍滇南期间，夫妻二人常以诗词唱和，寄托思念之情。黄峨所写《寄外》一诗，尤为脍炙人口，其诗云："雁飞曾不度衡阳，锦字何由寄永昌？三朝花柳妾薄命，六诏风烟君断肠。日归日归愁岁暮，其雨其雨怨朝阳。相闻空有刀环约，何日金鸡下夜郎。"其《寄升庵》一诗云："懒把音书寄日边，别离经岁又经年。郎君自是无归计，何处青山不杜鹃！"其悲愤幽思之情，更是溢于言表。明隆庆以后，有《杨状元妻诗集》、《杨夫人乐府诗余》、《杨夫人曲》、《黄夫人乐府》、《榴阁偶存》等刊行于世。

◆ 近现代新都籍文化名人

在近现代，新都更是名人辈出。有共产主义的忠诚战士黄霖，有在抗日战争中为民族捐躯的抗日英雄、革命烈士王铭章，有中华人民共和国外交部副部长曾涌泉，有著名的医学家邹仲彝和医家黄德彰、邹学熹，有著名的文学家艾芜，有甘蔗专家夏禹仁、茶叶专家夏怀恩（原名夏克耕），有乒乓球奥运冠军陈龙灿，有著名书法家万自律等等。

1）黄霖（1904—1985），原名罗永正，字直方，新都县桂湖乡人。1927年初，在武汉投奔北伐军，参加大革命。同年7月，转入贺龙领导的二十军任特务营第一连连长，并加入中国共产党，随后即参加了震惊中外的"八一"南昌起义。起义失败后，黄霖辗转于广州、四川万县、成都等地从事革命活动。1928年8月奉命回到新都，从事党的地下工作；1930年10月至1933年10月，黄霖去到上海，继续从事党的地下工作。在白色恐怖的年代里，黄霖历尽险阻，虽曾两次被捕，但他经受住了严峻的考验。1937年8月经党组织于上海营救出狱后，随即去到延安，前后担任鲁迅艺术学院院务处处长、中央管理局副局长等一系列职务。新中国成立后，曾历任江西省交通工作部部长、省委常委、副省长、省政协副主席等职务。"文革"期间，黄霖遭受残酷迫害。十一届三中全会后，得到彻底平反。1985年10月13日于北京去世，享年81岁。

▲ 黄霖⊙

2）王铭章（1893—1938），字之钟，新都太平乡人。1911年四川保路运动兴起，18岁的王铭章，毅然参加同盟会会员所组织的同志军，投入与清政府军的战斗。后在各类战斗中，屡建战功，及至北伐战争开始，王铭章已升任为国民革命军第二十九军第四师师长。1935年二十九军改编为四十一军，王铭章任第一师师长。同年7月，被授陆军少将衔。1936年

▲ 王铭章⊙

秋，晋升为中将，被授四等云麾勋章。1937年卢沟桥事变后，长期卷入内战漩涡的王铭章，幡然觉醒，坚决拥护抗战救国、"枪口一致对外"的主张，请缨出川杀敌报国。同年10月19日，王铭章率师抵达太原。时值雁门关失守，娘子关告急，24日王铭章即率部仓促投入战斗，与日军血战数日，并乘胜夺回平遥县城。事后，战区当局认为："王师在晋东作战中，英勇善战，殊堪嘉奖。"1938年初，为保卫徐州，王铭章被任命为四十一军前方总指挥，率部进驻滕县。在保卫徐州外围的滕县战役中，日军兵力达3万有余，大炮70多门，战车40余辆，而王部兵力不足3000，但王铭章镇定自若，亲自登城督战，决心与敌血战到底。在与日军巷战过程中，王铭章又巍然雄立于县城十字街口，指挥督战。最后不幸中弹牺牲。王铭章率部坚守滕县达3个半昼夜，粉碎了日军南犯徐州的诡计，为鲁南会战赢得了时间，为围歼日军板垣、矶谷两个师团的台儿庄大捷创造了有利条件，立下了不朽功勋。对此，国民政府特颁发褒扬令，追赠王铭章为陆军上将。1984年9月，四川省人民政府追认王铭章为革命烈士，并由国家民政部颁发了烈士证书。

3）邹仲彝（1899—1965），是一位具有远见卓识的中医界知名人士，著名医学家。20世纪40年代初，著有《霍乱浅说》、《温热便读》、《麻疹概论》、《补虚辩惑论》等医学著述。1958年以后，著有《医学源流论评议》、《中医脉学》等著述。为发扬祖国医学遗产和卫生医疗事业，作出了有益的贡献。

▲艾芜⊙

4）艾芜（1904—1992），原名汤道耕，中国现当代著名作家，新都清流镇翠云村人。1925年出川南行，漂泊于云南、缅甸、新加坡、马来西亚等地，回国后参加"左联"，受到鲁迅帮助，走上文坛，积极投身国内革命和抗日战争。新中国成立后，历任重庆大学中文系主任、重庆市文化局长、中国作家协会理事和顾问、四川文联和作协荣誉主席。艾芜一生，辛勤笔耕68载，留下了500余万字的文学著作，其主要作品有《南行记》、《南国之夜》、《故乡》、《丰饶的原野》等。正如巴金所说："艾芜是中国最杰出的作家之一，也是家乡人民的骄傲。"

5）夏禹仁，国际知名甘蔗专家，于1945年日本投降后，去台湾省继续从事甘蔗良种培育及制糖业的研究，获硕士学位。任台湾糖业研究所研究员、主任、所长、驻圭亚那农技团团长，在非洲国家从事多年水稻种植研究。曾获中山学术著作奖。

6）夏怀恩，著名茶叶专家，几十年研究茶树病虫害防治，提出了"茶树害虫生物防治的另一途径——保护利用自然天敌控制害虫"的新观点，取得了显著成绩，曾受到邓小平、赵紫阳等党和国家领导人的亲切接见。

7）万自律，是新都书艺界德高望重的老书法家，为宝光寺和桂湖书写楹联，纯以大腕运笔，尤见其磅礴之气，达到了人书俱老的境地。他还为升庵桂湖、宝光禅院整理鉴定珍藏文物，为历史文化名城——新都作出了可贵的贡献。

邹仲彝等文化名人，为发展中华民族灿烂的科学文化作出了重大贡献，也为养育他们的新都这块宝地增添了光彩。

■ 积淀千年的园林景观文化

新都园林景观文化，集中地展现在国家级重点文物保护单位"升庵桂湖"。可以说，它是新都"状元文化"的物质载体。桂湖之名，最早见于明代杨升庵《桂湖曲送胡孝思》一诗。乾隆年间，湖废为田，桂树犹存。嘉庆十七年（1812），又浚田还湖，知县扬道南撰《桂湖碑记》说："有明杨升庵先生于两堤栽桂树数百株。"道光十九年（1839），桂湖再次得到培修，为纪念明代著名的学问家和文学家杨升庵先生，又建升庵祠于其中。由此我们可以知道，桂湖因升庵先生种植桂树并留有《桂湖曲》一诗而得名，又因其中建有升庵祠，故名"升庵桂湖"。

其实早在唐代武则天执政时期，此处已形成园林景观。据张渝新《千年古园桂湖》一文所言，新都县城于隋开皇十八年（598）迁到现址后，因湖处于县城之南，所以湖称"南亭"。初唐时期，张说曾于此送别友人，写有《新都南亭送郭元振、卢崇道》一诗，诗云："竹径女萝蹊，莲洲文石堤。静深人俗断，寻玩往还迷。碧潭秀初月，素林惊夕栖。褰幌纳蟾影，理琴听猿啼。佳辰改宿昔，胜寄坐暌携。

▲ 升庵桂湖大门

▲ 桂湖园林景观一角

长怀赏心爱，如玉复如珪。"诗中"莲洲"、"石堤"、"碧潭"、"蟾影"等词语，即巧妙地点出了当时南亭湖面胜景。及至明代，杨升庵先生由于住家距此很近，经常游憩其间，又"于两堤栽桂树数百株"，并写有《桂湖曲送胡孝思》一诗，故"升庵桂湖"之名，得以流传至今。

桂湖历史悠久，独具特色的文化积淀与优美的古代园林景观交融在一起，无疑已成为一笔极为宝贵的物质文化遗产。

■ 独具魅力的佛教文化

位居长江流域佛教"四大丛林"之首的新都宝光禅院，为国家级重点文物保护单位，千百年来，一直是中国佛教文化的重要彰显之地。在唐代，此处原建有佛庙兴福寺。

唐朝末年，黄巢起义军攻破长安，僖宗李儇逃到四川，曾小住新都。据曹学佺《蜀中广记》记载："（新都）治北半里宝光寺后，有柱础，围丈二尺，圆径二尺，高尺八寸。唐僖宗避黄巢至蜀，遣御史赉玺书，召知元国师憩息其处。掘地得石函，中有如来舍利。寻建浮图以瘗（yì，掩埋）之，仍创精蓝（佛寺）曰'宝光'。"又据《四川通志·古迹》记载："唐僖宗行殿在（新都）县北宝光寺后，有遗础"；"宝光塔在县北宝光寺，唐悟达国师重修。旧塔掘地得石函，中有舍利十三颗，因建浮图，名'无垢净光'。"

由这些记载，我们可以知道，僖宗逃亡至蜀，"小住新都"的具体地点就在今宝光寺后，有所谓"行殿"遗存下来的"柱础"为证。当他看到此处原有佛庙倾圮，即派遣御史带上盖有玉玺之诏书，召来知元国师憩息庙中，同时又令悟达国师重新修庙。在重修寺庙的过程中，于旧塔下掘地得一石匣，匣中藏有舍利（梵语，意译"身骨"；释迦牟尼佛遗体火化后结成的坚硬珠状物，又名舍利子）13颗，于是重建佛塔，并将藏有13颗舍利子的石匣重新埋在塔下，佛塔取名"无垢净光"，（后亦称"无垢宝塔"，或"宝光塔"）。整座寺庙重修完毕，就将该寺命名为"宝光寺"。自唐僖宗中和年间（881—884）宝光寺及寺中佛塔重建以来，到如今已有1200年的历史了。

清代咸丰元年（1851），寺中始建罗汉堂。该罗汉堂为抬梁式木石构架正方形建筑。内塑佛、菩萨、祖师、罗汉共577尊。就宝光寺整座庙宇而言，是全国唯一一座保存了中国早期佛寺"寺塔一体、塔踞中心"典型布局的寺庙，无论建筑或者内部塑像，皆精妙绝伦，充分展现出汉传佛教文化的无比魅力。至于有关"八位云游僧人助妙胜禅师修建罗汉堂"的传说故事，更是给宝光禅院增添了不少神奇色彩。

▲ 略已倾斜的宝光塔⊙

▲ 宝光禅院内罗汉堂大门●

二、新都文化旅游巡览

（一）新都宝光桂湖文化旅游区

今为新都区府驻地的新都镇，经过多年发展，目前已成为成都北部一座现代化新城。但现代化的新都，同时也是一座著名的省级历史文化名城，其丰厚的历史文化积淀较为集中地展现在升庵桂湖和宝光禅院这两处国家级重点文物保护单位之中。2007年，以宝光寺和升庵桂湖为核心的"新都宝光桂湖文化旅游区"，被评为国家AAAA级旅游景区。当我们越过宽阔的大道，走进该文化旅游区，不仅会为四周林木葱茏的旖旎风光而惊羡，更会为扑面而来的历史文化气息兴奋不已。

■ 宝光寺及寺中罗汉堂

① 宝光禅院大门● ② 禅院内部四合院● ③ 天王殿● ④ 七佛殿● ⑤ 藏经楼●

① 禅院内庭院一角●
② 纪念释迦牟尼佛诞生的"太子亭"●
③ 大雄宝殿●
④ 千手观音塑像●
⑤ 石雕舍利塔（任桂园 拍摄）

坐落于新都镇北的千年古刹宝光寺，又名"宝光禅院"，明末虽曾毁于兵火，但在清康熙九年（1670）又得以按原样重建。道光、咸丰年间，又陆续增修。

宝光禅院坐北朝南，占地面积近10万平方米，建筑面积达两万多平方米。整座禅院红墙围绕，庙宇宏阔，四周古柏、幽楠、修竹环抱；禅院门前，场地宽敞，有照壁掩映，两侧有石狮雄踞，八字红墙东北排比，内接山门，尤显出一种肃穆、庄重的佛教文化氛围。

禅院内为宫殿式建筑连接四合院布局，位处中轴线上的天王殿、七佛殿、大雄宝殿、藏经楼等，次第排列，层层建筑高大、宏阔。舍利塔耸立其中，陪衬着两廊庑前对称的40多根石柱，显示出建筑的整齐、雄伟和庄严。全寺用大小方、圆石柱共400多根，工程十分浩大。殿堂庭院，疏朗宏伟；门窗斗拱及装饰构件，雕刻精美；菩萨塑像，均栩栩如生。

禅院众多建筑中，藏经楼最为突兀、壮观。重檐歇山式，木石结构，抬梁架，全用大圆石支柱。此楼面阔7间，宽40米，进深5间，长18米，高27米，占地面积1080平方米，为全寺最大最高的一重佛

① 罗汉堂内一角●
② 罗汉堂内康熙皇帝塑像⊙
③ 罗汉堂内乾隆皇帝塑像⊙
④ 孔雀明王塑像●
⑤⑥⑦⑧⑨⑩ 神态各异的罗汉像●

殿。楼上珍藏有清雍正、乾隆年间印行的《大藏经》共336函，6361卷。楼下为该寺历代方丈讲经说法的地方。

唐代中和年间所建舍利塔，又名无垢宝塔，耸立在天王殿与七佛殿之间，钟、鼓二楼相对峙立于塔之西东。塔高30米，为四方形密檐式实心砖塔。塔刹部分，为鎏金铜顶；塔身13层，每层四面，各有佛像3座，四角皆挂铜铃；底层正面有嵌窟，高3米，宽0.9米，内塑释迦佛贴金坐像；塔基为须弥座，护以砖石围栏。舍利塔自唐建造以来，经历代培修，至今巍然不倒，有封砌在内的唐代陶文"宝光寺建砖塔"为证。

经钟楼前侧"天台胜境"牌坊，即可通向远近闻名的罗汉堂。罗汉堂，占地面积达1600平方米。平面呈口字包着田字的形状，堂中央屋面作穹窿状升起。进门处塑有孔雀明王，堂中央塑有高达6米的千手观音。其左右两边，塑疯僧与济公，其后壁底处塑有三身佛，形成前后左右的对称。纵横巷道相通，罗汉、祖师塑像，均排列在巷道两边。罗汉堂中计塑有十八阿罗和五百罗汉518尊，祖师、高僧和清初宝光寺方丈50尊，加上佛4尊、菩萨5尊，共计577尊。这些塑像，出自川陕两省名工巧手，历时9年始成。罗汉、祖师塑像，比真人略显高大，老少胖瘦，各具身材；服饰得体，衣纹清晰，贴金彩绘，光泽辉煌；各持法器，举动殊异，面孔及喜怒哀乐的表情，亦各具特点，体现出各种人物的性格和心理活动状态，神情生动，极富生活气息。

禅院东侧有念佛堂，此处有造于清光绪三十年（1906）的"石雕舍利塔"一座。该塔由三块青石雕镂而成，造型生动，工艺精湛，内供佛舍利子3粒。

就整座禅院而言，气势恢宏，结构谨严，南北中轴线及其两侧的建筑主要有一塔（舍利塔）、二坊（天台胜境坊、庐山遗迹坊）、三楼（钟楼、鼓楼、藏经楼）、四殿（山门殿、天王殿、七佛殿、大雄殿）、八堂（伽蓝堂、客堂、斋堂、戒堂、禅堂、法堂、影堂、祖堂）和十六庭院，游人至此，自可感受到非同一般的佛教文化氛围。

■ 升庵桂湖与桂湖公园

◆ 升庵桂湖

升庵桂湖位于新都镇西南隅。经道光十九年（1839）再次培修之后，即奠定了桂湖今天的基础。清末民初，桂湖亦屡经修葺，新中国成立后又新辟桂林，添建改建楼亭，升庵桂湖更是大放异彩。

升庵桂湖是一座东细西粗、略呈一字平湖的水景园林，占地面积4.65万平方米，其中水域面积达1.63万平方米。桂湖建筑多样，有楼台亭阁水榭山馆20余处。而建于道光十九年及其以前的就有升庵祠、仓颉殿、香世界、沉霞榭、枕碧亭、观稼台、杭秋（船形建筑）等。主体建筑为升庵祠，前为升庵殿、祀杨升庵像，后为会心堂，右为澄心阁，左为藏舟山馆。这是一组叠梁穿逗混合式的木结构建筑。窗格纹饰多样、窗心贴以字画。有围栏及飞来椅环绕相通，径至后殿，连接回廊，成为园内中心。其建筑面积为459平方米，祠前地坪400平方米。

与祠堂遥相呼应处，竹树覆荫的沉霞榭、香世界与杨柳楼南北相对。船形建筑名杭秋，草盖覆檐号

▲ 升庵桂湖园林景观●

▲ 升庵先生塑像●

▲ 升庵祠●

▲ 桂湖桂苑⊙

亭亭。更有一亭凌水一亭立于土基、两亭相抱的交加亭，两亭衔接处共用两柱，虽高低错落，但浑然一体，尤显其建筑构思之奇妙。

临湖一带杨柳依依，人称小锦江。桂湖外围，尚保存有一段长达一千余米的古城墙，坠月楼耸立城头，独标高格，与湖莲岸柳相映成趣。

桂湖曾是杨升庵与其妻黄峨共度蜜月的地方。1959年，不仅在此建立了杨升庵纪念馆（即升庵祠），并在原沉霞榭建立了黄峨馆，馆内陈列有黄峨画像及其事迹，明版《古令女史》和黄峨诗词曲印本数种以及杨升庵和黄峨故居"榴阁"、黄峨同升庵合葬墓墓碑照片等等。

升庵桂湖为驰誉遐迩的旅游胜地，有"川西第一湖"之称。1996年被确定为全国重点文物保护单位，是全国著名的十大赏荷基地和五大桂花观赏地之一。桂湖收藏和展出的文物十分丰富，种类繁多，珍品不少。有新石器时代至明清时期的出土文物；有集苏轼、黄庭坚、杨慎、董其昌、刘墉等宋代至清代近百名家笔迹的石刻碑林，原件的神韵，真实地呈现于碑上，常令游人啧啧称奇，赞叹不已。及至现当代，更有郭沫若、巴金、沙汀、艾芜、马识途、张秀熟、吴作人、李一氓、晏济元、冯建吴、陈子庄、沈尹默、廖静文等众多文化名流和陈毅元帅、张爱萍将军、方毅副总理在此留下了他们宝贵的墨迹，或题诗、

▲ 升庵桂湖荷塘●

▲ 升庵桂湖一角⊙

▲ 桂湖桂堤风光●

▲ 桂湖建筑木雕●

① 桂湖外围古城墙⊙
② 古城墙上坠月楼●
③ 桂湖古城墙下●
④ 升庵桂湖夜景⊙
⑤ 桂湖森林广场夜景⊙

或作画、或题词，蔚然而成桂湖文化之大观。

今日游览桂湖，不仅有如走进历史，而且尤多诗情画意与审美乐趣，500多年前升庵先生所写《桂湖曲》一诗，至今仍可令四方游客陶醉其中。其诗云："君来桂湖上，湖水生清风。清风如君怀，洒然秋期同。君去桂湖上，湖水映明月。明月如怀君，怅然何时辍。湖风向客清，湖月照人明。别离俱有忆，风月重含情。含情重含情，攀留桂之树。珍重一枝才，留连千里句。明年桂花开，君在雨花台。陇禽传语去，江鲤寄书来。"

◆ 桂湖公园

桂湖公园，又名"桂湖森林广场"，与升庵桂湖仅有一座城墙相隔，它是升庵桂湖的扩大和延伸，也是一座自成体系的新建仿古园林。

公园占地308亩，其中水面82亩。饮马河（即清源河）穿流其中，大片低洼地带已凿土成湖，土垒成丘，形成了错落有致的岛屿与优美流畅的湖岸线。园内布局和景点设置与升庵桂湖相与协调，彼此呼应，无论亭榭楼阁，或是曲桥石舫，均结构巧妙，工艺精湛，呈现出昔日宫廷园苑的豪华气派。

园内楹联、匾额等，皆为中国当代文化名人撰书或书写，诸如启功、赵朴初、赵蕴玉、黄稚荃、周虚白、楚图南、杨超等诸位先生和张爱萍将军等。芙蓉岛上，有2003年迁建于此的抗日英雄、革命烈士王铭章之墓及享堂，墓前立有王将军征战铜像。饮马河畔，建有著名文学家艾芜之墓，有艾芜半身青铜塑像矗立其上，"艾芜之墓"四字为当代文学泰斗巴金手书。

而今的桂湖公园，常常是游人如织，其典雅秀美的园林景观与浓郁的文化气息，常令人流连其间，久久不愿离去。

（二）独特的风味食品

■ 哑巴兔丁

"哑巴兔丁"为新都著名凉拌小吃。由于其创始人黄汉金是位哑巴，人们便将这凉拌兔丁称为"哑巴兔丁"。

黄汉金虽是哑巴，但他擅长经营，从选兔、宰杀、煮兔的火候，调料的配制，刀工、卫生……每一环节，都很讲究，从不苟且。因此，早在1980年开业之初，便生意兴隆，成为新都城的一道美食。

在选购活兔的环节上，"哑巴兔丁"以本地丘陵区自养的食草嫩兔作为最佳首选。在煮兔时，不仅掌控火候最为关键，而且还要在水中加一把干谷草，以祛除兔肉的草味，让人吃起来味道更加纯美。在调料的选配制作上亦非常讲究，其调料约20余种，仅红油辣椒便多达数种。拌上的兔丁不仅好看，入口更是清爽。加上卫生好、刀工好，近30年来，"哑巴兔丁"一直好评如潮，不仅深受新都人的喜爱，许多外地人也慕名前来购买，成为了新都一道著名的小吃品牌。

"哑巴兔丁"现由黄继亮承其父业，继续经营，其风味特色，丝毫不减当年。其经营地址在新都上南街4号。

■ 叶儿粑

叶儿粑，在成都周边各地都有，虽不稀罕，但新都叶儿粑在做法与入口滋味上，与其他地方却大有不同。

新都叶儿粑，以优质糯米粉、熟菜油、熟猪油、白糖、捣绒的鲜艾叶、加水充分糅合，成其表皮。以猪肉、芽菜等炒熟为馅。做好后，包玉米壳上笼蒸熟即成。

新都叶儿粑个小，表皮金黄，内呈艾叶的墨绿，味清香，入口化渣，甜咸适中、荤素搭配，不肥不腻，口感好，还有健脾助消化的功效，是一种营养全面的健康食品。

在新都，叶儿粑做得最好的要数小北街新繁人开的那家。

■ 麦香抄手

新都麦香抄手，以其皮薄、馅多、汤味好著称。表皮取上等面粉专人加工，不但皮薄，面筋亦好，入口滋润、耐嚼。肉馅全用上等鲜肉，手工剁细后，再调以蛋清，口感尤为细嫩。汤则用猪棒子骨，鼎锅微火慢熬，制成高汤，老远便香味扑鼻。值得一提的是，在麦香抄手店，还配有萝卜烧牛肉。牛肉的鲜香，萝卜的嫩闪，全在一碗之中。如果来一碗麦香抄手，再配以一碗萝卜烧牛肉，那真是绝妙的享受。

麦香抄手而今已成新都一道著名小吃，几乎无人不知，无人不晓。其经营之处位于桂湖商城、手机经营市场内。如近中午，几乎座无虚席，去迟了是找不到座位的。

■ 毗河猫猫鱼

"毗河猫猫鱼"是一种长年生长在毗河中、上层水中的小鱼。小鱼名"鲦"，又称"千年鱼"，长不大，最长约二三寸。从前本地人是不吃这种小鱼的，只用来喂猫，故又称"猫猫鱼"。

1994年，老川陕路旁的毗河村开起了一家茅屋小店，专营毗河里生长的这种小鱼。随着物质生活的好转，食物的丰盛，人们吃腻了传统定式的食品，总想换换口味，为迎合大众需求，这家小店便适时地打出了"毗河猫猫鱼"的牌子。开业之初，便做法讲究，风味独特，又擅经营，因此食者众多，门庭若市，一直兴盛到现在，仍为新都镇内独特的风味食品。

毗河猫猫鱼吃法有两种。一为"软笃"，以泡青菜、泡海椒、泡姜、豆瓣、葱等为佐料，微火慢煨，小鱼独特的鲜味，尽溢汤汁之中，食后"回味无穷"；剩下的残羹再添凉粉、粉条回锅，直到吃出兴致。二为油炸，将小鱼用蛋清、豆粉穿衣后油炸，熟后装盘，配以椒盐细末、辣椒粉，更是佐酒佳品。

（三）地方特产

■ 桂花糕与白米酥

桂花糕与白米酥，是新都久负盛名的传统特产，距今已有300余年历史。相传在明朝末年，新都城里有个叫刘吉祥的小贩，从桂湖桂花开放时节香溢满园、全城飘香中得到启示，便将鲜桂花收集起来去其苦水，留其芳香，用蜜糖浸渍，再与蒸熟的米粉、糯米粉、熟油、提糖拌和成型，切成块状，装盒出售。这便是最初的桂花糕。

300多年来，新都人继承了这一传统食品的制作技术，并在此基础上，不断更新，改进制作工艺。原料以精制白糖、饴糖、面粉、糯米、菜油、蜜桂花等为主；工艺上更加精益求精，需经蒸、炒、磨、拌、擀、匣、切等多道工序，方可装盒售卖。该食品，洁白如玉、清甜爽口、细腻化渣、桂香浓郁、老少皆宜。

白米酥与桂花糕在制作工艺上基本相同，在原料选配上，白米酥只是无桂花香料。口味上同样酥甜，唯欠桂香。新都这一著名地方特产，做得最好、牌子最老的要数"千昌牌"。

■ 五桂烫油鸭

五桂烫油鸭创始于20世纪80年代。其创始人为新都镇五桂村一位叫刘利元的小贩，和一位极擅腌卤、人称"彭烧腊"的彭姓师傅。

新都所产麻鸭个小，每个约3斤左右，多在田间放养而成，俗称"杆杆鸭"，肉极鲜美。20世纪80年代，每至秋后，本地麻鸭上市，量多而价廉。刘利元看准市场，决定腌制卤鸭子。于是，他便联手"彭烧腊"，在卤鸭的制作上，深下工夫，力求有所创新。

刘、彭二人，以其多年的腌卤经验，不断改进制作工艺，终于创制出远近闻名的新都名特产"五桂烫油鸭"。其制作工序为：先将褪尽毛血的鸭子胴体晾干，继以香料浸泡后再晾干，表皮涂以青糖，最后用滚烫的卤油，反复淋烫至皮酥、肉熟。这样制成的五桂烫油鸭入口醇香，表皮酥嫩、甜脆、口感好。

五桂烫油鸭，是新都镇20多年来长盛不衰的风味特产。自上市以后，即很快传到成都周边地区，深受广大消费者的好评。

▼ 桂花糕◎

▲ 新都正宗五桂烫油鸭店◎

（四）民俗风情

今日之新都，充满着时代的活力，古老的民俗风情在现代文明的光环之下，尤显得生动活泼、五彩缤纷，充分彰显出新都历史文化和现代文明交相辉映的特质。

■ 宝光庙会与宝光素筵

远近闻名的宝光禅院，历来香火旺盛。今日之新都，更是以宝光寺佛教文化作为依托，每年都要举办一系列佛教文化活动，诸如浴佛节、佛诞日、观音生日、新春祈福香会等庙会，以及"摸福字"、"数罗汉"等等妙趣横生的文化活动。特别是"新春祈福香会"，从除夕一直延续到正月十五，来自四面八方的游人和信众，摩肩接踵，进庙拜佛烧香，每日里真是人山人海，热闹非凡。四方游客和进香信众，均能在此感受到汉传佛教文化的独特魅力。

▲ 宝光寺老外摸福⊙

而传承了一千多年历史的宝光素筵，更是将佛门传统饮食文化彰显到了极致。宝光素筵，以其"素菜荤做、素质荤形"的烹饪手法，开创了独特的佛家饮食——仿荤素筵。其仿荤素菜多达一百余道，诸如"香蘑烧鸡"、"椒麻鸡块"、"宫保肉丁"、"糖醋鲤鱼"、"金鱼闹莲"、"蛋黄鸡糕"、"龙眼虾仁"等等，道道菜肴不仅色鲜香浓、川味十足，而且工艺考究、形状逼真，无不令过往食客啧啧称道。

■ 香城桂花节

明代状元杨升庵，曾在桂湖"沿堤遍种桂树"。受其影响，新都人爱桂、种桂蔚然成风。而桂湖的桂花历史悠久，品种繁多，是桂花中的上品。每年农历八月，金桂、丹桂、银桂次第盛开，故每到中秋前后，前往桂湖游湖赏桂的人们络绎不绝，形成了一年一度的新都桂花节。桂花节期间，新都满城飘香，"香城"的别名亦由此而来。

■ 新都荷花节

桂湖荷花，自唐初即开始种植，以纯正四川本地品种桂湖红莲为主。近年来通过精心选育和大力引进，更是达到上百个品种。每年盛夏，碧叶连天，万荷绽放，微风过处，荷香缕缕，满湖清芬翠绿的荷叶与含粉带笑的"凌波仙子"一齐随风起舞，摇曳生姿。

① 新都荷花节开幕式盛况。
② 新都荷花节开幕式盛况。
③ 荷花节"相亲进行时"盛况。
④⑤ 荷花节期间"祥约新都、品鉴香城"活动。

    自1993年以来，每年七至九月，新都都要在桂湖举办荷花节，以一系列丰富多彩的配套活动，奉献给八方宾朋沁人的夏日清凉和激越的花事盛会。

    尤其是2009年的"新都荷花文化旅游节"，以"荷谐新都 荷美家园"为主题，更是唱响了"和（荷）谐新都"的时代主旋律。自7月23日在升庵桂湖和桂湖公园正式拉开帷幕以后，一直延续到9月之初。在此期间，举办了"名人品新都——祥约新都、品鉴香城"的主题访谈活动，用"名人访谈"的形式，通过央视著名主持人赵忠祥在新都的所见、所闻、所感、所悟，以展示新都的历史遗存、佛教文化、状元文化、荷花文化，提炼新都自然、和谐的城市人文精神。与此同时，还举办了一系列文化活动，诸如："状元及第·梦回明朝"的仿古情景巡游、名为"采莲煮酒"的荷花啤酒美食节、香洲半岛舞林大会、歌词达人争霸赛以及"相亲进行时——浪漫七夕汇"等等别有情趣的文化活动，向外界充分展示出了新都这片"福地"历史悠久、文化深厚、美丽宜居、发展前景广阔的独特魅力！

（五）客栈旅馆

新都城内，客栈旅馆甚多，下面着重介绍几处与"新都宝光桂湖文化旅游区"距离相近的中高档宾馆。

■ 川视宝光宾馆

川视宝光宾馆位于新都区宝光大道中段126号，与宝光禅院仅一墙之隔。是一家设施完善、环境优雅、服务周到的生态型星级园林式宾馆。

联系电话：673322888

■ 桂湖国际大酒店

桂湖国际大酒店位于新都桂湖西路20号，是成都桂湖置业有限责任公司豪华商务会议型酒店。酒店紧靠风景如画的桂湖公园，人文生态环境得天独厚,是集商务会议、美食、娱乐、住宿、休闲为一体的大型综合酒店。

酒店电话：028-67338999（营销部）028-67338858（总台）028-67338888（总机）

▲ 川视宝光宾馆◇

■ 新都流花宾馆

流花宾馆位于新都宝光大道中段109号，毗邻川西名刹宝光寺禅院，是一座集住宿、餐饮、娱乐为一体的三星级涉外旅游宾馆。

宾馆内设有各类客房、酒楼、KTV歌城、桑拿中心、多功能会议室等设施。宾馆造型独特，装修典雅，设施完备，功能齐全，服务热情、周到，为休闲、旅游、会议的理想场所。

网址：www.xindulh.com；总台电话：83979999；订餐电话：83993333

▲ 桂湖国际大酒店大堂◇

▲ 新都流花宾馆◇

▲ 石油缘宾馆◇

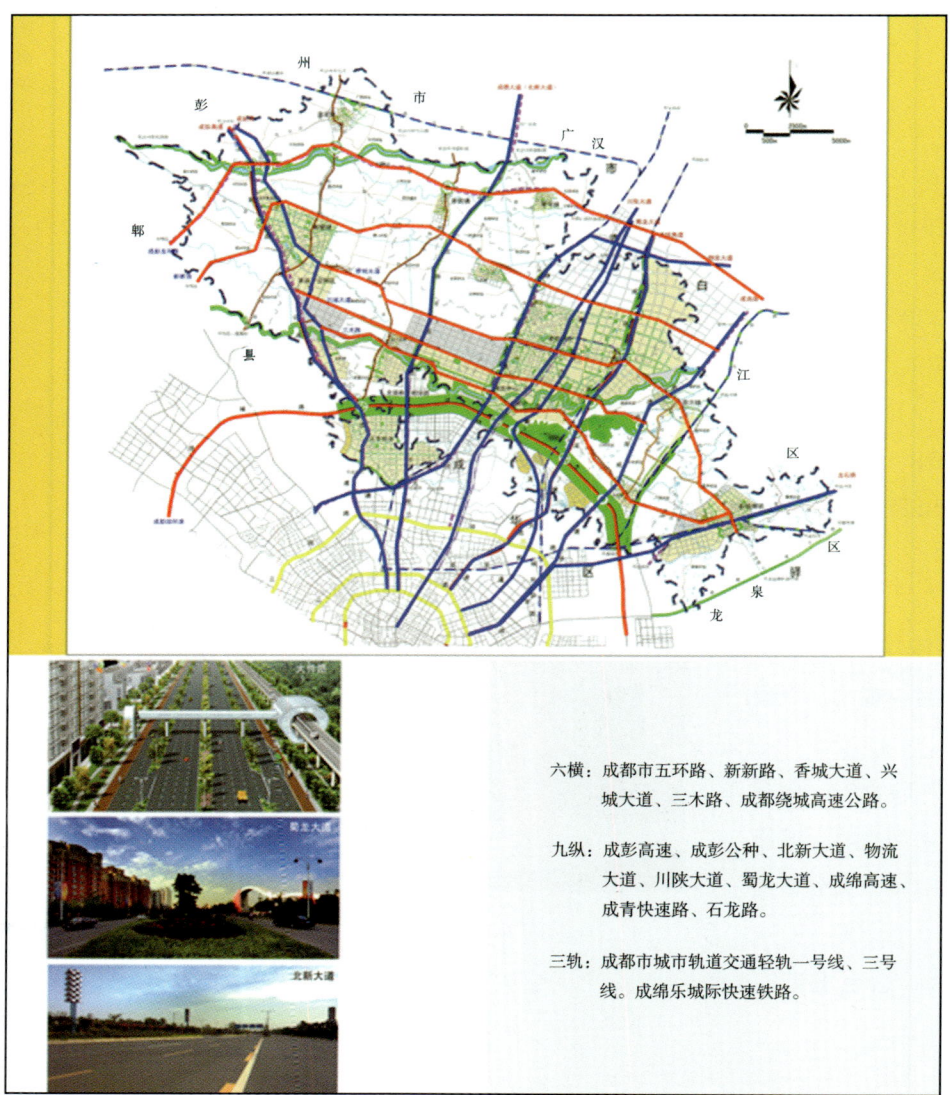

六横：成都市五环路、新新路、香城大道、兴城大道、三木路、成都绕城高速公路。

九纵：成彭高速、成彭公路、北新大道、物流大道、川陕大道、蜀龙大道、成绵高速、成青快速路、石龙路。

三轨：成都市城市轨道交通轻轨一号线、三号线。成绵乐城际快速铁路。

▲ 新都区域交通体系规划图⊙

■ 石油缘宾馆

石油缘宾馆位于新都大道8号，坐落在成绵高速新都出口处1公里的西南石油大学校园内。该宾馆严格按照三星标准建配并不断更新，集住宿、餐饮、娱乐、商务、会议接待等综合服务为一体，以"宾客至上、服务为本、质量为尊"为宗旨，高校气质，客人下榻此处，能共享校内游泳池、网球场、体育馆、图书馆等文化、体育资源。

联系电话：（028）83031667、83031888、83031999

三、出行指南

新都交通发达，连接成都市核心区的快速城市通道有蜀龙大道、北新干道、香城大道、兴城大道、成青快速等，实现了与成都交通的无缝联结。成绵高速、成南高速、成彭高速、成德大件、成彭公路、新石公路、新新公路、石木公路纵横全境，公路密度居全省之冠。

由成都乘坐公交车到达新都钟楼客运站的游客，可转乘8路、7路、3路、1路、4路公交车，到达宝光禅院；乘坐2、4、6、7、10路车，可到达桂湖景区。

新都区域交通体系即将构成"六横"、"九纵"、"三轨"的总体格局，由《规划图》可以了解到现在和将来前往新都的出行游览路线。

主要参考文献

【汉】班固撰：《前汉书·地理志第八》卷二十八，上海古籍出版社《二十五史》影印本，1986年版（以下版本与此相同者，均简称：二十五史影印本）。

【晋】常璩撰：《华阳国志·蜀志》卷三，巴蜀书社（刘琳校注本），1984年版。

【刘宋】范晔撰：《后汉书·循吏·王涣传》卷一百六，二十五史影印本。

【唐】李吉甫撰：《元和郡县志·剑南道成都府》卷三十二，上海古籍出版社《四库全书》影印本，1987年版（以下版本与此相同者，均简称：四库全书本）。

【宋】欧阳忞撰：《舆地广记·成都府》卷二十九，四库全书本。

【元】马端临著：《文献通考·舆地考七》卷三百二十一，四库全书本。

【明】杨慎撰：《升庵集》卷十三，四库全书本。

【明】曹学佺撰：《蜀中广记·名胜记第五·新都县》卷五，四库全书本。

【清】张廷玉等：《明史·杨廷和传》卷一百九十，二十五史影印本

【清】张廷玉等：《明史·杨慎传》卷一百九十二，二十五史影印本

【清】黄廷桂监修：《四川通志·人物》卷八、《四川通志·忠义》卷十二、《四川通志·古迹》卷二十六，四库全书本。

《全唐诗·张说》卷八十六，中华书局，1999年版。

段渝：《四川通史·先秦时期》第1册，四川大学出版社，1993年版。

四川省新都县志编纂委员会：《新都县志》，四川人民出版社，1994年版。

李希绪：《新都县名的来历》；

冯修齐：《宝光禅院》、《才情女诗人黄峨》、《桂湖公园》；

张渝新：《千年古园桂湖》，贵州人民出版社（袁道宽主编《新都故事》），2005年版。

*本篇基本图文资料由新都区委宣传部、新都区旅游局、建设局提供；新都区建设局刘驰、余勇收集。

04
新都区新繁镇

成都市新都区新繁镇，位于四川盆地西部，地处成都平原腹心地带。该镇位于成都市北郊22公里处，东去20多公里，即新都区政府所在地。其西北和西南，与彭州、郫县接壤，就其政府所在地而言，相距亦不过20公里左右。

早在1992年9月，该镇即由四川省人民政府办公厅发文公布为省级历史文化名镇。

新繁，远古时代属"繁"地，其地拥有今彭州市和原新繁县两地区。今彭州市的濛阳地区（位于今新繁镇北约17.5公里），多年来发掘出土了不少青铜器和陶器，其纹饰和铭文字体同于商代及周朝初期的金文体。经四川省博物馆鉴定，其时代为商末周初，在古蜀国的历史上，正是杜宇王朝兴盛时期。由此可以推知，早在2800多年前，杜宇王朝在建都九陇山区之后，因生产发展和人口增加，一部分人已沿清白江（即古之"繁江"）顺流而下，在平原地带分建城邑，以利管理。新建城邑，取物产丰富、人烟繁盛之义，故名"繁"。

据《华阳国志》记载："有绵水，出紫岩山，经绵竹入洛……皆溉灌稻田，膏润稼穑，是以蜀川人称郫、繁曰膏腴，绵、洛为浸沃也。"千百年来，远古时代的"繁邑"，正因其地处平原，气候温和，地沃水美，物产丰盈，故在历史上素有"天府膏腴"、"西蜀明珠"之美誉。

历经数千年的变化发展，而今的新繁，已蔚然而成川西平原上的大镇，成彭高速纵贯其间，现代建筑鳞次栉比。据2005年年末统计：新繁镇镇域总面积达81.5平方公里；全镇户籍总人口90235人，其中非农业人口32600人。镇区面积5.6平方公里，镇区内绿地总面积9.14公顷，其中公共绿地7.64公顷，人均公共绿地1.52平方米。

尽管如此，明清时代遗留下来的古街古巷风韵犹存。最早开凿于唐代的新繁东湖，虽历尽沧桑，但仍保留着唐代园林风貌，唐风宋韵，依然流荡其间。始建于唐代贞观年间的龙藏古寺，其中保存下来的明代壁画，弥足珍贵，自古以来，名扬遐迩。而历史悠久、源远流长的繁江书院，及至清代乾嘉年间，已是规模宏大，人才济济，而今虽难以窥其全貌，但在其旧址上所建成都市重点中学——新都二中，仍以繁江书院"讲求实学，造就通才"的传统理念，作为该校的办学宗旨。至于散布在镇区内外的诸多名胜古迹，更是衬托出该镇作为历史文化名镇的不凡风采。

图片：● 严永聪　摄影
◎新都区新繁镇人民政府提供
（○雷忠昭、谢心灵、白斌 拍摄）

◀ 新建"繁湖盛肆"文化商业街入口 ●

一、久远的历史与丰厚的文化积淀

（一）秦汉古县与新繁沿革

据《汉书》卷二十八记载：西汉时期，蜀郡所辖十五县计有成都、郫、繁、广都、临邛、青衣、江原、严道、绵虒、旄牛、徙、湔氐道、汶江、广柔、蚕陵。但位于今彭州市濛阳地区的"繁邑"，却早在周慎王五年（秦惠文王九年，公元前316年），即纳入了秦国的版图，归属于秦国新置之蜀郡。据《华阳国志·巴志》记载："周慎王五年，秦惠文王遣张仪、司马错救苴、巴，遂伐蜀，灭之。仪贪巴、苴之富，因取巴，执王以归，置巴、蜀及汉中郡，分其地为三十一县。"秦始皇统一天下后，极力推行郡县制，蜀地郡、县的划分亦进一步得到确认。而西汉初年，为分封诸侯王、稳定政局，虽然正式确立了郡县和封国并存的地方行政体制，但仍然是在在秦代郡县制的基础上建立的。由此我们可以推知，《汉书》所说的蜀郡十五县中位列第三的"繁县"，最早建县的历史当在公元前316年秦惠文王时期。是时繁县治地即在"繁邑"，而新繁古镇所在地则为繁县辖地。

及至三国蜀汉延熙十年（247）和十七年（254），后主刘禅令姜维领兵北征，将来降的陇西凉州胡人王白虎、文治无戴等部及狄道、河间、临洮三县民众迁居繁县屯垦，然后分批将原繁县民众迁至繁县青白江（即古之"繁江"）南岸地区聚居，用以拱卫京城成都，自此开始将聚居地称为"新繁"，但

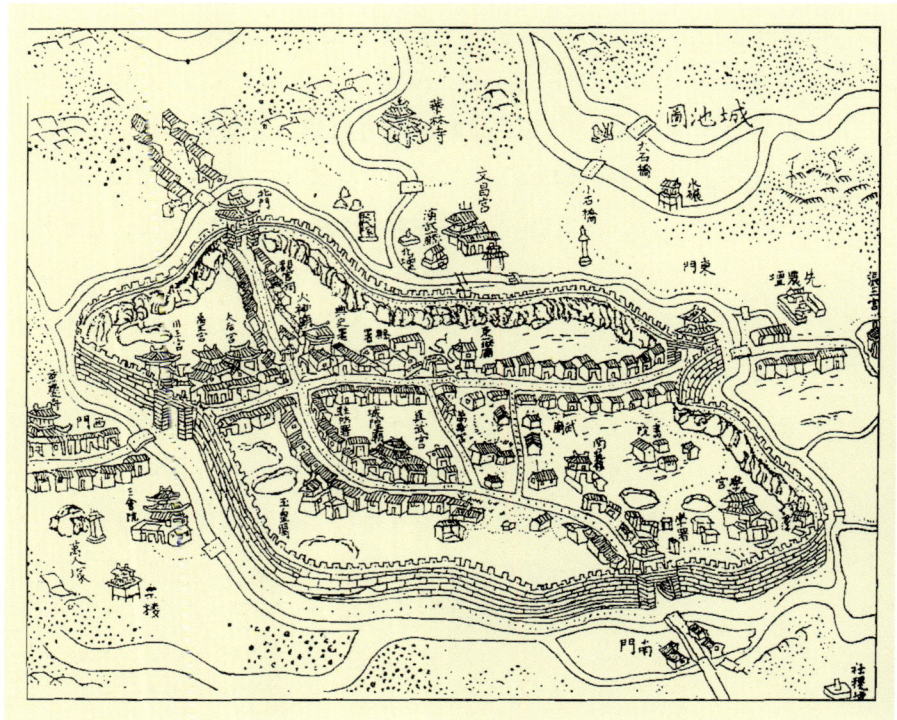

◀ 清代新繁县城池图 ◎

▼ 古城楼 ●

仍属繁县管辖。此段史事，晋人常璩《华阳国志·刘后主志》和陈寿《三国志·蜀志·后主刘禅》均有记载。《旧唐书·地理志》亦记载说："新繁，汉繁县，属蜀郡，刘禅时加新字。"而宋人乐史所撰《太平寰宇记·益州·新繁县》更说得明白："新繁县本汉繁县。《蜀志》：刘禅延熙十年，凉州胡率众降，禅居之繁县。以繁县移户于此，俗间谓之新繁。至是县名因俗而改。"

到了南北朝时期，北周明帝武成二年（560），废除繁县西北的东益州（今彭州市关口附近），又将在濛阳地区的繁县南迁新繁（今新繁镇西），正式撤销繁县，改名新繁县。将原繁县所辖青白江（即古之"繁江"）南北两岸地区划归新繁，而江北大片地区则划归九陇县。

据唐人李吉甫《元和郡县志》载，隋文帝开皇三年（583），撤销新繁县建制，并入成都县，隶属益州总管府。唐高祖武德三年（620），复置新繁县，隶属剑南道西川成都府。

又，据清代所修《四川通志·建置沿革》载：无论北宋南宋，新繁县均隶属成都府；元属成都路；明属成都府；康熙七年（1668），撤销彭县建制，将彭县并入新繁县。直至雍正七年（1729）始恢复彭县。清承明制，新繁县仍属成都府，直至清末。

民国二年，袁世凯废省改道，划四川为七道，新繁县属川西道。一年后改为西川道。此后军阀割据，建立防区制，新繁县长时间为二十八军防区。民国二十四年，全川统一，四川省政府成立，全省划分为18个行政督察区，新繁县属第一行政督察区，直至民国三十八年。

中华人民共和国建立之初，分四川为东、南、西、北四个行政公署，新繁县隶属川西行署温江专员公署。1953年四行署合并为四川省，新繁县仍隶属温江专员公署。1959年初，因裁并机构，新繁县曾一度与彭县合署办公，同年5月又由彭县迁回新繁。1960年2月，新都县并入新繁县。1962年10月，恢复新都县。1965年7月，撤销新繁县，并入新都县，原新繁县城名繁江镇，合县后改称新繁镇。1981年后新繁镇归属成都市新都区。

自北周明帝武成二年（560）繁县南迁、正式改名新繁县，迄至1965年新繁县撤销，其间虽亦有短期撤并，但新繁镇前后竟有近1400年的县城建置史，其丰厚的历史文化积淀自当不同凡响。

（二）丰厚的历史文化积淀

自汉代以降，新繁之地，不断有文化名人见诸史册典籍。西汉末年，王莽篡位，公孙僭号，（新）繁人章明刎首，侯刚哭汉，宁死不事非主，遂杀身成仁，成为汉代著名忠臣。晋人常璩《华阳国志》载有其事。东汉任末，字叔本，蜀郡繁人（唐章怀太子李贤注曰"在今益州新繁县北"），一生刻苦读书，精通"五经"，尊师重友，天下知名，《后汉书》为之立传。隋代著名和尚法进，新繁人，不畏权贵，法力无边，曹学佺《蜀中广记》以之名列高僧，详记其事。及至唐初，又有著名隐士朱桃椎，淡泊名利，不接官府召请，沉浮人间，自编草履换米、茶，蜀中以为美谈。桃椎之事，新旧《唐书》皆有记载，《全蜀艺文志》更载有朱桃椎所撰《茅茨赋》，文辞俊朗、高逸，别具一格。这些古代名人的文化踪迹，虽然没有以物化的形式留存世间，但从以上相关记载，我们却可以窥知：唐代以前的新繁，因其地沃水美而致人杰地灵，其优越的人文环境已逐渐具备。

自唐以后，迄至现代，随着时间的推移，其历史文化积淀越来越丰厚，且大都以物化的形式展露在世人眼前，其中，尤以千百年来所形成的"东湖文化"、龙藏寺明代壁画与清代书法碑林，以及始建于北宋初年的新繁学宫（即后"繁江书院"）等，最负盛名，其文化特色亦最具代表性，成为省级历史文化名镇——新繁的重要组成部分。

■ 绵延千年的东湖文化

唐末五代时人孙光宪，在其所撰《北梦琐言》中记云："新繁县有东湖，李德裕为宰日所凿。"这是有关新繁东湖最早的文字记载。据《旧唐书·李德裕传》载，唐代著名宰相李德裕入相之前，曾于唐文宗大和四年十月至六年冬（830—832），以检校兵部尚书、成都尹、剑南西川节度副大使知节度事坐镇西蜀。此前，李德裕曾为新繁县令，新繁东湖，即为德裕是时所凿。德裕死后谥号"卫国公"，故新繁东湖又有"卫公东湖"之称。

自新繁有了东湖以后，千百年来，围绕东湖所形成的"东湖文化"，即显得源远流长，枝繁叶茂。东湖，不仅成为历代文人墨客以诗文会友之地，而且，亦孕育出本土不少光耀史册的历史文化名人。

北宋祥符年间（1008—1016），王安石的父亲王益，曾任新繁县令。王益在任期内，"修学校，礼师儒，与梅挚等唱和，诗赋最多"。而东湖亦成为他会文议政之地。时新繁风调雨顺，恰好东湖奇迹般地开出了并蒂莲花，于是王益邀来文人墨客共咏莲花、相与和，他的《东湖瑞莲歌》及梅挚的和诗至今流传。梅挚，新繁人，宋仁宗天圣五年（1027）进士，官至龙图阁学士、右谏议大夫。为官清廉，且才情横溢，"喜为诗，多警句"。《宋史》有传。

在北宋，还有一位新繁人勾涛，亦从东湖走出，于宋徽宗崇宁二年（1103）举进士，为宋代文武兼备的名臣。

元代，著名宰相张惠，也是新繁人。张惠深受东湖文化熏陶，为官精明能干，《元史》有传，称"惠所至，有能声"。

及至清代，新繁费氏人才辈出，蜚声海内。后人在东湖修了四费祠，并立碑以资纪念。费经虞为著名诗人、诗评家，子费密为著名经学家、史学家、教育家、诗人，孙费锡琮、费锡璜皆为著名诗人。

到了近现代，出生本土的文化名人更是接踵而来。"五四"时期著名思想家、教育家、学者、诗人吴虞（字又陵），则是东湖文化的杰出代表。翻开吴虞的诗文和日记，可以看出他对故乡东湖的感情竟是那样深沉和纯真。流浪文豪艾芜、军旅作家哈华、神话专家袁珂、革命家刘弄潮、周从化、著名教授周虚白等，亦都是在东湖文化的熏陶中成长起来的。而颇有造诣的本地书法家蔡根泉，更是与东湖结下了不解之缘，他为东湖书写了大量对联。国民党重要人物、享誉中外的大书法家于右任来东湖游览，驻足观赏蔡根泉书写的楹联，亦连声赞叹其书法功底深厚。

▲ 东湖公园内李德裕塑像 ◎○

▲ 费密画像◎　　▲ 吴虞照片◎　　▲ 周从化照片◎

幽静秀雅的东湖,不仅孕育出众多新繁本土的文化名人,而且像一块巨大的磁石,吸引着古今无数文人名士来这里探奇访胜。美丽的湖光山色使他们陶醉,积淀厚重的东湖文化令他们诗情横生。

清同治三年(1864)夏末,东湖培修竣工,知县程祥栋特邀四川总督骆秉章的幕僚、后任陕西布政使的黄彭年和江南名士顾复初来此游赏。客人见及东湖新姿,流连忘返,夜宿草堂,尽兴赋诗。除黄彭年写有《东湖纪邀诗》外,顾复初亦先后写了《东湖古柏》七言长诗、《东湖观荷》七绝十二首、《东湖园池诗》五律十首和《东湖园池记》等诗文。其句丽辞雅,记事翔实,已成为研究东湖近代历史的重要史料。

光绪七年(1881),我国著名金石学家、甲骨文的发现者王懿荣到四川探望官居成绵龙茂道的父亲王祖源。次年春节,应其父幕僚、新繁举人邓质和龙藏寺诗僧含澈的邀请,同著名历史学家柯劭、堂兄王季寅等人到东湖赏梅。来游客人均吟诗纪胜,王懿荣写下了"蜀国东湖竟眼彰,我来正及早春天,诗僧合作林间主……管领梅花十万年"的佳句。

此外,与吴虞同时代的许多蜀中名士如赵熙、颜楷、林思进、贺维翰等,亦曾先后来东湖观览胜景、题联留书。

自1983年以来,从中央到省、市,很多著名人士均十分关心东湖,方毅、李一氓、费孝通、魏传统等党政领导、著名学者、书法家都先后为东湖题字书联,给东湖增添了新的光彩。

新繁镇党委、政府历来重视东湖传统文化的继承和发扬光大。2004年4月,在东湖公园光霁堂成立了成都市诗词楹联学会新繁组,同时成立《东湖新咏》编委会。至此,绵延千年的东湖文化,为创建当代文明,构筑起了一个崭新的发展平台。正如镇党委书记庄光才在《东湖新咏》第4期"序言"中所指出的那样:"自唐宋以来,新繁东湖文化便已具规模。至明清而后,文风益甚,名家辈出,东湖文化异彩纷呈,成为群星璀璨的巴蜀文化的重要组成部分。"而《东湖新咏》则以"激越的情感,优美的篇章,融入了方兴未艾的社区文化,使当代文明植根于传统文化的深厚沃土,传统文化与当代文明在这里交相辉映"!

▲ 龙藏寺明代壁画与清代书法碑林◎

■ 龙藏寺内的明代壁画与清代书法碑林

◆ 艺术高超、颇有研究价值的明代壁画

龙藏寺始建于唐代贞观三年（629），初名慈惠庵。宋祥符元年（1008）更名龙藏寺。元末毁于兵火。明洪武四年（1371）重建。明末复毁，仅存大殿。清康熙六年（1667），破山法嗣大朗和尚驻锡于此，重建龙藏寺。及至道光至光绪的60多年间，经云坞、雪堂师徒精心擘划和通力扩建，方奠定了龙藏寺的建筑规模，确立了龙藏寺在佛门中和社会上的地位。其后又经雪堂含澈精心打造，最终使龙藏寺成为了香火鼎盛，人文荟萃之川西名刹。

龙藏寺虽屡经兴废，但明代成化年间留下的珍贵文物——大雄宝殿内两壁彩画，至今仍保存完好。该寺内大殿壁画，与成都大慈寺壁画齐名，具有强烈的艺术感染力，显示了画师的高超艺术，是现存四川古代壁画中的精品。

壁画涉猎内容广泛，有很高的文化价值和艺术价值，内容取材于佛教经典，如"释迦牟尼树下诞生"、"天龙八部"、"二十四诸天护卫三世佛"、"善财童子五十三参"、"华严世界"等，为研究佛教和佛教艺术提供了宝贵资料。所绘人物皆形象生动，表情自然，衣饰华丽，线条流畅，画面鲜艳夺目，富丽堂皇，很富有立体感。除佛像外，多采用写实手法，无论老人、妇女、儿童、僧侣，均表现出明代生活风貌；壁画中所绘室内陈设，品类繁多，桌、椅、案、盆景等，也符合明代风俗习惯；所绘房屋建筑、雕梁画栋、飞阁流丹，各具一格，结构上亦不脱明代营造法式。全部壁画由五个部分组成。纵观整体，画工细腻，一笔不苟，各个铺面活泼自然，条理清楚，既可当成各具篇幅的连环画观看，又可作为完整统一的壁画欣赏。1941年，著名美术家史岩曾著文说："如所谓新繁之明季壁画，现存完好，为明了明代佛教艺术绝好资料，殊有研究价值。"

◆ 书法与镌刻的艺术瑰宝——清代碑林

道光至光绪年间，和尚云坞和雪堂相继主持龙藏寺，时经济基础雄厚，不仅宗教佛事有所发展，而且文学艺术亦有建树。云坞、雪堂都精于书法，擅长诗文著作，广交天下文人墨客。尤其是雪堂，其著作即达二十余种，并酷爱碑碣，在主持寺院几十年间，刻碑近两百通，篆、隶、楷、行、草，各体兼具，而且大多为双面镌刻，洋洋洒洒，十分壮观。这些碑文，有苏东坡、黄庭坚、董其昌、文征明、破山明、张鹏翮、刘石庵、何绍基等著名书法家及光绪二十七年朝鲜使者的字迹。大部分据墨迹原件镌刻，出自名匠之手，原件的笔法、笔意及其神韵均再现于碑上，有的雄浑，有的遒劲，有的刚健，有的隽秀，龙飞凤舞以成趣，千姿百态而生辉，既体现了著名书法家精湛的书法艺术，又展示出名工巧匠的独特匠心。书法和镌刻均为艺术瑰宝，亦是珍贵的历史文物。

▲ 清代龙藏寺主持雪堂上人所题匾额◎

■ 历史悠久的繁江书院

西汉景帝（前156—前141）末年，文翁任蜀郡太守，下车伊始，即着手兴办教育，以化"蛮夷之风"。自此之后，蜀中各地，尊师重教，蔚然成风。时新繁所在之繁县，亦不例外，由前文简述之"繁人任末"行状，即可见一斑。

▲ 繁江书院遗存◎

唐宋以来，科举考试成了国家选拔人才的重要措施，教育更引起了历代各级官府的高度重视。于是，除在京师办学外，地方也办起了府、州、县学。新繁县学亦由此应运而生。

新繁县学，即新繁学宫，最早建于宋太祖乾德三年（965），其址在县治东南（大致在后来的繁江书院位置）。明代历经重建，明末被毁。清康熙初年，知县张人瑞重修新繁学宫，并得以不断发展，为国家培养了大批人才，学者、诗人、教育家费密及其子锡琮、锡璜就是其中杰出的代表。费密提出了"教立而国活"的理论，并有《原教》和《费氏家训》等专著。

乾隆二十九年（1764），新繁知县李峨在新繁学宫所在地创立繁江书院。书院始为坐北向南。嘉庆十六年（1811），新繁知县张师范改修繁江书院，改为坐西向东，书院大门面对城墙。近140多年时间，繁江书院人才辈出，如吴虞、艾芜、哈华、袁珂等均曾就读于繁江书院。

而今，繁江书院虽很难窥其全貌，但千年兴教的文化积淀，仍可从古籍文献、名人著述与建筑遗存中见其厚重。

二、新繁旅游巡览

（一）主要历史文化景点与古迹遗址

■ 保存完好的唐代古典园林——东湖公园

最早开凿于唐代的卫公东湖，虽然历经一千一百多年的历史沧桑，但由于历代均有培修，故今日仍然保存了唐代的全部遗址和部分园林风格，具有很高的历史价值和文物价值，是我国唯一保存完好的唐代古典园林。这里，不仅具有我国唐代古典园林的一般特色，而且具有浓郁的四川古典园林的独特风格，堪称川派古典园林的代表。

东湖园林占地226000多平方米，水面积约6000平方米，布局巧妙，山水绝佳，自古被誉为"西蜀名园"。其山乃凿湖之土垒成，状如蝙蝠，偃卧湖上。其水由湔水注入，阔如湖泊，狭如溪谷，回环萦绕，如出天成。其建筑，楼、台、亭、阁、廊、轩、桥、榭、堂庑、舫居，各式俱备，无明显轴线关系，似散漫而不失严谨，且相互照应，各具特色。其植被，以数百年的高大乔木为主，杂以古藤、幽篁，有"高树巨林，垂葛悬藤"之古风；又着意配植桃、荷、桂、梅等花卉，四季香艳，美不胜收。在东湖，凡属我国古典园林的优秀表现手法，如相地、立基、理水、叠山、借景、对景、框景、类景等等，都有明显的体现，其手法朴实，变化无穷，加之碑刻楹联嵌挂其间，充分表达出造园者寄情山水、缅怀前贤的意图。

▲ 东湖公园景观◎○

▲ 东湖公园景观●

▲ 东湖公园景观●

▲ 东湖公园景观◎○

▲ 东湖公园景观●

▲ 东湖公园景观●

主要景点有清白江楼、蝠岩、勾氏盘溪、怀李堂、三贤堂、四费祠、光霁堂、吟红榭、冰玉轩、望雪楼、观稼亭、古柏亭、瑞莲阁、月波廊、篁溪小榭、珍珠船、伴梅亭等。

■ 始建于唐代的佛教寺庙

◆ 川西名刹龙藏寺

川西名刹龙藏寺，位于新繁镇西3公里处。寺内古木苍翠，环境清幽，古柏、古松、银杏、桢楠和百年老桂、黄桷兰等，比比皆是，成为众多鸟类聚居的乐园，且与新繁东湖、龙桥薛家船、泰兴白鹤岛构成新都的四大白鹤栖息地，有着良好的生态环境。

全寺占地面积100余亩。现在寺庙中轴线上，尚有重檐攒尖的经经亭，石狮雄镇的山门、弥勒殿、大雄殿、重檐歇山式的毗卢殿。中轴线东侧，有厢房和白云精舍，西侧有厢房和禅堂。园林中有妙章阁、三生桥、独立亭、潜西精舍等。

前文已述及，龙藏寺虽始建于唐，但元明时期已两度毁于兵火。所幸的是，建于明成化年间的大雄宝

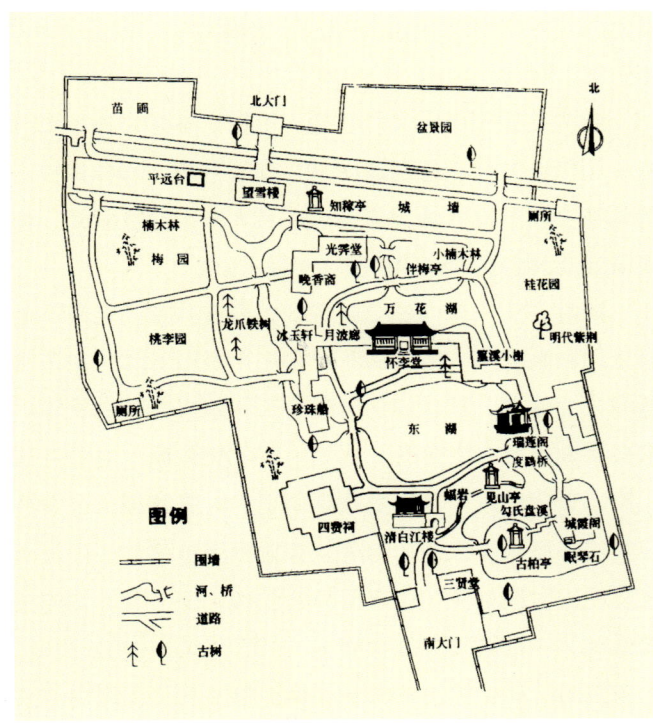
▲ 东湖公园导游图◎

▲ 龙藏寺大门◎○

▲ 龙藏寺石狮◎○

▲ 龙藏寺内可中亭◎○

▲ 龙藏寺内钟亭◎○

殿，连同殿内两壁精美彩画，却得以保存下来。

该殿系单檐歇山顶，琉璃瓦盖，面阔16.2米，共五间，中心间和领间均宽3.8米，稍间宽2.4米，进深12.6米。殿内壁画共九铺，总面积114.3平方米，分布于左右壁和横壁上。左右壁各三铺，其前后铺各高2.8米，宽2米。中铺高2.8米，宽7.6米；横壁上三铺，各高4.7米，宽3.5米。

寺内高僧辈出，文风鼎盛。寺僧在禅修之外，更注重中国传统文化，曾创建碑林，刻印书籍，兴办佛校，提倡诗文和琴棋书画，与国内外名人学士交往频繁，使龙藏寺成为名扬遐迩的"文人寺院"。

碑林布局于寺内三个区域，主要在妙章阁，其次是狮子坝和独立亭。所用碑石，多采用寿山石和从川东水运而来的峡石。刻碑者是当时名工陈双兴、戴洪发等。这些碑刻尚存八十余通。诸如：明代樊景麟《龙藏寺碑记》，清代李煜《重修龙藏寺碑记》、张鹏翮《卧龙桥记》、王懿荣《大朗功德碑》等重要墨迹碑刻，以及清代及民国时期刻碑《唐李卫公遗像碑》、《费中文先生遗像碑》、梅挚《五瘴说碑》、《黄华老人书法碑》、《曾兰书法碑》等珍贵文物。将梅挚作品《五瘴说》刻石为碑，更成为古今医治官家腐败的"药石"。

1985年，该寺列为成都市文物保护单位；2007年被列为四川省文物保护单位。

◆ 观音阁

观音阁坐落于新繁外西街60号，坐南向北，是原新繁县一座香火鼎盛的尼众寺院，1991年经新都县政府批准开放为新繁片区的佛教活动场所。

观音阁始建于唐代，为佛教临济宗寺院。明末被烧毁，清康熙年间（1663—1723）重建，乾隆年间（1736—1796）落成大殿、配殿，道光年间（1821—1850）重修山门。观音阁占地3300多平方米，建筑面积1500平方米，三重殿堂。山门殿供奉弥勒佛、韦拓菩萨，大殿中央供奉释迦牟尼佛以及文殊、普贤菩萨，大殿左侧供奉药师，右侧供奉地藏菩萨，大殿后供奉西方三圣；圆通殿供奉青铜千手观音。阁内佛像栩栩如生，宝相庄严。殿堂后面是花园，两边是亭子，构成了较为完整的寺庙格局。

▲ 观音阁 ◎ ○

◆ 华林寺

华林寺坐落于高墙村，始建于唐代僖宗乾符年间（874—879），重建于宋代宁宗嘉泰年间（1201—1204），再建于明代宣宗宣德年间（1426—1435）。原有山门殿、前展及两厢建筑。20世纪60年代，寺庙朽坏，仅余前殿。1985年公布为新都县文物保护单位，2001年4月整体迁建至高墙村六社。

■ 繁江书院寻踪

繁江书院旧址在今新繁东街新都区第二中学校内。

清嘉庆十六年（1811）改建后的繁江书院，坐西向东，占地面积600平方米，建筑面积317平方米。

主体建筑为三重四合院，中轴线上依次为大门、二门、镜雪堂藏书楼。

书院建筑为传统民族风格建筑，全木结构、木板地枕、小青瓦屋面。校门两侧下方，两石鼓雄峙，两边对联十分醒目，其联曰："讲求实学，造就通才"。这也是书院校训。

进校门两侧，各立有一碑，上有著名书法家黄毕书法，繁江书院著名山长杨周冕撰诗及其他名人跋语。两侧为教师休息房舍。进二门，两侧各有一层可作教室和其他活动的木建筑。书院第三进为"镜雪

▲ 在繁江书院旧址上所建成都市重点中学——新都二中◎○

堂"，上有杨周冕书写的匾额，两边挂有杨周冕撰书的楹联："能以清心传妙理；长随真意悟天机"。镜雪堂宽敞明亮，是学生讨论学业、举办活动的理想场所。

过镜雪堂，两侧和正面，皆两层木楼。两侧底楼为四个教室，二楼为宿舍。正面为藏书楼，是书院最高位置，翘角飞檐，钩心斗角，雄峙伟岸，气势恢宏。藏书楼为两层，楼上是图书室，楼下是礼堂，礼堂两侧是办公室。

书院内遍种桢楠，精植梧桐。桢楠为书院人品，梧桐为书院气质。

1987年，繁江书院被公布为新都县文物保护点。

■ 建于东汉时期的双忠墓及其他古迹遗址

◆ 双忠墓遗址

双忠墓因其墓园封土高大，俗称大墓山，位于新繁镇大墓山村，为汉代忠臣、新繁人章明和侯刚之墓。双忠墓建于东汉，封土高约6米，占地约600平方米。原有明代人所立神道碑，碑上大书"千古双忠，汉中郎将侯刚、大中大夫章明之墓"。墓上古柏森森，旁栽梅树，有石坊、石碑和楹联等。惜乎"文革"中石坊、石碑被毁，墓顶削平，墓中仅有陶耳杯数件。1987年公布为县文物保护点。

◆ 其他古迹遗址

在新繁镇区，除双忠墓外，还有殷商遗址水观音（水利村）、东汉画像砖墓（新益村）、宋代窑址（新繁粮站家属区）、杜康墓（安全村）、放生院（普放村）、三合院（高墙村）、四丰营（四丰村）等等古迹遗址，这些历史文化蕴含丰富的古迹遗址，均有待进一步保护与开发。

（二）旧城格局与民居建筑中的堂馆庐舍

■ 旧城区历史回顾与原有格局

明代以前，新繁没有城池，明正德年间始筑土城，设四门，高一丈五尺，周围一千二百丈。清康熙五十七年（1718），重修四门、建筑城楼，东"春辉"、西"秋登"、南"阳亨"、北"纯德"。乾隆四十四年（1779），再次修筑城垣，东名"景阳门"、南名"永新门"，西名"濯锦门"，北名"怀清门"。同治年间城内有7条正街（参见图2《清代新繁县城池图》）。民国时期，城内街道未变，城外增修4条，旧城街道宽4.3米。民国十五年修筑成彭公路，沿城外西横街穿过。民国二十四年城内街道略为加宽，翻修戓三合土路面。旧城有主要街、巷14条，总长2235米，街道平均宽度5.5米，巷道最宽2.3米。城内建有多座庙宇、祠堂及会馆。包括著名学者吴虞的爱智庐、著名作家哈华故居、著名起义将领原国民党95军军长黄隐的公馆、明清时期的民居宅院、沈家祠、陕西会馆等等。城区内的临街店铺和住

▲ 老街民居建筑鸟瞰图◎

▲ 巫家公馆屋脊装饰◎

▲ 老街一角◎

房,均为木结构、穿逗、小青瓦,间有一楼一底的木楼和风火墙相隔。时至今日,老城区内的道路随着城市建设虽然有所拓宽,但依然保持了原有的格局,南街、小南街、陕西街和关岳庙街的部分建筑仍保持着昔日的风貌。东街、西街、北街、南街、文庙街、关岳庙巷、衙门巷子等具有历史见证的街道名称也提醒着人们新繁古镇悠久的历史。

■ 民居建筑中的堂馆庐舍

◆ 海源堂

海源堂坐落于新繁镇海源村，由何姓药商于清代晚期修建。中院坐东北向西南，全部为木结构建筑，房屋高大，气势雄伟，做工精细。整个大院为三重四合院，依次为龙门、头厅、正厅。龙门面阔9间，38.5米，进深2间，4.65米；头厅面阔3间，13.5米，进深2间，5米；二厅面阔3间，13.5米，进深2间，7.2米；正厅面阔3间，14米，进深8.4米，建筑面积为2412平方米。其左院已于1987年被农户改建，右院曾被村上用来办小学，小学停办后，亦卖给农户。中院保护基本完好，1987年被公布为新都县文物保护点。为新都区规模最大的清代民居。

◆ 爱智庐

爱智庐是我国著名思想家、教育家、诗人吴虞在新繁的住所，位于正北街110号至116号，坐东向西，小四合院布局，占地面积780平方米，建筑面积126平方米，前厅面阔3间10米，进深3间4.1米，全部是地坑木地板。后厅面阔3间10.5米，进深2间3.5米；左厢房面阔3间9.3米，进深2间2.4米；右厢房面阔2间6.8米，进深2间3.8米。北为过道，中间是花园。1987年该庐舍被公布为县文物保护点。

爱智庐因新繁旧城改造，现已被拆。目前镇政府已作出规划，拟在原址按照原样修建新的爱智庐。1949年4月，吴虞病逝后葬于新繁县龙家碾（现新繁镇倡仪村）。吴虞墓亦于1987年公布为县文物保护点。

◆ 黄公馆

黄隐（1890—1969）字逸民，曾任国民革命军第95军军长，新都区石板滩人。1949年12月9日与川军将领刘文辉、邓锡侯、潘文华宣布倒蒋起义。新中国成立后任川西军区（后改为四川省军区）副司令员、成都市政协副主席、全国人大代表。黄公馆建于民国十九年（1930），为后来起义期间电台的隐藏之所和联络、指挥之所。黄公馆坐北向南，多重四合院布局，木结构建筑。占地2000平方米，建筑面积1170平方米。

（三）"繁湖盛肆"文化商业街

2011年1月中旬，新建成的"繁湖盛肆"文化商业街已正式开街。"繁湖盛肆"以东湖公园为核心，以体现唐代文化特色的休闲旅游街区作为定位，总占地为110亩。该项目全部完成后，将围绕东

▲ "繁湖盛肆"街景 ●

▲ "繁湖盛肆"街景●

湖、形成一个历史文化和商业环廊。目前第一期工程业已完工，许多大型商店、酒店以及不少品牌商家亦已签约入驻。"繁湖盛肆"不仅将汇集购物、餐饮、休闲、娱乐、商务等多种业态为一体，并拟将新繁民俗文化、民间艺术展示以及各种文艺演出有机地融入其中，从而创造出独具新繁地方特色的行为空间与商业文化，充分满足人们的寻古怀旧心理与保留城市之根等多种需求。

▼ 新繁泡菜◎○

（四）地方特产

■ 新繁泡菜

泡菜的出现，最早可追溯到三国时期。《辞海》"泡菜"条中说"四川泡菜最为著名"；台湾出版的《中文大辞典》释"泡菜"条文，则称"（泡菜）为川人发明"。在当今中国烹饪界，正如著名的烹饪理论权威专家熊四智教授所言："都知道四川专业泡菜以新繁泡菜为最好。新繁泡菜从调制溶液、选择原料、泡菜的坛子、温度与湿度及

▲ 新繁泡菜加工车间◎○

▲ 新繁紫皮蒜与东山海椒、生姜◎○

泡菜坛的管理都有一整套严格的规范要求，所以能成为四川泡菜的佼佼者。"熊四智先生还在《川料八珍的定位思考》一文中，将"新繁泡菜"列为川菜"辅料八珍"第三。由此可知"新繁泡菜"名气之大。

早在蜀汉后主刘禅时期，新繁之地已成原繁县民众迁入聚居之地，而新繁土地肥沃，气候温和，四季出产的时令蔬菜更为泡菜的制作提供了优越的条件。当然，我们还无法由此断定，新繁即为"中国泡菜制作"的发源地，但近现代以来，新繁人何子涛等前辈老师傅，在民间泡菜传统制作工艺的基础上，经过多年不懈地摸索、研究和实践，已成功泡制出独具地方特色的四季泡菜，对瓜、豆、茎、叶、根、藤、花、果等各类菜蔬的泡制都有颇高造诣，形成了风味独特的新繁泡菜。

新繁泡菜选料讲究，配料恰当，制作精湛；质地脆健，鲜嫩可口，咸香带酸，余味回甜；产品多达百种，常令食者赞不绝口。而今，新繁泡菜已广销省内外，并远销美国、日本、南斯拉夫和东南亚国家和地区。

■ 新繁韭菜、韭黄与大蒜

◆ 名声远扬的新繁韭菜与韭黄

新繁清白乡锦水河故道上游，沿岸盛产韭菜，尤以光荣桥至新开堰一带最为著名。韭菜品种分为大五叶、二五叶、细叶子几种。芒种到立秋前，韭菜抽穗开小白花，含苞未放的穗叫韭菜花，属时令菜。

新繁韭菜叶细扁长，柔软平滑，叶色翠绿，茎白如雪。以"二六韭"和"子韭菜"质地最为优良，尤以清白至高宁乡板板桥河上下游地段所产最佳。韭黄肉质细嫩，脆甜化渣，营养丰富，色泽淡雅，且富含抗生物质，有杀菌、防病之功效。用韭黄烹调羹汤，黄白交浮，汤鲜味美，韭叶脆滑甘芳，独具风味，是新繁所产韭黄珍贵之处。韭菜茎长叶嫩，是做饺子馅不可缺少的好原料。新繁韭菜、韭黄名声远扬，产品销往省内外，深得广大消费者的赞誉。

◆ 赢得广泛赞美的新繁大蒜

新繁大蒜远近闻名。该镇区内新民、新农、竹友、清流、利济、清白、龙安等乡皆为大蒜盛产之地。

新繁大蒜质地上乘，蒜气扑鼻，个大味浓。新繁镇繁清路大蒜市场，每年农历六月六日开蒜市，各地商客涌入，争先采购大蒜，交易盛况可持续两月之久，至今长盛不衰。从1977年起，新繁大蒜每年还在全国三类农副土特产品交流会上展销。目前，新繁大蒜已远销全国各省、市和东南亚国家，赢得商家和消费者的广泛赞美。

■ 新都柚

新繁镇种植的新都柚，果实扁圆形，果皮呈淡黄色，单果一般重量为1000—1500克。果肉色白，细嫩化渣，果汁丰富，酸甜可口，可溶性固形物达11.5—12.5％，含多种维生素，风味浓醇，营养丰富，有天然罐头之美称。10月下旬成熟，耐贮运，能贮藏3—4个月，贮藏后风味更佳。新繁"新都柚"，更具有止咳化痰、消瘀、补脾、保肝益胃之功能，是老少皆宜的果中佳品。

1993年11月，新都柚获全国菜篮子工程成果展示"金奖"；1994年11月，获第三届全国柚类科研生产协作会柚类评比"金杯奖"；1995年，荣获全国农业博览会"国家银奖"；1994年、1996年、1997年、1998年新都柚陆续荣获全国柚类"金杯奖"；1997年11月，还获得全国柚类生产协会早熟柚类评比"金杯奖"；1999年9月，新都柚获中国国际农业博览会"四川名牌产品"。一系列殊荣，早已使新繁镇种植的新都柚名扬遐迩、誉满天下。

■ 新繁川芎

1952年，龙安乡凤凰村胡姓农户种植川芎0.6亩，次年收获炕干的川芎，即运销广州。之后逐年扩大种植面积，而今新繁已成蜀中川芎盛产之地。川芎，二年生草本植物，根茎为常用药材。新繁川芎质地优良，气味浓郁，实为川芎之上品。新繁川芎，现远销全国各省、市和东南亚国家，赢得商家和消费者的广泛赞美。

（五）风味小吃

今日之成都，各路风味小吃遍布大街小巷，争奇斗胜，各显神通，常令游人应接不暇、食欲大增。但真正具有浓郁的乡土风味的名小吃，却藏于成都四周各历史文化名镇之中。新繁自古土肥水美、物阜财丰，在饮食一道上，亦尤为讲究。熊四智先生有句名言："川西三新出名厨"，所谓"三新"，即成都近郊之新繁、新都、新津三地。在这里，我们暂且不去说他新繁籍的名师大厨，以及而今新繁酒楼餐馆的美味大餐，专挑两样独具地方特色的风味小吃以飨读者。

■ 新繁豆瓣抄手

新繁瓣办抄手味鲜色美，香气扑鼻，麻辣可口，独具特色。抄手皮采用上等白面、鸡蛋、豆粉做原料；抄手馅按春秋"肥三瘦七"、秋冬"肥四瘦六"的要求，选用猪肉、鸡蛋、金钩、香油等作料搅匀制成。底料加上菜油和剁细的郫县豆瓣、豆豉等，再配以猪蹄、母鸡等炖成的奶汤，吃起来真是皮滑馅嫩，麻辣鲜香，营养丰富，令人食欲大增。新繁豆瓣抄手深受广大顾客的青睐和好评，曾荣登成都电视台，被列为新繁名小吃。

▲ 新繁豆瓣抄手◎○

■ 新繁叶儿粑

新繁叶儿粑长圆形，油润细糯，清香爽口，老少咸宜。有绿色食品之美称。

抗日战争期间，新繁当铺街艾馍小贩朱必发，在广泛吸取各地制作精华、细心摸索原料配比、不断提高制作工艺水平的基础上，制成了独具风味的艾馍，深得广大食者的赞赏。随着声誉的扩大，"朱儿馍馍"之名不胫而走。经过几十年的传承、创新、发展，昔日"朱儿馍馍"已演变成今日的新繁叶儿粑，成为享誉一方的地方名小吃。

（六）民间技艺

■ 远近闻名的"洗小孩"

▲ 民间绝技"洗小孩" ◎○

"洗小孩"是新繁民间绝技，主要是利用川西坝子丰富的中草药资源，针对不同症状配方，通过熏、蒸、灸等法，以达到防病治病的目的。2008年已成功申报为"成都市非物质文化遗产"保护项目。

◆ 何氏中草药物洗灸堂

远近闻名的新繁何氏中草药物洗灸疗法，至今已有300多年的传承历史。早在清康熙年间，尤以儿科、妇科、外科最负盛名的中医世家、新繁人何绍章被召入宫，成为宫廷御医。后回乡修道，道号天启。其人将道家养生疗疾秘法与自己丰富的中医理论和临床实践融会贯通，著成了《乾坤秘传熏洗疗法》等多部著作。现传人何生才，在道家独特养生防病疗疾体系的基础上，更广泛搜集民间偏方、秘方、验方，经反复研究、对照、改进，著成《何氏秘传熏洗心法》等五部专著，成功地配制出"中草药儿肤洗液"，并申请了国家专利，荣获国家发明专利一等奖、国家科技进步奖、全国首届"华佗药王杯"金奖。

"熏洗疗法"民间俗称"洗药水澡"，是道家养生防病疗疾的首选方法，而在传统中医理论中，"汗法"则被列为八法之首。何氏根据不同人群的不同症状，采用不同的中草药配伍，经过选择、粉碎、烘干杂菌、检验，再熬制、滤渣，用熏、蒸、洗、灸等方法，令洗浴者发汗排汗，以达到祛邪扶正，舒通经络，调节阴阳的目的。由于熏洗疗法是从人的体表给药，无创伤、无痛苦，不经肠胃吸收，不由肝脏排泄，故无毒副作用。对出生三天后的婴儿以至中老年人都很适用，范围包括小儿夜哭、走肾、腹胀、疝气、黄疸、湿疹及中老年人头晕、头痛、风湿、寒湿、皮肤病、面瘫等症。中央电视台及境内外媒体多次对何氏作了相关报道。何氏中草药物洗灸堂在省内外开设有分店，加盟店多达90余家。

◆ 田婆婆洗灸堂

田婆婆洗灸疗法来源于民族传统医药，经四代人七十余年的传承和创新，形成了一套完整的洗灸疗法。根据风、寒、暑、热、燥、火六淫为病因引起的不同症状，使用不同的中草药配方，用于洗浴，对常见病和皮肤病具有独特的疗效和作用。适应范围：小儿有胎黄、硬肿、惊风、寒疝等，成人有风湿、头痛、湿热、肩周炎、常见皮肤病等。田婆婆洗灸堂在省内外亦有分店、加盟店三十余家。

■ 精美的编织技艺

◆ 棕编

棕丝编织是新繁妇女的伟大创造，至今已有100多年的历史。该编织品以嫩棕叶为原料，划裂成丝，经薰、晒、泡断青，成为白色的棕丝以备用，亦可按需要染色。编织方法主要有密编、胡椒眼和人字形三种。品种主要有凉鞋、拖鞋、凉帽、凉席、凉扇、提包、桌围、枕巾、坐垫、果盒、围棋盒等等。以其洁白如玉、质地轻柔坚韧、美观大方而深受人们喜爱。有些产品上配以花鸟虫鱼、飞禽走兽，戏剧人物等精美图案，栩栩如生，令人拍案叫绝。1954年朝鲜人民访华团来到成都，新繁妇女精心编织了一顶棕丝凉帽，托访华团转赠金日成主席，并赠送300双棕丝凉鞋给访华团全体成员，其精湛的编制技艺得到高度称赞。1957年8月，新繁妇女精心编织了色彩鲜艳和谐、图案精美的枕巾、拖鞋、提包送给毛泽东主席，受到毛主席赞扬。1963年国家主席刘少奇出访印尼，以新繁棕编的凉鞋、凉帽等10多件礼品送给外国友人，亦得到外国友人的交口称赞。

自1953年开始，新繁棕编即远销日本、欧美及东南亚，多次出国参展并获奖。心灵手巧的新繁妇女，亦曾多次为北京、江苏、云南、贵州、湖北等省市妇女传授棕丝制作及编织技艺，其声名远播，自成绝技。而今，新繁棕编已成功申报为"成都市非物质文化遗产"。

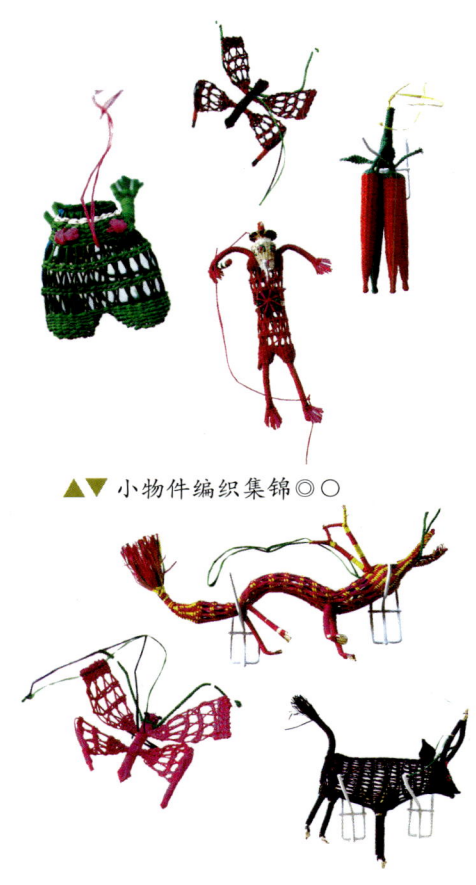

▲▼ 小物件编织集锦◎○

▲ 心灵手巧的新繁妇女◎○

▲ 各类品种的棕丝编织品◎○

◆ 竹编

新繁农家房前屋后都种植有大量慈竹、百甲竹和斑竹等常见竹类，为竹编的发展提供了丰富的资源。竹编是先将竹子破成条，再编制成各种生产生活用具。如鸟笼、背篼、箩篼、筛子、凉席、凉扇、菜篮、花篮等等。1970年以后，新繁艺人将竹子刮去表皮，再破成细丝染色，编制成色彩鲜艳谐和的各式用品，如竹编门帘、窗帘、各式花篼、安全帽等。而今，新繁竹编制品多达百余种，年产竹编5万件至几十万件不等，产品销往北京、上海、山东、广西等省市自治区及港澳和东南亚地区，很受欢迎。

（七）历史传承中的民俗风情

川西坝子多为明清湖广移民聚居之地，历史传承中的民俗风情大体相似，但作为历史文化名镇的新繁镇，却自有其独特有趣之处。下面就其民俗风情中较有特色的内容简略述之。这些内容，虽然已随时光流逝而消失，但在未来旅游文化的进一步开发之中，或许可以作为一种基因，结合现代人的文化需求，打造出既有历史渊源、又符合现代人口味的饶有风趣的旅游娱乐活动项目。

■ 独具特色的民俗节日

◆ 立春时节"打春牛"

所谓"春牛"，一般以桑木做骨架，以泥塑牛身。制作的春牛每年大小虽不一样，但牛身上的颜色却有一定之规：以每年太岁所属彩绘春牛，干神绘头，支神绘身，纳音绘足尾。如太岁甲子，甲属木，东方青色，则牛头绘成青色；子属水，北方黑色，牛身就绘成黑色；纳音属金，西方白色，春牛的足、尾就绘成白色。如太岁庚午，则白头赤身黄足尾，余类推。春牛需在立春前一日做好，立于县衙门前的"迎春馆"内。立春日清晨，县令就率众僚佐及地方名士，用五彩丝缠绕的彩杖鞭打"春牛"，借催"春牛"耕作以观农事。鞭打完毕，周围百姓便一哄而上，把打碎了的"春牛"抢个干净。据说，"春牛"身上的土抢回家，这家人宜养蚕；春牛角上的土抢回家，这家人宜种庄稼，五谷丰登，同时，这种土还能治病。直到现在，新繁人把"立春"叫做"打春"，或许就是从"打春牛"遗留下来的。

◆ 祭灶过小年

农历腊月二十三日晚上，几乎家家户户都要祭灶。新繁民间祭灶风俗大体如下：用黄表纸三张，香三根，蜡一对，称为灶蜡；糖豆一盘叫灶糖；锅魁两个，叫灶大烧；雄鸡一只名灶马；草节一盘，粮食五种，清水一碗，谓三马草。预请新灶神像一张，贴于灶前，说是给灶王爷"换新衣"。主祭之人一般为一家之主，礼拜时，身后跪一幼童，双手抱一雄鸡。家长叩头，向灶祷祝数语，然后一手握雄鸡之颈，将鸡头向"草料"内连推三次，一手将凉水向鸡头淋洒，鸡若惊悚，便说灶王爷已经领受。祭完吃晚饭，叫"过小年"。

■ 几个较有特色的会期

◆ 龙华会

新繁龙华会又叫劝业会，在川西坝子各古镇中较有特色。时间从农历四月初八开始，会期十天。主要内容为鼓励人们创业、就业，以及如何提高技艺水平等。如民国十七年（1928），清白乡和平村妇女周春芳、马淑卿等用棕丝编织的书包、凉席、椅垫等，即在龙华会上获奖。会期内商贾云集，各地戏团也来演出助兴，热闹非凡。

◆ 九皇会

九皇会会期从农历九月初一至九月初九，主要标志是吃素。与青白江区城厢古镇"九皇会"时间、形式大体相似。这期间，新繁街上的饮食店门前都要插上黄纸三角旗，上书"九皇盛会"四字，以表示该店所售全为素食。这九天之内，新繁人特别是老年人均戒荤吃素。

◆ 城隍会

青白江区城厢古镇城隍会会期在五月二十七晚至六月初二，而新繁城隍会会期却定在农历冬月十八，据说这一天是城隍的诞生之日。每年这一天，新繁人要把城隍的行身（木制偶像）抬出来巡视游行，谓之"出驾"。看来新繁城隍会要比城厢城隍会简约得多，但城隍"出驾"时的热闹景象必当相差不远。

（七）新繁镇旅游景观分布示意图

三、出行指南

新繁镇虽然没有飞机场和火车站，但有一条成彭高速和成都到彭州的省道经过新繁镇，再加上新繁到新都的两条县道和一条到犀浦的新犀路，以及乡镇级道路无数条，构成新繁镇通向四面八方的交通网络。

成都东面有661路公交车到新都，几分钟一班滚动开出，到新都后再转上新都到郫县的公交车到新繁，每天来回四次；从金堂县到崇州以及从青白江区到郫县的公交车亦经过新繁，这即方便了从东面进入新繁的客人。

成都南面有316路公交车到新繁，8分钟一班滚动发出，从成都出发直赴新繁的游客可乘坐316路公交车。

西面有从新繁到郫县团结的933路公交车，以及从新繁龙藏寺到成都九里堤的362路

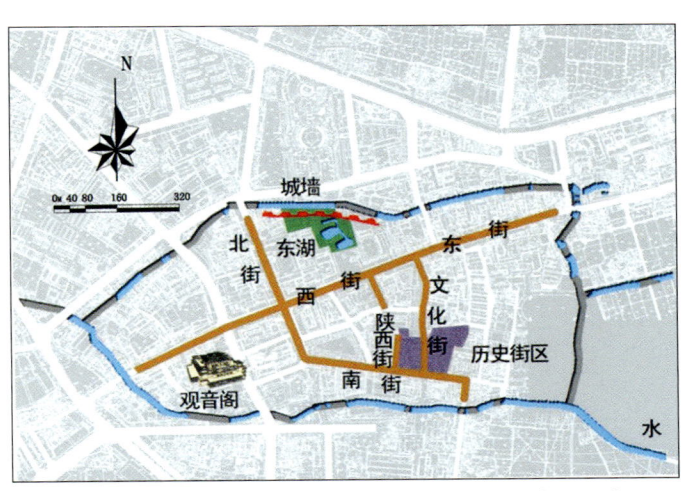

▲ 镇内历史街区和主要文化景点示意图 ◎

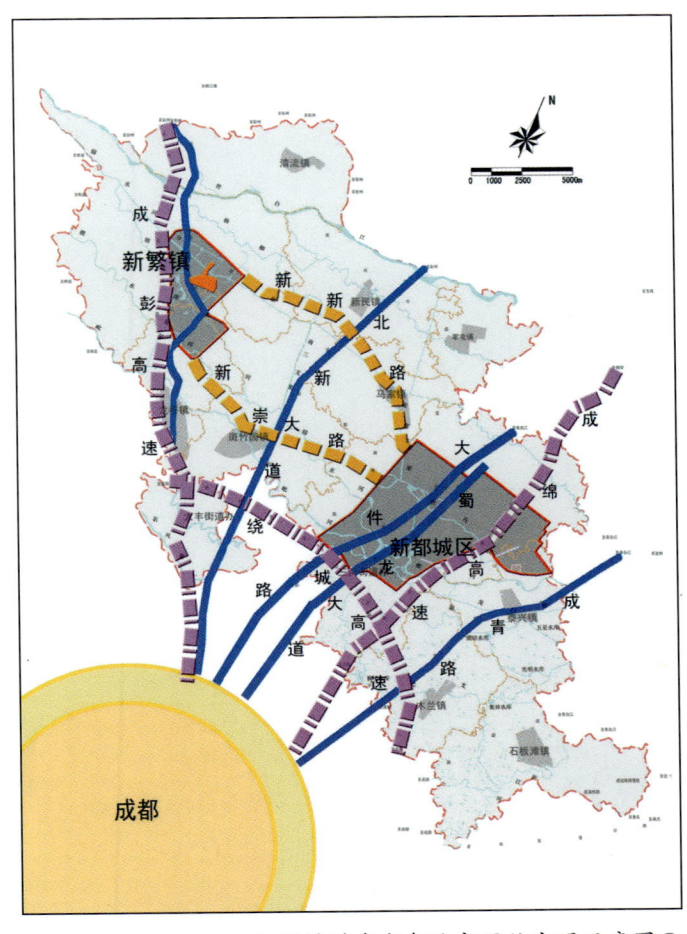

▲ 新繁镇在成都北部区位交通示意图 ◎

公交车,都是几分钟一班,这为从西面进入新繁的成都、郫县方向的游客提供了方便。

北面有新繁到界牌和新繁到清流镇的公交车,每天来回几班;彭州到成都和彭州到新津、彭州到新都的客车均经过新繁。

以上交通线路已形成四方游客到新繁镇来去便捷的交通网络。

四、保护规划与旅游前景展望

(一)保护规划

新繁镇作为省级历史文化名镇,拥有大量的地面文物和地下文物,但由于近十多年经济增长速度加快,城市建设规模扩大,再加上对文物保护及管理的力度不够,致使镇内古迹和古镇风貌破坏严重,其保护形势已显得较为严峻。这引起了省、市、区、镇各级党政领导的高度重视。2006年11月,新繁镇人民政府委托成都市城镇规划设计研究院,规划编制了《成都市新都区新繁镇历史文化名镇保护规划》(以下简称《保护规划成果》)。该《保护规划成果》,本着"保护为主、抢救第一"的方针和"有效保护、合理利用、科学管理"的原则,在"如何实现历史文化资源的可持续保存和利用"、"如何处理好历史文化名镇保护与城镇现代化建设的关系"、"如何与分区规划和总体规划相协调"、"如何保护历史文化遗产的真实信息及其环境风貌的协调性"等等方面,制定了一整套切实可行的保护措施。截至目前,新繁镇历史文化街区和古民居建筑群的保护、改善和整治已初见成效,乱搭乱建行为得到制止,古镇区居民生活普遍得到改善。古镇范围内影响古镇空间形态的新建设性破坏得到遏制;北街和西街的建筑风貌和环境亦得到整治;东湖公园、观音阁和吴虞故居等保护范围内拆除有碍观瞻的建筑用地已经落实;龙藏寺周边损害环境风貌的建设得到控制;三会院、华林寺、文昌宫、陕西会馆等异地搬迁古迹和东湖公园北侧城墙周边环境亦得到有效保护。在此基础上,2008年7月,新繁镇人民政府又委托重庆大学城市规划与设计研究院,规划编制了《浸沃繁城——新繁镇老城片区城市设计》(以下简称《设计成果》)。该

▲ 古镇保护区划分图◎

《设计成果》，着力于"完善老城格局、延续传统文化、注入现代活力"等内容，努力打造成都北郊RBD—浸沃繁城，使之成为成都北郊旅游胜地和宜居佳境及商务要地。

成都市城镇规划设计研究院《保护规划成果》明确指出：新繁古镇应以水系和街道形成视线走廊和空间景观轴线。根据新繁镇古镇区的格局形态和历史古迹分布状况，古镇规划为"两线、两轴、两面"的景观结构。所谓"两线"，指南北两段护城河形成的水系；所谓"两轴"，指连接东湖公园和南街历史文化街区的衙门巷和文化街；所谓"两面"，指以东湖公园为核心的建筑控制区和以南街为重点的具有传统风貌的历史街区。前文已经述及，以东湖公园为核心的"繁湖盛肆"文化商业街，

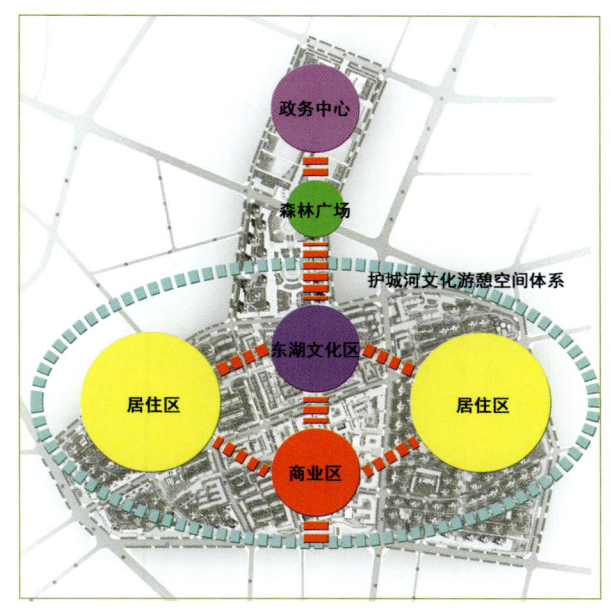

▲ 老城区一轴两环结构联系示意图◎

目前第1期工程已经完成。除了对尚存的两段护城河两侧环境进行整治外，还将着力打造衙门巷和文化街，将具有唐代园林风格的东湖公园与明清风格的民居建筑进行有机串联。通过这两条轴线串通，以形成从唐代到明清的历史时空轴线，同时利用古镇内的小街小巷，以路串点，以绿（绿地、公园）串点，以串联起部分民居和院落。

重庆大学城市规划与设计研究院《设计成果》则提出了"以'一轴两环'结构联系新繁镇老城区各功能"的设计方案。所谓"一轴"，即指老城区历史传统南北轴，借以联系未来的政务中心、森林广场、东湖文化区、现代商业区。所谓"两环"，乃是指护城河文化游憩空间体系和老城区步行交通体系。为传承城市的历史记忆、延续新繁浓厚的文化氛围，城市设计拟着重将挖掘和整理出的丰富的民俗活动注入丰富多变的各类城市空间之中，重点在护城河环状公园以及环东湖文化区、东湖森林广场等处复建历史遗迹和营造活动空间。

《保护规划成果》着力于现实，《设计成果》放眼于未来，前者对新繁古镇的历史文化遗存体察入微、保护规划详备，后者对新繁名镇的美好未来大胆设计、融古今于一炉，二者各自匠心独运，但在历史文化的保护与发掘上却有异曲同工之妙。

（二）旅游前景展望

为将新繁名镇建设成为成都北郊旅游胜地和宜居佳境，方便外来游客及商家前来新繁游览或居留，无论《保护规划成果》或者《设计成果》，都非常重视镇域道路交通规划。《保护规划成果》强调新繁镇域道路交通应以《成都市新都区新繁镇总体规划》的道路交通规划为准。为了保护镇域范围内的历史文化遗迹和古墓葬，规划要求镇内各级道路不得穿越和破坏现有历史文化遗迹和古墓葬所在地，道路应在保护区范围以外的区域建设。至于古镇保护区范围内的西街、北街、小南街、南街，道路宽度应保持现有宽度不变。除西街外，对古镇保护区的道路一律进行交通管制；北街和南街除消防车、急救车外，

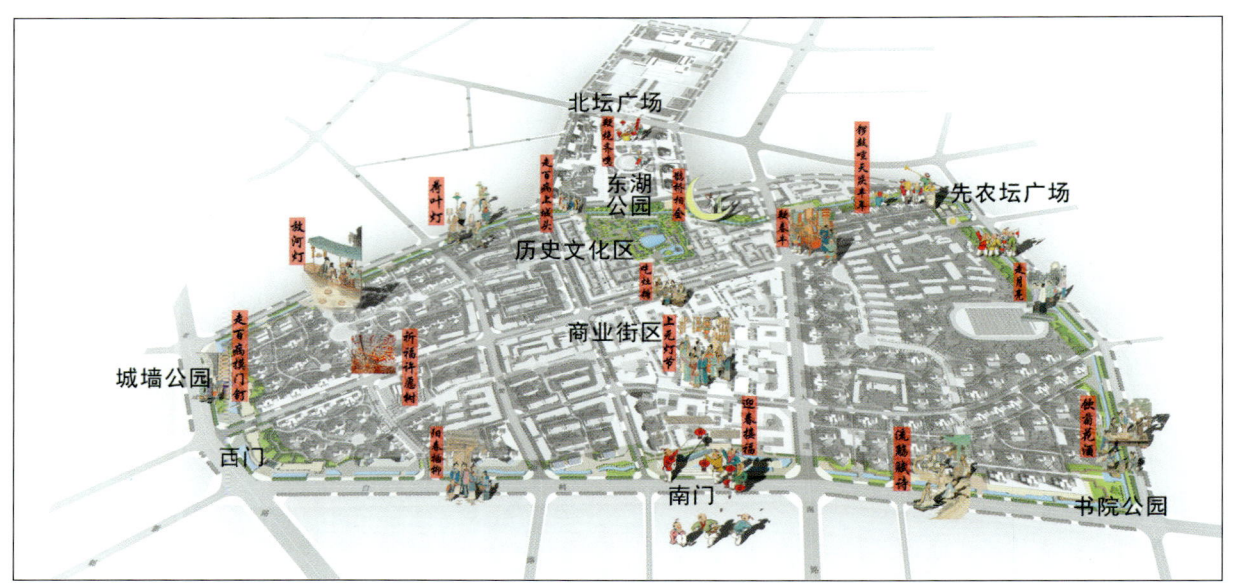

▲ 未来繁城文化休憩活动引导示意图 ◎

▲ 未来繁城西门透视效果图 ◎

▲ 未来繁城文庙、博物馆沿街透视效果图 ◎

对其他机动车辆实行严格的交通管制。衙门巷、陕西街、文庙街和关岳庙巷设为步行街。各街区入口处均设置停车点，以彻底杜绝机动车辆进入。《设计成果》则规划出未来的主干道、次干道及支路等。主干道包括繁江大道、老成彭路、白鹤街；次干道包括北环路、滨江路、东湖路、金龙街、繁清路、繁崇路、新丰路；支路包括广场西路、广场东路、外西街、正西街、正东街、北街、小南街、正南街、外南路。并规划建设停车场计14处。与此同时，还对未来的"东湖历史文化区步行交通与停车场"、"东湖森林广场交通系统"、"护城河文化游憩活动导游线路"，以及"政务中心交通系统"和"现代商业区步行交通系统与停车场"等均作出了详细规划。截至目前，一条贯穿新繁南北向的交通主干道——繁江大道业已建成，这不仅解决了主城区的交通瓶颈问题，同时亦改善了周边街道的城市环境，大大地提升了新繁的城市形象。

值得注意的是，《保护规划成果》对新繁镇域旅游线路已作出了整体规划，十分明确地将镇域旅游线路规划为两条，第一条线路为：新繁城镇—新益村（古墓葬）—蓟家村—黄泥村—青白江（旅游带）—清白街村—李园村—新繁城镇；第二条线路为：新繁城镇—龙藏寺—毗河（旅游带）—新繁城镇。两条旅游线路沿途的历史文化遗迹和自然风光相互交替，让游客不仅置身于历史与现代的时空转换之中，而且亦置身在田园风光和水景映衬的大自然中，以享受古镇的美景，感受历史的脉络，与古人对话，体验时代的发展和变迁。

可以预见，不久的将来，随着两套方案的次第实施和逐步完善，未来的新繁，历史与现实将更加紧密地衔接在一起，古代文化与当代文明将更为完美地融为一片，一座将千百年厚重的历史文化积淀完全激活的现代繁城，必将以成都北郊旅游胜地的崭新面目，呈现在天下游客眼前！

主要参考文献

【汉】班固撰：《前汉书》卷二十八，上海古籍出版社《四库全书》影印本，1987年版。（以下版本与此相同者，均简称：四库全书本）

【晋】常璩撰：《华阳国志·蜀志》卷三（刘琳校注本），巴蜀书社，1984年版。

【晋】常璩撰：《华阳国志·巴志》卷一（刘琳校注本），巴蜀书社，1984年版。

【晋】常璩撰：《华阳国志·先贤士女总赞（上）》卷十（刘琳校注本），巴蜀书社，1984年版。

【晋】陈寿撰：《蜀志·后主刘禅》卷三，上海古籍出版社《二十五史》影印本，1986年版。（以下版本与此相同者，均简称：二十五史影印本）

【刘宋】范晔撰：《后汉书·任末传》卷一百九下，二十五史影印本。

【唐】李吉甫撰：《元和郡县志·剑南道成都府》卷三十二，四库全书本。

【后晋】刘昫撰：《旧唐书·地理四》卷四十一，二十五史影印本。

【后晋】刘昫撰：《旧唐书·高士廉传》卷六十五，二十五史影印本。

【后晋】刘昫撰：《旧唐书·李德裕传》卷一百七十四，二十五史影印本。

【宋】宋祁撰：《新唐书·李德裕传》卷一百八十，二十五史影印本。

【宋】宋祁撰：《新唐书·隐逸》卷一百九十六，二十五史影印本。

【宋】乐史撰：《太平寰宇记·剑南西道一·益州》卷七十二，四库全书本。

【明】李贤等撰：《明一统志·成都府》卷六十七，四库全书本。

【明】曹学佺撰：《蜀中广记·名胜记第五》卷五，四库全书本。

【明】周复俊：《全蜀艺文志·赋》卷一，四库全书本。

【清】黄廷桂等：《四川通志·建置沿革》卷二，四库全书本。

【清】黄廷桂等：《四川通志·名宦》卷六，四库全书本。

谭其骧：《中国历史地图集》，中国地图出版社，1982年版。

中华文明史编纂委员会：《中华文明史·秦汉》第2册，河北教育出版社1992年版。

熊四智：《四智论食》，巴蜀书社，2005年版。

四川省新都县志编纂委员会：《新都县志》，四川人民出版社，1994年版。

成都市城镇规划设计研究院：《成都市新都区新繁镇历史文化名镇保护规划》（内部资料，新繁镇人民政府提供），2006年11月。

重庆大学城市规划与设计研究院：《浸沃繁城——新繁镇老城片区城市设计》（内部资料，新繁镇人民政府提供），2008年7月。

王俊华、熊林海：《破后新立 "川西碧玉" 新崛起》，成都日报2011.1.14第2版。

※ 本篇原基本图文资料由成都市新都区新繁镇人民政府提供，余勇收集。

05 温江区寿安镇

　　寿安镇位于成都市温江区西北端，地处温（江）郫（县）都（江堰）国家级生态示范区腹地，素有"农家乐"发源地、"川派盆景"发源地之美誉。寿安全境东西长11公里，南北宽5.9公里，向北呈锥状，面积53.1平方公里，辖7个社区和8个行政村，总人口40128人，其中农业人口38467人，非农业人口1661人。

　　寿安古镇为成都市历史文化名镇，其得名为"寿安"，虽已至清代初年，但镇域内现今尚有鱼凫王墓、鱼凫王妃墓、柏灌王墓等遗址，说明早在古蜀国时期，此地即为鱼凫王朝与柏灌王朝的风水宝地。

▲ 寿安镇"陈家桅杆"

而保存完整的清代古建筑"陈家桅杆",则是我们研究清代社会、民俗、教育、艺术、宗教、建筑等历史文化的宝库。在古镇旅游勃然兴起的今天,"陈家桅杆"已成为寿安古镇一张享誉川西的亮丽名片。

古镇民风淳厚,一年一度的桂花节,更是将古老的民俗文化与现代新风融为一体,演绎出了一道道独特的旅游文化风景线。

新建的温江绿道,沿江安河穿镇而过,连接起一处处优美的自然景观与人文景观,直令人目不暇接,心旷神怡,成为游人享受天然氧吧的最佳去处。

图片:● 严永聪 摄影
　　　○ 任桂园 拍摄
　　　◎ 温江区寿安镇人民政府提供

一、古镇历史文化概述

（一）历史沿革

寿安镇明代隶属温江县全集乡。清顺治属淮新乡，康熙年间属温江县西一甲（乡民仍称全集乡）之寿安保，置治吴家场，这是寿安置治得名之始。1911年中华民国建立后，承继清末置制。民国五年（1916）撤销甲制为区、保、甲制，隶属西区，时寿安保、上、下全义保即为今之寿安辖区，下属17甲。民国十九年（1930）改知事公署为县政府，实行县长制，县知事改为县长，变区保甲制为区乡间队制。温江全县划为7个区，寿安属六区治地，置5镇15乡，计23乡镇，170闾，854队。民国二十四年(1935)全县变7个区为3个区，实行联保制，编为8个联保，寿安联保隶属3区，置治吴家场，下辖原六区之20乡镇的47个保。民国二十五年(1936)改8个联保为14个联保，寿安联保下辖33个保，面积为39平方公里。民国二十九年（1940）实施新县制，废联保制为区乡保甲制，寿安联保改组为寿安乡，置乡公所于吴家场，全境为22.5平方公里。

1949年12月26日温江和平解放，1950年4月温江第四区人民政府成立，吴家场为第四区治地，设区人民政府，寿安沿袭旧名，疆域不变。1958年10月1日，寿安建立政社合一的寿安人民公社，1968年寿安公社革委会成立，1980年取消寿安革命委员会名称，恢复为寿安公社管理委员会，之后改为寿安乡，至2002年撤乡建镇。2004年9月撤玉石乡、通平镇、寿安镇，并将其合并为寿安镇至今。

（二）文化积淀

■ "鱼凫文化"的历史记忆

位于成都西部的温江区，"面锦城而负玉垒，

▲ 寿安镇在成都市区位示意图◎

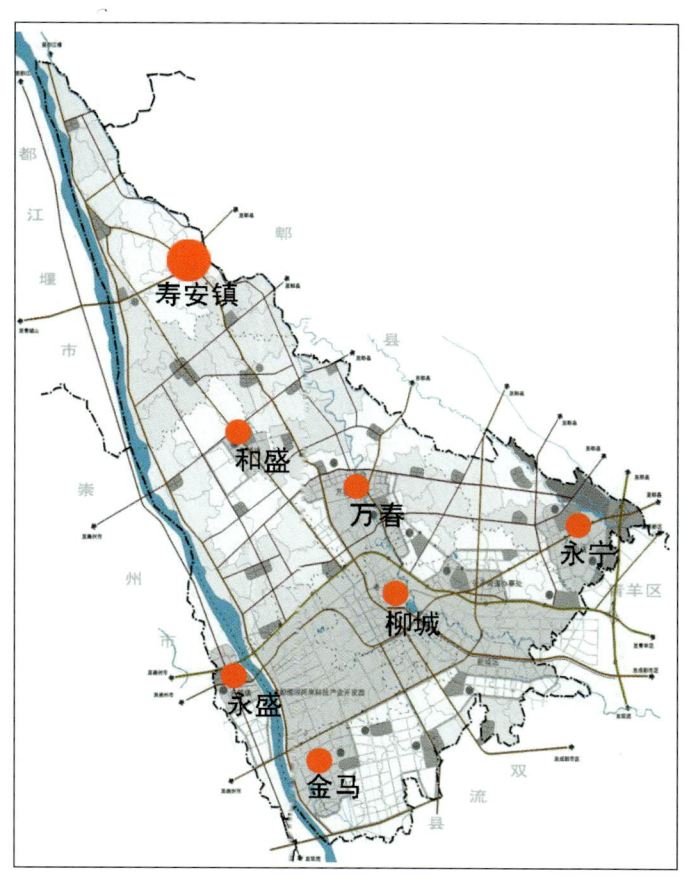

▲ 寿安镇在温江区位示意图◎

枕岷江而跨金马",自古即因江水温润、土地肥沃而闻名于世。早在公元前17世纪至前11世纪的商朝时期,这一片沃土已成为古蜀国鱼凫王朝活动的腹心地带。鱼凫氏最早在这一带探索排水灌溉农业的生产方式,寻找农业定居点,为在整个成都平原发展高级农业奠定了雄厚的基础。鱼凫王朝究竟建都何处,著名考古学家林向先生认为:"鱼凫古城在温江鱼凫村的可能性很大。"四川文物考古研究院院长高大伦先生亦认为:"如果鱼凫是第一个蜀王的推论成立,那么,鱼凫王的时代与温江鱼凫村遗址的年代距离就被拉近甚至部分重合,鱼凫王的都城在温江鱼凫村的可能性就更大了。"考古学家们的推论与古籍所载亦相符合。据《华阳国志》载:"鱼凫王田于湔山,忽得仙道,蜀人思之,为立祠。"明代大学者曹学佺注释说:"今温江县北十里鱼凫城,是其上升处(得道仙去之地)。"这说明鱼凫王最后即逝世于是地。有关温江县北十里鱼凫城的记载,还可见于宋代孙松寿《观古鱼凫城》一诗,其诗云:"野寺依修竹,鱼凫迹半存。高城归野垅,故国蔼荒村。古意凭谁问,行人谩苦论。眼前兴废事,烟水又黄昏。"又加有注释说:"(古鱼凫城)在温江县北十五里,有小院。"及至清代,《四川通志》亦记载说:"温江县鱼凫城在县北十里。相传古鱼凫氏所都。"

由上我们可以推知,位于温江区西北端的寿安,金马、江安两河夹流,东隔江安河与郫县花园、友爱相邻,西隔金马河与都江堰市沿江乡、徐渡乡相望,北与都江堰土桥毗邻,更是成为了鱼凫氏自湔江河谷走出关口(天彭门)南下进入成都平原后的首选居留之地,而其后成为鱼凫王及其王妃的葬身之所,亦势在必然。据《清一统志》和《四川通志》"陵墓"记载:"鱼凫王墓在温江县北二十五里。"即今寿安镇吴家场以南四里、俗称"大墓山"之地。而鱼凫王妃墓俗称"小墓山",其遗址位于吴家场以南一里处。至于柏灌王墓,则位于吴家场以东十里,俗称"八卦山"。有关"柏灌",《华阳国志》记载说:"有蜀侯蚕丛,其目纵,始称王……次王曰柏灌。次王曰鱼凫。"但历代史籍

① 鱼凫王墓遗址 ●
② 柏灌王墓遗址 ●
③ 圣修堂 ●
④ 吴家场历史街区一角 ◎

▲ 陈氏宗祠大门 ●

对"柏灌"却始终语焉不详。段渝先生认为:"鱼凫是三代蜀王的最后一代,也是早期蜀国的统一者……早期蜀族是由成都平原先蜀文化的居民与分别来自岷江上游的氐族的不同支系融合而成的。……鱼凫氏在夏商之际入蜀,融合了蚕丛和柏濩(灌)两族,最终形成了早期蜀族。"鉴于此,"柏灌王"去世之后,亦葬于寿安之地,即可理喻,只不过其葬身之处的方位与鱼凫王墓及鱼凫王妃墓迥然有别罢了。

寿安镇域内的鱼凫王墓、鱼凫王妃墓以及柏灌王墓等处遗址,保留了三千多年前鱼凫文化的历史记忆,这是一笔宝贵的历史文化财富!正如四川省历史学会会长谭继和先生所说:"鱼凫文化这一命名,确有相当的考古和文献依据。何况它在民间流传数千年而不衰,保留了数千年历史记忆的内核和历史信息的基因,这是温江区值得珍视的历史财富。"

■ 中西文化碰撞与交融的吴家场

古镇置治而得名为"寿安",虽已至清代康熙年间,但治所之地的吴家场,其实早已是先民聚居之地。随着始于清初而延续百年的"湖广填四川"移民运动的深入进行,吴家场更是显得热闹繁荣起来,成为了四方乡民进行农副产品及日常生活用品的集中交易场所。及至清朝末年,已成丁字形三条街道——万寿街、福星街和吉祥街,有150间铺面。现场镇基本格局犹存,房屋均系前店后院、木铺板、木穿逗结构,青瓦屋面。而今徜徉于古街,仍可寻觅到往日场镇繁荣的一些蛛丝马迹;古朴的民风,尤能使人感受到川西民俗传统文化的延续。

至于修建于150多年前清道光年间的法国教堂建筑——圣修堂,虽曾遭受清咸丰年间蓝大顺起义军和清末保路同志军先后两次火烧,毁损较为严重,但而今仍较完整地保留了当年教堂的大体轮廓,其西式教堂风格和中式木穿逗结构相与结合的建筑特色十分明显,在古木掩映之中,尤显出历史之沧桑。游人至此,尚可触摸到当年西方宗教文化渗透川西民间和中西文化碰撞与交融的历史脉络。

■ 文化信息蕴藏丰富的"陈家桅杆"

比起川西其他古镇,寿安的古街古巷古民居,在保存的完整性上要逊色一些,但坐落在该镇百花社区(原天鹅村)的"陈家桅杆",却是一处集住宅、宗祠、园林为一体的综合性大型庭院式建筑群,至

今保存十分完好，这在其他古镇又难得一见。该建筑群蕴藏着多层次的历史文化信息，清一代之宗教、民俗、教育、科举、功名等文化特质，都能在此找到相应的历史踪迹。

"陈家桅杆"是清代咸丰翰林院庶学士陈宗典（陈氏宗族第八代）和其子武举陈登俊（咸丰己末恩科武举，充兵部差官，候补漕河守备，系五品武官）营建的一处大型民居建筑群落。始建于清同治三年（1864），经八年建成。因其宅门前竖有双斗石桅杆的功名标志，故当地人称其为"陈家桅杆"。

据相关考证，陈氏家族入川后，原聚居于重庆璧山县周家场磨滩西坝。在"湖广填四川"的高潮中，陈氏先祖一心向往成都平原优裕的自然条件，以作为自己的安身之所，故在璧山县居住十余年后，于乾隆初年即从璧山县搬迁到新津县西河白鸡嘴；其后又再次从新津县迁居温江县王高坎置业，而后又搬迁到寿安天鹅村，至此家业兴旺，后人功名显赫，成为富甲一方的豪族。陈氏家族辗转迁徙、寻求最佳安居地的历史行踪，可以说是清代移民文化的缩影。

同治四年（1865），皇帝护送其父咸丰帝灵柩到定陵安葬，途中遭遇捻军，陈登俊奋力护驾。同治皇帝（1862—1874）回宫后，下圣旨嘉奖陈氏。追封其祖为"武德骑尉"，追封其祖母为"宜人"。当年同治皇帝所颁《圣旨》石刻碑文至今仍存于庭院之中，而所建庭院大门前亦获得竖立双斗石桅杆的殊荣。至于为彰显"皇帝恩宠"而悬挂之匾额、楹联更是金碧辉煌，耀人眼目，这令今日之游人从中尤可感悟到清朝的教育、科举、功名等制度文化的特色。

二、寿安旅游巡览

（一）主要景区及景点

■ "陈家桅杆"建筑群落

"陈家桅杆"建筑群落占地10多亩，建筑面积2736平方米，大小庭院共有12座，全部为穿逗木结构，其建筑选址、朝向、布局、装饰等，均浓缩了晚清时期川西建筑风格与高层知识分子个人修养品

▲"皇恩祖德"门楼

▲庭院

① 庭院●
② 庭院中堂●
③ 陈氏宗祠祭台●
④⑤⑥ 飞檐翘角●
⑦ 石雕●
⑧ 照壁灰雕●
⑨ 屋脊灰雕●

味，且达到了高度的和谐统一，是研究清代高层知识分子面对西方文化的冲击所作出的思想生活应对的实物史料，亦是研究清代社会、民俗、教育、艺术、宗教、建筑、科技等历史与文化知识的宝库。2002年12月，"陈家桅杆"经四川省人民政府批准为第六批省级文物保护单位。

陈家桅杆可称川西民居的"大观园"，凭栏眺望，四周溪水环绕，门前双斗桅杆，巍然屹立，气势雄伟。无论庭院布局、宗祠构建，抑或园林景观，照壁回廊，乃至门楼灰雕、翘角飞檐、浮雕石刻、镂空图案，无不精美绝伦，充分体现出清代建筑的浓郁特色，成为川西平原清代建筑文化的杰出代表，亦成为今日寿安在天府古镇文化游之中的最大亮点。

■ 古街区及其特色建筑

◆ 万寿古街

万寿街位于吴家场中部，清末修建，街道为西北走向，全长222米，原为场镇主要商业街。临街房

①②③ 古街景○
④ 亟待整修的圣修堂●
⑤ 林木葱茏的圣修堂后园●
⑥ 圣修堂后园古楠木○

屋均为木制，系前店后宅木穿逗结构四合院，小青瓦屋面，是成都保存较为完好的古街之一。

◆ **福星古街和吉祥古街**

福星街和吉祥街位于万寿古街东，成丁字形，两条古街分别为东北、西南走向。福星街长160米，吉祥街长240米。两街大部分段面仍保存着木制商铺，并有前店后宅四合院。

◆ **圣修堂**

圣修堂位于吉祥街，为西方天主教堂格调的中式木穿逗结构建筑，整体保存较为完好。院内古树参天，其中有三棵直径约1米的古楠树，为修建教堂时所栽，至今已有150多年时间，但仍然枝繁叶茂，树冠覆盖数百个平方米，极具保护价值。

◆ **郭公馆**

郭公馆位于万寿街，建于1936年，院落坐东北朝西南，前店后宅，大小房屋25间，并有风火墙保护建筑免遭火灾和碉堡看护院落，是典型的川西民居四合院，建筑整体保存完好。

▲ 鱼凫王墓坟堆

▲ 鱼凫王妃墓顶部景象

▲ 柏灌王墓坟堆

■ 三千多年前的古墓遗址

◆ 鱼凫王墓与鱼凫王妃墓

鱼凫王墓遗址（俗称"大墓山"）位于寿安镇喻庙社区。清乾隆《温江县志》和嘉庆《温江县志》均有"大墓山，县北25里，相传为鱼凫王陵"之记载。清代王侃有《大墓山怀古》一诗，其诗云："湔水滔滔送远天，鱼凫踪迹久茫然。但闻仙去乘斑虎，不肯魂归做暮鹃。万古衣冠沉土壤，一朝宫殿剩桑田。欲寻故老谈兴废，大墓山前蔼白烟。"此诗怀古咏今，可说得上是对鱼凫王墓的历史写照。该墓坐南向北，成长方形，墓高5米，占地3000多平方米（约合4.5亩）。在鱼凫王墓北约1公里多处，有鱼凫王妃墓（俗称"小墓山"），遗址亦隐约可辨，为一占地约四亩的长方形古坟堆。

◆ 柏灌王墓

柏灌王墓遗址（俗称"八卦山"）位于寿安长青村，相传为古蜀王"柏灌"之墓，"八卦"系"柏灌"之谐音。墓地方圆4亩，墓高3米，现仅存一圆形山丘。1985年7月，柏灌王墓与鱼凫王墓两处遗址均被成都市人民政府批准为市级文物保护单位。

■ 环境宜人的乌龙岛

乌龙岛位于寿安镇岷江村，面积约92亩，属温、郫、都国家级生态园的腹心地带。岛内总户数18户，现有别墅式住宅户15户，已具有对外接待能力的农家乐5户。总接待能力在500余人左右。

该岛东靠江安河，西因光明电厂尾水渠建设而与外界隔断，故而形成一绿水环绕的岛屿式地块，因

▲ 乌龙岛一角◎

▲ 乌龙岛鱼庄◎

其地形特征，当地人称之为乌龙岛或台湾岛。岛上植被繁茂，林木葱茏，构成为不可多得的原生态平原森林风景带。岛内居民长期从事传统花木园艺生产，更使这里成为了花香鸟语、环境宜人的休闲胜地。

■ **寿安生态绿道环线**

寿安生态绿道环线总长11.8公里，其中沿江安河新修路段长5.15公里，利用原有路基整修的路段长6.65公里。整个绿道环线不仅展现出寿安优美的原生态自然环境，而且还成规模地种植有桂花、海棠、樱花、紫薇、红枫、红叶李、天竺桂等名贵花木，使原生态的自然环境更是锦上添花，形成寿安生态绿道独具一格的魅力。

由寿安黄土堰入口处进入江安河段绿道，首先扑入眼帘的即是水浪奔涌的江安河，河中可见半堰半流一岛的独特风景；接下可见巨流数丈的"听泉瀑布"，该瀑布由电站水闸控水形成，声如音乐鸣奏；再至"白鹭岛"，但见水天一色，白鹭翻飞，颇多诗情画意；往前可达长青村"八卦山"，在此可凭吊古蜀国柏灌王墓遗址，平添一段寻幽访古的乐趣；再至"长青湾"，此处为江安河天然弯道，河水长流不息，树木四季常青，可饱览大自然之美景；再往前可到"止水庙"，此处江安河上原有清代嘉庆二十二年（1817）所建"清远桥"，桥中塑有受人祭拜之镇江王爷，后人作记，称曰"止水庙"，今虽为地名，但仍为人们津津乐道。

也可经由寿安绿道环线，前往大墓山和小墓山，凭吊鱼凫王墓和鱼凫王妃墓遗址，再往北即可抵达"陈家桅杆"，这里不同凡响的人文景观定会让你流连忘返。

▲ 寿安绿道○

▲ 寿安绿道●

▲ 寿安绿道○

▲ 寿安绿道◎

　　寿安生态绿道已成为川西平原上一道亮丽的风景线，田园山水的自然景观与留存千古的人文景观巧妙地融合在一起，给人以独特的审美乐趣与无尽的人文遐想。君到寿安，不妨沿绿道环游，定会兴趣盎然。

（二）寿安传统名优食品

■ 白油豆腐

▲ 白油豆腐◎

　　白油豆腐为寿安镇著名厨师郭绍云于民国二十三年（1934）创制，数十年来，该品菜肴一直以香浓味美、鲜嫩可口的特点而驰名川西，广为大众喜爱，享誉至今。白油豆腐有甜味、咸味两种。甜味：主要用化猪油、白糖、味精、豌豆粉、草（白）碱等调料烹制；咸味：用盐水，加白胡椒。烹调时，先将豆腐切块或成条形，清水煮沸，下碱水搅匀后捞起，再用沸水透两遍去其碱味；猪油加热，再下豆腐加盐水，用霸王火煮沸，再将调料下锅，快速操作，滋汁起团即成。

■ 白酱油

　　白酱油是清末吴家场"鸿盛和"号技工王大师、王二师兄弟改变香料配方、采用"伏晒秋油"的方法制作的滴窝油、上升白、中升白（即熬白）三个品种的总称。其中的滴窝油为最佳。特点：状如胶汁，牵丝透明，香味浓郁。放在碟内用肉片或豆腐片蘸食，即见滴窝油自动徐徐上侵，食之甜润味香。

■ "伏波牌"与"老君牌"酥糖

　　"伏波牌"酥糖为吴家场糖果业"吉祥斋"号的马敬三与技师张匣子于民国七年（1918）始创。民国二十三年（1934），马敬三把酥糖运往成都参加"四川省劝业会"进行展销时，受到参会者的赞扬，荣获"酥糖创始第一家"的称号和奖励。自此后,"伏波牌"酥糖的名声誉满省内外。继后,"魁盛和号"的李世琪反复钻研,不断实验,亦制作出达到"伏波牌"质量标准的"老君牌"酥糖,曾于"四川省第二十三次劝业会"上赢得金质奖章和奖状。此两种品牌的酥糖至今仍为广大游客所喜爱。

(三)地方特产

■ 富硒天星葱

由于特殊的地理环境与土质关系,沿金马河的复兴村、天星村、天源村盛产大葱;而寿安天星村则是附近种葱最为集中的地区,因而得名"天星葱"。2002年,寿安镇特地请来了省食品发酵工业研究设计院的专家,在天星葱里增添"硒"元素,以提高附加值。硒是人体必需的微量元素,具有清除体内毒素、抗衰老的作用。经省农科院分析测试中心检测,"天星葱"硒含量达0.063-0.217毫克/千克,比普通大葱提高了20-70倍。

近些年来,寿安是地由于注重对特色蔬菜产业的培育,因而成果累累。迄今为止,天星大葱、天星辣椒、西施番茄三个品种均获得了农业部无公害产品认证和无公害基地认证。伍灵辣椒、三邑韭菜等亦成为了老百姓脍炙人口的特色蔬菜。

▲ 天星葱◎

■ 花木盆景桩头

寿安地势平坦,土壤肥沃,阳光充足,属都江堰自流灌溉区,是温江区以发展花木产业为主的农业大镇,也是川派树桩盆景的发祥地,其传人有著名的"川西花王"陈开钦。目前花木产业已成为其支柱经济,"花木之乡"的美名享誉全国,而百花川派盆景亦颇具发展规模。

▶ 桩头盆景◎

而今，作为"川派盆景桩头"发源地的温江寿安，在郁郁葱葱的十多万亩花木里，即藏有大大小小数百个盆景园。

川派盆景的主要艺术特色是虬曲多姿，苍古雄劲。常见树种有金弹子、贴梗海棠、银杏、罗汉松、紫薇、六月雪、梅花、火棘等。造型有规则式与自然式之分。规则式的盆景，采用传统的棕丝蟠扎技法，借助"弯"、"拐"，形成树身的扭曲，富有独特的韵律感。干型样式大致有"滚龙抱柱"、"对拐"、"方拐"、"掉拐"、"三弯九倒拐"、"大弯垂枝"、"直身加冕"、"接弯掉拐"、"老妇梳妆"、"综合法"等10种；蟠扎枝形有平枝、滚枝、半平半滚等。格律之严谨，唯当地功力深厚之艺人方能熟知和操作。自然式盆景常以山石相配，既具画意，又富有当地风光特色。另外，还有一种以银杏树乳制作的盆景，古朴有趣，为川内所独创。

目前，寿安盆景桩头畅销国内，并远销韩国、日本、新加坡等国家。

（四）民俗风情

■ 传统民俗活动

与天府其他古镇比较，在寿安，也有不少大同小异的传统民俗活动，诸如"打围鼓"（又称为玩友、打玩友、板凳戏），"皮灯影"、"春台会"等，只不过"寿安围鼓"组织叫"乐乐庄"，"寿安

春台会"则于每年农历3月28在吴家场举办,会期中竹器、木器、铁器、花卉等物资应有尽有,品种交流繁多。人群从四面八方涌来,热闹非凡,既繁荣了市场,又流通了信息。其中还有狮子灯、龙灯、歌舞、画眉斗鸟等民俗文艺活动。

此外,在寿安民间,过去还有一种名为"抢童子"的民俗活动。稀儿缺女的大户人家,希望有人给他送"童子",据说送了"童子"就会多子多孙,于是地方上的一些人就利用庙会去"抢童子"。"童子"是用木头雕刻的,通常是年轻力壮的小伙子到庙上去抢。"童子"抢到后,就请画匠给"童子"涂上油漆,俗称"给童子穿衣"。然后找个漂亮的小男孩,穿上新衣裳,手捧"童子",吹吹打打给主人家送去。"童子"送到后,如果主人家其后真的生了小孩,还要请送"童子"的人赴宴,并把小男孩拜寄给他们。主人家生了孩子后,第二年庙会时要到庙里敬神还愿,并送还"童子"。此种民俗,自新中国成立后,已不复得见。

另有一种"拉亲家"的民俗活动,在寿安则很有名,至今仍时有所闻。生了小孩的人家,为了孩子健康成长,就要给孩子多找几个干爹。孩子的父亲准备好酒菜后,就抱着孩子在桥头或路口等着他需要拉的"亲家"或选第一个过路的人,拉着了,就请喝酒吃菜,给孩子取个名字。从此双方就成亲家,逢年过节礼相来往,亲密无间。

■ 新版民俗"桂花节"

素有"花木之乡"美誉的温江寿安,在郁郁葱葱十余万亩花木种植中,桂花种植面积约占三分之一,品种多达三十多个。在寿安,种桂花、爱桂花,既是一种民间传统习俗,更是当今时代的一种时尚新风。

桂花是我国十大名花之一,而在全国像温江寿安这样既有着悠久的桂花种植历史、而今更是大面积种植的地方并不多见。每至八月桂花盛开,无论骑行林间绿道,抑或漫步江安河畔,抑或流连于"陈家桅杆",徘徊于大墓山、八卦山等处古墓遗址,你都会感受到一阵阵浓郁而温馨的桂花香迎面袭来,沁人心脾。为深入挖掘桂花丰富的文化内涵,打造以桂花为代表的花木产业品牌,温江区及寿安镇人民政府已确定在每年的中秋佳节前后举办"桂花节"。

而在2010年9月22日至24日举办的"温江寿安第二届桂花文化旅游节",更是开展得红红火火、风情万种。优美迷人的自然环境、具有传统历史文化风味的艺术演绎与极具现代特色的各种趣味活动,在

① 桂花节启动仪式◎
② 喜气洋洋的节日气氛◎
③ "登科折桂 金榜题名"场景◎
④ 趣味活动——穿越黑洞◎
⑤ 空巢老人聚会一堂◎

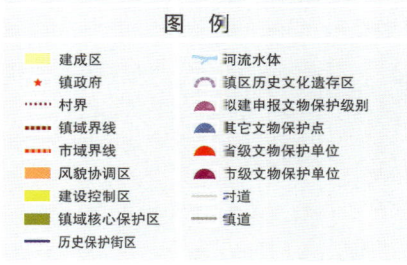

▲ 景区景点分布示意图 ◎

一片芬芳扑鼻的桂花香气中，有机地融合在一起。金风送爽，游人如织，老少咸集，各得其乐，形成了当代版寿安民俗风情之大观。

本届"桂花节"以"倾城桂花、情满寿安"为主题，极有创意地策划了"慕倾桂花 相约寿安"、"桂香秋行 绿道迷踪"、"登科折桂 金榜题名"、"空巢老人 桂花之旅"等一系列最具互动性和趣味性的活动，同时，寿安镇数十家农家乐和乡村酒店还准备了丰盛的农家宴，以及颇富特色的桂花酒、桂花糕等桂花食品，以恭候游人的到来。

可以预料，随着寿安旅游文化的进一步拓展，一年一度的"桂花节"，将显得越来越生动活泼，越来越精彩迷人，成为天府古镇民俗新风中的一枝鲜艳的奇葩。随着"桂花节"内容的不断更新，寿安古镇浓郁温馨的桂花香，亦必将飘出川西、飘向四海！

（五）旅游线路

从温江出发，沿成青旅游快速通道行11公里即可抵达寿安古镇（吴家场）——由古镇沿温玉路行约2公里右转进入陈乌路，行约1公里到陈家桅杆——继续沿陈乌路行约3公里即可到达乌龙岛。

如进入江安河生态绿道，游览线路如下：

黄土堰——听泉瀑布——白鹭岛——柏灌王墓——长青湾——止水庙。

亦可经由寿安绿道环线，前往大墓山和小墓山，凭吊鱼凫王墓和鱼凫王妃墓遗址。

三、出行指南

寿安古镇（吴家场）距成都市中心城区28公里；距双流国际机场30公里；距都江堰市区14公里；距青城山18公里。由温江光华大道、芙蓉大道以及成温邛高速公路经成青快速通道均可到达寿安古镇；成都IT大道、成灌公路分别距寿安镇0.7公里和5公里。新规划的江安河生态旅游通道和未来的轻轨（地铁）安德站距寿安古镇4公里。

1. 自驾游可沿温江旅游环线在花木交易中心处转拐沿成青路北行11公里到达寿安。

2. 乘坐公交车可以在温江区内乘坐203、204路车，在"国色天乡"处乘坐758路车到达寿安。

主要参考文献

【晋】常璩撰：《华阳国志·蜀志》卷三，巴蜀书社（刘琳校注本），1984年版。

【宋】扈仲荣等编：《成都文类·诗》卷二，上海古籍出版社《四库全书》影印本，1987年版。（以下版本与此相同者，均简称：四库全书本）

【明】曹学佺撰：《蜀中广记·神仙记第一》卷七十一，四库全书本。

【清】黄廷桂等：《四川通志·古迹》卷二十六，四库全书本。

段渝：《四川通史》（第1册），四川大学出版社，1993年版。

四川省城乡规划设计研究院：《温江区寿安镇新市镇总体规划暨历史文化名镇保护规划》（内部资料），2007年9月。

李娟：《移步换景绿道带你游遍温江》，成都日报2010年11月11日第4版。

李涛、李娟：《鱼凫文化高端论坛在温江举行》，成都日报2010年11月15日第4版。

邬东、李屏、王文成：《成都·温江寿安第二届桂花文化旅游节盛大开幕》，成都日报2010年9月23日第6版。

※ 本篇基本图文资料由温江区寿安镇人民政府提供，吴伟收集。

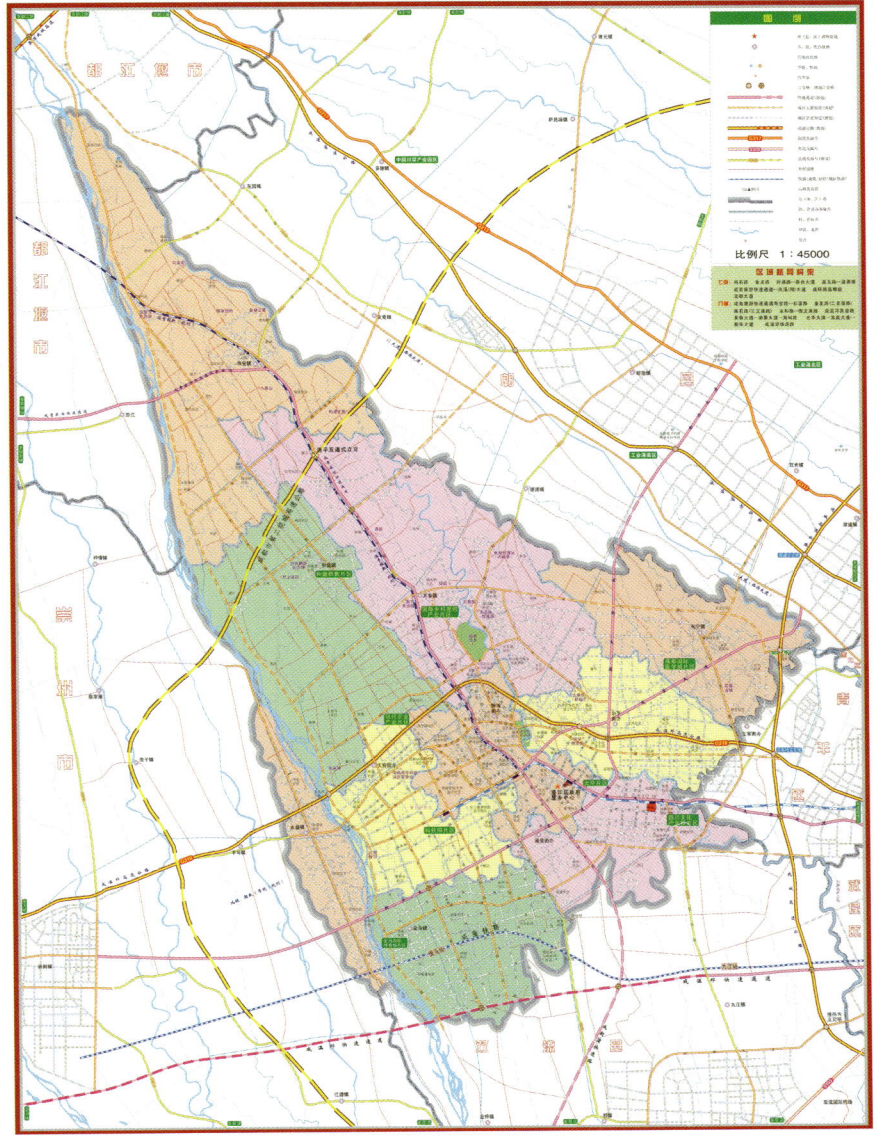

▲ 成都市温江区交通道路图 ◎

06 彭州市白鹿镇

白鹿镇位于彭州市西北部，距成都78公里，东临什邡市的三河、八角二镇，东南与彭州市红岩、葛仙山镇接壤，西南与通济镇毗邻，西北与白水河自然保护区和龙门山国家重点风景名胜区（银厂沟）相连，地处省级森林公园和龙门山国家地质公园的核心地带，面积78.88平方公里，全镇森林覆盖率达90%以上。常年平均气温12℃，气候宜人。全镇3000余户居民共12000余人，分属8个自然村和1个社区。

白鹿古镇为成都市历史文化名镇，其历史悠久，境内建筑风格独特，是典型的山乡古镇，具有深厚的文化底蕴。坐落在镇北回水村的领报修院，曾是西南地区最古老的天主教神学院，其声名远播中外；矗立于群山环抱之间的白鹿顶，20世纪初，又曾是英、美、法、德、比等欧美人士夏季避暑休闲之地，其浓厚的西方文化情结自可不言而喻。在经历了"5·12"大地震的巨大创伤之后，古老的山乡小镇，已如一只涅槃的凤凰，迅速地获得了新生！而今走进白鹿，尤可体味中西方文化在这里相与交融的情景，法式乡村的浪漫情调随处可寻。

在白鹿，不仅拥有别具一格的人文旅游资源，其自然资源亦独具特色。境内飞来峰星罗棋布，峡谷溶洞纵横交错，真可谓"集山、水、壑、洞为一体，容险、奇、幽、静为一炉"。底蕴厚重的历史文化与险峻奇特的自然风光，无疑已给白鹿带来了广阔深远的开发前景和旅游发展商机。

图片：● 严永聪　摄影
　　　○ 任桂园　拍摄
　　　◎ 彭州市白鹿镇人民政府提供

◀ 白鹿镇法式风情商业街区图景 ●

一、历史文化综述

（一）镇域沿革

位于白鹿山东麓的彭州市白鹿镇，因白鹿山而得名。由北向南的白鹿河，有如一条白练，迤逦全境；而白鹿山则宛若一口古钟，突兀于群山环抱之间。

早在先秦时期，今白鹿镇所在地域属于蜀国版图。据晋代常璩所撰《华阳国志》记载："周慎王五年（公元前316）秋，秦大夫张仪、司马错、都尉墨等从石牛道伐蜀。蜀王自于葭萌（广元老昭化）拒之，败绩。王遁走，至武阳，为秦军所害。其傅、相及太子退至逄（péng彭）乡，死于白鹿山，开明氏遂亡。"逃至武阳的蜀王被杀害之后，秦军乘胜追击，蜀太子及蜀国太傅、丞相等率残部再逃至逄乡，死于白鹿山。白鹿一战，成为了古蜀国开明王朝在历史舞台上的最后绝唱。这一段史实，亦是有关白鹿镇所在地最早的历史记载。

据唐代李吉甫《元和郡县志》记载："九陇县本汉繁县地，旧曰'小郫'，言土地肥良比之郫县也。梁于此置东益州，后周（即'北周'）改为九陇郡，取九陇山为名也。隋开皇三年（583）罢郡，为九陇县，属益州；皇朝因之，后改属彭州。白鹿山在县西北六十一里。"由这一段记载，我们可以大致得知：今白鹿镇所在地域，秦汉及晋，本属蜀郡繁县地（参见《新都区新繁古镇·秦汉古县与新繁沿革》）。及至隋开皇三年撤销北周所置九陇郡，建置为九陇县，一直到唐代武则天执政前，今白鹿镇所在地域，即归属益州九陇县。

据宋代欧阳忞所撰《舆地广记》载："（唐）垂拱二年（686）置彭州，……今县三：九陇、崇宁、濛阳。"由此我们可以得知：从唐代垂拱二年直至宋代，今白鹿镇所在地域，属彭州九陇县。

据清代《四川通志·建置沿革》记载："元至元十三年（1276），省九陇县入（彭）州。明初废州，为彭县，并省濛阳县入焉，隶成都府。皇清康熙七年（1668），并入新繁，雍正六年（1728）复

▲ 5·12大地震前白鹿古镇一角◎

设。"从这一段记载，我们可以进一步知道：今白鹿镇所在地域，元代属彭州，明代属彭县，清代康熙七年后为新繁县地，雍正六年复设彭县后，白鹿镇所在地域仍属彭县。

据《白鹿镇志》载：清乾隆十九年（1754），设场于白鹿山东麓，并以此山名称白鹿场。初建街于花店子（现水观村4组）。不久，迁场老街背后"癞疤桥"（现金桥村四、六组）。后因离河太远，又迁回现老街住地。

清代，彭县分为4乡（区），白鹿乡属西乡（区）梯云里。民国初期，沿袭旧制，白鹿乡仍属西乡（区）梯云里。

民国二十年（1931），各地办民团，彭县划为10区，白鹿乡属西二区白鹿局。民国二十五年（1936），实行保甲制度，白鹿乡改名"白三文"联保，1939年废除联保，仍称白鹿乡。

1949年底解放至1952年"土改"，是军管期，彭县划为八个区，白鹿乡属一区，改民国乡、保、甲制为乡、村、组。1952年"土改"后建政，建立白鹿乡人民政府。1958年10月成立人民公社（政社合一），改乡人民政府为白鹿人民公社管理委员会。1968年10月改公社管理委员会为白鹿公社革命委员会。1980年10月，又改为白鹿公社管理委员会。1983年12月，摘掉"人民公社"牌子，仍改称白鹿乡。2002年9月"撤乡建镇"，改为"白鹿镇"。

（二）历史文化积淀

■ 川西军事文化的早期记忆

突兀于群山环抱之间的白鹿山，不仅是古蜀国开明王朝在历史舞台上的最后谢幕之地，亦是西晋著名隐士刘敞遇害之处。据常璩《华阳国志》记载："太安二年（303）夏四月，（罗）尚杀隐士刘敞。（敞）故州牧刘璋曾孙也，隐居白鹿山，高尚皓首，未尝屈志，亦不预世事。尚信妖言杀之。杀之日，雷震天，大雨，城中出水。"西晋太安二年初，正值益州刺史罗尚与当时入蜀"六郡流民"的首领李特、李流兄弟辗转作战之际，三月，罗尚为李流等人所败。四月，罗尚引军至白鹿山，杀掉隐居于此的刘敞。刘敞本为东汉末年益州牧刘璋的曾孙，长年隐居于白鹿山，虽白发苍苍，但志节高尚，亦不问世

▲ 突兀于群山环抱中的白鹿山◎

▲ 蜿蜒南流的白鹿河◎

▲ 鸿都观遗址◎

▲ 1931年白鹿上书院全景◎

▲ 震后余存的白鹿场天主堂●

事，却不幸被听信妖言的罗尚所杀。这一段史话，继"古蜀国太子等战死于白鹿山"之后，再次为白鹿是地留下了有关川西军事文化的早期记忆。

■ 神奇美妙的传说故事

刀光剑影的古老历史早已被蜿蜒南流的白鹿河荡涤殆尽，而神奇的传说故事却留给了人们千年的美好记忆。据宋代乐史《太平寰宇记》记载："白鹿山在县北五十里。周《地图记》云：（刘）宋元嘉九年（432），有樵人于山左见群鹿，引弓将射之，有一麛（mí，小鹿），所趋险绝，进入石穴，行数十步，则豁然平旷，邑屋连接，阡陌周通，问是何所，有人答云'小成都'。后往寻之，不知所在。"乐史所记的这一段故事，宋代张君房所撰《云笈七签》和明代曹学佺《蜀中广记》等古籍中亦有记载，在此不作赘引。饶有趣味的是，在乐史等人笔下，白鹿山之白鹿洞，竟可与陶渊明笔下的桃花源媲美，正如宋人张君房在论及白鹿山时所云："天地之为，名山之中，神异窟宅非止一处，则桃源、天台皆其类也。"这一段神奇美妙的传说故事，又无疑可为今日白鹿镇旅游业的深度开发提供一笔宝贵的文化资源。

■ 道教与佛门的钟情之地

其实早在东汉末年，神奇的白鹿山，已为道教创始人张道陵天师看中。张道陵创立五斗米道，于汉安二年（143）设二十四治（教区），在今白鹿镇域内，即借太上老君之名，设立了"漓沅治"。"漓沅治"位列"二十四治"上八品中"第四治"，宋代张君房所撰《云笈七签·二十四治》中记云："（漓沅治）在彭州九陇县界，与鹿堂山治相连，其间八十里，去成都二百五十里。有果松神草，服之升仙。又有四龙起骑之门，范蠡主之。"明代曹学佺《蜀中广记》则引《旧志》云："（彭县）治北五十里白石沟，即漓沅治也，上应房宿，治有鸿都观，下观名曰"响石"。"今白鹿镇域内，尚存鸿都观遗址。由此可知，自东汉末年以后，白鹿是地，已成为蜀中道教圣地，中国传统的道教文化曾在这里得到彰显。

又，据宋代祝穆所撰《方舆胜览》记载："白鹿山在濛阳县（按：古濛阳县治在今彭州市东濛阳镇）西北二十里，有大乘金觉禅寺，本晋佛图澄所建。"清代所修《四川通志·山川》亦云："彭县白鹿山在县西北六十里，上有金觉禅寺，传为晋佛图澄建。"由此可知：早在晋代，已有佛门圣僧于白鹿山上建有大乘金觉禅寺。发展到后来，又有万寿寺、华光寺、水观音寺、白观音寺等众多佛教寺院相继出现在白鹿镇域内。这说明不仅中国道教钟情于此，由古印度传入中国的佛教文化亦曾在此生根。

■ 法式风情的山乡小镇

清代前期，随着湖广等地移民的大量迁入，位于白鹿山东麓的白鹿场，在清代乾隆十九年（1754）建场之后，亦逐渐定位，现存"老街"，其建筑小巧玲珑，古香古色，可说得上是反映清代川西山乡小镇风貌的典型实物。

饶有意味的是，自古即为佛、道宗教文化演绎之地的今白鹿镇，及至清代咸丰十年（1860），亦为法国传教士看中。是年法国传教士洪广化来白鹿传教，结识了白鹿乡的朱益淳，经洽谈即定白鹿为传教基地，并着手购置山林土地，建立白鹿乡天主堂，同时亦着手开办教会学校，选址白鹿河畔修建"备修院"，以此作为培养神职人员的基地。光绪九年（1883）成都主教杜昂派法国传教士谷布兰来白鹿备修院任院长，在谷布兰的主持下，原备修院得以改建，规模扩大。光绪十一年（1885）备修院改建工程完成，定名为"无玷书院"（俗称"下书院"）。光绪二十三年（1897），成都教区又派法国传教士骆书雅和伯历山来白鹿，共同设计建造"中修院"，以培养中级神职人员。"中修院"选址白鹿镇北2.5公里处的孟家山腰（今回水村二组），历时11年，于光绪三十四年（1908）竣工，定名"领报修院"（俗称"上书院"）。民国二十一年(1932)，中修院改为神哲学院，开始负责培养高级神职人员，成为全省和西南地区培养神甫、主教的中心。

值得注意的是，一百多年来，法国传教士在白鹿修建"书院"、以传播天主"福音"及对上帝的执著信念的同时，亦将来自法国的异域文明融入到白鹿的农耕文明之中。东西方传统文化在这里碰撞而至交融，法式风情的哥特式建筑与古色古香的川西民居在这里交相辉映，不同信仰的中外宗教文化在这里兼容共生。在经历了"5·12"大地震巨大创伤之后的白鹿古镇，更是将东西方文化巧妙地融合在一起，打造出了一片崭新的天地。法式风情的古堡、街道，清代川西的古民居建筑，旖旎迷人的山水田园风光，以及传承千年的民风习俗，在这里已浑然一体，水乳交融。走进今日之白鹿，犹如走进童话世界，定会让你感受到诗一般的意境！

二、白鹿古镇旅游巡览

（一）主要景区及景点

■ 别具一格的人文景观

◆ 白鹿场老街区与民居古建筑

建于清乾隆十九年（1754）的白鹿场老街区，屋舍大都沿河修建，南北长，东西短，形似甘薯，又如巨船，至今已有250多年历史，其青石板街面尤显岁月磨损的痕迹。街巷为中国传统城镇棋盘式格局，以川西民居建筑风格为主，屋舍多为一层至二层，穿逗木构、青瓦盖顶，竹编粉墙（也有部分砖柱砖墙）。老街中央有一涌泉，常年水流不息，清澈见底，水温冬暖夏凉，泉水形成水渠穿街而过。

原有栅子门分布四方，后仅存西栅子门一座，面朝白鹿河，环形拱门，石板门方，门有对联一副："阎（hé）街买卖三千种，沿河耕读百万家"；另有一副对联云："出入军学界；来去中外商"。两副对联集中而凝练地反映出旧时白鹿场政治、经济及中外文化交流的繁荣景象。

在白鹿古民居建筑中，规模最大的建筑群当数"朱家大院"。该大院为明朝末代蜀王朱至澍的后裔朱益淳修建。明崇祯十七年（1644）张献忠攻陷成都，"蜀王至澍率妃夫人以下投于井"，自此以后，在四川境内的朱氏家族后裔，备受清政府追查迫害而至颠沛流离。清咸丰（1851—1861）初年，朱益

① 震前白鹿老街西栅子门◎
② 地震后的老街一角●
③ 灾后重建老街新民居◎
④ 老街重建一角○

淳方由广汉举家迁至白鹿落户。朱氏家族到白鹿后，先以做豆腐为生，艰苦创业，继以耕读为立家之本，逐渐发展成为白鹿最大的望族，并对白鹿场的兴盛和引进法国天主教都起过举足轻重的作用。而出生于白鹿的朱氏子孙朱清时（1946年2月——），现为中国科学院院士，原中国科学技术大学校长。他是激光分离同位素重大项目研究的学术带头人，在激光光谱和分子高振动态的实验和理论研究方面取得了国际一流的研究成果。

"5·12"大地震中，白鹿场老街区由于处于地震断裂带上，受损十分严重，甚至部分道路被抬高两米，朱家大院亦被夷为平地。而今在白鹿打造"中法传统风情小镇"的过程中，整个老街重建选址至白鹿场社区八社（艾家坪），部分保留在半边街。随着灾后重建工作的加速推进，到如今，老街重建（包括半边街的改造）工作已取得显著成效，屋舍鳞次栉比、错落有致，无论墙壁屋面、木窗回廊，抑或封火山墙、角楼飞檐，均处处透射出清乾隆年间川西古镇的历史文化底蕴；而颇具历史文化内涵的朱家大院亦将原汁原味再现往日风采，以充分展示其丰赡的宗族祠堂文化风貌。

◆ **地震遗址保护区的独特景观**

处于地震断裂带上的白鹿古镇，在"5·12"大地震后，留下了一系列独特的震后景观，如："中法桥遗存"、"最牛教学楼"、"新加坡"、"不倒塔"、"地震探槽"、"旋转房"等。而今，这些震后景观所在处，已开辟成为地震遗址保护区，以供游人游览观瞻，直观地感受"5·12"大地震所带来的巨大破坏，并从中了解有关地震的科学知识。

中法桥又名金桥，砖石结构，双孔拱桥，始建于1912年，由法国传教士鱼霞松任下书院院长时亲

① 原下书院外中法桥◎
② 中法桥遗存●
③ 新建过河跳墩桥●
④ 史上最牛教学楼◎
⑤ 四川地震灾区唯一的地震探槽◎

① 新建的地震科普馆●
② 中庭花园一角●
③ 科普馆外沿河景观●
④ 一百三十年前法国传教士所种喜树◎
⑤ 经历地震劫难后的银杏树林◎

自设计修建。该桥全长30.8米，宽4.7米，跨度9.65米，拱高5米，桥栏高1米，桥面由青石板铺就，造型古朴典雅，工艺精巧，是为东西方文化在白鹿相与交融的产物。惜乎地震中该桥被震毁一孔。按照规划，中法桥将保留原样，上下游搭配4座踏水石桥，目前踏水桥和亲水区混凝土基础已经完成。走过踏水桥，即可见"史上最牛教学楼"——白鹿中心学校的两幢建筑物。

　　白鹿中心学校（原"下书院"遗址处）的两幢建筑物，均为20世纪90年代修建。"5·12"大地震时，靠山的北楼尽管由于断层的作用，向上抬升了3米，但楼体依然稳健，除楼体拼接处有小的裂缝和错移外，几乎完好无损，南楼建成时间稍长，窗框比北楼大，抗震性能比北楼稍差，地震虽然造成建筑损坏，但并未倒塌。学校1046名学生亦因此而安全撤离。这简直是大地震中的奇迹！南北两楼亦因此而被人们称为"史上最牛教学楼"。白鹿中心学校的这两幢教学楼，可以说是建筑符合抗震设防标准的例证，这实际上在告诫人们：只要在建筑设计、施工过程中按抗震设防标准严把质量关，就可以最大限度地减轻地震灾害造成的损失。

　　白鹿地震探槽是四川地震灾区唯一的地震探槽。该探槽长15米、宽5米、是由台湾地震科研专家于2008年11月组织挖掘的一条三级探槽。在探槽中，我们可以看到地层存在不同程度的变形，反映出该地震断层曾发生过多次地震事件。例如，汶川大地震在该处地震断层的垂直变形量仅1.8–2米，而探槽中"藕荷色"黏土层序列的变形量有5-6米。根据史书记载:"(崇祯)甲申年(1644),日中有赤气数道,下宽上锐,自东指西,彭县白鹿山裂。"而白鹿地震探槽则非常具体而形象地给我们展示出了该地地震的过往历史,这对于今后的抗震设防和避让地震断层均有着重要的意义。

而今在地震遗址保护区内,尚有新建的地震科普馆,中庭花园绿化带业已打造完毕,百年前法国传教士在这里种下的喜树(俗称"千丈")笔直挺立,很快它们就有银杏等珍贵树种作伴。地震遗址保护区域内的一段河岸,已采用拦河造景分段治理的方式打造水文化景观,亲水河堤、观光平台、沿河游步栈道、滨河广场和休闲亭台等建筑设施,与四周自然风光融合在一起, 已然构成了一个布局合理、功能完善的观光休闲区域,充分体现出人与自然的亲近与和谐。到如今,白鹿地震遗址保护区不仅是一处普及地震科学知识的最佳之地,而且也是白鹿旅游观光、休闲娱乐的好去处。

◆ **法式风情街区的浪漫情调**

在今白鹿古镇的核心区域,越过场镇下场口核心节点景观——一道"古堡墙",两条800米长的法式风情街已经在白鹿河边闪亮出现。这里每一栋建筑互不相同,错落有致,屋顶高而尖挺,多样的石材墙面配以圆拱形花窗,更显细腻温婉,白色的立柱和彩色的屋瓦,

① 上场口古城堡效果图◎
② 即将竣工的上场口古城堡○
③④⑤⑥ 法式风情街图景●

映射出法式风情的浪漫；街道中，木质的花车，高立的片灯，草木青翠的石台……每一个细节都无不散漫出法式风情的温馨。走在这"法式风情街"上，真有置身法国的感觉。场镇上场口处，一座气势雄伟的"山地城堡"很是扯眼，建筑风格来自中世纪法国南部。这里是法式风情街和最北端清代建筑风格的古街的过渡区域界点。

法式风情街亦是一条商业街。情致与浪漫是他的外在表现，这似乎跟商业有些不着边际，但是，如果我们身临其境，就会发现，这条街道上所包容的何止是商业那么简单，鲜花店、书店、美容店、酒吧等等，这些运营的"商家"，实际上都是在经营一种心情！需要给心情一个浪漫体会的人，自然会汇聚于此。截至目前，各种具有异域风情的时尚商店业已相继开张，一家连锁酒店已经引入，正利用风情街上的部分法式建筑，打造标准客房、咖啡屋、面包房、西餐等旅游时尚产品。

法式风情街无疑已成为白鹿古镇一道全新而亮丽的风景线，如诗如画的异域风光，加上浓郁的法式浪漫情调，定会让你感受到非同一般的惊喜与温馨。

◆ **上书院片区的美丽长卷**

久享盛名的白鹿领报修院（上书院），位于镇北回水村，坐西向东，四周九座山峰呈弧形排列，老百姓称为"九龙归位"。书院四周群峰拱卫，前有白鹿河蜿蜒而过，风水极佳。远远望去，青山环抱之中，白色的立柱和灰黑色的屋瓦，尤具法式乡村浪漫风情。

上书院原占地面积18050平方米，建筑面积10440平方米。正门横额上书MINABIUM·ANNUNTATIONIS。其建筑雄伟，结构严谨，风格独特，实属近代中西合璧的典型建筑。该院砖木结构，两楼一底，四合院布局，悬山式屋顶。前厅上层为木结构抬梁式梁架，木质花瓶式栏杆，层高6.8

①原上书院大门◎
②原上书院前厅◎
③原上书院前厅一角◎
④原上书院内景◎
⑤"5·12"大地震后的上书院
⑥原上书院后厅礼拜堂◎
⑦书院新居◎

① 金桥人家安置点●
② 水观村安置点●
③ 上书院片区文化体验中心效果图◎
④ 上书院片区农业观光规划效果图◎
⑤ 科普馆右侧安置点●

米；中层为砖砌四瓣梅花栏杆，层高5米；底层高4米。各层门窗皆为连旋式，内部装饰豪华典雅，富丽堂皇。后厅礼拜堂，高19米，建筑特点纯属西式，内饰卷草纹，在川西，是一座不可多得的典型的欧洲中世纪风格建筑。

"5·12"大地震前，该院前厅及后厅教堂建筑保存完好，被列为国家级文物保护单位。令人遗憾的是，在"5·12"汶川大地震中，这座融中西文化为一体的百年建筑，在短短8秒钟内全面坍塌。现已由北京古建筑研究所完成了领报修院恢复重建的概念方案设计，和领报修院后侧滑坡山体抵制方案的编制工作；国家文管局亦将划拨4150万元，在上书院原址尽量使用原有建筑材料，保持原有建筑风格，进行恢复性重建。

而今，上书院原址恢复重建的序幕已经拉开，片区风貌将以保护现有欧式建筑风貌为主，遵从法式宗教文化和中国古建筑文化相与融合的特点。整个保护区的空间序列，以前广场古树、入口广场、古台阶、主建筑保护体、核心广场和现存教堂正立面为主景观轴。可以预见，这一西南地区最古老的天主教神学院，最终将在原址上重现昔日的风采。

最令人感动的是，与上书院毗邻的受灾群众永久性安置点"书院新居"，却已早于复建中的"上书院"出现在了青山绿水之间，这充分显现出党和政府对受灾群众最大的人文关怀。"书院新居"风貌设计结合上书院的历史文化，突出了法式风情的特点，无论建筑特色与建筑风貌均融入了浓郁的书院建筑元素，率先成为了上书院片区中最为亮丽的风景线。而与之遥相呼应的白鹿场社区下书院"金桥人家"等处安置点，亦同样融入了书院建筑元素，法兰西式的高坡屋顶、色彩各异的石材墙面，低矮的木栏与围合的草坪，在绿树掩映之中，无不散发出一种法式乡村生活的浪漫气息，与上书院片区遥相呼应，营造出了一派风情独特的童话世界。

不仅如此，上书院还拟规划打造"婚庆主题公园"、"名贵香草百花园"、"城堡酒店"等，与现已建成的"书院新居"、恢复重建的上书院融为一体，让法式风情在整个片区弥漫。可以想见，在不久的将来，在蜿蜒流淌的白鹿河边，白色的教堂，参天的古木，成片的薰衣草、郁金香、玫瑰，洋溢着幸福微笑的新婚燕尔……这么多的浪漫元素，必将给我们展示出一幅法式乡村风情的美丽长卷。

■ 自然景观中的山、水、壑、洞

◆ 绝妙至极的飞来峰群景观

在白鹿镇域内，有着众多的飞来峰群景观。飞来峰岩体巨大而完整，厚度达200-500米，表露出与周边地质有明显区别的地质地貌和完整的地质断面，并显露出许多地质运动时留下的行迹。这些巨大的岩体是由外部或推滑或漂移而来，覆盖在下伏母体岩石上，形成了一种绝妙至极的地质现象。对于这种地质现象，有关地质专家和学者提出了区外西部推移和青藏高原大冰川漂移两种不同的学说。通过这些现象，我们可以推知地质营力作用使外来地质体运动的那种气势磅礴、宏伟壮观的景象。

位于白鹿镇东的塘坝飞来峰群，其地势孤立、位置突出，地貌特征明显，在龙门山飞来峰群中最为典型，在国内外具有颇高的知名度，旅游观赏性强，具有极高的科研、科普、教学、考察价值和旅游开发价值。

▲ 白鹿塘坝溶洞奇峰景区入口处

▲ 白鹿山

① 飘挂山岩的瀑流◎
② 白鹿河源头◎
③ 冒水洞下绿潭◎
④ 峡谷溶洞◎

白鹿山，又名白鹿顶，白鹿顶亦为飞来峰，海拔1786米，是二叠纪石灰岩"飞"到晚三叠世煤系地层之上。其突兀于浅山盆地之间，形如覆钟，山上林木葱茏，冬季积雪长达3个月，雪景优美，颇具旅游观光、休闲度假价值。正如前文所言，这里不仅有着流传千古的神奇美妙的传说故事，而且自古即是佛、道、隐修行养生的绝妙之处。20世纪初，英、美、法、德、比等欧美人士亦曾将此作为夏季避暑胜地，至今遗址尚存。由此可见，白鹿顶飞来峰，无论人文积淀抑或自然风光，其旅游开发的前景均无法估量。

尖峰顶飞来峰位于白鹿镇北部地带，与什邡市交界，为龙门山飞来峰群面积最大的飞来峰，地貌形态突出，山脚冒水洞（位于白鹿镇三河店村）附近林茂谷深，有溶洞暗河深不可测。

此外，尚有位于白鹿与通济、龙门山三镇交界处的天台山帽状飞来峰，位于白鹿镇西南的卧牛坪飞来峰，和位于白鹿顶以北的溜沙坡飞来峰，均是有名的地质奇观。天台山人称"人间仙境"，为古蜀族先民活动之地，著名的帽状飞来峰高达2441.3米，山麓便是白鹿镇；卧牛坪飞来峰峰丛林立，山形似卧牛；溜沙坡飞来峰峰体亦较为清晰。

白鹿众多的飞来峰群景观，再加上状如"象山"、"莲花峰"、"神驼峰"等峰头和"神龟望日"、"金蟾抱蛋"、"白鹤过桥"等奇特象形山石的装点，无疑为该镇旅游的深度开发提供了无与伦比的自然资源。

◆ **宛如山水画卷的白鹿河景观**

白鹿河处于湔江上游，是湔江重要支流，全长23公里，古称雁江，因河似雁颈而得名。又因河水源于狼岐山冒水洞处,故名"狼岐水","狼"谐音"两",故又有"两岐水"之称。

白鹿河源头冒水洞，为一天然洞穴，清凉甘甜的山泉水从洞口喷涌而出，长年不断，气势壮观，平均流量2.39立方米/秒，故洞名"冒水洞"。洞下有潭，潭水碧绿，清爽可人，四周树木葱茏，青山环抱，人至如入仙境一般。河水由北向南贯穿白鹿镇全境，流水潺潺，清澈见底；河谷两岸瀑布如帘，飘挂山岩；河水南流至白鹿场后，方折向西南绕白鹿顶山麓，经通济后于三岔河汇入湔江。

白鹿河由溶洞暗河、深潭溪流、山泉瀑布，以及人工湖泊等组成美妙的点、线、面相与结合、动与静相互交融的水系组合景观，其中"龙泉洞"、"三河飞瀑"、"丁家沟瀑布"、"翠湖"、"溪潭跌水"、"竹影灵泉"、"五龙洞暗河"等景点最为奇妙，并与森林、地貌地质、气象景观相映成辉，构成了一幅巨大的山水画卷，极具旅游观赏、休闲度假等方面的开发价值。

◆ **气势雄浑的峡谷景观**

白鹿峡谷景观主要位于境内塘坝子，该处有三条峡谷，总长达10多公里。

1）塘坝子沟

塘坝子沟又名管子沟，北起余家山南至石牛角，长约6公里。该峡谷以塘坝子为中心分为上下两段，上段匹骡寺至塘坝子，峡谷迂回于浑圆状峰丛之间，但在石关山和化果包段，峡谷两壁陡峭，有三个剑鞘状岩峰直立，峰壁斑驳，松卧云绕，备显诗情画意；塘坝子至石牛角峡谷段，峰峦叠错，绝壁连连，断崖滴翠，悬谷飞瀑，谷内观天如线，特别是石牛角谷壁如同犄角直插云霄，尤其雄奇壮险。

2）柳水沟

柳水沟北起匹骡寺东侧，经魏家纸厂至响黄洞，长约3公里。该段峡谷具有观赏价值的景观在魏家纸厂以下，这里奇峰怪峦，窄谷葱茏，水流淙淙，鸟鸣蝶舞，尤为深邃幽美。

3）丁家沟

丁家沟起于丁家坪，汇入白鹿河，长约2公里。该沟下部为陡坡，上部为峰峦绝壁，峡谷临近丁家湾处，两边峰壁拱连形成悬谷和岩瀑，两侧林木葱郁，长年瀑水飞泻，左侧陡崖前有一根约20米高的基

▲ 郁郁葱葱的谷底景观◎

▲ 五龙洞口◎

▲ 冬暖夏凉的五龙洞◎

岩残柱，其形态宛如一位沉思凝望的高髻少妇，尤为楚楚动人。

此外，尚有位于镇域北部三河店锦江口一带的锦江峡，峡谷两侧，悬崖绝壁，藤蔓密布，猿啼鸟鸣，亦颇为幽静而壮观。

◆ **景象奇特的岩溶景观**

白鹿岩溶景观风格独特，溶洞景象奇幻，多是由飞来峰岩体发育而成，主要集中在塘坝子"溶洞奇观飞来峰景区"。塘坝子方圆9.5平方公里内，计有大小峰丛40余座，洼地漏斗数十处，较大溶洞20余个，分布在碳酸盐岩外侧峭壁和各条沟谷两旁，溶洞密度大于10个/平方公里。塘坝子岩溶洞主要以小型为主，大中型洞穴计有五龙洞、硝洞、黑乌鸦洞、芦仙洞、钟鼓洞、神仙洞、石象洞、豹子洞、响黄洞、毛狗洞、五爪洞、朝天洞等。这些五花八门的洞名，其本身即能勾起人们无限的联想。溶洞一般长数十米至一二百米，最长700米，洞内石笋、石钟、石幔、石柱、石瀑等各种自然造型比比皆是，具有独特的风格和旅游开发价值。

1）五龙洞

五龙洞位于塘坝子洼地东侧，海拔1200米。洞口高12米，宽约8米，洞深192米（至天窗处），电测为700米。洞体一般宽3-8米，高4-10米，在洞深40-60米段高处可达15米，溶蚀空间超过1万立方米，为大型廊道式洞穴。

洞内有地下河，长年流水不断。全洞气流通畅，具有冬暖夏凉的特点。

洞内景观形态多样，有石花、钟乳，及壁突石、吊石等类，形态各异，颇具观赏价值。在洞穴壁及天窗峭壁上，亦可清晰看见构造岩和擦痕等地质断裂现象。

而最奇妙的景观则在洞尾天窗。天窗宽30-40米，高80-100米，是川西地区迄今发现的最大最深的天窗。天窗形如巨井，周壁峭峙却又绿意葱郁，立底仰望，天空仅有方寸，使人犹如进入远古原始环境之中，感到格外的肃寂和深邃。

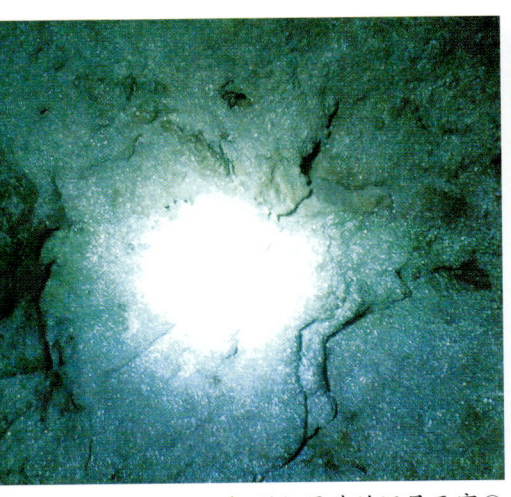

▲ 形如巨井的洞尾天窗◎

▲ 状如走象的大型钟乳石◎

2）硝洞

该洞位于塘坝子沟峡谷左侧峭壁中下部，海拔1170米，洞口高约15-20米，宽约8米，呈立矩形。洞口壁边平直，洞体迂回曲折，在平面上呈W形，总体延伸为南西西向。洞深实测为689.2米，是白鹿镇境内已知最长、规模最大的洞穴。

从洞口至洞深约400米的地方为廊道式洞段，一般宽10-20米，高12-25米，有小型厅堂及积水，从洞深400米处至洞尾为巷道式洞段，底宽1-3米，高5-8米。尾端有两个支洞。

硝洞的溶蚀空间超过5万立方米。全洞干燥，仅在雨季局部洞段有滴水和积水。

洞内以侵蚀形态为主，诸如天沟、天窝、壁突石、吊石等；洞的后部分巷道中，亦有石笋、石钟乳、石花之类。

3）石象洞

石象洞位于塘坝子钟鼓洞下面，丁家湾沟上部，海拔高程约1380米，宽约2米，高约4米，洞深60.4米。洞口白云质灰岩发育着一小片石刺，这是一种罕见的生物岩溶现象。

整个洞体为巷道型，在洞深10-15米处，有一小厅堂。近尾部地段碳酸钙形态增多，钙化景观千姿百态，形态生动。有钟乳石、石笋、石柱等，其中有粗壮的石笋及石柱连接而成"走象"形态，其身洁白如玉，故而有石象洞之名。

4）飞豹洞

飞豹洞位于塘坝子硝洞南上方200米处，溶洞钙化景观奇特，如浮雕壁画，栩栩如生。

5）神仙洞

神仙洞位于塘坝子，溶洞钙化景观最为丰富，形如各种异兽和神话人物，极具观赏价值。

（二）民风习俗中的西方情调

在过去，白鹿上书院曾是全川唯一的一座神哲学院、川西最负盛名的天主教堂，拥有天主教信徒逾千人，礼拜、弥撒、洗礼等西方宗教仪式在此都能得到原汁原味的展现。及至今日，白鹿仍拥有天主教信徒近千人，每年的圣诞节、复活节都会有盛大的庆祝活动，凸显出别具一格的异域风情。这在川西传统民俗文化中真是一道独放异彩的风景线。

随着法式风情小镇打造的进一步完善，不久的将来，这里不仅会成为天下有情人享受法式婚庆浪漫习俗的爱情伊甸园，而且还将成为举办"法国文化节"、"法国电影节"、"时装节"、"艺术展"等文化活动的最为理想的地方，而"情人节"、"愚人节"、"狂欢节"以及各种法国乡村民间节庆活动，亦将在此逐一得到开发。届时各种具有西方情调的文化时尚、节庆习俗，均将在此得到最为完美的演绎。

（三）地方特产——白鹿白茶

白茶盛于宋代，堪称茶中精品。据宋代熊蕃所撰《宣和北苑贡茶录》记载："至大观（1107—1110）初，今上（指宋徽宗）亲制《茶论》二十篇，以白茶与常茶不同，偶然生出，非人力可致，于是白茶遂为第一。"该书又引宋子安所作《东溪试茶录》云："白茶，民间大重，出于近岁。芽叶如纸，（民间）以为'茶瑞'，则知白茶可贵。自庆历（宋仁宗年号，1041—1048）始至大观而盛也。"及

至清代，白茶仍被视为茶中极品。清人陆廷灿《续茶经》即云："白茶自为一种，与常茶不同。其条敷阐（舒展），其叶莹薄，崖林之间，偶然生出……须制造精微，运度得宜，则表里昭澈、如玉之在璞，他无与伦也。"

白茶实为茶树的变种，极为稀有，由上引可知，自古以来，均一直为人们所器重。白鹿白茶树长年生长于海拔900米以上的崖林之间，山崖叠翠、树竹交荫、云雾缭绕、雨量充沛的特殊自然环境，无疑给白鹿白茶树提供了极为有利的生长条件。尤其在清明之前，白茶树萌发的嫩芽均为白色，在此特定的白化期内采摘、加工和制作的白鹿白茶，最为神奇。茶叶经冲泡后，其叶底呈玉白色，显现出白鹿白茶特有的性状，真如古人所云"表里昭澈、如玉之在璞"。其汤色黄亮，滋味鲜醇，常令人品不释口。更为重要的是，白茶还能起到很好的药理作用。中医药理证明，白茶性清凉，具退热降火之功效，有防癌、抗癌、护肝、防暑、解毒、治牙痛、降血脂等作用，亦能通过调节脑神经传达物质的浓度使高血压患者降低血压，尤其是陈年的白茶，尚可用作患麻疹幼儿的退烧药，其退烧效果尤为显著。

（四）目前旅馆客栈及用餐地点

■ 旅馆客栈

白鹿山庄　该山庄位于水观村飞来峰地质公园大门左侧。联系人：刘淞　电话：13608222558

康文山庄　该山庄位于水观村往关

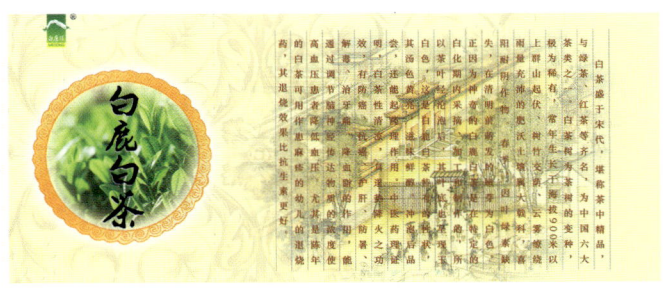

▲ 白鹿白茶茶盒转◎

▲ 新建游客接待中心●

▲ 白鹿山庄◎

沟村岔路口。联系人：马忠凤　电话：13980444859

泓麓山庄　该山庄位于白鹿场十字口上200米。联系人：陈正玉　电话：13881870860

■ 用餐地点

在白鹿镇最值得推荐的用餐地点是李家饭店、白鹿山庄、康文山庄、大馆子、刘罗锅乡村饭店。李家饭店有塘坝子土豆烧土鸡、塘坝子萝卜炖牛肉等味美价廉的农家菜；白鹿山庄有地道的山珍野菜；大馆子的红烧豆腐称得上是白鹿一绝。

李家饭店：位于水观村飞来峰地质公园大门右侧。联系人：李华　电话：13679085102

大馆子：位于白鹿场十字口上50米。联系人：朱建国　电话：83770255

刘罗锅乡村饭店：位于场镇兴鹿街。联系人：罗德凤　电话：13880177483

（五）白鹿镇各景区方位示意图

▲ 白鹿镇各景区示意图◎

▲ 彭州市白鹿镇区位关系示意图◎

三、出行指南

从成都出发，沿成彭高速约12分钟车程抵达彭州，向彭白公路方向，过丹景山收费站（游客车辆全免费），至通济大桥往右，行约20多分钟车程即抵达白鹿。

主要参考文献

【晋】常璩撰：《华阳国志·蜀志》卷三（刘琳校注本），巴蜀书社1984年版。

【晋】常璩撰：《华阳国志·大同志》卷八（刘琳校注本），巴蜀书社1984年版。

【唐】李吉甫撰：《元和郡县志·剑南道》卷三十二，上海古籍出版社《四库全书》影印本，1987年版。（以下版本与此相同者，均简称：四库全书本）

【宋】欧阳忞撰：《舆地广记·成都府·彭州》卷二十九，四库全书本。

【宋】熊蕃撰：《宣和北苑贡茶录》，四库全书本。

【宋】乐史撰：《太平寰宇记·剑南西道·彭州》卷七十三，四库全书本。

【宋】祝穆撰：《方舆胜览·彭州·白鹿山》卷五十四，四库全书本。

【宋】张君房撰：《云笈七签·二十四治》卷二十八、《云笈七签·神仙感遇传（上）》卷一百一十二，四库全书本。

【明】曹学佺撰：《蜀中广记·名胜记第五·彭县》卷五，四库全书本。

【清】张廷玉等：《明史·张献忠传》卷三百九，上海古籍出版社《二十五史》影印本，1986年版。

【清】黄廷桂等：《四川通史·建置沿革》卷二、《四川通志·山川》卷二十三、《四川通志·祥异》卷三十八之四，四库全书本。

【清】陆廷灿撰：《续茶经·三茶之造》卷上之三，四库全书本。

李敬洵：《四川通志·两晋南北朝隋唐时期》（第3册），四川大学出版社，1993年版。

冯慧珠：《彭县白鹿乡天主教教会学校考述》（白鹿镇人民政府提供），1994年5月。

彭州市白鹿镇人民政府：《中国·白鹿——中法传统风情小镇》，2010年。

彭州市白鹿镇人民政府地方志编撰委员会：《白鹿镇志·建置沿革》，2009年9月。

※本篇基本图文资料由彭州市白鹿镇人民政府提供，朱杨宇、席礼娜、张礼燕收集。

07 彭州市新兴镇

彭州市新兴镇，为成都市历史文化名镇。该镇地处湔江河谷小盆地中心，东临葛仙山镇，西接磁峰镇，南依丹景山镇，北靠通济镇，距彭州市区20公里，为彭州市交通枢纽之地。

今新兴镇海窝子社区，又名新兴场，始建于乾隆五十五年（1790），距今已有220多年历史。海窝子社区幅员2.3平方公里，背靠龙怀山，依湔江河谷而建。主要街道瞿上老街全长1500米，房屋建筑尤具明清时代川西民居建筑风格。

"5·12"汶川大地震使该镇受损严重。但震后三年来，彭州市及新兴镇两级党委和政府结合灾后重建工作，在保护古镇历史文化遗存、培育城镇地方特色、提高小城镇发展

▲ 海窝子鸟瞰图景 ●

水平等方面狠下工夫，截至目前，著名的灾后重建寿阳泉安置点、道教二十四治之首的阳平治道观和具有传奇色彩的狮子山，以及集川西民居建筑风格和湔江河谷水系为一体的海窝子历史文化社区等处景点、景区基本修复完毕。较之地震之前，更具魅力。

而今，海窝子正大力发展古镇文化游、生态养生游、山珍美食游等特色旅游产业，可以预料，要不了多长时间，海窝子必将成为彭州北部又一处旅游胜地，成为天下游客向往的好去处。

图片：● 严永聪　摄影
　　　○ 任桂园　拍摄
　　　◎ 新兴镇人民政府提供（◇ 魏新阜　拍摄）

一、历史文化综述

（一）历史沿革简说

新兴场（今新兴镇海窝子社区），其前身为殷家场，其址在今场南2.5公里处。乾隆五十五年（1790），殷家场废，新建场于海窝子，故场名"新兴"，并沿用至今。其时彭县知县谢生晋，将全县划分为东、南、西、北四乡。西山七场划为西乡，辖二里，湔江以东为梯云里，以西为鹿坪里。时新兴场属西乡鹿坪里（湔江以东一小部分属梯云里）。

咸丰年间（1851—1860）太平天国革命运动时期，清廷下令办团，彭县全境分48局。新兴场属新兴局。

宣统二年（1910）举办"自治"，新兴场设自治局。

民国初年，彭县全县划为十区，新兴属西二区。民国二十五年（1936）蒋介石入川，为加强统治，推行保甲制，彭县全县划为四区，其第四区辖西山七场（新兴、思文、白鹿、通济、复兴、宝兴、磁峰），区署即设在海窝子，下设联保；新兴原有四乡（新兴乡、仁福乡、亲睦乡、太平乡）编成"新仁亲太"联保，联保办公处亦设在海窝子（今粮站处）。民国二十八年(1939)实行新县制，废联保改划

① "5·12"大地震前古镇街景◎◇
② "5·12"大地震前古镇多乐茶店
③ "5·12"大地震前古民居一角◎
④ "5·12"大地震前的上场口◎◇

乡，以乡统一编保。当时新兴全乡共编二十保，乡公所设于场镇城隍庙（今医院处）。保甲制度一直推行到解放为止（1950）。

中华人民共和国成立后，于1951年正式成立了新兴乡人民政府，1952年4月，成立镇人民政府。1958年开始镇社合一，镇与公社合为一体，同年10月1日，新兴人民公社成立。

1969年建立革命委员会。1980年，改为新兴镇人民政府，恢复镇的建制至今。

（二）文化积淀

■ 上古史中的"瞿上"之地

据常璩《华阳国志》记载："有蜀侯蚕丛，其目纵，始称王。……次王曰柏灌。次王曰鱼凫。鱼凫王田于湔山，忽得仙道，蜀人思之，为立祠。后有王曰杜宇，教民务农，一号杜主。时朱提有梁氏女利游江源，宇悦之，纳以为妃。移治郫邑，或治瞿上。"对此文中之"湔山"，著名古史学家蒙文通先生，经详细考证后指出："湔水出玉垒，在今之彭县，然则大江（岷江）以东、岷源以南、止于灌口之山系，胥（皆）曰湔山，入后曰玉垒。"由此可以肯定，所谓湔山，即是指今彭州市小鱼洞至海窝子一带。

至于常璩文中的"瞿上"，后代史家却多依宋人之说。宋代罗泌所撰《路史前纪》云："蚕丛纵目，王瞿上。"其子罗苹注释说："瞿上城在今双流县南十八里"。此说一出，后世志书及各类著

▲ 海窝子处山川地貌

▲ 海窝子南面之关口（天彭门）

▲ 阳平观大门

述，多认定"瞿上城"在今双流县南，诸如《明一统志》、明代曹学佺《蜀中广记》、明代杨慎所撰《丹铅续录》、《清一统志》、清代《四川通志》、清代顾祖禹《读史方舆纪要》，乃至今人所编《辞源》、《中华大词典》等等，多作如是之说。但著名的上古史专家任乃强先生，却另辟蹊径，从考证蜀山氏最先进入成都平原之路径入手，认定上古史中的"瞿上"之地，即在今彭州市新兴镇海窝子。

任乃强先生认为：

"蜀山氏即古人加于蚕丛氏之称也。其义皆谓最先创造养蚕法之氏族。"

"自绵虒（sī）东逾土门关（今地名），仅一浅岭，循湔水而下，至瞿上，穿短峡而出山，入于成都平原之郫邑。此蜀王柏灌、鱼凫由蚕陵渐迁入蜀农业地带之道路也。……其时，蜀山氏（蚕丛氏）部落亦已转进至瞿上与郫矣。"

"柏灌事迹无闻，传者悉仅以与蚕丛、鱼凫并称。'鱼凫田于湔山'，即已进入成都平原矣。湔水，今彭县北海窝子河是也。"

"瞿上，今彭县北，海窝子之'关口'是也。湔水两侧，山爪本相抱合，构成一山间盆地，曾潴成湖海，后穿泄成陆，故俗云海窝子。泄水之缺口，成短峡，左右岸逼近，相对望，如阙，《元和志》谓之天彭门（一称天彭阙），自阙下瞰成都平原，又如鹰隼翔视，故古称海窝子为'瞿上'"。

今新兴镇海窝子社区，地处成都平原边缘地带，位于湔江、白鹿河交汇后的三岔河西岸。任乃强先生之论，不拘古人陈说，阐幽抉微，尤多发明，可证今海窝子是地，实为上古史中的"瞿上"之地。由此可知，"新兴"建场，距今虽仅200多年历史，但却是蜀中农业开发最早的地区，尤显出该地农耕文化发展历史之久远。

■ **中国道教的发祥之地**

道教为中国本土宗教，创于东汉顺帝（126-144）时期，其创教者张陵，沛国丰县（今江苏丰县）人，讳道陵，字辅汉。据古籍记载，张陵本太学书生，博采五经，潜心研"道"，朝廷屡征不就。"及道成，闻巴蜀沴气（沴，音lì，沴气，恶气也）为害"，又"闻蜀民朴素可教化，且多名山，乃将弟子入蜀"。"初居阳平山"，后"迁鹤鸣山"，其后布道青城山，自称是太上老君所封之天师，并以阳平山等处为据点，创立"五斗米道"。其教一经建立，便迅速发展，"民夷倍向"，"翕然奉之以为师，弟子至万户"。为便于管理，又创置了三品二十四治的管理体系。"治"即是各教区中心，而阳平治为二十四治之首，具有"总本山"、"中央教区"的地位，被道众称为"祖庭"。"'阳平治都功'为天师道道士的最高教职。……'阳平治都功印'为世代天师嗣道的法印。"其"都功"亦是道教领袖，为子孙承传的世袭制。传至三代，其孙张鲁就建立起一个政教合一的政权，雄踞巴汉三十年，以至朝廷力不能征（参见：王纯五《天师道二十四治考》第87页）。

"阳平治"历来被海内外宗教界人士视为中国道教的发祥之地和中央教区。初唐时期，因避唐高宗李治名讳而改称"阳平化",其址即在今彭州新兴镇阳平山,原有道观阳平观。据后蜀人何光远所撰《鉴诫录》记载,前蜀王衍时期,徐氏太后太妃曾游幸阳平观,均有题诗。徐太后《题彭州阳平观》诗云:"寻真游胜境,巡礼到阳平。水远波澜碧,山高气象清。殿严孙氏貌,碑暗系师名。夜月登坛醮,松风森磬声。"徐太妃《和徐后题阳平化》诗云:"云浮翠辇届阳平,直似骖鸾到上清。风起半崖闻虎啸,雨来当面见龙行。晚寻水涧听松韵,夜上星坛看月明。长恐前身居此境,玉皇教向锦城生。"从徐氏后妃所题《题彭州阳平观》诗,尤可窥见当年"阳平化"之胜境。至于是地有关天师张道陵与其妻孙夫人以及弟子、传人诸辈的传说故事,古籍亦多有记载,尤使是地宗教文化的传承平添了许多神秘的色彩。

但宋元以降,道教渐趋衰落,至清乾隆宣布佛教为国教后,"天师"已不能入朝,道教阳平治的宫观,也变为佛教的太平寺了。清代李调元《彭县咏古》(第八首)诗云"闻道阳平有遗迹,仙居观已失金城",就是讲的这一变故。

及至20世纪90年代,傅圆天受主中国道坛,志在弘扬道统,百派共昌。溯本追源,拟光复近代失修的阳平观。1995年12月,傅圆天亲率弟子张明心、唐宗全、刘松飞等来阳平观旧址考察,并与当地政府宗教主管部门共商恢复阳平观事宜。历时十余年,在各级政府主管部门、社会各界和海内外志士同仁的关心支持下,尤其是傅圆天皈依弟子香港飞雁洞佛道社主持刘松飞先生携弟子鼎力捐助,于1996年8月,开始了阳平观的恢复重建工作。新建的阳平观坐落在彭州市新兴镇光辉村境内,湔江西畔,依山傍水,殿宇重重,渗透着道家的灵光,具有浓厚的民间传奇色彩。

综上所述,可知彭州市新兴是地,不仅是为道教文化的发源地,而且源远流长,积淀丰厚,大可为今日该镇旅游文化的开发提供丰富的宗教文化资源。

■ **王勃笔下的"香城宝地"**

地处湔江河谷小盆地中心的海窝子,不仅是上古史中的瞿上之地,其右侧背靠之龙怀山,早在隋唐之际,已建有著名佛庙龙怀寺。"初唐四杰"之一的王勃(650-676),22岁时曾经到过今海窝子及龙怀山一带(该地带时属益州九陇县。有关"九陇县建置沿革"参见《彭州市白鹿镇·镇域沿革》)。此时龙怀寺刚刚经过培修,应县令柳明献(字太初)的请求,王勃为龙怀寺撰写了《彭州九陇县龙怀寺碑》碑文(案:明清时期所出《王子安集》与《王子安集注》,搜辑者与注释者均妄改益州为彭州,

▲ 远眺龙怀山和山前海窝子社区

此处照引）。在王勃的笔下，当时的海窝子及龙怀山一带之自然地理、山水风貌是何等的壮美："其释迦之冲，用乎龙怀山者，井络之所交会，岷隅之所控带。攒鸾北走，吐香嶂于玄霄；巨壑南驰，欹（同"喷"）洪涛于赤岸。香城宝地，左右林泉；碧岫丹岑，往来烟雨。"文中"攒鸾北走"句，即非常生动形象地描画出了龙怀山峰峦起伏、高接云天之山势，犹如野马集聚，一起向北奔跑（攒：聚集；鸾：音lóng，本指"野马"）。"巨壑南驰"句，则是在描绘天彭门（今关口）以上海窝子一带之水势，洪波喷涌，惊涛拍岸，汹涌的江水直沿着宽阔的河道向南奔流。至于"香城宝地，左右林泉；碧岫丹岑，往来烟雨"等句，则进一步直接描写出龙怀寺及其周边的美好景象：此处实乃佛国宝地（"香城"，即指"佛国"），四周林木葱茏，清泉漱石；峰峦叠翠，山崖流丹；蒙蒙烟雨，飘忽往来。在王勃笔下，好一派壮美图景、旖旎风光！

人世沧桑，千古江山仍在。龙怀寺虽仅存遗址，但登上海窝子狮子山，眺望湔江对岸的龙怀山和山前新兴镇海窝子社区以及宽阔的湔江河道，犹可联想起1300多年前王勃所描画的壮美景象，令人不禁油然而生怀古之情。

■ 文化积淀丰富的海窝子

王勃文中所写"巨壑南驰，欹洪涛于赤岸"之景象，足见古时海窝子处水势之浩渺。至于海窝子何时得名，则应早在乾隆五十五年（1790）于此建置新兴场之前。

这里需提及的是，原建之场系指新兴上场，其地势较高，而其他地区全为水域，行人来往均需乘船过渡。时渡口有三处：上龙洞子（保密渡），中乌龟包（普及渡，即今玻璃厂附近），下毛郎镇（善缘渡）。此三处地势低洼，终年积水。及至光绪八年到十一年间（1882—1885），知县耿四维调白鹿民团挖中河，疏通河道，排除积水，使河水顺流南下，不再泛滥，方呈现出今天新兴下场的一大片地方。所以耿四维所撰联语上联云："沧海辟开呈异景"，即指此事。

而有关海窝子得名的由来，则有多说。前文所引任乃强先生之论，认为"湔水两侧，山爪本相抱合，构成一山间盆地，曾潴成湖海，后穿泄成陆，故俗云'海窝子'"。此说与耿四维疏通河道前后的情状相符。另一说据《华阳国志》"蜀王鱼凫，畋（田）于湔山，建都瞿上"之记载，认为此地既为蜀王"建都"之地，王者所在即龙之所居，龙潜于海，故称此地为"海窝子"。鉴于此，海窝子周围以"龙"字命名的地方亦很多，东有龙洞子、龙王沱，北有龙王庙、龙尾巴、回龙寺，西有龙怀山、龙怀寺、龙怀沟，南有回龙桥等等。此说联系海窝子曾是上古史中的"瞿上"之地，故尤具历史文化之韵味。另有一说：古时靠山边处有一石洞（即医院右侧山边）终年有泉水流出，时称"海眼"，"海窝子"即因此而得名。上述诸种说法，凸显出海窝子是地文化积淀之丰富，一个"海"字，直令人遐想联翩，自可为游人提供丰富而有趣的谈资。

自海窝子建场以后，该处即成为进出彭州"三河七场"的必经之地。这里会馆林立，商贾云集，逢场更是人山人海，一派繁荣景象。同川西其他古镇一样，其传统的农耕文化、商业文化与清代前期移民文化等，均在此留下了丰富的历史积淀。

二、新兴古镇旅游巡览

（一）主要景区及景点

■ 修复一新的海窝子历史文化街区

海窝子历史文化街区，即为原新兴古镇所在地。在"5·12"特大地震中，地处龙门山断裂带的新兴镇遭受了极大破坏，损失惨重，场镇原有建筑几乎坍塌殆尽。三年来，该镇在灾后重建的过程中，经过不懈的努力，目前原古镇老街已得以全面修复，成为了凸显明清时代本土民居建筑风格的历史文化街区。

在街区下场口，迎面矗立着高大的石牌坊，横匾大书"海窝子"三字，为中国书法家协会副主席、四川省书法家协会主席何应辉先生所写。中间竖联为："此去阳平 都功览胜；君来瞿上 古蜀寻踪"；两侧竖联为："老街再建缘大震；古镇重辉又新兴"。牌坊背面横匾大书"钟灵毓秀"四字，此四字曾

① 海窝子下场口 ●
② 石牌坊正面 ◎（杨峰 拍摄）
③ 石牌坊背面 ○
④⑤⑥ 修复一新的老街风貌 ●

① 湔江画院入口处○
② 新建戏楼●
③ 海窝子上场口●
④ 山泉水引入街区处○

经是光绪十年（1884）海窝子老碑的碑额，现作为横匾，为四川省书法家协会副主席刘新德先生所书。背面中间竖联为："碧岫丹岑 往来烟雨；香城宝地 左右林泉"。此联将王勃名句次序前后掉换，更合乎联语平仄音韵。背面两侧竖联为："沧海阙开呈异景，岩窝表白正讹传"。此联原是清代光绪十年海窝子老碑对联。在此之前，由于"海"与"黑"谐音，"海窝子"被长期讹传为"黑窝子"，故下联"岩窝表白正讹传"大有纠正讹传之意在。

　　上述这些联语，均为成都和彭州两地文化名人撰文、著名书法家书写，字体遒劲，各具一格，既高度凝练地展示出海窝子是地悠久的历史文化，又非常艺术地显现出今日修复一新的海窝子老街不同凡响的时代风采。游人至此，自可细细品味其中的种种妙谛。

　　步入老街，凸显明清时代民居建筑风格的各式建筑迎面而来。屋舍鳞次栉比，高低错落，青砖木楼，进退有致。街道青石铺地，古朴典雅，庭院、戏楼、深巷相连。萋萋芳草丛中，小桥静卧，汩汩山泉活水，流淌街边。往日瞿上老街的历史风貌不仅得以重现，而且在时空环境和视觉形态的转换上更具神采。目前，修复一新的瞿上老街，无论上下场口牌坊，抑或酒楼、戏台，沿街商铺，以及墙体装饰、店招、横匾等等细节，无不将古镇的遗风韵味融入其间。随着修复工作的进一步完善，瞿上老街将逐步成为一条颇具古蜀鱼凫文化特色的旅游、美食步行街。与此同时，在遵循特色、文化、生态三大原则的指导思想下，为给该社区居民提供可持续发展的产业基础，还将对蒸酒、竹编、蜀绣等本土传统产业重新进行定位包装。现已引进数家特色产品企业入驻，并积极探索"旅游物业管理合作社"模式，努力提高旅游业组织化程度，以倾力打造"海窝子"旅游品牌。

今日走进海窝子，眼前的诸般景象会让你精神为之一爽，明天再到海窝子，浓郁的人文氛围更会令你久久流连。

■ **被誉为"东方耶路撒冷"的阳平山**

1986年，一位巴黎学者对前往法国访问的四川省社科院代表团询问彭县阳平观的情况时讲道：阳平山有如我们西方的耶路撒冷，是个宗教发祥的圣地。对于阳平山是为中国道教的发祥地，我们在前文已作说明，至于西方学者作如此之美誉，则说明阳平山和坐落在山上的阳平观，作为中国道教的元都、祖庭，其影响已越来越深远。

阳平观，位于海窝子历史文化街区北面，湔江西畔。距彭州市区26公里。自1996年复建以后，其占地面积达126亩，仿古建筑面积8000多平方米，绿化面积率65%。该道观以八卦为中心，东南西北各有一大殿，四殿空隙处用虚线边接，正好组成八边形，象征着虚实阴阳的八卦形制。其布局奇特，尤

① 阳平观总体示意图◎
② 紫虚仙桥门楼○
③ 遇仙桥门楼○
④ 位于中心的八卦亭●
⑤ 阳平观顶图景●

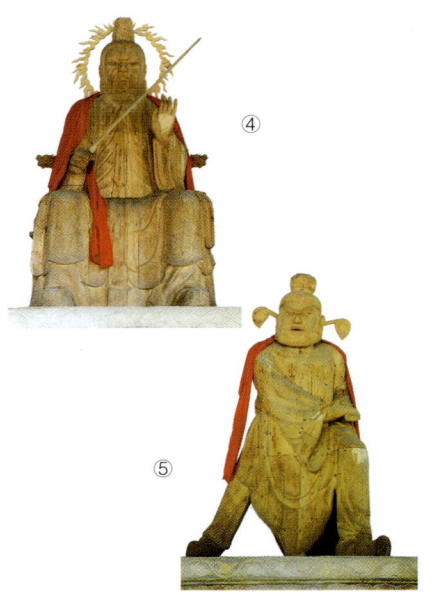

① 八卦亭内太上老君塑像 ●
② 天师殿 ○
③ 斗姆殿 ●
④ 殿内张天师神像 ●
⑤ 殿内钟馗神像 ●
⑥ 放生池 ●
⑦ 长生斋 ○
⑧ 阳平山竹海 ●

现道家之灵光。主体建筑八卦亭，高近36米，雄踞中央，气势非凡。亭楼五层，均呈八柱八檐的正八边形，且逐层向内收敛，有如转动之羊角旋风，欲将亭坛扶摇直上青天。五祖殿、天师殿、老君殿、南极殿，金碧辉煌，分布四方。青龙、白虎、太上老君、轩辕黄帝、北五祖、七真、长生大帝、三宫、三清等等神像，神态各异，表情生动，神仙道貌，惟妙惟肖，足令游人肃然起敬，仰慕不止。

在"5·12"特大地震中，阳平观虽亦遭受严重毁损，但现今大部分建筑和景观业已修复一新。步入道观玄门，走过紫虚仙桥、遇仙桥，即见青烟缭绕、林木掩映之中，一道长长的石梯直通观顶。拾级而上，清风徐来，大有步云登天、飘然欲仙之感。上至山顶，即令人感悟到浓郁的道家文化氛围，久久不愿离去。八卦亭、天师殿、放生池等处景点，风采不减当年。而清代所建太平寺旧址，而今则已建为道教信众和游客的用餐之地——"长生斋"。

步出道观后山门，沿一道坡路斜上，即可深入阳平山竹海。此处茂林修竹，漫山遍野，郁郁葱葱，翠绿成片。休憩于竹林深处，风清气爽，竹影摇曳，风动篁鸣，小鸟啁啾，真是一片静心养生的好去处！君到阳平山，看罢阳平观，不妨再深入竹海一游，自可领悟道家道法自然、养生延年之玄妙。

■ **美丽的乡村风光——寿阳泉安置点**

寿阳泉安置点位于阳平山麓阳平村8、9、10社，占地312亩，其地为龙门山脉突入成都平原的典型的山区风貌，四周青山环抱，植被完好，环境优美宁静，空气清新。夏季最热一月平均温度24度，冬季最冷一月的平均温度为5度。实为"夏无酷暑、冬无严寒"最佳人居之地。

寿阳泉安置点境内确有一口天然灵泉。传说"昔年仙人彭祖途经此地，见风水极佳，乃于此布坛，乞灵上苍，期得永寿。祈祀完毕，须臾地涌灵泉，涓涓不绝。其水温润甘冽，饮之沁人脾肺，诚乃上天之佳赐"。彭祖寿高800，此天然灵泉即因此而得名为"寿阳泉"。

在"5·12"特大地震中，该处村落亦受损严重。在灾后重建的过程中，寿阳泉安置点以原址重建和统规自建相结合，住房建筑采用川西坡屋顶民居风格，或平坡结合的形式，高低起落，活泼丰富。而今走进寿阳泉安置点，在四周青山绿树的映衬之下，整个安置点真是别有一番风味。传统形式的农家院落，色调和谐的红柱、灰瓦，木栏围合的小块菜畦，整洁光亮的区内小道……既显现出川西民居建筑的民俗风情，又体现出了现

① 寿阳泉●
② 寿阳村寨○
③ 安置点田园风光●
④ 小区内道路○
⑤⑥ 安置点小区农家院落●

代农村建设的时代风貌。其优美的人文环境与自然环境,胜过多少号称"别墅"的城市建筑,尤令来自城市的游客羡慕不已。

过去的寿阳泉,因一口天然灵泉而闻名,现在的寿阳泉,却因安置点美丽的乡村风光而闻名于世,未来的寿阳泉,则将以寿阳泉眼、汤家碾及刘家院子等特色院落,结合竹海公园、道教养生园、冷水鱼产业园、农业生态观光园,大力发展乡村旅游,推进新农村建设,充分开发寿阳泉安置点独具特色的养生文化价值。

■ 群峰崛起的狮子山

狮子山位于海窝子东面,湔江沿山麓蜿蜒南下。由于其峰峦形如"狮子"而得名。

狮山群峰崛起,峭壁峥嵘,最高峰海拔1200多米。山中林木葱茏,植被完好,景色秀美,空气清新宜人。

沿新修水泥路过山约里许,即见巨石当道,石分为三,互相依傍,此即著名的"刀劈石"。其左边岩壁,隐约可见许多酷似马蹄印记的石窝,岩壁旁侧有深不见底的龙洞子。

民间传说当年李冰父子治水,追剿兴风作浪的孽龙。李冰在灌口堵截,二郎则手持三尖刀、跨骑火龙驹,一路追杀。孽龙招架不住,初潜入海窝子龙王沱,后又钻进龙洞子隐藏起来。兽王狮子守卧洞

① 狮子山崖壁● ② 沿途农家院落栽培的金钗花●
③ 崖壁上的"马蹄印"● ④ 刀劈石●
⑤ 崖壁右下侧龙洞子● ⑥ 狮山风光◎◇

口，并向二郎告知孽龙所在。孽龙暗知不妙，便欲出洞，二郎持三尖刀猛力戳去，孽龙闪身躲过，二郎的刀直戳在一块巨石上，火星四溅，石遂中分，分裂为三。孽龙乘势上岩而逃，二郎的火龙驹扬蹄攀上绝壁，紧追不放。孽龙仓皇逃窜，朝着灌口方向窜去，岂知一下撞入李冰早已布好的罗网之中。李氏父子用铁链将孽龙锁住，关入伏龙观水牢。从此，川西平原再无孽龙作怪，人民安居乐业。

正由于此段美妙的传说故事，本为自然风貌的"刀劈石"、"马蹄印"、"龙洞子"等景观，竟然附上了浓郁的神话色彩。连岩壁上一簇簇黄灿灿的金钗花，也传说是二郎的三尖刀戳在巨石上飞溅的火星所化，并被认为是二郎奖励狮子的花环。游人至此，自可细细观看，联系上述美妙的传说，定当趣味盎然。

更有意味的是，金钗花而今已成新兴镇镇花，全镇种植金钗花的人户特别的多。进山沿途，即可见农家院落栽培的金钗花。

穿过一段挺直排立的松树林，再沿狮子山背后小径蜿蜒而上，便可抵达到狮子山顶。光秃秃的山顶有似浑圆形的狮子头，如果跺脚，里面还会发出空响。极目眺望，北面可见横跨湔江的通济大桥，南面可见"巨鳌南驰"的湔江河道，而西面"攒峦北走"之起伏山势、山前焕然一新的海窝子历史文化街区，均可尽收眼底。据说天气晴好之日，北之白鹿顶、南之天彭门亦隐约可辨。游目骋怀，直令人心旷神怡，眼界大开。如此壮观的景象，岂能轻易放过！君到新兴，不妨登山一游，尽可饱览天地之秀色，感悟造化之神功。

（二）地方特产

■ 山地鸡

群峰崛起的狮子山，不仅景色秀美迷人，山中狮山村，亦是本地特产山地鸡的主产区。其产品主要包括从岭藏鸡、彭州黄鸡、贵州黑鸡等多个品种。该镇放养的山地鸡，具有适应性强、耐粗饲、遗传性能稳定、产蛋性能高和蛋品品质好等优良特性。由于放养在环境优美、空气清新的山野林间，其肉质鲜嫩，营养丰富，适宜多种烹制方式，食之味美汤鲜。目前该镇放养的山地鸡，已成为一种独领餐饮时尚的健康禽肉产品，颇受广大消费者的青睐。

尤其是从岭藏鸡，所产肉、蛋，品质最佳。该品种乃是从西藏高原引进的属国家畜禽遗传资源保护的藏鸡品种，在畜禽专家的指导下，通过提纯选育，和对放养现场环境的实地勘察检测，最后在新兴镇狮山村高海拔山区置换了一片上千亩的半原始山林，还原了藏鸡最原生态的生活环境。在这个"天然氧吧"中，成都营养屋农业有限公司率先开辟了有机生态养殖方式，放养过程严格按照《放养鸡饲养技术规范》的各项规定执行。现该公司放养的藏鸡、所产藏鸡蛋均已通过中国质量认证中心的有机转换认证，成为了高品质、全营养、安全美味的禽肉禽蛋绿色产品。现年出栏藏鸡3万

◀从岭藏鸡◎

① 冷水鱼养殖场◎
② 大鱼◎
③ 果大、味甜的白樱桃◎
④ 金灿美丽的金钗花◎

只，已成为全国最大的藏鸡放养基地。

目前，该公司所产藏鸡及藏鸡蛋在成都王府井百货、伊势丹百货、伊藤洋华堂百货、人人乐等各大超市均有出售，并在成都最大的家禽市场——三联家禽市场拥有自己的形象专卖店。

■ 冷水鱼

新兴镇域内，有自然泉水从山麓地下涌出者，不止一处。这种得天独厚的自然环境，为该镇冷水鱼的养殖提供了十分有利的条件。尽管"5·12"特大地震使之受损严重，但目前冷水鱼产业已恢复震前水平，而且发展势头强劲，不仅已在阳平村15社建有600亩冷水鱼产业园，而且还将继续扩大规模，使之形成养殖、烹饪、加工、销售一条龙产业链，以凸显"冷水鱼"这一彭州特产在新兴镇的本土优势。

新兴镇冷水鱼的品种主要有：鲟鱼、鲈鱼、鳟鱼、鲑鱼等。

■ 白樱桃

新兴镇所产"白樱桃"，由于其花色白，每簇三至四朵，萼片绿色，有别于它种，故称"白樱桃"。其果实呈阔心脏形，或近似圆形，单果重约5克，果皮底色为黄色，但布满缕缕红色丝网，晶莹光润，宛若珠玉。白樱桃兼具果大、味甜、形美、色艳之独特优点，食之唇齿生津，满口香甜，令人品尝不舍。目前该镇已专门辟有白樱桃种植园区，山地自行车运动爱好者可由龙怀村直抵园区。

■ 金钗花

原丛生于悬崖峭壁之上的"金钗花"，属兰科石斛兰，又名"千年润"，是新兴镇特有的植物之一。据明代李时珍《本草纲目·石斛》所载："其茎状如金钗之股，故古有金钗石斛之称。今蜀人栽之，呼为金钗花。"又载云："石斛丛生石上，其根纠结甚繁。其茎叶生皆青色，干则黄色。开红（黄）花，节上自生根须，人亦折下，以砂石栽之。或以物盛、挂屋下，频浇以水，经年不死，俗称为千年润。"新兴镇不少人家栽培之金钗花，色泽金黄，有如古时淑女发髻上的金钗。它不仅花色奇特，金灿美丽，而且具有兰花的典雅，同时又具有良好的药用价值，能益胃生津，滋阴清热，提高人体免疫力。正如著名药物学家李时珍集众名家所言：能"补五脏、虚劳、羸瘦，强阴益精，久服厚肠胃……壮筋骨，暖水脏，益智清气"。

▼ 鲜嫩竹笋◎
▼ 酸菜冷水鱼◎
▲ 野山菌菜品◎
麻婆豆腐◎
◀ 豆花牛肉◎

（三）风味美食

山野中自由放养的山地鸡，天然泉水养殖的冷水鱼，以及采自竹海山林中的野菌、竹笋、野山菜等等，再加上精湛的烹饪技术，而今在新兴镇，已成为一道道风味独特的佳肴美食。既处道家"祖庭"所在之地，注重养生，看重食补，历来即是该镇一大传统，故各种原材料出自天然的菜品，不仅风味独特，回味悠长，而且营养极为丰富，颇合养生之道。游人至此，自可大快朵颐，齿颊留香。

此外，海窝子手磨豆腐亦颇具地方风味。用它做出的菜，软嫩鲜滑口感好，由来为人称道。

（四）民俗风情

"民俗"一词，如果按中国人的传统看法，即是指民间风俗而言，也即是指民间历代相沿、积久而成的风尚、习俗。南朝梁代著名的文学理论家刘勰，论及"风俗"时讲道："风者，气也；俗者，习

▲ 道教文化节活动场景◎

▼ 首届生态养生节活动场景 ◎

也。土地水泉，气有缓急，声有高下，谓之风焉；人居此地，习以成性，谓之俗焉。风有厚薄，俗有淳浇。明王之化，当移风使之雅，易俗使之正，是以上之化下，亦为之风焉，民习而行，亦为之俗焉。"刘勰所论，认为由自然条件不同而形成的风尚即谓之"风"，自然环境与自然条件对于一地风尚、习俗的形成起着决定性的作用，对于风俗的形成是主体，而"明王教化"所酿就的社会环境，则可以移风易俗而使之归于"雅正"，对于风俗的人为变迁而言方为主体。刘勰所论，非常明确地体现出"天人相通"这一中国传统哲学的根本理念。人生存在一定的自然环境中，顺乎自然而逐渐形成与之相应的风尚、习俗，进而与大自然融为一体，物我共生，天人合一，从而造就出人生最高的理想境界。

新兴古镇的民风习俗，亦与

其自然环境和自然条件紧密相关。除岁时节庆、婚丧娶嫁等古老的民俗及其表现形式与川西其他古镇大同小异、呈现出传统的农耕文化与移民文化等特点而外，还有其独到的一面，诸如"仙观问道"、"登山赏花"等，即明显地表现出该地因自然环境而独具一格的民俗风情。

譬如一年一度的端午节，海窝子的人们都要到风景秀丽的狮子山"游百病"、"观赏崖上的金钗花"。当天午饭后，大人、小孩都身穿节日盛装，成群结队地爬上狮子山，到狮子山第一是要看"刀劈石"、"马蹄印"，第二是欣赏那崖上的金钗花。通过"登山赏花"的活动，以求驱走所有的疾病苦痛，健康快乐地生活。端午节"游百病"，这在川西古镇中并不多见，郫县唐昌尽管亦有此项民俗活动，但却是在当天傍晚时分，游走的地方则在柏条河边。这种差别，显现出在不同的自然环境中，同样的民俗活动其表现形式已有所不同。

值得注意的是，2005年端午节在阳平观举行的"首届金钗花节"。新兴镇人民政府以金钗花为媒，招商引资为出发点，广交朋友，当天来自成都各大媒体、彭州市委市政府及有关部门领导、八方宾朋，以及参观群众，多达万人，其盛况空前，热闹非凡。"登山赏花、游百病"的传统民俗活动，在政府的引导之下，已演绎成为了一种现代版的节庆活动，尤显出崭新的时代风采，其意义已不同凡响。饶有意味的是，自首届金钗花节之后，该镇即掀起了金钗花栽培热。到如今，金钗花仍年复一年地盛开着，而且越开越艳，栽培金钗花的人户也越来越多，名副其实地成为了新兴镇的镇花。

又如原为"仙观问道"之类的传统民俗活动，目前则已纳入成都市每两年举办一次的道教文化节。自2010年始，即在阳平观设置分会场，与青羊宫、青城山等道教圣地联办。这种大型的道教文化活动，其中不乏新兴是地问道养生的民间习俗因子，亦同样显现出道教文化现代版节庆活动的不凡风采。

经历了"5·12"特大地震的严峻考验，通过三年艰苦卓绝的灾后重建，新兴古镇迅速迎来了新生。为把海窝子建设成为古蜀文化浓厚、宜居宜游、城乡和谐的"田园生态养生"古镇，许多传统的民俗活动不仅得以发扬光大，而且注入了更多新时代的内容。譬如2011年4月29日至5月15日，该镇举办的彭州市首届生态养生节，真是包罗万象，不仅在开幕式上举办了海窝子古镇开街仪式和文艺演出，而且在"生态养生节"期间，精心策划和组织了五大系列主题活动：1.山地鸡主题活动：包括狮子山登山比赛，参观狮山村山地鸡养殖基地、了解山地鸡生长环境，以及养殖大户现场展销山地鸡产品等内容。

2. 白樱桃主题活动：包括参观白樱桃种植基地，白樱桃展销品尝，优秀种植奖项评选，以及山地自行车运动体验活动等。3. 金钗花主题活动：包括1000余盆金钗花的集中展示、以彰显金钗花的药用价值和观赏价值，组织大家亲临金钗花传说故事中的狮子山崖壁处游览观光等。4. 冷水鱼主题活动：包括参观600亩冷水鱼产业园、冷水鱼烹饪比赛、冷水鱼全席菜品品尝及评奖等。5. 道教养生活动：包括观赏太极拳及太极剑表演，品尝道教养生菜，感受道教文化等。

从上述彭州市首届生态养生节五大系列主题活动的内容看，无不与新兴镇山川自然环境和地方特产紧密相连，从中既可隐约窥见该地传统习俗的影子，又充分展现出新兴镇灾后重建的不同凡响的时代风采，这种现代版的节庆活动，可视为一种焕然一新的民俗风情，必将在未来的发展过程中，越来越丰富，越来越精彩，以生态养生为主题的旅游小镇亦势必迅速崛起在彭州北部、湔水河畔。

（五）旅馆客栈

目前新兴古镇已具备一定规模的接待能力，主要旅馆客栈有寿阳泉乡村酒店、瞿上山庄，以及老街

① 寿阳泉乡村酒店●
② 寿阳泉乡村酒店◎（杨峰 拍摄）
③ 瞿上山庄○
④ 瞿上山庄内部环境◎（杨峰 拍摄）

客栈等。这些旅馆客栈，或在海窝子历史文化街区，或在美丽的寿阳泉景区内，环境宁静优美，人文气息浓厚，不仅能品尝到该镇独具特色的风味美食，为你提供满意的餐饮服务，而且亦是十分理想的下榻之处。

（六）各景点景区方位示意图

▲ 老街客栈◎（杨峰 拍摄）

三、出行指南

（一）自驾游路线

■ **成都→彭州**

路线一：从成都出发上金丰高架，经成彭高速即到达彭州，全程38公里，约需40分钟。

路线二：从成都出发上北新干线至绕城高速，从绕城高速彭州出口下至成彭高速，即到达彭州，全程38公里，约需40分钟。

■ **其他地方→彭州**

各地可从成都、郫县、新都、都江堰、什邡、广汉等地进入彭州，路面状况良好，交通十分便利。

■ **彭州→新兴镇**

从彭州出发，沿彭白路直行，过丹景山国家地质公园，即到达新兴镇，全程22公里，约需30分钟。

▲ 区位示意图◎

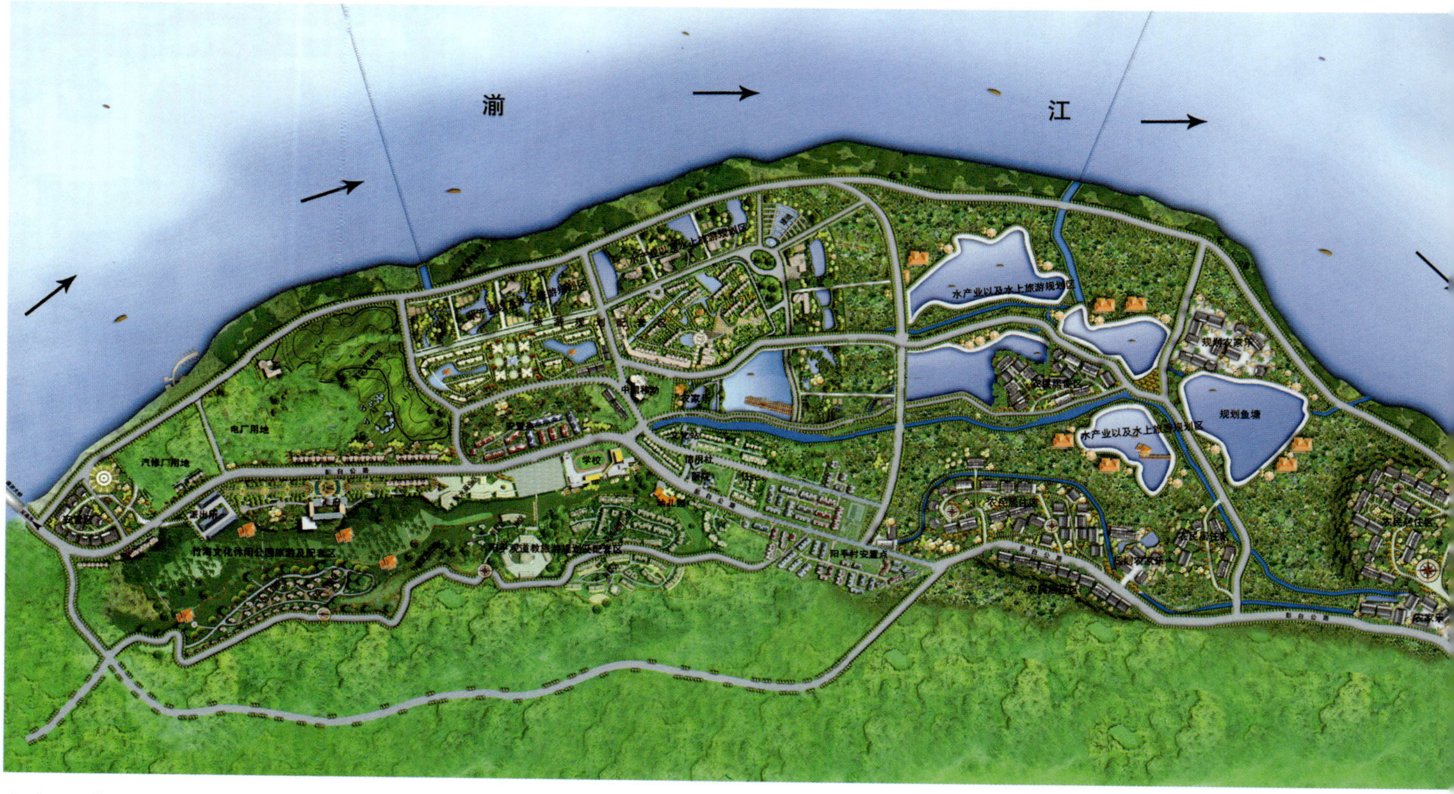

▲ 新兴镇旅游规划及产业分布图 ◎

（二）公交车乘车路线

成都五块石车站→彭州→新兴镇

成都市五坝石车站每天滚动发车直达彭州，票价12元/人。到达彭州后，需在彭州市客运中心转乘彭州－白鹿、彭州－磁丰或彭州－白水河公交车到达新兴镇，以上三类公交车均为滚动发车，票价5元/人。

四、旅游规划

"5·12"特大地震后，历经三年灾后重建的新兴镇，正如前文所述，已然使历史悠久、人文厚重的古老场镇得以恢复，并充满了新时代的活力。

根据总体规划，结合区位优势和悠久的历史文化底蕴，该镇仍将把产业提升放在第一位，重点发展旅游业。截至目前，不仅海窝子社区老街已焕然一新，成为了集川西民居建筑风格和湔江河谷水系为一体的旅游小镇，而且还拟将阳平新场镇规划建设成为集经济文化中心和乡村旅游为一体的新型社区。

阳平新场镇的建设，规划以阳平村15组为中心，重点突出"一区四园"。"一区"，即阳平新型

社区，预计3年内集中居住人口6000人以上，各驻镇单位都集中在该社区；"四园"，即在阳平村打造4000余亩竹海公园，依托阳平治道观打造道教养生园，在阳平村15组打造冷水鱼产业园，以寿阳泉为中心打造农业生态观光园。并力争用3-5年时间，将整个新兴镇打造成为成都北部"生态养生第一镇"，同时根据其区位优势，按照彭州市旅游产业发展规划，将其定位为"彭州旅游中转站、集散地和接待中心"。

截至目前，各项规划建设正在加快实施之中，不少在建项目即将完成。估计要不了三、五年时间，一座以生态养生为主题的旅游文化名镇必将以全新的面貌展现在世人眼前。

主要参考文献

【晋】常璩撰：《华阳国志·蜀志》卷三（刘琳校注本），巴蜀书社1984年版。

【晋】葛洪撰：《神仙传·张道陵》卷五，上海古籍出版社《四库全书》影印本，1987年版。

（以下版本与此相同者，均简称：四库全书本）

【梁】刘勰：《刘子新论·风俗》（第四十六），吉林大学出版社《汉魏丛书》（【明】程荣 纂集）影印本，1992年版。

【唐】王勃撰（[明]张燮 搜辑）：《王子安集·彭州九陇县龙怀寺碑》卷十三，四库全书本。

【唐】王勃著（[清]蒋清翊 注）：《王子安集注·彭州九陇县龙怀寺碑》，上海古籍出版社，1995年版。

【后蜀】何光远撰：《鉴诫录·徐后事》卷五，四库全书本。

【宋】罗泌撰（罗苹注）：《路史·前纪·蜀山氏》卷四，四库全书本。

【宋】张君房撰：《云笈七签·二十八治》卷二十八，四库全书本。

【明】李时珍撰：《本草纲目·草之九·石斛》卷二十，四库全书本。

【清】《江西通志·仙释·广信府》卷一百四，四库全书本。

【清】李调元撰：《童山诗集·彭县咏古》卷三十二，上海古籍出版社《续修四库全书》，2002年版。

蒙文通：《古地甄微·成都二江考》，巴蜀书社，1998年版。

任乃强：《华阳国志校补图注·蜀志二》卷三（注④注⑦及卷后附一《蚕丛考》），上海古籍出版社，1987年版。

王纯五：《天师道二十四治考》，四川大学出版社，1996年版。

王兴余主编：《中国道教元都阳平观》，四川省菩提印经院印本，2006年版。

※ 本篇原基本图文资料由彭州市新兴镇人民政府提供，杨峰收集整理。

08 彭州市小鱼洞镇

小鱼洞镇地处成都平原北部边缘山区，属湔江河上游腹心地带。该镇东邻通济镇，南连磁峰镇，西与都江堰毗邻，北靠龙门山镇，东南与新兴镇接壤，是国家级龙门山风景区丹景山—阳平观—银厂沟旅游线上的一个亮点集镇。全镇面积81.6平方公里，辖9个行政村和两个社区，104个农业合作社，3531户、总人口13408人。

小鱼洞镇所在地域，为古鱼凫部族最早的发祥地，有着悠久的鱼文化历史。其场镇为典型的山乡古镇，自清初建场以来，至今已有300多年。古场镇建筑布局小巧玲珑，古色古香，雕刻精美细腻，颇具观赏性，2006年被命名为成都市历史文化名镇。"5·12"汶川大地震中，小鱼洞镇受灾十分严重，文物古迹损坏殆尽，古文化景观已基本无存。目前，该镇正大力进行灾后重建，积极开展古镇的抢救恢复工作。

小鱼洞镇地处龙门山中段，山川秀美，气候温和，由于其特殊的地理位置，场镇周边自然风景尤为独特，虽遭受"5·12"汶川大地震毁损，但不少优美的自然景观其基本风貌依然存在。

随着灾后重建工作的深入进行，小鱼洞镇原有的历史文化风貌正逐渐得到恢复。在成都市建设世界现代田园城市总体部署和统筹城乡发展综合示范带建设的过程中，小鱼洞镇必将得到进一步发展，成为进入国家级龙门山风景区的旅游门户重镇。

图片：● 严永聪　摄影
　　　◎ 新兴镇人民政府提供

◀ 小鱼洞镇新建大楠社区 ●

一、古镇历史文化概述

（一）场镇建置简说

据《小鱼洞公社志》载：明朝时期，小鱼洞属彭县仙居乡。清代康、雍年间（1662—1735），随着"湖广填四川"移民运动的深入开展，两湖及秦地民众不断迁徙来此集居，形成了小鱼洞场。清乾隆四十五年（1780），小鱼洞场被湔江洪水毁没。次年，迁建罗原坝，并借该处复兴寺之名改称复兴场。1950年复兴场改为复兴乡，后与大宝乡合并为宝兴乡。1975年分设复兴公社，1980年改称小鱼洞公社，1983年改称小鱼洞乡，2001年9月2日，经四川省人民政府批准，撤乡建镇。

（二）文化积淀

■ 鱼凫文化与湔江丙穴鱼文化

小鱼洞是古蜀族的发祥地。早在距今约3700多年前的商代早期，就有一支古蜀先民部族顺岷江山地河谷南下，进入湔江流域小鱼洞一带，与当地土著居民融合，形成了蜀族最早的一部分。据当地世代传说，古蜀先民从高山而下，在湔江河边落脚，为了生计，便开始在湔江河捕鱼。一日，有人发现从丙穴中游出的细鳞青尾鱼，味道极为鲜美，于是他就带领部落成员到丙穴（后人称作小鱼洞）大量捕鱼，不

▼ 鱼凫古镇老街一角◎

▲ 鱼凫古镇老街俯瞰◎

▲ 丙穴石碑◎

▲ 鱼凫古街重建设计鸟瞰图◎

仅解决了饥饿问题，而且大大增加了体能，由此他得到了"鱼凫"的称号，并被该支部族推选为领袖，这就是被后来人们称颂的"鱼凫王"。常璩《华阳国志》记载说"鱼凫田于湔山"，说明古蜀国鱼凫王后来又曾在此地一带从事过打猎乃至军事等活动。

所谓"丙穴"，因洞口及周围山川形似篆文"丙"字，故而得名，即如郦道元《水经注》所说："穴口向丙，故曰丙穴。"晋·左思《蜀都赋》云："嘉鱼出于丙穴，良木攒于褒谷。"任豫《益州记》云："嘉鱼似鳟，蜀中谓之拙鱼。蜀郡山处处有之。从石孔出，大者五六尺。"小鱼洞丙穴所产为细鳞青尾鱼，与之隔河相望的大鱼洞所产为红尾鱼，均味极鲜美，杜甫诗云："鱼知丙穴由来美，酒忆郫筒不用酤。"陆游《梦蜀》一诗亦称："堆盘丙穴鱼腴美，下箸峨眉栮脯珍。"可见"丙穴嘉鱼"由来为人称道。

传说中进入湔江流域的早期鱼凫部族，正是凭借小鱼洞是地丙穴的美味嘉鱼而逐渐壮大，其后方进入成都平原，于今温江鱼凫古城等地建都称王，说明小鱼洞是地之湔江丙穴鱼，在古蜀文明的孕育与发展过程中，曾经发挥过颇为重要的作用；而小鱼洞丙穴鱼文化，亦成为了古蜀国鱼凫文化不可忽略的组成部分。

■ "鱼凫古镇"的传统建筑文化特质

小鱼洞场镇老街形成于清乾隆年间。老街沿湔江而建，西靠山坡，东临湔江，呈带状布局，酷似鱼形，鉴于数千年来有关"鱼凫部族于此发展壮大"的历史传说，小鱼洞场镇又被人们称为"鱼凫古镇"。

"鱼凫古镇"具有川西小镇典型的传统建筑文化气质和特色。从西侧台地鸟瞰古镇老街的古建筑群落，其古朴厚重的历史文化风貌可尽收眼底。原有古建筑诸如五升宫、绣楼、吕宅木楼、传统酱园等，更是风格独具。惜乎在"5·12"汶川大地震中，古镇老街及其古建筑群均毁于一旦。而今，一座仍然保存着众多历史记忆的"鱼凫古镇"正在恢复重建之中。可以预见，在不久的将来，古老的鱼凫文化与湔江丙穴鱼文化，以及川西传统建筑文化等等特质，又将在重建的"鱼凫古镇"中大放异彩。

■ 传统习俗与人文心态

长期以来，由于小鱼洞镇具有得天独厚的自然条件，农业十分发达，一直处于"鱼米肉足，不事他求"的稳定而封闭的自给自足的生活状态，因而也营造了川西盆地西北山区城镇闲适静逸的生活环境，至今仍能让人感受到传统而独特的社会习俗和人文心态。在古镇，时常都能见到或推着独轮车、或背着高背篓、或披着棕树皮衣的淳朴山民。古镇处在佳山秀水的簇拥之中，较其他城镇更具有清纯静好、淳朴祥和的社会风貌和人文特征。

小鱼洞镇的传统节庆活动也很多，各行各业几乎都有自己的节会，诸如"七宝王爷会"、"梅山会"、酿造业的"杜康会"等。其民间文化尤显得丰富多彩，有传说、山歌、盘歌、号子、民谣、围鼓、皮灯影、耍水龙等等。

走进古镇老街，真有一种返璞归真的味道。

二、小鱼洞旅游巡览

（一）主要景区景点

■ 场镇原有主要景点

小鱼洞老街古建筑群，极具川西民居风格，错落有致，含蓄典雅。它不仅是研究古民居建筑的极佳场所，而且曾也是影视片外景拍摄的极佳场地。鱼凫古镇以其古朴、凝重、精美和神秘的古文化景观，成为龙门山国家地质公园内亮丽的风景线，它不仅具有自然与人文和谐统一的诗意环境，更像一幅浑然天成的古典山水画卷，给人以静谧、恬淡而典雅的审美情趣。原场镇主要景点如下：

◆ 绣楼

绣楼为穿逗木构、青瓦盖顶，竹编粉墙，木作细致，空间错落有致，亲切宜人。本为绣娘的风韵雅居，却又是古镇之历史守望，数百年来，见证着湔江河畔的兴衰与发展。

◆ 下五升宫

下五升宫始建于清代，其主体为大雄宝殿，殿宇庄严肃穆，雕绘精巧。两侧分别为民居建筑风格之厨房和斋房。整个环境雅静、清幽。每年二月初九、六月初九和九月初九观音菩萨生日的这三天，四面八方的山民都

▲ 鱼凫古镇老街街景 ◎

▲ 下五升宫大雄宝殿◎

▲ 绣楼◎

▲ 吕宅木楼内景◎

会聚集至此吃斋念佛，祈祷神灵的保佑，香火十分旺盛。

◆ 吕宅木楼

吕宅木楼为古镇茶楼，建于清朝末年。茶楼布局小巧玲珑，古色古香；雕刻精美细腻，栩栩如生。一张张舒适的竹椅，一碗碗醇香的盖碗茶，一台台精彩的川戏，常常唤起人们种种历史的记忆而令之久久沉浸其中。

◆ 传统酱园

坐落在老街上的传统酱园呈三合院形，迄今已逾百年，其酱制工艺代代相传。酱房内大大小小的酱缸错落有致，酱油、米醋、豆豉等风味调品佐料，均出自此处。而最具代表性的还属酱园里那醇香的豆瓣酱，酱色黑褐，香气浓郁，味鲜咸而稍甜，配上那火辣辣的米椒，真是味美爽口，令人食欲大增。

■ 古镇四周的自然景观与人文景观

◆ "丙穴"与大鱼洞

丙穴位于本镇渔洞村境内，此处丙穴自远古即因盛产一种"细鳞青尾鱼"，故又称"小鱼洞"，古镇亦因此而得名为"小鱼洞镇"。前文引左思《蜀都赋》说"嘉鱼出于丙穴"，而宋代陆佃所撰《埤雅》，更是对这种"出于丙穴"之嘉鱼倍加赞美，他说："鲤质鳟鳞，肌肉甚美，食乳泉，出于丙穴。"君到此一游，不仅可品尝到鲜美的丙穴嘉鱼，而且亦会油然而生怀古之幽情。

与丙穴隔河相望的大鱼洞洞穴，位于小鱼洞镇草坝村，此洞穴以出产红尾鱼著称。湔江河水顺洞穴山岩而下，清晨，站在大鱼洞山岩顶上纵览全镇，那霞光、流水、薄雾、人家，诗意般的景象即可尽收眼底。

◆ **宝山温泉**

镇域北东端之宝山回龙温泉，地处龙门山巨型推覆构造破碎带上，水量丰富。蓄水层沿山麓向上形成自然压力带，地热补给范围宽。温泉井深1602米，自然喷涌水日产量为3600立方米，温度达45℃，水压大，可直喷90米高。泉水中含氟、锶、溴、锂、偏硼酸、偏硅酸等多种矿物质及对人体具有极高医疗保健价值的其他微量元素，能很好地抑制头皮屑、脚气、手足癣、疥疮等各种皮肤病，具有综合治疗、保健美容、改善血液循环、促进新陈代谢等功用。

◆ **铁瓦殿梁子**

铁瓦殿梁子位于镇域西北，高3435米，为境内最高山峰。危坡间原有"铁瓦殿"，占地约为5亩，据光绪《彭县志》载："有铁瓦庙，今废。"现仅存遗址。风光独特的铁瓦殿梁子连同铁瓦殿遗址，本是一处自然景观与人文景观高度融为一体的休闲游览胜地，故具有很高的旅游开发价值。

◆ **蟠龙谷景区**

位于镇域西部的蟠龙谷景区，距成都市区71公里，距彭州市区37公里，有彭白公路贯穿全境，为进入国家级风景区——银厂沟的必经之地。该景区西与都江堰接壤，西北毗邻茂汶县，面积20平方公里。景区年平均气温14℃-15℃，夏季最高气温24℃-25℃，与成都市区温差达10℃以上。区内高峰耸立，山势奇险，峡谷深邃，瀑布成群，植物种类繁多，森林覆盖率达95%以上。这里名木古树参天，林间猴群出没，山间流水潺潺，其瀑布群为成都地区最大的原生态瀑布群。这里春天杜鹃怒放，灿如云霞；夏日晴空如洗，气候清凉；秋天天高气爽，红叶流丹；冬日冰帘玉柱，银装素裹。四时景象，各有不同，步移景换，气象万千，其原始、神秘而清新、自然的风光常常令人赞叹不已。其主要景点如下：

1）飞水峡瀑布群

在长约两公里的深邃峡谷中计有大小瀑布10余处。100多米高的大飞水瀑布犹如一条从山顶飞下的

① 涌流不断的丙穴乳泉◎
② 宝山南区温泉◎
③ 出没峡谷中的猴王◎
④ 走进蟠龙谷◎

银龙，气势如虹，有"疑是银河落九天"之壮观；小飞水瀑布则如小家碧玉，婉约温柔；象鼻瀑布分两层，碧潭如玉；望龟瀑布其形如龟，生动活泼；其他如冷风峡瀑布、双龙瀑布、睡美人瀑布、大青石瀑布等亦千姿百态、美不胜收。

2）高山杜鹃林

在瀑布群所在峡谷的高山上，有着相连成片约10000余亩的杜鹃林。每年3-7月，各种杜鹃花竞相开放，争奇斗艳。进入杜鹃林，如进入花之海洋。特别值得一提的是一种乔木杜鹃，其粗壮、横斜的枝干上，竟可供几人行走，尤令人叹为观止。

3）高山坝子灌木林

在陡峭的崇山峻岭中，还会突然发现一片面积达1000余亩的高山平坝，这里有各种原始灌木林和野菜生长，并随着季节的变换而呈现出不同的自然风光。

4）马道子自然迷宫

方圆1平方公里的迷宫里，灌木茂密，地形神秘复杂，即使本地人进入，一不小心也可能迷路，故称自然迷宫。在"迷宫"里有一座天然冰窖，即便在炎炎夏日也有冰块存在，让人不禁感叹大自然的神奇。

5）莲香古树

在"迷宫"的边上，还有一株树龄达1000余年的莲香古树，树中有洞，一人可钻过，树身需8人手拉手方能合围，为国家名贵珍稀树种。这里还有国家一级保护树木珙桐，开花时花如白色的鸽子在树间翩翩起舞，煞是好看。

▲ 高山杜鹃林◎

▲ 飞水峡瀑布景观◎

▲ 土地岭风光◎

▲ 硕大遒劲的古树根◎

▲ 莲香古树◎

6）土地岭风光

土地岭位于景区最高处，山势奇险，高峰耸立，风光秀美无限。伫立岭头，居高临下，眺望远方，四周景色可尽收眼底。阴天如腾云驾雾，恍若仙境；晴天可观日出，气象壮美。

◆ **天马寺与铁佛寺**

天马寺位于镇域西南。天马寺山势雄伟壮观，正如光绪《彭县志》所云："峣岩凌绰，仰视畏人，壮献揭举，若马振尾。"登顶眺望群山，四周岗峦起伏，宛如群星捧月。有传说中隐去之古天马寺，尤具神秘色彩。

镇域西南大山铁佛寺梁子（2385米）下，据光绪《彭县志》载，原有古旧隋寺，后易名为铁佛寺。昔日为远近香客游憩之所，民国初年香火渐至衰微，其后主持照华和尚迁去天马寺，庙舍逐渐毁塌。新中国成立后，犹有铁钟卧地，入可人立。

▲ 大地震中塌成"W"形的大桥奇观●

■ 地震遗址奇观

"5·12"汶川大地震给小鱼洞古镇造成了巨大的破坏，原小鱼洞大桥在大地震中轰然坍塌，形成了一座奇特的"W"形断桥。该断桥已作为地震奇观保留下来，即将建成的小鱼洞地震遗址公园即以此作为起点。

（二）特色美食

说到小鱼洞古镇的特色美食，当首推冷水鱼的烹饪与制作。

所谓冷水鱼，即是利用该镇"丙穴"丰富的冰川漂砾暗河泉水养殖而成，具有高蛋白、低脂肪，无肌间刺的特点。明代著名医药学家李时珍在言及"丙穴嘉鱼"的营养价值时讲道："嘉鱼乃乳穴内小鱼也，常食乳水，所以益人。……此鱼食乳水，功用同乳能久，食之力强。"又说："肉气味甘温，无毒。食之令人肥健、悦泽。煮食，治肾虚、消渴、劳瘦虚损。"现小鱼洞冷水鱼虽然是为人工养殖，但由于水源完全出自丙穴，且饲养方法科学得当，故其鲜美味道和营养价值与"丙穴嘉鱼"相差无几。

▲ 冷水鱼养殖场◎

冷水鱼的烹饪方式多样，炒、烤、炸、熏等均可，既可做中餐也可做火锅，鱼卵还可以加工成鱼子酱。目前镇内已有冷水鱼餐饮企业25家，餐饮业初具规模，已成为远近闻名的特色产业，蜚声海内外。2007年1月在"第三届中国国际美食旅游节暨第七届新津河鲜美食节擂台邀请赛"上，小鱼洞古镇自创的冷水鱼新菜品"百花金鳟"获得大赛第二名，进一步提升了小鱼洞冷水鱼的知名度和美誉度。

▲ 冷水鱼◎

（三）地方特产

小鱼洞镇地处神秘的北纬30°地区，巨大的海拔高差（956-3435米），形成了高山、中低山和河谷三种地貌，赋予了当地丰富的动植物资源。其主要特产如下：

■ **生态山猪**

小鱼洞镇面积大、地形复杂，群众居住较为分散，且历来习惯养猪。由于山猪主要饲喂山地青草和玉米、红薯等杂粮，生长周期长，因此，肉质鲜美、细嫩，肥而不腻，是名副其实的绿色食品。山猪肉除鲜销外，以其制作的老腊肉也是广大群众和游客青睐的食品。

■ **生态鸡**

小鱼洞镇的地域资源优势，为养殖生态鸡提供了优质的环境。生态鸡生长在绿荫果树环境之下，其食物来源天然而丰富，兼以鲜活的蛆、虫、蚯蚓等作为饲料喂养，其营养价值远远超过一般肉鸡。据有关专家介绍：生态鸡终生以高蛋白五谷虫为食，富集了多种昆虫的"能量"，成为昆虫蛋白转化最理想的载体，故其蛋白含量极高；同时它还含有丰富的维生素E，其含量高于市售鸡的8-10倍。由此可知，小鱼洞生态鸡不仅仅是绿色食品，而且还是一种全营养食品。

■ **冷水鱼**

优质的丹穴冷水资源，已经使冷水鱼的养殖在小鱼洞成为一大支柱产业。自引进以四川涌泉冷水渔业有限公司为代表的养殖加工企业后，养殖品种多达24种，计有三文鳟、金鳟、彩虹鳟、山女鳟、北极红点鲑、溪红点鲑、红点鲑、亚东鲑、细甲鱼、裸裂尻、虹鳟、五道里、涂钢白鲑、齐尔白鲑、河鲈、杂交鲟、小体鲟、匙吻鲟、俄罗斯鲟、胭脂鱼、大鳞鲑、银鲑、西伯利亚鲟等，养殖面积达15000平方米，年产商品鱼200余吨。产品远销日本和欧洲，并带动了小鱼洞镇冷水鱼餐饮经济的发展。

■ **中药材**

全镇现有"三木"药材、天麻、黄连、猪苓、白芍、大黄、重楼、川芎、红豆杉、山药等人工种植生产基地10余个，中药材种植面积已达15000亩，年销售额2000余万元，是彭州市重要的中药材种植基地和销售集散地。2004年成立的彭州市首家中药材协会——彭州市小鱼洞镇中药材协会被评为四川省农村专业技术十强协会、成都市示范农协会。

■ **特色蔬菜与优质山果**

特色蔬菜主要有山黄瓜、无筋豆、蕨苔、雪芽菜、六耳韭、侧耳根、山竹笋、羊角菌、姬菇、木耳等高山无公害蔬菜和野菜。优质山果有核桃、猕猴桃、青梅等，其中猕猴桃种植面积达3000亩，梅林计2000亩。

（四）农家乐与乡村酒店

小鱼洞山川秀美，气候温和，雨量充沛，空气湿度适中。优越的自然气候环境和良好的区位优势，

再加上"冷水鱼"、"山猪"、"山鸡"等各类丰富的生态绿色食品,已为该镇农家乐、乡村酒店的发展赋予了良好的前提条件。目前,小鱼洞镇农家乐与乡村酒店基本情况如下表:

名　　称	床位数	业主姓名	联系电话
太子宾馆	120	周善和	83850777
龙珠山庄	120	冯晓平	13096311998
二桥新苑庄	180	廖洪章	83850143
梧桐树农家乐	30	张　恒	81332048
玉明乐水	30	白玉强	13551106800
如意居	100	廖洪伦	83850140
杜绍培	80	杜绍培	83850222
随园山庄	80	曾明俊	83851688
鑫河山庄	40	林　芳	83850166
龙源山庄	40	刘　冬	83850661
蟠龙休闲庄	40	刘兴建	83850468
柯家庄	40	柯美德	83850470
都贵荣	40	都贵荣	83891098
黄家大院	14	黄寿明	13438055126

▲ 小鱼洞星级农家乐◎

不甘城市喧嚣的人们来到小鱼洞,住在农家乐或乡村酒店,不仅可饱览四周旖旎迷人的自然风光,呼吸到清新纯净的山野空气,品味由地道的山猪、山鸡、冷水鱼等制作的美味佳肴,而且还可到河边喝茶、戏水,悠闲地享受难得的夏日清凉!这里的一切都会让你感受到不同一般的惬意,大有返璞归真之感。

(五)旅游景点景区分布示意图

(六)区位关系示意图

▲ 景点景区分布示意图◎

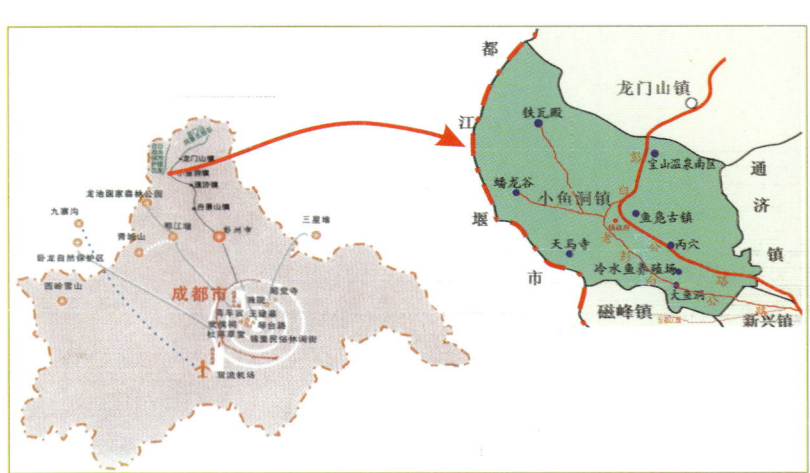

▲ 小鱼洞旅游区位示意图◎

三、古镇灾后重建

■ 鱼凫古镇的保护与重建

被称为"鱼凫古镇"的小鱼洞场镇老街,在"5·12"大地震中遭到了严重的破坏,古街风貌已不复存在,道路破坏严重,多数建筑已被震毁,少数历史建筑虽然框架犹存但也岌岌可危,亟待保护性修复或加固,同时鱼凫古街原有清代建筑的文化特质,以及鱼凫古蜀文化的内涵都有待深入挖掘。为有效保护和利用鱼凫古镇老街旅游资源,挖掘深厚的鱼凫文化底蕴,该镇先后聘请了上海同济规划设计研究院和福州规划设计院等为鱼凫老街做了高水平的重建规划,将老街的总体风貌定位为具有鲜明地方文化特色的生态型旅游服务接待基地,将四川传统民居和古蜀鱼凫文化作为老街风貌设计的主要依据和参考。鱼凫老街的建筑拟采用四川传统民居的建筑样式,以硬山和悬山为主。作为商业步行街,沿街设置风雨廊。建筑装饰采用具有鲜明鱼凫部落文化特色的鱼、鸟饰纹,形态上力求简洁、古朴而典雅。建筑色彩上以灰、白及木材的棕色为主,以富有中国风情的红色和切合环境气氛的绿色(田野)和蓝色(天

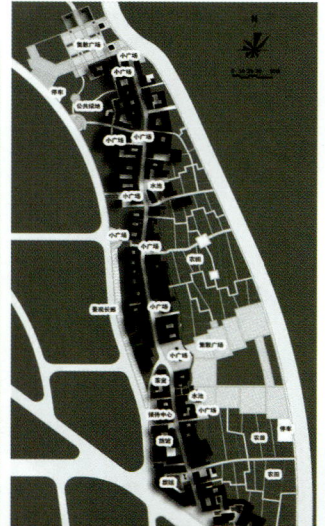
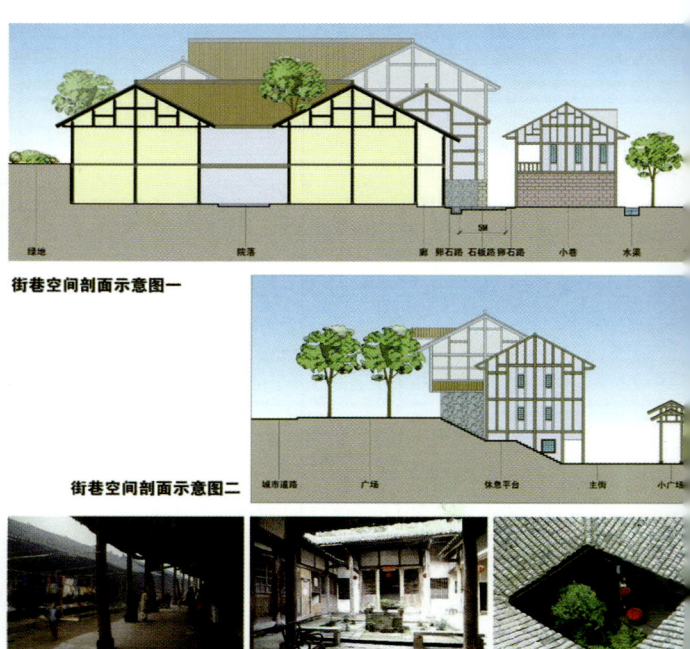

① 鱼凫古镇老街总体风貌定位示意图◎
② 鱼凫老街概念规划图◎
③ 街巷空间剖面示意图◎

街巷空间剖面示意图一

街巷空间剖面示意图二

① 老街布局及风貌示意图◎
② 节点设计透视示意图◎
③ 建筑装饰与建筑色彩示意图◎
④ 老街建筑样式及所用建筑材料示意图◎
⑤ 新建大楠社区一角●
⑥ 新建鱼凫南山小区●

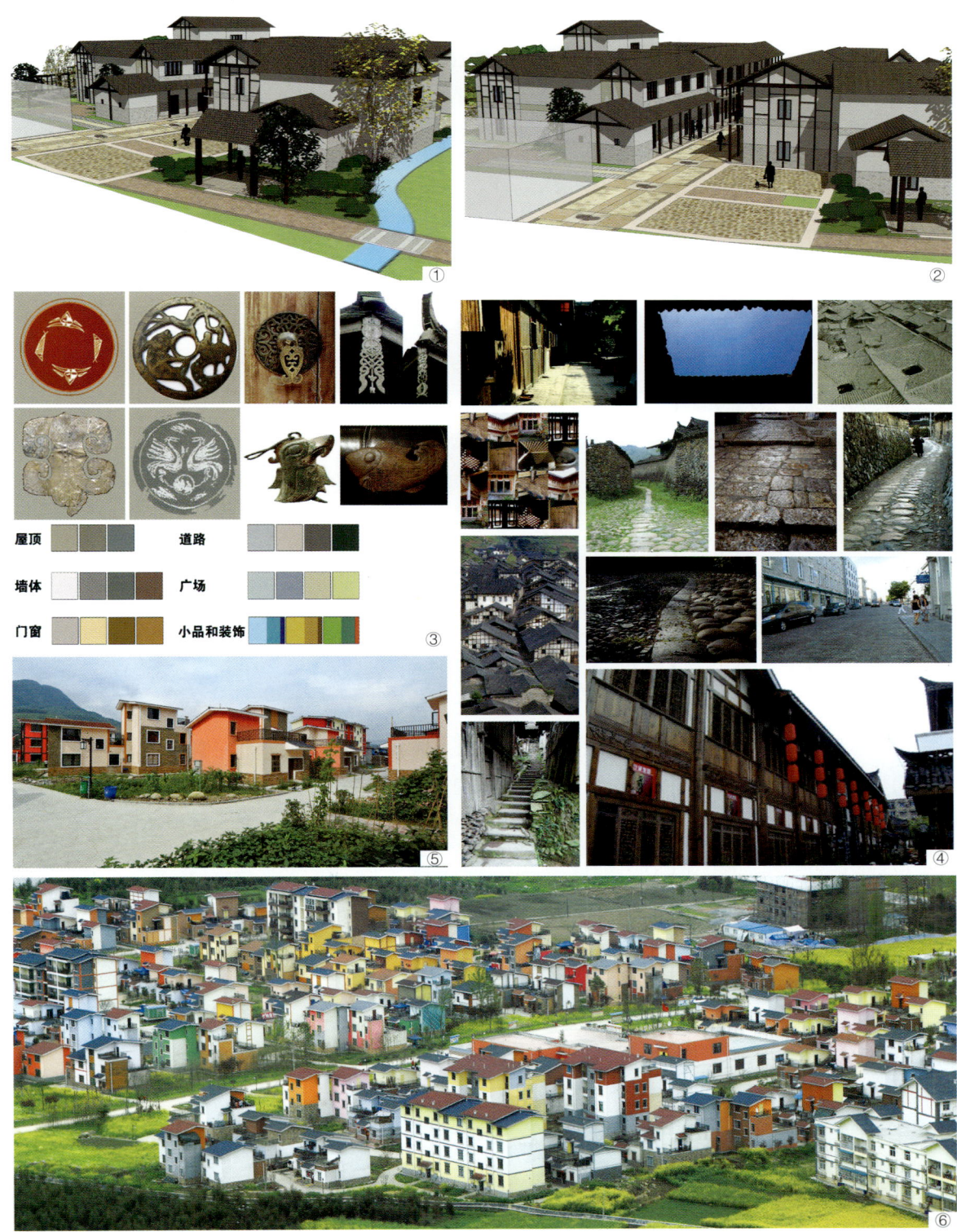

TIANFU GUZHEN YANGPISHU · 彭州市小鱼洞镇

空和江水）为主要装饰色彩。建筑材料除了反映四川民居的特色外，还要反映古蜀鱼凫文化的质朴，所以在传统民居的木质结构、木雕装饰和白粉墙的基础上再增加条石、块石和卵石的使用比例。街上地面主要以石板和卵石为主。为了营造更好的步行街氛围，在错落有致的建筑之间拟开辟多个小广场，设置桌椅，以形成促膝交谈的旅游休闲场所，并以偶尔出现的雕塑小品增加广场景观的趣味，同时以花木的参差分布增加古街的自然风味。

目前，鱼凫老街下场按照规划已在修建当中，相关的基础设施和风貌建设也将马上进行。老街中、上街作为保护建设的项目，现已请清华大学罗教授进行了保护性的规划和设计，同时加快了招商引资的步伐，正在引进社会资金进行重点打造。与此同时，彭白路沿线房屋风貌改造也将结合川西民居风格并融入鱼凫文化进行打造。

■ 地震遗址公园的构建

在"5·12"大地震后，该镇明确地提出了"调整山乡产业结构、建商贸旅游重镇"的发展定位，决定以鱼凫文化为底蕴，结合鱼凫老街的发展，着力构建旅游文化产业。在鱼凫老街旁，依托"W"形断桥奇观，与龙门山旅游公司共同联手打造地震遗址公园，将小鱼洞大桥作为地震遗址公园的起点，而该遗址公园亦将成为进入龙门山景区的首站。

小鱼洞地震遗址公园位于坍塌的旧桥和新桥之间的三角地带及旧桥南侧地块，西临湔江，西北侧即是正在着力打造的鱼凫古街。小鱼洞大桥遗址公园距离鱼凫古街约1公里，便捷的道路交通使公园与老街连成一体。目前小鱼洞新桥已建成通车，地震遗址公园亦已初具规模，有空军林、警林两座石碑。防洪堤也已建设完成。2010年国庆节已接待游客近两万人次。

■ 美食文化小镇的打造

与此同时，小鱼洞正充分利用湔江河谷间形成的平坦而宽阔的冲积扇，依托丰富的冷水资源及悠久的丙穴鱼文化，着力将古镇打造成为以冷水鱼特色餐饮和具有川西特色的美食文化小镇。大地震之后，该镇首先结合水质特点，恢复了冷水鱼养殖；其次，恢复和重建了以冷水鱼为特色餐饮的旅游。在此过程中，该镇依托特色冷水鱼产业，结合灾后重建统规统建、统规自建点位建设成果，大力发展以农家乐特色餐饮和农家特色住宿、娱乐为一体的特色乡村酒店产业带，使鱼凫古镇与彭白路沿线的统规自建点的乡村酒店和特色农家乐形成一条冷水鱼美食文化长廊。截至目前，磨刀溪、皂角树、泰紫城、太子乡村酒店、江桥人家乡村酒店及英雄冷水鱼庄等一批项目已经对外营业。而资金运作则以群众自筹、招商

▼ 新建小鱼洞大桥

▲ 新建江桥人家一角●

▲ 新建草坝村全景●

▲ 新建太子村寨一角●

引资、灾后重建三部分相结合为主。

根据成都市建设世界现代田园城市总体部署和统筹城乡发展综合示范带建设要求，该镇还有很多的工作要做，但随着规划方案的逐步实施和灾后重建工作的全部完成，可以预料，小鱼洞凭借其悠久的鱼文化历史与丰富的自然景观资源和现有产业资源，不但将完美地展现出鱼凫古镇的历史文化风貌，而且更将得到进一步的全面发展，使前来该镇旅游的游客在吃、住、游等方面获得意外的享受，成为提供休、疗、养及其他各类度假服务的旅游胜地。

主要参考文献

【晋】常璩撰：《华阳国志·蜀志》卷三，巴蜀书社（刘琳校注本），1984年版。

【晋】左思：《蜀都赋》，见《文选》第4卷，中华书局，1977年版。

【北魏】郦道元撰：《水经注·沔水》卷二十七，浙江古籍出版社，2001年版。

【唐】杜甫：《将赴成都草堂途中有作先寄严郑公五首》（其一），见：仇兆鳌《杜诗详注》卷十三，中华书局，1979年版。

【宋】陆佃撰：《埤雅·释鱼》卷二，上海古籍出版社《四库全书》影印本，1987年版。

（以下版本与此相同者，均简称：四库全书本）

【宋】陆游撰：《剑南诗稿》卷七十六，中国书店《陆放翁全集（下）》，1986年版。

【明】冯复京撰：《六家诗名物疏·南有嘉鱼篇》卷三十四，四库全书本

【明】李时珍撰：《本草纲目·鳞之三·嘉鱼》卷四十四，四库全书本

※ 本篇原基本图文资料由彭州市小鱼洞镇人民政府提供，李昌伦、赖小欢搜集整理。

09 邛崃市平乐镇

平乐镇地处邛崃市西南部，是邛崃市最大的建制镇。全镇面积77.84平方公里，其中，古镇区面积1.38平方公里，明清时期建筑面积达23.54万平方米，保存完好程度85%。

古镇是涉及自然、社会、经济、政治、历史等诸多因素的综合体，加强古镇的保护必须规划先行。鉴于此，该镇曾力邀清华大学、同济大学的知名教授和古建筑专家多次莅临平乐，把脉古镇，指导古镇的规划编制和保护建设工作，在专家指导下制定出台了《古镇保护管理办法》，并由清华设计院、西南交大设计院等单位完成了《城镇总体规划》、《古镇历史街区保护详规》、《古镇控制性详细规划》、《历史文化名镇保护规划》、《旅游发展规划》、《环境优美镇规划》等各种规划的编制工作。

▲ 古镇生态风貌◎

随着旅游业的蓬勃兴起，平乐古镇凭借其得天独厚的自然风光与丰富多彩的历史文化资源，再加上科学而卓有成效的保护措施，不仅名列四川省命名的十大古镇和成都市十大魅力城镇之中，而且还先后获得了全国环境优美镇、中国历史文化名镇、国家AAAA级风景区、全国农业旅游示范基地(花楸村)、中国民间艺术之乡、中国十大生态文化旅游基地之一等等一系列殊荣。如今，生态文化旅游已成为平乐的支柱产业，在成都市建设世界现代田园城市的战略部署中，更是率先迈出了第一步，被评为"2010田园成都·魅力城镇"。

图片：◎ 邛崃市平乐镇人民政府提供
● 严永聪　摄影

一、丰厚的历史文化积淀与得天独厚的自然风光

（一）久远的历史与多层次的文化积淀

■ 2300多年的集镇历史

平乐是地古称"平落"，其久远的历史可追溯至上古时代。早在5000多年前的新石器晚期，古邛人即在此繁衍生息，1992年2月在平乐洗马村发现的石刀、石斧、石凿、刮削器、四棱形镞等新石器石制工具即可证之。及至古蜀国开明王朝时期（约前666—前316），平落这块四面环山的平坦绿色小盆地，因修水利、兴农桑而起聚落，出现了篱栅圈定的"墟市"，平落因此得名。其后，古阆镇子（平乐镇前身）在此逐渐形成，民国年间在阆镇子遗址曾发现有春秋战国时期的空首布、平首布两类古钱币，这一考古发现，又可说明，早在2300多年前，平落是地已有集镇。

秦汉时期，南方丝绸之路西道的"临邛道"经过古阆镇子，阆镇子区间的路段，亦称为秦汉驿道。西汉时，蜀中巨富卓王孙、程郑在此"铁山鼓铸"，古阆镇子至今尚留有汉代冶铁遗址。自汉及唐，平落是地渐显繁华，不仅有多处古盐井在开采井盐，而且亦有众多酒坊酿制美酒，真可谓人丁兴旺、地饶物丰。

及至北宋初年，平落是地曾一度成为火井县治所在地。据宋代乐史《太平寰宇记·邛州》载：开宝三年（970），火井县治"移于平乐镇，从本县令萧琢之所奏"。至至道三年（997）复旧。由此可知，是时古"平落"不仅已有"平乐"之名，而且已成古邛州西南片区的中心集镇。

元、明、清三代，平落隶属邛州直隶州。民国二十九年（1940）建置平落乡，新中国成立后沿用此

▲ "天下第一壶"全貌◎

名。1950年镇、乡分置，1983年4月撤乡建镇，称平落镇，实行镇管村体制，1993年3月正式更名为平乐镇。2004年9月，邛崃市实施区划调整，撤消紧邻平乐的下坝乡建制，将原下坝乡行政区域并入平乐镇；2008年12月又将临济镇骑龙村和范店村划入平乐，统称平乐镇。

■ 多层次的文化积淀

平乐古镇不仅是古代南方丝绸之路临邛道上的一大重镇，而且也是成都西面茶马古道上的第一镇。自秦汉以来，千百年间，该地得驿道之便、水路之利，市口繁富，百业兴旺，民康物阜，名闻西蜀。发达的经济亦造就了灿烂的文化。西汉大辞赋家司马相如曾经由此地通西南夷，宣示朝廷恩赐；著名史学家司马迁亦过此南行，考察笮地、昆明。三国时期，蜀汉丞相诸葛亮过此南征。古往今来，又有不少文人雅士倾倒于此间风物。唐代著名星象学家袁天罡、宋代诗人陆游均曾留迹于兹；中国"湖州竹派"始祖文同任官邛州期间，曾揣摩芦沟竹之神韵而"成竹在胸"，成就了传世的《墨竹图》；明代文学家杨慎、清代著名杂剧家杨潮观等亦曾先后留迹平乐，为后人留下几多"雅词华章"。"细雨茶芽嫩，斜阳花气浓"的花楸堡茶园，在清代，更是为康熙大帝青睐，御赐为"天下第一圃"。

久远的历史必当令平乐古镇呈现出多层次的文化积淀。这里不仅有新石器晚期考古文化遗存，秦汉驿道遗址，汉代冶铁遗址与古盐井遗址，而且有唐代摩崖造像留存于金华山天官寺中，又有全国最大的宋代纸坊遗址群散见于平乐芦沟一带。至于明清时代遗留下来的古街古巷古民居，绝大部分仍保存完好，而今仍保持着明清古风古貌的街道就有22条之多，其规模之大，风格之统一居西蜀之冠。

作为川西重要的物资集散地、水陆码头，为便于货物的装卸和交易，平乐的屋舍街巷，均沿白沫江而建，形成了古镇街区临江亲水的主要特色。其格局呈鱼骨状。22条街道长短不一、曲直有度，街口节点多为码头。为便于买卖和居家，沿街建筑均为上宅下店，一般为两层，木质穿逗结构，青瓦木檐，高低错落，形成了有别于其他川西古镇的民居建筑样式和街区风格，充分展现出平乐古镇作为重要的水陆要津和经商口岸的显著特点。而豪绅大户择地而建之别宅大院，诸如银家大院、徐家大院、朱家老院、

▲ 古街◎

▲ 李家大院俯瞰◎

李家大院等，至今仍保持着明清时期的古朴风貌。特别是地处高山深谷竹林掩映之中的李家大院，更是川西古建筑中的精品，其规模之大，建筑之精美，实属川内罕见，与所在范围内的其他古民居一起，被称为"川西最大的古民居群"。

古街古巷古民居，连同古驿道、古寺庙、古作坊、古桥、古堰、古榕树，给我们逐一展现出平乐古镇多层次的文化积淀。而千百年的文化积淀，又造就了平乐一地以竹麻号子、灯文化为代表的众多特色民俗文化。有古歌、古乐、古舞，有传统民间工艺，有民间武术。有展示民俗文化的"平台会"、"清明河灯节"，有"宗族祭祖"、"邛人祭天"等传统祭祀活动。这一系列独具特色的民俗文化及其相关活动，令平乐古镇成为"民俗文化之乡"、"民间工艺之乡"、"戏曲之乡"、"诗书画之乡"而当之无愧！

（二）保护完好的生态环境与旖旎迷人的自然风光

平乐古镇，不仅具有多层次的历史文化积淀，更为重要的是，其生态环境至今保护完好，旖旎迷人的自然风光无处不在。

该镇整个区域属浅丘型地貌，山、丘、坝各占三分之一，气候温和、雨量充沛，水势浩淼的白沫江流经镇域，无论地上地下，水资源均十分丰富。

温和的气候与湿润的自然环境，无疑对植物的生长极为有利。而今徜徉古镇，千年古榕随处可见，有的矗立江边，有的雄峙寺旁，夏日浓阴匝地，冬天郁郁葱葱。这批古榕树均为唐宋时期种植，大多数树干直径都在两米以上，树围大者近十丈，小者也在两丈以上，树冠直径多宽达20余米，宛若巨型伞盖，千姿百态，将古老的平乐掩映在一片翠绿之中。历经千年风雨，盘根错节，横柯旁出，树身已见龙钟老态而枝叶却繁茂苍翠，尤显出古镇保护完好的自然生态。如此众多的千年古榕，连同一部分树龄百年以上的麻柳、青杠树，集中于平乐一镇，这

▲ 竹海长廊◎

▲ 花楸山上千年青冈树◎

▲ 古榕树下的露天茶社◎

▲ 花楸山上采茶女◎

在成都、乃至川西，实为罕见。

由镇区西北外出1公里，便可抵达享有"幽谷画廊"、"天然氧吧"之美誉的芦沟自然风景区。

芦沟自然风景区沟长8公里，方圆8.6平方公里，周边与火井、油榨、水口三乡连界，竹木覆盖面积达16000多亩。登高环视，茫茫竹海，无边无际，绿波荡漾，颇为壮观。从镇上驱车直入芦沟风景区而至鱼崖798级台阶下，沿途翠竹掩映，幽篁深深，小溪流水，清澈见底，直令人倍觉空气清新，荡胸怡神，恍如进入人间仙境。溪畔石壁上，铭刻有明朝天官杨伸所题"寒绿仙关"四字，更令芦沟平添了几许历史风韵。距沟口约4公里处，一天然石佛像掩映于竹海之中，"石佛"双目微闭，神态慈祥；石佛所在之山高约100余米，恰是佛身。"山是一座佛，佛是一座山"、"竹为佛依，佛是竹魂"，佛之神韵与山之竹魂融为一体，如此美妙惬意的原始生态直令人叫绝！

西出古镇4公里，沿黄金堰至黄花路前行约10多分钟，便可抵达素有"乡土人家、世外桃源"之美誉的花楸山。花楸山山不高而云雾缭绕，土不肥而雨露滋润，风不吹而爽气袭人。而今这里已辟为花楸风景区，该景区总面积约10平方公里，景区内层峦叠翠，树木葱茏，溪流淙淙，有康熙御赐"天下第一圃"的花楸茶圃，有数百株千年古茶树；有曲径通幽的万亩竹海；有令人心旷神怡的十里绿色长廊；有神秘莫测的官田溶洞……而零星散落于竹林深处的川西民居，更构成了这里浓郁的乡土特色，淳朴的百姓躬耕田垄，辛勤劳作，过着恬静、惬意的农家生活。这里是现代都市人返璞归真、感悟田园风情的好去处，是颐养身心、休闲度假的世外桃源。

从镇内到镇外，得天独厚的自然风光无不显现出保护完好的生态环境。尽管早在宋代该镇即是闻名的纸乡，以竹造纸历经千年，但这里依然是古木繁茂，竹林葱绿，山清水秀，生意盎然，充分展现出平乐人热爱自然、保持和谐生态的独到匠心。

二、平乐古镇旅游巡览

（一）人文与自然高度融合的景点景观

■ 镇内沫水两岸景点集锦

◆ 镇江坊

镇江坊为古镇入口标志，位于闫巷街近桥段，宽六米，高八米，飞檐翘角，雄视沫水。对街一面，正中飞檐之下，书有"秦埠汉衢"四字，其左右第二重飞檐之下，则各书"南梁"、"北津"，两边立柱有对，曰："沫水西来通长江汇九省商贾繁华千年埠镇；骑龙东去连锦城聚八方物货富裕百里黎民"。临江一面，两重飞檐之下，则各书有"江流叠翠"与"东仓"、"西廪"，对曰："过桥去应是钟灵仙境金华佛地；渡船来可有峡山秀色蒙岭烟云"。此坊虽为后人所立，然古韵悠悠，令人驻足流连；坊上字对，更是将古镇千年繁华与四周景物巧妙地融合在一起，默默地告诉游人，此处绝非等闲之地。

◆ 福惠街

自镇江坊左转，即进入福惠街，街口有塔子坝，上通夹门关至名山、雅安，下行至成都彭县一带，货物畅通，民安乐业，故以"福惠"为街名。街口建有福惠桥，以连通长庆街。

◆ 水巷子

水巷子位于福惠街中段，为古镇临江市街下通江边石梯巷道，终点为用水码头。古镇民风淳朴，昔日先民约定成俗：大清早挑取饮用水，早饭过后才能淘洗杂物。后镇上建成自来水厂，水巷子仅作下河淘洗杂物巷道之用。

◆ 兴乐桥头古榕树

在福惠街东头与兴乐桥交接处，一棵气势磅礴的古榕树巍然矗立在沫水之滨，树身苍老斑驳，遒劲纠结，树冠枝繁叶茂，遮天蔽日，直令游人叹为观止。平乐古榕，沿江十三棵，树龄都在千年以上，唯此树最大，树龄已达1500多年。餐日月之精华，吸天地之灵气，此树亦似乎成了神灵。自古以来，乡民多具三牲之礼，将小儿

① 镇江坊◎

② 福惠街全貌◎

③ 水巷子◎
④ 水门水车◎

⑤ 千年古榕树◎

拜寄与它为干儿干女，祈求能得到它的护佑，少病少痛而长命百岁；又认为它独具灵气，以手触之可除百病，故多烧香膜拜，挂红树身。年深月久，此举已成平乐遗俗，至今犹存。

伫立兴乐桥头，凭栏眺望，四周风物，尽收眼底，近可观千年参天古榕，与碧绿江水相映成趣；远可望七洞乐善古桥，有若长虹横卧碧波。绿树掩映、沫水两岸人家，吊脚楼上、多是酒肆茶坊。真可谓景冠川西，绝妙之至。

◆ 长庆街

与福惠街相接之长庆街，取"白沫江源远流长、生民得福当庆"之义而得名。旧时渔市码头位于街口，常年皆有木船停靠，纸帮、烟帮，皆由码头沿水路通往下江一带，油盐、百货，由水路运进古镇亦停靠于此，故自古以来长庆街为平乐热闹之地。而今伫立街头，犹可想见当年繁华风貌。

◆ 禹王街与赏风楼

禹王街是该镇目前保存最为完好的具有明清建筑风格的街道。平乐有禹王堰，清代又修安乐堰，建乐善大桥，因治水而市井繁荣。乡民因崇尚大禹治水之德，故建禹王庙，修禹王街。

赏风楼地处禹王街北口，为明清建筑，青瓦木结构。临街三层阁楼，因近戏台，楼廊上，每年三月十一可观台子坝演出之川戏。平时每逢一、四、七赶集，晚上川戏玩友亦在此清唱。邻近摊贩小吃灯火辉煌，热闹常至夜深。

◆ 古戏台与台子坝

古戏台位于长庆街与禹王街交汇处，传承千年的古戏台因"文革"动荡被毁。现存建筑为近期修复而成。古戏是平乐古文化的重要支柱，也是平乐古文化的一种标志。如今，古戏台的恢复，必将令古老而神奇的平乐古戏得以延续。

▲ 长庆街头茶社◎

▲ 修复后的古戏台◎

▲ 禹王街◎

台子坝因位于古戏台前而得名。这一块开阔地，早年是当地乡民聚集看戏的场所，周边商铺林立，异常繁荣。而今每逢节日大假，古戏台开戏，古老的表演又重新活跃于古戏台之上，台子坝亦恢复了往日的热闹景象。

◆ **渔市拐码头**

渔市拐位于长庆街东头与顺河街交接处，因地形成拐弯状、渔行老板皆聚集于此设渔市而得名，白沫江通航沿岸，此渔市最大，自古生意红火，久之亦成码头。码头石梯，到如今，已是梯棱倒圆、石面微凹，岁月的磨损，留下的是昔日船只密集、人头涌动的历史记忆。

◆ **顺河街**

顺河街，顾名思义是顺河而修的街道。当年是渔市拐等码头运输货物的通道，现仅存部分街面。街东头的参天榕树下，而今已成为古镇人们消暑休憩之胜地。

◆ **草鞋街**

草鞋街与顺河街中段相连，因街内编织草鞋的人家众多，往往集中各类草鞋在此叫卖，故而得名。街虽小，但保存了古镇街巷原有的格局。

◆ **八店街与八店街码头**

八店街以八间店铺得名，古时为八店街水码头进出货物装卸处，常年热闹非凡。街口有寨子门，晚上二更关门，清晨五更打开。

八店街有古打铁铺。此铺已开设百年，为王氏家传三代之店铺。它保持了原始的打铁风貌：操作时先将大小不同的熟铁块在炉中煅烧，待熟铁烧红，由两人用不同重量的铁锤轮番敲打，经过成型、淬火、打磨，即成锄、刀、钯、钉、厨具等各种用具。联想到西汉卓王孙、程郑等人曾在"铁山鼓铸"的久远历史，小小的打铁铺不禁会令人浮想联翩。

八店街与顺河街交汇处有古码头，当年为卸货上货之用。后因白沫江水流变浅而逐渐荒废。现为居民生活取水、洗衣物之处。

① 渔市拐码头◎
② 顺河街◎
③ 草鞋街◎
④ 八店街◎
⑤ 八店街码头◎

◆ 糠市街

糠市街是平乐保存较完好的古街之一，与顺河街、八店街相连。中华为农耕古国，养猪业已有数千年，传统养猪主食以米糠喂之；平乐古镇建镇即已形成糠市，足见农耕养殖之历史久远。此街为明清建筑，木板铺面，保存完好。

◆ 字库街

字库街因街口原建有字库塔而得名。字库塔是当年川西先民耕读传家、惜字惜纸的最好见证，先民舍不得将写有字的书纸丢弃，便积存在字库塔中烧掉。如今古镇字库塔已毁，而字库街犹存，仍在诉说着先民们的古老故事。

◆ 乐善桥

沿八店街阶梯拾级而上，便是平乐古镇有名的乐善桥。该桥建于清同治元年（1862），由乡贤周潼宣、张大宾等人出资修建。从采石到竣工整整花了十年时间。桥分七孔，孔为桃形，长120米，高16.6米，宽10米，是四川省内现存规模最大的古代石拱桥。

◆ 江西街

江西街位于平乐古镇核心区外围，与台子坝所在的台子街对接，与古乐善桥仅一街之隔，因曾为平乐古镇最大的会馆——江西会馆的所在地而得名。后江西会馆因年代久远被毁，现存民居铺面皆为民国时期所建，但依然保留了古代江西街的风貌，被称为茶马驿站第一街。

① 糠市街街景◎
② 江西街◎
③ 字库街街景◎
④ 乐善桥●
⑤ 长桥夜景◎

① 剑仙楼◎
② 碳市巷◎
③ 清河街◎
④ 银家大院◎

◆ **剑仙楼**

剑仙楼是一座高踞白沫江畔、靠近乐善桥头的阁楼，与八店街码头遥相呼应，登楼可一览古镇风光。古时常有说剑仙的评书艺人在此开场，南来北往的客商则喜欢在此品茶听书或谈生意。岁月沧桑，多少年皆是如此，故人们美其名曰"剑仙楼"。现已按照历史的记忆恢复重建。

◆ **清河街**

清河街取白沫江河水清澈之意，为当年修乐善桥时所建，位于乐善桥北桥头，保存了部分明清风格建筑。因其地理位置处于桥头，故南来北往的人们皆穿梭于此。

◆ **碳市巷**

繁华的平乐古镇当年设有纸市、糠市、碳市，白沫江上百舸争流，往来穿梭的货船将本地的纸、竹、茶等运往外地，又从外地将盐、铁、煤等运到平乐。碳市巷即古代煤市所在地，煤炭交易皆在此进行。现已作为古镇竹编一条街，竹编等手工编制皆汇聚于此。

◆ **银家大院**

银家大院是清代纸商别宅，昔时规模恢宏，由多进七天井建筑群构成七星抱月布局，现存一院两天井，可见其一斑。院落建筑尺度大，空间通连奇巧，构件制作精妙，木窗锦纹多变，柱础雕刻生动，实为川西古代四合院之精品。

◆ **黄金堰**

黄金堰为平乐至下坝灌溉农用堰之一，乃先民为灌溉西岸万亩良田而修建。据《尚书·禹贡》记载：4000年前，大禹曾经到过"岷山之阳"一带治水。相传在平乐筑堰时，因水势过大，筑堰失败，于是大禹"撒黄金垒土"，终致堰成，故名"黄金堰"。从此之后，汹涌的白沫江被分成内、外两江，江水滋润着平乐一带的千顷良田，做到了"水旱从人"。清同治年间修建乐善桥时，黄金堰得以进一步改造，由竹笼装卵石筑成。人们为纪念大禹治水之德，又称之为"禹王堰"。

① 黄金堰上游览竹筏◎
② 堰上人家◎
③ 古老的禹王坎马头◎

◆ 禹王坎马头

禹王堰有禹王坎，禹王坎对岸修有码头，往昔马帮在此卸货上船。因专供马帮之用而建，因此称之为马头；又因其与禹王坎隔江相对，故称之为禹王坎马头。

■ 天工应物风情园

位于古镇区北岸西北角的天工应物风情园，是在原有古村落的基础上，集省内名工巧匠，历时一年建成的。风情园是以"复原古镇历史记忆、传承民间手工技艺和农耕文化遗产"为主题的"百年古村落"，一直以来受到众多专家和广大游客的好评，被称作"活下来的文化遗产"、"记忆中的田园牧歌"。

天工应物风情园的打造，充分借鉴了明代科学家宋应星的不朽著作《天工开物》。书名"天工开物"，取"物生自天，工开于人"之意，"天工者，兼人与天（自然力）言之"。而风情园取名"天工应物"，则包含着"先民以顺应自然之理念、高超的生产技术，制造出极有价值的器物"的意思。宋应星的《天工开物》，是世界第一部有关农业和手工业生产的百科全书，早在19世纪即被译成法文，以《中华帝国古今工业》的书名介绍到西方。平乐作为川西坝子具有代表意义的古镇，要复原历史记忆，这当然是最好的范本。其名虽有一字之差，但却更显风情园意义之所在。

在园内，酿酒、榨油、造纸等作坊林立；农家小院、官宦庄园、平民草舍、耕夫土房错落有致；竹林掩映之中，小桥流水，阡陌交通，鸡犬相闻，令人宛若穿越时光隧道，步入了百年历史的农耕岁月。质朴中透出壮观，平淡中显出新奇，非常适合现代都市人返璞归真之体验，在四川古镇景区中颇具代表性。

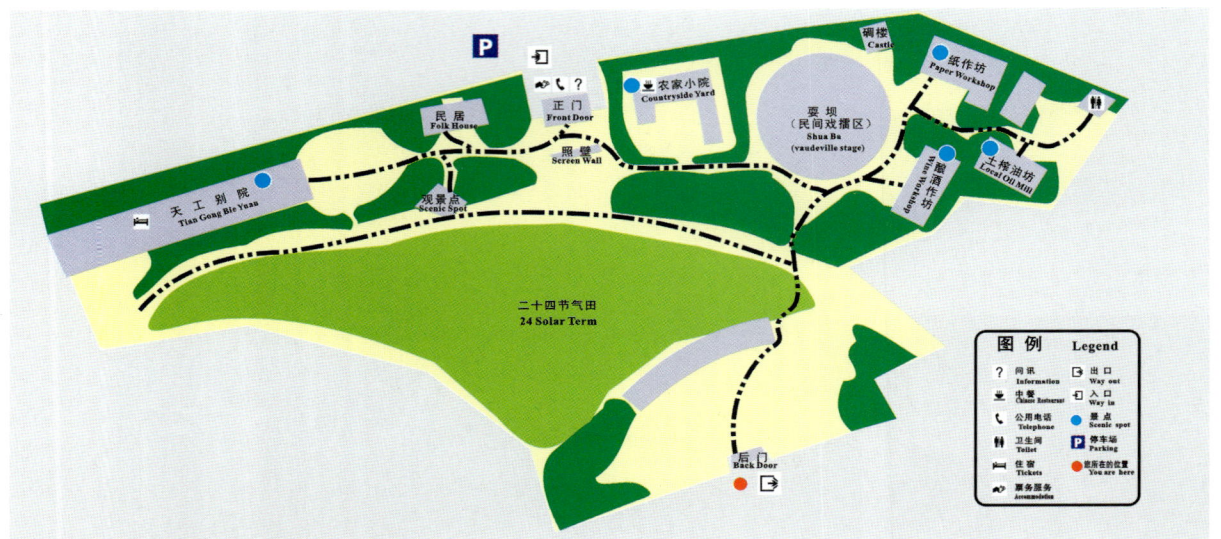

▲ 天工应物风情园分布图 ◎

▲ 天工别院全貌 ◎

▲ 天工别院内景 ◎

◆ 天工别院

走进风情园大门，沿古照壁右方前行，即可抵达古朴典雅的"天工别院"。

天工别院，原名王家大院。王家大院原本坐落在洪雅城隍街，始建于乾隆四十五年（1780）。当时的王家主人是清代河北定州州判王治统。洪雅城修建九街五巷时，王家乘机大兴土木，建成了古朴典雅、极具特色的四进合院。

2003年，有开发商看好洪雅城隍街的商业价值，于当年9月拆除了包括王家大院在内的多处古民居。为保护祖先遗物，王家后人王云贵招募了20余名专业古建筑拆迁工人，绘图、作记号，将宅子全部测绘标注好，随后，大院的数千块木材，逐一拆下，堆放在距洪雅县城约两公里处的几间平房内，等待有旅游风景区慧眼识金。沉睡了近4年后，2007年6月，平乐镇人民政府将已拆卸的王家大院买下，从洪雅整体搬迁到平乐古镇，并按照原貌进行整体恢复，重建于风情园内，易名为"天工别院"。

天工别院全院分四进，总长99米，面积999平方米，在门外乍看无甚特点，进门细看才知内里乾坤。整个院落有五个排立，四个天井，大厅、小厅，侧房、廊坊，布局尤为合理，构筑精美完善。在狭长局限的地面修建四个天井的建筑群，对空间的充分利用，采光通风的高度协调，说明了设计者的水平非同凡响。

天工别院全部为实木穿逗结构，不用一铁一钉。其中建筑装饰以"木雕"、"石雕"为主，应用遍及栋梁、柱础、门罩、窗棂等，内容以福禄寿禧、四季花卉、岁寒三友为主，图画充盈而不俗滥，意蕴灵动而不呆板。

原王家大院的建筑及其一应陈设，综合反映了川西峨眉山麓、青衣江流域清代经济、政治、文化、风俗等方面的发展水平，是不可多得、不可再生的乡土文化陈列室。而今迁建平乐，虽易名为"天工别院"，但古色古香，风貌依然，在四周田园风光的映衬之下，更显示出其独特的魅力。

◆ 古代农家小院

穿过风情园亭廊休闲区，即可见及古时候典型的农家小院。此处农家小院是传统的三间两头转的川西古代民居建筑，U字形排列，土砖围墙、篱笆院门，风谷机、红辣椒、玉米棒子、石磨等院内摆设，处处弥散着独特的乡村风味。中间是堂屋，这里是供奉祖先牌位的地方，亦兼作客厅，摆放牌位的神龛包含诸多吉祥，龙盘灵芝、鱼跃龙门、丹凤朝阳、八仙拜寿等木雕图案，无不显现出主人家祈求福祉的心愿。侧有卧室、客房、厨房、仓房等。这几间房子都已有一百多年的历史了，室内摆设也全是古董。小院的主人虽没有做官，但看来家庭条件不错，而且比较有文化。在这里，你可以尽情品尝川西农家饭菜浓郁的土风土味，如果能亲自动手参与制作，那更是别有一番情趣。

◆ 耍 坝

由农家小院前行，即可走至一块叫作"耍坝"的开阔地面。这里是进行各种民俗表演活动的地方。仔细观察，您会发现，耍坝呈圆形，舞台呈正方形，从高处俯视，耍坝就是一枚古代铜钱的形状。舞台的四边用草种出"福、禄、寿、禧"四个字，这些元素囊括了古时候人们对幸福的所有向往。耍坝上会不定时上演民俗文艺和杂耍表演，而各式各样的老玩具，则会帮您找回童年的记忆。在这里，游客可感受到十足的平乐风味。

◆ 传统工艺作坊区

走过耍坝，即进入川西传统工艺作坊区。这里分布着酿酒作坊、造纸作坊、土法榨油作坊等最具平乐特色的三大作坊，其作坊设施、生产器具与制作流程等，既借鉴了宋应星《天工开物》中的相关记载，更保留了平乐古镇独有的传统风貌，最能深深地唤起人们的历史记忆。

▲ 农家小院◎

▲ 耍 坝◎

▲ 酿酒作坊◎

▲ 作坊旁的平落酒肆◎

① 酿酒作坊与"平落酒肆"

走进酿酒作坊，供造酒使用的各种器皿即会——展现在我们眼前。供发酵用的陶缸、砖砌的大灶台、高大的木质蒸馏器与冷却桶、大小不一的各式土陶酒坛……这些器物，都在默默地诉说着古人的智慧与技艺，让我们清楚地看到酒的整个制作流程。

作坊旁边设有"平乐酒肆"。走进大门，供奉酿酒祖师爷——杜康的神龛会首先吸引住你的眼球。这神龛相当考究，左边的"寿"字由龙、竹子、蝙蝠、喜鹊等图像组成，右边的"福"字由鹿和仙鹤组成。神龛上还刻有精美的图文。面对酿酒祖师爷的神龛，闻着从旁边作坊飘过来的阵阵酒香，直想就坐在这古朴简陋的酒肆中，喝它个三杯两盏，细细品尝一下这古老的作坊刚刚酿造出来的玉液琼浆。

酒肆掌柜周先生，是平乐古镇名人，擅长诗词歌赋，对酒文化也很有研究，各位游客如果对酒文化感兴趣，不妨与周先生把酒畅谈。

② 大碑造纸作坊与松墨堂

平乐古镇自宋代起就有了造纸作坊，至明清时期更是兴旺发达，由《邛州志》所载"成都草纸半平乐"一语，即可知往昔该镇造纸业之繁荣。平乐生产的纸叫草纸，多用于包装。其工艺流程是：第一步浸料——选用将生枝叶的竹子，截断成5—7尺长，然后锤破，打成捆，放进料池，注水漂浸至20天以上。第二步煮竹、打竹麻——将浸泡好的竹料放入篁桶，一层竹麻，一层石灰，蒸煮10—12天，冷却1天后，就开始打竹麻（古时候，煮竹麻的锅很大，18名壮汉可以一起围住篁锅锤打）；取出打好的竹麻，放入清水漂塘之内洗净，接下来还需将竹麻放入篁锅，再煮7天。第三步，待竹麻彻底煮软后加入纯碱漂白，然后用石碾子碾成泥面，倒入抄纸槽内。第四步抄纸——抄纸是一道技术性较强的工序。抄纸师傅两手持帘入水，荡起竹麻入于帘内，落纸于板上。厚薄可由抄纸师傅掌握，轻荡则薄，重荡则厚。在抄纸的原料中，还要加一种特殊的植物，俗名"花药"，用来增加纸的韧性。一个熟练的抄纸师傅，一天可以沙2000张以上。抄好的纸垒成一垛后，下一步就需要轧干水分，工序名为"榨床"。最后一道工序就是"焙纸"，也就是将纸放入烘房进一步烘干。

风情园中的大碑纸坊，仅是古平乐众多造纸作坊之缩影，但其一应设施齐备，制作流程清晰可见。明白了以上工序，您是否也想拿起工具，体验一番古法造纸的乐趣呢？

看完造纸作坊，不妨再走进松墨堂一观。这里展示的是中国古代四大发明之一——印刷术。我国古代应用最早的印刷术是雕版印刷，大约出现在南朝萧梁时代，而至中唐时期则已达到很高的水平。其原理是：将需要印刷的文字或图像，书写（画）于薄纸上，再反贴于木板表面，由刻板工匠雕成反体凸字，即成印版。印刷时先在印版表面刷墨，再将纸张覆于印版，用干净刷子均匀刷过，揭起纸张后，印版上的图文就清晰地转印到纸张上，从而完成一次印刷。你也可以在这里体验一下古法印刷，原来竟如此的简单有趣。

③土法榨油作坊

风情园中榨油坊，展示的压榨制油法，是一种历史悠久的制油方法。早在北魏贾思勰的《齐民要术》中，就有压榨取油的记载，明代宋应星所著《天工开物》更有较为详细的说明。榨油的原料是油茶籽，榨油的器械名为"楔式榨油机"，榨油师傅又形象地称之为"母猪榨"。它的榨油原理是这样的：在榨膛中装好油饼后，在油饼的一侧塞进木块，然后利用吊着的撞杆撞击木块之间的三角形楔块。随着楔块被打入榨膛，榨膛中横放的木块会对油饼产生挤压的力量。正因为这种三角形的楔块在榨油的过程中具有重要作用，这种榨油机才被称为楔式榨油机。

古时候，榨油坊一般都建在村落集中、水源充沛、绿树掩映的小溪岸边。榨油开工日，榨坊老大带领榨工和在场的客户，点亮蜡烛，燃起红香，虔诚地在赵公祖师神位前，三跪九叩，诚请他从天上下来"指导"一年的榨事。第一道工序：将焙干的油菜子投放到碾盘上碾碎，动力用牛、马拉动。碾盘、石磙为石材，其余的构件都由木材制成，做工精巧，既实用又颇具审美价值。第二道工序：油菜子碾成粉末之后必须用木甑蒸熟，然后用稻草垫底将它填入圆形的竹箍之中，做成胚饼，再将胚饼装入由一根整木凿成的榨槽里，在油槽右侧装上木楔就可以开榨了。手工榨油坊的"主机"是一根粗硕的"油槽木"，它必须是一根百年以上的松木，或是百年以上的红枣木，长度一般在4米以上，切面直径不能少于0.6—1米，树中心凿出一个"油槽"，油胚饼就填装在"油槽"里。开榨时，掌锤的老大执着悬吊在空中的撞锤，唱着节奏强烈的号子歌谣,在两个助手的应和下，将长5米有余的撞锤，猛力撞到油槽中的"进桩"上,于是，被挤榨的油胚便流出一缕缕金黄色的清油。该作坊就有平乐榨油师傅亲手压榨出来的清油出售，游客们不妨买一壶回去，感受一下手工榨出的油和机器榨出的油究竟有何不同。

▲ 大碑造纸作坊◎

▲ 打竹麻◎

▲ 榨油坊◎

■ **镇外人文景观与自然风光**

看罢镇内各处景区景点，再把目光投向古镇外边，不少人文与自然高度融合的景点景观仍会令人惊叹不已而久久流连。

◆ **秦汉驿道**

秦汉驿道位于平乐骑龙山山脊上，是"南方丝绸之路"的必经要道。考古学家认定的中国南方丝绸之路——西出成都的临邛道，即从平乐古镇经由此道继续通向南方。而平乐镇域中的此段遗址，因位于骑龙山原始树林之中，故历经千百年风雨剥蚀，至今仍保存较为完整。该段驿道长约1公里，跸面横宽约4米，呈鱼脊形，全用平顶卵石铺就，十分牢固，足供车马驰驱。公元前2世纪，史称"汉赋之圣"的成都才子司马相如，即由此驿道出使西南夷。驿道两旁筑有墙垣，和秦汉时代"甬道"的规模构制完全一致。墙垣亦用卵石垒砌，高1.4米。墙垣原为防止敌人抄掠运输物资而设，从筑路发展史来看，墙垣又起着养路如排水抵挡塌方的功用，显示出当时设计施工者的智慧与匠心。秦汉驿道是平乐古镇路文化最为集中的体现，旅游者径可至此寻看历史遗迹，从而获得一番独特的历史文化感悟。

◆ **唐代观音院**

作为川西重要的物资集散地的平乐古镇，为祈求神灵保佑，旧时宗教文化氛围极为浓郁，庙宇众多，惜乎多已毁坏。而位于镇东城隍路中段的唐代观音院，自古以来即为邛州南路第一大寺，历朝历

① 古驿道◎
② 骑龙山古庙●
③ 古庙内佛像●
④ 观音殿◎
⑤ 明代观音铜像◎

① 大佛坐像◎
② 金华山摩崖石刻◎
③ 崖壁上的神龛雕像◎
④ 杨天官试剑石◎
⑤ 芦沟竹海◎
⑥ 元帅井◎

香火旺盛，朝拜者甚多。现经重修，已是焕然一新，极具佛教文化氛围。寺中留存至今的明代铜雕观音，造型逼真，可称中国铜雕精品。观音三十三种化身中著名的千手观音、净瓶观音、骑龙观音、骑虎观音等造像亦栩栩如生，可供游人瞻仰膜拜。

◆ 金华佛山

金华佛山位于古镇南面，距离古镇约3公里，自秦汉以来即为灵山圣地。独特的地形地貌与众多的人文古迹，不仅使金华佛山山奇水秀，而且使之具有两大与众不同的鲜明的宗教文化特点，一是"三教汇于一山"，儒、佛、道和谐地统一到金华山上。无数的摩崖造像凿刻在峰回路转的山岩上，栩栩如生；依山而建的大佛，宝像庄严，香火不断；大佛座前的一幅"天马行空图"更是全国摩崖造像中的精品。登高俯视，大佛沟极为自然地弯成一个巨大的"S"形，将金华山一分为二，恰似一幅天然太极图，给金华山平添了几分神秘。二是"一步呈一景"。莺啼鹂啭、随处可闻，奇峰异石、险峻独特。中唐时期的天宫寺、绿水青山中的亭台楼阁、极具川西特色的吊脚楼、古幽深邃的石梯山道都给人以无限的遐想和启迪。金华佛山现为"邛崃市十大旅游景点"之一。旅游项目以拜佛、休闲、观光、避暑为主。

◆ 芦沟

芦沟自然风景区，位于平乐镇区西北1公里，其自然风光尤为旖旎迷人，素有"二十华里绿色长廊天然氧吧"、"千年古镇之幽谷画廊"的美誉。但饶有意味的是：一些本为纯粹的自然景观，却又因为前人潜藏于心的文化情结与独特奇妙的艺术联想而融入了浓厚的人文色彩，诸如掩映于竹海之中的石佛

① 古造纸作坊遗址◎
② 作坊水车◎
③ 金鸡沟内自然生态水流◎
④ 金鸡沟内一线天景观◎

像；而由石佛山沿溪而上，所谓"杨天官试剑石"亦是如此。试剑石本是矗立在溪中的一座巨大的片岩，岩上几道深切的裂缝恰似有人以利剑辟开，于是便联想到这里就是杨天官的试剑石了。溪水从试剑石缝中流出，溪畔野花、翠竹丛生，极富诗意。过葫芦顶上寨子岗即为天官墓。自寨子岗从西以北，是大熊猫经常出没的地方。擦钟山而过，至鱼崖脚下，有一大石方井，据说徐向前元帅率红二方面军至此与国民党军队鏖战七天七夜，曾在此井取水做饭和饮马，故后人称此井为"元帅井"。由此东折而上鱼崖，此处当年红军作战之掩体犹在。

◆ **古造纸作坊遗址**

前文已经讲到：平乐造纸历史悠久，早在北宋年间就是著名的造纸之乡。据宋人记载："平乐镇，濒河，水陆通达，市井繁荣，纸市尤大。"平乐是地，竹资源十分丰富，故造纸作坊尤多，以慈竹生产之纸质量高、产量大，很受外地市场欢迎，故平乐纸主要以外运外销为主，历史上曾由南方丝绸之路远销东南亚。平乐造纸一直延续到新中国成立后，虽逐渐为现代造纸所替代，但在平乐的芦沟、金鸡沟等地至今仍保留着古代造纸作坊遗址共74处，沿山造坊，设计独特，其数量之多，保存之完好，皆称全国之最。据专家考证，在全国现存古造纸遗址中十分罕见，极具保护价值。

◆ **金鸡沟**

金鸡沟位于古镇西南面，沟口与白沫江相连，光绪十五年（1889）在沟口建有金鸡桥，至今保存完好。金鸡沟离古镇区约3公里，因沟内竹资源丰富，这里亦成为先民造纸集中的场所。而今，造纸作坊虽成遗址，古老的繁华早已风流云散，但一片翠绿的自然生态却保持依然。踏过长满青苔的石板路，穿行于茫茫竹海之中，犹可想象当年造纸工人往来穿梭、搬运毛竹的热闹情景，风过之处，林涛阵阵，耳畔亦似乎响起了欢快的"竹麻号子"声，好不让人心醉！

① 金鸡古桥◎
② 花楸人家◎
③ 千年古茶树◎
④ 花楸景区内的石板桥◎

◆ **天下第一圃——花楸茶圃**

前面我们已经谈到素有"乡土人家，世外桃源"美誉的花楸风景区，这里再着重介绍位于风景区内的花楸茶圃。

"花楸茶圃"位于平乐花楸村村委会外围，现保存有千年古茶树达数百株之多。早在秦汉时期，花楸之茶即与嘉州、雅州所产茶叶齐集于中国最早的茶叶集散地——武阳以运往四方，又随着马帮的铃声而香飘万里。及至宋代，不仅在今花楸堰地区已有官府经办的火井茶场，花楸茶更是以其优良的品质而成为贡茶，同时亦远销域外党项（西夏）等地，深得党项人的厚爱。据宋代乐史《太平寰宇记·邛州土产》记载："临邛数邑，茶有火前、火后、嫩绿、黄芽。又有火蕃饼，每饼重四十两，入西蕃，党项重之。"花楸茶远销西夏，显然是经由茶马古道从平乐运送出去的。到了清代康熙年间，在朝廷组织的贡茶品尝评比活动中，花楸茶一举夺冠，平生钟爱品茶的康熙大帝品尝之后，亦连呼好茶，并当即封赐邛崃花楸堰为"天下第一圃"。自此以后，花楸茶即年年上贡，誉美天下，号称"花楸贡茶"，其在中国贡茶史上的突出地位亦更加得到了肯定。

花楸之茶，旧时也称火井茶，清人吴秋农记载云："锅焙茶，产于邛崃火井漕，箬裹囊封，远至西藏，味最甘洌，能荡涤腥膻厚味，喇嘛珍为上品。"并有诗曰："临邛早春出锅焙，仿佛蒙山露芽翠"；"性醇味厚解毒疠，此茶一出凡品空"。

进入平乐花楸风景区,不妨前往茶文化走廊一游,既可赏"天下第一囤"之壮观,又可瞻千年古茶树之神韵,更可沐茶山之清风、品贡茶之馨香,自会让你神清气爽,乐在其中。

◆ **李家大院**

李家大院位于花楸村深丘之沟底,距邛崃市区17公里,乃清代纸商李洪楷私宅,俗称李家寨子。寨子四围青山封锁,景象幽深,气氛安宁;东去山溪盘纡,西来山路交汇,地理条件十分宜人。

寨子顺坡砌石成坪,方圆13000平方米,其上构筑三大院落,共有7天井,149间屋室(计4164平方米),形成了多形态空间,凸显出独具匠心的"空间组合"意识。来此考察的规划师、建筑师对其空间处理手法均十分赞赏,认为"大小院落合分有度,'四维'空间组织有序","空间功能明确,适宜居住和进行各种活动",是山地大宅民居精品。

中部大院及南北两院,屋舍架木皆作"穿逗",依山勾连而起群落,南北横陈1200多米,构成高而宽的山寨大观,气势逼人。屋顶布小青瓦作"悬山"造,巧于"互借"而构成样式多种,鳞次栉比尤显层次,凸显山地民居格调。

① 李家大院 ●
② 李家大院保坎 ◎
③ 李家大院院坝 ◎
④ 李家大院祠堂 ◎
⑤ 光绪御赐额牌 ◎

①

②

③

④

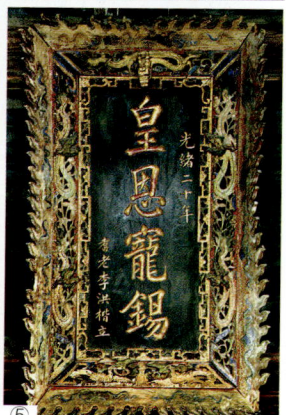
⑤

▲ 李家大院门窗雕饰◎

纵观三大院落，皆坐西向东，踞高东望可极目致远，开户迎新有"紫气东来"。院子后靠崖前保坎、避寒风、纳朝阳、及山取水、顺坡排污，生活环境极其舒适。

历经百余年风雨，到如今，大院清代建筑风貌依旧，九成以上构件均属原物。来自清华、北大、同济和川内的不少环境学、建筑学、人文学的专家学者，不仅对李家寨子独特的自然环境、殊异的小区气候赞美备至，而且对寨子选址、布局、营造作法等等适应大自然之理念，更是颇多褒扬。最统一的评价是：李家大院折射出古代"天人合一"的传统思想文化，是"不可多见的晚清大宅民居"！

李家先祖原系浙江武陵人氏，明朝万历年间因遭不幸而潜逃入川，隐居临邛平乐。明末清初，兵荒马乱，其后裔遭兵劫而再次逃亡，进入深山，来到花楸是地。其后，世代以造纸为业，至清咸丰年间已富甲一方。为求业大人旺，其掌门人李洪楷乃"相地"立寨，大兴土木，先建成中部大院，继之又建北院、南院，鸠工营造56年而成大观。李洪楷乐善好义，曾捐款助建邛州南桥、油榨桥及雅州宝兴桥、大川桥等，官府上奏"举贤"、"请赐"，光绪乃赐授"正六品"顶戴，赐赏"皇恩宠锡"御牌。

而今，光绪御赐额牌仍高悬大院祠堂，蓝底金字，光彩夺目，透雕边框，精美绝伦，被视为李家大院珍宝。堂屋正中，同治年间所设神龛依旧，规格大、材料好、雕刻精美，极为稀有。至于"双凤朝阳"、"寿星跨鹤"、"八仙过海"、"麒麟仰凤"等浮雕，镏金布彩，价值极高，更是丰富了大门楼的观赏内容。这些难得的实物珍品，连同门扣、门环、门檐以及存于院内的"泰山石敢当"镇邪、大石缸、匾联等清代原物，无不透露出丰富的历史文化底蕴，常令游人百看不厌，遐想尤多。

（二）极富地方色彩的土特产

■ 花楸贡茶

崃山产茶"十八堡"，自古闻名。其中花楸、天池、水口、盐井等堡，至今仍是邛崃茶叶生产基地。而产于平乐花秋堰和甘山子一带的花楸贡茶，更是独占鳌头，名扬天下。这里山虽不高而时有云雾缭绕，向阳不燥，背阴不冷，微风拂煦，爽气袭人。凭借其独特的自然环境与湿润的气候条件，所生茶树，分树极旺，萌发茶叶，芽叶肥壮，早春迟秋，嫩度不减。所制成

▲ 花楸银毫◎

茶，经久耐泡，具有独特的品质和风格。四川农业大学茶叶专家对花楸茶树实地考察后，认为花楸茶树品质优良、持嫩性强、内含物高，实为名优绿茶之良种。近年来，用以制成的"花楸贡茶"、"花楸御竹"、"花楸银毫"、"花楸雪蕊"等，更是茶中极品。

■ 豆腐乳

▲ 豆腐乳◎

平乐豆腐乳起源于18世纪初，距今约200多年的历史。后代人在原有加工技术的基础上，经过不断改良和翻新，选用优质黄豆经过手磨加工发酵精制而成。平乐豆腐乳具有气味清香、味道纯正、口感舒适的家常风味特点，种类繁多，分别有清香型、原味型、麻辣型等不同味型的豆腐乳，是平乐著名的土特产之一。尤其是黄记"富贵春"豆腐乳，更为游人青睐。该品牌豆腐乳为2005年成都"中国国际美食节"参展美食之精品，被评为纯天然绿色食品。

■ 瓷胎竹编

▲ 瓷胎竹编◎

平乐的竹编工艺，一直享有盛名。其中尤以瓷胎竹编最富特色。

瓷胎竹编，又称"竹丝扣瓷"，是竹编工艺品中一种独具特色的品种。它以瓷器器皿为胎，用纤细的竹丝和柔软的竹篾，依胎编织而成。

平乐生产的瓷胎竹编，竹丝选料非常考究。在四川出产的一百多种竹子中，仅选用邛崃山脉生长的慈竹，而且必须是节距在66厘米以上、无划伤痕迹的"两年青"壮竹。50公斤慈竹经反复挑选加工，最后只可得成品竹丝400克。制成的经篾薄如丝绸，纬丝细如毛发，且粗细均匀，柔韧适度，其原料制作技术要求极高。

其编织技艺要求亦很高，难度极大。从起底、翻底、翻顶、锁口的全部工序，都要求不出现竹丝接头，不出现绞丝、叠丝等技术差错，始终保持经篾纬丝比例匀称，给人以一气呵成之感。瓷胎竹编在图案设计方面，已从俗称"城墙垛垛"的简单花边发展到复杂多变的几何图案、提花图案、隐花图案和山水花鸟等自然图案。在编织技艺上，除了保持传统的细密编之外，竹编艺人经过反复琢磨，又创造了特细编、疏编、疏密结合编以及圆心起花、弧形锁花、条花、格花、链花、浪花、别花、穿花、帖花、漏花等十多种新工艺。瓷胎竹编工艺品，除了传统的花瓶、咖啡杯、茶具、饭碗等产品外，还有首饰盒、文具、笔筒、竹压盘等等。其工艺之精美、品种之繁多，足令游人目不暇接，啧啧称奇。

目前，平乐"瓷胎竹编工艺"与"平乐竹麻号子"、"孔明灯"已成为该镇首批成功申报的三个"国家级非物质文化遗产"项目。

■ 其他手工制品

在平乐，竹帘画、小木凳、手编草鞋、乌木制品、手工木雕、根雕以及草纸地图和各种草纸制品

▼ 竹编画◎　　▲ 木雕制品◎　　▲ 草编鞋◎

等，做工亦非常精妙，看到这些显现出很高艺术品位的纯手工制品，你不得不为平乐人独有的匠心与高超的技艺所折服。

（三）风味小吃与天然绿色食品

■ 风味小吃

◆ 碗碗羊肉

碗碗羊肉，在平乐古镇又称"小吃羊肉"，其名气已遍布川西。平乐碗碗羊肉，用祖传秘方配制的泡料将全羊在锅中烹煮，煮熟的羊肉切碎后，再用料汤继续温热，然后放入碗内，碗内盛有芹菜末、泡黄豆叉海椒、汤料等，盛出的便是一碗清香可口的碗碗羊肉了。其用料讲究，做法独特，吃法方便而又上口，是冬日暖身、滋阴补阳的上佳食品。而今平乐碗碗羊肉又与火锅相结合，其风味不减而吃法则更加随意了。

◆ 玉麦馍馍

玉麦馍馍用平乐本地所产玉米磨成粉，再和上麦面，拌入少量饮用水，加入酵粉，仔细抛揉，然后蒸熟出锅。其味清香爽口，尤具平乐乡土风味。

■ 其他绿色天然食品

在平乐，尚有一系列绿色天然食品，等候着你前往享用，诸如碗碗香、饽饽鸡、泡黄豆叉海椒、麻辣

▼ 碗碗羊肉火锅◎

▲ 玉麦馍馍◎

▼ 饽饽鸡◎　　▼ 竹笋烧鸡◎

▲ 饽饽肉◎　　▲ 麻辣血旺◎

血旺、烩豆腐、竹笋烧鸡、老坎麻饼、石磨豆花、野菜、老腊肉、笋子虫、老母虫等等。其做工独特，味道鲜美，尤具绿色天然风味，定会让你大快朵颐，齿颊留香。

（四）宾馆客栈与相关旅游服务

■ 黄桷树客栈

位于古镇核心区闰巷街，环境幽雅，空调标准间，床单等日清日换。

■ 领秀山庄

位于金华山竹海，全部标准间，床单等日清日换。另有豪华家庭套间，可住80人左右。

■ 中国青年旅舍

该旅舍位于古镇核心区白沫江边、乐善桥旁，为目前古镇最大接待宾馆。

如逢节假日，住宿较为紧张，可联系平乐古镇旅游热线：（028）88781080或（028）88781110咨询，即能找到较为合适的住宿场所。另，如需直接联系住宿等相关旅游服务，亦可按下列提示直接与旅游服务单位电话联系：

① 黄桷树客栈◎
② 乐善桥客栈◎
③ 剑仙楼◎

旅游服务单位	联系电话	联系人	地址
游客中心	88781080	吴思麟	平乐古镇入口
剑仙楼	88811111	杨静霞	乐善桥桥头
本金客栈	88811111	刘本伦	花楸山风景区
乐善桥客栈	88781080	黄　麟	大桥街
春江客栈	88781080	谢发春	平乐镇白沫江中段
黄桷树客栈	88781080	彭桂华	平乐镇阁巷街
水乡人家	89202288	李小兵	白沫江上段
黄记富贵春	88782969	黄先琼	平乐镇闫巷街67号
平落堂	88781080	柳先华	白沫江中段银家大院

（五）民俗风情

勤劳朴实的平乐人民不仅在这块古老而神秘的土地上创造了丰富多彩的物质文明，而且还创造出了灿烂流光的民俗文化。碗碗羊肉、泡黄豆叉海椒、奶汤面、岩谷水豆花、甜皮烧鸭、传统的乡村月饼等名小吃，再加上婚丧嫁娶传统的九斗碗古镇酒席，即从饮食一道上使该镇民俗风情得到了一定的彰显。而每年农历二月十九的观音会，清明时节河灯会，山歌会，三月十一的城隍庙会，六月初六的朝山会，以及正月初一到十五的狮子灯、牛儿灯等等，更将古镇浓郁的民俗风情渲染到了极致。

作为川西重要的物资集散地与水陆码头的平乐古镇，自清代以来，川剧艺术即风行乡里，长盛不衰。除了涌现出一批知名演员如郭成君、张崇林、陈显芳等人外，至今仍有民间玩友会，逢年过节唱上几台大戏，平时来几段折子戏，男女老少都踊跃观看。玩友、票友更是不计其数。不时演出的川剧极富浓郁的地方特色，慢板拖腔，悠扬婉转，有似白沫江之缓缓流水，鼓锣骤响，唱腔激越，又如风乍起于芦沟万亩竹海。

至于农民唢呐队、威风锣鼓队、狮灯龙灯舞等，每逢节日喜庆，更是活跃在镇头乡里，将古老而淳

▼ 平乐龙灯舞◎　　　　　▼ 平乐牛儿灯舞◎

① 川剧表演◎
② 观音院放生法会◎
③ 竹麻号子表演◎
④ 李家大院祭祖仪式◎

朴的民俗文化演绎得淋漓尽致，不仅使本地人感到生活的喜悦，亦使外地游客陶醉不已。

　　这里特别需要提到的是：自古以来在沿江西岸传唱不息的"竹麻号子"。

　　"打竹麻"是一项十分艰苦的活计。千百年来，为协调动作节奏，亦为消除劳作中的困闷，工匠们一边打竹麻，一边总是高唱着劳动号子。这种奔放、热情、悠扬、古朴、流传于农家俚巷的劳动歌谣，在劳动人民的口中得以流芳百世，一直唱到了中华人民共和国诞生。新中国成立以后，这一手工造纸时代流传下来的劳动号子，更以舞台表演艺术的形式，不仅唱响了邛崃、唱响了成都，而且还唱到了北京。早在1958年，平乐竹麻号子就曾参加在人民大会堂举办的全国民歌精英会演出，获中宣部优秀奖；1959年，获四川省文艺调演特别奖；之后又由温江地区选送到成都解放军影剧院进行汇演，获温江地区一等奖、四川省一等奖。到如今，平乐竹麻号子已成为一笔宝贵的非物质文化遗产，留存于平乐民俗文化之中。到平乐一游，不妨参加到"竹麻号子"民俗文化表演活动中去，热情奔放的古朴歌谣自会让你感受到不同凡响的独特韵味。

（六）旅游线路提要及示意图

　　到平乐古镇以后，可联系古镇旅游公司专业导游带队讲解，50元/40人以下，由古镇入口进入参观古镇区的古街、古巷、古民居、古桥、古树、古堰、古码头，感受每个景点的独特魅力。其后可往"天工应物风情园"一游，以感悟传统农耕文化，领略平乐民俗风情。

游完以后，可以在白沫江边品茗聊天、闭目养神或打牌休闲，也可到民俗产品一条街购买古镇特有小商品，把玩古镇民俗文化，品味平乐古典艺术。也可以去到江边，登上竹筏游弋，饱览沿江美景。至于特色小吃及各类绿色食品，古镇区内，随处可寻，大可让你一饱口福。

晚上可以在河边欣赏夜景，感受古镇的恬静与温馨。还可以放河灯、孔明灯等，以寄托美好的心愿。

如果时间够充裕，不妨再往镇外一游。最近的南方丝绸之路——秦汉驿道，当然是首选，离镇上仅1公里，徒步走去为佳。沿途还可瞻拜观音大院，过观音院再前行约300米，即走上秦汉驿道，脚下便是两千年前古人留下的浩大工程了。

徒步金鸡沟之旅，野炊是不错的选择。苔痕斑斑的石缸、木碾等古造纸作坊遗存随处可见，再深入前方竹林深处寻古探幽，真说得上是自然生态游的上好选择。

攀登金华佛山，观摩崖造像，赏奇峰异石，可感悟三教之神幽。

至于茫茫芦沟竹海，如若驱车前往，在山里住下，不仅可见古老的造纸作坊遗址与鬼斧神工的大自然美景，更会为你提供一处偌大的天然氧吧，让你神闲气定，疗养身心，清净耳根，怡然自得。

亦可驱车前往素有"乡土人家、世外桃源"美誉的花楸风景区，去"天下第一圃"问茶，到李家大院参观，定会让你贴近历史故事，获得一份独特的文化感受。

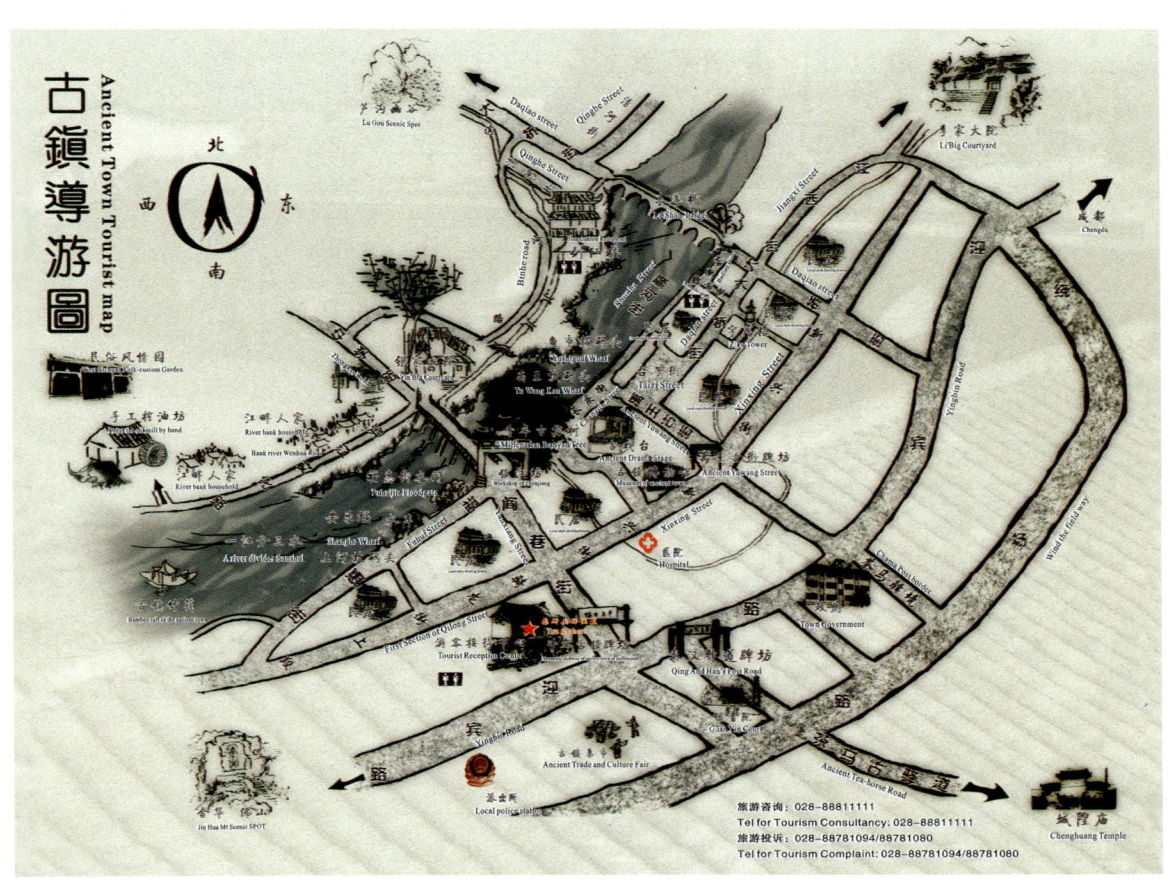

▲ 平乐镇内导游图◎

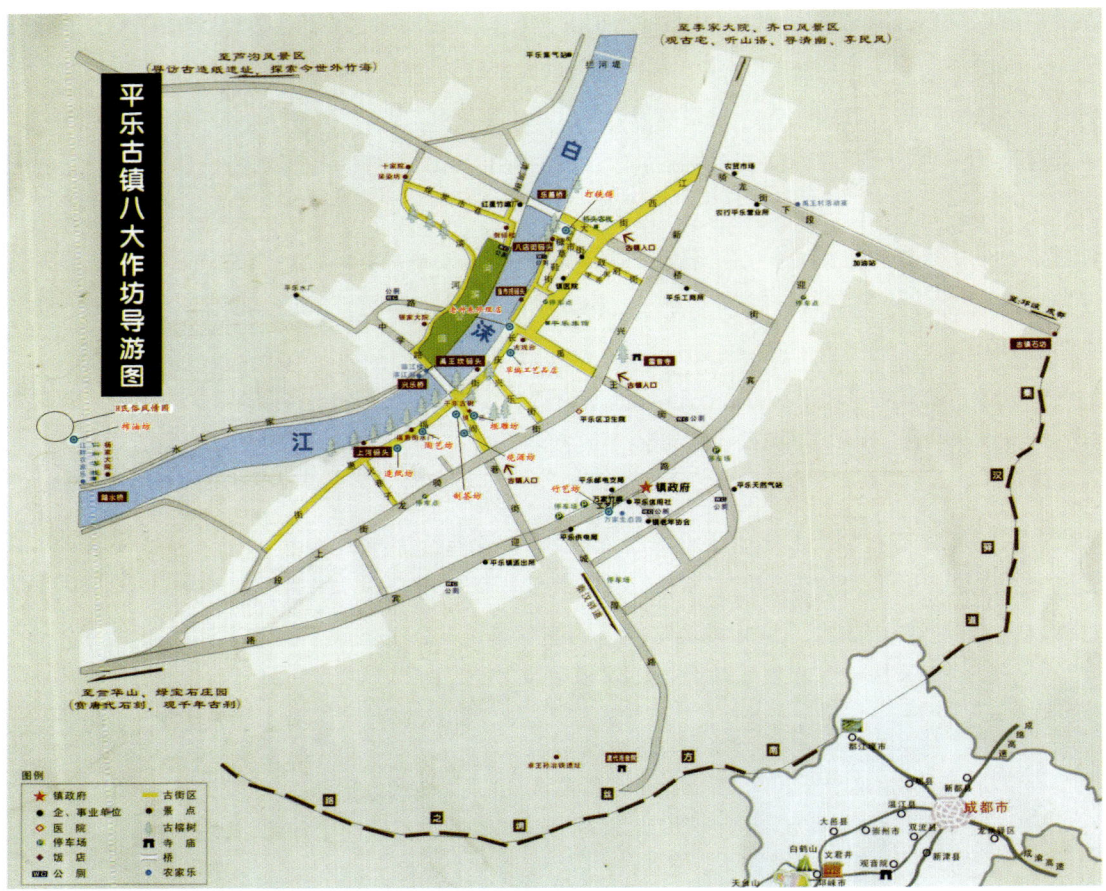

▲ 平乐古镇八大作坊导游图◎

三、出行指南

■ **成都→平乐**

成都市新南门旅游车站每天均有直达平乐古镇的旅游专线车。每天暂定早上9：40 —下午4：50，四趟来回，节假日有加班，车程93公里，时间约100分钟。25元/人。

■ **成都→邛崃**

从成都出发，可以在金沙车站、新南门车站、火车北站、石羊场站等车站乘车。

(1)金沙车站的成运高速走成温邛高速公路，途经温江、崇州、大邑，需约1个小时到达邛崃车站，20分钟/班，17元/人，全程约75公里。

(2)火车北站、石羊场站走318国道，途经双流、新津后约两个小时左右到达邛崃车站，20分钟/班，13.5元/人，全程约82公里。

■ 其他地方→邛崃

从雅安、乐山等地有直达邛崃专车，价格随行而定。

■ 邛崃→平乐

到达邛崃车站后，可以在车站大厅门口搭坐邛崃→平乐的古镇专线小面的，每15分钟一趟。走邛崃孔明乡、平乐下坝场到达平乐，一路蜿蜒曲折，行程17公里，需30分钟左右；还有邛崃→夹关的蓝色小面的：车从邛崃车站出口出发，4.5元/人，20分钟一趟，走318国道10公里到卧龙镇转入卧夹公路，再行8公里即到平乐镇上，路面较好，路直，行程共18公里，约需25分钟到达平乐。

■ 平乐古镇→镇外其他风景区

从平乐镇上可以联系古镇旅游公司包车前往，服务电话：028-88781080。价格在10元左右/人·景区，也可包车60元/辆·景区，皆包往返。

另外古镇有骑游俱乐部，双人自行车5元/小时，包车30元/天；三人自行车8元/小时，包车45元/天。

■ 镇内游

古镇内可乘坐仿古黄包车5元/小时，或者30元/包古镇内；仿古电动观光车5元/人/圈。

主要参考文献

【汉】司马迁撰：《史记·货殖列传》卷一百二十九，上海古籍出版社《二十五史》影印本，1986年版。
【宋】乐史撰：《太平寰宇记·邛州》卷七十五，上海古籍出版社《四库全书》影印本，1987年版。
【元】脱脱等修：《宋史·地理志·成都府路》卷八十九，上海古籍出版社《二十五史》影印本，1986年版。
【明】曹学佺撰：《蜀中广记·方物记第七·茶谱》卷六十五，四库全书本。
【明】宋应星著：《天工开物》，沈阳出版社，1995版。
中华文明史编纂委员会：《中华文明史·明代》第8册，河北教育出版社，1992年版。

※本篇原基本图文资料由邛崃市平乐镇人民政府提供，任维进收集整理。

10 邛崃市临邛镇

▼ 中国优秀旅游城市——临邛古城 ◎

临邛镇是邛崃市城区所在地，也是全市政治、经济、文化中心。该镇位于成都平原以西，川藏公路要冲，距成都市区65公里，距双流国际航空港50公里。全镇面积150平方公里，建成区面积11平方公里。最高海拔662.7米，最低海拔488.7米，山、丘、坝俱有，南河、西河横贯其境。

该镇辖9个城市社区，10个涉农社区，26个村，总户数51586户，常住人口155121人，其中农业人口94394人，非农业人口60727人，镇内有7个中心村和13个聚居点，是四川省特大镇之一。

临邛镇核心区临邛古城，为巴蜀四大古城之一，古南方丝绸之路西出成都的第一重镇，四川省首批命名的历史文化名城，国家AAA级旅游景区。古城始建于秦惠文王更元十四年（前311），迄今已有2300多年历史。这里是西汉才女卓文君的故乡，素有"临邛自古称繁庶，天府南来第一州"之美誉。

核心区分布着千古爱情名园——文君故居、四川省保存完好的最长老街——大北街、爱情巷道——幸福巷等文物古迹，核心区周边环绕着全国第三高砖塔回澜塔、全国重点文物保护单位十方堂邛窑遗址、白鹤山森林公园等风景名胜。南河绕城而过，青山隔水相望，在自然与文化、山水与城市的和谐交融中，充满着历史的厚重感和人文休闲的浪漫情调。

继邛崃成功创建中国优秀旅游城市之后，2006年，临邛古城成功举办了"第十届亚洲跳伞锦标赛暨国际跳伞公开赛"、"2006成都中国古琴国际艺术节暨文君文化旅游节"、"第三届中国国际美食节（分会场）"等活动；2007年，临邛古城成功创建国家AAA级旅游景区，承办了"2007中国·邛崃七夕情人节（中国麻辣情人节）"；2008年，承办了"中国·成都(邛崃)国际南丝路文化旅游节"、"醉·爱邛崃成都第三届单身白领节"等活动，掀起了临邛古城旅游的热潮。

临邛，一座有着现代化城市节奏、却又弥漫着千年历史文化芳香的城市。在这里，现代气息与历史氛围和谐交融，古老民俗和时尚新风相依共存，在古老的南方丝绸之路上，犹如一颗璀璨的明珠，正放射出夺目的光芒！

第十届亚洲跳伞锦标赛暨国际跳伞公开赛◎

2006成都·中国国际古琴艺术节◎

图片：◎ 邛崃市建设局提供
● 严永聪 摄影

一、城址不变的久远历史与积淀丰厚的文化底蕴

（一）秦汉古城与临邛历史沿革

▲ 临邛古城开城迎宾仪式◎

战国后期，周慎王五年（前316）秋，古蜀国为秦军所灭。秦惠文王更元十一年（前314）置蜀郡，蜀郡临邛、成都、郫县所在三地，因土地肥沃、地当要冲，出于政治和军事需要，更元十四年（前311），秦惠文王派大夫张仪、蜀守张若主持修建三城。据《华阳国志·蜀志》记载："临邛城周回六里，高五丈。造作下仓，上皆有屋，而置观楼射栏。"因临近邛民（邛族）聚居地，故取名"临邛"。时临邛城规模较大，城址即在今邛崃临邛镇。当时郡县制尚未普及，临邛城实为县治雏形，辖今邛崃、蒲江、大邑三县地。

两汉时期，临邛古城为蜀郡临邛县县治所在地。但在西汉末年至王莽"新"朝时期，城垣毁损，导江卒正（即蜀郡太守）公孙述曾设署临邛，主持营建新城，号称"公孙城"。

自西晋怀帝永嘉六年（312）至西魏废帝二年（553），因战乱不息，临邛又为僚人所扰，乃将县治迁移至今崇州境内，凡240年；而临邛古城，则屡遭破坏。西魏废帝二年（553年），恢复在旧城置临邛县治，并设置临邛郡。南朝梁代武陵王萧纪于蒲口顿（蒲水口）改置邛州，南接雅州。隋开皇三年（583）撤销临邛郡建制，以临邛县归属邛州；大业二年（606）临邛划属雅州。唐武德元年（618），割雅州依政等五县，仍置为邛州，下辖临邛、大邑、安仁、依政、临溪、火井、蒲江等七县，邛州州治，设于临邛古城。

唐、宋、元、明、清各代，置邛州，州治仍置于临邛古城。但自唐文宗太和三年（829）至清康熙十三年（1674），临邛古城曾先后数次被南诏、吐蕃以及吴三桂叛军等攻陷，州城残破，满目疮痍。其间，明宪宗成化十九年（1483），官府用泥土筑成简陋城垣，历30余年而崩裂。武宗正德十六年（1521）知州李廷诏主持改筑，城设四门，各门均建城楼。楼檐悬木匾，东曰"东望锦城"，南曰"南挹蔡蒙"，西曰"西宁番倮"，北曰"北跨鹤雾"。又在城之东南角上建"聚奎楼"，祈求文运亨通，科甲绵延。楼上塑"魁星踢斗"泥像，城墙外围开凿护城河。明末清初，战乱频仍，州城残破，户口锐减，常有虎豹出没。直至康熙三十二(1693年)知州戚延裔捐资助修城垣，民方得安居。

乾隆二十九年(1764)，在知州王采珍主持下，原城垣得以全面维修。城周1638丈，合九里一分。城

开四门，另辟一门于东南角"聚奎楼"下，名"小南门"。除修复城墙外，又补砌女墙垛口1738座。东城楼名"涌泉楼"，匾曰"环江沃野"；南为"挹翠楼"，匾曰"崃山拥秀"；西为"鉴湖楼"，匾曰"瑞霭云吟"，北为"跨鹤楼"，匾曰"灵绵雾岭"。城貌壮观，超轶前代。清嘉庆年间，城垣先后发生三次崩裂，均经官署维修完固。此后历经百余年直至解放。1958年拆除城墙改筑围城公路，但古城轮廓仍清晰可见，护城河亦如旧貌。

临邛自建城两千多年以来，或为县治，或为郡治，或为州治，其城址亘古未变。民国元年（1912），仍为邛州州治所在地。民国二年（1913）邛州改为邛崃县，临邛古城为县治所在地。民国二十五年（1936年）定名临邛镇。民国二十九年（1940）更名为城厢镇。民国三十二年（1943），一度改名为城守镇，不久又改为城厢镇，直至解放。1950年元月城厢镇设为邛崃县城关区。1956年12月撤区，建城关镇。1981年3月，更名为临邛镇，并沿用至今。

（二）积淀丰厚的文化底蕴

■ **南方丝绸之路西出成都干道上的第一重镇**

"丝绸之路"这一概念，不仅仅指从中国出发、横贯中亚、进而连接欧洲和北非的古代北方丝绸之路，在南方，早在张骞出使西域之前，中国的对外民间往来和交通贸易就已十分发达，"南方丝绸之路"实际上已经存在。

据《史记·大宛列传》记载，张骞出使西域回国后向汉武帝报告说："大夏在大宛西南二千余里

▲ 古城楼编钟古乐演奏◎

▲ 骑士巡街◎

▲ 临邛古城夜景◎

▲ 省级重点文物保护单位——文君井

……大夏民多，可百余万，其都曰蓝市城，有市，贩贾诸物。其东南有身毒国。骞曰："臣在大夏时见邛杖、蜀布，问曰'安得此？'大夏国人曰：'吾国人往市之身毒，身毒在大夏东南，可数千里。……以骞度之，大夏去汉万二千里，居汉西南，今身毒国又居大夏东南数千里，有蜀物，此其去蜀不远矣！'"

以上引文中所谓"大夏"，即巴克特里亚(Bactria)古国，位于今阿富汗北部一带。"身毒国"，是古"印度"的别译。从张骞向汉武帝回报的内容看，大夏国都蓝市城"贩贾诸物"中有古临邛出产的"邛竹杖"以及"蜀布"等蜀物，且自印度辗转贩运而去，由中可见，在张骞出使西域之前，蜀中临邛一带与古印度早已有民间往来和交通贸易，难怪张骞会惊叹："此（古印度）其去蜀不远矣！"汉武帝亦甚为震惊，即派四路使臣下西南，探明这条道路的具体走向。从此之后，与北方丝绸之路不相颉颃的南方丝绸之路，正式步入了中外经济文化交流的历史舞台。而这条中国南方民间国际贸易的起点，便是今日中国西南的大都会——成都；早在先秦时期即已筑城的临邛，更是成为了蜀地连通滇、藏的要津，南方丝绸之路西出成都干道上的第一重镇！

作为南方丝绸之路西出成都第一重镇的临邛，自古即有"酒里"、"茶乡"、"陶都"、"绸城"之美誉。西汉时，有卓王孙冶铁铸钱而"富甲天下"；有"邛州贡布"入贡宫廷，并经南方丝绸之路远销域外。唐朝时期，有邛酒"卓女烧春"、茶之珍品"文君茶"；而兴于南北朝、盛于隋唐的邛窑烧制的陶瓷制品，其造型、釉彩更属一流，临邛亦因此成为了中国彩绘瓷的故乡。临邛先民的聪明才智与辛勤劳作，为巴蜀文明的兴盛与发展作出了重要贡献，亦为南方丝绸之路的经济文化交流谱写出了华美的篇章。

■ **佳话垂千古的文君故里**

2140多年前，一段发生在临邛古城的爱情佳话，更是令历朝各代的文人墨客津津乐道，为之倾倒。

西汉景帝中元六年（前144），著名辞赋家司马相如回到了阔别六年的故乡成都。在临邛县令王吉的盛情邀请下，他来到临邛古城。临邛多富人，以冶铁鼓铸致富的卓王孙和程郑，为附庸风雅，也为讨好王吉，二人相商，决定大摆筵宴，款待县令的座上客和县令本人。是日宴席上，单卓王孙的客人即"以百数"。酒酣耳热之际，王吉盛请相如"鼓琴自娱"。是时相如亦闻"卓王孙有女文君，新寡，好音"，于是屏息静气，新弹一曲《凤求凰》，"以琴心挑之"；"文君窃从户窥之，心悦而好之"。此后，相如又"使人重赐文君侍者，通殷勤"，美丽而多情的卓文君终于鼓足了勇气，乘夜冲出家门，跑到相如那里。当天夜里，二人即离开临邛，驰归成都。但家居成都，四壁徒立，生活十分困窘。在文君的劝说下，不久，二人又回到临邛，"尽卖其车骑，买一酒舍酤酒，而令文君当垆；相如身自著犊鼻裈，与保庸杂作涤器于市中"。卓王孙"闻而耻之"，终日"杜门不出"，后经人劝说，"不得已，分予文君僮百人，钱百万，及其嫁时衣被财物"，无可奈何地承认了这门婚姻。于是文君与相如重新回到成都，购置田宅，过起了富人的生活。

这一段美好的爱情故事，千百年来，一直激励着不少两情相悦的男女之心，有关"相如琴挑"、"文君夜奔"、"文君当垆、相如涤器"的爱情佳话，亦让历朝各代的文人墨客吟咏不止，或引以述说眼前所经之事，或借以表达艳羡与向往之情，诸如：梁代简文帝，唐代杜甫、李商隐、许浑，宋代梅尧臣、苏轼、赵鼎臣、王庭珪，明代唐寅、周应仪，清代吴伟业等等，均为此留下了诸多丽词华章。

　　及至公元前140年，喜好辞赋的汉武帝登上了皇位，司马相如被征召进京，来到皇帝身边，其横溢的才华得以尽展。他先后所作《子虚赋》、《上林赋》、《大人赋》等皆深得汉武帝赏识，其声名广播天下。尤其是在京城为官期间，相如曾两次被汉武帝派遣出使蜀郡，为调停事端、打通西南夷道作出了重要贡献。其所作《谕巴蜀檄》、《难蜀父老》，亦成为久久传诵的名篇。而当其名气大振，却又花心萌动。据《西京杂记》载，"相如将聘茂陵人之女为妾，卓文君作《白头吟》以自绝，相如乃止"。文君一曲《白头吟》，立即终止了相如的杂念。有关这一段凄美而苦涩的故事，后人亦多有诗作咏叹其事，诸如：宋代周南、赵蕃，明代李贤、徐有贞，清代朱鹤龄等等。

　　而今，去到文君故里临邛镇，文君当年所居之地，早已开辟成为园林，慕名而至的天下游人将之誉为"千古第一爱情名园"，而"文君当垆·相如涤器"的爱情绝唱更被视为"东方爱情之经典"。园中文君井、当垆亭等景点，以及紧邻其侧的幸福巷和生长在巷内的一棵象征爱情的"缠绵树"，均无不向游人娓娓述说着这一段流传了2140多年的爱情佳话。至于千百年来骚人墨客为此而留下的无数美丽动人的诗篇，更是以无形的方式，仍不断地在唤起人们种种自由的遐想与无尽的情愫，激发起人们前往临邛一游的热望。

■ "江山代有才人出"的文化繁荣之地

　　临邛，自古以来，凭借其长盛不衰的社会经济，更造就出了光耀千古的璀璨文化。除因司马相如与卓文君而流传千古的爱情文化外，早在西汉文景时期，即有著名经学家——临邛人胡安，"聚徒于白鹤山"，讲授《易经》。胡安先生"洞达天文、历象、阴阳之数"，大辞赋家司马相如就曾跟随他学习。又有临邛人林闾（字公孺），尤善古学，蜀中另一位大辞赋家扬雄，"闻而师之"，因此而留下了著名的语言学著作《方言》。又有临邛人陈立（字少迁），汉成帝时（前32—前7），曾先后为蜀郡、巴郡、天水太守，政绩卓异，垂勋三邦，深得天子赏识，后擢升为左曹卫将军护军都尉。及至三国蜀汉时期，又有临邛籍著名兵器专家蒲元，"性多奇思"，不仅为诸葛孔明出征北伐设计了"人行六尺、牛行四步"的运粮"木牛"，而且"为孔明铸刀三千口"，所制钢刀，削铁如泥，称绝当世，号称"神刀"。及至北宋时期，又有邛州人常安民（字希古），元祐年间（1086—1094）为官太常正丞、开封府推官，刚正不阿，敢于直言进谏，后遭奸相蔡京迫害。南宋建炎四年（1130）朝廷追赠为右谏议大夫，《宋史》有传，更被后人（清）朱轼录入《历代名臣传》。南宋时期，又有邛州人计有功（字敏夫），编撰《唐诗纪事》八十一卷，"或录名篇，或纪本事，兼详其世系爵里，凡一千一百五十家，唐人诗集不传于世者，多赖是书以存"，为保存、传播中国优秀文化作出了不可磨灭的贡献。

　　繁荣的社会经济与如画的自然风貌，亦引来不少骚人墨客来此流连。诸如唐代诗人张说，宋代诗人陆游、画家文同，明代文学家杨慎，清代著名杂剧家杨潮观等等，均曾先后留迹临邛，为后人留下了不少的雅词华章。

　　历史文化名人是文化的缩影，他们的事迹、遗踪和作品，其本身就是一种特殊的文化现象，也是一地的文化标志和象征。上述出自临邛本土的历史文化名人，以及外来的骚人墨客，连同司马相如与卓文君的爱情故事，无形之中标示着：自古以来，临邛即是西出成都的一大文化繁荣之地。

二、临邛古城旅游巡览

（一）古城核心区的人文景观

■ "修旧如旧"的古城大北街

古城大北街，长510米，宽9米，沿街建筑为典型的明清时期川西民居风格。大北街曾是南方丝绸之路、茶马古道和入城的必经之道，店铺林立，商贾云集，酒肆、茶馆众多，时至清代，已经形成为宽约3米的大街，人称"正北街"，又叫"大北街"，与临近的"小北街"相得益彰。大北街和与之相连的兴贤街现保留着明清时期的古院落30多处、特色巷道近40条，包括始建于光绪三十年的宁宅和民国初年建筑的苏家大院、张白祠堂等。

2006年，邛崃市结合创建中国优秀旅游城市工作，对临邛古城大北街进行了"修旧如旧"的保护性修缮改造，同时对全市260多条背街小巷进行了彻底整治。在整治过程中切实地关注原住民利益，走出了一条旧城改造与保护历史文化、繁荣商贸旅游业相结合的新路子。到如今，古老的大北街已成为临邛古城一道亮丽的风景线。盛大的开城迎宾仪式，古琴《凤求凰》的天籁之音，市井七十二行表演，孝子锅盔等特色小吃……将让你的视听与味觉，得到一番全方位的美妙享受。

◀ 四川省内保存完好的最长老街
——大北街口 ◎

▼ 游人如织的大北街 ◎

▲ 文君故居园林◎

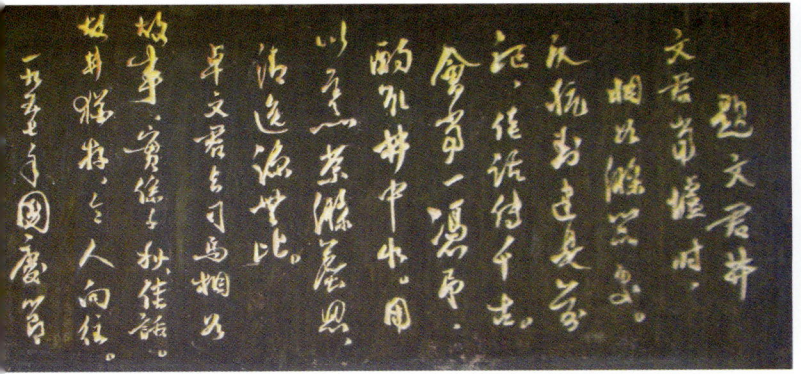

▲ 郭沫若题文君井◎

▲ 文君井院落◎

■ 文君井与文君故居园林

　　文君故居园林位于临邛古城核心区文君街中段，省级重点文物保护单位。原名文君井，面积约10亩。今存汉代古井一口，井形独特，井口不过三尺，井胆渐宽，如瓶胆，井壁采用黄泥加卵石浆糊。当年卓文君与司马相如由成都返回临邛，即家居于此，并在这里设肆卖酒。文君井早在唐代便已闻名遐迩。曹学佺《蜀中名胜记》引《采兰杂志》云："文君闺中一井，文君手汲则甘香，沐浴则滑泽鲜好，他人汲之与常井同。"又引《本志》云："文君井，水作酒味。"这些记载，更是将文君井赋予了神奇而浪漫的色彩。现存文君故居园林基本保存原有风格，曲廊花径勾连，步移景换，是江南园林与川西园林融合之精品。园内有琴台、漾虚楼、水香榭、当垆亭、凌云堂、四角亭等古建筑与月池、曲槛回廊、假山等，竹木相映，错落有致，曲径通幽，玲珑典雅。游览其中，文君与相如之千古爱情绝唱自会让你情思无尽，诗意盎然。

■ 内藏古院落、古烧房的幸福巷

　　幸福巷全长221米，宽1.8米，川西民居建筑风格，因其紧邻文君故居，巷内又生长着一棵象征爱情的"缠绵树"而得名。幸福巷是临邛古城背街小巷整治和巷道旅游结合之精品。巷内有"甘家大院"、"韩家大院"、"古家大院"、"何家大院"四个古院落，其祖先皆在"湖广填四川"时迁入邛崃，定

▲ 幸福巷缠绵树◎

居于此，现存院落建筑迄今也有100多年的历史。幸福巷有两处烧房遗址——"余烧房"和"集成烧坊"。"余烧房"是清朝康熙年间安徽一余姓商人移民到邛，买下"寇烧房"，从事酿酒行业后改名，民国初期更名为"大全烧房"，即现在文君酒厂的前身。

■ 兴贤民俗广场

兴贤民俗广场长186米，宽20米，由雕塑群、艺术墙、古城遗址三部分组成，是成都市区内首个以"赶场"为主题的民俗广场。广场的雕塑群由4组43尊人物雕塑构成，这些人物雕塑造型各异、神态栩栩如生。艺术墙以川西民居建筑为题材,辅以《古街记事》文字，表现了"很邛崃，很地道"的川西民居建筑艺术。古城遗址现保存有秦、汉、唐、明各个朝代的街道、排水设施的实物标本。据史料记载，距今两千多年前的秦汉时期，这里即建有街道供人行走；街道的排水系统从唐代就已投入使用，至今也有一千多年的历史了。

▲ 兴贤民俗广场◎

（二）城区四周的景点与景区

■ 全国第三高砖塔——回澜塔

回澜塔位于距城区4公里的南河生态湿地带，塔矗立于南河河心沙洲之上，属楼阁式砖塔。该塔高75.48米，六边十三层，为

▼ 回澜夕照◎

四川第一高塔，全国第三高砖塔，全名"回澜文风塔"，又名"镇江塔"，为省级重点文物保护单位。塔始建于明代万历年间，毁于明末，清乾隆、同治、光绪三个时期陆续重建，于光绪八年（1882）续修竣工。塔基为红砂石，塔身为青砖对缝砌筑，每层塔身中央为神堂，从一层到七层塔门横额分别题刻"镇江塔"、"福禄来崇"、"江汉朝宗"、"德被全川"、"三元鼎峙"、"科甲绵延"、"孝友精忠"，各层分别供奉伍子胥、范蠡、李冰、关羽、苏轼、岳飞。其修建目的一为"回文风既倒之狂澜"，二为镇江之用。该塔迎波澜，送长风，指示津梁，历经百余年至今完好，可登临顶层尽览南河美景。

▲ 邛窑遗址博物馆◎

■ 十方堂邛窑遗址

十方堂邛窑遗址位于距城区两公里的南河生态湿地带，是四川青瓷系代表性窑址、中国彩绘陶瓷的发祥地，全国重点文物保护单位。邛窑兴于南北朝、盛于隋唐、延于宋代，以高低温釉下彩（邛三彩）备受国内外学者推崇。遗址东西长530米，南北宽210米，总面积11.13万平方米，13座窑包高隆如丘，是

▲ 邛窑十方堂遗址●

中国西南地区现存窑包最多、规模最大、使用时间最长、产品品种最多、影响范围最广的大型古代窑址。在遗址发掘时，还发现唐代民居遗迹，其中唐代早期房屋基址5间、中后期房屋基址4间，面积约900平方米；周围有水沟、水井、窖藏，系完整的唐代民居建筑。其中保存完好的砖石工程部分，作为实物填补了中国古建筑史上的空白。十方堂邛窑遗址已被国家文物局列入"十一五"规划大遗址保护范围，被专家誉为"无价之宝"。

■ 川南第一桥碑

川南第一桥碑位于临邛镇南两公里的渔唱村南河北岸。该桥碑始建于清道光十二年（1832）。为四柱三间牌楼式砖、石仿木结构建筑。通高9.85米，面阔8.40米。中间阴刻楷书"川南第一桥"，上款题"道光十二年十二月"，下款为"州牧吉林宣瑛书"。二次间阴刻楷书"利济"、"康庄"碑记。桥碑歇山顶、三重檐，三脊均饰鸱吻，垂脊、翼角雕刻精湛。屋面灰色筒瓦，檐口瓦当、滴水装饰精美。原"川南第一桥"始建于道光辛卯、壬辰年间（1831—1832），桥中央建有四方楼亭、两端竖立桥坊。北面石坊柱上有州人吴江题联："风月无边 长安北望三千里；江山如画 天府南来第一州"。南面题联云："好去迎仙 地绕青旗五面；快来题柱 天留文笔一枝"。现存南桥，复建于清光绪己亥年（1899）。

川南第一桥碑设计考究，结构严谨，雕刻精美，气势宏大，极为壮观，具有较高的历史、艺术、科学研究价值，为邛崃市文物保护单位。

▲ 川南第一桥●

▲ 川南第一桥碑●

▲ 白鹤山山门◎

■ 白鹤山

　　白鹤山位于城西3公里处。山名"白鹤"，因传说汉代著名经学家胡安先生于此得道、跨白鹤飞升而得名，宋代祝穆所撰《方舆胜览·邛州》即记有"胡安尝于山中乘白鹤仙去，弟子即其处为白鹤台"之语。又因有白居易《长恨歌》"临邛道士鸿都客，致使精诚招魂魄"所指"临邛道士"之墓而闻名于世。

　　宋代魏了翁《邛州白鹤山营造记》记载说："山曰'白鹤'，林麓苍翠，江流萦纡，蔚为是州之望。山故为浮屠之宫，自隋唐迄今，庵院凡十四所。远有胡安先生授易之洞，近有常公（即常安明，参见前文）谏议读书之庵。泉有滴珠，树有木莲，白鹤有台，玉兔有踪，中峰信美平云之观，西岩翠屏万竹之境，皆山中胜处。壁间绘像，率范琼、杜措、邱文播诸人令闻名笔，虽丹青剥落而笔法具在。"明朝人曹学佺所撰《蜀中广记·画苑记》引《本山志》补充说："前辈丹青，则有任子逸、范琼与夫文同湖州之遗笔；文人词翰则有郑少微、张公庠与夫张商英、王赏、赵雍之旧题。至于灵鹊去而台空，玉兔潜而石化，此山之有，可记书如此，宜其敛西州之胜而为临邛无穷之观也！"

　　由上所引，可知白鹤山自古即为人文景观与自然景观高度融合的游览胜地。白鹤山主峰海拔760米，景区面积约5平方公里。上接竹溪湖、磐陀寺，下连齐口、九里泱，处于青山绿水环抱之中。山上鹤林寺始建于隋，为川西著名佛教寺庙，现为省重点宗教活动场所。四周树木参天，古刹红墙，掩映其间。2000余年间，文人结庐，道人凿室，佛家修寺，游人如织。有西塔、石刻弥勒、四明楼、常安明读书台、魏了翁祠、"临邛道士墓"等景点。其"书台桂影"、"易洞秋风"分别被列入古"临邛八景"之一。2008年12月，成都市林业和园林管理局批准设立"成都市白鹤山森林公园"，而今的白鹤山景区，更是景点毗连，美不胜收。

■ 竹溪湖

竹溪湖距城区9公里，国家AA级旅游景区，水域面积600余亩。古名"竹溪沟"，两宋时因文同、魏了翁、陆游、张方等常作"竹溪一日游"而扬名西蜀。原国防部长张爱萍将军于1985年莅临，挥毫题写"竹溪湖"三字，镌刻在水库大坝左侧石碑上。主要有十里竹溪、广场彩虹、大坝飞玉、古寺千佛、飞来仙岛、松楼听涛、玉掌翠湖、鳌口荷红八大景点，湖心岛上有全国重点文物保护单位唐代花置寺摩崖造像。湖域状若手掌，绿岛点缀其间，青山爽朗，绿水清净，日里披满阳光，夜里缀满星辰。湖面青波荡漾，游艇赛逐，岸边鸟鸣蝶舞，白鹤戏水，于此游山玩水，其乐无穷。

■ 九里汴

九里汴位于邛崃市区西郊4公里，近百米宽的河道蜿蜒十里，是天台山旅游环线上的绝佳水景观。河水清澈明净，水色碧蓝；两岸竹树婆娑、冈峦拥翠；山上林木葱茏，宛若绿色长廊。山水间薄雾低飘、水鸟扑腾，沿河俯仰感觉莽野空寂，天光、山色、茂林、游船倒映水中，恰似浏览中国古代的"苍山野水"图卷。

▲ 竹溪湖水坝◎

▲ 美丽迷人的竹溪湖◎

▲ 九里汴◎

（三）久负盛名的地方特产

翻开邛崃的历史，邛酒、邛茶、邛陶、邛丝绸源远流长，其产品久负盛名，品种繁多，风格独特，颇具地方特色。

■ 文君酒

伴随着"文君当垆、相如涤器"的爱情佳话，文君酒自古有名，唐代诗人许浑《春醉》诗中即有句云："酒酦花一树，何暇卓文君。客坐长先饮，公闲半已醺。"千百年来，该酒一直以窖香浓郁、柔绵醇厚、甘洌爽口、回味悠久的独特风格而扬名四方。

文君酒以"高粱、大米、糯米、小麦、玉米"为原料，大、小麦为配方制曲，采用传统工艺和现代科技相结合，老窖发酵，蒸馏陈酿，精心勾兑而成型。文君酒先后被评为"四川名酒"和商业部优质产品，获中国出口名特产品"87金奖"和11个国际金奖，并经国家方圆认证批准为中国名酒。系列产品有文君头曲、崃山二曲、抚琴曲酒、文君白酒、崃山醇酒等。如今，"酩悦轩尼诗"入主文君酒，让有着东方文化特色的中国白酒品牌打上了国际化的烙印，给文君酒插上了一双会飞的翅膀，借助国际渠道走上国际化之路，谱写出"一曲凤求凰，千载文君酒"的崭新篇章。

■ 临邛酒

临邛酒源于西汉，盛于唐宋，旺于今世。唐时蜀相韦庄所写"翠娥争劝临邛酒，纤纤手，拂面垂丝柳"之佳句，生动地描画出临邛酒名满天下、争相劝饮的盛况。北宋著名文学家、史学家司马光，亦有"蜀国花饶思，临邛酒易醺"的诗句，对临邛酒赞美有加。南宋大诗人陆游对临邛酒亦推崇备至，"一樽尚有临邛酒，却为无忧得细倾"的赞赏诗句，更是流传千古。悠久而灿烂的历史与名人诗家的由衷赞美，赋予了临邛酒深厚而浓郁的文化底蕴。

① 名扬四方的文君酒◎
② 典藏临邛酒◎
③ 临邛酒厂◎

临邛酒产品质量优异，口感浓郁，回味悠长，其产品涵盖高、中、低档各价位，有典藏临邛、盛世经典临邛、古韵临邛、精品临邛等系列产品，深受消费者的认同与厚爱。

■ 文君茶

文君茶因文君故里得天独厚的生态环境，以及精湛的加工技艺，历来为文人雅士所称道。宋代时因作"贡茶"而声名远播。其精选早春萌发的茶树芽尖精工细作而成，具有外形细扁，色绿油润，嫩香浓郁，汤色碧绿清澈，滋味鲜爽甘醇的独特风格，曾先后两次获"全国名茶"，四次荣获"省优名茶"称号。

■ 花楸茶

花楸茶是邛崃的历史名茶。康熙年间，邛州州官令花楸茶圃刘建国携花楸茶进贡，康熙帝品茗后，龙颜大悦，连称好茶，遂封花楸山为"天下第一圃"（参见《平乐篇·花楸贡茶》）。花楸茶先后获"四省农产品知名品牌"、"四川省名牌产品"称号和"中国茶叶行业百强"殊荣。其代表产品"花秋御竹"，精选清明前单芽，经特殊工艺加工而成；茶形扁平光滑，色泽翠绿油润，汤色绿而明亮，茶香浓郁持久、鲜醇爽口，为"四川省十大名茶"之一。

■ 邛陶

邛陶，始于南朝盛于唐朝，是四川青瓷系代表，自唐以降，一直闻名于世。其品种繁多，造型优美，三色彩釉，光泽鉴人。邛陶传人何平扬大师的邛陶工艺尤为有名，其造型别致，美观实用，产品有美人抱鱼杯、鹦鹉合花杯、武士抱鱼杯、鹅杯、鸭杯、省油灯、文房四宝、各类小动物、小人物等，曾获四川省旅游商品大赛金奖。

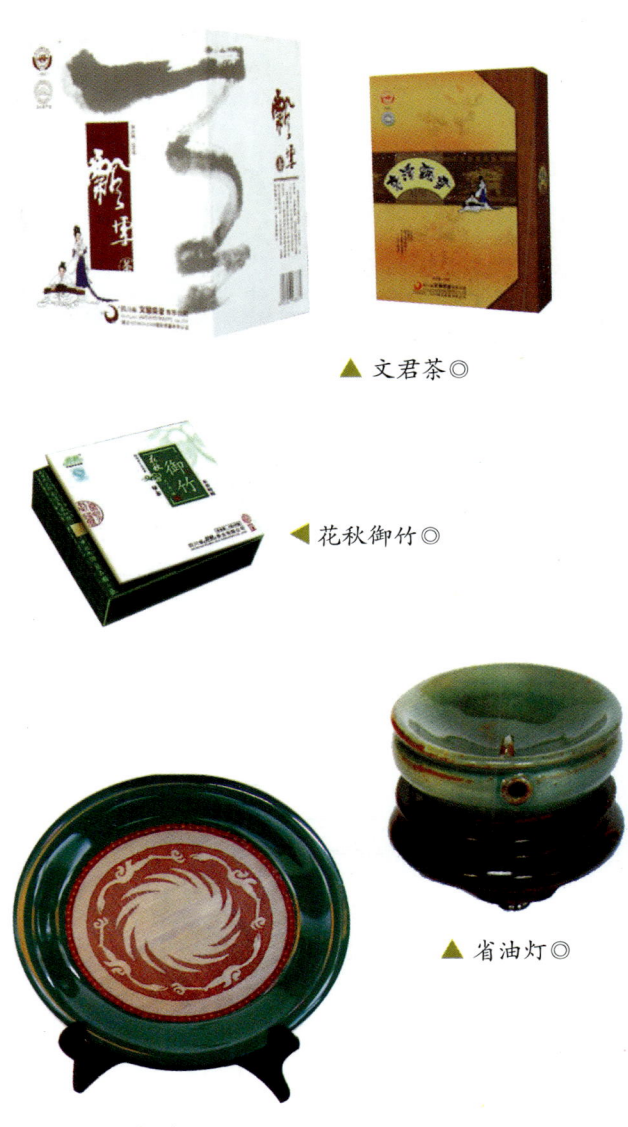

▲ 文君茶◎

◀ 花秋御竹◎

▲ 省油灯◎

▲ 盘子◎

▲ 竹编茶具◎

■ 邛竹编

临邛西部丘陵地带及周边山地多苦慈竹，节长体薄，纤维细柔，为竹编上乘原料。心灵手巧的竹编艺人，即以纤细的竹丝，传统的工艺，编织成极富特色的各种竹编工艺品。其主要产品有茶具、酒具、咖啡具、餐具、花瓶、首饰盒和各种竹帘、屏风、壁画、匾牌等。工艺细腻、隽秀、精美、高雅，融实用、观赏为一体，被誉为"东方艺术文化"精品，是旅游纪念品中难得的工艺美术佳品。

■ 乌木

乌木又称阴沉木，仅四川盆地有所发现。本为沉积在河床下两米至10米深处的楠木、柏木、青杠木等优质木材，但经过河沙中大量金属元素千年的物理、化学反应和河水、沙石不断地侵蚀、冲刷，最终而形成了表面凹凸不平的各种奇特造型，可谓集"瘦、透、漏、皱"于一身，极具鬼斧神工之妙。临邛乌木，色泽黑里透红、古朴凝重，木质坚硬细腻，纹理清晰，抗腐防虫，是加工制作高档家具、寺庙佛像、馈赠礼品的最佳原材。古人云："宁要乌木一方，不要珠宝一箱"，尤可见其贵重。在临邛古城大北街城门楼的"根石居"品茶、玩石、赏根的同时，尽可感受临邛乌木文化的精深。

▲ 乌木摆件◎

■ 邛竹杖

邛竹又名石竹、罗汉竹，产于邛崃西路山区。这一稀世之竹，风格独特，以此制作"邛竹杖"，自古以来驰名中外。早在两千多年前，张骞出使西域，在大夏国即见此竹杖（参见前文）。前朝各代为文作诗称誉邛竹杖者甚多，诸如晋代大书法王羲之，北周文学家庾信，唐代文学家李善、诗人齐己，宋代诗人黄庭坚、刘克庄、文彦博，元代文学家虞集，明代文学家王世贞以及清代名士章发等等，俱有诗文赞誉邛杖。其品质与功用，正如晋代苏彦《邛竹杖铭》所云："安不忘危，任在所杖。秀矣云竹，劲直篆荡。节高质贞，霜雪弥亮……君子是扶，逍遥神王。"1958年，邛竹杖曾作为礼品送给毛泽东、朱德、贺龙等党和国家领导以表深情，至今仍保存在北京革命文物博物馆内。

■ 邛丝绸

临邛一地自古蚕桑业发达。西汉时，名曰"邛州贡布"的临邛丝绸不仅入贡宫廷，还经由南方丝绸之路远销南亚。唐人张何《蜀江春日文君濯锦赋》即有"鸣梭静，促杼春日"之句描写临邛丝绸作坊，并对其精湛的工艺称赞不已："布叶扶疏，安花巧密，写庭葵而不欠，拟山鸟而能悉……"。自20世纪80年代以来，邛丝绸真丝针织产品因其工艺精、色泽好、质地佳，为人们所青睐。

（四）风味小吃与美食点

■ 独具风味的传统小吃

临邛的传统小吃，独具风味，以至有"吃在四川，味在邛崃"之说。其最具代表性的传统小吃有汤白如奶的奶汤面、麻辣鲜香的钵钵鸡、鲜香可口的尹荞面和酥脆香甜的孝子锅魁等，品种繁多，风格独特，颇具地方特色。

◆ 奶汤面

奶汤面为临邛传统美味早餐，以新鲜猪骨、猪蹄、香肘、土鸡炖成香味浓郁、色白如奶的汤，加入煮熟的面条，配上佐料而成。食客一般还外加一碟青椒或钵钵鸡，鲜美可口，长食不厌。1990年获成都市个体名小吃优质奖。

艾麻子奶汤面　地址：邛崃市文庙街，联系电话：028-880176322

渔桥炖鸡奶汤面　地址：邛崃市东街288号，联系电话：028-88932836

◆ 钵钵鸡

临邛钵钵鸡从清代流传至今，已有百年历史，是在陶器钵内配以红油海椒、花椒面、芝麻油、精盐、味精、白糖等多种佐料，加上去骨公鸡肉片拌和而成。具有皮脆肉嫩、麻辣鲜香、甜咸适中的特点。既可作为筵席的美味佳肴，又是配奶汤面的风味小菜。1990年获成都市个体名小吃优质奖，1991年被成都市人民政府命名为优质小吃。

秋钵钵　地址：邛崃市东环路48号，联系电话：028-88790535

刘钵钵　地址：邛崃市南岳街85号，联系电话：028-887763650

◆ 孝子锅魁

孝子锅魁的掌门人胡玉孝在娘胎时父亲就去世，没有父亲的孩子与母亲相依为命，特别孝顺母亲。长大后学艺做锅魁，后独掌门面为业，所做锅魁盐、麻、酥、脆，入口化渣，十分好吃，孝子锅魁便由此叫响。

地址：邛崃市大北街91、93号，联系电话：13548064872

◀钵钵鸡◎

▼孝子锅魁◎

▶奶汤面◎

◆ 尹荞面

尹荞面色绿而微黑，以特制的有很多细孔的木榨直接将面团榨成细面条，注入木榨下的沸水锅中，煮好后捞入放好调料的碗内，再舀进几匙以肉末、笋粒等拌成的臊子就可以吃了。荞面硬而香，笋粒脆而辣，有"嚼"头，麻辣爽口，营养丰富。

地址：邛崃市天庆街，联系电话：028－67107891

■ 具有代表性的美食点

◆ 小吃地儿

小吃地儿是个小地方，小得让人一不小心就会错过的地方，只是一回头就会令人下意识地去寻根问底。该店内有颇具创意的传统本色小吃：豆腐花水粉——豆腐花细嫩清香，水粉筋道爽口；酸菜豆花——酸菜开胃健脾、酸辣入味，豆花嫩滑营养；鸭血面——鸭血细嫩入味，鸭肠脆爽可口。

地址：邛崃市大北街241号，联系电话：028-65869667

◆ 临邛戏苑

临邛戏苑是大北街精品古院落之一。该处集餐饮与娱乐为一体，其中陈列有邛崃籍川剧变脸始祖"康芷林"先生的生平介绍及珍贵历史资料。此处为临邛古城一大传统美食之处，而更为诱人的是，品美食之余，犹可看戏、听书，观"变脸"、"吐火"及古琴、古筝、琵琶、金钱板等传统民俗文化演出。

地址：邛崃市大北街160号，联系电话：028-80177088

▲ 尹荞面◎

▲ 小吃地儿◎

▲ 临邛戏苑◎

▲ 川剧折子戏◎

▲ 汪记天天烧鸭◎

◆ **汪记天天烧鸭**

汪记天天烧鸭曾多次荣获成都市名优食品奖，其青椒麻油鸭采用乡村土鸭，经过独家秘制，亮色烧鸭配置绿色青椒，香、甜、酥、脆，入口化渣，味道奇妙。

地址：邛崃市大北街166号，联系电话：028-87177357

◆ **人和春酒楼**

人和春酒楼位于邛崃西桥华夏景园旁，可同时容纳200人就餐，集海鲜、野生河鲜、燕鲍翅及地方特色菜系于一体。特色菜品有："人和三宝"、"飘香牛仔骨"、"石头、剪刀、布"、"河粉烧土鸡"、"菌香鸭舌"、"酱汁酥方"等川粤菜系。

地址：邛崃市城西西桥头华夏景园门口，联系电话：028-88759999

◆ **其他几处小吃、美食点**

烤馒头、荞麦馍馍　地址：邛崃市白鹤山山门广场，电话：028-88736537

临鹤餐馆　　　　　地址：邛崃市白鹤山山门广场，电话：028-88712270

家常饭　　　　　　地址：邛崃市东星大道152号，电话：028-88935616

西京食府　　　　　地址：邛崃市东星大道巴黎春天，电话：028-88772888

金牛港肥牛　　　　地址：邛崃市玉带香榭，电话：028-88799991

（五）宾馆客栈简介

临邛古城集餐饮、住宿、会议、娱乐等为一体的宾馆主要有邛崃市宾馆、红楼大酒店、桂园大酒店、天下居酒店、竹溪湖等。

■ **邛崃市宾馆**

邛崃市宾馆位于市区文庙街51号，占地24000平方米，是邛崃市首家国家级标准三星级酒店，隶属于四川省春泉集团有限公司。宾馆由贵宾楼、迎宾楼、会宾楼组成，拥有107间客房，设有同时容纳800人就餐的大宴会厅。联系电话：028-88791599

▲ 人和春酒楼◎

▲ 邛崃市宾馆◎

▲ 红楼大酒店◎

▲ 桂园大酒店◎

▲ 琴台客栈◎

■ 红楼大酒店

红楼大酒店位于市区文星街336号，是邛崃市涉外旅游二星级饭店，有套房、标准间30多间，高档享受，中档消费。联系电话：028-88760309

■ 桂园大酒店

桂园大酒店位于邛崃市东星大道延伸线兴欣街1号，拥有单间、标准间、单套及套房89间，总床位177个。其"居家式套房"尤能真真切切地给客户一个"家外之家"的感受。联系电话：028-88742401

■ 天下居酒店

天下居酒店位于邛崃市客运中心旁，占地面积近万平方米，可容纳上千人休闲娱乐，集食、宿、饮、娱为一体，融中西文化成一家，以四合院、青瓦面为特色，环境优美，绿色生态。联系电话：028-88749138

■ 琴台客栈

地址：邛崃市临邛镇文君街6号，联系电话：028-88778800

■ 竹溪湖

竹溪湖距城区9公里，景区内有仙景苑别墅区、听涛轩客房、篁芦客房、聚之缘风味餐厅、问天楼中餐厅、湖鱼火锅厅、修仙茶庄等，可品湖内生态湖鲢、地方特色菜及野菜等，可乘游船、观美景，实为休闲旅游观光之胜地。地址：邛崃市临邛镇，电话：028-88796297

（六）民俗风情

临邛古城一直就有举办民间节庆活动的传统，如今更是蔚为大观，诸如南丝路国际文化旅游节、文君文化旅游节（中国七夕情人节）、邛酒节、邛茶节、四月初八白鹤山放生会、正月春灯会等等，每年均会按期举行。这些节庆活动植根于本土文化，具有浓郁的川西风情。

常见于节日喜庆活动中的临邛民间舞蹈历史悠久，底蕴丰富，以龙灯、狮灯最为普遍，亦最为壮观。龙灯，始于汉，盛于唐，有彩龙和水龙之分，彩龙从大年初一耍到十五，水龙则多在三月初，为祈雨表演。现今以彩龙为主，多于春节和重大民间节日及喜庆活动中表演。临邛狮灯，亦多姿多彩，场面

① 龙灯◎
② 推鸡公车◎
③ 民俗婚礼◎
④ 狮舞◎
⑤ 踩高跷◎

壮观，有"文狮"和"武狮"两灯。文狮重在地上表演，细腻温和，诙谐有趣，武狮则多在高台表演，动作险奇，颇具武功。除了龙灯、狮灯，还有踩高跷、马马灯、船灯、牛儿灯、幺妹灯，以及打腰鼓，耍霸三鞭，扯响簧，民俗婚礼表演等，这些民间文艺活动，多为群众喜闻乐见。

（七）旅游线路示意图

临邛古城以千古爱情名园文君故居、川西民俗老街大北街和爱情巷道幸福巷等文物古迹为核心，周围分布全国第三高砖塔回澜塔，全国重点文物保护单位十方堂邛窑遗址，成都市森林公园白鹤山，国家AA级旅游景区竹溪湖，生态长河九里泮等风景名胜。主要游览线路为：北城门楼——大北街——兴贤街——幸福巷——文君故居——回澜塔——十方堂邛窑遗址——白鹤山——竹溪湖

三、出行指南

邛崃市临邛镇交通便捷，国道318线贯穿全境，成温邛高速公路直抵城区，境内公路纵横交错，可达各旅游景点。从成都出发，可以在金沙车站、新南门车站、火车北站、石羊场站等乘公交车到邛崃。

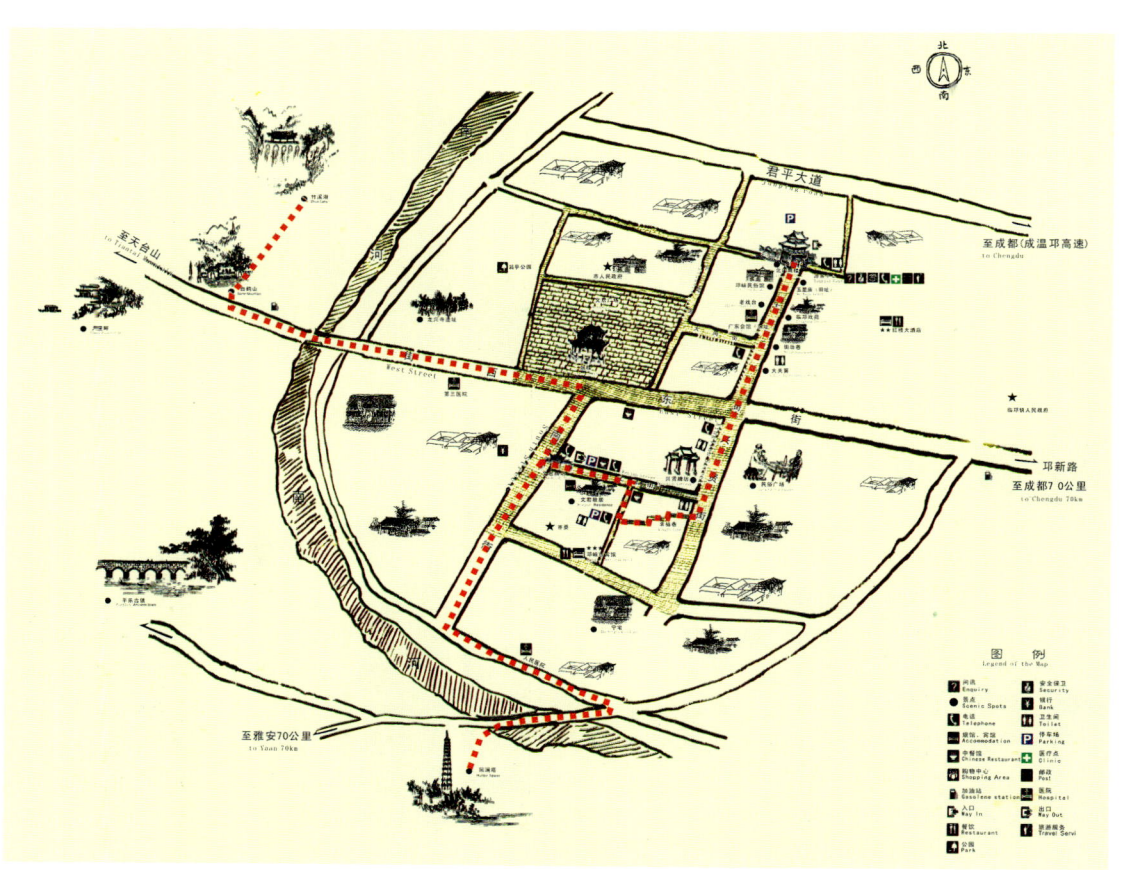

▲ 旅游线路示意图◎

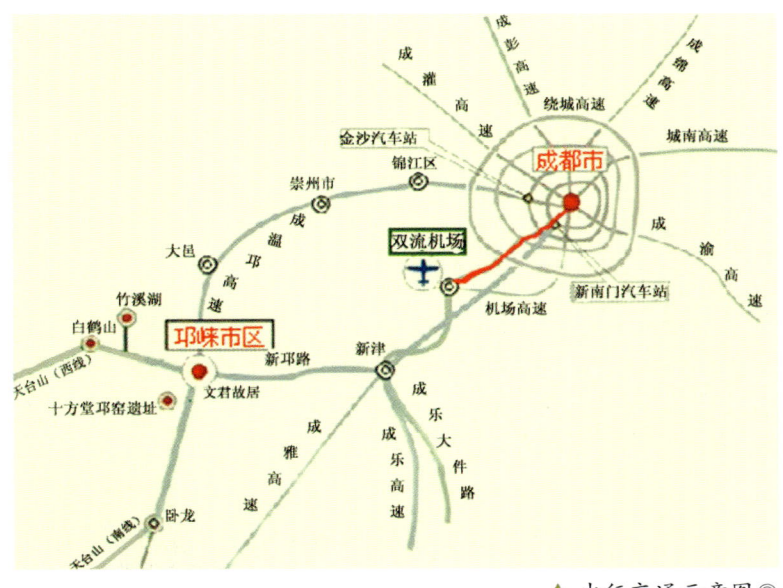

金沙车站成运高速沿成温邛高速公路，途经温江、崇州、大邑，约1个小时即可到达邛崃车站，每15分钟一班；新南门车站、火车北站、石羊场站沿318国道，途经双流、新津，约2个小时到达邛崃车站，每20分钟一班。绵阳、雅安、乐山有直达邛崃班车。自驾车游客沿成温邛高速抵达邛崃，或沿成雅高速在新津转道邛崃。

▲ 出行交通示意图◎

主要参考文献

【汉】司马迁：《史记·司马相如列传》卷一百十七、《史记·大宛列传》卷一百二十三、《史记·货殖列传》卷一百二十九，上海古籍出版社《二十五史》影印本，1986年版。

【汉】刘歆撰、【晋】葛洪辑：《西京杂记》卷三，上海古籍出版社《四库全书》影印本，1987年版。（以下版本与此相同者，均简称：四库全书本）

【晋】常璩撰：《华阳国志·蜀志》卷三、《华阳国志·蜀郡士女》卷十，巴蜀书社(刘琳校注本),1984年版。

【唐】李吉甫撰：《元和郡县志·剑南道成都府·邛州》卷三十二，四库全书本。

【宋】欧阳忞撰：《舆地广记·成都府》卷二十九，四库全书本。

【宋】魏了翁撰：《鹤山集·邛州白鹤山营造记》卷五十，四库全书本。

【宋】祝穆撰：《方舆胜览·邛州》卷五十六，四库全书本。

【宋】章定撰：《名贤氏族言行类稿》卷二十六，四库全书本。

【宋】李昉等编：《文苑英华·蜀江春日文君濯锦赋》卷一百十九，四库全书本。

【元】脱脱等修：《宋史·常安民传》卷三百四十六，上海古籍出版社《二十五史》影印本，1986年版。

【明】杨时伟编：《诸葛忠武书·遗事》卷九，四库全书本。

【明】曹学佺撰：《蜀中广记·名胜记》卷十三、《蜀中广记·方物记》卷六十七，《蜀中广记·画苑记》卷一百七，四库全书本。

【清】《清一统志·邛州》卷三百十，四库全书本。

【清】纪晓岚等：《唐诗纪事提要》，四库全书本。

周孟棋：《南方丝绸之路》，成都时代出版社，2008年版。

※ 说明：本篇原基本图文资料由邛崃市建设局提供，李运东、邓平收集整理。

11 邛崃市茶园镇

邛崃市茶园古镇——四川省历史文化名镇，古称清泉、西禅，是名重史籍的"西蜀茶马道"上的大货栈、大码头，是声誉远播的"茶乡"，亦是建筑师、画家美誉的"川西老场"。

茶园镇位于四川省邛崃市北15公里处，南接临邛、桑园，西邻石坡、大同，东界大邑新场镇，北连大邑西岭雪山、花水湾。该镇下辖一个居民点，6个行政村，人口1.35万，辖区面积32.7平方公里，耕地15000亩。辖区西北面为邛崃山脉与川西平原结合部，东南面邮江河蜿蜒而去，跃进堰、八河堰流灌的平川，中部田畴万顷，农舍竹林组合的"林盘"星布于青山绿水之间，呈现出一派田园风光的独特魅力。

该镇古镇区面积为0.5平方公里，集镇人口3000人。现保存有明、清风貌的街道6条，

◀ 茶马古道上的老场镇◎

清代中后期建筑面积15.2万余平方米。

古镇历史悠久，但由于兵祸、水灾，兴衰多变，其镇址曾几度变迁。及至明朝初年，方于现地重建场镇，后亦曾遭水毁而再次修复，但场镇布局仍然依照明初旧制，故明清时代风貌明显，场镇市井极富特色。

千百年来，勤劳朴实的茶园人民在这片古老而又神奇的土地上，不仅创造了丰富的物质文明，而且还创造了颇具特色的地缘文化，故而历史文化底蕴丰厚。

在现代发展中，该镇也取得了较为显著的成绩。截至目前，已引入银柳栽插项目，形成近800亩的园区；引进秦皇桃种植，形成300亩园区。千亩生态园区的开发，必将使茶园山川增色，成为集生产、观光、旅游为一体的新型集镇。

图片：◎ 邛崃市茶园镇人民政府提供
〇 任桂园　拍摄

一、古镇历史文化概述

（一）古镇的沿革变迁

茶园，古称清泉，东汉之际称西禅、头栈，近代曾更名西江，1982年改称茶园至今。

由于地理区位与自然环境等因素，昔时茶园兴衰多变，几移镇址、数易镇名，故史志专载甚少，但据相关历史散录、口碑传承、出土遗物细考，茶园历史沿革仍十分清晰。

茶园是地，位于平原与山丘结合部，属巴蜀羌獠接壤地，自古就是"进山出山落脚地"。秦汉时山麓水畔多岩屋、幺店子、山棚，即远行之人的食宿点。久之，幺店子、山棚逐渐集中形成"赶山"道上的聚落，取名清泉。据史载，西蜀"茶马道"形成与兴旺时期，至迟已在东汉，正与茶园境内"东汉西禅寺兴造恢宏、方圆四五里"的史事相符。其时幺店子、山货棚、"马号"（骡马店）、马掌铺、茶栈、炭坊（木炭库）聚于一隅，形成相当规模的物资交流场地，因毗邻西禅寺，故以寺命名，始称西禅场。近年来出土的东汉瓦棺、铜剑、王莽钱币等文物，足见当时场镇盛况。

三国时，茶园小岩子一带有羌人盘踞，蜀汉乃移"袁营"、"谢营"军旅至此实行"军屯"，于是又有了军民"广植茶桑"、"打刀造箭"的史事。据考，茶园古代的铁匠行业、茶叶贩运行业等，皆始于三国时期。

唐朝时期，西蜀"茶马道"上贩运茶、盐、纸、陶、木炭、药材的马帮多经茶园进山出山，古镇繁荣盛极一时。现存茶园孔山、大同官厅、大邑三坝药师岩的佛教石窟道场，密集于十来里长的茶马古道上，即是其辉煌历史之佐证。

宋元之际，兵祸水灾多毁古镇，由于羌獠进占，古镇又迁新址，及至明代始得安稳。明朝初叶，古镇选址'远离江渚'，且"延请上都工匠"营造市井，"历七八年构筑"，方于现地造就了独具一格的

▲ 邮江河风光◎

▲ 茶马道上的铁索桥◎

西禅场镇，成为与隔河之大邑新场相与对峙的物资集散地，时名为西禅里。清代，镇貌依旧，镇名变为西禅场。民国改为西禅团，下辖凤仪、永清、福安三乡。新中国成立之初，建制西禅乡，1953年分为建设、西禅两乡，1954年两乡又合并为西禅乡。1958年成立西禅公社，1959年更名西江公社，1980年又更名茶园公社。1982年改建为乡，称茶园乡。2006年撤乡建镇，名茶园镇至今。

（二）文化积淀

茶园，是古临邛的北大门，是西蜀"北上通羌"的要道，史籍、口碑谓之曰"马道"（官道）、"茶马道"（商贸、比边贸）、"箭道"（军事）、"赶山道"（走私黑道）。考"茶园马道"与"西蜀茶马道"之远史，可上溯至西汉时期。茶园属地南路的盐、铁、茶、纸诸货物经茶园而北上羌寨，骡马、背伕终年无绝。成都等城市所需茶、纸、柴草、木炭、粮食等山货亦从茶园、新场（今属大邑）起运，由船筏、马帮（骡马队）、背伕等载运出场。两千多年的"马道"繁荣，尤使茶园人气聚集，虽改朝换代、沧桑变更，但交通、商贸总无断绝，远近商旅纷至沓来，因此留下了许多史事掌故，留存了不少历史遗迹。古代"茶马道"马帮通商史事，昔时战争、烟、匪在古码头的遗迹，均已成为研究茶马古道交通文化的重要依据。

西禅寺内数千平方米的东汉墓群，至今保存完好，这对于研究蜀汉文明和古蜀文化都具有较为重要的历史文化价值和艺术价值。小岩子古代羌族岩屋、岩穴、岩墓沿山丘星布，时有古稀物品出土，被文史学者誉为成都平原少见的羌族遗迹。故老相传，蜀相诸葛亮同藏羌"蛮王""一箭定疆界"的神箭即经由茶园"箭道"密送到打箭炉去的。众多的羌族遗迹和故老相传的历史故事，则为羌文化和三国蜀汉文化的深入研究提供了宝贵的实物依据和历史线索。

虽然历经沧桑风雨，但该镇却依然保存了"茶马古道"上的大码头风貌，明代初年所建西禅场镇的基本格局亦留存至今。古镇街巷布局独特，纵横交叉而形成"方格网络"系统，营造出极好的商业流通环境。街肆不足百米即有"十"字路口，对于商铺、货栈、马帮、船队的货物进出、商品贮存极为有利。现存古镇街坊，规模虽远不及当年，但商埠格局仍为旧貌，实为古代川西码头文化与商贸文化的实物遗存。

这里特别值得一提的是，茶园曾是羌族迁徙的重要驿站。羌族先人"赶山马帮"，曾在此聚居。古镇今天的羌族后人还保留了羌族习俗，这种汉羌文化的交融，形成了茶园镇独特的社会文化环境。

茶园古镇也是一个庙宇众多、宗教氛围较为浓烈的集镇，境内的睹佛台，不仅建筑宏伟，独具特色，而且也是风景优美的旅游胜地。西禅寺、宝藏寺、川主庙、文昌宫、洪庙子、明悟庵、西佛庵、上普寺、下普寺等寺庙遗迹遗址，仍显示出幽静古拙的风土环境氛围。

勤劳朴实的茶园人民在漫长的生产生活中，不仅创造了丰富的物质文明，而且还创造了颇具特色的民俗文化。每年农历二月十五的城隍会、老君会，三月三的娘娘会，六月十九的观音会，八月二十七的孔子祀祭等都具有浓郁的地方特色；狮灯、牛灯、龙灯、幺妹灯、打"玩友"等民间文艺活动，更表现出了人们对生活的热爱和对美好未来的追求与祝愿。

茶园还是邛崃较早的革命根据地，闻名的"川康边中国工农红军游击队"曾在此开展教育、宣传活动和战斗，留下了许多可歌可泣的动人故事。1949年12月，川康边人民游击队崃山支队配合中国人民解放军二野十二军三十六师解放了茶园，于茶园牺牲指战员15名。这又为古镇红色旅游文化的开发提供了宝贵的历史依据。

在茶园镇域内，保存较好的东汉墓葬群、羌族岩屋岩墓、茶马古道、佛寺道观以及明清风格的古街区等人文古迹，可说得上是该镇古老历史的最好见证，而现代湖光秀美的红旗水库、陈祠堂水库、千亩河滩开发生态园区、孔山百亩红梅林等处风景秀丽的自然景观，更使古老的茶园青春焕发、魅力倍增，连同其久远的人文历史，正向人们诉说着它的古往今来。

二、古镇旅游巡览

（一）主要景点与历史文化遗存

■ 古街古巷古宅院

◆ **古镇街区特色及其主要街巷**

茶园古镇位于邮江河畔，是历史上邮江航道上的重要码头。秀丽的邮江河自西向东从场镇边缘淌过，四周山丘环绕，独特的自然山水环境凸显出古镇迷人的乡土风情。

由于古镇地处川西平原与邛崃山脉结合部，川西平原同山区乃至藏羌地区的物资交易都需经此路过或在此进行，久而久之，原先分散的幺店子、货栈、马掌铺等逐渐聚集在一起，形成了功能互补的市井场镇，即史志记载的"聚店兴市"、"建坊驻商"；为便利大宗货物进出而建成的街区，亦呈现出"宽直"、"交叉多"的形态。城镇街坊布局规整，纵横成多个正"十"字形交叉，为典型的"方格网"布局。

沿街400多间古建筑基本上为清代原物，一些建筑虽属民国初期重建，但由于多选配旧有构件，因而古风依然。古镇街坊清一色"木构青瓦"建筑，下店上宅，紧连列肆，无单户独铺乱修现象，呈现出一种"大市场"气势。结构形式多为四川"穿逗结构"之"小式"建筑，大堂及后房亦有"抬梁结构"。临街建筑出檐极深，有的大店铺出檐竟达八尺。底层店面皆木铺板，楼层外檐下或安花窗或作粉壁，精工装修，颇具匠心。

▲ 保留着明清风貌的茶园老街◎

▲ 古街街景◎

▲ 古街街景○

▲ 古街街景○

▲ 古井遗存◎

其主要街巷有正西街、茶栈街、炭市街、烟巷子、红炉巷、小羌巷等。

正西街：东西走向，宽约6米，长131米，临街建筑皆木质"穿逗结构"，铺板、花窗完好，小青瓦屋面勾画出极具川味的"天际界面"。

茶栈街：南北走向，宽约6米，长130米，临街店铺多为"天楼地阵"的下店上宅式木建筑，进深较大，宜商宜居。

炭市街：宽约6米，长90米，下店上宅式木建筑，进深较大，亦宜商宜居。

烟巷子：南北走向，宽约6米，长82.5米，古时为远来烟叶商贩聚居，人气极旺，街坊店铺建筑讲究精细，出檐构件多有木雕工艺，楼上窗户多作花格、雕饰。

红炉巷：宽约6米，长90米，下店上宅式木建筑，进深较大，宜商宜居。

小羌巷：宽约3米，长32米，相传昔时羌人自建。居此羌人皆"赶山马帮"，走私贩禁而获暴利，故营建栈房亦很注重装修，楠木吊墩（吊瓜）雕刻精美，"骑墩"（矮托）为圆雕狮、象等吉祥兽。

街道民居后多置有水井，青苔斑驳，默默地见证着过往的历史。

◆ 谢家大院

谢家大院位于茶园镇张坝村，是一座集住宅、庭院为一体的复合式民居。该大院建于清末，距今百年，占地约1000平方米。今为邛崃市级文物保护单位。谢家大院最为重要的价值在于它的复式四合院结构，有木雕精美的各种撑弓、窗花、卷棚、斗拱、回廊，还有形态逼真的花鸟虫鱼，堪称川西民居建筑中的精品。

■ 古寺庙建筑

◆ 西禅寺与八卦井

西禅寺坐落在古镇左侧桃花山角。大殿坐北朝南，整个寺庙占地方圆四五里，规模宏伟，远望即给人一种佛门圣地的庄严感。

寺内有天王殿、大雄宝殿、法堂、藏经阁、客堂、禅堂、念佛堂、库房、斋堂、钟楼等十多座建筑物。整个寺庙廊庑广阔，园林青翠，小桥流水，清幽古雅。

① 通往西禅寺的林间坡道◎
② 林木掩映中的西禅寺◎
③ 西禅寺内八卦井◎
④ 八卦井近观◎
⑤ 八卦井外八卦亭◎
⑥ 八卦亭远眺◎
⑦ 明悟庵◎
⑧ 明悟庵内经堂◎

　　西禅寺最早建于东汉末年，它的建造者今已无从考证。后毁于战火，于明朝嘉靖元年（1522）重建。相传是年住持僧隆山重建西禅寺时，用一牛拉建筑材料，庙堂工程完成后牛已累死，隆山遂将牛葬于庙侧，修墓立碑，享受祭祀，以兹报答。故现庙侧尚有牛坟存在。

　　八卦井位于西禅寺内。古井在海拔719米的高地上开凿而成，井深四丈八尺，直径六尺，井壁用古青砖砌成。井口原是八尺整体大石凿成，后被捣毁，残石散失，无法恢复原貌，只能以水泥修补。井体造型以八定位，历史上故名八卦井。此古井开凿年代无从细考，当是修建西禅寺或再建时之产物。传说明代仙人张三丰曾在井中施展道术，有打水现莲花的故事。古井至今保存完好，终年水深至井口，水色清澈透明，可供饮用和浇灌。

　　◆ **明悟庵**

　　明悟庵坐落在西禅寺后，始建于明末清初，目前是四川省省级文物保护单位，该庵比较完整的保留了明清佛教建筑的原汁原味。

◆ 下普寺

下普寺为一清真古寺，坐落在茶园镇张坝村，四合院式布局，占地约1600平方米。该寺始建于清朝，经多次维修，现保存完好。但目前该寺周围其他建筑拥堵挤塞，已丧失必要的文物环境，急需在周围环境的整治上加大保护力度。

■ 东汉墓葬遗址

东汉墓葬遗址位于西禅寺后大片青翠的庄稼地中。考古人员在这里发现了大量的东汉时期的陶房、陶俑、陶兽等，制作精良，形态古朴，造型各异，充分体现出东汉时期陶器制作的高超水平；在此遗址中出土的东汉瓦棺、铜剑、铜钱等文物，价值极高。

■ 羌人洞

羌人洞位于袁营村，俗称"小岩洞"，是古代羌人的居住之地。他们生时居住在岩洞里，死后就埋葬在岩洞中。

■ 茶园古码头

出古镇北上，即可抵达邛江河畔茶园古码头。自汉代以后，这里即是蜀人与羌人交易的一个中转站。古代先民就是通过这里把盐、铁、茶、丝绸等物品运送到羌人那里，再换回钱币或所需生活物资。如今站在码头前，依然能感受到昔日的热闹繁华。

▼ 西禅寺后东汉墓葬遗址所在地◎

▲ 茶园古码头◎　　▲ 羌人洞◎

① 张坝铁索桥◎
② 茶马古道上的骡马队◎
③ 运送货物的骡马◎
④ 张坝村千年桢楠树◎
⑤ 秦皇桃种植基地◎

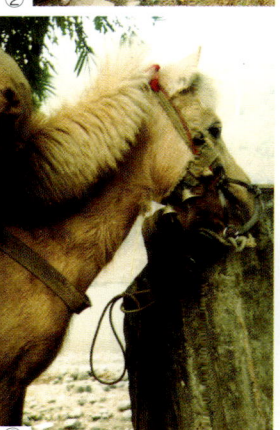

■ 张坝铁索桥与茶马古道

越过古码头，继续北上，来到张坝村，即可看到著名的张坝铁索桥。可不要小看它，这里曾经是西蜀茶马古道的必经之处。这座建于清朝时期的铁索桥，横跨邺江，宛如长虹卧波，气势逼人，它的出现极大地方便了来往的马帮，彻底改变了往昔先民横渡邺江遭遇风险的运送生涯。

越过铁索桥，就是茶马古道了，走在山间小路上，欣赏着两旁的美丽景色，可以体会古代商人们走过这里时的喜悦心情。

■ 千年桢楠树

在张坝村，还可以看到一棵参天挺拔的千年桢楠树。这棵气度非凡的千年桢楠，虽历尽风雨，但如今仍枝繁叶茂，树身粗壮挺拔，近观之，一种王者的气势直逼人面。据故老相传，这棵桢楠大树，还是诸葛亮南征孟获时留下的，故当地居民非常珍视它。

■ 桃花山景区

桃花山景区位于茶园古镇左侧400米处，地处箭道村和周场村交界处。

该景区以秦皇桃种植基地为依托，自然景观与观光农业相结合，形成了"农旅合一"的鲜明特色，

具有观赏、习技、参与、科考等多项功能，给都市人开辟了一片接近自然、体验农业的乐土。"二月赏花，七月品果"，将给游人予奇趣、异趣、野趣、尝趣。而每年三月上旬的"茶园桃花节"，更将带给你一片清爽世界、一股醉人的甜蜜。满山遍野的桃花，定会让你心旷神怡，仿佛置身桃花仙境一般。

（二）风味小吃

■ 熊掌豆腐

来到茶园，有一道菜你不得不尝，那就是遐迩闻名的熊掌豆腐。相传东汉末年，这里船商云集，因为来去匆忙，所以大多没有时间停下来好好吃顿饭，于是码头就开了许多豆腐店，为过往旅客提供方便快捷的饮食。为使豆腐既保持丰富的营养而又味道独特，茶园人经过多年的摸索，创造出了"熊掌豆腐"这道美味佳肴。该道菜品，由于制作技艺特殊，既完全吸纳了豆腐原有的豆味儿，又使人吃起来感觉很有嚼头，油而不腻，香脆可口，让人总有一种吃不够的感觉。

▲ 熊掌豆腐◎

■ 石磨豆腐

据文献记载，豆腐是前汉时期淮南王刘安创制。东汉时期技术流传到长江流域。当时茶园西禅码头商铺甚多，热闹繁华，故该地先民较早地掌握了这门技术。当年几乎每家每户都有一个大石磨，是专门拿来磨豆腐的。

茶园水质甘甜，富含人体所需的各种矿物质以及微量元素，所以磨出来的豆腐香甜可口，入口即化。茶园人注重养生之道，早在宋代，他们就会把各种蔬菜加于石磨豆腐中，于是就有了各种各样的蔬菜豆腐。如今的豆腐制作技术更是经过历史的锤炼，变得更加精湛。来到茶园，一定要去品尝下这里的石磨豆腐，定会令你啧啧称赞。

（三）地方特产

■ 茶叶

茶园是地出产的茶叶和别的地方的茶叶不一样，这里的茶叶片小而精致，产量很高，炒出来的茶香味扑鼻，泡出来的茶入口香醇而不苦，味道淡雅，喝一口定会让你神清气爽，畅美无比。

■ 竹制品

竹制品亦是茶园古镇的特产之一。在茶园古街久居的农户，他们依靠勤劳的双手，将竹子抽丝削薄，然后做成笔筒、折扇、藤椅等各种各样的生活用品，工艺精湛，种类繁多。

■ 秦皇桃

桃花山的秦皇桃，现已发展至1000亩。香甜汁多的秦皇桃无疑已成茶园古镇另一特产。

（四）民俗风情

■ 节庆与庙会

川西各古镇的节庆活动与庙会，无论名称、时间以及表现形式均多有相同之处，譬如茶园，亦和其他古镇一样，每年正月初一至十五有春灯会，元宵之夜有焰火会；每年农历六月十九有观音会，只不过当地称"西禅寺庙会"而已。这种地方性的群众节庆活动与庙会，常常设有牛灯、狮灯、龙灯、幺妹灯、高脚灯、坝坝戏、打玩友、打擂台（武术）、讲评书等文体活动，借以造势、招人，渲染气氛，将喜庆与欢乐逐步推向高潮，以尽情宣泄人们心中共同的喜悦与良好的祝愿。而一地之民俗风情，又总是能在整个活动中得到最为集中的展现。

但茶园古镇由于地处茶马古道要津，自古以来，马帮进出、商贸繁荣，故该地的一些庙会又往往与各种物资交易活动紧密地联系在一起，具有了与他处不一样的内容，呈现出一种独具地域性的民俗特色来。者如：每年农历二月十五至十八日的"老君会"，实际上已成铁匠行会举办的物资交易会；农历三月初三的"娘娘会"，则是以妇女为主体的农副产品交易会；农历三月初九的"茶王会"，则理所当然地成为了茶农、茶商举办的交易会，届时周边十多个乡、县的茶户都要赶来赴会，品茶、斗茶、评茶、贩茶，一个"茶"字独领风骚，好不了得！而茶王陆羽则只好虚领头衔了。

至于与节庆、庙会相关的各种文体活动，茶园虽然与其他古镇大同小异，但该镇的"幺妹灯"却玩得很有气势，亦显现出了它的地域性特色。

茶园幺妹灯，是一种多人表演的灯舞。演出人物有新郎（造型为小丑）、幺妹（女）、小舅子各1人，轿夫2人，送亲丫头2人，莲箫队若干人。道具有花轿，由竹、木、彩绸扎制，无底，左右有窗，前方为轿门，挂门帘。表演时，轿子由轿夫抬着，幺妹站于轿中，两手扶窗，随轿步舞，轿边丫头亦随之起舞。表演内容模拟迎亲仪式，边舞边唱；幺妹领唱，众人配合；幺妹还可根据要求歌唱、猜谜或跟新郎等人对歌。

茶园幺妹灯，表演时参与人多，气氛热闹，唱词内容极富地方民俗特色，故而深受群众喜爱。

▲ 行进中的幺妹灯舞◎

▲ 茶园狮灯舞◎

■ 孔子祭典

在茶园境内，居住着很多孔姓人家，他们都是孔子的后代，因此，每年的八月二十七，在这里都有一项十分隆重的祭典——祭祀孔子。

参加祭孔的人员，最初只限于孔氏直系亲属子孙，后来，祭孔被当作这里的大典，大家都可以参加，所以举行祭典时除孔氏族人外，还有不少外姓及来宾，场面宏大而庄严。但"家祭"仍照常进行。

祭孔时行跪拜礼的次数、程序，都有着十分严格的规定，这些规定记载于孔氏家谱之中，为每年祭孔时所尊崇。

这一项祭祀活动，尤显出茶园是地独特的民俗特色。

（五）旅馆客栈

目前茶园的旅馆客栈正在启动打造中，暂无接待能力。

（六）出行指南与历史文化遗迹分布图

■ 出行指南

镇区距邛崃市区15公里，距成都市区79公里，距双流国际机场50公里，距西岭雪山滑雪场38公里。

从邛崃乘坐公交车即可直接到达古镇区，来回车费10元，行程30分钟。

从成都出发，可以在金沙车站、新南门车站、火车北站、石羊场站等乘汽车到邛崃。金沙车站成运高速沿成温邛高速公路，途经温江、崇州、大邑，约1个小时即可到达邛崃车站，每15分钟一班；新南门车站、火车北站、石羊场站沿318国道，途经双流、新津，约2个小时到达邛崃车站，每20分钟一班。绵阳、雅安、乐山有直达邛崃班车。自驾车游客沿成温邛高速抵达邛崃，或沿成雅高速在新津转道邛崃。

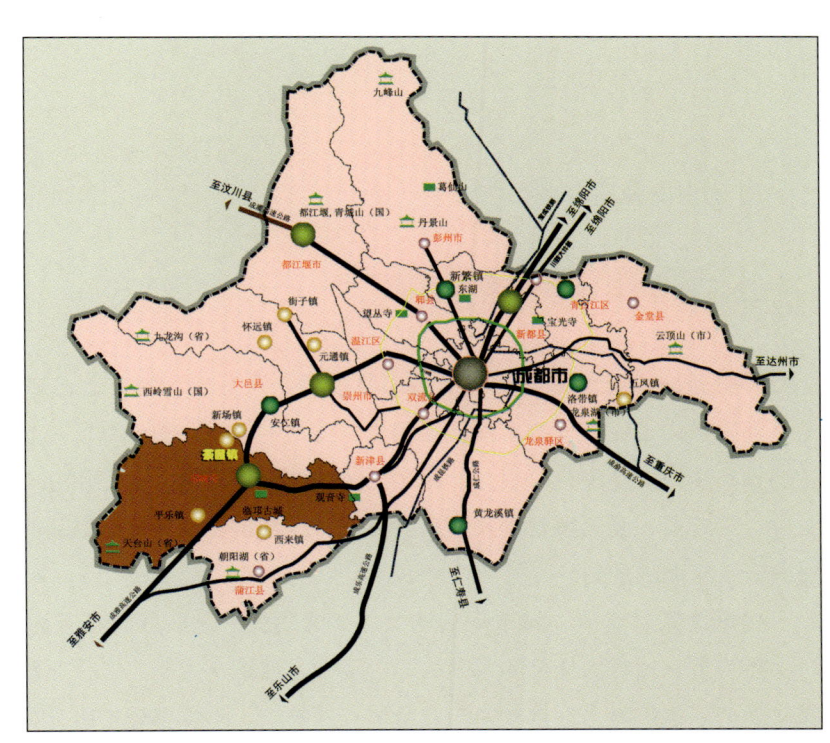

▲ 区位关系示意图 ◎

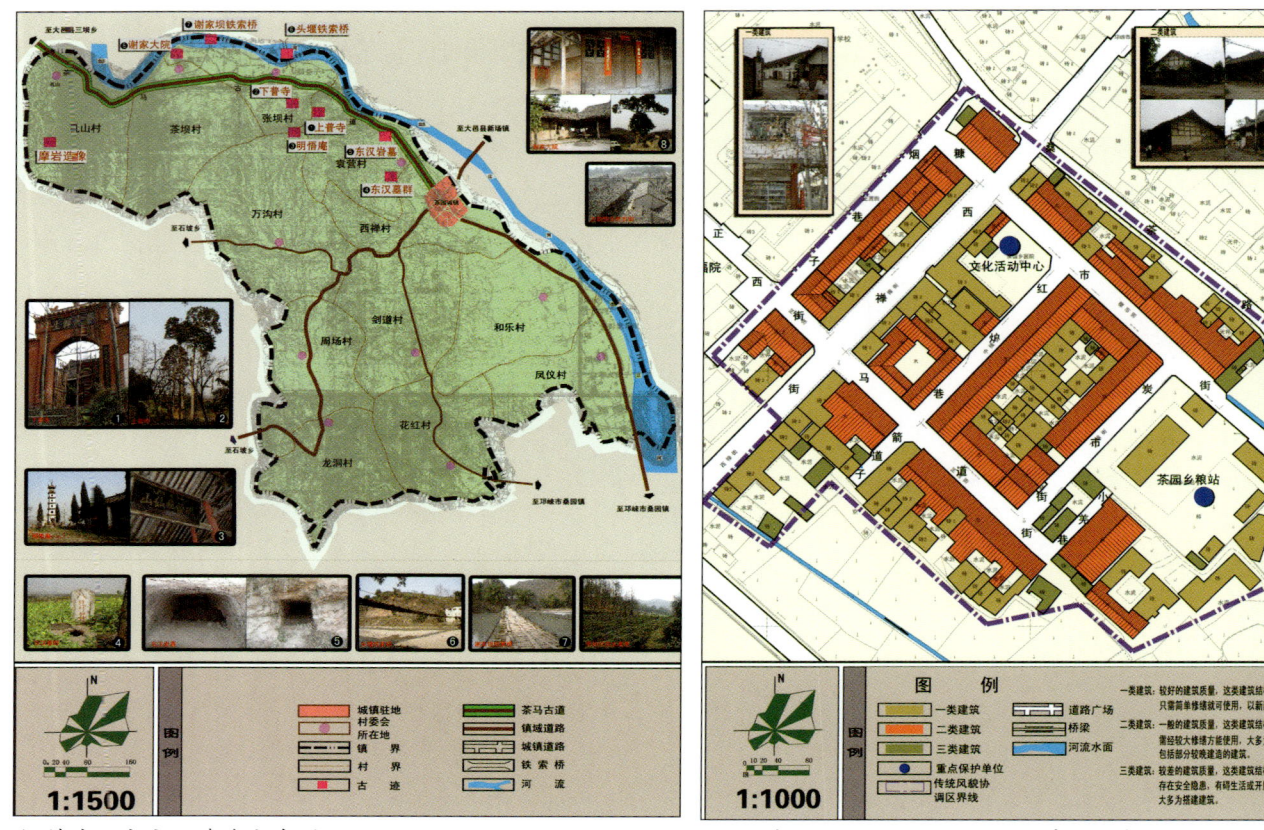

▲ 镇域历史文化遗存分布图◎　　　　　　　　　　　▲ 古镇区现状质量及重点保护单位分布图◎

■ 历史文化遗存分布图

三、保护规划与旅游开发

  邛崃茶园，这座茶马古道上的川西老场，众多的人文古迹已显示出它悠久的历史和丰富的文化积淀，而古镇周边现当代的水库建设和生态园区的开发，更使其所处自然环境变得优美宜人。如何将古老的场镇打造成为集生产、观光、旅游为一体的新型集镇，业已引起上级领导部门和广大有识之士的深切关注。三年前，受该镇党委和政府的委托，成都市城镇规划设计研究院的专家们即已对古镇的保护和开发进行了全面的规划。

  根据国家制定的《城市规划法》、《文物保护法》等，在茶园古镇的保护规划与开发中，确定了"保护为主，抢救为先"的原则，即对现有古建筑、古街、古民居院落、古树、古井等不可再生的历史文化遗产以保护为主，抢救为先。所谓"保护"，不仅要保护历史文化遗产，而且还要保护其自然环境和历史环境，合理发挥其特有的作用，努力实现历史文化资源的可持续保存和利用。与此同时，亦注重

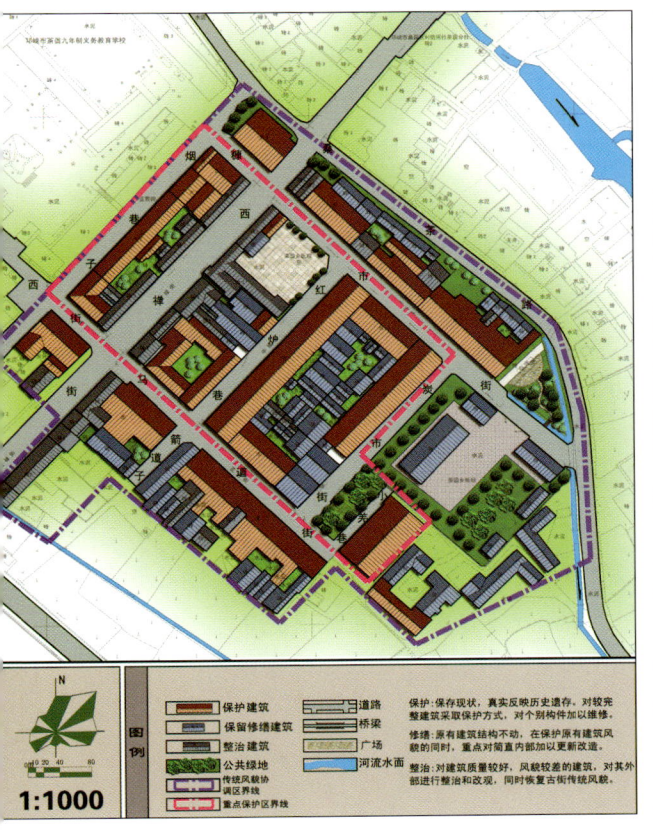
▲ 古镇区总平面规划图 ◎

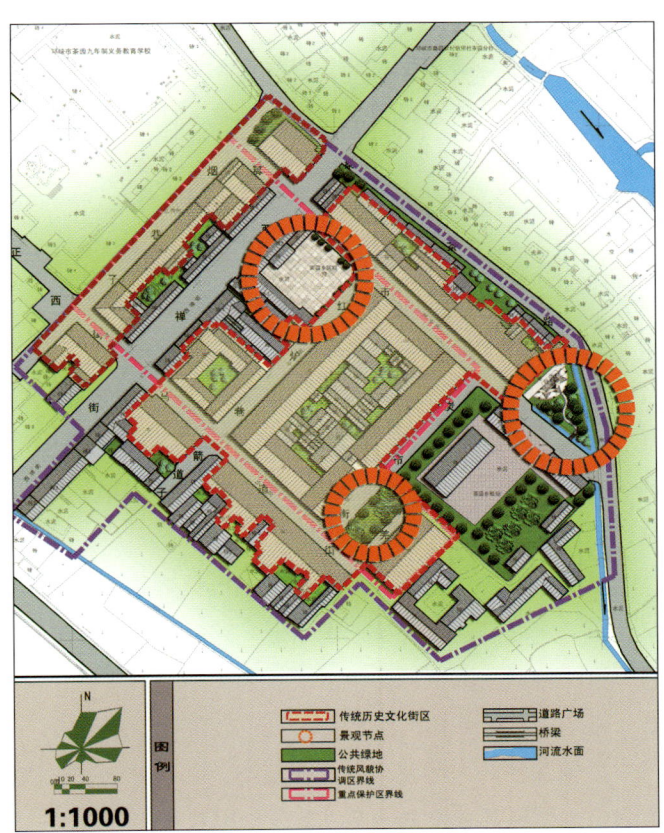
▲ 古镇区景观风貌规划图 ◎

古镇无形文化的保护，以延续古镇的历史文脉，突出本地特色气息，体现古镇的历史文化底蕴。

现将其保护规划与旅游开发的主要内容简介如下。

■ 对传统历史文化街区的保护

◆ 保护范围与类别

针对茶园镇的实际情况，《规划》将能反映一定历史时期地方文化特色、在视线所及的范围内风貌基本一致、具有一定规模的现存街区划定为历史文化街区。茶园历史文化街区范围确定为：东北至茶桑公路、东南至茶园粮站、西南至八河堰、西北至烟巷子，总面积3.07公顷。包括烟巷子、西禅街、糠市街、马道街、红炉巷、炭市街、箭道街、小羌巷等。

茶园历史文化街区又分为重点保护区和传统风貌协调区两类。

重点保护区是指特色鲜明、风貌完整、历史原物比例大，需要重点保护的区域，是历史文化街区的核心部分。重点保护区即西禅街、糠市街、马道街、炭市街围合的区域，面积约1.24公顷。

传统风貌协调区是指为保证重点保护区风貌和环境的完整性而划定的外围风貌环境协调区域，即核心部分周边的历史文化街区。

传统风貌协调区是与重点保护区一体的空间环境区，是重点保护区的"背景"和衬托。该范围内的各种建筑及环境整治，与重点保护对象之间保持合理的空间景观过渡。建筑形式采用川西传统建筑格调，即青瓦坡顶粉墙，建筑高度控制在2-3层，檐口高度不超过9米，色彩以黑、白、灰为主，门窗进行木格雕饰外装。其路面铺砌、街道小品均与重点保护区一致。以达到环境风貌的协调统一。

◆ **建筑形式与道路交通**

历史文化街区内的传统民居院落，恢复"前店后宅"、"下店上宅"的沿街建筑形式，保留和恢复"老字号"店铺，并注意保护、清理有价值的文物古迹。原物不存，或不宜原样恢复而又比较重要的"文物古迹"，则采取立标志物的方式向后人展示。正西街南侧，拟开辟部分川西庭院建筑，局部拆除破旧棚屋、搭建房，以构成完整的真实的历史传统空间地域。与此同时，组织好历史文化街区的街道、广场以及街区的出入口序列，优化街区的空间界面，完善路牌、路灯等环境小品的设置，以烘托古镇历史街区的环境氛围，使之成为能集中反映古镇的历史风貌，成为人们观赏、旅游、休憩的地区。

茶园古镇历史上是茶马古道上茶叶集散的繁盛集镇，物流量相当大，且以大宗货流为主，因此形成了该镇"大路网、宽骨架、木字形"路网格局，其中烟巷子、茶栈街、西藏路、正西街宽度均在10米左右，是该镇鼎盛时期的见证。《规划》拟将其古街、古巷整体保留，以保留古镇格局的原真性，使古镇有价值的街巷体系在形态和空间上得以保留和延续。

古镇保护区内的正西街、西藏街、红炉巷、炭市街、小羌巷开辟为步行路，路宽保持现有宽度，作为展示古镇风貌的重要走廊。部分地段截弯取直，以形成"小街巷、田字形"的路网格局。

■ 对古镇景观环境的保护

茶园古镇依山傍水的外部环境和古镇本身一起所构成的整体格局，是茶园古镇重要的环境依托条件。

茶园古镇景观大致可形成"两点、两线、两轴"的景观结构。

两点：指古镇沿茶桑公路入镇口的广场和沿茶坡公路入镇口的千亩生态园。

两线：指沿红炉巷、正西街两条步行街形成古镇风景特色的展示走廊。

两轴：沿西藏街、茶栈街形成茶园古镇联系镇域两条旅游线路的流动景观轴线。

在整个景观结构中，《规划》拟通过场镇道路绿化、广场绿化、滨河绿化，结合水系以组成该镇生态绿地系统。通过道路绿化以改善镇区绿化环境；在古镇前缘入口处开辟三角形绿化广场，以加强城区块状绿化建设；逐步实施邮江河、灌溉渠沿岸的绿化防护工程，整治河边绿化景观，提高环境品质。

■ 对镇域内历史文化环境的保护

茶园镇域范围内尚有各种历史文化古迹，但较为分散。孔山村的摩崖造像，位于张坝村的谢家大院、谢家坝铁索桥、头岩铁索桥和下普寺、上普寺、睹佛台，以及位于袁营村的羌人岩墓等等历史古迹，均是不可再生的重要旅游文化资源，需进行重点保护。

为保护上述历史古迹的原真风貌，《规划》拟定：谢家大院周边划定出30米的保护范围，其周边建筑要求与之协调一致；拆迁下普寺周边影响视觉环境的建筑，划出30米的保护范围；睹佛台外围划

定50米作为保护区；孔山村摩崖造像龛前30米作为保护范围；羌人岩墓,亦划定墓群周边20米作为保护范围。

■ 未来发展重点

根据茶园镇总体规划，茶园镇未来发展重点在老镇区的基础上向东南、东北向发展。在新区建设行政商业中心，以强化茶园镇的文化、旅游服务功能，形成新区、老区双核轴线发展的城镇形态，从而减轻古镇区的建设压力，有效保护古镇的传统格局与风貌。

■ 旅游线路规划

茶园旅游规划布局总体为"一个中心、两条游线、两个景区"的布局。

一个中心：即以古镇为中心，作为展示古镇风貌与民风、民俗的平台。

两条游线：即分为水陆两线。

（1）水上游览线：沿邛江河，以古镇为起点，沿途游览羌人岩葬—邛江风光—虹霓铁桥—谢家坝铁桥——谢家大院。

（2）陆地游览线：沿茶桑公路进入古镇—东汉墓群—羌人岩葬—上普寺—睹佛台—下普寺—谢家大院—孔山摩崖造像。

两个景区：即睹佛台景区和孔山千亩生态园林区。

截至目前，茶园古镇的保护和整治已初见成效，古建筑、古街、古井、古树等都得到了有效的保护和利用，镇区内影响古镇风貌的建筑得到整治，古镇的空间形态保护亦取得了良好的效果，古镇环境质量大大提高，较能反映出明清时期茶马古道上的镇土风情与传统风貌。但如何与当前成都市打造现代田园风光城市的战略部署协调一致，使之既能充分展现出省级历史文化名镇的风采，又能完美地融于山水田园风光之中，真正成为集生产、观光、旅游为一体的新型集镇，则已成为茶园人深入思考的课题和努力奋斗的目标。

凭借其丰富的文化积淀和千载难逢的历史机遇，在已取得的成绩的基础上，再通过坚持不懈的努力，可以预料，未来的茶园必将风光无限。

主要参考文献

成都市城镇规划设计研究院：
《邛崃市茶园镇历史文化名镇保护规划说明书》（内部资料）2007年7月。

※本篇原基本图文资料由茶园镇人民政府提供，田炳双、夏奇勇、季雷等收集整理。

12 邛崃市火井镇

邛崃火井镇——成都市历史文化名镇，位于成都市西南98公里处。镇域东西长约7公里，南北宽13公里。东邻国家4A级风景名胜区平乐古镇，西接高何红军长征纪念馆，南连国家4A级风景名胜区天台山，北靠未来龙门山旅游景观带南宝乡，是成都经邛崃进入天台山国家级风景名胜区旅游环线上的重要节点。全镇面积65.58平方公里，下辖9个行政村，1个社区。

火井镇地处邛崃山脉九顶山麓，南北两面峰峦对峙，北面最高海拔1175米，南面属深浅丘陵区，最低海拔564米，平均海拔700米左右。文井江自镇西山麓向东流经境内，西经火井状元桥，东至三和桥，依山不绕，迂回曲折，形成狭长河谷，旧称"火井槽"；沿文井江两岸大小不等的河谷平原旧时又统称"火井坝"。从九顶山麓发源的四条山溪，则由北向南经境内汇入文井江。整个地势由西向东倾斜20度左右，镇域内群山环抱，气候温和，年平均气温14℃左右，得天独厚的小盆地气候，营造出了十分优良

▲ 火井古镇的山川田园 ◎○

的生态环境，山清水秀，风光旖旎，森林覆盖率达75％。

　　火井镇亦是一座具有悠久历史的古老场镇。相传在古代，此地不过是二十来户人家的深山小乡场，因高姓居多，故名高家场（简称高场）。西汉时期，此地已发现"火井"（天然气井），并"引井火以煮盐"。随着盐业的兴旺，高场也不断地得到发展，到了南北朝北周时期，此地已成为临邛西路第一重镇。而自隋代大业年间直至元代至元二十一年（1284），火井置县，火井镇更成为了火井县县治所在地，历时668年之久。火井，这座火与历史炼就的古老场镇，自有着丰富的历史文化积淀，但却像一块尚未雕琢的璞玉，深藏在九顶山麓。但随着成都市打造世界现代田园城市战略部署的逐步实施，有着旖旎风光与悠久历史的火井古镇，终将放射出夺目的光彩。

图片：◎ 邛崃市火井镇人民政府提供
　　　○ 彭明权　拍摄
　　　● 严永聪　摄影

▲ 旖旎的自然山水◎○

▲ 文井江河堤风光◎○

一、古镇历史文化概述

（一）井火的发现与古镇的沿革变迁

火井是地，秦汉时期为临邛县辖地。西汉文学家扬雄《蜀都赋》云："东有巴賨，绵亘百濮。铜梁、金台，火井、龙湫。……西有盐泉铁冶，橘林铜陵。"这一段宝贵的记载，可谓中国最早的火井史料，并言及到与之相连的煮盐冶铁，说明早在2000多年前，蜀地先民已在利用天然气了。至于火井究竟在蜀地何处，先民如何具体利用，晋初著名学者张华在《博物志》中则作了较为明确的记载："临邛火井一所，纵广五尺，深二三丈。井在县南百里。昔时人以竹木投以取火，诸葛丞相往视之，后火转盛。热盆盖井上，煮盐，得盐。入于家火即灭，迄今不复燃也。"与张华同时的著名诗人左思，在其所撰《蜀都赋》中，更有对该地火井的形象描述，其辞云："火井沉荧于幽泉，高焰飞煽于天垂。"其景象是何等的壮观！其后，常璩所撰《华阳国志》亦记载说："临邛县有火井，夜时光映上昭。民欲其火，先以家火投之。顷许，如雷声，火焰出，通耀数十里，以竹筒盛其光藏之，可拽行终日不灭。井有二，（一燥一）水。取井火煮之，一斛水得五斗盐，家火煮之，得无几也。"

张华文中所说"井在县南百里"，即是指位于临邛县城（今邛崃市区）南大约百里的今火井镇区内。古镇得名为"火井"，亦全是因为此地有中国最早的火井的缘故。张华、常璩所记与火井古镇穿场而过的盐井溪以及相关的煮盐遗存，又说明早在汉代，此地已开始"引井火煮盐"的历史了。

随着盐业的兴旺，火井是地也在不断得到发展，到了南北朝北周时期，此地已成为临邛西路第一重镇。据宋代欧阳忞所撰《舆地广记》记载："火井县，本临邛县地。后周（即"北周"）置火井镇……有火井。"这是有关火井是地最早置镇的记载，由此可知，火井置镇，至今已有1500年历史。在古代，历代王朝为资军、国之用，皆视盐为"国之大宝"，正是由于该地"有火井"可用以煮盐，因而到了隋唐时期，火井镇的地位已不同一般。据宋代乐史所撰《太平寰宇记》记载："火井县，（郡）西六十三里，（原）四乡，秦临邛县地，周置火井镇，隋大业十二年（616）置县，仍带镇，属临邛郡。"又据唐人李吉甫所撰《元和郡县志》载："火井县，东北至（邛）州六十里……武德元年（618）割依政等五县，置邛州，（火井）县属焉。县有盐井。"由上引文可知：正是由于"县有盐井"，故在隋唐时

▲ 汉代古火井遗址◎○

期,火井镇已置为火井县治;隋属临邛郡,唐属邛州。

北宋开宝三年(970),"从本县令萧琢之所奏",火井县治曾一度"移于平乐镇",至至道三年(997)复旧。前后不过28年时间,火井县治又迁回火井镇。及至元世祖至元二十一年(1284),火井县方撤销建制,并入邛州,于火井镇改设巡检司,至此,火井置县已有668年的历史了。在此期间,火井县曾经先后管辖邛崃西、南二路,包括今之平乐、夹关以及水口、火井等十八个乡镇。据明代曹学佺《蜀中广记》记载:"火井县西五里,有静边盐井。"由此可知,火井置县之所以能一直延续到宋元之际,即与该地"有静边盐井"相关。

明清两代承袭元制,先后在高场设"火井巡检司"衙门,属邛州管辖,负责兵事和治安。

民国二年(1913)邛州改为邛崃县,火井废除巡检司,建立分县,设分县知事治理;管辖范围:南路从平乐到夹关一带,西路从西河坝到镇西山。民国二十三年(1934)废分县,改设火井区(第三区)。民国二十四年(1935)红军过火井,曾在高场建立火井乡苏维埃政府。民国二十五年(1936)实行联保制,火井联保下辖十五个保(村),包括今之南宝乡全部。民国二十八年(1939)实行新县制,复设火井乡,属邛崃县管辖,直至1950年火井解放。

2004年火井镇与银杏乡合并,统称火井镇至今。

(二)深厚的文化底蕴

在漫长的历史进程中,火井古镇曾因"火"而兴,因"盐"而盛,及至近、现代,其文化积淀亦越来越丰富,尤显出深厚的文化底蕴。

起自西汉,下迄宋元,上千年引井火煮盐的历史,不仅使镇名火井,溪称盐井,而且亦令历代的文人学者称道不已。举凡说到西川临邛,均无不言及古镇的火井与盐井,诸如前文所引西汉扬雄的《蜀都赋》,晋代左思的《蜀都赋》与张华的《博物志》以及常璩所撰《华阳国志》等,至于唐、宋、元、明、清历朝各代,有关古镇火井与盐井的相关记载,在诸多历史地理学家的著述中,亦是屡见不鲜。而著名的明代科学家宋应星,在其所撰《天工开物》一书中,更是对"引井火煮盐"的过程作了具体而详明的描述:"西川有火井,事甚奇。其井居然冷水,绝无火气。但以长竹剖开去节,合缝漆布,一头插入井底,其上曲接，以口紧对釜脐，注卤水釜中，只见火意烘烘，水即滚沸。启竹而视之，绝无半点焦炎意。未见火形而用火神，此世间大奇事也。"宋应星的传神描述以及众多古籍记载，对于火井古镇而言，无疑形成了一笔宝贵的历史文化财富，在当今古镇旅游文化的提升与开发中，必将发挥出十分重要的作用。

井火与盐泉的发现和利用，促成古镇逐渐走向繁荣而成为南方丝绸之路上的一处重要驿站。南方丝绸之路西出成都的临邛道，即经临邛、走平乐、过火井，再沿布濮水越正西山，走青衣（今芦山）往旄牛（今汉源）而南接灵关道。其实这条古道早在先秦时期即已存在。据《竹书纪年》记载："梁惠成王十年（前360），瑕阳人自秦道岷山、青衣水来归。"秦惠文王更元年间（前324-前311），秦国据蜀建临邛城后，临邛道的称谓方正式出现，当是指自成都起始，经临邛至青衣之路段。而火井作为南方丝绸之路临邛道上的重要驿站，其交通在历史上的重要性不言而喻。至今火井依然存留有寨子杠、伏虎亭、盐店等先人休憩驻足的遗址，可说得上是古老的交通文化在该镇最为重要的历史显现。

正由于火井古镇位于西出成都的重要交通要道上，历来即为兵家必争之地，三国时期，诸葛亮即曾派出大将姜维于火井安营扎寨、镇关驻守，以防止南方少数民族侵扰。而诸葛丞相本人也曾亲自前往火井，视察是地"引井火煮盐"之事而以资军用。千百年来，硝烟弥漫，战火不断，腥风血雨的场景至今仍可以通过火井山涧里的战壕以及荒芜草丛里的军事设施隐约窥见一斑，相关的军事文化遗存尚自可寻。

及至隋末唐初，火井已经建镇置县，著名的星相学家袁天罡，曾出任火井县令。据《旧唐书》记载："袁天纲（罡），益州成都人也，尤工相术。武德初（618），蜀道使詹俊赤牒授火井令。"又据宋代祝穆《方舆胜览》记载：在火井县东北有相台山，"袁天罡（曾）登此山以相县治，故名。"袁天罡与唐初另一位著名的星相学家李淳风齐名，二人共同著有中国最为神秘的预言书《推背图》。袁天罡在火井县登相台山俯察火井县治地形，给古镇留下了神秘文化的精彩一笔。

五代前蜀时期，火井县更出了一位天下闻名的"女状元"——黄崇嘏，至今火井古镇仍留有崇嘏山、崇嘏塔、崇嘏墓以及状元桥等多处相关历史文化遗存。这两位声名显赫的历史人物，无疑又给古镇

① 从古镇穿流而过的盐井溪◎○
② 崇嘏山远眺●
③ 古遗存伏虎亭◎○
④ 石梯古道◎○

增添了一笔名人文化的亮丽色彩。

两千多年来，火井人在这片美丽富饶的土地上日出而作，日落而息，勤劳耕耘，生生不息，在岁月的长河里，创造出颇具地域特色的民俗文化。这些民俗文化有些或许已经消失，但随着旅游文化的深度开发，一些颇具地域特色、而又适合现代人口味的民俗文化形式则将在古镇逐一得到彰显。

在现代社会，随着人们怀旧情绪的升温以及对现实中物质崇拜的反思，红色文化越来越被不同年龄层次的人们所关注，也越来越引起人们对追溯现今安定生活来源的思考。二万五千里长征，红军部队经过火井，打土豪、分田地，建立乡、村两级苏维埃政权。从古镇往西10公里处，至今仍存有红军碑亭。红色文化，对于古镇旅游开发而言，亦已成为一笔十分宝贵的财富，有待进一步深入发掘。

而今徜徉于火井古镇，原汁原味的明清建筑，庭院深深的陈氏旧居、神秘气派的邱宅海屋、奇特古老的卧龙桥，连同镇域内汉代古火井遗存、佛教圣地兴福寺、崇嘏山、崇嘏塔、雄姿再现的状元桥、红军碑亭、千年古树、万亩竹海，以及传统的宗教文化和古老淳朴的民风民俗等诸元素，无不令人感受到深厚的文化底蕴。如何进行科学的保护规划，将这块深藏在山的璞玉打磨成为光彩夺目的美玉，则已成为当务之急。

① 古镇一角◎○
②⑤ 古镇街景◎○
③ 赶场一瞥◎○
④ 镇外路边古榕树◎○

①

②

③

④

⑤

二、古镇旅游巡览

（一）主要景点与历史文化遗存

■ 高场街区

火井镇旧称"高场"。风车山、卧龙岗南北夹峙，盐井溪从中穿过，将场镇分为南北两半。古镇街区建于临河的台地上，在河与山相夹的带状地上发展，形成背山面水的基本格局。古朴的木架房，陈旧的木板壁、木板门、小青瓦，朴实而厚拙，虽经时代变迁，失去了昔日的辉煌，但保存较为完好的古镇风貌与民居院落，在千年古树的掩映下，仍处处弥漫着浓郁的古色古香。

◆ **庭院深深的陈氏旧居**

陈氏旧居位于高场河南街政府路，现为火井镇人民政府驻所。老宅坐南向北，始建于晚清时期。四周有两米多高的围墙环绕，整个园子占地约5.4亩。老宅占地面积1680平方米，建筑面积1374平方米。整体建筑为悬山式木质穿斗结构，平面呈"日"字形，为三进复合式院落，由前天井、后天井、偏天井，结合前厅、正厅、后厅和花厅、门厅等组成。结构严谨，错落有致，全是小青瓦平房，为典型的川西民居。

此房原主人为庾文州。庾家乃晚清时火井巨富，发迹于开钱铺。当年其家业如日中天，鼎盛一时，人称"庾半街"；后家道中落，庾文州便将这老祖宗留下的老房子，卖给了当时火井富豪陈芷渊。庾家老房子原来是只有前后两大天井的四合院，以及朝向北方的大门和夯土围墙。陈家买到此房后，认为出了"败家子"的房屋，要另立门面，以避晦气，方能万事大吉，于是决定新立大门，并定位在东北角上。又在前厅外另购置一块地皮，撤掉原来向北开的大门，修筑花台，围墙，造成厅前花园，并增修了门厅及顺墙南沿的一排后房，又在后厅改建了几间仓房，增添了前厅西侧的三间花厅，使这座老宅院显

① 陈氏旧居大门 ●
②③ 陈氏旧居内景 ●
④ 陈氏旧居雕花木窗 ◎○
⑤ 陈氏旧居雕花吊柱 ●
⑥⑦⑧ 陈氏旧居屋脊雕塑 ●

得更加完美。目前整座老宅院保存完好，巨柱粗梁，宽敞明亮，幽雅宁静，古朴典雅，大小天井六个，大小房间48间，排列有序，各有用途，实属近代川西民居建筑之精品。

◆ **神秘气派的邱宅"海屋"**

富丽堂皇的豪宅——"海屋"，坐落在古镇河北街东头。海屋建筑融川西民居风格兼西式泥作装饰于一体，属典型的中西合璧式建筑。占地面积660平方米，建筑地平面积468平方米，平面呈"日"字形四合院。前院为二层楼房，后院为单层平房。前后三进房屋，两个天井。门楼高9.5米，正房高10.5米，造型独特，装饰精美，富丽堂皇，豪气十足。整座宅院，内为悬山式木质穿逗结构，外由齐檐高的青砖厚墙包裹，上覆小青瓦屋面，四檐紧合，屋脊高耸，蔚为壮观。宅院内部，无论楼上楼下，皆用柏木，窗花图案，形状各异，彼此呼应，交融得体。特别值得一提的是其内部的明廊暗道，迂回曲折，内外相连，高深莫测，宛若迷宫。

"海屋"的主人邱子文（已于1943年病逝），原在重庆海关总署任职，常年在外，见多识广，也许是在任职海关的缘故，邱子文遂将其所建豪宅取名为"海屋"。

"海屋"——这个诡异的名字，冠上这座古怪而奇特的豪宅，尤显得深广莫测。那高大气派的门楼，漂亮的泥作装饰，以及跨堂悬吊挑帘式木格花窗和精美的花窗隔门，迷宫一般的暗道回廊，再加上高大威严的东墙及墙体上令人生畏的枪眼，无不令游人叹为观止，啧啧称奇。

① 海屋大门 ●
② 海屋室内屋顶 ◎○
③ 东墙上的枪眼 ●
④ 高大威严的东墙 ●
⑤⑥⑦ 海屋内景 ◎○

◆ **遭战火焚毁的古衙门遗存**

前文已经谈到：火井建镇置县，历史悠久。自隋大业十二年（616）火井镇升格为火井县，直至民国二十三年（1934）撤销分县，改设火井区（第三区）为止，无论是古县衙门，还是明清时期的巡检司衙门，或者是民国时期的分县衙门，均设置在今河北街235号（古时高场之上场口），前后经历了1300年时间。据民国九年（1920）所修《邛崃县志》记载：火井县衙曾两次遭遇战火焚毁。清咸丰十年（1860）六月，有兰大顺造反，兵出灵关，经玉溪河攻镇西山，转战火井，高场街区被焚，县衙亦毁，嗣后修复。民国三年（1914），驻康定川边镇守使陈遐龄之部属团长陈步三，率残部奔逃火井，火井县佐杨廷赞及其弟杨廷顺，率火井巡防军十余人与之激战未克，火井县衙再次被焚毁。之后，衙门又得以重建恢复。现存之三间木架房，即是原县衙之大门。世事沧桑，昔日的恢宏气派虽不复存在，但古镇建镇置县的悠久历史，仍保留在人们的记忆深处，故镇上老百姓仍习惯地称呼此处为"衙门口"。

◆ **其他历史文化遗迹辨踪**

据民间传说，古镇在隋代置县以前，由两大土司把持，将场镇划为两段，上场为高土司统管，叫高家场，下场由杨土司管辖，称回龙镇，中间以石碑殿为界，原立有一座五尺高的石碑。因高、杨二姓常发生争斗，故上场的人不准赶下场，下场的人也不准赶上场。传说中的石碑殿连同石碑早已毁没，但上下两场分界处犹隐约可辨。

古场镇上，原有上、中、下三座木架双檐歇山式桥楼子，雕梁画栋，建造精美，巨木桥梁，木板铺道，两侧有齐人高的木栅栏，上覆小青瓦屋面，桥下清流淙淙，桥上凉爽宜人。上桥名"九龙桥"，中桥名"回龙桥"，均跨盐井溪上。上、中两桥已遭洪水冲毁，原有木架桥楼早已不存。上桥处现有1978年重建之一墩两洞石拱桥，名"新征桥"，中桥亦于1982年重建，为一墩两洞钢筋混凝土高平桥。下桥名"文武桥"，位于下场口，原为旧式桥楼三间，中无桥墩，于1956年改建为一洞石拱桥。另有一座横跨大安店沟的独拱石桥，名"卧龙桥"，是邛崃西路独一无二、桥面最宽、最古老的单孔石拱桥。古老的卧龙桥于清道光初年亦遭洪水冲毁，及至咸丰二年（1852）方依旧有桥基再建，且遗留至今。虽仍为卷河独拱，但桥面与街面齐平，原有高凸之气势已不复存在。

高场自古商贾云集，生意兴隆。清末民初，尚存有多处外省客商筹建的同乡会馆，诸如上场有江西会馆（万寿宫），中街有川主宫、天后宫（福建会馆）、炎帝庙（俗称"火神庙"）、延生殿，顺街卧龙岗东头有魁星阁，下场有禹王宫（湖广馆）、城隍庙、台子坝古戏台。出下场口便是金台山。宋代著名画家、诗人文同《太博孙公游火井因寄》一诗云："七盘磴道与云浮，下见高林压县楼。"现今金台山前古老的石梯尚存，踏痕累累，记录着历史的岁月沧桑。山上原有文庙、武庙、文昌宫。随着时光的流逝，这些古老的庙宇、会馆多已荡然无存，但犹可凭借其原在位置及其残留的痕迹辨其踪影。

镇外文化遗存及景点

◆ **汉代古火井**

汉代古火井坐落在火井镇西邛芦路31.4公里处的郑家坝花果山麓。四周绿树环绕，雪松亭亭玉立，枝叶扶疏，青翠欲滴。沿着红砂石阶拾级而上，右边便是汉代古火井。高约一尺五寸的井台用灰黑色的汉代古砖砌成，古色古香的汉砖上各种棱形图案，清晰可见。井内径约三尺，井口呈六角形，故本地人称"六角井"。古井左边矗立一座高大的红砂石碑，由碑座、碑身、碑顶三部分组

成。碑座见方六尺，高四尺四寸，且四方逐次递减成三级；碑身见方一尺八寸，高约一丈，四方刻有文字；碑顶见方三尺，高约二尺，中间刻有"二龙戏珠"图案环绕一周；其上四方刻有"井字"图案，顶端竖着高约五尺的熊熊火炬，烈焰冲天。火井碑通高二丈一尺有余，象征着汉代古火井至今已有2100余年的历史。

◆ 承载千年产盐历史的盐井溪

前文谈到：早在汉代，火井是地已开始了"引井火煮盐"的历史。及至宋、元时期，亦仍未见衰减。据苏轼所撰《东坡志林》记载：邛州有盐井，"乃祥符中（1008—1012）民王鸾所开，利入至厚。自庆历、皇祐（1041—1049）以来，蜀始创'筒井'，用圜刃凿如碗大，深者数十丈，以巨竹去节，牝牡相衔为井，以隔横入淡水，则咸泉自上。又以竹之差小者出入井中为桶，无底而窍其上，悬熟皮数寸，出入水中，气自呼吸而启闭之，一筒致水数斗。凡筒井皆用机械，利之所在，人无不知。《后汉书》有'水鞲（音bài）'，此法唯蜀中铁冶用之，大略似盐井取水筒。"又、据《元史·文宗本纪》记载："邛州有二井，宋旧名曰金凤、茅池。天历初（1328）九月地震，盐水涌溢，州民侯坤愿作什器煮盐，而输课于官。诏四川盐运使主之。"

东坡及《元史》所载，对宋元时期邛州火井等地取地下盐泉煮盐的情形，讲述得颇为详明。而火井之盐井溪，亦正是因为其中游地段旧时曾开过盐井而得名。直至1935年红军长征过火井时，因军事原因，交通阻断，食盐奇缺，本地乡民犹自在盐井溪畔取盐水煮盐食用；解放前夕，盐价飞涨，斤盐斗米，本地四周乡民更是成群结队往盐井溪担盐水煮盐。据旧《邛州志》记载：又有黄盐溪，位于"州治西六十五里。旧多盐井，引火井之火煮之。其盐色黄，故名。"据考查：今火井附近油榨乡境内天罡祠外即有黄盐溪，溪有深潭名"盐水沱"，可见火井等地旧时产盐之所不止一处，而且多引天然气煮制，极为方便。

而今火井早已不再取井火煮盐，但古老的盐井溪，凭借其天赐的自然资源，却将古邛州产盐的历史承载千年。循溪而上，至中游，旧时盐井遗存依稀可辨，可令游人萌生怀古之情。及至上游两节岩处，又可见美丽壮观的两节岩瀑布，从数丈高岩直泻而下，水流飞溅，轰隆作响，直令人精神振奋，另得一番不同寻常的感受。

▲ 汉代古火井◎

▲ 盐井溪◎

◆ 涤尘濯俗的沁人温泉

由于古老的盐井溪地下藏有万古不灭的井火与盐泉，故在20世纪90年代，地质勘探队在盐井溪畔作浅衰层钻探时，即又打探出了天然气和盐卤水。盐卤水温为40摄氏度左右，含盐卤量7%。40度的盐卤水从地下冒出，实际上就是温泉。沐浴于沁人心脾的咸水温泉之中，不仅涤尘濯俗，而且亦是最好的疗养保健之道。这无疑为火井古镇打造未来温泉度假胜地提供了极为宝贵的地理资源。

◆ 雄伟传奇的崇嘏山、崇嘏塔及崇嘏墓

据宋代李昉等人所编《太平广记》和明代著名文学家杨慎《丹铅续录》记载：五代前蜀时期，临邛才女黄崇嘏，称乡贡进士，年三十许，时号女状元。平时常作男子装扮，曾"作诗上蜀相周庠，诗云：'偶离幽隐住临邛，行止坚贞比涧松。何事政清如水镜，绊他野鹤向深笼。'"蜀相周庠爱其才，"首荐之，屡摄府县，吏事精敏，胥徒畏服"。因崇嘏着男装，被周庠误以为是男子，周庠"既重其英聪，又美其风彩"，于是便打算招崇嘏做女婿，崇嘏又作诗推辞道："一辞拾翠碧江湄，贫守蓬茅但赋诗。自服蓝衫居郡掾，永抛鸾镜画蛾眉。立身卓尔青松操，挺志坚然白璧姿。幕府若容为坦腹，愿天速变作男儿。"周庠览诗，非常吃惊，急忙召见询问，原来崇嘏乃黄使君之女，幼失父母，与老姬同居，尚未嫁人。周庠对其贞洁更加赞许不已。这一段颇具传奇色彩的千古奇闻，历代文人多记其事，除《太平广记》和杨慎所记而外，尚有明代陶宗仪的《说郛》、徐应秋的《玉芝堂谈荟》、曹学佺的《蜀中广记·诗话》、陈士元的《名疑》以及清代吴任臣所撰《十国春秋》、郑方坤所撰《五代诗话》等书均有记载，更有根据崇嘏之事编写的传奇故事《女状元》、《春桃记》等搬上了戏剧舞台。

至于后来黄崇嘏去向何处，《太平广记》引《玉溪编事》说："旋乞罢，归临邛之旧隐，竟莫知存

① 俗称"铜鼓山"的崇嘏山（任桂园 拍摄）
② 崇嘏山茶园◎
③ 崇嘏墓◎
④ 崇嘏塔◎○

亡焉。"其实崇嘏原来幽隐之处，即在火井镇域内的孤石山，所谓"旋乞罢、归临邛之旧隐"，也就是说崇嘏在蜀相周庠及众人都知道她是女儿身之后，便立即请求离开官府，回到了原来隐居的孤石山。据《四川通志·陵墓》载："崇嘏为邛州才女……卒，葬（邛）州西铜鼓山，人因呼为崇嘏山。"由此可知，崇嘏死后，即葬于此山。

崇嘏山，古名孤石山，远望浑圆如鼓，故俗称铜鼓山。由于此山既是崇嘏生前隐居之地，又是她死后的葬身之处，人们为了纪念这位千古奇女，特将此山更名为崇嘏山。此山乃火井镇南第一峰。山上秀木争荣，修篁葱茏，茶圃叠翠，漫坡碧绿，山花争艳，鸟语声声，薄雾轻盈，一派迷人景致。

沿小路西行约百米，便是遐迩闻名的古老的崇嘏塔。塔体用粗大的红砂石砌成。塔基座周长四丈二尺，高约四尺，塔身第一层周长三丈八尺，高一丈二尺，以上逐层周长缩小，层高依次减少。第二层高约一丈，第三层高约九尺，第四层高约七尺，第五层高约五尺，外加塔顶、塔刹，通高约五丈七尺。塔心中空，壁厚尺余，周围密封，人不能进。塔为五层八方，重檐突出，八角高翘，塔刹指天。远望崇嘏塔，如文笔倒插，似宝剑刺空，像巨柱擎天，联想起黄崇嘏之奇人奇事，直令人仰慕不已。

崇嘏山南半坡有崇嘏墓，此处小地名为"大坪山"。墓前有碑，石碑中间竖刻"王蜀女状元黄崇嘏之墓"一行大字，旁有碑序，落款是："郡庠廪生游祖韩敬撰 增生杨沫敬书 石匠何金义 光绪十六年（1890）庚辰闰二月中浣 吉立"。这是崇嘏山遗存的最完好的古墓碑。

◆ **雄姿再现的状元桥**

状元桥位于火井镇崇嘏山北麓、状元村和银台山村交界处的文井江（又名火井河）上，始建于民国十一年（1922），桥名"状元"，亦取此地古代出有"女状元"之意。状元桥全长十七丈六尺，桥高四尺五寸，宽三尺九寸。每洞桥梁三根，厚一尺多。桥分十一洞，共有鱼嘴十个。每个鱼嘴长一丈六尺五寸，宽三尺六寸，高四尺五寸。北岸桥头有石梯十一级，长一丈三尺八寸，宽四尺八寸。两端波岸及海底均用水泥灌浆石砌，平实坚固。北岸桥头有石碑一座，坐北向南。碑体通高一丈零五寸，碑身三页，总宽度为九尺五寸，碑柱厚一尺三寸。碑顶为状元冠形，上刻有戏剧人物和花卉图案，栩栩如生，庄重典雅。碑中页正面有"状元桥"三个斗大的楷书字，笔法流利浑厚，苍劲凝重。

▲ 状元桥◎

▲ 北岸桥头石碑◎

◆ **佛教圣地兴福寺**

兴福寺位于火井镇西南兴福村，地处邛崃市城西35公里，是成都市佛教协会下辖四大名刹之一。属省级重点文物保护单位。

古寺左为青龙山，右为白虎山，两山护卫，尤显出深山古刹之雄伟、庄严与肃穆。据寺碑记载：该寺建于明代嘉靖年间，至今已有四百多年历史。虽历经沧桑，但保存基本完好。古寺占地14674平方米，有大殿8间、大楼3栋、8大厢房、120多间房舍。现新塑有佛像数十尊，同时整修了东廊山门、西廊戏台、围墙、水源、水池、寺外石板大道与接引殿（该处有三尊大石佛）。寺内设有经、禅、云、法、斋、茶、客等堂；有五大佛殿、法地、金刚道场；有经、钟、鼓三楼；有文、集、练三场。古木参天，建造雄伟，香火旺盛，历来朝拜者络绎不绝。更有一株千年古银杏树，虽多次遭雷电袭击，至今仍苍劲冲霄而枝繁叶茂；树干八人合抱不下，树身中空而可设案供人品茗谈心，堪称稀世珍宝。

◆ **万亩竹海长廊**

竹海长廊位于火井镇东南，长约30里，竹林面积达3.5万亩，有楠竹、茨竹、斑竹、金竹、人头竹、苦竹、白

① 兴福寺大门◎
② 兴福寺内观音殿◎
③ 幽静的寺庙庭院◎
④ 寺内古银杏树◎
⑤ 兴福寺佛堂◎

① 佛殿雕花撑弓◎
②③④ 寺内石雕柱础◎
⑤⑦ 佛殿拱顶处木雕◎
⑥ 佛殿镂雕花窗◎
⑧ 竹海长廊景观◎

家竹等20多个优质竹品种，年产竹3万吨。竹材的用途十分广泛，在印度有"穷人的木材"之称，可用于制作竹帘、竹席、门窗、地板、工艺品、竹楼、竹胶合板等。火井竹海，可以说，是发展竹制品、投资竹产业的最佳选择地。

进入竹海长廊，青翠成片的竹林蔽日遮天。顺石板路沿阶徐行，曲径通幽，夏暑置身其间，凉意爽人。竹林间山泉汨汨，鸟类品种繁多，晴空艳阳天，啁啾声不绝于耳，是爱鸟人士户外探奇的首选之地。

（二）风味小吃

古老的民风民俗造就了火井古老的饮食文化。走在火井，不时都能寻觅到颇具地方特色的各种风味小吃：酸辣粉、河水鱼、糯米鸭等等，香飘四溢，撩人食欲，尤其是火井街头那大锅里翻滚的羊肉清汤，更是令人垂涎三尺，闻香驻足。其羊源来自大山喂养的天然山羊，肉质细腻，汤色纯正，且用高山清泉经多日熬制而成，是冬季滋补健身的最佳食品，每有游人品尝，无不啧啧称道。火井古镇夏无酷暑、冬无严寒，山里人将过年猪宰杀后烟熏悬挂于厨房，以供一年家庭肉食之需，俗称"老腊肉"。老腊肉肉味独到，风格别异，细嚼慢咽定可满口留香。

① 街边小吃店铺◎
② 本土放养的羔羊◎○
③ 友合沱河水鱼馆◎
④ 国家退耕还林工程核桃基地◎
⑤ 火井特产猕猴桃◎

（三）地方特产

火井盛产猕猴桃，因其维生素C含量在水果中名列前茅，向来被人们誉为"维C之王"。猕猴桃还含有良好的可溶性膳食纤维，而且是水果中唯一含有叶绿素的果品。

核桃也是火井的特产之一，核桃的药用价值很高，中医应用广泛。祖国医学认为核桃性温、味甘、无毒，有健胃、补血、润肺、养神等功效。《神农本草经》将核桃列为久服轻身益气、延年益寿的上品。对于核桃的神奇功效，唐代孟诜所著《食疗本草》、宋代刘翰等著《开宝本草》和明代李时珍所著《本草纲目》等均有记述。

此外，在火井还有楠竹笋、金竹笋以及天然食物喂养而成的生态鸡等地方特产。

（四）旅舍客栈

火井目前还是一块未琢玉璞，接待方面尚未形成较大规模，但憩居火井古镇也同样会领略一番别样风情。

上场口有"康乐苑"，在此住下，游走古街，观看民居民风，体味那些行将遗失的山地习俗，再品尝古镇小吃，自会有不同他处的特殊感受。康乐园接待能力为50人，环境优雅，主人热情好客，光顾这

▲ 康乐苑◎

▲ 桃园山庄◎

里，尤有宾至如归之感。

青山逶迤、绿树环抱的风车山上有桃园山庄，接待能力为80人，现代设施一应俱全。山庄四周，小鸟啁啾，和风徐徐，一到夜晚，萤虫飞舞，凉爽宜人。客居山庄，自会感受到现代文明与古老历史交汇相融的悠悠情调。

（五）民俗风情

川西民俗，不少内容大同小异，诸如茶馆品茗、川剧坐唱、庙会进香以及各种岁时习俗等等，虽然有的名目称呼与表现形式各异，但其内涵却基本相同。譬如火井古镇，吃完早饭，老人们便纷纷涌向茶馆，一碗盖碗茶、一张竹靠椅、一张低矮的小方桌，便可消磨大半天时光。千百年来，一如平乐等古镇，茶馆品茗、聊天说事，已成当地百姓的一大爱好习俗。又如"川剧坐唱"，一些过去商业繁荣、交通发达的古老场镇，多有这种民间文化艺术活动。火井古镇亦不例外，由于过去县治所在，商业繁荣，又地处要道，往来人多，这种民间文化艺术活动即逐渐由"川剧舞台演出"演绎而来，至于今，已成为当地民间文艺爱好者自娱自乐的活动形式，只不过"坐唱"称为"打玩友"而已。又如庙会，火井古镇过去的各种庙会，也如其他古老的场镇一样热闹非凡，而且多与佛教寺院以及道教庙观的宗教活动有着密切的联系，同时又往往是四周乡民赶场之日，故在当地，庙会又称"庙市"或"节场"。这些名称，可以说正是庙会形成过程中所留下来的历史印记。下面仅就火井古镇最具地方特色的民俗风情作一简略介绍，以飨读者。

■ "放生会"与"牛王会"

在火井古镇，过去最有特色的庙会就要数"放生会"和"牛王会"了。

放生，是过去一些信奉佛教、心慈好善的人们自愿从市场或猎户手中买回活鱼、鸟类或其他野生动物，放回山林或江河的慈悲举动。在火井，相传每年的四月初八即为"放生日"，又把天灯坝等处深滩定为"养生沱"或"放生沱"，并在岸边设立标记以禁渔猎。既然名为"放生会"，相关的烧香许愿的佛法仪式亦必不可少。随着保护野生动物越来越成为一种时尚，故而此项活动，在古镇未来的民俗旅游文化于发中大有潜力可挖。

'牛王会"则定在每年的十月初一，在火井古镇，人们认为这一天是牛王的诞辰。旧时习俗：每到这一天，都要用糯米做成糍粑给耕牛吃，或者挂在牛角上，表示对耕牛一年辛苦劳作的酬答。这一天，还要举办相关的祈祷活动，拜求耕牛体壮力大，永不生病。火井古镇的"牛王会"，可以说是古老的农耕文化在是地民俗中最有特色的显现，亦说得上是古镇民俗文化中亮丽的一笔。

■ 火井民歌

民间歌谣，本属民间文学的范畴，因为是劳动人民历史生活的生动记录，故也能从一个侧面展现出一地的民俗风情。火井地处邛崃山区，过去人们口头传唱的"山歌子"，即是本地富有民俗特色的传统民歌。及至新中国成立以后，这种传统民歌更是得到了发扬光大，不少文艺工作者前往火井采风，前后共搜集民歌近千首，其中部分民歌曾先后登载在《崃山文艺》、《都江文艺》、《崃山民歌选》、《温江民歌选》、《四川民歌选》、《红旗歌谣》等刊物上。《红花献给毛主席》等几首民歌曾选入初中语文课本。1981年7月，《红军一到幸福来》这首民歌曾荣获四川省优秀文学作品一等奖。过去火井还专门组织有妇女山歌队，曾两次参加邛崃民歌汇演，并广获好评。

火井民歌，思想深刻，内容广泛，情感充沛，格调清新，语言纯朴，极富乡土气息，故能为本土民众喜闻乐见而传唱不衰。就其内容而言，大致可归为如下四类。

第一类：倾泻心中怒火，仇恨旧社会。诸如：

交完租子（哟）还（哩）了账，过了年荒（也）过（哩）春荒。青菜胡瓜（哟）白（哩）水煮（也），三丈肠子（舍）空（哩）两丈。

修机场（来哟）修（哩）官道，修马路（来也）修（哩）碉堡。麻布襟襟（哟）勒（哩）倒胯（也），三天两顿（舍）空（哩）肚囊。

一盏孤灯照空房，眼泪汪汪哭断肠。此事要怪国民党，派丁拉夫丧天良。

第二类：迎接红军颂红军。诸如：

……太阳出来红艳艳，阿妹笑得眉弯弯。问声阿妹笑啥子，哥耶，红旗插上镇西山……山前山后锣鼓声，阿妞跑得汗蒸蒸。哥担香茶跑得快，先迎红军进山村……

——《红军个个像亲人》（节录）

映山花儿满山开，红军一到幸福来。肚里不再填糠菜，走路不再把头埋。

红旗迎风放光彩，翻身歌儿唱起来。穷人当家做了主，消灭万愁心愉快。

贴心紧跟徐向前，成立工农苏维埃。打倒土豪分田地，消灭蒋帮大祸害。

——《红军一到幸福来》

第三类：倾吐爱情，渴求婚姻自由。诸如：

白天黑夜望我郎，做起事来没心肠。头发结来成网网，望郎懒得去梳妆。

——《望郎》

高高山上栽黄杨，黄杨长大做梆梆。情妹听到梆梆响，嘴头不说心头慌。

——《栽黄杨》

情哥好比一条龙，妹是坡前花一笼。龙不翻身不下雨，雨不洒花花不红。

——《雨不洒花花不红》

太阳落山又落坡，情妹淘米等情哥。想留情哥吃夜饭，筛筛抵门眼睛多。

——《筛筛抵门眼睛多》

第四类：热爱新社会，歌唱新生活。诸如：

农村处处唱歌声，好似百花正逢春。口唱山歌身有劲，锄头也要轻几斤。

——《口唱山歌身有劲》

一出龙门就唱歌，哪个看过水上坡。百岁老人哈哈笑，大家同唱幸福歌。

——《大家同唱幸福歌》

一株山茶几朵花，一朵一朵像红霞。姐姐闹着要戴它。弟弟说："莫戴它、莫戴它，红花献给毛主席，映得他老人家脸上现红霞。"

——《红花献给毛主席》

借唱山歌或宣泄仇恨，或倾吐爱情，或表述喜悦，或歌颂生活，如在一地久已成风，其本身即可构成当地民俗风情之大观。火井民歌经多年传唱，不仅形成了是地民间文学的厚重积淀，而且亦使古镇自古及今的民俗风情得到了充分的表露。连同该地民间不少长期流传的谚语、歇后语以及"运抬师"行话，已然而成一笔宝贵的非物质文化遗产，亟待深入发掘整理，以资古镇旅游文化的深度开发。

（六）出行指南与旅游交通线路分布图

■ 出行指南：

从成都出发，可以在金沙车站、新南门车站、火车北站、石羊场站等乘汽车到临邛镇，再由临邛镇出西门经邛芦路31公里即可到达火井镇。

■ 火井旅游线路分布图

三、保护规划与旅游开发

火井，这座火与历史炼就的古老场镇，文化底蕴尤为深厚，虽历经沧桑，但至今仍保存着汉以后及至近、现代丰富的历史文化遗存。为全面保护其固有的历史文化基因，使该镇独具特色的火文化、盐文化、历史名人文化、古老的交通文化、军事文化、传统的宗教文化、民俗文化、明清建筑文化以及红色文化等元素，在古镇未来旅游开发过程中得到合理而有效的利用，邛崃市及火井镇两级党委和政府业已聘请专家，并制订出了科学的保护规划方案，且正在逐步加以实施。

■ 古镇保护规划方案

根据国家制定的《城市规划法》《文物保护法》等，在火井古镇的保护规划中，特别注意对濒临破坏的历史实物遗存的抢救与保护。在保护实体历史文化遗存的同时，亦注意到保护古镇优秀的文化传统，使有形的历史遗产与无形的传统文化互为依存、相互烘托，共同反映该镇的历史文化积淀，促进物质文明和精神文明的协调发展。

就火井保护的总体框架而言，根据古镇区的格局形态和历史古迹分布状况，规划采取"点、线、面"相结合的保护结构体系。

"点"是指保护3处文物保护单位，即兴福寺（省级文物保护单位）、陈式旧居（市县级文物保护单位）、

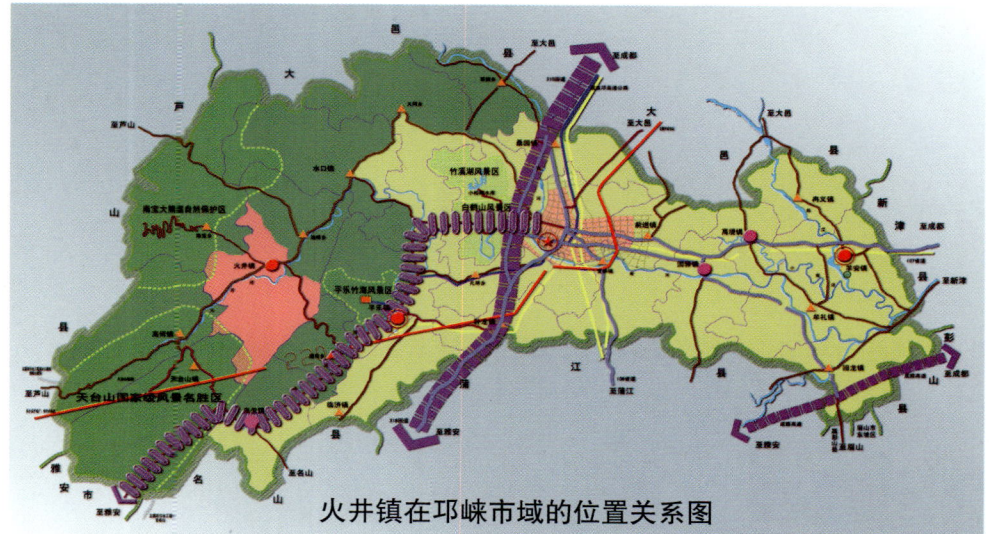

▲ 火井镇区位关系示意图 ◎

邱宅海屋（市县级文物保护单位），和4处文物保护点，即汉代古火井遗址、崇嘏墓、状元桥、县衙遗址。

"线"是指保护盐井溪水系，使之显示出火井古老的煮盐历史与其曾是县治的地物特征。

"面"是指以河北街为重点的具有传统风貌的历史街区。由于火井古镇文化遗存点较为分散、规模不大，且多隐于街坊中部，难以给人留下全面而深刻的古镇印象，规划拟采取系统构筑方法，以增强其整体性。以线串点，以线串面，把古镇的文保单位和历史街区串联起来，形成能反映该镇历史文化特色的总体印象。其次是以路串点，以绿（绿地、公园）串面，串联部分文物景点和历史街区。由于火井镇

主要街道呈十字形结构，其他尚有小街深巷7条，规划以东西向的河北街为主轴。

就目前保护实施现状而言，古镇近期保护规划目标已基本实现：历史街区的保护、改善、整治已初见成效，文物古迹亦得到有效的保护，诸如火井遗址、状元桥、崇嘏塔、兴福寺、邱宅海屋、陈式旧居、县衙遗址等。保护范围内影响古镇空间形态及严重损害文保单位环境风貌的新的建设性破坏得到遏制。盐井溪亦得到了初步治理。

但这还远远未能实现规划所拟定的远期目标。在未来十年时间内，如何进一步全面保护古镇丰富的历史文化遗产、古镇的自然与人文环境及其历史空间形态，完整的反映古镇的乡土风情、传统风貌，仍需付出艰辛的努力。

从"点"上讲，陈氏旧居、邱式海屋尚需在周围环境的整治上加大保护力度，拆迁周边影响视觉环境的建筑，划出20米的保护范围。对县衙遗址以保护性修缮为主，整理屋面、屋脊，加风檐板、瓦当，对其进行风貌改造。

从"线"上讲，穿场而过的盐井溪与火井古镇的起源有着直接而紧密的联系，千百年来，正是由于有此盐井溪河水的滋润，山地场镇方才更显灵气，因此，通过水来改善、提高火井古镇的景观质量尤为重要。规划拟对盐井溪两侧环境进行整治，盐井溪两侧各留20-30米的风貌控制带，并建造滨河绿带和滨河散步道；河道两侧建筑均按坡顶粉墙青瓦进行外貌整饰，将横跨盐井溪上的现代水泥构筑的中桥（回龙桥）改造为廊桥；恢复昔日两岸"花舞柳岸，悬崖滴翠"的优美景观，让盐井溪成为火井古镇传统格局的一大亮点，为日后开发旅游创造船游条件。到时候，沿河而上，不仅可观赏两岸老街、古宅建筑的历史风貌，更可方便地去到上游地带的煮盐遗址、两节岩瀑布等处游览，或至花果林、农家乐游憩。如此即可极大地提升火井古镇的旅游价值。

从"面"上讲，历史街区的保护，不仅要保护历史建筑、街区空间形态和环境特色，还要保留其所反映的各种文化内涵。首先是要保护历史的真实性，要尽可能多的保护真实的历史遗存。二是要保护其风貌的完整性，保存整体的环境风貌，包括建筑物、街巷、古树、桥梁、古井、梯踏步、饰物等构成风貌的各种要素。三是要维护生活的延续性，发挥其社会功能，促进经济社会的和谐发展。

火井古镇地处邛崃西北山区，风车山、卧龙岗峙立于古镇区南北两面，盐井溪从镇中穿过，青山绿水构成了火井古镇自然景观最基础

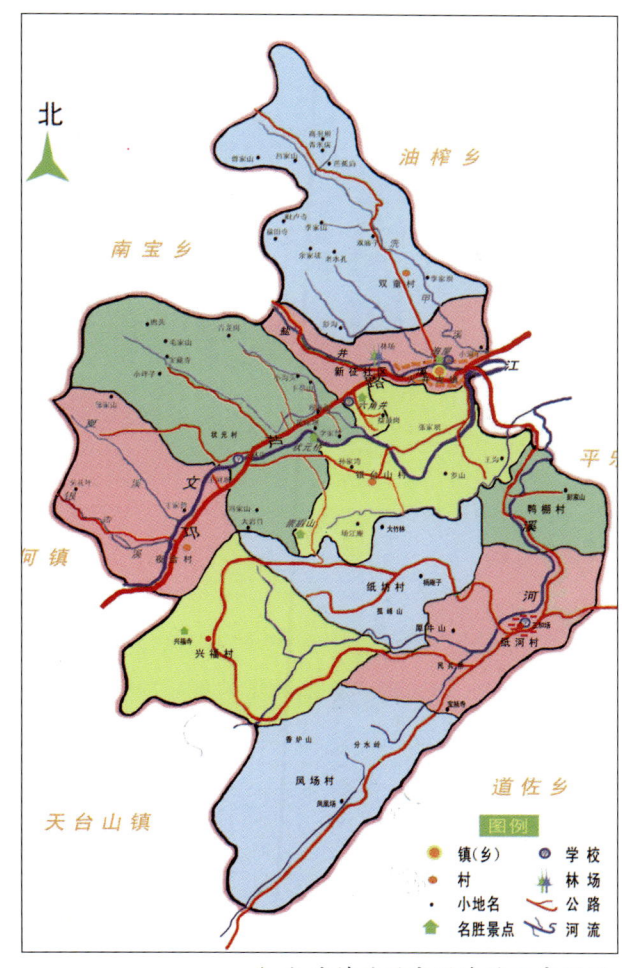

▲火井镇旅游交通线路示意图

▲ 火井古镇历史文化保护范围规划图 ◎

▲ 历史文化街区规划总平面图 ◎

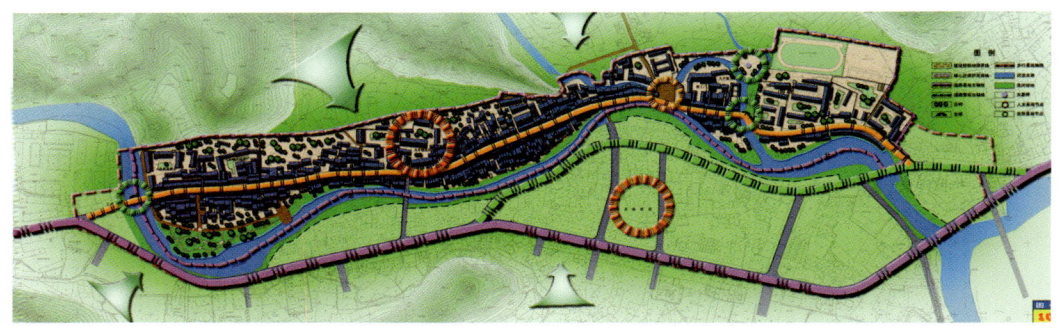

▲ 古镇景观风貌规划图 ◎

的要素。因此古镇周围山丘的绿化应该是一项最基础也是最需重点保护的外部环境。古镇山体稳定且果业发展良好，可以利用当地的特色果树成片栽植，间以树形优美的高大乔木林带，开发成具有农家乐性质的花果林，既可观赏，又有经济效益，同时又可作为沧桑古镇充满生机的绿色背景。

■ **旅游线路规划**

根据地域相近性和资源的近似性进行组织，古镇目前可大致规划为两条旅游路线，分为盐井溪水上游线和古镇街区寻访游线。

①盐井溪水上游线：以盐井溪东侧桥头为起点，逆水行舟西上，沿岸欣赏古榕映月、花舞柳岸、石

拱古桥、悬崖滴翠等景观。

②古镇寻访游线：从河北街东侧入口沿途经文昌宫（现为镇小学）——千年古榕树——城隍庙——文武桥——海屋——女子学校遗址——河北古民居——江西馆——古县衙遗址——九龙桥——古火井遗址——桃园山庄等。

随着旅游文化的深度开发和交通的进一步畅通，不少蕴涵着丰富历史文化价值的人文景观与优美的自然景观，或将进一步出现在以上两条旅游线路中，或另辟蹊径，形成新的旅游线路，以全面充分地展现出火井古镇旅游文化的丰富内涵。

主要参考文献

【汉】扬雄撰：《扬子云集·蜀都赋》卷五（明代郑朴编），上海古籍出版社《四库全书》影印本，1987年版。（以下版本与此相同者，均简称：四库全书本）

【晋】张华撰：《博物志·异产》卷二，四库全书本。

【晋】常璩撰：《华阳国志·蜀志》卷三，巴蜀书社（刘琳校注本），1984年版。

【北魏】郦道元撰：《水经注·青衣水》卷三十六，浙江古籍出版社（陈桥驿注本），2001年版。

【梁】萧统编：《文选》卷四（[唐]李善注），中华书局，1977年版。

【唐】李吉甫撰：《元和郡县志·剑南道成都府·邛州》卷三十二，四库全书本。

【后晋】刘昫撰：《旧唐书·袁天纲传》卷一百九十一，上海古籍出版社《二十五史》影印本，1986年版。

【宋】欧阳忞撰：《舆地广记·成都府》卷二十九，四库全书本。

【宋】苏轼撰：《东坡志林·筒井用水鞴法》卷四，中华书局，1981年版。

【宋】文同撰：《丹渊集》卷八，四库全书本。

【宋】乐史撰：《太平寰宇记·剑南西道四·邛州》卷七十五，四库全书本。

【宋】祝穆撰：《方舆胜览·邛州》卷五十六，四库全书本。

【宋】李昉等编：《太平广记》卷三百六十七，中华书局，1961年版。

【明】宋濂等撰：《元史·文宗本纪五》卷三十六，上海古籍出版社《二十五史》影印本，1986年版。

【明】曹学佺撰：《蜀中广记·方物记第八·川南井》卷六十六，四库全书本。

【明】杨慎撰：《丹铅续录·女状元》卷十一，四库全书本。

【明】宋应星著：《天工开物·作咸·井盐》第五卷，沈阳出版社，1995年版。

【清】吴任臣撰：《十国春秋·前蜀·列传》卷四十五，四库全书本。

【清】《四川通志·陵墓》卷二十九，四库全书本。

高义奎主编：《邛崃县火井乡志》（内部翻印），1982年10月。

成都市城镇规划设计研究院：《邛崃市火井镇历史文化名镇保护规划说明书》（内部资料）2007年7月。

*本篇原基本图文资料由邛崃市火井镇人民政府提供，周兴盛收集整理。

13 邛崃市大同镇

大同镇（乡）位于邛崃市西北面，距邛崃城区18公里，为2011年新增成都市历史文化名镇。镇域面积约71平方公里，辖13个行政村（居）。166个村居民小组。

境内地形地貌为山地与丘陵。辖区内农副产品资源非常丰富，主要有蚕桑、林竹、畜牧、水果、金条椒等。

大同建场历史较为悠久，现保存完好的正街、河边街、横街、新街四条街道均为康熙年间所建，距今已有300多年历史。开凿于中唐时期的石笋山摩崖造佛群像，至今保存较为完好，属国家级文物保护单位。此外，境内尚有三处修建于清代的风雨廊桥，造型古朴独特，气势卓尔不凡，在川西其他古镇罕见。

大同镇域内，自然环境优美，东有万亩竹林，北有万亩桑海，石笋山有千年古柏，场镇下街口处有穿洞山天然溶洞，场镇周边更散布有20余株古楠木树。竹林桑海、古树名木与古街、古院落、天然溶洞交相辉映，为该地旅游业的开发提供了良好的人文环境与自然条件。

图片：● 严永聪　摄影
　　　○ 任桂园　拍摄
　　　◎ 大同镇人民政府提供

◀ 大同石笋山摩崖造像 ●

一、古镇历史文化概述

（一）历史沿革简说

今镇（乡）政府驻地大同场，原名大兴场。清朝康熙四年（1665）即已形成集镇。民国二年（1913），邛州改为邛崃县，火井建立分县（参见《邛崃市火井镇·历史沿革》），大兴属火井分县治理。民国十年（1921），大兴分为龙凤乡和大兴乡。民国二十三年（1934），龙凤乡和大兴乡合并，统称大兴乡，属邛崃县管辖。1958年10月，大兴乡更名为大同，改建为大同人民公社。2004年9月，石坡镇及其所辖区域并入大同乡，统称大同乡。

（二）文化积淀

据《邛崃县志·乡镇概况》（1993年版）记载："大同景沟村有明代蕃王墓。墓后石笋山，有唐代摩崖造像。"所谓"明代蕃王墓"，今已无从细考，但石笋山唐代摩崖造佛群像却依然凸显在陡峭的崖壁之间。该摩崖造佛群像开凿于唐代大历三年（768），为川西地区石刻造佛群像最为集中而至今保存较为完好的一处重要的文物古迹，是为一笔非常宝贵的文化遗产，2006年5月25日，由国务院公布为全国重点文物保护单位。

大同是地，虽偏在邛崃西北一隅，但在历史上，著名的"南方丝绸之路"和川西茶马古道皆曾从境内穿过。鉴于此，及至中唐时期在石笋山崖壁开造佛像群，以供来往商旅顶礼膜拜、祈求保佑，则已势在必然。据实地考察得知，石笋山前古柏树所在地，原有"接官亭"，故此处小地名亦称"接官亭"，古柏树相对之山凹处，又有古禅院辛禄寺遗址。很显然，此处之"接官亭"和古禅院，皆与石笋山摩崖

▲ 大同古街◎

▲ 陶坝一角◎

造佛群像直接相关。由中可以想见，在古代，前往石笋山敬香礼佛的官员一定不乏其人，而禅院则借石笋山摩崖佛像群平添异彩，昔年进山朝拜的僧侣与信众肯定亦不在少数。至于"明代蕃王墓"，当年择葬于此，更可见其沾浸佛光之良苦用心。石笋山前摩崖造佛群像，连同山前这些古代文化遗迹，已形成了丰富的文化积淀，对于大同是地未来旅游业的深度开发，无疑提供了弥足珍贵的文化资源。

川西古镇，多为清代初年"湖广填四川"移民高潮兴起后恢复重建的场镇，大同场镇亦不例外。但早在明朝时期，却已有外省移民进入今大同境内。据大同陶坝村至今仍保存完好、修订于明朝嘉靖十五年（1533）的一本《陶氏宗谱》所载：其先人即是东晋时期不媚权贵、不随世俗的大诗人陶渊明。传至明代，其后裔之一的陶龙魁，于"土木之变"时与明英宗一起被俘。所谓"土木之变"，指"正统十四年（1449），瓦剌贵族也先，率军攻明，宦官王振挟持英宗率军亲征，在土木堡（今河北怀来县东）英宗被敌俘虏"之事。其后瓦剌军释放了陶龙魁，但他在返回老家湖北麻城县孝感乡不久即离开了人世。其妻陶王氏目睹乱世，率三个儿子进入四川，历经千辛万苦，最后落业在今大同陶坝村，其后代则一直生活于此。

今陶坝村计有1600多人，全村一半以上都姓陶。据该村陶本英老人讲，明朝嘉靖十五年（1533），为纪念陶渊明和陶氏先祖，陶氏后裔不仅重修了宗谱，而且在陶坝村上立了一座石碑。到了乾隆二十年（1755），因年代久远导致石碑字迹模糊，陶氏后裔又重立新碑。但在"文革"期间，此碑却下落不明。20世纪80年代，陶氏后裔逐渐恢复了祭祖活动，于1982年举办了首届陶氏清明节，并重新立了一块崭新的石碑。

陶坝村坐落于九顶山之下，陶河穿村而过，这里山清水秀，风光旖旎，民风淳朴，环境幽静，颇有现代版"世外桃源"之风貌。这一处陶渊明后裔聚集地，在川西各古镇可谓绝无仅有，其移民文化之积淀，连同其先人陶渊明的名人效应，对于大同是地未来旅游业的深度开发，同样具有很高的历史文化价值。

而兴建于清代康熙初年的大兴场（今大同古镇），依山傍水，古朴雅致。古街总长820米，其传统建筑保存完好者占地面积达18358平方米，无论街巷、屋舍，均颇具明清时代川西民居建筑风格。相对于川西其他古镇而言，这里真像一块尚未雕琢的璞玉，连同镇域内保存至今的百年风雨廊桥、石拱桥等，无疑已构成明清时代建筑文化"原汁原味"的物质显现。这实际上亦为该地未来旅游业的开发，提供了广阔的发展空间。

二、古镇旅游巡览

（一）主要景点景区与历史文化遗存

■ 保持原真的古镇古街区

大同古镇处于文井江上游，数百年前就有"湖广会馆"等古建筑沿街而建，且具有川西茶马古道上房屋建筑的独特风采。其中最富特色的就是正街、河边街、横街、新街四条街，街面皆较宽阔，通透性强，临街建筑多为木质吊脚楼，宜商宜居，可谓古代川西商贸集镇的缩影。

南北走向的正街，宽约6米，长200余米。沿街房屋底楼为商业铺面，二楼为吊脚楼雅室。这种临街

①③④ 古街区风貌●
②⑤ 古街区风貌○

布局的吊脚楼雅室，既可在其中品酩、小酌，又可观赏市面盛况，领略当地民俗风情。

东西走向的河边街与南北走向的新街，皆宽约6米，河边街长120米，新街长200余米，临街铺面均多为木质吊脚楼结构，铺板、花窗完好。横街长300米左右，其中一处三层格局的房屋尤为惹眼，在大同古镇中算得上是最高建筑了。这幢房屋共4间铺面，一间的二层有精美的飞来椅配置；靠近正街的一间，其二层的墙面全用图案设计的木质格子装饰美化，与一般的木板装饰迥然有别。

大同古街共有吊脚楼100余间，目前均保存完好，虽显得陈旧，但其风韵犹存，显现出川西古镇建筑的原真性。游人至此，大可领略古代川西茶马古道上商贸集镇的独特风光。

■ 罕见的古楠木树群

在古街一侧散布有20余株参天耸立的古楠木树，其中具200年以上树龄者就有16棵，每一棵高度都在20米以上，直径多在1米–1.2米之间，最粗的达到1.5米。如此高大粗壮的古楠木树相对集中地生长在一处，且保存至今，实为罕见。这里夏日浓荫罩地，四季郁郁葱葱，小鸟啁啾，空气清新，真是一处天然氧吧。

古楠木树群距大同古街50米，距穿洞山溶洞200米，楠木群与大同古街、近处侯家四合大院、溶洞交相辉映，已然形成了一道独特风景线。

■ 神奇的天然溶洞

穿洞山天然溶洞，位于大同古镇下街口处，洞口在邛大公路旁侧。山称"穿洞山"，即因溶洞穿山而过得名。该天然洞长约500米，洞中有多处叉洞和天窗洞。有的地段十分宽敞高大，最宽大处平地面积约有400平方米，高及数丈。不少洞穴处可容纳数人至数十人。洞顶倒悬无数千万年滴积而成的石钟乳、石幔、石笋。洞底怪石嶙峋、千姿百态。洞壁四周，清泉终年不断，以每昼夜数百吨的流量注入洞底，形成潺潺流水，犹如仙境一般，分外引人入胜。

洞内冬暖夏凉，犹如天然"空调"。酷热的暑天溶洞内温度不超过20摄氏度，是休闲避暑的极佳去处。溶洞山顶，为方圆两公里的林区，与

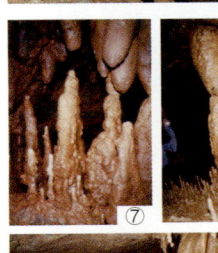  

① 古楠木树之一●
② 古楠木树之二◎
③ 侯家大院现状●
④ 穿洞山溶洞入口●
⑤ 洞中探险◎
⑥ 洞外风光●
⑦⑧⑨⑩ 新发现的溶洞景观◎

邛崃山脉中段和大同竹海连成一片。洞门外青山环绕，绵延数十里，河水经洞前流过。竹海、邛大路绿色长廊与溶洞浑然一体，为穿山溶洞更增添了迷人的色彩。

在此溶洞洞口近旁约100米处，新近又发现一天然溶洞，更为奇观，洞口狭小，仅容一人通过，有陶渊明《桃花源记》中描绘的世外桃源入口般的感觉。洞内岔洞甚多，洞貌奇形怪状，有宽有窄，狭窄处只容一人匍匐前行，空旷处有如皇宫大殿，可容上百人。当地政府曾组织人员前往探秘，选择一洞，深入其中，六、七个小时探寻了一公里左右，也未见其底，目前尚无人穿透。洞内有钟乳石不可胜数、形态各异、姿态万千，无论站在洞中的哪一点上，眼前都是一幅完美的钟乳石图像，令人倍感大自然的鬼斧神工。成群的蝙蝠时而翩翩起舞，时而窃窃私语，时而轻轻拂面而过，使人情趣盎然。此溶洞已被当地政府妥善保护，洞中状貌完好无损。

■ 古廊桥与石拱桥

大同境内有多处百年廊桥与石拱桥，其中以景沟村和中华村两处廊桥最为独特。

距古镇大约2.8公里的景沟村，就有一座百年古廊桥，这是当地人引以为自豪的一座特殊建筑。该廊桥修建于清道光年间，距今已有160多年的历史。古廊桥为木质结构，横卧河面，桥面为木板，桥下两个石拱相连，有近30米长。桥上楼阁，木柱排立，青瓦覆顶；廊桥两端，飞檐翘角，虽然算不上精美，但装饰朴素大方得体，气势卓尔不凡。

① 景沟村古廊桥●
② 古廊桥桥头●
③ 镇龙桥桥头◎
④ 陶坝村石拱桥（龙对嘴桥）◎
⑤ 中华村石拱桥（青石桥）◎
⑥ 中华村镇龙桥◎

中华村的廊桥名为镇龙桥，修建于清同治六年（1867年），距今亦有140余年的历史了。该桥长约15米，宽4.3米，离河水水面高约5米，造型优美，远看更像一座建造在小河上的房子。桥板分两层，最底一层是8条粗大的圆木横跨在小河上，作为桥梁托住桥身，梁上密密地横垫着小木板，小木板之上则排列着4块长而厚宽的大木板。廊顶亦盖有小青瓦。廊屋内设有长木凳，供来往村民倚座休息。桥东右边设有佛龛，供奉观世音等佛像，每逢吉日，都有村民聚此烧香祈福。桥两头连接的小路是大同乡南山村通往中华村的捷径，也是过去中华村村民到大同乡赶集的必经之路。百多年来，该廊桥已成为村民生产生活不可或缺的组成部分。而今虽然已斑斑驳驳，但仍显得十分稳固。

此外，在大同中华村以及陶坝村，尚可见及同样历经了百年风雨的古石拱桥，而今虽然已是绿草纷披，但其英姿犹在，犹自见证着该地的过往今来与历史沧桑。

■ **历经千年的大同"柏树王"**

经过景沟村古廊桥桥头，沿山路而上，来到石笋山前，即可见及遐迩闻名的大同"柏树王"，当地人称为之"皇柏"。这棵千年古柏主干高达16余米，树围最粗处需四人合抱。古柏树的枝丫呈伞状分布，树冠覆盖地面300多平方米。20世纪50年代末村里办小学校时，曾砍去三杈，打造了30多套桌椅板凳，仅留下中间的主干，这差一点就要了古柏树的命。几年前，有一队美国客人专程进山探访石笋山摩崖造像，曾用专用设备检测过古柏树的树

① 大同柏树王 ●
② 形态毕肖的乌龟石 ●
③ 古柏主干 ○
④ 古柏树下小神龛 ○

龄，翻译告诉当地村民谢银康说，该古柏树已有2500多岁了。这群美国客人还在古柏树下拍照留念。这棵古柏树是否已生存2500多年，尚需进一步科学检测加以佐证，但确实是我市目前所能见到的最古老、最粗壮的"柏树王"了。

古柏树近处之"接官亭"和古禅院，早已"随风而去"而仅存遗址，唯独这棵挺拔、伟岸的"柏树王"，仍然矗立在石笋山下。尽管历尽千年风雨，树身已如"化石"，但树冠依然枝繁叶茂，苍翠一片，尤显出其顽强而旺盛的生命力。古柏树左约百米处，有巨石横卧，人称"乌龟石"，其形态毕肖，似乎默默地在告诉人们，它于此守候"柏树王"已上千年。

如今，这棵古柏已被市政府挂牌保护，当地村民无论男女老幼，都十分爱护它，从不随意折枝。有的村民逢年过节还在树枝上挂红布条，祈求全家平安。在离地约两米的树干上，有一个一尺大小的凹槽，里面端坐一佛。树下有一小神龛，亦是当地村民祭祀古树所设。

■ 唐代石笋山摩崖造佛群像

经"柏树王"处继续沿山路上行，可见右前方有山拔地而起，山梁前陡立的岩壁上，即是闻名于世的唐代石笋山摩崖造像。

该处石刻摩崖造佛群像，就山崖形势分上下两层凿成，共33龛。其内容丰富，题材广泛，有佛传故事、净土变、释迦、无量诸佛、天王力士、飞天舞乐等。净土变，为石刻精品，刻有殿宇、塔幢、楼阁、桥池、船舫、花鸟等。阿弥陀佛坐像通高8.3米，具有唐代石刻艺术的宏大气象。如意轮观音、千手观音，是此间窟室中石刻的又一代表作。浮雕飞天、舞乐、供养人等，均栩栩如生。游人至此，自可细细鉴赏，品味其中种种佛门妙谛，饱览唐代摩崖造像之艺术风韵。

阿弥陀佛石刻坐像下，尚有细小如线的岩泉徐徐浸出，千百年来从不干枯，饮之甘甜可口，沁人肝脾，浑身清爽，疲惫顿消。君游至此，千万要饮上一杯这"佛门圣水"，个中妙趣，自当得之。

▼ 石笋山远眺 ●

① 阿弥陀佛坐像 ●
② 无量诸佛造像 ●
③ 如意轮观音造像 ○
④ 飞天舞乐 ◎
⑤ 净土变 ○
⑥ 天王力士 ◎
⑦ 佛龛神兽 ○
⑧ 佛门圣象 ○
⑨ 山道边摩崖造像 ●
⑩ 佛龛一侧造像 ○

TIANFU GUZHEN YANGPISHU · 邛崃市大同镇

■ 美丽的绿色长廊

从邛崃城区沿川西旅游环线西行8公里，进入大同乡境内，即可见道路两旁绿树成荫，翠色连天。林中鸟鸣声声，山涧泉水叮咚，道路逶迤起伏，穿行于林间，弯而不险，确有曲径通幽之感。转过一道弯，映入眼帘的或许是参天大树，再转过一道梁，吸引你眼球的又可能是嶙峋的怪石。在你不经意间，一片万亩竹海胜景，会突然使你眼前一亮，令你不得不驻足凝望：从山腰到山脚，从山头到山尾，郁郁苍苍，宛若绿色的瀑布一泻千里；清风徐来，竹涛阵阵，犹如美妙的大自然交响曲在耳畔响起。置身其中，似乎又听到了当年南方丝绸之路上驮运丝绸等货物的马蹄声、铜铃声、吆喝声。一切都那么妙不可言，游人至此，无不为之心旌摇荡，兴奋不已！

▲ 绿色长廊入口◎

▲ 万亩竹海◎

（二）风味小吃

■ 熊掌豆腐

又称油炸豆腐，为大同乡特产。成菜颜色金黄，外脆里嫩，豆腐软香，味道咸鲜，具有较浓的地方风味。此菜所以称为"熊掌"，是指其形似熊掌，其味可与之媲美。

■ 野生蕨菜

蕨菜喜生于浅山区向阳地块，多分布于稀疏针阔混交林中。在大同山野、林间，尤多野生蕨菜，其食用部分是尚未展开的幼嫩叶芽。这种无任何污染的绿色野菜，不但富含人体需要的多种维生素，还有清肠健胃、舒筋活络等功效。食用前须经沸水烫过，再浸入凉水中除去异味。经处理的蕨菜口感清

▲ 熊掌豆腐◎

▲ 野生蕨菜◎

香滑润，再拌以佐料，清凉爽口，是难得的上乘酒菜。还可以炒吃，加工成干菜，做馅、或腌渍成罐头等。

（三）地方特产

在大同，自古以来养蚕业即十分发达。栽桑养蚕，不仅是该地的传统产业，桑蚕鲜茧，亦是大同的主要特产。由于这里的自然条件非常适合养蚕，人民勤劳朴实，所以蚕茧产量特高，而且质量好，解梳上车率在省内名列前茅，被省丝绸公司誉为栽桑养蚕的圣地。目前，位于场镇北面的万亩桑园已初具规模，并在非养蚕季节结合禽、兔养殖，确立了"桑+草+兔"的发展模式。以2006年为例：全乡养蚕7000张、产出鲜茧400吨，此外种草5000亩，养殖兔100万。在我国加入WTO后的今天，养蚕业很有发展前途，再加上崭新的发展模式，可以说，大同万亩桑园，既是本地民众的摇钱树，同时又是生态农业的观光亮点，其前景尤为广阔。

此外，畜牧、水果、"金条椒"、竹木加工等亦是大同的特色产业，其相应产品颇富本土特色。

① 万亩桑园◎
② 大同蚕茧◎
③ 肉兔养殖◎
④ 山野放牧◎
⑤ 猕猴桃◎
⑥ 枇杷◎
⑦ 金条椒◎

（四）民俗风情

邛崃大同，就其民俗风情而言，最有地方特色者，莫过于陶坝村陶氏后裔的清明祭祖活动。尽管目前尚未能展现于世，但其所蕴涵的丰富的民俗文化与移民文化等特质，大有深入发掘的美好前景，在未来旅游业的深入开发中，必将显现出它不同一般的民俗文化价值。至于其他的节庆习俗及其表现形式，则与成都西北片区其他古镇并无多大差异，但"狮灯"、"牛灯"、"花杆舞"等民间杂耍艺术，却一直长盛不衰，每逢节日喜庆，或各种宣传活动，都要热热闹闹地玩上一把，以尽情宣泄民众内心的喜悦与美好祝愿。

▲ 大同狮灯◎

▲ 大同牛灯◎

"狮灯"是大同最为流行的民间杂耍艺术，早在新中国成立之前，即流传于大同场镇和乡间。该地民众认为：狮为百兽之王，是各类魔兽的克星。它张着血盆大口，处处驱邪扶正，是平安的保护神，驱邪扶正的吉祥物，故凡有狮子出入的地方，大地平静，人间平安。耍狮灯镇百邪、保富贵的习俗亦由此而得以衍生。大同狮灯，常以唐僧师徒取经化斋的嬉逗形式出现在节日喜庆时的表演活动中，深受广大群众喜爱，经久不衰。

"牛灯"在大同亦甚为流行。该地民众认为：牛为六畜之首，是农耕文化的原始生物动力，是生产力发展的使者，能给农民带来无穷无尽的财富。为了感谢牛对农民做出的贡献，人们便以"牛灯"这种民间杂耍艺术来表达内心的感激之情，并以此企盼来年风调雨顺、六畜兴旺、五谷丰登、财源茂盛。大同牛灯，以恭贺吉祥的言谈唱词，嬉、说、逗、唱的多种形式，来展开"牛郎幺妹游春牛"的文艺表演，特别显得活泼风趣，故亦为广大群喜闻乐见。

"花杆舞"为大同乡自解放初期保留至今的最简单的民间艺术表演品种。解放初期实行土地改革，农民分得了田地，获解放、庆翻身的喜悦浪潮在该乡四处兴起。由此，土改文工团的同志便发动群众扭秧歌、打花杆，载歌载舞以示庆祝。打花杆以和谐的节拍，独特的唱技，能把人们心中的喜悦表现得淋漓尽致，且简单易学，参与人多，故在大同一直流传至今。

随着社会的不断发展，大同《牛灯》和《花杆舞》的唱词亦在不断创新，如今更是成为了宣传党的好政策，歌颂党，歌颂祖国的有力武器。在不同的时间、不同的表演地点，唱词都会随之而变化，为大同乡的精神文明建设发挥了积极的作用，产生了良好的社会影响。

（五）出行指南与旅游线路

邛崃市大同乡距成都96公里，其中高速路段75公里，总车程约一个小时。东距邛崃城区18公里，西通天台山35公里，北至花水湾温泉度假村20公里、西岭雪山33公里，是川西旅游环线上尚未开发的一方旅游热土，既适合自驾车游，又开设有邛（崃）、大（同）、水（口）公交专线。最值得关注的是，邛崃大同到大邑出江镇路段的改造将全部连接起大邑至西岭雪山的旅游公路，一条贯穿大邑西岭雪山—花水湾—出江镇—邛崃大同—新场—茶园—水口—高何—天台山—邛崃夹关、平乐—雅安碧峰峡风景区的新旅游环线即将全部贯通，"环线十景"也将吸引更多的游客前往，而大同古镇将成为其中一处主要的旅游景点。

▲ 大同镇域示意图◎

从成都出发，可以在金沙车站、新南门车站、火车北站、石羊场站等乘汽车到邛崃市（参见《邛崃市临邛镇·出行指南》），然后转乘"邛崃—大同—水口公交专线"抵达大同镇。

三、保护规划与旅游开发

随着成都市"统筹城乡经济社会发展推进城乡一体化"战略的实施，在建设"全域成都"的发展过程中，位于龙门山旅游发展带内的邛崃大同，正面临着前所未有的发展机遇。截至目前，邛崃市和大同镇两级党委和政府，根据大同历史文化特色、区位优势和现代农业产业优势，已就该镇未来的发展做出了总体规划。《总体规划》将大同定位为邛崃西北面以现代农业、生态旅游为主导的川西民居古镇，按照这一定位，将紧紧围绕着特色蚕桑和"古街、溶洞、古树、廊桥、唐代石笋山摩崖造佛群像"等等独特的自然与人文资源，依托土地综合整理和林盘改造，逐步建成"生态农业示范园区、川西古街休闲区、生态旅游观光区、农民集中发展区"，形成"南有平乐、北有大同"的川西休闲古镇旅游格局。

14 崇州市崇阳镇

崇阳镇东距成都37公里，是崇州市经济、政治、文化与信息中心。面积75.9平方公里。其中城区22平方公里，大小街、路、巷共128条。该镇辖21个社区，17个行政村、361个村（居）民小组。全镇耕地面积3万余亩，总户数53033户，总人口12.7万人，其中：农业人口5.8万人，城镇人口6.5万人，常住人口12.3万人。

该镇属亚热带季风气候区，四季分明，雨量充沛，夏长冬短，无霜期长。岷江的主要支流西河、黑石河一西一东自北向南绕境而过。镇域全是平坝，属都江堰自流灌溉区，土地肥沃，主产水稻、小麦、油菜、水果、花木和各种蔬菜。

崇阳镇是首批命名的四川省历史文化名镇，唐宋时期，为蜀州州治之地，故素有"蜀中之蜀"之称。自西汉初年该地置为江原县开始，迄至今日，先后曾为郡、州、军、府、县、市治地，已有2200多年的悠久历史。许多不朽的名字在漫长的历史长河随着社会的不断发展，大同《牛灯》和《花杆舞》的唱词亦在不断创新，如今更是成为了宣传党的好政策，歌颂党，歌颂祖国的有力武器。在不同的时间、不同的表演地点，唱词都会随之而变化，为大同乡的精神文明建设发挥了积极的作用，产生了良好的社会影响。

（五）出行指南与旅游线路

邛崃市大同乡距成都96公里，其中高速路段75公里，总车程约一个小时。东距邛崃城区18公里，西通天台山35公里，北至花水湾温泉度假村20公里、西岭雪山33公里，是川西旅游环线上尚未开发的一方旅游热土，既适合自驾车游，又开设有邛（崃）、大（同）、水（口）公交专线。最值得关注的是，邛崃大同到大邑出江镇路段的改造将全部连接起大邑至西岭雪山的旅游公路，一条贯穿大邑西岭雪山—花水湾—出江镇—邛崃大同—新场—茶园—水口—高何—天台山—邛崃夹关、平乐—雅安碧峰峡风景区的新旅游环线即将全部贯通，"环线十景"也将吸引更多的游客前往，而大同古镇将成为其中一处主要的旅游景点。

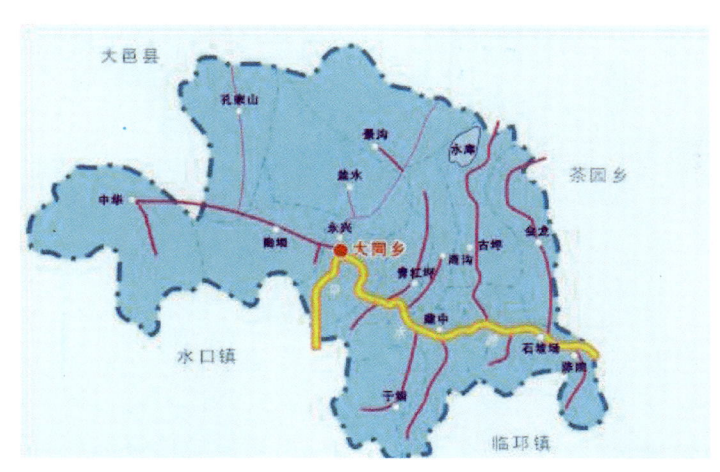
▲ 大同镇域示意图◎

从成都出发，可以在金沙车站、新南门车站、火车北站、石羊场站等乘汽车到邛崃市（参见《邛崃市临邛镇·出行指南》），然后转乘"邛崃—大同—水口公交专线"抵达大同镇。

三、保护规划与旅游开发

随着成都市"统筹城乡经济社会发展推进城乡一体化"战略的实施，在建设"全域成都"的发展过程中，位于龙门山旅游发展带内的邛崃大同，正面临着前所未有的发展机遇。截至目前，邛崃市和大同镇两级党委和政府，根据大同历史文化特色、区位优势和现代农业产业优势，已就该镇未来的发展做出了总体规划。《总体规划》将大同定位为邛崃西北面以现代农业、生态旅游为主导的川西民居古镇，按照这一定位，将紧紧围绕着特色蚕桑和"古街、溶洞、古树、廊桥、唐代石笋山摩崖造佛群像"等等独特的自然与人文资源，依托土地综合整理和林盘改造，逐步建成"生态农业示范园区、川西古街休闲区、生态旅游观光区、农民集中发展区"，形成"南有平乐、北有大同"的川西休闲古镇旅游格局。

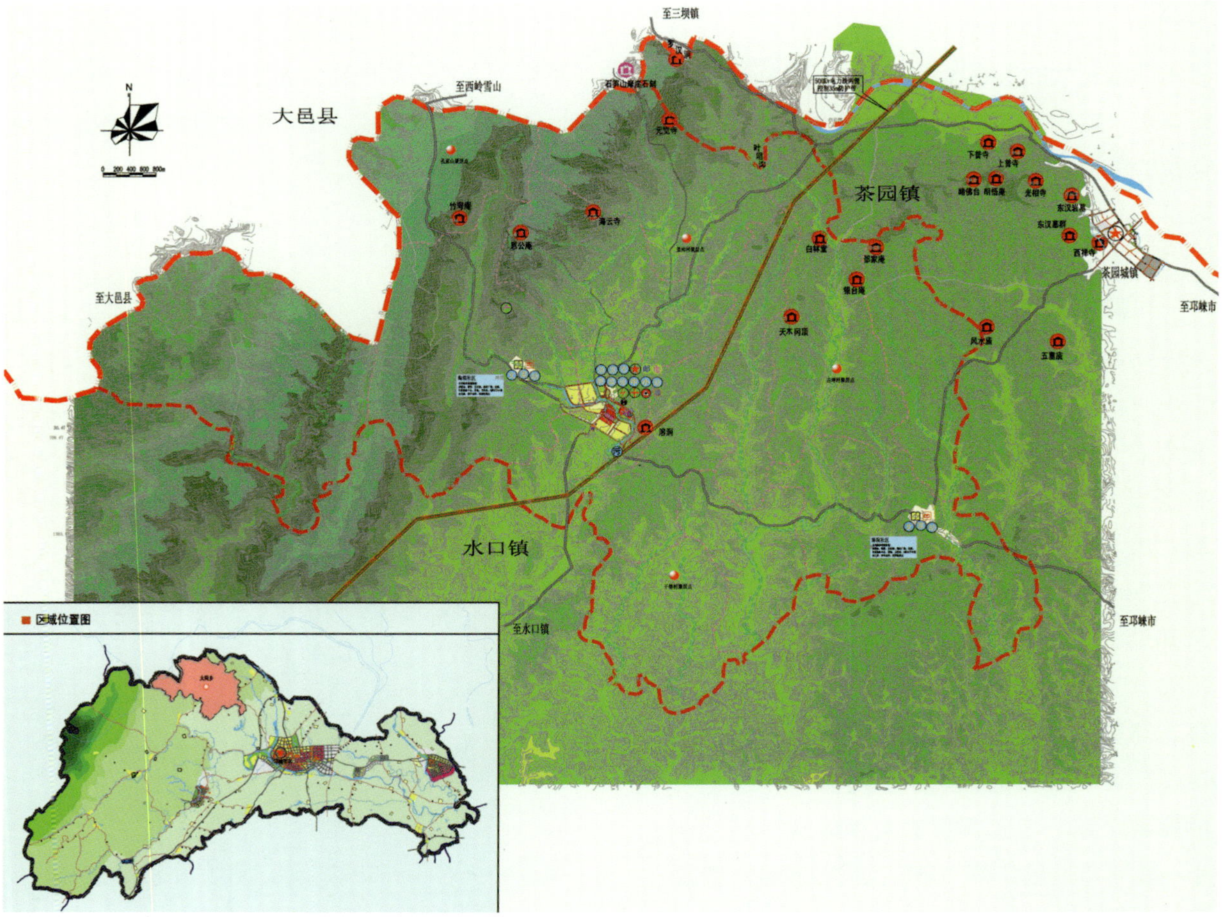

▲ 大同总体规划示意图 ◎

一、生态农业示范园区

该园区规划以"优蚕桑、兴林竹、强畜牧"为总体框架,以"优质、高产、高效"为总体目标,利用大同丰富的资源优势,大力发展特色观光农业,促进资源优势向经济优势转化。做大做强"蚕桑、林竹、畜牧"三大产业,重点发展好"生态蚕桑示范园区、生态林竹示范园区、优质牛羊示范园区"。

二、川西古街休闲区——即以大同古街为重点打造川西古街休闲区

对古场镇老街区,将保持其原有风貌和历史特色,实施保护性开发。重点进行风貌整治,以完美体现川西民居风情。规划将正街打造成品茗、棋牌等特色休闲街,将河边街打造成特色小吃街,将新街打造成特色饰品购物街。

三、生态旅游观光区——即以溶洞、古树群、唐代石笋山摩崖佛像、河滨廊桥等为重点进行建设

1. 开发溶洞群。对场镇下街口外"穿洞山"的两个溶洞采取招商引资的方式进行开发,以建成融探险、观光为一体的生态旅游区;溶洞内既适合探险,洞外又是"小桥、流水、人家"的田园风光。

2. 保护好镇侧与穿山溶洞相距200米处的古楠木树群,据此建成20亩以上的楠木公园。搬迁拆除楠

木群周围的农户房屋，建设一批融吃、住、娱乐为一体的农家乐。

3. 开发河滨。对流经场镇的两叉河进行开发。撤除河岸农户房屋、修建河堤、堤上植柳，并于河上恢复两座廊桥。

4. 对石笋山唐代摩崖石刻进行保护性开发，通过招商引资的形式，于山下建一批融接待、休闲、娱乐为一体的农家乐。

四、农民集中发展区——即以"大水路"以东重点打造农民集中发展区

依托土地综合整理和林盘改造，鼓励农民到场镇集中建房，在"大水路"以东重点打造农民集中居住区，向东延伸300米建300户以上的农民集中居住区和1个农产品集散市场，形成"一纵一横"的"十字形"街区，拓展场镇规模，完善场镇功能，在保护好现有林盘的基础上，突出川西民居风格，与古街交相辉映，彰显古镇特色，同时改善农民居住条件。

邛崃市境内的龙门山脉接大邑三坝镇，途经大同乡、火井镇、天台山风景区，直接连通雅安上里古镇。规划中的龙门山脉旅游交通干线宽达60米，沿线配套非机动车道、人行道和绿化工程。这对于未来大同旅游业的发展无疑提供了非常便捷的交通条件。估计不到2020年，邛崃大同，将以全新的姿态展现在世人眼前。

※本篇原基本图文资料由邛崃市大同镇人民政府提供，朱锦、肖中华收集整理。

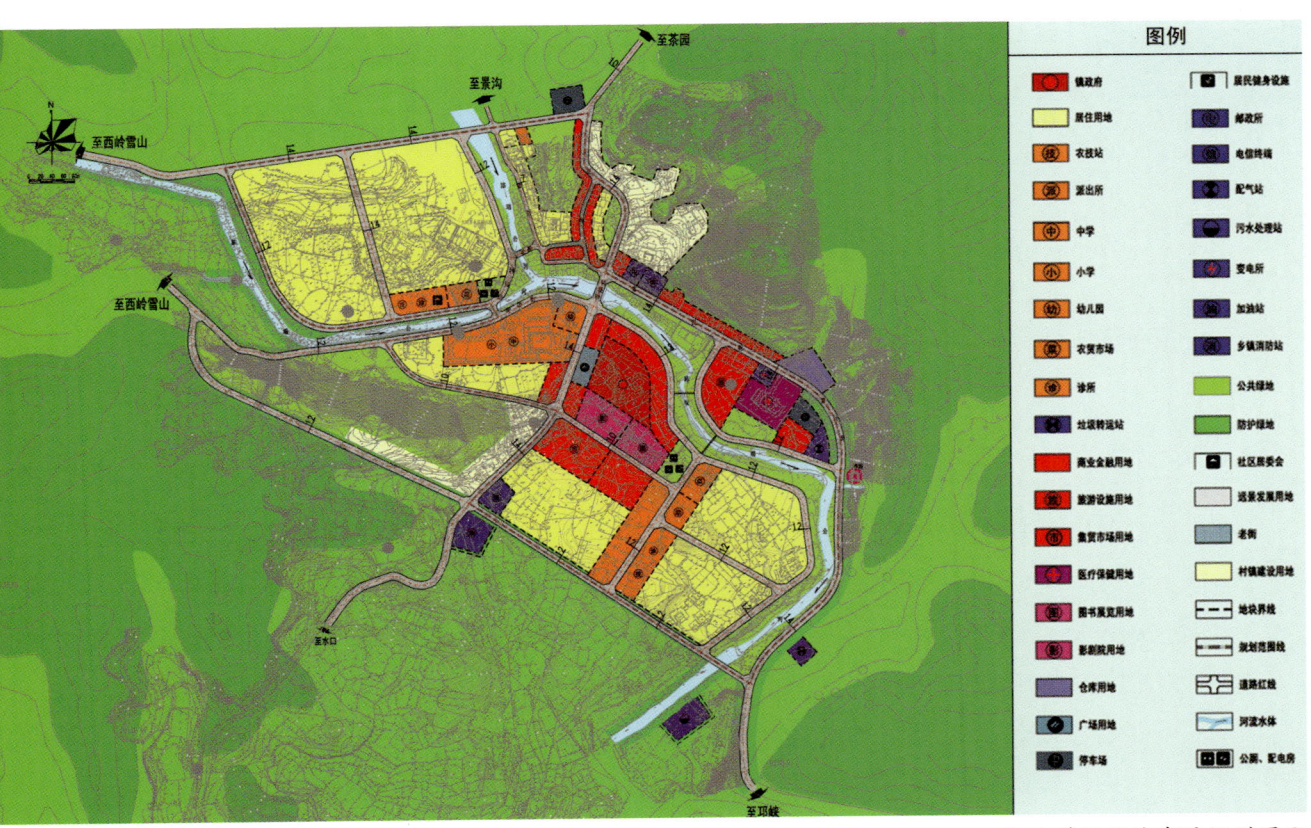

▲ 古镇区用地布局规划图 ◎

14 崇州市崇阳镇

  崇阳镇东距成都37公里，是崇州市经济、政治、文化与信息中心。面积75.9平方公里。其中城区22平方公里，大小街、路、巷共128条。该镇辖21个社区，17个行政村、361个村（居）民小组。全镇耕地面积3万余亩，总户数53033户，总人口12.7万人，其中：农业人口5.8万人，城镇人口6.5万人，常住人口12.3万人。

  该镇属亚热带季风气候区，四季分明，雨量充沛，夏长冬短，无霜期长。岷江的主要支流西河、黑石河一西一东自北向南绕境而过。镇域全是平坝，属都江堰自流灌溉区，土地肥沃，主产水稻、小麦、油菜、水果、花木和各种蔬菜。

  崇阳镇是首批命名的四川省历史文化名镇，唐宋时期，为蜀州州治之地，故素有"蜀中之蜀"之称。自西汉初年该地置为江原县开始，迄至今日，先后曾为郡、州、军、府、县、市治地，已有2200多年的悠久历史。许多不朽的名字在漫长的历史长河

▲ 崇阳入口 ●

中闪烁，诸如汉代忠贞之士王皓、王嘉，晋代《华阳国志》的作者常璩，北宋著名的医药学家唐慎微，清代戍边名将杨遇春，以及反袁护国先驱任重远，红岩英烈张露萍，十二桥烈士晏子良，川剧大师肖楷成等，他们都出生于本土，是崇阳的优秀儿女；唐宋时期，还有不少文化名人，或入官蜀州，或出入是地，留下了许多精美的诗篇，诸如唐代的张柬之、高适、杜甫、裴迪，宋代的赵抃、陆游、范成大等。他们的事迹或诗文著述，共同显现出该地深厚的历史文化内涵，名重川西，久而不衰。

而今的崇阳，更是青春焕发，在成都"建设世界现代田园城市"的目标定位下，正加快建设步伐，努力提高旅游文化档次，不久的将来，融合着历史文化与现代文明的崇阳镇，必将成为成都市"新城西"版图上的一颗耀眼的明珠。

图片：◎ 崇州市崇阳镇人民政府提供
● 严永聪 摄影

① 崇阳新貌◎
② 亲水崇阳◎
③ 保留在新城中的古城墙●
④ 崇阳夜色◎

一、历史文化概述

（一）历史沿革

夏商周时期，今崇阳镇所在地属古蜀国治地。公元前316年秦灭蜀后，置蜀郡于成都，崇阳为蜀郡治近之邑。公元前206年，汉高祖刘邦进入关中后，割金马河以西和今大邑县苏场以北置江原县，治地在今崇阳镇西南郊龙门街旧址。三国蜀汉因之。

西晋永兴元年（304），李雄据蜀，建立"成汉"政权；永嘉六年（312）李雄分蜀郡置汉原郡，改"江原"为"汉原"。及至东晋穆帝（345—361）时期，又改为晋原郡，直至北周。此段历史时期，前后历时250多年时间，无论郡、县治地均设置在今崇州市西20公里处的怀远古镇（参见《崇州市怀远镇》）。北周郡废，改称"晋原县"。今崇阳镇又成为晋原县县治所在地。

唐垂拱二年（686），割晋原等四县置为蜀州，治所即设于晋原县城（今崇阳镇），管晋原、青城、新津、唐兴四县地，天宝元年（742）蜀州改为唐安郡，乾元元年（758）复为蜀州。辖境相当于今都江堰市及崇州、新津等市县地。南宋绍兴十年（1140），因高宗赵构潜藩的缘故（赵构为宋徽宗第九子，曾封为蜀国公，所谓"潜藩"，即指帝王为王侯时的封地。赵构由蜀国公而贵为天子，故对川蜀之地格外看重），于是将蜀州升为崇庆军，淳熙四年（1177），又升格为崇庆府。元代至元十二年（1275）立为总管府，至元二十年（1283）改为崇庆州，领二县：晋原、新津。明洪武中（1368—1398）省晋原入州，领县一：新津，属成都府。清朝仍称崇庆州。自西汉初年直至清末，崇阳镇先后曾为县、郡、州、军、府治地。

民国二年（1912）改州为崇庆县。1940年废联保建乡镇，崇庆县城所在地称城厢镇。1951底置城关区，1956撤区改称城关镇。1958年至1961年与城郊农村合建城关人民公社。1962年镇社分设，复名城关镇。1980年地名普查，考明"崇庆州"俗称"崇阳"，清代城内有著名学府——崇阳书院，遂以"崇阳"名镇。1986年12月原城关乡并入。2004年9月，崇阳、金鸡、西江三乡镇规划调整，合并成立新的崇阳镇。自民国初年崇庆州改为崇庆县直至其后建立崇州市，崇阳镇所在地一直是县、市政治、经济、文化的中心。

（二）文化积淀

■ 名人荟萃之乡

在漫长的历史长河中，不少杰出人物曾先后出现于崇阳是地，他们的优秀事迹及其留下的诗文著述，已然使该地文化积淀显得格外的厚重。

早在西汉末期，王莽篡政，即有江原人王皓、王嘉，前赴后继，严拒王莽之征，舍却妻儿，自杀身亡，并以头颅交付使者，以示忠贞之志。东汉末年，又有江原人常洽、张充、李几诸人，或舍身侍卫天子，或力行匡正时君。两汉时代，每遇国运衰颓，即有江原人不惧祸乱，挺身而出，故而青史留名。常璩赞之曰："虽立行不同，俱以垂美，如金玉之音器，为世名宝。"

入晋之后，郫令常勖、河内令常忌、湘东太守常骞、武平太守常宽、治中从事常长生，以及太史令高玩等，皆出自江原。常氏一门，尤多俊才，而常璩（约291—361）更为其中之佼佼者。常璩字道将，出生于蜀郡江原县常氏世家大族。灌县《旧志》谓常璩废宅在治南三十里（参见《华阳国志》刘琳校注本）。其所著《华阳国志》一书，体例完备，资料丰富，考证翔实，文笔典雅丰饶，是我国第一部地方史志著作，亦是研究我国西南地区历史、地理的重要典籍，具有很高的史料价值。

及至唐宋时期，崇阳是地先置为蜀州，后升格为崇庆府，入宦州、府之地的文化名人更是不在少数。其中最为著名者，当数唐代的张柬之与高适、宋代的赵抃（biàn）和陆游。

唐武则天神功元年（697），一代名臣张柬之，因谏阻淮阳郡王武延秀娶突厥女而违背则天之意，被外放出京，初出为合州刺史，不久即转为蜀州刺史。而著名的边塞诗人高适，亦曾于乾元中（758—760），出任为蜀州刺史；在此期间，与客居成都草堂的诗人杜甫时有唱和，留有《人日寄杜二拾遗》、《赠杜二拾遗》等诗作。

北宋仁宗赵祯皇祐年间（1049—1054），一代名臣赵抃曾为江原县令，留有《蜀倅杨瑜邀游罨画池》、《题江原张著作善颂堂》、《引流联句》、《劝学示江原诸生》等著名诗篇。赵抃（1008年—1084），字阅道，衢州西安（今浙江衢县）人。景祐年间进士，累官至资政

① 常璩雕像●
② 赵抃"匹马入蜀、琴鹤自随"雕塑●
③ 唐慎微雕像●
④ 爱国诗人陆游雕塑●
⑤ 红岩英烈张露萍汉白玉雕像◎

殿大学士、太子少保。死后朝廷追赠为太子少师，谥号"清献"。在京为殿中侍御史时，弹劾不避权贵，京师号称"铁面御史"。赵抃曾三度入蜀为官，两次出知成都，一生为官清廉，"平生不治赀业，不畜声伎，施德茕贫，盖不可胜数"；"其为政善，因俗施设，猛宽不同，在成都尤为世所称道"，蜀人呼之为"赵青天"。宋英宗赵曙称"赵抃为成都中和之政"；宋神宗赵顼闻赵抃"匹马入蜀，以一琴一鹤自随"，更为其"为政简易"感叹。

南宋乾道八年（1172），著名爱国诗人陆游为川陕宣抚使王炎任命为干办公事，其后曾为蜀州通判，淳熙二年（1175）范成大帅蜀期间，又曾为成都路安抚司参议官。陆游在蜀州之日，亦留有《早行至江原》、《初到蜀州寄成都诸友》、《自蜀州暂还成都奉简诸公》、《宿江原县东十里张氏亭子未明而起》、《九日试雾中僧所赠茶》等多首著名诗篇。

北宋年间，蜀州晋原本土还孕育了一位著名的医药学家——唐慎微。唐慎微，字审元，终身不仕，善治病，号称百无一失。为士人治病，不取一文，但求名方秘诀，故士人每于诸经史中得一药一方，必抄录告之。大观二年（1108），在前人著述的基础上，唐慎微编成《经史证类急备本草》三十二卷，后来被宋徽宗改名为《大观本草》。该书总结了此前的药物学成就，成为我国第一部完备的药典。

清代戍边名将杨遇春，亦出生在今崇阳所在之地。杨遇春（1761—1837），字时斋，乾隆四十四年（1779）武举。杨遇春一生经历数百战，所订"连阵图"为四川制营操练所本。乾隆五十七年（1792），曾随福康安抗击英国殖民者唆使的廓尔喀入侵。道光五年（1825）署陕甘总督；道光八年（1828），因平定回疆贵族张格尔叛乱有功，实授陕甘总督。"遇春坐镇陕甘凡十年，务持大体，不轻

▲ "西江晚渡客三千"艺术群雕

更张,讨蒐军实,镇驭边疆,皆有法"。道光十五年(1835)告老还乡,晋封为一等昭勇侯。十七年(1837),卒于崇庆家中,朝廷追赐为太子太傅、兵部尚书,赐金治丧,入祀贤良祠、乡贤祠,谥号"忠武"。

及至近现代,更有护国先驱任重远、红岩英烈张露萍、十二桥烈士晏子良、书画名家胡友曾、川剧大师肖楷成等,他们都是崇阳的优秀儿女,其英名事迹亦光耀史册。

■ **名胜古迹与人文历史之艺术彰显**

崇阳镇历史悠久,人文荟萃,留下了不少名胜古迹。为演绎千百年来丰富的历史文化内涵,近年来又新增多处人文景观,古老的建筑与当代艺术交融成一片,到如今,已蔚然而成大观。

具有上千年历史的古典园林罨(yǎn)画池,为纪念南宋著名爱国诗人陆游的专祠——陆游祠,保持着古建筑风貌的州文庙……这些规模宏大、建构精美、如诗如画的建筑群落,其古风古韵至今犹存,且已修葺一新。不仅如此,随着城市建设的日新月异,古老的人文历史在新城中亦得到了艺术的彰显。我国第一部地方史志《华阳国志》作者常璩的雕像,高高地耸立在宽敞明亮的常璩广场上;河畔琴鹤广场,矗立着北宋清官赵抃牵着高头大马、伴随一琴一鹤、两袖清风往蜀州江原(今崇州市)上任而来的巨大雕像;南街小广场,有中国第一部药典《经史证类急备本草》作者——崇阳人唐慎微的坐像;大东街南侧,有异地重建道光御封"一等昭勇侯"杨遇春宫保府;文井江畔更有古蜀州"西江晚渡客三千"的艺术群雕,重现出昔日车马云集,待渡客旅行色匆匆的繁华景象;红岩英烈张露萍的汉白玉雕像亦掩映在苍松翠柏之中……这些当代艺术雕像与仿古建筑,无不散发着崇阳是地浓郁的人文气息,闪耀着新时代的艺术风采,常令人回思历史、景仰名人而久久流连。

二、崇阳旅游巡览

（一）主要景点

■ 罨画池

罨（yǎn）画池因其景色鲜明如彩画而得名，素有川西名园、"西南苏州小园林"之称。今为全国重点文物保护单位。该名园以古典园林为主，集庙宇、祠堂为一体，自宋以来的历史风貌基本保存完好，具有丰富的历史文化内涵。

罨画池园林，占地25200平方米。池东、西、北为水面和园林，建筑临湖或靠墙，布局疏朗，池岸花木照水，有很鲜明的川西园林自然典雅的特点。从西往东有廊、榭、桥、亭等建筑，罨画池高筑池心岛上。池中心及偏东南一带，建筑紧凑。在明代兵燹后，修复时主事人多江南人氏，故而糅进了江南园林玲珑幽雅的风格。瞑琴待鹤之轩、琴鹤堂、半潭秋水一房山、问梅山馆、三曲桥等俱集中于此，间以假山、沟渎、小桥和云墙曲巷等体量适中的建筑，布局富于变化，有雅洁幽静的情致和像苏州、扬州园林那样步移景换的效果。其假山的取势、造型皆仿效川西大山地貌，沟渎取意于都江堰灌溉区流水之蜿蜒曲折，以形成山峻水丰的川西地方特色。罨画池鲜明的个性风格，在四川仅见于此。

该池自建成以来，唐代诗人高适、杜甫、裴迪等曾在此迎送、唱和，宋代赵抃、陆游更曾流连于此，留下了不少生动的事迹与华美的诗篇。明代文学家曹学佺所撰《蜀中名胜记》引《本志》云："州

① 罨画池园林◎
② 罨画光影◎
③ 园内走廊◎

治判官廨后池，即罨画池。"赵抃第一次入蜀为官任江原令时，所作《蜀倅杨瑜邀游罨画池》一诗，即对该处胜景赞美有加，其诗云："占尽芳菲地，标明罨画池。水光菱在鉴，岸色锦舒帷。风碎花千动，烟团柳四垂。巧才吟不尽，精笔写徒为。照影摇歌榭，分香上酒卮。主人邀客赏，和气与春期。"爱国诗人陆游为蜀州通判时，曾寓居于内，创作了多首借该池风物以抒写情怀的华美诗篇。如《见萤》："蜀州官居富水竹，四月萤火绕梁飞。流年迫人不相贷，客子倦遊何日归。"又如《秋日怀东湖》（其二）："罨画池边小钓矶，垂竿几度到斜晖。青蘋叶动知鱼过，朱阁帘开看燕归。"《夏日湖上》："茶灶远从林下见，钓筒常向月中收。江湖四十余年梦，岂信人间有蜀州！"

赵抃诗作描绘的"罨画池"风物美景，至今依然呈现在游人眼前，而陆游所写《秋日怀东湖》与《夏日湖上》等诗作，更是使"东湖夜月"成为了该池一处人文与自然高度融合的独特景观。

一千多年来，罨画池一直和许多历史文化名人连在一起。明清以后，更成为人们纪念这些人物的名胜之地。明代初年，在池东畔建有赵陆公祠，以祭祀赵抃和陆游，池内许多建筑就是以他们的事迹和诗句命名的，至今尤能令人感受其深厚的文化积淀和强烈的人文气息。

■ 陆游祠

崇州陆游祠，在全国是一座除陆游家乡绍兴以外唯一纪念陆放翁的专祠。

陆游祠占地2661平方米，坐东向西，大门就设在罨画池内。门内通道长72米，紧挨罨画池。主体建筑为川西民居四合院布局，院前有坝，院后有驿楼、长廊、吊梅阁以及为纪念陆游与崇州人张縯的友谊而建的同心亭。

① 陆游祠◎
② 门内通道◎
③ 梅馨千代◎

张缜（yǎn），字季长，与陆游相交甚厚，陆游《剑南诗稿》中有多首唱和、缅怀之诗，诸如：《次韵张季长正字梅花》、《次韵季长见示》、《广都道中呈季长》、《别后寄季长》、《后园独步有怀张季长正字》、《雨夜有怀张季长少卿》、《岁暮怀张季长》等篇，二人平生之友情溢于字里行间，其中亦多有抒写爱国之情的佳美诗句，诸如"空怀铁马横戈意，未试冰河堕指寒"；"中原阻绝王师老，那敢山林一枕安"；"半生去国风埃面，一片忧时铁石心"等。张缜逝世后，陆游更撰有《祭张季长大卿文》，该文开篇即云："呜呼！世之定交又如某与季长者乎！一产岷下，一家江阴，邂逅南郑，异体同心。有善相勉，阙遗相箴。公醉巴歌，我病沉吟。大笑剧谈，座客皆瘖。"从中尤可见陆游与张缜交情之深。

陆游祠内槅门浮雕图画，具有川西民间工艺特色，受到工艺美术界高度重视。现祠内陈列有陆游的著作、手迹及书法、绘画100余件。而今，该祠已成为四川人民乃至全国人民凭吊、纪念爱国诗人陆游的最佳场所。

■ 州文庙

州文庙坐北向南，设月儿池于宫墙外，从宫墙到尊经阁中轴一线上有棂星门、泮池、三桥、戟门、大成殿、启圣殿；中轴线两侧对称有圣域贤关门、回廊、鼓乐亭、厢房、名宦乡贤祠、东西庑、钟鼓楼等，其体制、造型各不相同。全庙南北仅长225米，古建筑就有3727.62平方米，布局紧凑，疏密适度，气势宏伟，气氛庄严肃穆。其中棂星门通高12.8米，五叠檐楼阁式木结构，门檐下如意斗拱，檐上爪角凌空，有欲飞之势。此棂星门在全川是唯一保存下来的一座古老的棂星门，具有很高的历史文化价值。大成殿重檐歇山式，殿内楼廊环绕，殿周有宽大的廊子，通高14.5米。尊

① 文庙全景 ●
② 万世师表牌坊 ◎
③ "宫墙万仞" ◎

经阁重檐六角攒尖,高踞土台之上,他处少见。往昔庙内,每年都要举行祭孔活动以及科举考试的部分内容。现在陈列有关孔子及儒家文化的雕塑、绘画、碑刻及其他许多文物。

上述三处景点,彼此呼应,相得益彰。罨画池融汇江南及川西山川之灵,着意创造诗情画意,有着独特的风格;伴随历史名人的足迹,自有其多方面的文化内涵。陆游祠的深邃和朴实,不仅反映出诗人深切的爱国情怀,还表达了他永远活在人民心中的含义。文庙气势不凡的建筑和紧凑的布局,则烘托出了儒学思想的逻辑体系和在中华民族历史上的崇高地位。三处有机结合在一起,蕴含着中华民族丰富的优秀传统文化。

■ 宫保府

宫保府为清代道光御封"一等昭勇侯"杨遇春府第。原坐落在崇阳镇上南街,现重建于大东街南侧。

① 棂星门◎
② 大成殿◎
③ 宫保府内御赐"福寿"匾额◎
④ 宫保府●

■ 广场雕塑与文井江廊桥

作为今日崇州市政治、经济、文化中心的崇阳镇，不仅对历史文物古迹倍加维护、精心修缮，而且还将众多的历史文化名人及其事迹有机地融入现代城市的建设之中。

诸如：有序地布局在城内的孔子广场、常璩广场、琴鹤广场、陆游广场、西江广场等十一座大小广场及其精美的广场雕塑，无不匠心独运，各具特色，既较为完美地展现出是地丰

①

②

③

④

⑤

⑥

⑨

富而宝贵的历史文化积淀，又处处洋溢着现代文化艺术的巧妙构思。而横跨于文井江上的廊桥，气势雄伟而不失华丽，建筑现代而尤多古韵，江水浩淼，水天一色，人文与自然交融成一片，古代与现代在这里对话，尤令人心旷神怡、遐想联翩。

近年来，崇州市政府在文井江畔滨河路和唐安路延伸段文化长廊的打造上，尤其注重历史与现代、自然与社会、经济与文化、建设与环境的有机融合，从而构成了今日崇阳如诗如画的美好景象，文井江畔滨河路改造工程亦因此而获得了"中国人居奖最佳范例奖"。

君到崇阳，观览完罨画池、陆游祠、州文庙、宫保府等处人文景点之后，不妨再去到文井江畔一游，那里诸多人文与自然高度融合的景观定会让你心醉不已。

① 中心广场◎
② 文庙前孔子广场●
③ 广场孔子雕塑●
④ 文井江畔琴鹤广场●
⑤ 陆游广场一角（任桂园 拍摄）
⑥ 西江广场群雕局部●
⑦ 西江广场●
⑧ 滨河路景观◎
⑨ 文井江廊桥●
⑩ 廊桥夜景◎

⑦

⑧

⑩

▲ 崇阳老民居◎

■ 旧时商铺、旅社与民居建筑寻踪

◆ 崇州商铺"连排房"

崇州历史悠久、人杰地灵、出产丰富、商贸发达。自后蜀孟昶时期（935—964）始，已形成"井"字形的大街小巷十多条。而街道两边的商铺房屋大多是清一色的"连排房"。所谓"连排房"，即是修房子时一排房子十几间完全用木料穿斗榫卯结构组成一个整体。修"连排房"有两种情况：一种是个人出资请工匠修一排房子，修好后出售或出租；第二种是几个人合修一排房子，修好后各占几间出售、出租或自用。这些"连排房"大多是前为商铺做生意，后面的房子用于住家，于是便形成了中国较早的"家带店"。

崇州的"连排房"过去多见于今崇阳镇南街、东街、西街、三元街等处，这些"连排房"所在处，也是城中的商贸中心，特别是南街、西街，过去最为繁华，且一直延续到今天。

今天我们到小东街、正东街、辰居路都能看到"连排房"，这些"连排房"记录、见证了崇州的历史和繁荣，以及崇州人民的聪明才智。

◆ "公殿"

原崇庆县的老城区内，北门方有两条较为狭窄的街道，两条街道平行着，一条叫大北街，一条叫小北街，在这两条街道上居住的一般都是较为富裕的人家，或为工商业主，因此这两条街道的房屋修得较好，较为出名的有"陈公殿"、"李公殿"、"邓公殿"。这些"公殿"的修法都大同小异，房屋的结构基本一样，但在装饰上则争奇斗艳，其豪华有似"宫殿"，故人们常戏呼之为"宫殿"。

这些"公殿"临街的大门叫龙门，龙门都是以砖砌成，门柱和门檐及其上部分都用灰雕装饰，或雕以花鸟，或塑有人物。双扇木质大门，则用红（或"黑"）色漆染。

进龙门后有通道抵达二门，进二门后是横田坝，坝正前方是大厅。穿过大厅又可见一大天坝，大天坝正前方的房屋是"堂屋"，这里既是供奉祖先神位的地方，也是主人接待客人的客厅，而"堂屋"两侧则是主人的卧室。大天坝两侧是"厢房"，也是用来接待客人的地方。

过堂屋进去又是一个小横天坝。天坝的正前方房屋称为"小堂屋"，天坝两边的房屋是家人们的卧室。"小堂屋"后面的房舍是厨房，再后面是花园。

这些"公殿"内部都是木质穿逗结构小青瓦建筑,木质门、窗皆有雕花和贴金。堂屋地面铺设青石砖,其他房屋地面则用木板装成。

◆ **解放前的高级旅社——同升店**

抗日战争期间,原崇庆县城西街有一家高级旅社,名叫同升店,取"同升"作为店名,寓有两层意思:其一是祝顾客在官场步步高升,官越做越大;其二是祝经商的顾客财源广进,生意越做越活,越做越火。

自古以来,今崇阳镇即为川西重镇,也是商贸云集的地方,而西街则最为繁华,为接待中高档次贵宾,张姓店主人,不惜多方筹措资金,开办了这一处集住宿、餐饮、喝茶、谈生意、会要人的高级旅店。同升店开张那天,十分热闹,当地和附近县区的官宦、豪绅、要员、商家大都到店祝贺,高朋满座,流水席就开了三天。轰动一时。

该店内部环境优美,假山、鱼池、花木、回廊,布局得体,特别雅致;房间内毛毯、蜀绣被面、丝绒被盖、纯棉床单等,均属高档,住宿条件十分舒适。与此同时,还专门设置了安全可靠的物品存放地点,并将客人货物与贵重物品分间存放,24小时专人职守,其经营理念十分人性化。

同升店的餐饮更是非同一般,白案与红锅都是高薪聘请的一流大厨,各怀绝技,做出来的菜,色、香、味、形齐备,堪称上乘佳品。特别是酒更是令人叫绝,除了省内外的名酒以外,最受欢迎的酒便是价廉物美的姚林烧房窖酒,"入口甘醇、清润,玉液琼浆,瑶池难觅,崇庆州独有矣。"

同升店在当时远近闻名,可以毫不夸张地说,是当时的五星级大酒店。

▲ 今日崇阳鸟瞰◎

（二）风味小吃

■ 周荞面

崇阳镇东泉村素有"荞面之乡"的美称。崇州城里大街小巷及成都、温江、大邑等地的"周荞面"都源于该村。

新中国成立前，城区月儿池等地的"周荞面"就颇有名气。60年代因割资本主义尾巴。荞面店纷纷关门停业，其独特的制作工艺濒临失传。改革开放给农村带来了生机，东泉村3组又以集体名义在城区金带街等地重新开设门市，几名老师傅分别带起了学徒，终于将"周荞面"的传统制作工艺继承了下来。

"周荞面"的主要原料——荞子，产自海拔2000米以上的阿坝高寒山区，经筛选加工精制为荞粉，再配以优质竹笋、花椒、红油等佐料，使荞面具有香味扑鼻、麻辣爽口、保健除湿等特点，属"绿色无污染"最佳最实惠的风味美食，深受广大群众喜爱。

■ 天主堂鸡片

天主堂鸡片系崇阳镇传统名小吃，因一小贩于1935年创制于崇庆县城天主堂附近而得名。

天主堂鸡片选用肥嫩仔公鸡，煮法、刀法、调味都十分考究。烹制出的鸡片无骨、薄叶大张、入口爽快，肉质细嫩，麻辣中略呈甜味。以"天主堂"命名，又比一般"红油"、"椒麻"更能引起食客猎奇的兴致，尤其在善男信女的心中，这款风味小吃，仿佛已与上帝沾亲带故，一品之下，其味道又果然不错，生意就自然十分兴旺。现成都市区内多有个体摊贩仿制。

镇内东湖园餐厅所烹制的天主堂鸡片，师承正宗，选料精良，制作手法细腻，尤其受到广大消费者的欢迎。1990年12月，崇阳镇天主堂鸡片被成都市人民政府命名为"成都名小吃"。

■ 蜀州一绝——王鸡肉

自古以来，崇州物产丰富，各种地方名小吃更是源远流长，光说崇阳镇的鸡肉这一行，就有多种多

▶ "周荞面"◎

▲ 天主堂鸡片◎

▶ 王鸡肉◎

▼ 崇州天主堂◎

样，天主堂鸡片、砂锅鸡、热锅鸡、老号鸡片等等皆各有特色。除天主堂鸡片久负盛名外，号称"蜀州一绝"的王鸡肉亦独具风味，成为了成都市的名小吃。"王鸡肉"全称"王绍全带骨麻辣鸡块"，创制于1935年，后经多次创新和调制，以至"鸡肉鲜美无比，独具地方特色"，被赞为"川味正宗，名不虚传"。该风味小吃做工精细考究，色相味道俱佳，麻辣适中，块块见肉见骨，本味浓烈，堪称蜀州一绝。

（三）地方特产
——崇阳镇水陆村风筝

崇阳镇金鸡乡水陆村位于崇阳城区东郊偏南，地处平原。该村是中国最大的风筝制作基地，以技术精湛、种类繁多而闻名国内外，享有"风筝之乡"的美誉。

水陆村风筝制作历史悠久，至今已有300多年的历史。早在清朝初年，水陆村就基本形成了"印风筝"、"高风筝"、"骆风筝"、"杨风筝"等四大名牌体系。其风筝制作可分为三大类型：一类是以花鸟虫鱼为蓝本，比如龙头、蜈蚣、燕子、老鹰、蝴蝶、凤凰、蝙蝠等等；一类是以民间戏曲人物、场景为构图内容，如《白蛇传》中的白娘娘、《西游记》中的孙悟空等；还有一类是以展示新时代新风貌为主题的风筝，如"走向世界"、"全民健身"等等。

水陆村约有400余户农户、1500余人从事专业风筝制作，占全村农户的三分之一。为适应市场竞争，他们不断改革工艺水平，截至目前，其风筝制作已蔚然而成大观，共有硬翅、软翅、三角、直串、立体、现代、精品工艺等七大体系170多个品种，其中"大、特、精"的"风筝新宠"——巨龙型风筝和丝绸风筝，深受全国各地风筝爱好者的青睐。

① 绑扎风筝骨架◎
② 放飞"巨龙风筝"◎
③ 欢度金鸡风筝节◎

其制作工艺十分考究，根据风筝的不同品种和类型，在"定型"、"选料"、"下料"、"绑扎"、"绘画"、"糊制"、"组装"、"拴角线"、"试飞"等工序上尤为精细。譬如"绘画"一项，就需根据所下材料，先印图案线稿，再按构图着色。勾线要运笔流畅，粗细均匀，轻重有别，繁简有序；设色要色块明快，对比强烈，润染自然，层次分明。风筝有纸质、塑料和丝绸三种，纸制一般先用木版印上墨线画稿，然后手工上色。丝绸风筝为高档品，全为手工画稿，人物还要粉脸、点腮、开眼、抹泪子等，以增强其艺术性。糊后施彩，要着色协调，色彩均匀，点染得当，画面清晰。这样绘制出来的画面，才会有艳而不俗的版画式艺术效果。塑料风筝为乳白膜套色印刷，尽管制作成本较低，但同样能显现该村风筝制作的传统绘画特色，其各类风筝仍具有图案美观新颖，色彩鲜艳明亮等特点。

该村每年生产各类型风筝约600万只，除销售国内西北各省、市、自治区以及东北、华北、云、贵、川、藏外，还漂洋过海销售台湾、香港等地区以及新加坡、马来西亚、印度等国家。该村仅风筝一项，即可使农民每年增收几十万。

近年来，崇州市和崇阳镇党委和政府还多次组织风筝制作农户走出家门，先后去到北京、沈阳、长春、上海、西安，特别是山东省潍坊市等地参观、考察，通过学习和交流，一批制作风筝的能工巧匠应运而生。与此同时，又组织水陆村村民开展各类风筝比赛活动。早在1999年9月，原水陆村所属金鸡乡即首次组队参加四川省第五届风筝比赛，荣获金牌5枚、银牌3枚、铜牌1枚和团体总分第一名。为拓展风筝文化，还专门确立了"崇州金鸡风筝节"，从2003年开始，两年一度的"成都·崇州金鸡风筝节"已成为四川风筝的盛会。首届风筝节邀请的山东潍坊风筝表演队带来了300多种风筝与崇州金鸡风筝比赛放飞，在国内产生了很大的影响。此后，四川省风筝比赛、全国风筝精英比赛亦经常在此举办。每逢节庆期间，各类风筝制作交流和风筝有关的文化娱乐活动亦同期举行，极大地丰富了金鸡风筝的文化内涵。

（四）民俗风情

旧时崇阳，无论岁时习俗，抑或礼仪风尚，与川西各地大同小异，但小罗寺的"牛王会"，却较富地方特色。

崇阳是地，土肥水丰，主要为水稻、小麦、油菜等农作物种植地，而牛则是农村耕地的主要劳力，为表示对牛的尊重及对其祖先（牛王）的祭奠，位于今崇阳镇北部的小罗寺，每年春分时节，都要举办"牛王会"。举办"牛王会"当天，人们把用纸制作的"牛头"摆放在会场中央，然后用全猪、全鸡摆放在"牛头"前，点上香烛，烧纸钱进行祭拜。来祭拜的人们大多是周围乡镇的村民，气氛十分热烈。举办"牛王会"的当天，还要请戏班子来唱"坝坝戏"（川剧），以祈求风调雨顺，五谷丰登。这从一个侧面反映出古老的农耕文化在该地民俗活动中的延续。新中国成立后，这种活动已不复存在。

新中国成立以前，在崇阳民间，还流行有"请耙耙神"、"请碟仙"等群众性的民俗娱乐活动，但随着社会的进步、文明的昌盛，及至今日，亦已消失殆尽。

而最能显现该地民俗风情的婚礼与葬礼，在新时代，尽管发生了很大的变化，但却仍然保留着古老的民俗文化特色。

譬如"婚礼"，仍然少不了"吃花夜酒"、"迎亲"、"拜堂"、"摆设喜宴"、"闹洞房"、"回门"等传统程序。但由于社会的繁荣和物质的丰富，而今崇阳镇的婚礼，较之昔日，已是办得越来越丰

① 镇上办九大碗◎
② 民间喜宴◎
③ 乡村办九大碗◎
④ 祭车◎
⑤ 水上赛艇◎

盛，越来越红火。而显现传统饮食文化的"九大碗"，无论城乡，都仍然在民间喜宴上热闹登场。

又如"丧礼"，人死后要先放"升天炮"，布置灵堂，再送往火葬场，火化前亲朋好友跟死者遗体告别；接回骨灰盒后即安放在灵堂中央，摆放祭品、点上香烛、烧纸钱，亲朋好友陆续前往"吊唁"，送上花圈和礼品、礼金；当天夜里还要举办"大夜"活动。这一活动的内容是：礼仪先生按传统的丧事礼节对死者进行祭奠，先由亲属儿女"哭丧"，这是祭奠活动的高潮，然后由礼仪先生念"祭文"，这是对死者一生的总结，亲属、儿女都要跪在死者遗像前，十分悲痛地怀念自己的亲人。此后，即开始进行歌、舞、小曲、魔术等表演。这些表演活动，既可冲淡死者亲属悲伤的情绪，又是对死者亡灵的慰藉，有似古代的"娱神"与"安魂"。经此大夜后，第二日方才由死者的亲属和儿女将骨灰盒送往墓地安置，送葬这天也非常热闹。在中国民间，自古以来，"红"、"白"皆称"喜事"，敲锣打鼓放鞭炮，亦是常事，这种传统的民俗文化理念，在今日崇阳的"丧事"活动中，则表现得较为充分。

随着人们生活水平的不断提高，崇阳购买私家车的人也越来越多，为祈求行车安全，不出事故，因此购车后，都要举行一个祭车仪式：先将新车停放在车主家门前，在车子的前后及车轮处点上香烛，把煮熟的大红公鸡、猪头肉和两杯白酒，摆放在车前中央，然后由车主在车前烧纸祭拜，口中轻念"保佑行车平安、大吉大利"。祭拜完毕，再将两杯酒倒在车头处，又把从寺庙里买来的开光红布条分别挂在反光镜上和车轮上。这种"祭车"活动，表面上看来有点滑稽可笑，但实际上是新车主人的一种"心理自我暗示与引导"，可说得上是崇阳是地传统祭祀习俗的翻版，故而不必厚非，姑且记之于此。

一些古老的民间习俗已消逝在时光流水之中，而不少闪现着新时代光辉的新节庆、新风尚、新习俗却在崇阳是地层出不穷，诸如前面述及的两年一度的"成都·崇州金鸡风筝节"，以及体现"成都·国际非物质文化遗产节"风采的"崇州圣水节"、"藤龙舞"、"百人龙舟竞渡"、"水上赛艇"等民俗活动，均无不显现出活力四射的新崇阳正以日新月异的步伐，创建新时代的民俗文化，并以崭新的文化理念，演绎着古老的民俗风情。

其中最有意思的是，值陆游诞生885周年、逝世800周年之际，为缅怀和纪念伟大的南宋爱国主义诗人陆游，作为全国除陆游故乡绍兴以外唯一建有陆游祠的崇州市，于2010年11月下旬，隆重举办了"第二届中国·四川陆游文化节"。此届文化节，集合全球华人圈最高水平和最具影响力的当代诗词艺术名家、研究专家、世界高水平的古琴艺术表演家、全国知名的书画艺术家齐聚崇阳，共祭陆游。文化节期间，一系列极富高档文化含量的活动次第展开，诸如仿宋官祭先贤礼制的公祭大典、陆游诗词文化研讨会、蜀派——吴派古琴高端交流表演、陆游蜀州之旅参观采风、中华诗词崇州高端笔会等，无不气氛热烈，精彩纷呈。陆游第56代裔孙陆炳文先生亦亲临现场。这种届期举办以展现新时代风貌的文化节活动，不仅把崇阳是地相关的历史文化积淀进行了最为生动的演绎和彰显，而且极大地提高了崇阳民俗文化的档次，尤使古老的崇州青春焕发，蜚声海内外。

（五）客栈旅馆与餐饮服务点

目前崇阳镇内高档次的酒店、宾馆有"崇州大酒店"、"楠泰商务酒店"、"神珠大酒店"、"长风大厦宾馆"、"宫保府宾馆"、"喜相逢酒楼"、"金龙饭店"、"天立宾馆"等等。尤其是新近开张营业的"金波源餐饮休闲中心"，更是一处集食、住、玩一条龙服务的生态园林式最佳下榻之地，在"非物质文化遗产节"中就接待了中外贵宾1600余人次，得到了客人的高度好评。"金波源"的饮食特征鲜明，汇集了各种地方名小吃，成都美食和西餐，是本地星级餐饮休闲的最佳地点。

▲ 崇州大酒店 ●

① 金波源●
② 琴华苑（任桂园 拍摄）
③ 琴鹤苑●

另外，"琴鹤苑"、"宾河园"、"祥鹤苑"、"富源商务会所"、"客三千"、"老菜坊"、"富康饭店"、"田鸭肠"、"百乐来火锅""仁和家宴"、"快意江湖"、"邵成豆腐"、"品味鲜"、"一品香"等住宿及餐饮店，均地处西江河畔，交通方便，环境幽雅，空气清新，亦是游客用餐和住宿的好去处。如果选择在"琴鹤苑"、"琴华苑"、"祥鹤苑"等处住宿、用餐或休闲娱乐，则会有一种回归大自然的兴奋之感。

除此之外，更有近百家各式特色餐馆、小吃、"农家乐"和大小旅社，可接待各层次的客人。目前，崇阳镇辖区内的旅游接待能力已达到3万人/天。

（六）崇州城区图

三、出行指南

崇州市崇阳镇东距成都37公里、温江8公里，北靠都江堰14公里，西接大邑县15公里，东南接壤新津县16公里，距双流国际机场20公里。在崇州市境内，崇阳镇距鸡冠山景区67公里，九龙沟39公里，距白塔湖8公里，唐求故里街子古镇24公里。崇阳镇有农村客运站和汽车客运中心，如果从本镇出发，前往本市各名胜风景地游览，都有始发车直达。318国道，怀华路、街安路、光华大道崇州段等公路穿境而过，有通往成都地区及与周边温江、新津、双流、大邑、都江堰等市县的班车，还有始发到街子、鸡冠山、九龙沟、都江堰、青城山、峨眉山、九寨沟等名山风景景胜地的长途客车，交通十分方便快捷。

如从成都出发，可到成都金沙车站、城北客运中心等处，搭乘前往崇阳镇的班车。

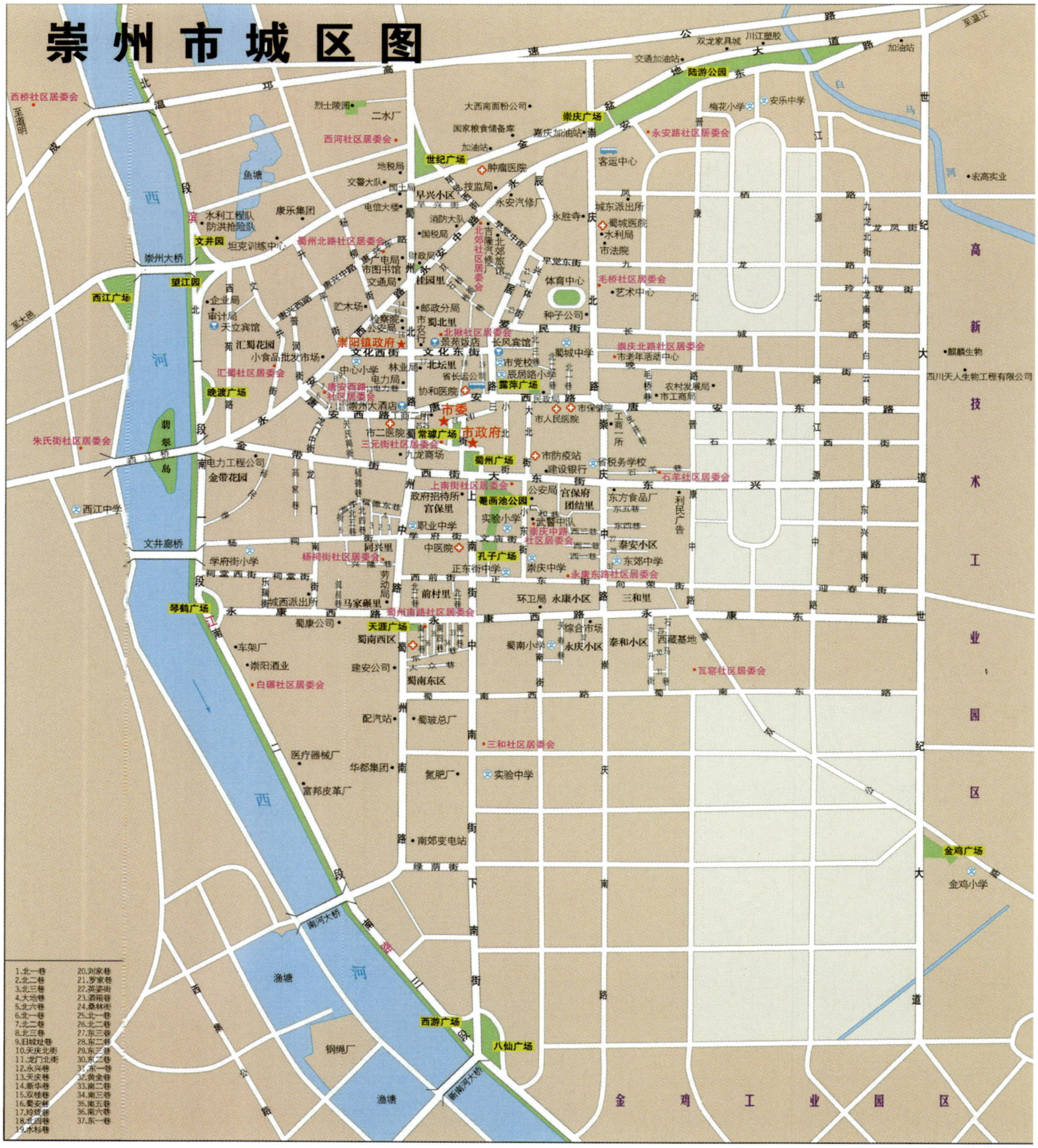

▲ 崇州城区图 ◎

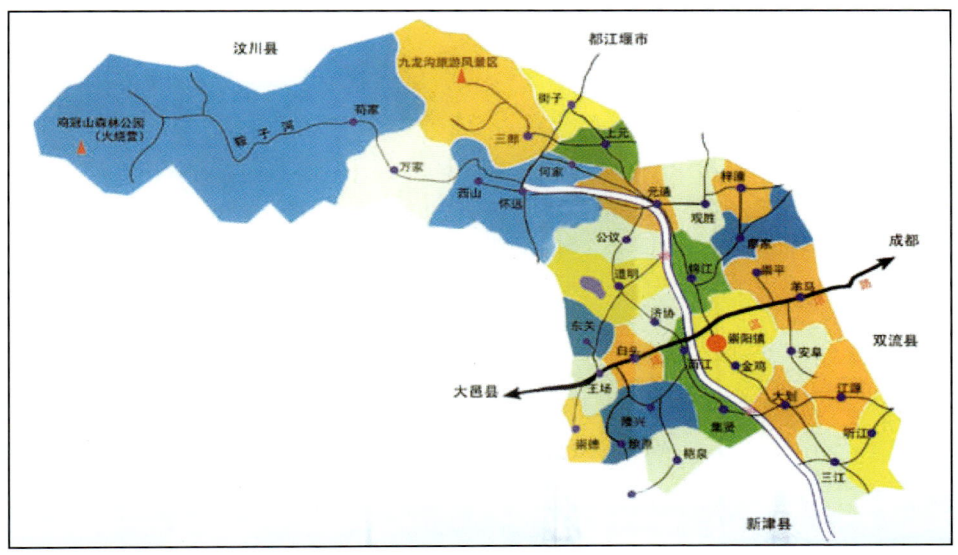

▲ 崇州市旅游交通示意图◎

主要参考文献

【晋】常璩撰：《华阳国志·先贤士女总赞》卷十，《华阳国志·后贤志》卷十一，巴蜀书社（刘琳校注本），1984年版。

【唐】李吉甫撰：《元和郡县志·剑南道·成都府》卷三十二，上海古籍出版社《四库全书》影印本，1987年版。（以下版本与此相同者，均简称：四库全书本）

【宋】祝穆撰：《方舆胜览·成都府路·崇庆府》卷五十二，四库全书本。

【宋】范成大撰：《吴船录》卷上，四库全书本。

【宋】陆游撰：《剑南诗稿》，中国书店《陆放翁全集》，1986年版。

【宋】陆游撰：《渭南文集·祭文》卷四十一，中国书店《陆放翁全集（上）》，1986年版。

【元】脱脱等修：《宋史·地理志·成都府路》卷八十九，上海古籍出版社《二十五史》影印本，1986年版。（以下版本与此相同者，均简称：二十五史影印本）

【元】脱脱等修：《宋史·赵抃传》卷三百十六，二十五史影印本。

【明】宋濂等：《元史·地理三》卷六十，二十五史影印本。

【明】曹学佺撰：《蜀中广记·名胜记第七·成都府·崇庆州》卷七，四库全书本。

【清】张廷玉等修：《明史·地理四·四川》卷四十三，二十五史影印本。

【清】《清一统志·成都府》卷二百九十二，四库全书本。

《清史稿·杨遇春传》卷三百四十七，二十五史影印本。

贾大泉主编：《四川历史辞典》，四川教育出版社，1993年版。

※ 本篇原基本图文资料由崇州市崇阳镇人民政府提供。

15 崇州市怀远镇

怀远镇位于崇州市西20公里，地处邛崃山脉前沿，海拔高度637.9-636.3米。镇域东临元通镇、公议乡、道明镇，南接大邑县金星乡、青霞镇，西与万家镇接壤，北与三郎镇、街子镇毗邻。全镇面积82.25平方公里，下辖8个社区、17个行政村、263个村民小组，全镇总人口6万余人。

古镇西南环山，东北平畴，地处山、坝结合部，是古代通向康藏地区的要道，素有"蜀门"之称。

古镇历史悠久，早在1700多年前的西晋时代，这里已开始建县，曾先后成为郡、县治地，直至北周时期，前后历时250年时间。其后仍为川西重镇。清乾隆后期，曾设州同知及兵丁在此驻守，故怀远又称"分州"。

古镇坐落在文井江与青沙堰交汇的三角洲上，其平面形状宛如一只张开翅膀的蝙蝠，翼展东西长1315米，头尾伸长725米。现存古街计20条，建筑面积15.89万平方米。绝大部分建筑是依照清代《工部法则》建造，也有民国初年建造的，但营造法式仍按清《工部法则》，仅在二门、封火墙以及装饰上采用一些欧式风格。部分建筑后院门窗被居民改装为现代材料和形式，但基本木构架尚存，虽然成色新旧不一，好坏参差，但90%以上仍保存原貌。

凭借其区位优势和丰厚的历史文化积淀，作为四川省历史文化名镇的怀远，它不仅是南来北往、东去西还的物资集散地与商贸重镇，而且亦是今日北部崇州和龙门山脉一线的旅游中心枢纽。在当今成都市建设世界现代田园城市的宏伟蓝图中，更是成为了川西旅游环线上的重要节点和崇州市打造"古镇文化示范线"与"浅山度假示范线"上的重要依托。

图片：○ 崇州市怀远镇人民政府提供
● 严永聪　摄影

◀古镇的标志——汉原洄澜塔◎

一、历史文化概述

（一）古镇的历史沿革

据《四川通志》（卷二）记载："永嘉六年（312）李雄分蜀郡置汉原郡，亦以县名。"又据光绪《崇庆州志》记载："李雄即江原县地置汉原郡，并置汉原、临邛二县隶之。汉原郡治在今州西怀远镇……怀远镇即古汉原郡并汉原县。"由此所记，可知怀远镇在1700年前的西晋时代，始置为汉原县治地，而且还是汉原郡治所在地。

东晋穆帝永和三年（347），桓温平定蜀地，改汉原郡为晋原郡；改汉原县为江原县，郡、县治地仍设置在今怀远镇。

南北朝刘宋时期（420—478），今怀远镇仍为晋原郡治和江原县治所在地。但据光绪《崇州州志》记载："刘宋分江原置晋乐。" 由此可知，刘宋时期把江原县的一部分地方划割了出来，另设置为晋乐县。时晋原郡领江原、临邛、晋乐、枞杨、汉嘉五县。

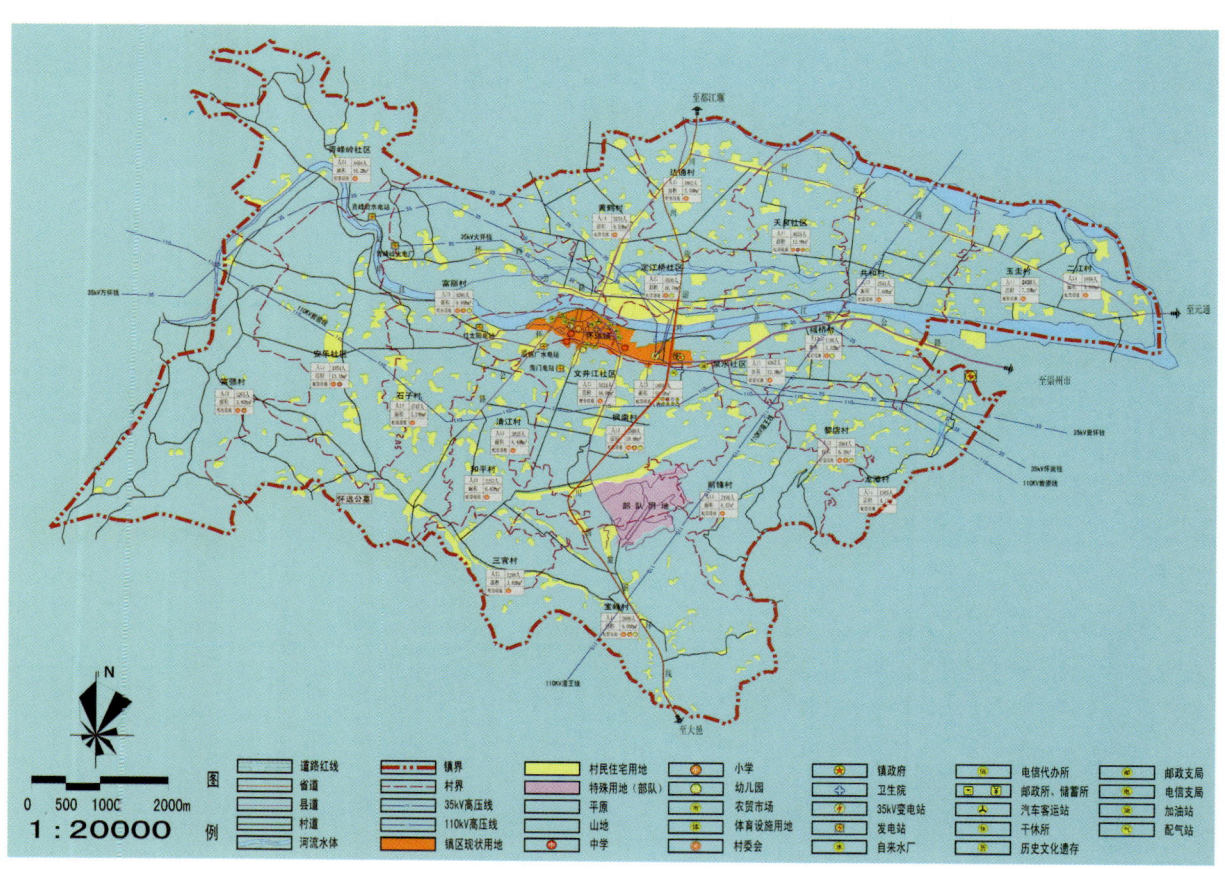

▲ 镇域综合现状图◎

肖齐时期（479—501），其郡治之地有所变化。据光绪《崇州州志》记载："肖齐置晋康郡，县如故"。又据乾隆《崇庆州志》记载："晋康废治在州南十五里隆兴场，周五里，古城废址犹存。"从上所述，可知所谓"晋康郡"仍领江原、临邛、晋乐、枞杨、汉嘉五县，今怀远镇所在地仍名江原县，管辖它的郡由原晋原郡改名为晋康郡，郡治迁徙到了今之隆兴场附近。

肖梁时期（502—554）改晋康郡为汉原郡，领江原、晋乐、临邛三县。又据光绪《崇州州志》记载："肖梁改郡曰江原"。可知今怀远镇所在地在肖梁时代仍名江原县。管辖它的郡从"汉原郡"又改名为江原郡。郡治亦从隆兴场迁回到今怀远镇。

西魏时期（555—561），曾短期废去江原、晋乐二县，设为多融县，其辖地为原江原、晋乐两县地方，仍归江原郡统管。县治、郡治所在地亦仍在今怀远镇。

北周时期（562—588），据《四川通志》记载："后周（即北周）废郡，改县曰晋原。"又据光绪《崇州州志》记载："北周又废多融改置晋原于今州治西部。其处（按：指怀远镇）遂墟。"又据嘉庆《崇州州志》记载："晋原县在州治龙门街古城。"综上所述，可知在北周时期把江原郡和多融县一起废除，于现在崇阳镇龙门街古城设置晋原县。因此，从北周时起，怀远镇已不再是县治和郡治的所在地了。

唐朝时期（618—907），由于吐蕃经常出没于怀远地区，故曾设官镇守。是时此地已有"横源"之名。宋元两代（960—1376）废除了唐代设置的镇守机构。到了明代（1368—1643）在怀远镇西边的清溪关，曾设巡检机构，稽查匪徒，但没有多久，所设巡检即被废除。

清乾隆五十五年（1790），由于怀远地区多崇山峻岭，易藏盗贼，又距州较远，鞭长莫及，为加强对怀远地区的控制，经四川总督孙士毅奏请清廷获准，调泸州具有州同知官衔的一名官吏，又在清云营内委派统领一员，并在城守营内抽拨兵丁十名，前往该镇防守。其官署则为崇庆州的派出机构，俗称"分州"，古老的怀远又成为了川西巨镇。及至清末民初，今怀远镇仍设有县佐公署，下辖怀远镇、万家坪、街子场、何家场、三郎镇、安龙场（今双河场）等六场镇。人们仍习惯地称之为"分州"，集镇上亦建有县级城镇才具有的文庙和城隍庙。

综上所述，可知怀远作为四川历史文化名镇，真是名不虚传！

（二）厚重的文化积淀

曾为郡、县治地的怀远古镇，其实早在东汉时期已有邑聚出现，及至三国时代，由于蜀汉屯兵于此，其邑聚已初具城镇规模，故有"蜀门"之称。时蜀汉名将马岱殁后即葬于镇东南0.5公里处之太平山西麓。李雄据蜀，更于此置郡设县，其后名称虽多变化，但亦延续了250年之久。正由于此，历史上的怀远，不仅是一座古镇，而且亦是一座古城。古城虽已随时光流逝而消失殆尽，但在后人的诗文著述之中，却仍然保留着一令人难以忘怀的人文记忆，一份令怀远后人引以为自豪的历史荣耀！清道光年间分州州同周宗跃曾有诗句云："多融山影碧岩峣，垂柳参参映板桥"，又有诗句云："闻道文翁开石室，汉原花影满琴堂"。这些诗句，即将本地"汉原"、"多融"之古称融入诗中，以彰显历史上的怀远是何等的风光。

这里值得特别一提的是，我国第一部地方史志著作《华阳国志》的作者常璩，其故居之地，即在今古镇东南太平山常家坎。常璩所处的时代，正值李雄据蜀置汉原至东晋桓温平蜀改汉原为江原之际。自东汉迄至晋代，常氏一族，世代为官，实为江原巨族，故常璩少年时代，能得以遍读先世遗书，颇负才名；其后任成汉史官，又获读宫中图籍版档，故而能成就巨著《华阳国志》。史籍均载常璩是江原人，灌县《旧志》称常璩废宅在治南（灌县南，今都江堰市南）三十里，由此看来，说今古镇东南太平山常家坎乃是常璩故居之地，很有道理（参见《崇州市崇阳镇》）。

唐宋时期，昔日盛极一时的郡治、县治之地，已降格而为蜀州晋原县横源镇，据传"怀远"镇名即因"横源"二字音讹而成。虽已成偏僻小镇，但其时横源所产茶叶却闻名天下。据唐末、前蜀人毛文锡《茶谱》记载："蜀州晋原洞口、横源、味江、青城（俱产茶）。其横源雀舌、鸟嘴、麦颗，盖取其嫩芽所造，以其芽似之也。又有片甲者，即是早春黄芽，其叶相抱如片甲也。蝉翼者，其叶嫩薄如蝉翼也，皆散茶之最上也。"对此，宋代乐史所撰《太平寰宇记·蜀州·茶谱》和明代曹学佺《蜀中广记·方物记第七》等均有记载。正由于怀远是地自古产茶，故而今怀远镇外老西山，尚有茶马古道遗存，其中"伤心坡"一段，更是远近闻名。而后人咏及横源名茶及怀远茶市，亦多赞美之辞。诸如清代周宗跃《怀远镇即景》（其五）云："横源洞口植佳茗，云白堂阴采摘频。自昔青城供上品，天仓山进玉壶春。"又如清吴为辑《分州八景·茶市春声》云："麦颗相传蜀郡茶，仙山满树是生涯。园开雨后光阴速，市比春前笑语哗。翠压一肩来远贩，香浮几釜借邻家。谁知客里饶乡物，玉笋林中又茁芽。"

怀远产名茶以及由此而生之茶文化，可说得上是源远流长。

及至清乾隆时期，怀远又成崇庆州之"分州"。随着"湖广填四川"移民运动的进一步发展，号称"分州"的怀远古镇蔚然而成崇州西去第一巨镇。宗祠、庙宇、会馆、书院相继建立。境内原有各宗姓祠堂四所、大小庙宇三十处、会馆五座；"三横六纵"的街巷格局业已形成，计有大小街小巷32条，呈现出"六街灯火连文井、汉原花影满琴堂"的辉煌景象。由于自古出产名茶，该镇更是成为了川西为数不多的大茶市，邻近十余县均仰给于此。光绪末年，尚有日商坐镇收购茶叶，远销东瀛。镇上居民数千家，人口近两万，逢单日赶场，一时间，山货、下江货在此交流，素有"搬不完的大邑，楔不爆的分州"之说。

而今，作为古镇标志的汉原洄澜塔，依然高高地矗立在文井江畔、青岗墩上；"三横六纵"的旧街道古风犹存，过街楼、飞来椅、美人靠、雕花门楼以及民居院落、祠堂庙宇等，无不古色古香，充分展示出了清代古镇建筑文化、民俗文化以及宗教文化的亮丽色彩，彰显着本土传统文化与外来移民文化的高度融合。

厚重的积淀必然深深地影响着一地文化的发展。到了近现代，怀远是地更是涌现出一批文化名人，诸如著名篆刻家蒋廖渔，绰号字妖的陈根紫，书画兼长的李佐良，著名诗人张刘文、高文才、程友琴以及抗日爱国将领、画家杨遵路将军等。为使古镇深厚的文化底蕴得以传承发扬，20世纪80年代，一支近百人的书画爱好者组成了"汉原诗书画院"，创办刊物《文井江》，并涌现出了一批文化新人，诸如：荣获全国农民画展二等奖的工笔画《推豆花》的作者阳永良，书画兼优的青年女画家马灵以及被邀为成都市大慈寺书写碑文的雷希陶老先生等。1984年，该镇被誉为成都市书画之乡；2004年，被四川省授予"特色文化之乡"，2008年，又被四川省推荐报送为"中国民间文化特色之乡"。

上述诸种历史文化积淀以及当今时代文化的进一步发展，势必成为怀远古镇旅游文化深度开发中的一笔宝贵财富，未来的怀远，亦将因此而更上层楼、名闻天下！

二、古镇旅游巡览

（一）镇内主要景观

■ 古街古民居总体风貌

今日怀远街巷格局，仍然较为全面地保留了昔日作为分州治所的街道布局。除小巷外，其主要古街计有构建于清代中晚期的大北街、东街、大顺街、上西街、永星街（即今水果街）、小北街、药王庙街、正东街、正西街，以及建造于清末民初的东横街、临江街、南街、上新街、西江门街、西外横街、西外新街、下新街、棕绳街等。

总体上看，怀远古街空间错落有致，尺度亲切宜人，古民居比例精准，木作细致，可说得上是一笔宝贵的建筑文化遗产，对考察研究城镇演变及建筑艺术，或进行旅游观光度假，都有着重要的建筑文化与旅游文化开发价值。

就街道上的古建筑形制而言，主要有五类。

第一类为木质结构穿逗梁架，单檐青瓦，门厅与门厅之间共同山架，形成连排街房。门厅梁架出挑为街沿檐级。楼层空间随房间的体量而有高有低，空间较高者则临街开窗。房屋内不设天井，以甬道连通前后各厢房。此类屋舍一般作前店后住房使用。后房不设楼。这种形制为大部

① 上西街◎
② 大顺街◎
③ 正西街◎
④ 棕绳街◎
⑤ 小北街◎
⑥ 上新街一侧◎
⑦ 大北街◎
⑧ 药王庙街一侧◎
⑨ 上新街●

分，各街均有，主要分布在东街、下南街、正西街、上西街、西江门街、西外横街、西外街、正东街、永星街、大顺街。

第二类结构情况与第一类基本相同，但后院有天井，有的天井中还设厢房。天井大小不一。有的出挑下设简易的木撑弓而阶沿稍宽。这种形制主要分布在东街、正西街及上、下新街等处。

第三类与第一、二类亦大体相同，但楼层空间较高，通高在七米以上。每座房屋之间用封火墙围隔。有的门厅中设双扇大门，出挑垂柱、驼峰雀替均有雕刻为饰，或檐下设卷棚，或短柱下有蹲狮，在古镇连排街房中凸显其富丽景象。这种形制的建筑，东街、下南街、药王庙街、西外横街、正东街、大顺街都有。

第四类门厅山架，前伸为阶沿檐级，高低一致，阶沿柱排列整齐，楼层空间较高。门厅后布局分别与一、二类相同。举目望去，街道深邃而整肃，颇为壮观。主要分布在西江门街、棕绳街、东横街、上新街；其次正西街、上南街、下新街也有少部分。

第五类门厅同一、三类，也有封火高墙，但门厅后有露天过道进四合院，有的在院前设中式或欧式二门。四合院内天井宽敞，部分过厅、正厅、厢房檐下木雕精美，推窗亮格，庭院雅洁。这种在连排街房中独立成院的屋舍，上南街、下南街、下新街均有。

■ **具有代表性的民居院落与建筑**

在怀远，留存至今的具有代表性的民居院落与建筑，计有镇中书院、李家茶铺、徐家大院、原会馆遗存、张子良故居、何绍安住宅、吴承章住宅楼、周家住宅楼等处。这些建筑，大都建于清末民初，其临街一面，虽近半数已经改为砖木结构，但其内堂大多保存较为完整。在古镇众多民居建筑中，最富有川西建筑风格。

① 书院大门遗存◎
② 张子良故居二门●
③ 张子良故居内院一角●
④ 原会馆内门窗装饰◎

① 李家茶铺◎
② 李家茶铺内茶楼◎
③ 何绍安住宅楼◎
④ 徐家大院一角◎

这些院落建筑，多数为前门面后院落式，充分体现出构建布局中的开敞自由。其共同特征是以庭院式为主要形式，基本组合单位是"院"，即由一正两厢一下房组成"四合头"房，立面和平面布局灵活多变，对称要求并不十分严格。院内或屋后常有通风天井，形成良好的"穿堂风"，并用檐廊或柱廊来联系各个房间。

位于古镇上新街的镇中书院，始建于民国初年，现由怀远镇中学管理使用。该书院现今虽很难窥其全貌，但却是曾为"分州"治所的怀远古镇重视文化教育的历史见证。

位于古镇下新街的张子良故居，始建于清末民初。张子良为晚清光禄大夫、道台张刘文之子。该院落门厅面阔3间宽12米，通高6米，木结构单檐青瓦，穿挑上架板为楼，中设门道。门厅后为露天过道，过道左右砖壁墨绘松鹿图，内有天井，天井中青石板铺面。二门为砖石结构，门洞宽1.5米。厢房四间组成四合院。楼上走道相通。在现存古民居建筑中已不多见。

位于南街的原会馆，始建于清中晚期。新中国成立后曾作为怀远派出所办公用房，现已改为住宅。虽几经变迁，但其内堂仍基本保存完好。

至于上西街的李家茶铺与何绍安住宅，正东街的吴承章住宅和周家住宅楼，以及小北街的徐家大院等，均始建于清末或民国初年，如今保存较为完好，充分展示出当时人们的思想观念以及地域风情，亦可视为川西民居在镇上的代表作。

正由于其古街古建筑保存较为完好，故今日徜徉于怀远街头，仍可领略昔日风情十足的"分州"风貌。

■ 林氏宗祠

林氏宗祠又名怀远天后宫，位于西大顺街社区境内，总占地面积约两万平方米，其中建筑面积约4000平方米。林氏宗祠建于清道光十一年(1831)，原为福建林氏会馆，供奉妈祖。该祠坐南面北，正门侧照壁上有一幅天后圣母斗海蛟佑生灵壁绘，其上有楷书"林氏宗祠"四个大字，乃用青石凿就，雄浑苍劲。进正门是四合院，右侧是万年台，两厢各是连6间转角楼，楼上室内住人，走廊供看戏用，有美

▲ 林氏宗祠正门侧照壁 ◎

▲ 林氏宗祠内院 ◎

▲ 洄澜塔 ◎

人靠，底楼为仓库。万年台对面，穿过院坝是一连五间五柱三穿木结构大客厅，供集会议事用，厅后为住房。林氏宗祠现被列为崇州市文物保护单位，祠内现有神牌一面（2×3公尺），厚一寸，纯楠木制作，天后圣母林默的事迹和清朝历代皇帝的赐封皆录之其上，行文流畅，字体刚劲，镌刻精美，现保护完好。林氏宗祠又是当年国民党军一个营在此起义投奔徐向前部旋即跟随长征北上抗日的地方，故现又为怀远镇青少年爱国主义教育基地，有石碑为纪。

现有汉原诗书画院、幼儿园、文化站等单位在内，并有游泳池、门球场、图书馆、餐饮、茶园、住宿、老年学校等设施。常年有众多茶客、牌友、鸟迷在内休闲，并时常有书画、象棋、围棋活动在这里开展。

■ 汉原洄澜塔

汉原洄澜塔坐落在镇东文井江畔、青岗墩上，俗称"青岗塔子"，为怀远古镇标志性建筑。今属成都市级文物保护单位。

该塔始建于道光末(1850前后)，同治五年(1866)竣工。该塔坐西向东，高39米，底径7.5米。九层，呈六方型。其建筑风格独特，乃集佛道两家建筑风格之长而建。塔身内由四根实心柱围成内外室，以拱门通内外。内室中心有一圆孔，从顶部直到底地，仰望似一苍穹，甚为别致，川西仅见。外室50级踏道可顺时针盘旋至顶。底三层内壁有龛，为三叠檐楼阁式，龛内原有神像，壁上有墨绘渔鼓、简板、剑、笛、扇、花篮等所谓"暗八仙"，以及山水花草等。三层以上皆为素壁，均有窗口，可眺望古镇远山近水。登塔眺望西北群山，云遮雾绕，山峦起伏；东南平畴迤逦，遥接天际。100多年来，骚人墨客颇多题咏；其建塔故事夹着风水传说，流传至今。

据传，当时的分州县佐冯权，人称"权官"，通地理、晓风水，说"分州有如船形在水上漂浮，易遭火劫，又不出人才，需建一塔，以挡风水、避火灾，还能出人才"，故而集资修建。权官之后，张姓官员接任续修，后因集资不足而停建；最后由第三任分州官佐骆玉春集资修建完工。前后共修15年之久。今塔内仍可见三个时期迥然不同的修造痕迹。又传说，原计划塔子修建11层，要出100个举人，后因资金不足只修了9层，因而只出了一个姓白的举人。

该塔竣工后，当地人为表冯、张、骆三县佐建塔的功绩，特立碑三通，并以木栅栏围塔，塔前建清官亭坊，高丈八有余，三道门，大门正中上书"清官亭"三个大字。此后，凡在分州上任下任的县佐，百姓都要敲锣打鼓放鞭炮到此迎送。

（二）镇外人文景点与自然景观

■ 祖灵寺

祖灵寺位于镇西3公里的莹华山上。该寺建于清乾隆年间，"文革"时有所毁坏，1982年崇庆县人大行文恢复开放，旋即重修扩建。现有山门、天王殿、大雄殿、经堂、韦驮殿、斋堂等建筑，丹墙碧瓦，气势恢宏，古柏桢楠，相与掩映，尤显出佛门净地之肃穆庄严气象。寺庙四周山上，又有1000余株合抱古柏，更使寺庙显得深邃而幽静。登临莹华顶最高峰，怀远古镇山山水水尽收眼底，峰顶后是万丈悬崖，令人望而胆寒。

祖灵寺平常香火不断，农历六月十三至十六是其庙会期，届时上山朝拜者更是络绎不绝，特别热闹。

■ 茶马古道、梅花山、金阳湖

由古镇出西门3公里至祖灵寺侧1华里处，再经由水泥乡村公路进入山隘，即可抵达清溪关遗址。古代从分州到苟万、汶川、芦花黑水再进入藏区的茶马古道便在这里。

从景点"一碗水"开始，沿着约两公尺宽的古茶马道可直上青峰岭，岭上原有青峰亭。翻过青峰岭往下，即是著名的伤心坡。古时候的脚夫走贩，背货从岭下的文井江沓水桥过来，再沿伤心坡上岭，可想而知是何等的艰辛。青峰岭下有焦家坪、天星桥，传说古装川戏《雷打张继保》的典故就出在这里。

从青峰岭沿水泥公路往南，弯弯曲曲九道拐，过土地垭，再往上就到了怀远镇晴霞村周家山，这里是久负盛名的怀远乌梅基地，人称"梅花山"。该基地有梅树百亩，冬末春初，漫山遍野，梅花盛开，红白相间，馨香扑鼻，是游客赏梅的好去处。周家山又是稀有珍品茶种"枇杷茶"的主要产地，而今古茶树有的已有碗口粗了。

从土地垭顺坡下山，经两公里水泥路便可到达崇州与大邑合建的金阳湖。游客至此，或泛舟湖上，垂钓水边，或休闲农家乐，享山珍野味、湖鲜美酒，更是别有一番情味。

①②祖灵寺图景◎
③茶马古道遗存◎
④梅花山上梅子林◎

■ 龙潭新村千亩果园

灾后重建的怀远龙潭新村，位于镇东无根山中部，距古镇约8公里。这里展现出的是一派新农村现代化建设的崭新气象，花园式的楼房鳞次栉比，独家独户的农家小院相连而又不相互干扰，卫生整洁、美观大方。农民集中居住这里，生活完全变了样，图书馆、幼儿园、健身房、娱乐间、休闲场、水电气路一应俱全，呈现给人们的是一派欣欣向荣的美好景象。

新村后的无根山上，有绵亘数千亩的果园。一进园区，"中国布朗李基地"的牌匾即赫然入目。园内栽培有葡萄、梨、柑橘、猕猴桃等各种优质水果，但以各色布朗李为最。每年春季梨花盛开时，这里即会举办"梨花节"，到时节，漫山遍野的梨花，如朵朵素绢，似簇簇蝶舞，镶嵌在无边无际的金光灿灿的油菜花海洋里，直令人陶醉不已。秋季布朗李熟了，这里还要举办"摘果节"，摘熟果，尝鲜味，看风情演出，住农家小院，令人乐不思归。

■ 灾后重建的三官新村与和平村

2008年"5·12"大地震后，崇州市政府为了抓灾后恢复重建，成立了以旅游业为主的北部崇州委员会，沿都江堰青城山、崇州街子古镇、怀远镇无根山下，新建了一条旅游及应急通道。该通道全长40公里、宽10米，怀远镇境内有黄鹤、富丽、青峰岭、安乐、和平、三官、宝峰等7个村（社区）地处通道之中部。

三官村、和平村位于镇南约3公里，紧傍沿山旅游通道，交通十分便利。三官村属灾后统规统建，分A、B、C三个区，三区间隔不到百米；和平村属灾后统规自建，与三官新村遥遥相望。重建的新村而今成了古镇最新的亮丽景点，游客至此，自可感悟到"一地有难、万方支援"的无疆大爱。

古镇著名书法家、现已85岁高龄的雷希陶老先生，在参观三官村灾后重建之后，填有《风入松》词一首："灾后援建爱无疆，惠泽永留香。眼下一派康庄景，诚盛世、现代尧唐。自惭下里巴人，难吟大

① 龙潭小区一角●
② 千亩果园一角◎
③ 龙潭新村●
④ 三官新村全貌●
⑤ 三官安置点一角●

雅词章。/ 汉原从此换新装，古镇沐朝阳。宏图不振须努力，举红旗、气宇高昂。放眼大千世界，腾飞锦绣中华。"雷老先生此首《风入松》词，形象地道出了人们的心声。

（二）风味小吃

■ 怀远三绝

豆腐帘子、冻糕、叶儿粑是怀远古镇著名风味小吃。由于味美价廉，极具地方特色，被誉为怀远"三绝"。

◆ 豆腐帘子

在怀远，制作豆腐帘子已有500多年历史。由于地理环境、气温、水质等多种因素所致，以集镇为中心，在半径5公里内制作出的豆腐帘子均为上品。其特点是香味纯正，下锅炖煮不烂。豆腐帘子是由大豆加工制成的纯绿色食品，营养丰富，品类繁多，总体可分为鲜、霉两个大类。鲜品可酌情做成红油或白油帘丝，也可入火锅煮烫，其味鲜美，妙不可言。霉帘子是用鲜帘皮经手工卷筒，再放在特定的环境和温度下，发酵霉变，待帘子筒通体长出白色绒毛状菌丝后，即可烹制食用。经检测，这种白色绒毛状菌丝是对人体极为有利的酵母菌类，营养非常丰富，号称"植物鸡肉"，且有助消化。霉帘子的烹饪制作多样，煎、煮、蒸、炒、炸、凉拌皆可，它是川菜大系中的一枝奇葩，又是川菜小品中的风味美食。现已

▼ 豆腐帘丝◎

▲ 油煎豆腐帘子◎

▶ 冻糕◎

▼ 三英荟萃◎

▲ 叶儿粑◎

▲ 山珍野菜◎

有经油炸后调味装袋密封的加工成品，销路很广，是佐酒下饭的美味佳肴。

◆ **冻糕**

怀远冻糕为民国年间怀远人蒋茂清、蒋仲宇俩兄弟所创。其制作工艺独特。先将大米浸泡后磨浆，再把用沸水烫过的糯米蒸熟，然后将二者拌和入缸发酵，最后加入白糖、生猪油，包上玉米壳蒸熟即可。

冻糕制作看似比较简单，但怀远传统冻糕却别有风味。其特点是：滋润绵软，富有弹性，油而不腻，松泡化渣，特别清香爽口，老少咸宜。

当年蒋氏兄弟在崇州开白案店，经长期经验积累、自创冻糕之后，一时生意火爆起来，加工发酵的大缸子从两个增加到十多个，缸缸盛满米浆，轮番上笼，仍供不应求。新中国成立后，弟弟蒋仲宇加入怀远东方小食店，将技术传给店内职工，后被推广开来。怀远冻糕实为蒋氏真传，其传统风味，至今不减。

◆ **叶儿粑**

怀远叶儿粑为20世纪20年代镇上一位名叫宗西波的老人创制，时名"野棉花卷子"，俗称"艾馍馍"。怀远叶儿粑采用大米、糯米加适量豌豆磨制，其成品因用柑橘鲜叶包裹蒸制，故名"叶儿粑"；又因其具有"不粘筷子、不粘盘子、不粘牙齿"的显著特点，故怀远叶儿粑又称"三不粘叶儿粑"。其馅主要有两种口味，一种是用猪腿精肉加工制作的咸味，一种是带柑橘清香的甜味。其外观淡黄，咬开纯白，内馅或肉香扑鼻、油而不腻，或天然清香、甘甜爽口，可谓色香味俱全，直令人食欲大增。

新中国成立后，怀远镇上建立"东方小食店"，专营叶儿粑和冻糕，因而造就了一批名小吃接班人。改革开放初期，怀远叶儿粑店发展到24家，随后很快遍及全国各地，新疆、拉萨、香港、深圳、昆明、西双版纳、北京、沈阳等地都能见到"怀远名小吃叶儿粑"的招牌，近年，叶儿粑还发展到缅甸等国。

一枚小小的叶儿粑，它使古镇享誉九州，谊连四海。

目前，怀远叶儿粑已有了便于携带的速冻包装食品，包装精美卫生，可保质一周而色香味不变。

■ **本地天然野菜**

本地天然野菜品种多，诸如侧耳根、竹笋、土耳瓜、脚鸡苔（蕨菜）、利秋尖等，不一而足，且数量颇丰，加工技艺精湛，一上餐桌即成山珍野味，尤为客人称道。

（三）地方特产

■ 三编一木

怀远特产，尤以"三编"闻名于世。由于气候、地域、交通等多种因素，自古以来怀远古镇的手工业即十分发达，特别是藤编、竹编、棕编，传承历史久远，而近年来，怀远木器居家用品制作亦得到飞跃发展，故而怀远有"三编一木之乡"的美称。

其藤编之历史可追溯到明代以前。改革开放之初，以怀远安南、文江两村为中心的藤编业即以其绚丽多彩的产品叫响川西。近年来，在镇党委和政府的大力倡导与扶持之下，怀远藤编从原来的100来个花色品种发展到现在的200多个，从业人数7000多人，年产值4亿元，成为了古镇的独有品牌。如今的怀远，藤编作坊、工厂、门市已形成一条千米长街。在这条新兴的藤编一条街上，各种藤制居家用品如椅、桌、茶几、床柜等，真是琳琅满目。由于产品质优价廉，品种多，数量大，如今已远销北京、成都、沈阳、拉萨、深圳、香港等地，怀远亦被誉为"川西藤编第一大镇"。

怀远竹编历史悠久，尤盛于宋代。现今主要产品为晒垫、扫帚、筛子、筅筅箩箩以及小巧玩具等，亦多有藤竹混编制品，诸如沙发、茶几等，销路甚广。

怀远的棕编也很有特色，其主要产品有棕绳、棕床、棕垫等等，均可谓价廉物美、经久耐用。

怀远木器多为居家用品，特别是柏木制成品，诸如排椅、浴桶、洗脚盆等，制作尤为精美，亦多有藤木混编制品，诸如木架藤椅、茶几等。这些木器成品，目前销路亦广，供不应求。

■ 茶品

怀远周家山出产之稀有珍品茶种——贡品"枇杷茶"，与太平山古称"麦颗"、"雀舌"之绿色素茶，自古以来即为人称道。此两种茶品，叶厚、芽茂，清香而味长（参见前文《厚重的文化积淀》），至今亦仍为古镇特产。

① 藤编桌椅◎
② 藤编沙发◎
③ 木器制品◎

（四）民俗风情

随着社会的进步和发展，怀远的民风民俗也在不断地发生着变化，一些带迷信色彩和不合时代风尚的旧有习俗诸如包办婚姻、跳端公、放阴、供天等已黯然消逝。但随着生活水平的不断提高，这里的人们办什么事都喜欢热闹、祥和、人气旺。

■ 名目繁多的各类酒宴

怀远酒宴，名目尤为繁多，诸如相亲酒、订婚酒、结婚酒、生孩子红蛋酒、丧葬酒、娃娃升学状元酒、生日酒、会酒中的战友团聚酒、学友酒、康复酒，甚至连劳改释放回家也要置办"冲晦酒"。

其中婚丧酒最为讲究，农村婚丧酒一般要做三天。婚酒头天叫花夜，第二天正席，三天"散伴酒"；丧酒头天叫大夜，第二天三天同。但在山区又不同，凡是婚丧人家，都得做事一周甚至半月，周围亲邻不烧锅，稀里糊涂吃个安逸，否则，办事人家要遭"小气"、"吝啬"等闲言碎语的指责。

■ 传承至今的岁时习俗

怀远的岁时习俗，亦如天府各古镇一样，特别注重春节这一传统节日。年终时一家人团聚一起吃年饭，称为"团年"；除夕之夜，一家人共坐一堂，享天伦之乐，称为"守岁"，长辈还要给晚辈特别是幼小儿孙辈散发"压岁钱"。从正月初一开始，人们尽情玩耍，"有吃无吃，耍过初十"的古风得以延续，而现在有些人家甚至要把正月耍完。另外，清明扫墓，五月端阳吃雄黄酒，七月半中元节烧佛纸、祭祖先，八月十五赏月、新女婿给岳父母送礼，九九重阳节登高，为老年人祝福、贺寿等，亦与各古镇相同。这里值得一提的是怀远的"长年会"：每年春分之日，不动土、不做针线活，男女老幼休息一

▲ 农历二月十五百花会盛况 ◎

天，家家炒豆子吃，称为"炒虫"，炒死虫子以保丰收。此俗传承已久，至今怀远农村尚未中断。

■ 百花会暨藤编艺术节

每年农历二月十五是怀远古镇"百花会"会期。随着怀远藤编业的兴旺发达，每到这一天，怀远古镇还要举办"藤编艺术节"。届时人山人海，各色藤编成品琳琅满目，再加上各路名小吃会集怀远，花卉、桩头、农耕用品、各种机具器械、大棚杂耍、小棚展演，五花八门、热闹非凡。这不仅使古镇繁荣的藤编业得到进一步彰显而声名远播，而且亦充分展示出怀远是地新民俗的时代风貌。

■ 生活方式的悄然变化

由于社会安定，生活水平不断提高，而今在怀远，朝山拜佛、进山游览观光的人越来越多。

餐饮一道，已变得尤为讲究，过去"大碗酒、砣砣肉"等粗犷吃法已逐步为追求做工精细的特色美味所取代。

（五）客栈旅馆与农家乐

目前，镇上有客栈5家，其中位于文井街中部的文井旅馆和分州旅馆为同一李姓老板开设。老店"分州旅馆"已有30多年历史，和谐温馨。新馆"文井旅馆"离老店100公尺，紧傍文井江，三楼一底，有60个铺位。该馆设计科学，单间或双间，皆有卫生间、彩电，有天然气锅炉全天提供热水和开水，环境优雅，卫生整洁，登上三楼可眺望文井江。同街对面有大桥旅馆，下设茶座，十分悠闲。另有天地休闲会所、怀远旅馆，亦可为游客提供住宿。

① 文井旅馆◎
② 农家乐"瑞祥园"◎
③ 农家乐"石香苑"◎
④ 新天地休闲会所◎

在怀远，尚有石香苑、瑞祥园、野仙苑、榕楼园、惠园、福寿园等多处农家乐。地处镇北鸡冠山大道边的野仙苑，环境优雅，四时花香，前厅提供餐饮，相连之老院后宅供休闲娱乐，小桥流水，字画辉壁，文化氛围较浓。瑞香园紧连镇西祖灵寺，门前平畴沃野，背后青山绿水，住宿出游均十分方便。

（六）古镇街道示意图

三、出行指南

从成都市区出发，经温江、羊马抵达崇州市，全程40公里，每天有32班公共汽车往返。再由崇州市转车、经白马场、元通镇到怀远，每天从早到晚有145班公共汽车往返。

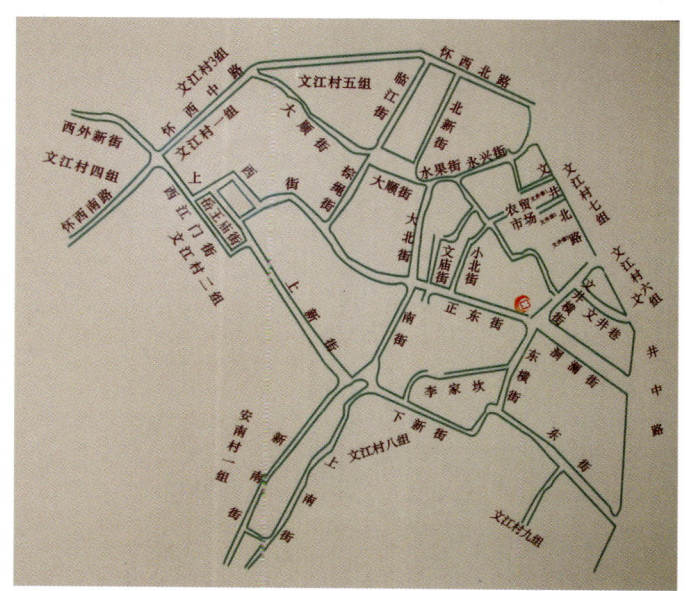

▲ 怀远镇街道分布图◎

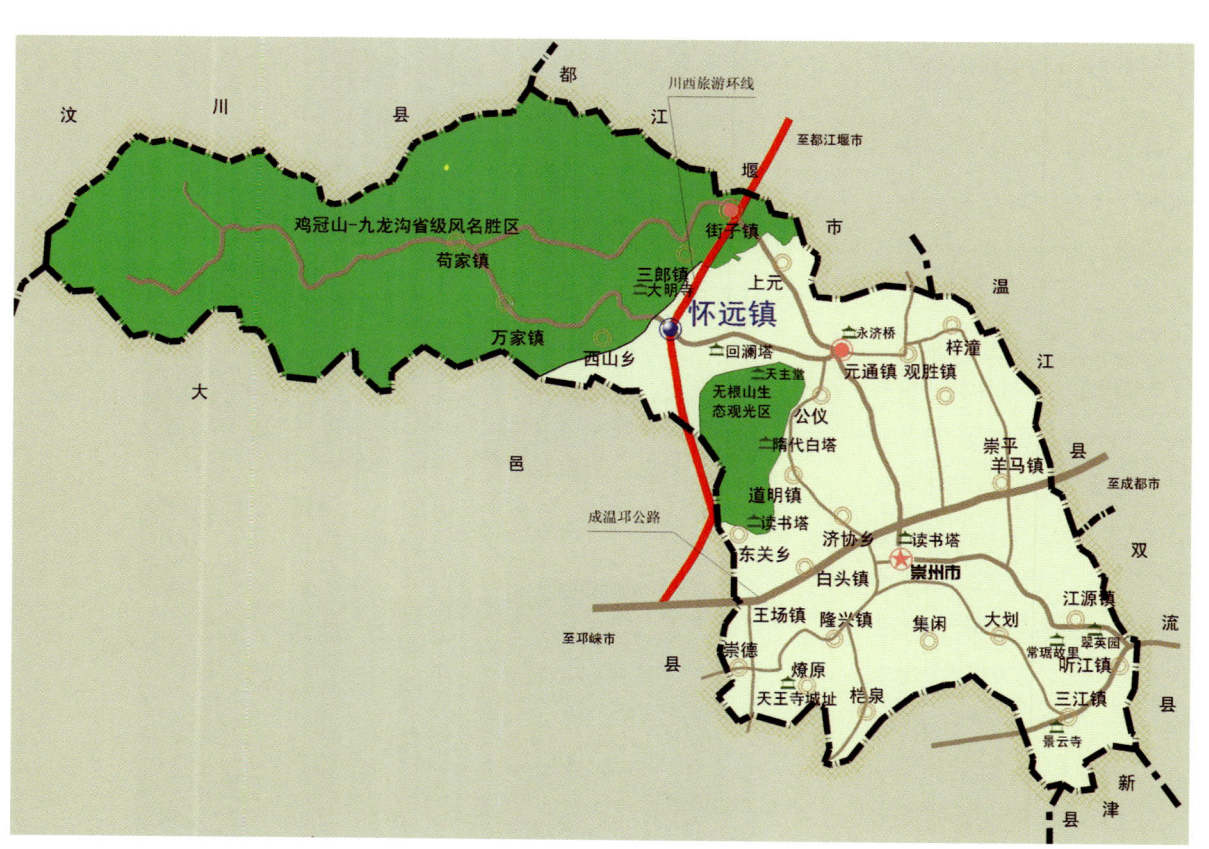

▲ 怀远镇在崇州市的区位、交通关系示意图◎

如从怀远古镇西行，有崇（崇州）方（原万家方店子）公路，途径文井江温泉、文井江镇（原万家乡），可直达鸡冠山（原苟家乡），每天有18班公共汽车往返。

　　如从怀远古镇往北，有川西旅游环线和怀（怀远）灌（都江堰）线，途经崇州之三郎镇（可到省级风景旅游区——鸡冠山九龙沟）、街子古镇、大观乡（都江堰市辖）、普照寺、直达世界自然文化遗产——青城山、都江堰，全程35公里，每天有20班客车往返；并有公交车每半小时一班往返怀远与街子古镇。

　　如从怀远古镇往南，有川西旅游环线和怀（怀远）大（大邑）路两条干线到大邑县，再到邛崃、雅安。

　　川旅线：从怀远东门，每天有两班客车经晴霞到大邑、邛崃，再到雅安。

　　怀大路，从怀远定江桥南端，每天有12班客车往来于金星、灌口、大邑。

　　怀远镇目前有500余辆无公害电瓶车短途搭载旅客，上下客车乘短途电瓶车，经济方便。

　　古镇另有短途小客车往来于何家至元通，怀远至西山等乡村公路上，便利快捷。

四、保护规划与旅游开发

　　怀远，这座曾为两晋南北朝时期郡、县治所与清代"分州"官署的历史文化名镇，凭借其悠久的历史与丰富的人文积淀，以及其独特的区位优势与自然地理条件，在旅游文化事业蓬勃发展的今天，已成

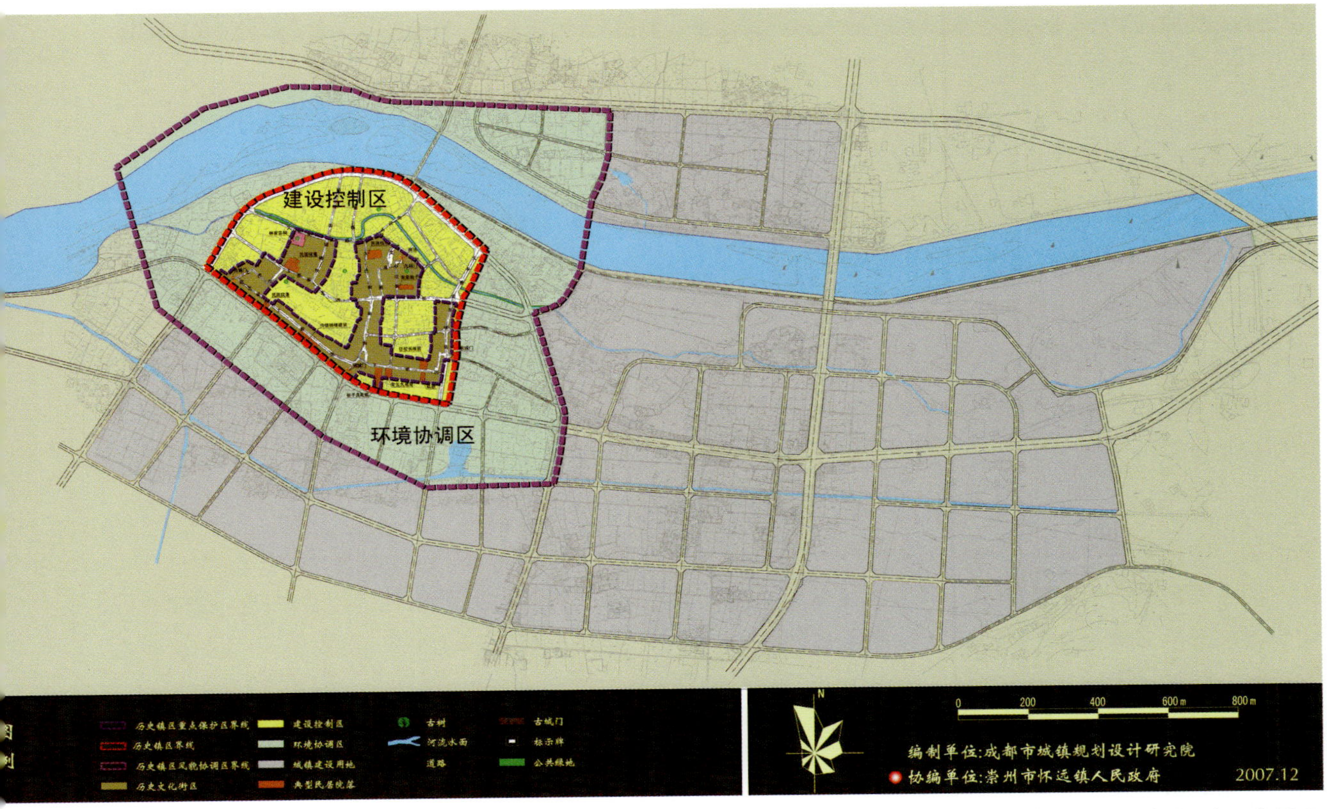

▲ 古镇区总体风貌保护规划示意图◎

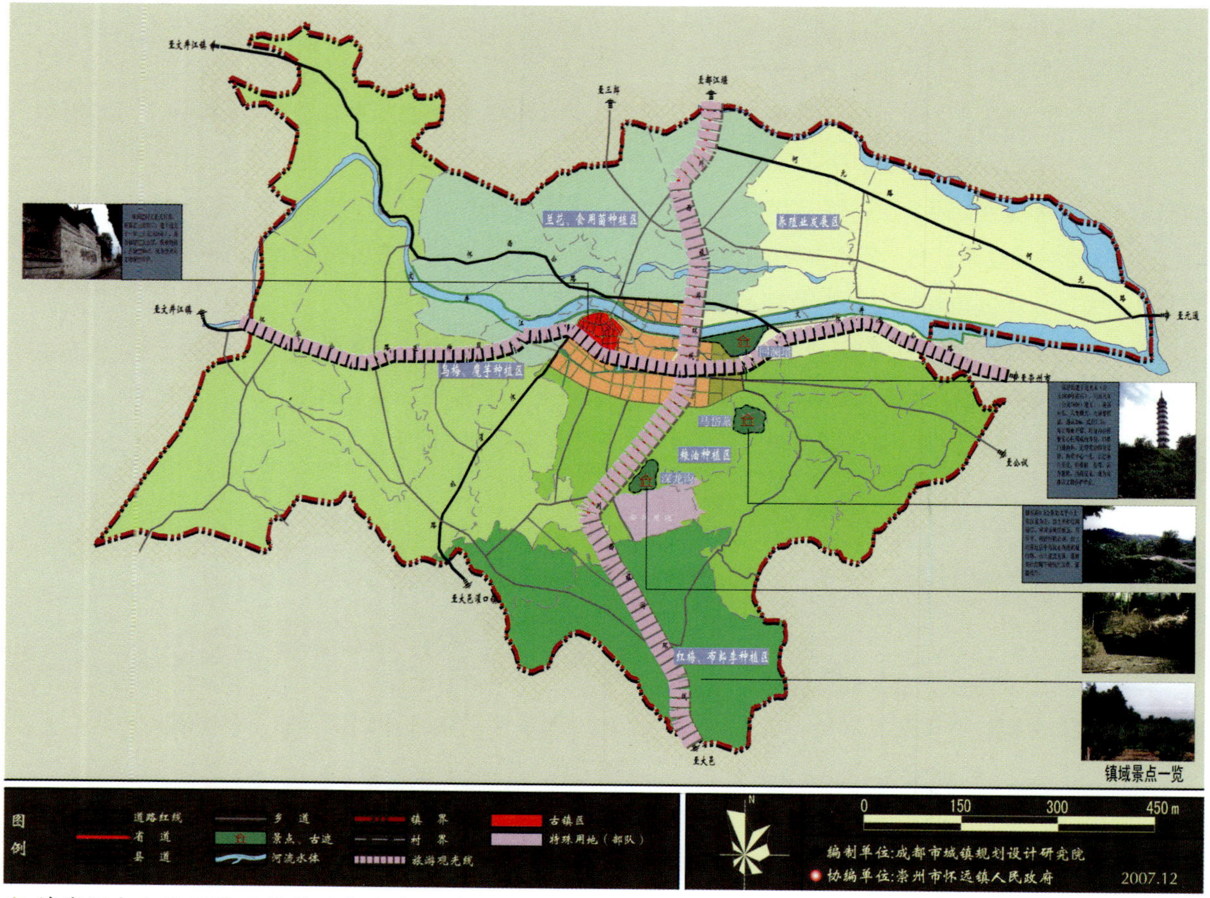

▲ 镇域历史文化环境及旅游观光线路规划图◎

为北部崇州旅游文化深入开发的重要依托。

　　2006年至2007年，崇州市及怀远镇两级党委和政府，即已聘请有关专家，本着"保护为主、抢救第一"的原则，对古镇的保护与开发作出了全面的规划。根据该镇的实际情况，《规划》提出了实行重点集中保护与零星点状保护相结合的方式，以保持其特有的历史文脉。

　　截至目前，古镇历史镇区的保护、改善和整治已初见成效，文物古迹得到了有效保护和合理利用。古镇保护范围内的建设、影响古镇空间形态及严重损害文保单位环境风貌的新建设性破坏亦得到遏制，而作为怀远"三绝"的风味美食与独特的"三编"传统工艺更是得到了发扬光大，以至今日之怀远古镇，已能初步显现出昔日"分州"之古风古貌。

　　为全面保护古镇的历史文化环境，使有形的遗产与无形的传统文化互为依存、相互烘托，全面显现出古镇的传统风貌与乡土风情，由成都市城镇建设规划设计研究院制订的《崇州市怀远历史文化名镇保护规划》（以下简称《规划》），依据《国家城市规划法》、《国家文物保护法》和国家建设部、文化部《历史文化名城保护规划编制要求》以及《怀远镇总体规划》等，对古镇内外各处物质性的历史文化遗产，均提出了具体的保护要求。

■ **古镇区总体风貌的保护与规划**

对于怀远古镇区，《规划》分别确定为重点保护区、建设控制区、风貌协调区三类。

重点保护区，即是指特色鲜明、风貌完整、历史原物比例大，需要重点保护的区域，是古镇区的核心部分。该区含下新街、东横街、药王庙街、上西街、棕绳街、大北街、小北街、文庙街等，总面积约11.94公顷。

重点保护区内的建设活动，要求以维修、整理、修复及内部改造为主；其建筑形式、体量、色彩、高度都应与保护对象相适应，基本上是原址、原样的恢复性整治。规模较大的修建活动和环境变化须经专家评审。

建设控制区，是指为保护"重点保护区"的风貌和环境的完整性而划定的区域。具体范围指除重点保护区以外的古镇区。即东起文井横街、东横街，南至怀远中学，西至怀西路，北至文井街，总面积约22.48公顷。

对于该控制区内现有的与传统风貌不协调的建筑采取整治和逐步改造的方式，将砖混平顶建筑逐步改为青瓦坡顶，建筑外墙及檐部可取用传统民居建筑符号，如穿逗结构枋架、吊挂、撑弓等。墙面色彩以白色、浅黄、浅灰为主。此项工作，目前正在加紧进行。

风貌协调区是指与重点保护区一体的空间环境区，是重点保护区的"背景"和衬托。其范围界线根据地貌的整体性、景观的完整性，结合街巷等明显的地理标志，兼顾行政管辖界限而定，其总面积约84.80公顷。

风貌协调区内的建筑沿袭传统风貌，其整体空间尺度要求与古镇历史街区相协调，建筑层数一般应控制在4层以下，体量不宜过长过大，屋顶形式以坡顶为主，墙面色彩以清淡为宜，外观造型尽量体现川西地域建筑文化传统，禁用瓷砖贴面和琉璃瓦盖顶和装饰。色彩以黑、白、灰为主。严格控制文井江两岸处于风貌协调区内的建设，沿岸风貌建设必须在城市规划管理部门和文化行政部门的严格审批下方可进行。

■ **古镇街巷的整治与规划**

就目前古镇街区现状而言，总长约750余米的上、下新街，构成了横向的历史街区，沿街建筑多建于清代晚期和民国早期，街面宽3.5米至3.8米，街房高度、檐级、阶沿柱排列均较统一、整齐。《规划》拟定在上新街西街口恢复西城栅子门，同时在下新街接东横街处恢复东城门，沿街建筑进行修缮维护，形成展示怀远历史文化名镇的主轴线。整条街道规划为步行街，并在该区骑楼建筑中有机地融入民俗文化，诸如：休闲品茶、地方曲艺表演等。

以大北街、南街成纵向的历史街区，全长约400米，街面宽2.6米至4.0米。《规划》拟在南街口恢复南城门，并根据大北街、南街的空间结构，考虑到街区步行空间人流容量的需要，在南街路设置开放型的绿地小广场。此处既是横向历史街区与纵向历史街区交汇的节点，同时也是人流集散活动之"核"。

形成于清代晚期的棕绳街，因街上居民均从事棕编生产、销售而得名，街长120.5米，街面宽3.5米，单侧阶沿大多宽2米。全街成色较旧，房屋形制、高度基本相同，阶沿柱排列整齐，后房大多仍是宝壁及竹琅纤泥壁，古意盎然。规划以修复为主，拟作为怀远传统手工艺"三编"展区。

上西街：全长293米，街面宽3.0米。建筑时代为清代晚期至民国初期。其中21号原为黄州会馆，后院有四株高大的银杏树。规划以修复为主，重点保护黄州会馆。

文庙街：全长170米，街面宽窄不一，最宽处6米，最窄处2.6米。现沿街多为砖混建筑。规划以风貌整治为主。

小北街：又名商业街，原分州官署衙门所在地，现存街房大都建于民国八年(1918)。位置与大北街平行而在其东边，全长116米，街面宽3.1米，阶沿单侧宽1米。原建为商家专用的前店后院。门面为连排房，整齐划一；木结构单檐、青瓦，穿逗梁架，出挑为檐，穿挑上架板为楼，成吊脚。楼层临街为走廊。门厅楼上房间为营业用房，楼廊相通，穿行全街。规划沿街建筑以维护修缮为主，恢复北城门，重点保护宋家院子。此街拟作为以字画、古玩等收藏品交易为主的商业步行街。

东横街：位于东街西口北侧，南北走向。除极少一段外全为古建筑，大多建于清代中期，高度、檐口较为整齐，成色很旧。通长145米，街面、街沿共宽5.1米。规划沿街建筑以维护修缮为主。

在古镇街区的整治中，上新街61号的民居院落、上新街的骑楼、张子良故居、李云久故居、任校长故居、私塾以及上西街21号黄州会馆、大北街4号的民居院落、小北街的宋家院子、林家宗祠等十处古建筑拟作为重点保护对象。

诸如"林氏宗祠"、"张子良故居"与"李云久故居"，《规划》确定其保护范围(核心保护区)均以其外围墙占地为界，从保护范围外周边延伸20米作为建设控制地带，建设控制地带内不得拆除修建新建筑，并从林氏宗祠迁出文化站，恢复祠堂格局，从张子良故居迁出现有住户，恢复历史原貌，从李云久故居迁出怀远中心幼儿园，整治院落环境，维修建筑，以恢复历史原貌。

又如位于下新街78号的"私塾"，《规划》亦确定其核心保护区以私塾外围墙占地为界，从保护范围外周边延伸20米作为建设控制地带，并维修现有建筑，整治院落环境，以恢复历史原貌。

又如位于上新街中段、怀远镇中学入口处的上新街骑楼，其保护范围与建设控制地带均作出了如上相同规划，并将镇中主入口调整至南侧，维修整治现有建筑。

至于小北街的宋家院子及药王街、上西街、大北街等四处典型的川西民居院落，则以修缮、维护、整治周边环境为主，以真实地反映其历史原貌。

■ 古镇区景观结构保护规划

古镇区景观大体可形成"四点、一片"的景观结构。

"四点"指下新街东入口的广场、上下新街街口、小北街口、林氏宗祠周围。"一片"指整个古街片区的古建筑；对于古镇区传统的"三横六纵网格状"之路网格局，须严格保持不变。

小北街口、下新街广场须清理环境，拆除障景、拥塞的建筑，以形成古镇大气古雅的入口形象。

■ 历史文化古迹遗存保护规划

对于整个镇域范围内尚存的各种历史文化古迹，《规划》亦提出了明确的保护要求。并确定洄澜塔、东汉墓群及马岱墓、青岗墩土台等作为重点保护对象。

洄澜塔的保护范围：以洄澜塔占地面积为界；建设控制地带则从洄澜塔中心向四方延伸50米处为界。保护措施：在洄澜塔保护范围及建设控制地带内不得开山采石、毁林开荒、放牧打鸟、禁止挖方、

位于镇东南0.5公里处太平山上的古墓群，为20世纪80年代后期陆续发现，墓葬大小不等，以东汉墓为主。墓室或用连壁纹花边砖、或用回形纹花边砖砌就，墓大者分别有主室和耳室，室顶盖绳纹板瓦。该墓群曾先后出土夹砂红陶俑、建武五铢钱范、及铁、漆器残片等。汉墓群西北边山嘴外即为蜀汉名将马岱之墓，封土高3米多。据估计其墓室长在10米以上。《规划》确定：东汉墓群及马岱墓的保护范围，以其占地面积为界；保护范围外周边延伸10米为建设控制地带，北部延至文井江边。

青岗墩土台，地处镇东0.5公里的文井江边，相对高度约6至8米，长500多米，宽300多米。1987年文物部门进行初步调查，推测其为古代遗址。1997年成都市考古队在土台上发现细石器、夯筑土层。2000年4月，中科院考古所、成都市考古研究所再次进行调查，发现白垩泥、炭屑层及卵石排列，进一步推断为新石器时期遗存。该古迹遗存的保护范围确定以青杠墩土台占地为界；从保护范围外周边延伸10米为建设控制地带。

以上《规划》中的诸多内容，目前仍在加紧实施。可以预料：不久的将来，地处鸡冠山、凤栖山、青城山连接部位的怀远古镇，不但是崇州西部的物质集散地和商贸中心，而且亦会成为一处历史文化含量极为丰富的旅游胜地，成为天下游客游览观光、休闲度假的好去处。

主要参考文献

【梁】萧子显撰：《南齐书》卷十五，上海古籍出版社《二十五史》影印本，1986年版。

【宋】乐史撰：《太平寰宇记·蜀州·茶谱》卷七十五，上海古籍出版社《四库全书》影印本，1987年版。（以下版本与此相同者，均简称：四库全书本）

【明】曹学佺撰：《蜀中广记·方物记第七》卷六十五，四库全书本。

【清】黄廷桂等监修：《四川通志·建置沿革·崇庆州》卷二，四库全书本。

【清】黄廷桂等监修：《四川通志·古迹》卷二十六，四库全书本。

任乃强：《华阳国志校补图注》，上海古籍出版社，1987年版。

贾大泉主编：《四川历史辞典》，四川教育出版社，1993年版。

李玉麒等：《怀远乡志》（内部资料），1982年12月版。

成都市城镇规划设计研究院：《崇州市怀远镇历史文化名镇保护规划说明书》（内部资料），2007年12月。

※ 本篇基本图文资料由崇州市怀远镇人民政府提供，资料收集：朱志伟。

16 崇州市街子镇

◀ 修复一新的瑞龙桥 ●

街子古镇为四川省省级历史文化名镇，国家4A级风景旅游景区。该镇位于崇州市西北群山之麓，东北毗邻世界自然文化遗产——都江堰，北临青城后山、西北毗邻四川省级风景旅游区——九龙沟；距青城山8公里，距崇州市23公里，距成都市57公里，距双流国际机场45公里。

镇域内主要河流有味江河、泊江河、横山渠、干五里河，整个镇域植被良好，植物种类多达1000余种，盛产兰草，是著名的兰花之乡。

古镇四周多奇山异壑，自然天成。"水在镇上绕流，街在水中活跃"，成为了街子古镇自然与人文高度融合的独特景观。这里全年气候温和，冬暖夏凉。空气、水源、植被等皆绝少污染，是"养生、养心"和颐养天年的绝佳场所。

街子古镇距今已有1000多年历史，是唐代著名"一瓢诗人"唐求的故里。境内有始建于唐代、明代敕封为皇家寺院的光严古寺，有唐求亲手栽植的千年银杏树、宋代王小波、李顺起义遗址、清代字库塔、明末清初古建一条街等等历史文化遗存。特别是位于街子后山的光严禅院，因明代开国皇帝朱元璋的幺叔悟空和尚圆寂于此、并曾拥有旷世珍宝《洪武南藏》而享有"西川第一天"之盛誉。

"5·12"大地震后，该镇承担了全市23个永久性安置点中10个安置点的任务，在各级党委、政府和社会各界的关心与支持下，目前已全部完成，受灾群众已全部搬入新居，道路等基础设施和公共服务配套设施业已完善。与此同时，该镇严格按照市委、市政府"田园宜居之都、山地旅游高地"的发展定位，通过三年时间的倾力投入与艰苦奋斗，一座集旅游、休闲、度假、居家、养生为一体的"风雅街子"已呈现在世人眼前。

快走进街子吧，在这里，历史风貌与奇山异水完美地融为一体，古老的文化与现代文明有机地交融成一片。估计要不了多长时间，这里必将成为"全国一流、西部第一"的田园古镇！

图片：○ 崇州市街子镇人民政府提供
● 严永聪　摄影
○ 任桂园　拍摄

一、历史文化概述

（一）古镇沿革

据宋代乐史《太平寰宇记》记载："（孟）蜀广政十二年（949年；"广政"为后蜀孟昶年号），割郭信等八乡就横渠镇，置征税院；至十六年（953），置为永康县，以便於民。"又据宋代欧阳忞《舆地广记》记载："永康县本青城县之横渠镇，孟蜀广政中，置永康县，属蜀州，有天国山。"。

由上引可知，早在唐代，街子是地已置为横渠镇，隶属蜀州青城县。五代时期孟蜀广政年间，在横渠镇设置征税院；广政十六年，于此置永康县，治所即在今街子古镇。

据《宋史·地理志》记载："崇庆府，本蜀州唐安郡。绍兴十年（1140），以高宗潜藩，升崇庆军节度。淳熙四年，升府。（参见《崇州市崇阳镇·历史沿革》）……县四：晋原、新津、江原、永康。"由此可知：两宋时期，永康县前后属蜀州、崇庆军、崇庆府管辖，今街子古镇亦一直是永康县治之地。今镇旁火烧坡即为永康县城衙署遗址，民国四年（1914）曾出土不少宋代遗物。

元世祖至元二十年（1283），废永康、江原两县，改崇庆府为崇庆州，领二县：晋原、新津。永康

① 街子全景图 ●
② 街子镇高墩安置点 ◎
③ 古寺安置点 ◎
④ 安置点新居 ◎

县废除后，改名"四界镇"，四界镇即今之街子场，属崇州。据《永康废县考》："废县在（崇庆）州西六十里，蜀广政间置征收税院，旋升永康县隶属州，宋因之，元至元间，省入州"。由此可知，今街子古镇作为永康县治所之地，从孟蜀广政十六年（953）直到元至元二十年（1283），经历了330年时间。

明代，今街子镇相继有孝感乡、清泉乡、班巷上村、维新轩等建置及地名，属崇庆州管辖。据街子镇明代寺庙万寿宫《石碑》所载，明万历四十二年（1614），今古镇味江河畔尚存数十户人家一条街（即今江城街），时称"河街子"。后即因"河街子"之名而称"街子场"。

清代初年，街子场为崇庆州和灌县两级共管，后因"盗贼潜踪"于州、县之间，改归崇庆管辖，隶属崇庆州北五甲；清末民初，属怀远镇（时称"分州"）管辖。

1925年建街子联保。1940年更名街子乡，乡公所即在街子集镇上。

1950年以后，先后为街子乡，街子人民公社，后又改称街子乡，至1992年撤乡建镇，称街子镇。2004年9月乡镇合并，上元乡并入街子镇。前后乡、社、镇等行政机构均设置于今街子古镇。

（二）独具特色的文化积淀

■ 风雅文化的历史底蕴

横于味江河畔的街子古镇，西傍天国山、北靠凤栖山，味江河自北而南、从山麓和场镇之间穿过，横山渠从镇北向西横贯，山水奇美，林壑幽深，自古以来即是僧道修炼和高士隐居的好地方。

唐高宗仪凤年间（676—679），有王仙柯得道于此。据宋代祝穆《方舆胜览·崇庆府》记载："翠围山在永康县西八里，上有院，前有绳桥，乃古王仙柯烧丹之处。"当时蜀州诗僧中寤，曾与王仙柯相遇于天国山龙池，探讨修炼成仙之法，并有诗赠之，云："瞻思不及望仙兄，早晚升霞入太清。手种一株松未老，炉烧九转药新成。心中已得黄庭术，头上应无白发生。异日却归华表柱，得教凡俗并闻名。"得道成仙之说固不可信，但我们却可以由此得知，早在唐代前期，由于街子是地奇妙的山水自然环境，已为王仙柯、诗僧中寤一流人所青睐。

及至唐末，又有真人张令问，自号天国山人，隐居于此，并有诗赠与当时为官前蜀谏议大夫的杜光庭（晚年隐居青城山，赐号传真天师），诗云："试问朝中为宰相，何如林下作神仙。一壶美酒一炉药，饱听山中清昼眠。"前引中寤诗与此张令问诗，均提到"以炉烧药"之事，由此可见，"天国山—翠围山"自古植物生长茂盛、品类繁多，可供人随意选采入药。

这里有必要简要说明一下所谓"天国山"和"翠围山"。据明代人曹学佺所引《玉匮经》云："青城一名青城都，一名天谷山，谷音近国，即天国也。"又据宋代祝穆《方舆胜览·崇庆府》记载："天国山在永康县，左连大面，右连鹤鸣，前临狮子，后枕大隋等山。青城山有八大洞，此乃第五洞也。"由此可知，古人所说的"天国山"以及"翠围山"，即是指青城后山和青城山系之凤栖山。正由于此，街子是地之山川风貌，自古即有"天国翠围"之美称。

有唐一代是诗歌的王国，古典诗歌的发展已至鼎盛。街子是地，虽处僻远，但由于奇妙的自然环境与超凡脱俗的人文氛围，亦孕育出了一位著名的本土诗人——"一瓢诗人"唐求。

据宋代黄休复所撰《茅亭客话》记载："唐末蜀州青城县味江山人唐求，至性纯悫，笃好雅道，放旷疏逸，几乎方外之士也。每入市，骑一青牛，至暮，醺酣而归，非其类不与之交。或吟或咏，有所得则将稿捻为丸，内于大瓢中。二十余年莫知其数，亦不复吟咏。其赠送寄别之诗布于人口。暮年因卧病，索瓢致于江中，曰：'斯文苟不沉没于水，后之人得者，方知我苦心耳！'漂至新渠江口，有识者云：'唐山人诗瓢也。'探得之，已遭漂润损坏，十得其二三，凡三十余篇行于世。"元代人辛文房所撰《唐才子传》尚记有"唐求酷耽吟调，气韵清新，每动奇趣，工而不僻，皆达者之词。所行览不出二百里间，无秋毫世俗之想"等语。《全唐诗》又记有"山（人）至性纯悫。王建帅蜀，召为参谋，不就。放旷疏逸，邦人谓之唐隐居"。

被称为"一瓢诗人"的唐求，召为参谋不就，写诗亦不求闻达。有所得就将写好的诗稿搓捻成纸丸，装进一只大葫芦中；晚年卧病，又将"诗葫芦"投入江中，亦希望有人拾得。这真是一位旷世罕见的风雅人物！

与此同时，该地奇妙的山水与超凡脱俗的人文氛围，亦吸引了李洞、顾非熊等诗人常来此盘桓，并与唐求交游往来，彼此唱和。诸如唐求有《邛州水亭夜宴送顾非熊之官》；李洞有写给唐求的《赠唐山人》，其诗云："垂须长似发，七十色如黳。醉眼青天小，吟情太华低。千年松绕屋，半夜雨连溪。邛蜀路无限，往来琴独携。"此诗不仅对唐求闲淡风雅的容貌与情调倍加赞美，而且亦勾画出了唐求居住环境的优美。

孕育于本土的"一瓢诗人"唐求，无疑是街子人的骄傲。正是由于唐求以及王仙柯、中瓘、张令问、李洞、顾非熊等风雅之士的逸闻趣事与佳美诗篇世代流传，故而奠定了风雅街子的历史文化底蕴，滋养了街子一方的文风雅气，亦酿就了今日古镇风雅的文化氛围。

■ **汉藏文化的交流之地**

位于味江河畔的街子古镇，自古即为交通要地。从阿坝州至川西平原的山间小道，如今虽已被盘山公路所取代，但据文物部门考察，早在唐代，在街子即有小道连通藏区，成为当年汉藏交流的一条重要通道。

据五代前蜀人毛文锡《茶谱》记载："蜀州晋原洞口、横源、味江、青城（俱产茶）。"

这说明在唐及五代，街子是地即以盛产茶叶著称。这里的农民大都以种植茶树，出卖茶叶为生。有的农民既种茶又贩茶，既是茶农又是茶贩。而茶税则为唐王朝国家财政的主要税收之一，官府又常以蜀州一地所产茶叶与"诸蕃"换军马，于是在文井江和岷江河谷布关设卡，以杜绝税源漏走。吐蕃则抄此小道从味江河谷进入蜀州。正由于此，故而到了五代孟蜀时期，朝廷干脆在此设置征税院，四

① 凤栖山麓〇
② 龙潭垂钓〇
③ 唐山人像◎
④ "西川第一天"牌坊◎
⑤ 上古寺◎

年之后，更在此建置永康县，以全面掌控茶税的征收，以至到了宋代，竟有了"诸蕃尽食永康茶"的记载。南宋初，官府对永康茶控制松弛，吐蕃更因之深入蜀州腹心，直至嘉泰（1201—1204）初方设立四川茶马司并提举茶马事，重新控制永康茶。由此我们可以想见，由唐至宋数百年的时期内，往来街子的陆路交通，虽是山间小道，但却畅通繁忙，其为汉藏文化交流所作出的贡献不可低估。

到了明代，汉藏文化交流仍在继续。明初，悟空和尚驻锡街子上古寺（今"光严禅院"）。此前他曾经由西安过西域，走西藏，到印度。在印度一段时间后，又转回到拉萨、康定，其后他来到崇庆州街子上古寺，在印度求得的"贝叶经"，也随之到了该寺。明王朝还特地御赐《洪武南藏》经书一部。此后"每届初春，喇嘛咸远而至，竭诚膜拜"（民国《崇庆县志》）。汉藏文化交流亦因之而至鼎盛。

坐落在凤栖山上的上古寺与下古寺（统称"光严禅院"），而今均已修复一新，并有"朝拜道"自山麓通达禅院。

■ 建筑文化的明清风韵

曾为永康县治的街子古镇，在漫长的历史长河中，曾因战乱多次毁坏而复建。清初，街子经济得以复苏，又再次走向繁荣。今街子古镇的基本格局，无论古街、古巷或古建筑，均显现出明清时代的古风古韵。

就场镇整个布局而言，十分讲究传统的风水格局。该镇北靠凤栖山，味江河在下场口回水成潭，名为龙潭，街子人按风水习俗在此建了龙潭寺和御龙桥，故此，古老的街子又有了"栖凤藏龙之地"的美称。

① 亲水街子 ●
② 味江古渡口 ◎
③ 引水入街 ◎

如若回顾历史，昔日的街子古镇可说得上寺庙林立，是为佛、道共存共荣之地，包括其辐射区在内，计有"五宫十八庙"之多。五宫者，即三圣宫、真武宫、万寿宫、天后宫、南华宫；所谓"十八庙"，即药王庙、火神庙、城隍庙、三皇庙、川祖庙、高墩庙、肖公庙、朝阳寺、龙潭寺、回龙寺、上古寺、凤林寺、嵯峨寺、永义寺、大悲庵、石梁庵、莲经庵、普照庵。这种"佛道共存共荣"的盛况，是由街子的地理位置及历史渊源决定的。一方面，它和青城山毗邻，青城山是道教发源地，道教文化长期浸润街子，便自然成为了"五宫"的活水源头；另一方面，它又是凤栖山的门户，凤栖山的上古寺是佛门圣地，有"西川第一天"之称，这也就成为了"十八届"中佛寺尼庵的血脉传承。

"五宫十八庙"的巍峨壮观多已不存，但其遗址仍有踪影可寻。如今，说起这"五宫十八庙"的胜景，街子百姓亦会津津乐道，如数家珍，让人听了，似乎也蒙上了一层昔日古镇的神秘轻纱。

但不少古建筑目前仍得到了良好的保护或修复，诸如唐公祠、字库塔、御龙桥，以及前面提到的上古寺、下古寺等。而保存完好的古街古巷就有六条，传统建筑有7.3万平方米。多为穿逗木质结构、青瓦盖顶，竹编粉墙，也有部分砖柱砖墙。古街空间错落有致，尺度亲切宜人，古民居比例精准，木作细致，是一笔宝贵的建筑文化遗产，对于考察研究城镇演变、建筑艺术，进行旅游观光度假，都有着十分重要的价值。

■ 亲山亲水的民风习俗

长期以来，成都平原得益于都江堰水利之惠，农业十分发达，一直处于"鱼米内足、不事他求"的稳定而封闭的生产状态，亦由此营造了成都平原场镇闲适静逸的生活环境，故自古以来，民风淳朴，社会祥和。街子古镇依山傍水，环境优美，街子人就是在这亲山亲水的自然环境里，与山水共生共存，生生不息，世世代代栖居在诗情画意的天地里，因而较之其他场镇，更具清纯静好、淳朴祥和的社会环境和人文特征，所以直到今天它仍是一处魅力十足、令人向往的好地方。

如今的街子，已由都江堰灌溉水渠引水入街，古镇街巷常年均有流水淌过，镇民就近用街边明沟流水洗衣、淘米、清菜而成习俗，这已成为街子古镇一道特有的人文景观。渠水穿镇，镇中流水，在川西平原小镇中并不多见。

而每年届期举办的"兰花会"、"古寺庙会"以及"圣水节"等，更是将古镇人们亲山亲水、淳朴祥和的美好习俗演绎至今，使凝聚着文风雅气的山水街子，平添了一份不同凡响的亲和力。

二、古镇旅游巡览

（一）主要景观与景点

■ 古街古巷古民居

街子古镇略呈长方形，坐落在味江与横山渠交汇的三角洲上。

镇区北起御龙桥，南迄魁星楼，以江城街为主街道。江城街由东西走向的木皮市街和水井街分为北段和中段，由闸子巷隔为南段。其北段长132米，街面宽4.3米，街房为清代晚期遗物，檐柱排列，整齐划一。中段264米，街面宽6.8米。房屋形制、高度参差多样，建造年代从清代中期至晚期，街边有明代

① 街子印象◎
② 民居风火墙◎◎
③ 古镇街景●
④ 古镇街景○
⑤ 江城街头◎

古井。江城街南段长272米，街面宽5.5米，街房多为清代后期建筑。

此外尚有横山渠北的横山渠街，街口临近味江河畔的木皮市街，与木皮市街相对的水井街，以及川西旅游环线主干道与江城街口相接的魁星路等。其两边街房大都建于清代中、晚期至民国初年。

从总体看，古镇民居建筑朴素、小巧而雅致，是反映清代西南小镇风貌的典型实物。街道两旁房屋大都根据《清工部法则》营造，木结构穿逗梁架，单檐青瓦，其布局均为前店后院。清末民初建筑中个别单体有极少欧式装饰，一般体量不大，用材小巧，风格朴素。各街道连接处均建为歇山式屋顶，刨脊翘角即为转角。阶沿因街房形制而宽窄不一。两旁阶下有30至50厘米宽的小沟，由横山渠引水入沟，清流淙淙，四季不断，空气清新，凉爽宜人。

"5·12"大地震后，经全面修复和整治，较之昔日，渗透在古镇街巷及民居建筑中的清风雅韵，已得到了更为完美的显现。

■ 字库塔与唐求银杏

位于江城街南端的字库塔，建于清咸丰二年（1852）。该塔是收存和焚烧字纸的专用设施，沿自古人"敬惜字纸"之风与"惜字得福"之说。其建造借用佛教塔的基本型制，通高20米，六角五级攒尖楼阁式，砖石中空结构；外壁浮雕刻绘《白蛇传》片断和山水花卉。

该字库塔与镇北笔架山（即"凤栖山"）南北对应。很早以前，街子人就喻塔为文笔、山为架、潭为砚，体现了祈发科甲、教化子孙的美好意愿和崇文尚雅的精神追求。

该字库塔为川西地区罕见的精美字库。虽经"5.12"大地震成为危塔，但目前已修缮一新，成为街子古镇文化旅游之地理坐标。

在江城街口南端，即为银杏广场。与字库塔相与对望之处，有古银杏四株，一字排开，树高参天，树龄均有1000余年，苍劲粗壮的树身3人牵手方能合抱。广场亦因之而得名。字库塔面向银杏一方的石碑上刻有"唐之诗人唐求其产"字样，据此可知此古银杏四株为唐求亲植。

■ 香雪楼

位于江城街中段的香雪楼，为清代进士罗元黼（fǔ）故居。罗元黼（1856—1931），字云裳，街子场人。光绪甲午年（1894）中进士，曾先后在岳池、丰都等县县学执教，在成都高等学堂、成都存古学堂任舍监、教习、学监等职。在担任学监期间，兼主持书局，校刻蜀中文献，注疏经史要籍，同时著有《蜀画史稿》、《蜀中名画记续集》、《青城山志补正》、《彝军纪略补订》等书。1923年担任崇庆县修志局局长，并亲任总纂，率30余人，历时3年，撰成《崇庆县志》。1927年告老还乡，自号"香雪老人"，读书"香雪楼"中。民国十八年（1929），创办贫民教养工厂和味江女子学校，开古镇女子入

① 广场景观◎
② 香雪楼◎
③ 广场千年银杏树●

校读书之先河。1931年病逝，享年75岁。

罗元黼先生为蜀中文化事业和教育事业作出了不可磨灭的贡献，深受蜀人崇敬和爱戴。所居"香雪楼"大院，原为一座全木结构的建筑群，今已不存。2008年由汤家姐妹于原址兴建了"香雪楠酒楼"，原大院内六株楠木树仍保留至今，寄托着街子人的景仰怀念之情。

■ 八角井与古戏台

八角井亦在江城街中段。该古井建于明代，距今约350年历史。古井纯用石墩石条砌成，井壁自下而上全为等距八边形，共八角，故名"八角井"。井深10米，井水清冽甘甜，经年不枯，既为场镇居民饮水之用，又可备防火之需。此明代遗物亦即今井水街得名之缘由。

① 八角井◎
② 古戏台◎
③ 古戏台处街景◎

古戏台位于明代八角井近旁30米处。该戏台是街子文化传承的重要的标志性建筑。旧时镇上戏台演戏最为热闹。戏台建筑采用颇为壮观的九脊顶歇山式屋面，浮雕石壁，吊脚楼柱，展示出中华民族优秀的建筑文化和源远流长的民间文化根基。

■ 水木闲庭与观光步行游道

由江城街经由闸子巷进入古码头，可抵达味江河畔观光步行游道，再沿江北上即可到达水木闲庭；亦可由水井街直接进入水木闲庭广场。

从山麓和古镇之间穿过的味江河，自古以来即趣味无穷。何谓"味江"？宋人祝穆所撰《方舆胜览》云："味江入永康县界……《旧经》蜀主征西番，有野人以壶酒献王，王使投之江中，三军饮之皆醉，因名。"乐史所撰《太平寰宇记》又云："味江水源出青城县西长乐山下，水美，人争饮之，因为名。"看来这味江水美真是自古有名。再加上"一瓢诗人"唐求的诗葫芦由此漂流而下，更是令这味江倍增雅趣诗情。

而今味江河畔的观光步行游道与水木闲庭广场，已成一处既可观山、戏水，又可休闲、品茶的

① 沿江观光步行游道○
② 味江河中拦水坝○
③ 横跨味江的风雨廊桥◎
④ 水木闲庭●
⑤⑥ 闲庭戏水○
⑦ 味江河畔竹林茶社●

别具一格的休闲场所。"水木闲庭"总面积达1万多平方米，共26个休闲平台，充分展示出街子人"亲山亲水"的传统风尚习俗。漫步于青山绿水之间，或品茗于水木闲庭，或戏水于休闲平台，遥想味江水美而至三军皆醉的历史掌故，念及唐山人的诗葫芦曾从身旁漂流而去，真是其乐融融，趣味盎然。

■ **唐求广场与唐公祠**

从水木闲庭广场沿味江河畔观光步行游道北上，或从江城街北走至街口，均可进入唐求广场。相传这里即是当年唐求的隐居之地。

广场建有唐公祠，内有唐山人画像及其遗存诗作和生平事迹介绍，门前竖有道光十三年（1833年）"唐诗人唐求故里"碑，碑阴为唐山人诗序，祠殿中原高悬里人罗元黼所题匾额："修到梅花骨亦香"。两侧是灌县秀才高鹤谦所题对联，上联为"大雅名千古"，下联为"伊人水一方"。书法文辞俱

① 唐公祠前唐求塑像
② 御龙索桥
③ 御龙桥头
④ 圣灯广场一角
⑤ 圣灯灯柱

臻上乘。

祠前广场有石刻唐求塑像，其像高大伟岸、形神兼备；其身后有石刻"青牛伏水"、"诗瓢卷浪"等，与唐求塑像有机地组合在一起，更衬托出唐山人超凡脱俗之神韵。这里是街子人缅怀、纪念"一瓢诗人"唐求的地方，在四周青山绿树的映衬下，这里已是一处亮丽的人文景观。

■ 御龙桥与圣灯广场

架于味江河上的御龙桥，位于北场口，与唐公祠相对。该桥始建于清代道光年间，咸丰时重建。1986年因故断裂，当年12月20日按原样修复。铁索飞架深潭，长42米，上铺木板，宽4米，桥两端均为三叠檐牌式桥亭，歇山顶鸱吻饯脊，饯脊蹲吉祥兽。

前文曾引宋代祝穆《方舆胜览·崇庆府》云："翠围山在永康县西八里，上有院，前有绳桥。"由此可知，早在宋代，此处即建有绳桥。范成大《过青城题索桥》一诗云："织篾匀铺面，排绳强架空。染人高晒帛，猎户远张罿。薄薄难承雨，翻翻不受风。何时将蜀客，东下看垂虹。"街子御龙索桥即是由早期的绳桥演变而来，但却显得巍峨高大、结实牢靠得多，保留了清代桥梁建筑的风采，可谓一处难得一见的人文景观。

经过御龙桥，便来到灯盏窝"圣灯广场"。相传这里就是当年王小波振臂一呼、揭竿而起的地方。

北宋淳化年间（990—994），官府为获厚利，便加大了对青城等地茶叶买卖进行掌控的力度，不但禁止茶农茶贩把茶叶卖给少数民族，而且还必须把茶叶卖给官府，由官府垄断茶叶买卖。茶农茶贩忍无可忍，终于在淳化四年（993）春二月，爆发了青城茶农王小波、李顺大起义，其根据地就在今青城后山及街子一带。此次起义，最后虽遭惨痛失败，但统治阶级不得不采取让步政策，宋太宗亦被迫下诏"罪己"，表示要"改而更张，永鉴前弊"。

过往的痛苦历史，已随味江流水一去不再复返，而今的圣灯广场，已成为今日人们进入"康道"炼身或朝山拜佛的起点休憩之地。

■ 凤栖山康道

凤栖山"康道"原为喇嘛及四方信众前往上古寺朝拜之道。今辟为"康道"，内蕴强身健体、洗心求康之意。该道起于凤栖山下圣灯广场，止于凤栖山光严禅院，全长约5600余米。

康道盘绕于凤栖山中，穿山度林，溪流相伴。登临康道，但见绿树盖顶，翠竹遮天，天梯勾连，栈道临渊，飞瀑陡泻，云歇桥亭，真是风光无限。拾级而上，景随步移，不仅可尽享登攀之乐趣，收强身健体之功效，而且一路山光岚影，爽心悦目，及至抵达光严古寺，其世俗之心则已得到净化。

■ 光严禅院与"悟空"宝塔

光严禅院是四川十方丛林

①康道入口处〇
②⑤康道沿途风光●
③④康道沿途风光〇

①

②

③

④

⑤

中一颗耀眼的明珠，属四川省文物保护单位。

该古寺藏于凤栖山中，始建于唐代咸通五年（864），本名常乐寺，宋更名为翠围院，明代敕赐光严禅院名。该古寺占地14537米，建筑布局纵横交错，在川西寺庙中罕见。历代著名诗人、政府要人均有莅临并留下墨迹者。寺属《洪武南藏》为明版孤本，贝叶经亦弥足珍贵。

朱元璋开国后偃武修文，洪武五年（1372）他敕令将最初官版《大藏经》在南京蒋山寺点校，随后刻了25年，至洪武三十一年（1398）方刻印完毕，定名《洪武南藏》。这部经书，卷帙浩繁，678函，1600部，7000多卷，刻成后只印了两部，一部存国家藏书秘阁，一部则御赐光严古寺。由此可见，明代皇室是何等偏爱这座古寺，但世人鲜有所知。至永乐六年（1408），存于国家藏书秘阁的那一部遭火烧毁，而另一部则等了300年才在街子光严古寺发现。后运省图书馆保存，现古寺中存有影印本。

寺内碑刻，书法端庄，纹饰精美。寺后唐代善思塔、明代悟空塔均完好如初。寺周山峰壁立，古道盘曲，崖泉滴翠。山林中多古楠、翠柏、银杏，尤显老态龙钟。

"悟空"宝塔坐落光严禅院上古寺旁。

"悟空"和尚（1312—1402），法名"法仁"，俗名朱正六，原籍安徽凤阳。因家庭贫穷，8岁时在安徽凤阳皇觉寺出家，受戒后，该寺住持老和尚净凡为之取法名为"法仁"。在净凡老和尚的教导、培育下，"法仁"很快懂得佛门经典。30岁时，便能主坛，讲经说法。净凡老和尚圆寂时，将衣钵传给了"法仁"和尚。"法仁"受其兄生前之托，于1344年引渡侄儿"朱重八"（朱元璋）出家受戒，法名"兴宗"。"法仁"效其师，严格教育培养"兴宗"和尚，深研经文，苦读史书。后"兴宗"成为明朝的开国皇帝，号称洪武。

1351年，"法仁"和尚离开皇觉寺，作游方和尚。他先后经西安，过西域，走西藏，到印度。在印度一段时间后，又转回拉萨、康定，其后来到凤栖山上古寺驻锡，讲经说法。在印度求得的"贝叶经"，也随之携至该寺。

朱元璋登基后，下诏寻访幺叔"法仁"的下落，后经皇觉寺僧人传信，方知"法仁"已在四川崇庆

▲ 光严禅院◎

州街子凤栖山上古寺圆寂。

当朱元璋得知此事后,他认为"法仁"和尚一身刚正不阿,纯正不曲,便亲笔题写了"纯正不曲"匾额(现悬挂在大雄宝殿石龛前)。当时的古寺规模宏伟,楼台殿宇无数,并设有佛学院,定期开期传戒。

《洪武南藏》刻成后,还特地御赐该经书一部,同时命蜀献王朱椿打造"皇锅"、"銮架"以及双龙双凤的龙凤旗御赐该寺,又赐"法仁"为"悟空",以报当年幺叔"法仁"引渡出家、教育培养而终成大器之恩。古寺称皇家寺院,可谓名副其实。

"法仁"和尚圆寂后,为之修造了"宝塔","法仁"和尚端坐于其中。其身不朽不烂,一直保存到1952年。今宝塔犹存,两侧对联云:"从今日回头大悟;是浮云过眼皆空。"

古寺内今有重塑"悟空"祖师的法像,以供世人瞻仰膜拜。

■ 明清摩崖造像

场北山上尚有明清时代的摩崖造像,如播旗山观音造像、彭家林观音造像、凤栖山弥勒、龙王像,均惟妙惟肖。游人至此,自可另得一番艺术享受。

(二)风味小吃

在街子,传统驰名小吃有刘黄糕,粽子、凉皮、豆浆馍馍、各类野菜馍馍、冻糕、叶儿粑、周麻花等。

街上各家餐馆都可品尝到口感醇厚的老腊肉、香肠,其色泽黄而微亮,咸香味美,别具一格。

而产自街子的传统名小吃——汤麻饼,更是久享盛誉,闻名遐迩。

清乾隆年间,街子寺庙林立,僧人众多,素食走俏。一汤姓人家在街子创立了"长发祥号",专门生产麻饼,俗称"汤麻饼"。麻饼以上等麦面、盐、糖、芝麻等做原料,用铁锅、柴火烘烤而成,火候精到,黄而不焦,油润麻香,入口酥脆,风味独特。

传说民国时期光严古寺有一和尚,因朝南海在汤长发铺子里买了数封麻饼带上。由于当时交通不便,除水路行船外,其余陆路全靠步行,兼以沿途朝山拜佛,以至耽延大半年之久方才到达南海,解食麻饼,口味依然松、脆、香、甜,芬芳可口。由此

◀ 刘黄糕●

▼ 粽子◎

▲ 豆浆馍馍◎

▲ 豆腐脑◎

▲ 野菜馍馍◎

▲ 凉皮◎

◀ 老腊肉◎

▶ 杂糖铺●

▶ 汤麻饼◎

◀ 周麻花◎

可见，"汤长发"所制麻饼选料之讲究、技艺之精湛，故能长时间保持味道不变。

此麻饼全用手工制作，其配方与制作工艺独特，秘不外传，而且按汤家祖传规矩，制作技术只传儿媳不传女。长发祥号至今生意兴隆，麻饼远销全国各地。

（三）地方特产

■ 兰花

街子镇素有"兰花之乡"的美誉，有诗赞云："家家清泉流，户户兰飘香。"到如今，兰花更成为了街子的生态产业。

该镇以兰花资源为代表，形成了西南地区有影响的兰花市场，除家家种兰外，还有100多户种植大户，中国西部兰花研究会亦设于街子。兰花种植户曾包机去昆明展销，轰动全国。如今各类名兰远销海内外，而一年一度的街子兰花会，更是成为了中国西部盛会。

■ 凤栖茶

山水秀丽、空气清爽的街子，自古盛产名茶。（参见前文）

据五代前蜀人毛文锡《茶谱》记载："蜀州晋原洞口、横源、味江、青城（俱产茶）……又有片甲者，即是早春黄芽，其叶相抱如片甲也。蝉翼者，其叶嫩薄如蝉翼也，皆散茶之最上也。"南宋著名爱国诗人陆游亦写有《试茶》一诗，赞美味江街子及青城一带所产之散茶，其诗云："苍爪初惊鹰脱鞲（gōu），得汤已见玉花浮。睡魔何止避三舍，欢伯直知输一筹。"又据《宋史·宋孝宗》记载：淳熙四年（1177）秋七月，吏部郎阎苍舒论马政之弊，讲到"今欲大去其弊，独有贵茶，盖夷人不可一日无茶"；又说"自大弛永康茶之禁，因此诸蕃尽食永康细茶，而岩

▲ 街子兰花◎

▲ 凤栖茶◎

昌之茶贱如泥土"云云。

久享盛名的"永康茶",可谓香飘千年,及至承传为今日之凤栖茶,更是香名远播,成为古镇最具代表性的地方特产,而且亦成为古镇重要的生态农业。

(四) 民俗风情

街子古镇,其岁时节庆与婚丧娶嫁诸般习俗,与天府各古镇相差无几,在此不再赘言。纵观今日街子的民俗风情,最能显现其独特韵味者,则是街子人"亲山亲水、崇文尚雅"的美好习俗。这种美好的习俗,更是在今日街子特有的三大节庆活动中得到了完美的彰显。它不仅是古老习俗的世代传承,而且亦演绎成一种现代时尚,成为了天下游客热烈向往的现代版民俗佳节。

■ 兰花节

素有"兰花之乡"美誉的街子古镇,每年农历正月十九至正月二十二,都要举办"兰花节",评选西蜀十大名贵兰花;同时推出川西兰花种植研讨会、兰花精品展、崇州风光摄影作品展、古玩展销、西部民间传统小吃展和大型文艺表演等活动。一时间,名兰纷呈,古镇飘香,文风雅气,弥漫街巷;传统与时尚在此交融,热闹与风雅相与共存。可谓川西少有之佳节盛会。

■ "圣水节"

世世代代生活在味江河畔、并得益于都江堰水利之惠的街子人,对水尤为喜爱,怀着对大自然和李冰父子的感恩心情,他们视之为"圣水",故而每年端午,都会连续三天举办"街子古镇圣水节",以表达亲水敬水的感恩情怀。节日期间,街子民众还要举行"泼水祈福"活动,以祈求水给他们带来更多的幸福。这项活动,参与性与互动性极强,深受游客喜爱。

① 兰花节上赏兰花◎
② 欢乐的圣水节◎
③ 泼水祈福◎

 ▲ 朝圣登山◎
 ▲ 亲水人家●
 ▲ 卞家花园◎

■ 朝圣登山节

每到国庆黄金周期间，这里还会举办"朝圣登山节"，向游人展示与街子古镇浑然一体的凤栖山自然风光和皇家古寺的人文景观。不仅如此，主题为"运动成都、全民健身"的"成都首届国际登山漫游节"亦已于2010年夏天在街子古镇隆重举行。街子人"亲山亲水"的古老习俗，被迅速推演成为了天下游客强身健体、登山漫游的现代版佳节，古老场镇的众多人文景观与凤栖山迷人的自然风光，亦随之而走向了世界！

（五）客栈旅馆与农家乐

在街子古镇，较为大型的客栈旅馆，目前已有"群益旅馆"、"碧泉山庄"、"卞家花园"、"凤栖山庄"等，可供游客下榻食宿。但在街子，最有特色的食宿之处，却要数"农家乐"了。

在古镇周围，各种档次的"农家乐"已有二三十家，布满竹林深处，溪旁路边。奔向小康的农家，各自在自家宽敞洁净的庭院里办起了"农家乐"客栈，服务热情，待人和善，山村味、家常饭，定会让客人吃得舒舒服服。

古寺沿山，更有百余家"农家乐"。山谷内竹木葱茏，浓荫成片，自然景观十分抢眼。可近观秀色连天的凤栖山，可远眺跌宕起伏的逶迤群山。溪流潺潺，松涛阵阵，空气清新，凉爽宜人，实在是低碳生活的好去处、休闲养生之天然氧吧。

（六）古镇旅游景区导游示意图

■ 古镇一日游

上午从成都出发，经崇州、怀远到达街子，过御龙桥，由圣灯广场康道入口处进山，抵光严禅院，游览古寺，沿途欣赏凤栖山原始森林风

▲ 江城农家院◎　　　　▲ 凤栖山庄◎　　　　▲ 碧泉山庄◎

▲ 古镇旅游景区导游全景图◎

光；中午寺内就餐，品尝古寺斋饭；下午回到街子古镇，参观唐公祠、游览古镇老街、八角井、古戏台、香雪楼遗址、味江廊桥、河畔水木闲庭及沿江步行游道、银杏广场、字库塔等处景点。

■ **古镇二日游**

D1：上午从成都出发，经崇州抵达街子，由康道进山，游览光严禅院，中午寺内就餐，品尝古寺斋饭；下午欣赏凤栖山原始森林风光；夜宿古寺或沿途"农家乐"，亦可下山夜宿古镇旅馆客栈。

D2：上午可游览味江廊桥、河畔水木闲庭及沿江步行游道，欣赏古镇沿江风光；中午可在镇上品尝各式各样的风味小吃；下午参观游览古镇原汁原味老街及镇内各处人文景点，购买古镇特产，然后乘车返回成都。

三、出行指南

街子镇距成都市57公里，车程一小时。街子处在川西旅游环线上，北连世界双遗产都江堰、青城山，并与高尔夫球场比邻，西接国家级风景名胜区鸡冠山、九龙沟，南至国家级风景区西岭雪山。街子正好处于这一景观轴线中点，占有十分有利的区位优势和交通优势。

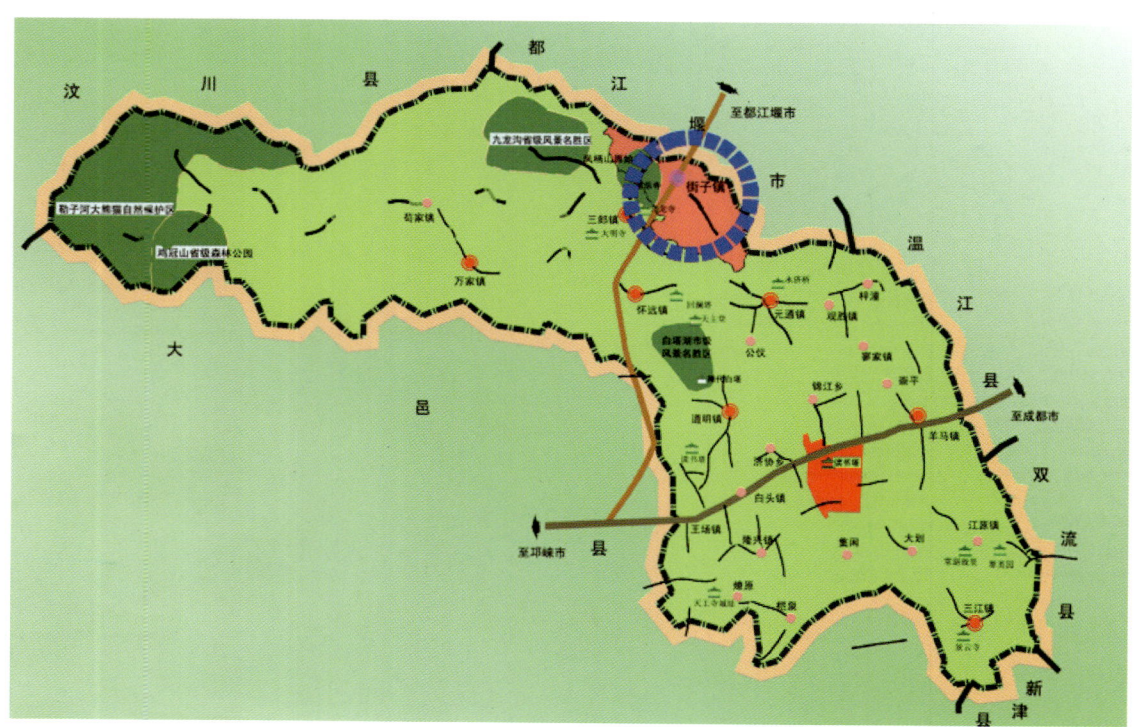

▲ 街子镇在崇州市的区位交通关系图◎

如从成都出发，可到成都金沙车站、城北客运中心等处，搭乘前往崇州的班车。

在崇州客运中心站、长运司唐安西路站、西门乡村客运站，从早晨至晚均有由崇州至街子的班车，不间断发车，半小时内即可抵达古镇。客运中心尚有大客、中巴至街子，半小时一趟。上述车辆均开来回，回程极为方便。

街（子）安（仁）路每日尚有数趟公交车。

川西旅游环线大邑至街子、都江堰至街子均有班车，来去十分方便。

从成都出发自驾游，经成青路可直接到达街子。

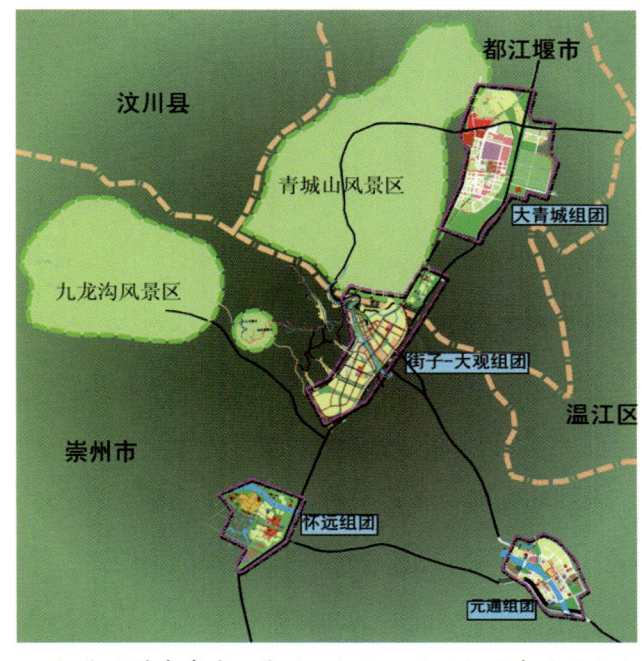

▲ 街子镇在青城—街子—怀远—元通组团中的位置

主要参考文献

【宋】乐史撰：《太平寰宇记·剑南西道·蜀州》卷七十五，上海古籍出版社《四库全书》影印本，1987年版。（以下版本与此相同者，均简称：四库全书本）

【宋】乐史撰：《太平寰宇记·蜀州·茶谱》卷七十五，四库全书本。

【宋】欧阳忞撰：《舆地广记·成都府》卷二十九，四库全书本。

【宋】祝穆撰：《方舆胜览·崇庆府》卷五十二，四库全书本。

【宋】计敏夫撰：《唐诗纪事·僧中痞》卷七十二，四库全书本。

【宋】阮阅撰：《诗话总龟·神仙门》卷四十五，四库全书本。

【宋】黄休复撰：《茅亭客话·味江山人》卷三，四库全书本。

【宋】陆游撰：《剑南诗稿》卷六，中国书店《陆放翁全集（中）》，1986年版。

【元】脱脱等修：《宋史·宋孝宗五》卷二十六上，上海古籍出版社《二十五史》影印本，1986年版。

【元】脱脱等修：《宋史·地理志》卷八十九，上海古籍出版社《二十五史》影印本，1986年版。

【元】辛文房撰：《唐才子传·隐逸》卷八，四库全书本。

【明】曹学佺撰：《蜀中广记·名胜记第六·成都府》卷六，四库全书本。

《全唐诗》卷七百二十一、卷七百二十四，中华书局《全唐诗》第11册，1999年版。

贾大泉主编：《四川通史》第4册（五代两宋时期），四川大学出版社，1994年。

《街子乡志》编撰小组（刘彬如主编）：《街子乡志》（内部资料），1982年12月。

成都市城镇规划设计研究院：《崇州市街子镇历史文化名镇保护规划说明书》（内部资料），2007年12月。

※ 本篇原基本图文资料由街子镇人民政府提供，黎涛等收集。

17 崇州市元通镇

元通古镇位于崇州市北，南距崇州城11公里，东距成都50公里，为四川省历史文化名镇。该镇北通街子、青城山、都江堰，西进怀远、鸡冠山森林公园，是进出龙门山风景区的门户和交通枢纽。

全镇辖景汇、通顺、清溪、三宝、禹王、聚源、大罗七个行政村和双凤、麒麟两个社区，总面积23平方公里，人口2.7万。场镇总面积3.5平方公里，海拔580米。

该镇地处平原，乃文井江（即西河上游）、味江、泊江三江汇合之处。三江汇合后在元通古镇称汇江，素有"三江聚财汇元通"之说。西河从镇域中部斜穿而过，境内土地肥沃，资源丰富，气候宜人，对手工业、农业生产的发展极为有利。

古镇历史悠久，现存清代及民国时期古街巷13条，古建筑群落占地9.7万平方米，其中有四川省文物保护单位三处，成都市文物保护单位两处，崇州市文物保护单位两处，是川西文物保护单位最多的场镇之一。

在当今成都市建设世界现代田园城市的宏伟蓝图中，元通古镇不仅已成为崇州市打造"古镇文化示范线"的重要依托，而且与街子、怀远互为犄角，共同形成北部崇州历史文化名镇旅游金三角，有着不可估量的旅游开发潜力。

图片：◎ 崇州市元通镇人民政府提供
● 严永聪　摄影

◀古镇第一街◎（深蓝拍摄）

一、历史文化概述

（一）古镇沿革

元通古镇所在地，早在东汉时期已成先民聚落，其时商贸繁荣，制陶业也很发达。

东晋时期，该地称"水渠乡"，属晋原郡。1979年元通红瓦村境内兴建"三合埝"电站时，曾掘出一古墓碑，上镌有"晋原郡水渠乡"，即可为证。

肖齐时期，此地改称"永渠乡"，属晋康郡。1946年元通青石村曾掘出一墓碑，其上注有"晋康郡永渠乡"。即可为证。

唐代居民日聚。是地农民开始人工种植川芎。并建有圣佛院于今场镇长寿街场口西北。圣佛院其后又名"净慧寺"、"圆通寺"，亦即今之"长寿寺"。

及至南宋时期，此地又改称为"兴渠乡"。1943年元通长寿寺挖纸窖，掘出一合墓古碑，碑上注有"兴渠乡北里林"字样，年号标识为"皇宋庆元四年(1198)。由此可知，原"水渠乡"已两易其名矣。

1973年春，元通三宝村五组挖鱼塘，掘出"胡氏兰娘之墓"的墓碑。其上注明墓址在"永康军青城县集贤乡"，时间为"皇宋端平三年(1236)冬月吉日"。按："端平"乃南宋理宗年号，元通又可能于端平初年改称"集贤乡"。或今"三宝村"北面一部分属于当时之集贤乡。

到了明代，今元通是地，又有涌泉乡和济兴乡之称。据《崇庆州志·寺庙》记载：圆通寺有明正统年间（1436—1449）铸钟一口，上有"济兴乡"字样。

从上述古墓遗址和出土墓碑、铸钟等所载，可知元通是地，从东晋开始，及至明代，前后有水渠、永渠、兴渠、济兴等乡名，这些名称，准确地道出了该地河渠纵横的亲水特色。

又据口碑传说：元通原有景德、大罗二场。景德场属济兴乡，而大罗场则属涌泉乡。大罗场今在元通石梯村，景德场在今元通景德村，两场均有遗迹可稽。景德场和大罗场毁废后（二场究竟废于明代何时，已难以考证），由于圆通寺恰在两场之间，且滨西河与泊江河之汇聚口，水上舟楫可通，陆上系交通要塞，人们遂于圆通寺之沿江一带兴建场镇，以"圆通寺"命场名"圆通场"，其时大致已到明朝后期嘉靖年间（1522—1566）。由于水上运输的发达与商贸的日渐繁荣，其时圆通场已成一大集镇，场上牌坊林立，文化之风亦渐至鼎盛。

在清代，随着"湖广填四川"的百年移民运动，镇上已有居民数千户，逢一、四、七赶集。及至清中晚期，镇上已建有陕西馆、广东馆、江西馆、湖广馆、福建馆等五省会馆，一时间商旅争聚，百业兴旺，人口繁盛，秩序井然，俨然而成崇州北部一大水路码头。据光绪《崇庆州志》记载：该镇"烟火数千家，诸市俱全，为一州货财之薮"。其时不仅各场口有栅门，甚至从湖广会馆至菸市巷有高墙横亘，仅留栅门出入，把双凤街与麒麟街截然分开，直至民国年间隔墙方才拆除。

这里须提及的是，清咸丰十年（1860）8月，蓝朝鼎所率义军曾攻克圆通，并在此建立大营，威逼成都，历时三月之久。其间清军肖斌焚毁圆通下场（今元通大罗村一带），故今元通下场一带屋舍均为同治初年以后陆续重建。

民国时期，元通场属"通议乡"。自民国二十七年（1938）后，人们为图书写方便，简"圆"为"元"，改"圆通"为"元通"，且沿袭至今。

中华人民共和国成立后，今元通古镇所在地先后曾为元通乡、元通人民公社、元通镇治所。今为元通镇人民政府所在地。

（二）历史文化积淀

地处三江汇合之处的元通古镇，自古以来即为崇州北部著名水乡。据石湖居士《吴船录》（卷上）记载：淳熙四年（1177）农历五月二十九日，时为四川制置使的著名诗人范成大，"离成都……十五里发青城县，……江水分流入县，滩声聒耳，以故人家悉有流渠，修竹易成幽趣。四十五里，晚宿蜀州城外圣佛院。丙子，二十里，早顿周家庄。周氏三大第，皆高爽严洁，大抵沃埜（同"野"）所在，二百年不见兵火，居民屋室如法，有承平气象。"圣佛院，后名长寿寺，前文已述，为唐代所建寺庙，其址在今元通长寿街场口西北。由上引文可知，范成大所记之沿途江水、流渠、幽竹、佛院、沃野等诸般美好景物，即构成了当时称为"兴渠乡"的元通景象。其所记道里为当时行程里数，当然不能与今日之通衢大道同日而语。

范成大的这一笔记载，可谓生动形象地勾画出了古代元通所在地的水乡风貌，尽管世事沧桑，时易境迁，历经800余年时间，但今日之元通仍处处可感古代水乡之流风余韵。

及至明清，随着商贸的日渐繁荣，元通古镇更是成为了崇州北部重要的水码头。来自乐山、自贡水运之食盐在此集散，本地所产竹器、陶器、铁器、川芎、粮油在此销售，外地商人纷至沓来，沿江上下码头相接，"江中舳舻，上下转运无数"（民国《崇庆县志》），昔日幽静的田园水乡，逐渐变得热闹起来，成为了雄踞一方的商贸水乡。而今走进古镇，但见永利、汇江二桥，古风犹存，虽历尽风雨，却仍如高挂之彩虹、卧波之长龙，默默地诉说着水乡码头的古往今来。江畔码头，巨大的皂角树记录着水运航船的风浪岁月，至今树身仍留有昔日刻凿下的累累痕迹。江岸屋舍，鳞次栉比，各省会馆占据场镇要路，宫观寺院、廊桥拱桥，散落场镇上下，传承千年的水乡文化与其后兴起的商贸文化及移民文化等

▲ 水码头遗存◎

▲ 傍水人家◎

▲ 临江街景◎

▲ 江畔民居◎

元素高度地融合在一起，在众多的古代建筑遗存中得到了完美的显现。

至于大量保存完好的民居建筑，不仅展示出水乡古镇近水亲水的传统特点，而且亦把清末民初川西民居建筑的文化特色展露无遗。爪角飞檐，拱脊高墙，呈现出惊人的气概；民居小巷，连排街房，以其各自的沧桑面貌，展示着独特的魅力。罗氏故居、黄氏故居、陈家大院、黄氏宗祠、王国英故居等多处豪门大院，更是庭院深深，宁静典雅，将清末民初带有客家文化和西方格调的建筑风韵彰显备至，成为古镇独特的建筑文化观赏亮点，亦成为今日各类题材之影视作品的理想拍摄场景，诸如《风月客栈》、《梅花档案》里那些真切的场面，均来自这些实实在在的深深庭院。古街古巷，亦尽显昔日风流，长寿街的古朴、双凤街的苍老、麒麟街的气派、增福街的幽雅、东盛街的简洁、新街的朝气，像一道道多彩的风景线，伴随着文井江、泊江河的浅唱低吟，组成了古镇悠扬的旋律。

自明清时代逐渐兴起而久享盛名的元通清明会与王爷会，则将水乡古镇独特的民俗文化传承至今。元通清明会，由来被誉为蜀中三大盛会之一，与成都花会、乐山炎帝会同享盛名；而每年农历六月六日的元通王爷会，则是川西罕见的祭祀主管漕运的水神的盛会。及至今日，两大盛会犹能凸显元通是地浓郁的民俗风情。

水乡古镇，风物迷人，本土人物，尤多佳话相传。清代道光年间于宁波城下大骂英酋义律、壮烈殉

国的王国英，更是元通人的骄傲。是元通的水土哺育了这位文武全才的英烈。而喋血沙场的英雄壮士，亦给古镇文化涂绘上了浓墨重彩的一笔。

而今在古镇，处处可见无形的水乡文化在有形的物质载体上生动活泼的展现，请君不妨一游，尽享千年水乡之流风余韵，感悟历史名镇的过往今来，定会兴味盎然，乐而忘归。

二、古镇旅游巡览

（一）镇内主要景观

■ 春江览奇

每到大暑前后，文井江即泛起了桃花水，江水下游的桤木鱼、白甲鱼、红梢鱼等一路逆水游至味江或泊江河入文井江处产卵。河口滩多水浅，水温较高，雌雄鱼聚集一处追逐狂欢，蹦跳在水中，成千上万的大鱼发出劈劈啪啪的响声，无数飞鱼闪着银光竞跃水面，像演出一幕热烈而欢快的爱之舞剧！在古镇两三百米长的河道上，但见银梭飞舞，一直持续数十分钟，方才逐渐复归平静。这就是闻名遐迩的元通"鱼蹦滩"。每到春夏，人们常在江中观察，若有鱼分泌出黏液，说明"滩情"在即，于是晚上便成群结队来到江边守候，只见两岸河滩上火把通明，火光倒影江中，如金蛇狂舞，场面异常热闹。各种鱼"蹦滩"日期不同，有的甚至在立秋以后，称为"蹦秋子"，因此，人们得以多次领略"蹦滩"奇观，大饱眼福。

■ 汇江夕照

汇江桥是川西有名的铁杆桥，它是由崇州古代为数众多的笮桥演变而来。南宋著名诗人陆游曾写下数首"过崇州笮桥"诗，如《度笮》："翩翩翻翻笮受风，行人疾走缘虚空。回观目眩浪花上，小跌身裹蛟涎中。"此诗即描画了在笮桥上晃悠摇荡的惊险场面和感受，元通汇江桥而今虽已换为铁索桥，但

▲ 元通镇风景名胜分布鸟瞰图（吕国春 绘）◎

从桥上走过，亦仍然能找到这样的感觉。

该桥原建在增福街口，重修于清代光绪二年（1876）。1986年7月重建于双凤街口今址。桥跨汇江，三墩四孔，通长156米，宽2.5米，两端各有一桥亭，为相同的三叠檐牌楼式，歇山顶花脊鸱吻，垂脊上塑有飞禽走兽、传统戏文，均栩栩如生，活泼生动。侧脊四角攒尖，飞檐爪角，上塑带枝葡萄，硕果累累，形态逼真。江心桥墩为歇山式屋顶，爪角鸱吻，屋面塑仙鹤等珍禽，动静结合，神态可掬。侧墩上桥亭为单檐卷棚。桥身两端有30米长的引桥，桥端竖石狮以扎紧、固定钢绳，承托绳上铺设的路板。桥身左右设钢绳护栏确保过桥安全。每至黄昏，游人相约而来，在桥上纳凉谈天，江风习习，烦热渐去，十分惬意。夕阳撒落江心，水波粼粼如金箔闪烁；桥亭倒影水中，缥缈如海市蜃楼。四望群山，起伏绵延，踊跃如兽脊。远山近水，酷似山水画卷。

■ 永利桥观涛

永利桥坐落在镇北泊江河上，下临文井江，是连接半边街、东盛街与河西长寿街的镇中之桥；是崇州市境内唯一现存的石结构古桥。该桥始建于明代，清嘉庆时重修，民国二十七年，（1938）再经修缮。

该桥为三孔拱桥，长39.3米，宽8米。江中桥墩两座，圆雕鳌头，雄浑粗犷，威严庄重，俯视江流，有如镇涛之神兽。桥栏以石柱连接华板，柱顶分别圆雕走兽、花果及土地菩萨等，造型各异、多彩多姿。二下引桥旁有木结构小楼。传说当年该桥竣工时，鲁班化成乞丐，打制出最后一块塞间石，大小形状刚好适合。

桥下约290米处，泊江河与文井江汇合，三角洲上鱼嘴延伸。夏日江涛汹涌，二流撞击，卷起千堆雪，蔚为壮观；冬日二水融汇，色别深浅，虽不似泾渭分明，但却变幻莫测。从鱼嘴北望，文井江从山里奔来，携味江合而为一，汇流处又是另一番景象，水大时但见洪波翻滚而下，势如奔马；水细则穿石越滩，滩声如危弦急管、风雨夜临，叩人心扉。

该桥现为崇州市文物保护单位。

① 元通汇江桥◎
② 汇江夕照◎（魏欣拍摄）
③ 永利桥春色◎
④ 古镇一角◎
⑤ 古街漫步●
⑥ 古树风采◎

■ 古街漫步

漫步在元通古街上，有不同的感受。从最北的长寿街到最南的增福街，沿江近两千米长的街房以它们各自的文化底蕴和建筑风格，叙说着古镇的昨天和今天。

长寿街在泊江河与文井江交汇的三角洲上，房屋大多建造在清代中、晚期，低矮的连排街房是古元通场址的孑存，游人至此，不禁会遥想起元通的过去。

半边街在文井江江边，只有东侧有街房，居民开门便可见江中瑰丽景象，江岸原为停靠木船的码头，当年水乡古镇之繁忙景象，仍在这里保留着诸多历史记忆。

双凤街始建于明代，东侧的古楠、古井、江边小巷及高低参差的木结构街房，还有那广东会馆及致华堂遗址，无不昭示元通古镇的早期繁荣。街面宽5.6米，单侧阶沿宽1.6米，若干小巷将街区分为多段，人们由小巷至江边淘洗、乘凉，搬运货物，在前店后院的街房中经营，这大体就是早期居民的生活写照。

往南过三倒拐便是元通第一街麒麟街了，街长300多米，阶沿单侧宽1.9米至2.6米,通向江边的小巷宽1.5米左右，当年的车夫、脚夫，即是从这些小巷将本土特产和各种外来商品源源不断地运进运出。

西侧的房屋全部背靠文井江,高大的拱脊风火墙围着几座庞大的院落,具有明显的江南马头墙风格,高屋建瓴,统率全镇,气势远胜双凤街。几家大院大多有欧式风格的二门和无门槛的堂屋,东侧南端甚至有完全欧式的小洋楼,可见客家文化之遗风和西方文化对古镇的渗透,同时也标志着元通历史上的极盛时期在清末民初。

由麒麟街南端经增福横街便到增福正街,横街较窄,街房大都一楼一底,在窄巷中显得格外高峻。从巷中穿过,即到增福正街。增福正街西侧街房进深很浅,多为甬道连接前后,风韵古朴。东侧的递进四合院体量较麒麟街小,装饰简约但整洁、素雅,有闲适恬淡之韵味。

在双凤半边街背后有新街、东胜街,绝大多数为纯木结构,它们是民国初年元通镇域扩大的产物。

■ 古树风采

古树名木是历史文化名镇的重要组成部分。

元通镇域内现存古楠木、皂角、银杏共80多棵。在古镇中心东胜街南侧48号街房后有孪生银杏两株,人们称之为"夫妻银杏树",树高30多米。树径需七、八人方能合抱,虬枝横斜,叶茂枝繁,覆盖面积达300多平方米,根部隆起如起伏高埂,人们凡有祈求便来此顶礼膜拜、烧钱化纸,树身常挂满象征吉祥的红绸、红布,据说颇为灵验。

双凤街21号有古楠树,树径在80厘米以上,高达8米;广东会馆后院之古楠,亦高大参天。据老人传言,此街古楠均为明代建设街房时移栽。

麒麟街西侧37号院后濒临文井江畔码头小龙门旁,尚存一棵巨大的皂角树,树高30米,树冠覆盖80多平方米。百姓相传,当年江上船工以及江边待渡者,均喜在此树下歇息,任凉爽的风抹去涔涔汗水。皂角树亦作系船之用,至今还可见绳勒和凿刻痕迹。古树名木都倚建筑或社会活动而存在,是历史文化的见证。直至今日,它们仍洋溢着盎然的生气,装点着古镇的天空。

(二)镇内人文景点

■ 王国英故居

王国英故居坐落在增福街东侧,是他青少年时期习文练武的地方。

清道光二十一年,即公元1841年鸦片战争中,浙江宁波战事吃紧,四川松潘营守备王国英请缨抵抗英夷,被擢为参将驰援宁波。次年3月10日夜,在反攻宁波城的战役中,王国英奋不顾身,率敢死队冒雨冲入西门,杀入月城,被英军火箭击伤,不幸被俘。敌人多次劝降,"国英骂不绝口",终被英酋义律拔舌削指后斩首。王国英殉国后,道光皇帝亲笔题词:"马革裹尸才算死,麟编载笔俨如生。"

今存王国英故居,门厅临街,与左右邻连成连排街房。二门为砖石结构牌坊式,门柱石刻四川省著名经史学者罗元黼先生所书对联:"宁波义烈彪麟笔;文井清光跃鲤庭",字体锋砺有力,俨如烈士风骨。二门后为半坡厅房,跨一小天井至穿堂厅,再后为正厅、后院。正厅通高5.2米。房间不大,方格木窗。南北厢房均为半坡,搭在四周封火墙上。青瓦屋面,柱子用材较小,垂柱雀替雕刻简洁。天井中设小花台植花草数株,庭院小巧而幽雅,环境整洁而不张扬。步入其中,直令人肃然起敬。

▲ 王国英故居◎

▲ 陈家大院◎

▲ 陈家大院侧院◎

■ 陈家大院

该院坐落在永利桥头新街街口，坐东向西，现存清代建筑1520平方米，青瓦屋面，四合院布局。大院大门为砖石结构牌坊式，仿木单檐歇山顶，门柱对联隶书端正，柱前狮座浮雕戏文。门厅半坡，厅后依次为穿堂厅、正厅、后院及左右厢房等，均为抬梁、穿逗混合梁架。房屋建筑中，镂雕垂帘柱及雀替、驼峰浮雕均十分精致，随处可见。一进大门，一种宽敞大气、富足舒适的气息扑面而来，雕刻虽多而不乱，透出简约而精明的气韵。观赏该院可以触摸到主人宽广的心胸和经商成功的秘密。

其门柱对联云："楼起元龙容海客；家传鸣凤卜昌期。"这分明是主人在自诩为三国时陈登（字元龙）的后代。正院旁紧连一进侧院，也以封火墙隔得严严实实，其建构与正院相差无几。为何陈家大院会有相同两院？传说清代咸丰十一年（1861），善于经营生意的正院主人发财归来准备修建房屋，但留守家中孝敬父母的兄弟却无力改变居住条件，于是斥资亦为兄弟修了一座布局、结构与自己的完全一样、仅体量、装饰稍差的侧院。由于主人常与四海商家打交道，所以有"容海客"之说。

■ 罗氏故居

罗氏故居坐落在麒麟街西侧，后临汇江古码头。该建筑是典型的古镇富有人家居住与经商的代表建筑，至今保存完好，为四川省文物保护单位。

走进临街一面大门，阔绰豪华的氛围立即扑面袭来。铺面中段，檐级上举为门楼，有卷棚垂柱。门厅也就是经营铺面，内柱普遍设撑弓、挂落，颇为少见。撑弓及穿枋雀替、挂落上满是贴金浮雕，富丽堂皇，标榜着昔日主人经营资本之雄厚，既是华贵的装饰又是绝妙的广告。

通过甬道走进二门，那种紧凑、那种设计，不能不感到建造者的见识和精明。

甬道后二门，为砖石结构牌坊式，罗马方柱上灰塑卷草、竹子等，门楣上塑楼台亭阁上及顶部。二门后相继有穿堂厅、正厅、后厅，全为一楼一底，通高9.2米，占地甚小而空间较大，因而光线虽然

稍差却无局促之感。从二门后楼梯上楼，沿各方楼道可以到达前后院所有房间。楼口木栏杆嵌以雕花，穿堂厅楼上房间不装壁，似为娱乐、休闲、瞭望而设。楼上各房门均开向楼道，传说旧时主要供客商居住。楼下部分房间装修坚固，作仓库之用。房屋建筑均设雕花垂柱雀替挂落，柱下方形柱础，方砖铺地。

相传此建筑为古镇清代罗幺寡妇独立修建之大院，今天已无人知道这位寡妇是婆家姓罗还是娘家姓罗，但作为旧时代的一名寡居妇女能修造这样一座集商贸、商住与居家为一体的恢弘院落，其本身就已经是一段了不起的传奇了。

■ 黄氏故居

黄氏故居地处麒麟街西97至113号，两院递进均为院落式布局，一进三天井，共有民国初年建筑2500平方米，占地3200多平方。门面6间，门处檐级上举，垂柱雕刻，设假卷棚以象征门楼。

正厅一院为一楼一底四合院，全为宝壁，俗称虎皮装修。楼上廊道相通，连通所有房间，俗称走马转角。廊道撑弓浮雕缠枝花卉，窗棂、腰线亦有浮雕花卉，尤显堂皇富丽。楼口设有笔杆型栏杆。正房堂屋无门槛，屋上驼峰雕刻有蜀州八景"白塔斜阳"等景观，极为传神。

①罗氏故居鸟瞰●
②罗氏故居大门●
③罗氏故居院落回廊●
④院落回廊木雕●
⑤罗氏故居内院落●

后厅与正厅相同而体量略小，左右厢房与厅房组成四合院，布局紧凑，屋舍高峻。厅后尚有小天井，矮小房屋立于汇江河边。

① 黄氏故居内景●
② 黄氏故居内欧式凉亭●
③ 屋顶雕饰●
④⑤ 屋角飞檐（任桂园拍摄）

侧院布局与正院略同，门厅后四合院正方为黄氏家祠，台高柱大，上设走廊；高台基阶下有踏道、狮座，整体呈森严气象。祠左前不设厢房，为走廊凉亭，似为当年游玩赏月之处。

两院室内均铺设木地板，室外有方砖铺地，地脚砖石透雕为十字形，柱础有抱鼓、覆钟等式样。两院各由风火墙环抱，院中隔墙设数道小门相通。风火墙在麒麟街拱脊高耸，气势宏伟。其布局功能在川西小镇并不多见，显示出房主人当年的身份地位。

黄家是清代及民国时期崇州声名显赫的大户，其祖先黄鼎、黄虎臣等入朝为官，且绵延数代。民国初黄氏后人成为了雄霸一方的"元通王"，其居所、宗祠散落在麒麟街各处。1939年4月23日，震惊川西的徐楚复仇、杀掉黄家十余口的除暴安良事件，就发生在麒麟街三处居所里。

■ **黄氏宗祠**

黄氏宗祠为元通黄氏一族的祠堂，是该族每年元日、清明、中元、冬至等日祭祖、集会的地方，也是族人按族规惩戒忤逆子孙、出轨女人之地。

祠堂构建与民居布局、体量上迥然有别。大门为单檐硬山一楼一底的门楼，双扇红漆大门，气象森严。门后为砖砌甬道，长而且宽。甬道后砖石结构牌坊式二门，拱门上方刻有楷书横额"贵本备文"四大字，门柱阴刻有楷书对联："功烈著旂常名姓千秋昭史册；宗祊树支本子孙百世在江原"。门上横额和门柱对联均为民国时期四川著名学者林思进手书，堪称文字、书法、雕刻三绝，亦是林思进现存为数不多的手迹之一。

二门后为半坡门厅，院坝宽敞明亮，可容数百人集会、叩拜。正厅有高台基，台基前有礓磋踏道。正厅是黄氏族人供奉祖先神位牌的地方，全木结构、硬山式青瓦屋面，花脊鸱吻，抬梁梁架；前坡设卷棚，镂刻垂帘柱，鼓式柱础，当心间无门槛。

▲ 黄氏宗祠大门　　▲ 宗祠二门　　▲ 宗祠正厅

正厅左前厢房5间，厅后亦有房屋若干，是当年守祠人及祭祀、集会执事、打杂人员休息、活动的场所。

黄氏宗祠记录着川西封建家族的部分历史，也是凝聚家族文化的物质载体，颇有观赏与研究价值。

■ 小姐楼

位于麒麟街东侧的另一处黄氏故居，现残存有小姐楼及正厅。

封建社会，未出嫁的年青女性受礼教的束缚，有钱人家的小姐被"男女授受不亲"和"非礼勿视"等规矩制约，有的终身不下专门为她们修建的绣楼，老百姓叫这种绣楼为小姐楼。小姐们如果不顾"父母之言、媒妁之命"要自行择婿的话，也只能在绣楼上抛掷绣球，打中哪个男子便嫁给他。黄氏小姐楼建在民国中期，尽管那时封建礼教还有一定的势力，但该楼除青瓦屋面、花脊泥塑外，完全是欧式建筑风格，全砖桶子，圆顶方窗，楼梯设在一端山墙边，砖柱承接阳台，室内有壁炉等等。也许是当年楼上的主人既受浓厚的传统教育、又受过西方文化熏陶，所以今天才能看到古镇上这种欧式风格的小姐楼。

▲ 小姐楼

■ 天主堂

元通天主堂坐落麒麟街东侧102号。穿过一条小巷，即可看到一座砖石结构仿三叠檐牌坊。爪角微翘的哥特式门壁，并排着三孔门洞，门楣上方正中阴刻"诸圣之宗"四个大字，这里便是建于公元1903年的天主教堂。

该教堂为当年在元通传教的谷神甫组织元通地区的教民募资建成，除哥特式门壁、门顶十字架及门柱的上联外，其他内容均是中国传统文化的体现，不仅门柱下联提到孔子，连门楣、门壁的浮雕，亦均为仿中华传统木结构的挂麓雀替样式与瓜叶花果之装饰。其内部礼拜堂为木结构单檐歇山式，青瓦屋面。礼拜堂通高9米，抬梁梁架，素面台基，方堆抱鼓柱础。其东面即为圣经坛及一楼一底的忏悔室。忏悔室为木结构单檐悬山式，青瓦屋面，穿逗梁架，通高11米，高台基，宝壁装修，垂柱雕花，转角楼梯设瓜柱，十分古朴。楼旁建有单檐青瓦房数间，为当年教职人员的生活休息区域。

外来宗教要在中国传播和发展，必须与本土文化结合或利用本土文化，元通天主堂即是充分的证明。它不仅是中西文化的结合，更是研究天主教在川西地区传播的实物资料。

▲ 天主堂◎

■ 古当铺

古当铺坐落在半边街南端，为民国前期建筑，而今虽已作为民居之用，但其外墙大门仍保留着原有欧式建筑风貌。门墙尖顶，石雕花叶镶嵌；顶下圆环，中有瞭望小孔；门楣上方，尚可见石刻"光风霁月"四字。而今虽面目沧桑，但亦是古镇往昔岁月的历史见证。

据《元通镇志》记载，民国时期，元通场上已有胡润生、肖石君、高克明等人所开七家当铺，质典衣物、首饰。其中胡润生典当铺最大，开设时间也最长。典当利息原为两分，后因法币贬值，改为四分。典当以四个月为一期，如到期未取，则算"当死"，当铺就有权将衣物、首饰变卖。民国后期，物价暴涨，到典当期满时，典当铺收回的本利以实物折算，尚不足其原有的十分之一，因而七家当铺全部倒闭。

▲ 古当铺遗存◎

（二）风味小吃

■ 邱大案油花

▲ 邱大案油花

"邱大案油花"为古镇特有风味小吃。

清代末年，元通的白案师傅们通过反复钻研，几经实践，创造出了极富本土特色的小食"油花"。由于当时邱大案所制最为有名，故元通油花即冠以邱大案之名，并一直传承至今。

"油花"外形有似花卷而为细长丝条，泡如发糕而酥软远胜。盛入盘中，泡酥酥、颤悠悠，有如精美的工艺品，赏心悦目，叫人馋涎欲滴；闻之香气扑鼻，入口咸麻适度，油而不腻，口感极为舒服。

该小吃制作甚为讲究。先需将精制面粉搅拌糅合，将猪板油剁成细末，渗入适当比例的花椒、食盐、香料，充分和匀备用；再将面团擀得薄如蝉翼，均匀抹上猪油椒盐香料，折叠成案，扯成节子，扭成花朵；最后滴上熟油，放进蒸笼用旺火猛蒸至熟。

其工艺之精美全在配料精确、制作精细和笼蒸火候的掌握等环节上，倘若某道工序不到家，不是差如花卷便是过于燥、湿，风味大减。这便是他处未见有此风味小吃的缘故。

■ 张麻糖贯香糖

元通"张麻糖贯香糖"创制于清代光绪年间，当时有位张姓师傅在场上自开作坊，因专做饴糖食品而名闻远近，久而久之人们因其产品而忘其名，相传皆称"张麻糖"。

"贯香糖"亦是饴糖制食品，能做的糖坊不少，但不是黏牙难嚼便是余渣刺口。"张麻糖贯香糖"制作工艺可谓百年真传，故不仅没有这些缺点，而且还别有滋味。

该品贯香糖选用优质糯米加麦芽熬煮浓缩成饴糖，再进一步熬成糖糕（俗称"收酽"），趁未凉时用手拉扯糖筋成空心；一般是贯入熟黄豆面做心子，而元通"张麻糖贯香糖"还要加进炒芝麻面等多种配料，贯入后再继续拉至饴糖发白、发泡，成圆筒形，最后在竹簸箕里滚黏芝麻，待其冷却后即可品尝。

该风味小吃，色泽微黄发亮，香甜酥脆，入口化渣，放置较长时间亦口味不减，故崇州及邻近县、乡的人们多将其作为招待客人的零食糖点。

■ 致华堂白雪糕

致华堂白雪糕，是元通远近闻名的风味糕点，其制作已有200年历史。

致华堂坐落在古镇双凤街口，本为清代一位颜姓人家所开药铺之名。该药铺在配方售药的同时亦兼制作滋补食品，其中的白雪糕尤为有名。此糕选用上等糯米用微火烘脆、发泡，磨成细粉后晾在阴凉处使其回润，再拌以消食、滋补的甜香药物，加上蜂蜜、白糖，置于模具中打紧实后切成片、块，最后在上面抹一层红色或粉红色米粉即加以包装。

致华堂白雪糕甘甜滋润，香味独特，松软绵泡，不沾牙，不燥口，入口即化，深受人们喜爱，尤其是老人、小孩、病后者。人们常将其装入拜匣或礼盒中以作馈赠，因而行销川西各县。

白雪糕本为崇州一地之风味糕点，在邻近县乡非常有名，崇阳镇的"四香水"、"瑞兰斋"都是生产白雪糕的著名作坊。然而在所有作坊生产的成品中，元通致华堂的白雪糕却技压群芳，其制作工序在"烘脆"环节上不同他坊，且多"回润"一环。更由于所加甜香药物为致华堂秘方，故该白雪糕两百年来能独领风骚，及至今日，亦仍为广大消费者所喜爱。

（三）地方特产

■ 川芎

据宋代宋祁所撰《益部方物略记》载："芎、蜀中处处有之……成都九月九日药市，芎与大黄，如积香溢于廛。……今医家最贵川芎、川大黄。"并赞川芎云："柔叶美根，冬不殒零。采而掇之，可糁于羹。"又据《四川通志》载："川芎，灌县、崇庆州出。"

北接灌县（今都江堰市）、地属崇州的元通，自唐代开始种植川芎，及至今日，已有1300多年历史。故老相传，隋末唐初，药王孙思邈入蜀，喜爱"天国翠微"山水，曾结庐于街子炼丹修行。孙思邈精通药理，他见川芎茎节长、不定根，便试验用其茎节栽培，并获成功。于是元通、都江堰等地农民竞相种植，而元通一地所产最为上乘。其后元通川芎种植也一直未见衰减，种植面积常在千亩以上。

元通川芎选用正山细芩种（川芎茎节），以猪粪水、油枯为肥料，经三薅三培，冬季拔叶壅土，次年小满过后起挖。起挖后晒至根须干脆，去掉泥土须根，再上炕用文火烘至干透。元通川芎肉肥油足气香，剖开可见菊花型纹路，此所谓菊花心子，与他处所产迥然有别。元通川芎具有显著的祛风除湿、补血行气等药用功效，该地人们还常用它做烟坠子或其他装饰物。往昔商人常通过西河航路来此贩运，民国《崇庆县志》云："秦皖商人来贸迁者咸首驻焉。道咸间盛时……灌境芎、泻均运至是，舟载赴渝。"由此可见，元通古镇，既是优质川芎的出产地，又是灌、崇川芎外运的集散地。

■ 陶瓷花盆

早在东汉时期，元通是地，制陶业即很发达。特别是自明代以后，该地制陶业更是继承了崇州隋唐时期陶瓷生产的优良传统，以烧制黄、绿釉制品为主，其产品以质优价廉、艺术独特而闻名于世，产品畅销省内外。据民国《崇庆县志》记载：元通"陶瓷如坛罐、砖瓦之属，则甲他乡，岁四、五万及数百万，流行颇广"。今镇南迤逦一两公里的瓦窑坎，便是元通窑场集中地。这一带土质灰白黏稠，俗称白鳝泥，最适宜烧制优质陶瓷。旧时生产的炊壶、朝天罐、半缸、玉碗等，通透性好且不渗漏，适宜上蒸笼、腌咸菜等，因而受到远近群众的喜爱，以车拉、马驮、肩挑运往各地。

▼ 元通川芎

▲ 陶瓷花盆

延续到今天，元通陶瓷以传统工艺（慢轮手制）为基础开发出各式各样的花盆、花钵，有素面无釉的敞口浅腹盆，适宜种植阔叶类花草；有斜直腹深的筒形盆，种上兰草格外挺拔；有黄、绿、白釉的三彩龙纹盆，栽上各种木本花更见精神。花盆外壁或描绘花草，或装饰鱼纹，颇具艺术观赏性，可根据居住环境选用以增温馨气氛。

元通花盆透气性能好，保湿而利水，特别有助花草长势。因其成本低、物美价廉，常整车运往成都及邻近县份。游客至此，亦不妨挑上几只，带回家中，自可赏心悦目。

■ 竹箩

元通竹器早在清代就已享誉四方。民国《崇庆县志》有"民间所作竹器，夙称优美"的记载。其中又以竹夹箩（即箩篼）名闻半川。据《元通镇志》记载："平安、禹王、兴店三村的箩篼在邻近县、乡负有盛名，至今不衰。"

元通先民善于用竹，今元通场北场口二里的新石器时期遗址，即可见及用竹做骨糊泥墙的残留遗存。今元道人更是把竹制品做到了极致，其代表器物就是竹箩篼。编竹箩篼要在冬天砍取老竹划成篾丝编外筐，用一年生或二年生的竹子剖为薄篾条编内胆。无论外筐、内胆，都要经过匀刀，划为宽窄统一、棱口整齐、厚薄均匀的篾丝或薄篾条，经晾干后编织。箩篼方底圆敛口，内胆紧贴外筐，到箩篼口沿处再用浑圆的竹条锁口。编好的箩篼还要用柏枝烟熏至深黄。元通箩篼，能盛油菜子、面粉等，还能盛水；翻转箩篼，三四人站于其上踩压，不作响，更不变形。每到春天，川西各县的农民、开碾房的主人等纷纷赶来购买备用。清明节时，文井江河坝竹箩重叠高耸如排柱，但到中午便全部售罄。人们为买到元通箩篼而高兴，常对人炫耀：你知道个啥，这是元通场的箩篼！

■ 元通铸铁

▲ 竹箩◎

▲ 元通铸铁◎

▲ 街边制作棕刷的大嫂◎

元通铸铁，已有500多年的历史。早在明清时代，该地铸铁工人即曾浇铸出一吨以上的大铁鼎及巨型铁磬、铁钟等，而明、清两代元通所铸铁锅更是名播川西各县。元通铁锅，厚薄均匀，铁水匀净，无砂眼夹灰，烧煮省柴省时，百姓称为"广锅"。及至民国时期，该地铁器铸造已有30多家，其中兴顺源锅厂培养出的铸工更是遍及川西各地。

随着社会发展，铁锅、铁鼎退出历史舞台，而今元通铸铁，已转向生产铁管和铁花门窗等，但仍保留着本地传统铸铁的种种优点。铸铁管以直、长、接口吻紧著名，不仅可作下输水管，亦可用作上提水管。目前元通铸铁管销售全国各地及港澳地区，镇域有全国著名的川建管道公司。铁花亦负盛名，作为门窗装饰有动物造型、花卉静物，甚至山水图画。铸铁工人巧妙地制成砂型，模铸成千姿百态的建筑构件，深受建设部门和普通百姓的欢迎。

■ 棕刷

顾名思义，棕刷乃是用棕榈树叶片抽出的棕丝穿制而成，用于刷洗衣物，又叫擀衣刷。元通邻近乡、镇均有生产，但元通所产最受市场欢迎。往昔镇上的棕刷市场有时要占半条街。

元通棕刷板子厚，窝子大而密，棕丝均匀（俗称挑丝）且长短适度，穿扎紧而使用称手耐用，较他处为胜。往昔做下河生意的商人，常常将成百上千提（一提二十把）棕刷从西河运出川西平原，沿途销往乐山、重庆，直至上海。成都坐商亦亲来收购，坐镇元通，雇脚夫担回成都，或联系生产家庭，一批批担往成都上货。若年成不好，棕叶歉收，则往往供不应求。

20世纪80年代以后，元通棕刷产量少了许多，但洗衣机尚不能完全代替棕刷刷除领口、袖口、裤脚等处污渍，因此目前虽仅有零星生产却反而供不应求。去元通镇上赶集，街边常可见到有穿刷人边穿边卖，这已成小镇的一道风景。

（四）民俗风情

旧时元通民俗，与崇州市辖各镇多有相似之处。随着时代的进步，一些在元通同样流行的民俗娱乐活动，诸如"请耙耙神"等，今已消失殆尽，但作为最能体现水乡古镇民俗风情的"清明会"，却一直延续至今；有些节庆盛会，诸如"上元灯杆会"和"王爷会"，较之川西其他古镇，其表现形式虽亦有相似之处，但却具有元通本地民俗风情的显著特色。此"三会"，自可作为元通日后旅游文化深度开发的重要内容。

■ 元通清明会

据地方史志记载，元通清明会起源于明代，到清代乾隆时期达到鼎盛，其后亦长盛不衰，并成为蜀中"三大盛会之一"（参见前《文化积淀》）。

旧时每年清明节，该会即在镇场及文井江河坝举行。会期往往延续三至七天，有时甚至长达半月之久。事前总会首在上三倒拐关帝庙宴请各行业代表和有关方面人士，商定会期天数，确定邀请的戏班、乐队，以及参加游行及其他节目的人员，并向各行帮摊派所需经费。临时营业的，则到时按情况逐日收费。

清明前夕，河坝两岸已是戏台高搭、席棚遍地，沿河上下五彩缤纷，彩旗飞舞。除已有的汇江、长寿、姜市、烟市四桥连接河坝两岸外，还会临时搭建几座浮桥，为来往于文井江、泊江两岸的人群提供方便。

届时川西十几县的人们都会赶来参会，或交易货物，或看演出，或走亲串友，或休闲娱乐。河坝里竹木市、花草市、百货摊、小食摊、杂耍、马戏等，均会被川流不息的人流围裹得水泄不通。

每天早晨，放铁铳三响，城隍开始出巡。从给孤寺起驾游街，后跟提灯会、身灯会、阴差会等队伍，身灯会裸体挂灯或身嵌明晃晃小刀，化装成英雄模样，扈从城隍大驾缓步前行，极为威严。小鬼、判官，装扮奇形怪状，摇头晃脑，愉悦观众。川剧演员们的平台会则是截取某剧一情节化装游行。沿途人潮如堵，尾追欢呼，游行队伍直到河坝神棚方才歇驾。神棚旁有和尚念经，先生讲圣谕，内容多为忠孝节义故事。与神棚相望的是戏台，台前张天花，右为女眷们坐着看戏，左为茶园，可边品茗边看演出。每天演戏五场，分早台、整本、下本、垫台、夜台，大体演出剧目为加官、贺寿、酒戏及一些轻松的内容，诸如《泰安山》、《别洞观景》等，最后一天加演《灵官扫台》，意为一扫邪魔鬼怪，保一方清净平安。

元通清明会曾吸引不少著名演员到此演出，诸如川剧名演员杨玉凤、宋书田、白幺举人、高蛮子、乐易凤等，皆以能到元通清明会演出为演艺生涯的一大幸事。

已传承数百年之久的元通清明会，而今依然热闹非凡，并已成为崇州北部一大物资交流盛会。它不仅使水乡古镇的民俗风情得到了最为集中的彰显，而且在革除了迷信内容后更显得健康充实。

▲ 赶清明会的人们◎

▲ 茶社品茗◎

■ 王爷会

每年农历六月初六的元通王爷会,则是元通是地祭祀主管漕运水神的盛会。

元通下汤口原有一座杨泗庙,供奉水神杨泗,该水神在当地百姓的心目中,乃是一位掌管河水涨落、保佑航船平安的"镇江王爷",故人们都亲切地称杨泗庙为王爷庙,把祭祀他的集会称为"王爷会"。

杨泗庙亦称杨泗将军庙,本多见于水灾频发的两湖地区。在湖北、湖南民间,崇信杨泗将军的习俗相当普遍,许多临水的地方,都修有杨泗庙。民间传说他是一位专斩孽龙的大神,每年春天在水口把关检查,如果是旱情发生兴云布雨的龙,杨泗将军便放它过去;如果是兴风作浪翻船害人的龙,杨泗将军便用宝剑将它斩为几段。

建于清代的元通杨泗庙,即为两湖地区入川移民所修,这实际上是跨地域之民俗文化与元通本土文化的有机融合。自清乾隆时期及其后,元通古镇已成西河上游的主要水运码头,专做下河生意的油盐帮、木材帮以及无数的船、筏工人,在每年洪水将到的农历六月初六,都要千方百计赶到杨泗庙礼拜王爷,各渡口、码头也要烧香化钱,叩头礼拜。庙前搭台演戏,费用由船主、商家各帮酌情负担。船筏工人则放假一天,他们给王爷行过礼后便尽情玩耍,喝酒打牌,格外欢悦。百工百戏、小摊小贩也来赶会,农家人则从各处汇聚杨泗坝参与娱乐,购买所需物品。

元通王爷会,尤其具有水乡民俗特点,在川西各古镇极为罕见,颇具旅游文化开发价值。

■ 上元灯竿会

盛行于川西各古镇的元宵灯会,在元通则称之为"上元灯杆会",又称"烧灯会",旧时会期定在农历正月初九至正月十五。

初九日,四乡六里的狮灯、牛头灯、车灯、幺妹灯等先后拥向场镇各街,踏着音乐吹打节奏,边舞边唱,每至一家店铺前便狂舞一番,店主都要给这些演出队一些钱物以示答谢,无论多寡,灯队也不争执。舞后,灯队各自散去,次日又有灯队来临。从初九至十五,每日晚上,惜字宫门前和双凤、麒麟、增福各街口及场头场尾路口都竖起灯竿,竿顶悬大灯叫"玉皇灯",其下并排挂28盏小灯叫28宿灯，因成两行整齐排列，故又叫"雁鹅灯"。鉴于这一特点，所以元通灯会又有"上元灯杆会"之称。

及至正月十五晚上，元通灯会则直达高潮。家家户户吃过汤圆，便争相涌上街头看龙灯。来自各行会组织的火龙灯，天刚黑即出灯，管事者持"纱灯"为前导，十多人执油鞭火把两边护灯，密锣紧鼓则伴随其后。一到街上人群集中处，火龙灯便飞旋起舞，舞火龙者头戴斗笠，上身赤裸，光脚穿草鞋，在四周喷火花筒的射击中蜿蜒起伏，腾挪跳跃，回旋自如。满街灯竿油灯通明，天空中圆月皎洁，街面上火星如雨，其景象真是绚烂而热烈！舞龙者似不觉烧灼之痛，待到花筒喷完还不忘问"还有没有"，直令围观者开怀畅笑。据说长期舞火龙者每年到上九以后皮肤就会发痒，需经烧灼方才舒服，亦不知是真是假。古镇元宵火龙舞，由来玩得热烈，烧得痛快，故当地人们干脆把"元宵灯会"叫做"烧灯会"。

（五）饭店、旅馆

■ 主要饭店介绍

古镇从北到南有餐饮店20余家，其中最具代表性、为人津津乐道者有玉麒麟饭店、黄豆花、苗乡火锅及严红饭店等。

◆ 玉麒麟饭店

该饭店坐落在街安路涌泉南街163号，面向古街区，背靠田畴。店内张挂有名人字画和咏赞元通历史文化的诗词歌赋，具有颇高的文化品位。登楼凭栏，东望平原田畴风光，林盘青翠，瓦舍俨然，令人心旷神怡；西览古镇屋面鳞次，文井江蜿蜒镇侧，尤感恬然闲静。饭店厨师有从业20多年的经验，善于创造，已开发出火巴泥鳅、羊藿儿羹等地方风味菜品。火巴泥鳅以当地漕田、河沟野生泥鳅做原料，经由烧、煸、煎、煮，可烹制出20多道菜品，其口感滋味各不相同，曲尽其妙。羊藿儿羹以无根、苟万山区及本地河沟边野生羊藿、鲜嫩带壳芽笋为原料，剁成脍，煲成羹，鲜香可口、营养丰富。

▼米汤泥鳅◎

▲四季豆烧鳝鱼◎

该饭店适宜各个阶层，是古镇机关、企业及民众宴请宾客的主要场所。店内人员素质很高，可提供古镇导游和历史文化介绍服务。

◆ "黄豆花"

该店已有20多年经营历史，以风靡川西的手工石磨豆花为主要菜肴，兼营以农家方式烹调的家常菜。豆花细腻入口，绵软而不老硬，鲜嫩而耐箸夹，以卤点者、汤淡黄而味清香，以膏凝者、白净而能清热，尤以蘸水浓稠、麻辣适度著称，食之浑身舒爽，堪称元通一绝。其他炖、烧、炒、烩、腌渍、盐卤等菜品均为农村家常。在崇尚口味的今天，该店独以家常风味小吃深受顾客喜爱。自创立以来，200多平方米的店堂常有150人左右在豆花的腾腾蒸气中一饱口福。

▲玉麒麟饭店◎

▲ 苗乡火锅店菜品 ◎

▲ 元通苗乡火锅店 ◎

◆ 苗乡火锅

该火锅店位于汇江西街96号，乃引进贵州苗族烹饪习惯和技艺，结合崇州人喜食竹笋的特点而创立。其火锅采用贵州高山嫩笋和古镇农家放养的土公鸡作为主料，香味尤其浓郁，汤色异常鲜美，营养搭配合理，具有开胃健脾、补而不腻的特点。开业10多年来，能同时接待200多人的店堂里经常宾朋满座。2007年后又新设现代宴会中餐，与火锅相得益彰，成为古镇集传统与现代、川西与外地餐饮习俗之大成的主要饭店之一。

◆ 严红饭店

严红饭店地处文井江西岸红瓦街92号，以业主严红命名。饭店主要以工薪阶层和一般民众为消费对象，可提供一系列味道独特、物美价廉的菜品，如脑花豆腐、烘毛血旺及大众卤菜等。脑花豆腐鲜香味浓，外凉内热；毛血旺用鲜血烹调，火候精确，老嫩适中；卤菜品种甚多，味道各有差别。消费者可各按喜好、奢俭多少任意选择，深受机关工作人员、工贸从业者及赶集农村群众欢迎，在古镇饮食店中别具一格。

■ 客栈旅馆

古镇客栈旅店大都小巧、幽静而整洁，具有浓烈的平民风格。无论传统意义上的所谓鸡毛小店，或具有时代特征、设备齐全的现代旅馆，都继承了元通人热情好客、服务周到的地方习俗特色。鸡毛店大多以私家院落递进式四合院为店址，房舍古色古香，陈设简洁朴素，尽管这家与那家在细节上小有差别，但各有风味情趣，入住其中，均有返璞归真、融入水乡古镇历史文化的特殊享受。目前已有四家"鸡毛店"，共计能接待300多人住宿。

在元通，最大的旅馆是大桥旅店。该店坐落在古镇南场口元通大桥头，毗邻车站，三层楼房，建筑面积600多平方米。凭栏眺望，无根山翠迹连天，文井江轻波细浪，古街区拱脊飞檐，平畴上林盘座座，一幅幅天然图画尽可全收眼底。店内卫生、通讯、娱乐等设施，一应俱全，可同时接待200人左右。店内安全保障处处到位，事事为旅客着想，随时提供优质服务。又因临近车站，进出方便，故常为游客所首选。

（六）古镇游览路线及示意图

游览元通古镇，可选择三条路线。

第一条路线，从都江堰、街子方向，在镇北口味江大桥进入长寿街，可探访古圣佛院遗踪，观赏三江交汇的壮丽景象，瞻仰古朴、雄浑的永利桥；然后经半边街至其南端，参观古当铺，再转入东盛街，可在古银杏树下稍事歇息。午后可去双凤街游览街景，参观广东会馆、江西会馆与致华堂遗址。再经惜字宫街西走汇江，登临汇江大桥，观览元通山水；如当天留宿古镇，尽可伫立桥头，欣赏"汇江夕照"的绚丽美景，或沿江漫步，聆听江涛如歌，或许就会碰上鱼蹦滩的壮观景象。如果只作一日之留，可走马观花汇江桥、麒麟街全景。沿麒麟街可次第参观小姐楼、黄氏故居、黄氏宗祠、罗氏故居、天主堂。

再经增福横街至增福街，瞻仰王国英烈士故居。傍晚可去品尝元通豆花，或去苗乡火锅烫一回元通的桩桩龙门阵。

第二条路线也由场北进入，历新街、东盛街、半边街、长寿街再回汇江大桥、麒麟街，在三倒拐吃午饭，午后依次如前一路线。

第三条路线从成都、崇州方向至场镇南口客运站下车，经增福街进入，与第一条线路反向而行。

如从崇灌公路由观胜镇西至元通古镇，可在街安路右拐从第一路线起游，也可左拐从第三路线起游；如直接西下高坡，拦腰进入麒麟街，可先往北游然后再回转南下游增福。

三、出行指南

如从成都出发，可到成都金沙车站、城北客运中心等处，搭乘前往崇州的班车。

在崇州客运中心站、长运司唐安西路站、西门乡村客运站，从早晨至晚均有由崇州至元通的班车，不间断发车，10分钟即可抵达古镇。客运中心尚有大客、中巴至元通、怀远、街子，半小时一趟，元通为第一站。上述车辆均开来回，回程极为方便。

街（子）安（仁）路每日尚有数趟公车，车出街子第一站即元通。

川西旅游环线大邑至街子、都江堰至大邑也经街子、怀远，途中均有站口下车转元通，只需10来分钟即可抵达。

从成都出发自驾游，经成温邛高速或省道华（阳）怀（远）路，一个小时即可直达元通。

四、保护规划与旅游开发

■《保护规划》述略

2006年——2007年，崇州市及元通镇两级党委和政府，已聘请成都市城镇规划设计研究院，对该镇进行了《总体规划》；在此基础上，又依据《中华人民共和国城市规划法》和《中华人民共和国文物保护法》以及建设部、国家文物局《历史文化名城和历史文化街区、村镇保护条例》和《历史文化遗产

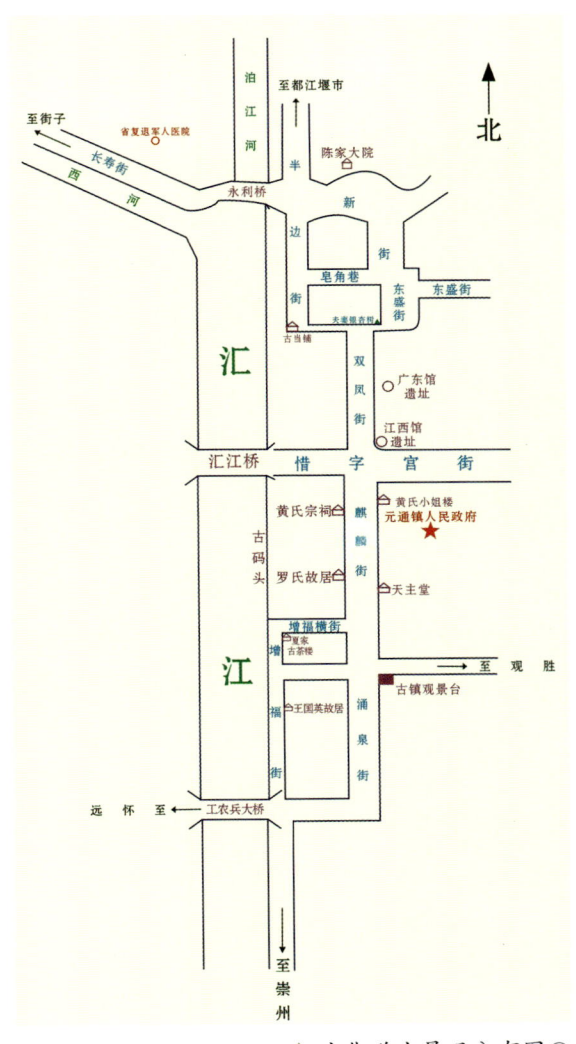

▲ 古街道古景观分布图 ◎

保护规划规范》等一系列文件，针对该镇的历史现状，进一步制定出全面而科学的《崇州市元通历史文化名镇保护规划》（以下简称《保护规划》）。

该《保护规划》坚持"保护为主、抢救第一"的方针和"以保护为主，保护与利用相结合"的原则，并根据元通古镇区的格局形态和历史古迹分布状况，确立了"点、线、面"相结合的保护结构体系。"点"是指文物保护单位和古院落保护点。"线"是指保护滨河环境和古镇区南北向主轴线长寿街—半边街—双凤街—麒麟街—增福街的地物特征。"面"是指以麒麟街为重点的具有传统风貌的历史街区。这一保护结构体系可具体概括为"四点、两轴、两片"。"四点"指北部永利桥（包括陈家大院、川建广场）、惜字宫字库广场、天主堂广场（包括天主教堂、黄氏故居、黄氏宗祠、罗氏故居）、王国英故居。"两轴"指古镇区长寿街—增福街主轴线和汇江（西河）滨河景观轴线。"两片"指双凤街及以北历史片区和麒麟街及以南历史片区。

◆ **古镇区的三级保护**

为了有效地保护古镇历史传统街区的历史文化和环境风貌，遵循"整体控制、严格保护、统一协调"的原则，规划以古镇区为中心，将全镇区划分为"核心保护区"、"建设控制区"、"环境协调区"三级保护区，并确定了相应的保护和用地控制要求。

①核心保护区

该区范围为：北到长寿街，南到增福街，西以文井江为界，东到南北向主轴线以东，面积达19.26公顷。其保护类别又分为重点保护区和风貌保护区。重点保护区指文物保护单位和典型店宅院落，诸如黄氏故居、黄氏宗祠、天主教堂、麒麟街民居（含罗氏故居）、王国英故居、陈家大院、永利桥；风貌保护区指历史性街区连片成块的传统建筑区，如麒麟街及其横向街巷的沿街建筑。

对于重点保护区内古建筑，皆以其四周延伸10—15米作为建设控制地带；迁出占用单位，整治院落环境，并彻底维修原老建筑。永利桥亦在其四周延伸5米作为建设控制地带，维修大环境。

与此同时，《保护规划》还要求对核心区内的建筑和街巷空间以保护和维护为主，严禁任意拆除和改建。确需改造或新建的建筑，其形式、色彩和风格应与现存的建筑相协调，细部构件和装饰构件均须采用传统古建筑的形式和风格，建筑层数控制在3层以下，檐口高度不得超过10米。核心区已建建筑与环境不协调的应拆除或按前面的要求进行改造。核心街区道路，特别是步行主道和支路均需以青石板铺筑。核心区古树名木要挂牌保护，落实责任单位和责任人。

②建设控制区

该区范围为：东到麒麟新街以东，西到文井江边，北到城镇规划区北端消防站，南界元通大桥，面积43.93公顷。控制区内建筑采取整治和逐步改造的方式。砖混平顶建筑逐步改成小青瓦和坡屋顶，瓷砖墙面和色彩不一的建筑逐步改成浅色涂料。新建房屋不得超过四层，体量不宜过大，屋顶以青瓦坡屋顶为主，建筑外墙装饰采用部分传统居民符号，墙面色彩以白色，浅黄，浅灰为主，并保护好区内的古树名木。

③环境协调区

该区范围为建设控制区以外的城镇规划区除工业集中发展点以外的建设用地，面积为290.07公顷。这一区域应在保护自然环境和在城镇新区建设上两个方面加以协调控制。加强汇江的水源保护，严禁破坏沿河两岸的天然植被，特别是已有的古树名木；严禁污染物排入水体，整治沿河环境，开发以绿化环境为

主的休闲旅游项目。新区建设整体空间尺度要与古镇区相协调，建筑层数一般控制在4层以下，居住建筑体量不宜过大，屋顶尽量采用坡屋顶，墙面色彩以清爽淡雅为主，外观造型尽量体现川西地域建筑文化传统，禁止外墙使用瓷砖、屋顶使用琉璃瓦。

◆ **古镇景观结构及其保护**

根据元通古镇的特点，结合该镇所处的环境和形态，首先保护好该镇的外部空间环境，作为其重要的环境依托。其次保护好古镇空间环境（尤其是建筑风貌的控制）。同时加强古街区的空间景观、街巷出入口、节点和重点地段的保护和控制，以及临河街街景立面的保护。

▲ 天主堂广场效果图◎

▲ 惜字宫效果图◎

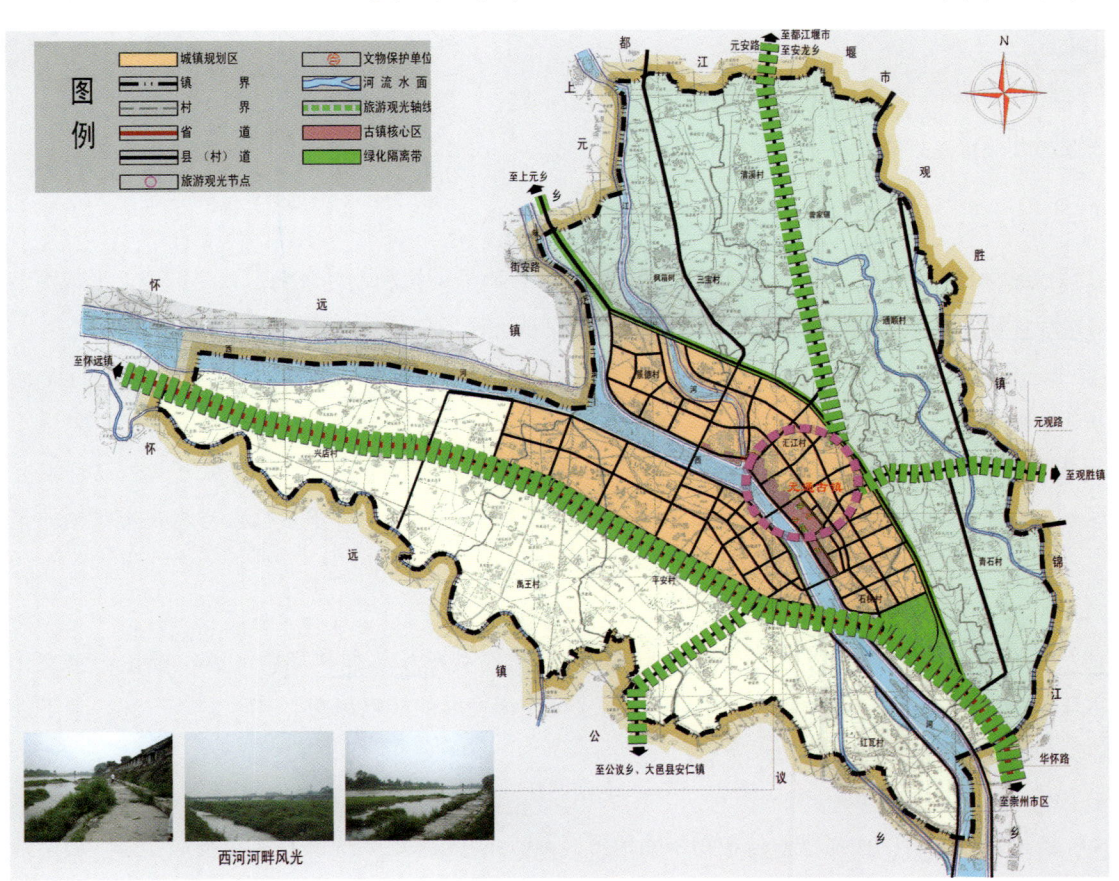
▲ 镇域历史文化环境规划图◎

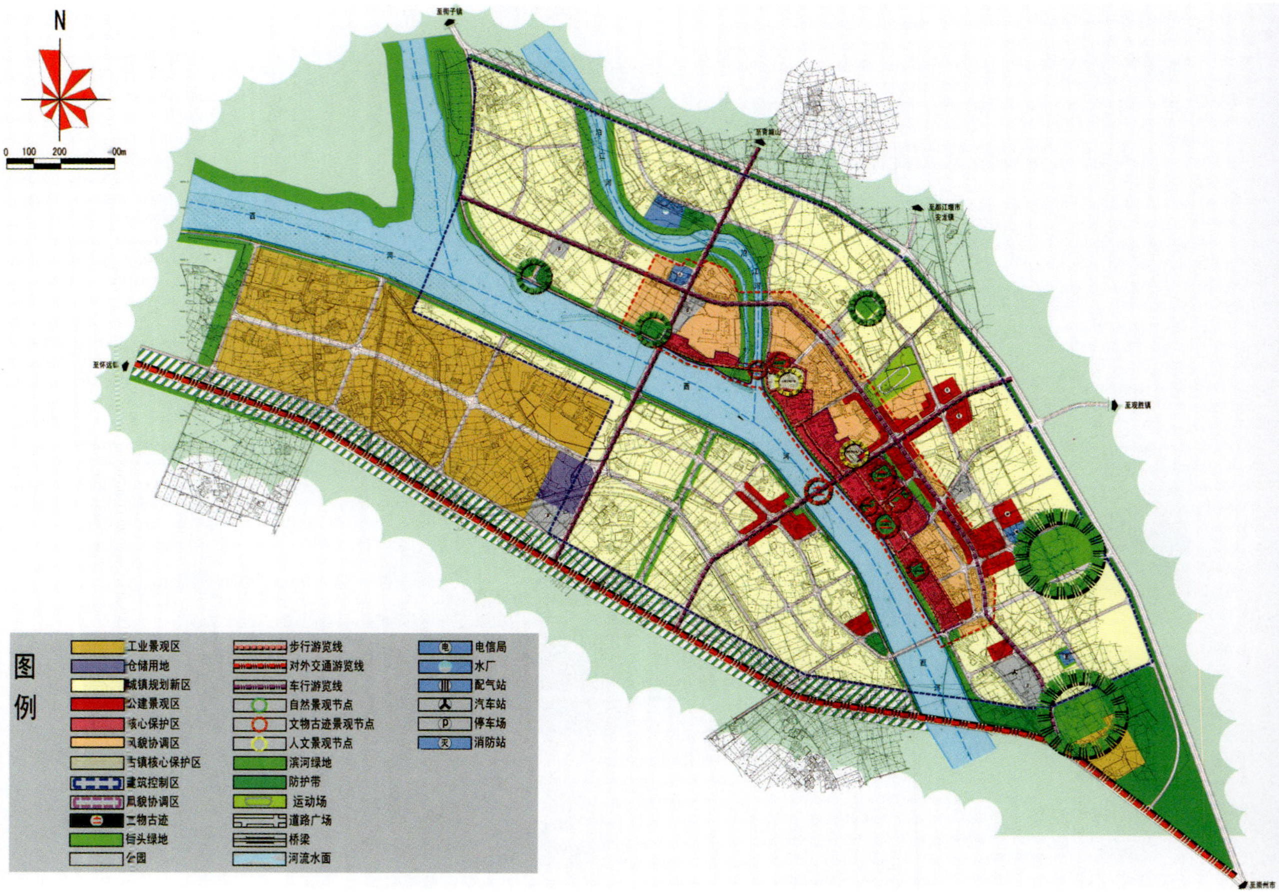

▲ 镇区旅游景区及线路规划图◎

规划在传统格局的基础上，拟加强景观视廊的通透性，亮出沿街景观，并规划两处小广场，形成两节点，以丰富景观环境，拆除影响景观视线和拥塞的建筑，形成元通历史文化名镇气派古雅的景观形象。

◆ **环境生态保护**

①维护山、水、镇、建筑一体的生态环境结构

古镇历史街区，紧贴环境优美的汇江边，构成古典水乡优美的诗意环境，具有良好的生态环境品质，在《保护规划》实施的过程中，拟加强山水环境的生态保护，继承和维护古镇人与水共生共栖的亲密关系。

②坚持可持续发展的战略思想

历史遗产是不可再生的宝贵文化资源，山水环境乃是生态敏感和脆弱的环境元素。要让历史文化资源和山水环境的景观资源能永续利用，即需长期树立可持续发展的战略思想，克服急功近利、急于求成、盲目随意的决策和行为。

③制定有效的水环境治理措施

保护区内各类设施配置，均要注意绿化和空间组织，避免和减少对空气、水体、土壤的污染。继续不断地加强周边地区自然植被、水源水质保护，禁绝汇江上游沿线的污染源形成，以保持良好的生态环境。

④整治和规范环卫设施

古镇的排水体制，拟逐步实施雨污分流，核心保护区在分流实施时先行安排。

严禁在汇江边倾倒垃圾，科学布局垃圾站点。垃圾收集站点的形式，要与周围环境相协调。公厕布置在既能方便游人、又不影响环境景观的位置，其建筑形式必须与周围环境相协调。核心保护区内的市政小品（如路灯、果皮箱、垃圾收集箱、消火栓、邮筒、指示标牌等）的形式、色彩、风格，均应与历史街区风貌、色彩和尺度相协调。

◆ **非物质文化遗产的保护**

"元通清明会"为川西一大历史传统盛会，亦是崇州北部最享盛名的物资交流大会。其会期长，规模大，场面壮观。在元通，还有川剧、京剧座唱活动，有信鸽放飞活动等。这些活动与清明会等，均极大地丰富了人民群众的文化生活。规划要求保护上述活动，并为其提供活动场地。鼓励挖掘元通非物质文化遗产，丰富元通古镇保护内容，以为元通镇旅游发展服务。

■ **《保护规划》的实施与旅游开发**

为实施前述内容，《保护规划》还分期确立了保护规划的目标。截至目前，其近期目标已经完成。古镇街景立面和环境的改善和整治初见成效，核心区居民生活质量普遍得到改善，各级文物保护单位亦得到有效的保护和利用，诸如天主教堂、黄氏故居、黄氏宗祠、罗氏故居、王国英故居以及永利桥、陈家大院等均得到良好的保护和必要的整修，成为了人们观光游览的好去处。其景观整体结构风貌已逐渐显露出水乡古镇古朴典雅的气质，古镇游览线路亦基本成型（参见前文）。游客至此，已能感悟到水乡古镇的独特风韵，得到一份意想不到的惊喜。

目前该镇正加大保护与整治力度，一些准备原址重建的古代建筑诸如广东会馆等，亦在实施或规划之中。可以预料，用不了几年工夫，元通古镇的历史文化环境将进一步得到全面而有效的保护和整治，各级文物保护单位均会得到更加完美的展示和合理的利用。其周边环境将变得与历史文化名镇协调一致。三江会合的汇江水会变得更清更绿，古镇水码头亦将再现历史风韵，并与周边山水相与映衬，呈现出一派迷人的旖旎风光，成为人们游览观光、休闲娱乐的佳美之地。

今日之元通，已显露出水乡古镇的独特风貌，吸引着四方游客前往一睹风采；未来的古镇必将风光无限，成为崇州北部旅游金三角上的亮丽景观！

主要参考文献

【宋】宋祁撰：《益部方物略记》，上海古籍出版社《四库全书》影印本，1987年版。

【宋】范成大撰：《吴船录》卷上，上海古籍出版社《四库全书》影印本，1987年版。

【清】《四川通志·物产》卷三十八，上海古籍出版社《四库全书》影印本，1987年版。

吴康零主编：《四川通史》（第6册），四川大学出版社，1994年版。

赵锡昌主编：《元通镇志》（内部资料），1987年版。

成都市城镇规划设计研究院：《崇州市元通历史文化名镇保护规划》（内部资料），2007年12月。

※ 本篇原基本图文资料由元通镇人民政府提供，舒德林、施权新收集整理。

18 金堂县五凤镇

◀ 穿镇而过的黄水河 ●

　　五凤镇地处龙泉山脉中段东麓,距成都47公里,距金堂县城45公里,是金堂县三大建制镇之一。东与白果镇、简阳市宏缘乡相临,南与简阳市灵仙乡交界,西与龙泉驿区清水乡相连,北与白果镇、青白江区人和乡接壤。全镇面积62.7平方公里,辖7个行政村、两个社区居委会,176个村民小组。全镇总人口2.9万人,其中城镇人口0.5万人,场镇建设面积1平方公里。

　　古镇区一面临江、三面环山,黄水河穿镇而过,经王爷庙汇入沱江;镇区内山水相映,景色优美。

　　古镇始建于五代,清康熙年间开始兴盛,清中叶已成为川西著名的水陆码头。

　　2004年5月,五凤古镇被命名为成都市历史文化名镇,9月被列入成都市重点镇,2005年12月被命名为四川省历史文化名镇。

　　自2004年被列为重点镇以来,已先后完成五凤镇总体发展规划、五凤镇古镇保护规划、五凤镇第一期工程修建性详细规划、五凤镇历史文化资源整理、五凤镇场镇风貌整治、五凤镇水景观工程、万亩生态桃花观光园、淮罗路景观大道打造等工作。而今,在成都市"建设世界现代田园城市"的目标定位下,该镇充分发掘人文历史资源,努力打造具有"码头文化"和"移民文化"特色的"山地古镇"。凭借其优美的自然山水环境和丰富的人文历史资源,五凤古镇已成为成都东北"沱江旅游休闲示范线"上的重要节点。

图片:◎ 金堂县五凤镇人民政府提供
　　　● 严永聪　摄影

一、古镇历史文化概述

（一）古镇沿革及其得名由来

■ 古镇沿革简说

　　五凤始建于唐末五代，清置场镇。据1994年版《金堂县志》记载：五凤位于县城南，处于沱江西岸。宋代曾于境内设柏茂镇。清康熙年间（1662—1722）于此建乡，名"五凤溪"。清末为金堂第五区所在地，民国二十四年降置为五凤联保。民国二十九年改置为五凤乡。1953年，经省人民政府批准，从五凤乡划出集市部分，设五凤镇。1958年9月撤销五凤镇建制，并入五凤人民公社。1961年8月复置为五凤镇。1989年3月五凤镇和五凤乡合并，实行镇管村体制，隶属金堂淮口区管辖。1992年拆区建镇，五凤镇直属金堂县管辖。

① 山地古镇远眺◎
② 五凤沱江风光◎
③ 古镇地貌◎
④ 形似"凤凰展翅"的古镇地形示意图◎

■ 古镇以五凤命名的由来

据《金堂县志》记载："石城山（即云顶山）自黑风寺以下，山抱屈曲，由北而南而东，周围五十里，一路尖峰排列，瘦削逼人，遥望之若冲霄五凤，破空而出，其峰之尖且高者五，前人定其名为：金凤、玉凤、青凤、白凤、小凤。五凤之间，有一黄水河，终年水色浑浊，流动缓慢，故名五凤溪。"而今五凤古镇的五条主要街道，也因之命名为金凤、玉凤、青凤、白凤、小凤。由此可知，古镇命名为"五凤"，即因四周山势地貌使然。

又有一种说法认为：古镇虽得名于"似凤之五峰"，但其建造格局，更似凤凰展翅。头向沱江，翅及金（堂）、简（阳），尾达龙泉。美凤振羽，四地皆灵。金凤街、玉凤街贵为凤躯；王爷庙、滨江路美如凤头、凤翎；白凤街飘逸绵长，颇似凤尾；青凤街、小凤街翼张两侧，宛若凤翅；诸多街巷可视为凤羽。真说得上头尾躯翅俨然天成，翎羽丰盈栩栩如生。此说虽无文献可考，但建造格局如此，自给古镇蒙上一层神秘色彩。

还有一说：五凤溪古称"卧凤溪"，山清水秀，其地形貌，唯凤可拟。传说成都府一道台游沱江，问及此地地名，因"卧"、"饿"二字谐音，便觉得此地名不好，有暗含"饥饿之凤凰"的意思。于是就取周围五峰之名，将"卧凤溪"改成了五凤溪。此乃"道台赐名说"，但仍基于"山势地貌说"，只不过明确为"官定地名"罢了。

更有一种民间传说，尤为有趣。传说西王母有五个美丽的女儿，耐不住天上的寂寞，便偷偷下凡、来到人间。五个仙女化作五只美丽的凤凰，游遍大江南北，历经无数名山大川，飘然到此。只见郁郁葱葱，山川锦绣，地灵人杰，因而流连忘返，乐不思归；最后化为了五座山峰，分别名为金凤、玉凤、青凤、白凤、小凤。于是此地便有了"五凤"之名。

上述诸说，当以第一种为是。其后三说，虽有附会之嫌，但亦可作为游览古镇途中有趣的谈资，故皆搜罗于此。

（二）丰富的人文历史资源

■ 古成都地区最长、最繁华的水陆码头

五凤位于沱江之滨，及至清代，已发展成为成都地区最长、最繁华的水陆码头，是成都东郊最为重要的物资集散中心，有"五凤溪一张帆，要装成都半城盐；五凤溪一摇桨，要装成都半城糖"的民谣传世。历史上的五凤古镇，商贾云集，文士荟萃，贩夫往来，走卒遍镇，可谓物阜民丰，盛极一时。五凤与简阳市的灵仙镇、宏缘镇，龙泉驿区的清水镇，青白江区的人和乡以及本县白果镇相连。繁荣的经济，突出的区位优势，使得五凤成为一个对周边有着极强辐射效应的乡镇。周边群众自古以来就有到五凤赶集的传统，至今仍未中断。

■ 颇具移民特色的地方人文

明末清初，战祸不断，再加上灾荒瘟疫，四川人口骤减。康熙年间，政局由乱转治，社会逐渐安定，在清政府的积极鼓励和组织之下，大批外省移民陆续从湖广、江西、福建、陕西迁徙入川。五凤凭

▲ 五凤沱江码头风光◎

▲ 古镇一角◎

▲ 古镇街景◎

借其优越的地理环境和水运条件，以磁铁般的吸引力，招来了两广、两湖及陕西、江西等地大量移民。他们与土著居民和睦相处，在五凤耕田造屋，置地经商，繁衍后代，各种文化在此和谐共生，跨地域文化的差异亦在这里得到了高度的融合。如今的小镇，仍然保留较为完好的古建筑、古庙宇，诸如陕西人以关羽为尊崇偶像、所建之关圣庙，广东后裔兴建的南华宫，江西人所建之万寿宫等，均无不有机地融合在一起，彰显着移民文化的独有特色。

和谐共生的宗教文化

历史上的五凤，不仅镇内有观音堂、福音堂、火神庙、王爷庙等古老的庙宇建筑以及关圣宫、南华宫、江西馆等客家会馆，镇周更是寺庙环立：东有灵隐寺、八仙庙；西有金象寺、炳灵庙；南有燃灯寺、太尉庙；北有白岩寺、白马庙。四方神灵汇聚一地，分享人间香火，既显现出"五方杂处、各自祈求所奉神灵庇佑"的移民社会特征，更显露出昔日水陆码头和谐共生的宗教文化特色。而今，众多的庙宇虽已败落，但其遗踪可寻，犹能据之想象当年"紫烟袅袅、祈愿声声"的繁盛景象，以及"三教九流同处、各色人等杂居"而相安无事、民风淳厚的社会风貌。

集川西山地民居之大成的古老场镇

五凤古镇三面环山，一面临江，形成了背山面水的基本格局。在镇内，各条街巷民居，以及寺庙宫观、宅院楼阁等，皆沿山地坡度展开，形成高低错落、蜿蜒变化、自由灵活、丰富多彩的山地空间布局。各类建筑均吸取传统山地建筑"因境而成、随曲合方"的处理手法，从整体上形成了一种嵌入山体的风貌，加上台地植被丰富，使建筑与环境结合十分自然，人文风光与四周山水融为一体。江边仰视，群楼错叠，如浮天宇。古朴楼阁掩映在绿荫之中，传统民居，青瓦木楼，层层叠叠，错落有致，飞檐翘角与曲线优美的山墙，变化多端，勾画出古镇屋顶组群的节奏和韵律。谦和、有序、而不失个性，尤显出山地民居建筑独有的文化特色和历史积淀，真可谓"集川西山地民居之大成"，直令人叹为观止。

■ **众多的文物古迹与"非物质文化遗产"**

在古镇及其四周，尚有多处文物古迹与历史文化遗存，诸如东汉崖葬墓群，明朝僧侣墓群，明代大学者、状元杨升庵化纸的字库塔，前清岳钟琪大将军的练兵场，清代花碑坟，被誉为"东方黑格尔"的大哲学家贺麟先生的故居、墓与贺家祠堂，独具特色的刘氏宅院、伪乡长楼，以及散落于五凤各处的大片龙化石、树化石等等。这些文物古迹和文化遗存，有如明珠，交相辉映，彰显出古镇厚重的历史文化积淀，有待进一步加以研究和保护。

最值得一提的是：2007年被列为成都市首批非物质文化遗产的"沱江号子"也诞生在五凤。传承千载的沱江号子，以它那磅礴的气势、深沉的韵律、神奇的功效、丰富的内涵，全方位地彰显出浩浩沱江的灵异，水运事业的繁荣，抢滩涉险的惊心动魄，以及船工们脚蹬手爬的艰辛劳作。其内容涵盖和反映了沱江流域的政治、经济、文化、社会、自然和民风民俗等，可以说是沱江流域人文与自然的高度浓缩。

二、五凤旅游巡览

（一）镇内外人文景观

■ **镇内主要人文景点**

◆ **五凤古街古民居**

在五凤，小凤街、青年街、玉凤街、白凤街、爱国坝、金凤街、青凤街等均属历史街区，主要形成时期为1620年—1946年，截至目前，其保存完整程度达80%。

街巷民居建筑古朴、典雅，多为前店后宅，木板铺面，木穿逗结构，青瓦

①③古镇街景◎
②古镇街景●
④古镇半边街◎

▲ 古镇小巷

屋面，风火墙，四合院。传统的穿逗结构使建筑风格基本统一，错落有致的风火墙又使沿街建筑有机分隔。街巷的转折和挑檐的遮蔽，形成了限定的视觉空间，而局部的开敞，又将黄水河与河岸景观展现无余。

屋舍的装饰有着强烈的地域文化特色，表现在朴素秀丽的色彩和寓意独特的装饰图案及精巧的细部装修等等方面。彩绘、雕刻、灰塑，比比皆是。彩绘多用于风火墙及顶部的梁柱下方，形成经久不褪的艳丽色彩。雕刻分为木雕和石雕，木雕多用于家具和建筑的门窗等部位，石雕多用于柱础和门柱等部位。灰塑是屋脊常用的处理手法，屋脊正中的装饰和翘起的屋角以及马头墙角部的花饰，都是直接采用泥灰雕塑。

在古镇民居建筑中，以陈海念宅、刘述昌宅、郭瑞栋宅、来凤楼等最富特色。

①陈海念宅

该宅坐落在青年街52号。面街一排三间，前店后宅，以中轴对称格局约制整体，过居中天井后即祖堂，且以较高台面升高上房、祖堂位置，又于左右伸出耳房；上房及耳房之上再加建一层楼房。本来上房地面就高于下房（前店）约两米，于此上建二层，更使陈宅在青年街民居组团中鹤立鸡群。尤其是耳房顶层结合亭子的造型，三方开敞附设栏杆，再以灰塑、砖柱与土夯、木构，形成了十分协调的组合。

②刘述昌宅

该宅坐落在前进巷2号。此宅的历史晚于陈海念宅。因地基为坡地，遂因势作相应处理，但一反常态而为前宅后店。在中轴对称的总体布局下，房屋局部亦充满变数，诸如大门的朝向变化、一进两厢的因地制宜、过厅的封闭和门扇的不对称以及堂屋屋面下、两角起翘近似亭阁作法等等。刘宅采用本地清末民初石砌基础、土夯墙穿逗木结构作法（民间称为穿架墙房子），和街道上相邻住宅多采用清代全木结构的房屋在用材和结构上均有所区别，这是一种技术上的进步，深究其原因，又是林木资源渐少、人口增多的必然。

③郭瑞栋宅

郭家祖籍山西，后人自称郭子仪后代，入川已有十五代人，约300多年历史。郭宅原为油坊，有炕房、碾房、榨油房多间。临街为店面，店面均为两层，通过爬梯上二层住宅。天井内栽植有桂花、紫荆等多种花木，并有假山、水缸养鱼。正堂屋后约有一米宽左右的夹层，用于贮藏贵重物品。此宅未分家时住有10人左右，现为多户居民居住。宅后稍平处种有蔬菜。平面与山坡、水沟、街道关系良好。

④来凤楼

来凤楼坐落在古镇小凤街中段，建于民国三十五年（1946），是一座典型的川西四合院民居。因该楼是民国时期最后一任五凤乡长的住所，所以又称"伪乡长楼"。

① 小凤街来凤楼入口处●
② 来凤楼正面●
③ 来凤楼内一角（任桂园拍摄）
④ 来凤楼内亭阁●

"来凤楼"既有前店后宅、四合院式的川西民居传统建筑风格，又兼有宅、厅、阁结合，融戏台、观景台、回廊于一体的风雅气派。宅院内的听风亭和观雨亭，尤具特色，在川西民居中可谓别具一格。

而这座建筑的最大价值，却在于它是按《宅经》中的忌"五虚"宜"五实"之说而设计的，充分体现出了中国古代风水学的理论观念。

大门设计偏右，左门枋略长，取"青龙压白虎"之意。门内主屋前二后三，前低后高，梯为十一级，取意"步步高升"。正房与厢房构成"凹"字形，"蒸窝式"，取意"招财进宝"。

宅院内，柱、墙均用砖砌筑，而四周外墙却用泥土筑成，为何如此？其中大有缘故。据传，此宅地形为所谓的"黄狗恋窝"之地，而狗喜土，不喜火，故外墙只能用土而不宜用火烧之砖。尽管砖土有别，涨缩不一，为防止出现裂隙，建造师们用尽了各种办法，既使房屋避火就土，又使房屋无一失衡，结合得天衣无缝。

另外，此宅"宅大门小、天井小，墙院完整，宅水沟东南流"，这也是按《宅经》中忌"五虚"宜"五实"之说而设计的"五实之相"。

伪乡长早已随时光流水而去，终未能"步步高升"，而"来凤楼"却至今保存完好，成为了一座川西少见而又极具观赏价值的旧式民居宅院。

◆ 关圣宫

坐落在玉凤街的关圣宫，又叫关帝庙，为四川省历史文物重点保护单位，是成都周边地区目前保存最好最大的一座武庙。此庙建于清康熙年间，距今约300年历史。其间乾隆三十四年（1769）、嘉庆十六年（1811）、十九年（1814）曾几经维修。

关圣宫被称为"会馆一奇"，奇就奇在"馆内建馆"、"馆中有馆"。

明末清初，两湖两广的大量移民来到五凤，建立了湖广会馆禹王宫。随后陕西、山西的移民也涌入五凤。不久，陕西、山西商人的实力超过湖广商人，并垄断了井盐和白糖的贸易。为给远在千里之外的家乡人提供来四川的方便，他们也要修建会馆，但他们选中的地址却是禹王宫所在地。他们买下禹王宫周围的土地，设计建设了将禹王宫纳为一体的关圣宫。完工以后，双方商议，关圣宫门楼、戏楼、正殿、左侧殿、左厢房为陕西会馆，右侧殿、右厢房为湖广会馆即禹王宫，大殿供奉各自信奉的神灵——关圣帝和大禹王。名为陕西会馆的关圣宫，其正殿廊柱对联曰"数定三分扶炎汉，平吴削魏，辛苦备尝，未了平生事业；志存一统佐熙朝，降魔伏虎，威灵丕振，祗完当日精忠"，但落款却为"楚省弟子述"，庙内又有"禹王会"之碑，这均可说明：来自湖广与陕西不同地方的外省移民，经多年的磨合，在文化信仰上已然融合在一起了。

关圣宫这座"馆内建馆"、"馆中有馆"的会馆在全国还是第一次发现。这充分体现出五凤人的包容与和谐，显示出生意场上是对手、生活之中是朋友的博大胸怀。会馆内"神为万国九州主；人自三湘七泽来"的对联正是这种精神的写照，透射出跨地域文化在五凤是地高度融合的显著特征。

规模宏大的关圣宫，构成了玉凤街中心空间，并与南华宫隔黄水河遥相对望。其位置居高临下，庙宇巍峨高大，气氛庄严肃穆，信众朝拜，务须虔诚登梯42级方可入内。

庙内建筑，独具特色，整体布局，洋洋大观。正殿雄伟，廊柱粗壮威严，殿顶宝顶映日，翘角企天；戏台藻井彩绘及台沿木雕，均系鬼斧神工之作；耳楼窗栏的雕镂，艺术价值可观。尤其值得一提的是两侧风火墙，疑似徽派风格，被专家称赞为川西古建筑风火墙的典型。

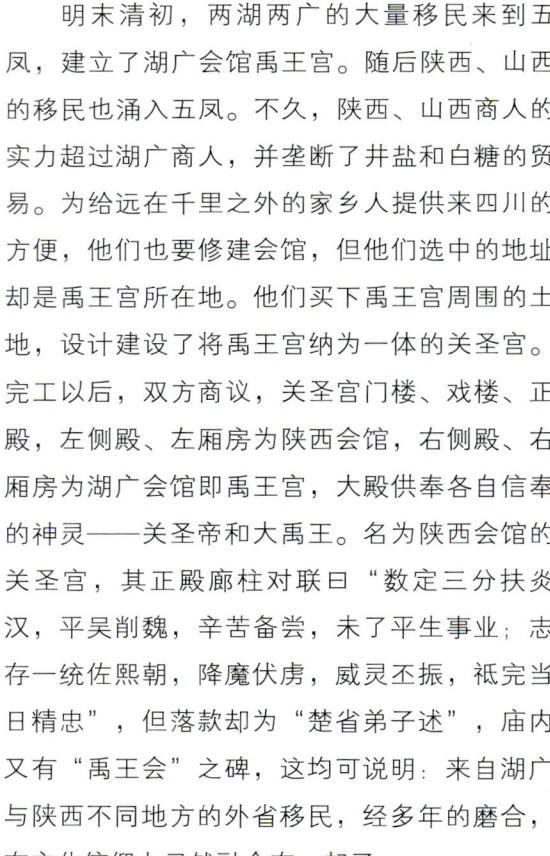

① 关圣宫●
② 关圣宫戏楼●
③ 戏楼前沿木雕●
④ 宫内回廊●
⑤ 宫内回廊木雕（任桂园拍摄）
⑥ 关圣宫内场景●
⑦ 关圣宫正殿大门◎
⑧ 关圣宫屋顶局部●

◆ 南华宫

位于古镇青凤街的南华宫，始建于清雍正年间，为成都市级历史文物重点保护单位。

该建筑占地6500平方米，建筑面积约3500平方米，是古镇规模最大的公共建筑。南华宫为广东籍移民进入五凤古镇后修造的一座规模宏大的会馆，宫内祀奉南华老祖。距今已有200多年的历史。戏台柱上的对联云："衣冠绍曲江贤相；风雅谱琼海瑞楼。"真切地表达了广东人身在异乡不忘故土的眷眷之情。

该宫坐于东南朝向西北，古镇中其他庙宇均坐北朝南，唯有此庙作如此取向。究其缘故有二：一是按风水之说，应山坡走向，选址要顾及地形地貌之全，只能作如是安排；二是按空间制衡之说，此庙与隔溪相望的关圣宫同处一轴，如果宫门北向，必与关圣宫山门互冲，彻底破坏了和谐的空间平衡；如果宫门南向，背对关圣宫，更有相互为忤之弊，故非作如此选择不可。

南华宫的建筑艺术特色，尤其表现在它的飞檐斗拱、雕龙房脊及壁画上。屋顶四角飞檐高翘，气势豪壮；屋脊流滚沟上的卧龙，形态栩栩如生；斗拱形态各异，气蕴典雅；戏台台沿的浮雕，台顶众多的彩绘，楼壁上隐约可见的壁画，更是精彩纷呈，美不胜收。

◆ 火神庙

依山面街的火神庙，位于金凤街中段北端，坐北朝南，占地面积1000平方米，建筑面积800平方米，木结构，距今已有300年历史，是昔日五凤民众祭拜火神的地方。今为五凤镇文化站所在地。据古镇居民介绍，对应着火神庙中轴，横跨金凤街，曾建有一座规模很大的三层戏楼，今已不存。而今，部分破损的庙宇，尚存留于保坎之上。唯有紧紧扎根于石坎上的一颗古老的大榕树，依然郁郁葱葱，遮天蔽日，见证着火神庙的历史沧桑。

① 南华宫全景历史图片◎
② 南华宫一角◎
③ 火神庙◎
④ 火神庙部分遗存●
⑤ 庙侧古榕树根●

▲ 王爷庙◎

▲ 王爷庙一侧现状（任桂园拍摄）

▲ 古井遗存◎

◆ **尚待开发的其他景点**

在镇内尚有多处可供开发的其他景点，诸如王爷庙旧址、仙泉井、龙凤井（龙井）、五福楼、观音堂、江西馆，以及明代大学者、状元杨升庵化纸的字库塔，前清岳钟琪大将军的练兵场遗址等等。其中，观音堂（燃灯寺）座坐在白凤街中段北端，占地面积800平方米，建筑面积300平方米，建造距今200多年历史；建筑风格属清朝后期风格，木结构，四合院式，坐北朝南，建筑保存有50%，较为破烂。福音堂坐落在白凤街尾端，是美国人在此办的一所女子学校，并借此传教。今已按宗教政策归还予金堂县基督教爱国委员会，但原貌无存。王爷庙坐落在临江路黄水河与沱江交汇处。现仅存遗址。

这些古老的历史遗存和文化遗址，仍在默默地诉说着古镇的古往今来，期待着人们进一步去保护它们、开发它们。

■ **镇外历史文化遗存**

◆ **东汉崖葬墓群**

东汉崖葬墓群位于镇东约两公里处。该地鸡公山顶、白岩旁，高低错落，排列着50余个山洞。一般洞口不大，坐南朝北，山顶一洞洞口较大，有胆大好事者持火把进洞探看，竟发现了古人尸骨和随葬物品，且洞内有洞，竟有三室。这些便是当地老人们所说的"兵洞"。据老人们讲，这些"兵洞"从他们爷爷的爷爷的时候就有，也一直名"兵洞"，但谁都不明究竟。近年，当地居民将洞中随葬物品交与文物部门，方知这里原来是东汉时期的崖葬墓群。

五凤一带汉代属广汉郡，沱江流域经济富庶，人口兴旺，墓葬流行崖葬。崖葬墓有大小之分，成五成十排列。这种大小高低与排列上的差别，正是当时贫富尊卑的社会现象的生动反映，很有研究与观赏价值。

◆ **白岩寺遗址与明代僧侣墓群**

白岩寺坐落在镇南十里许的白岩山山腰，始建无考，清雍正年间重建。

白岩山呈座椅状，其左边山梁高长，右山梁低矮，符合旧时"青龙壮高，富贵雄豪"、"白虎驯善"的风水理论。山体面对沱江,视界开阔,过去认为此乃风水宝地。据当地人讲,此处过去从山下至山顶共有九重庙宇,被称为九重宫,白岩寺仅为其中之一。白岩寺旧名白云寺,后因其山多白砂石(当地称黄浆石)俗名白岩,故改称为白岩寺。

白岩寺占地约2000平方米,建筑毁坏甚多,仅存断壁残垣,庙内两棵古银杏树现仅存一棵,树围3.8米。该寺过去供奉的神佛像多为石雕,均饰彩或镀金。新中国成立后撤庙建学校,将石雕神佛像悉数搬出,弃于田野,久而掩于土中,遂不为人知。近年村民修建道路,无意中发现50余尊石雕神佛像,更多的尚待发掘。

白岩寺大殿祀奉王母娘娘,原神像为檀木金身,相传甚为灵验,故往年香火之盛超过他庙,每到腊月十五至正月十五,成都、新都、简阳等地信众络绎不绝前往朝拜许愿,据称常是"人山人海"。

白岩寺旁有塔坪,系白岩寺明代僧侣墓葬之地。近年来当地农民耕作,无意间发现两座较大的明墓,其中一墓,为明代嘉靖二十九年(1550)安葬的和尚墓,占地约20平方米,设有前室、墓道等,陪葬物品有镏金花瓶等文物,墓道碑文、彩绘至今可辨。墓室墓道所绘图案和文字,对佛教研究具有较高价值。墓室有石刻"地券碑"一通,对研究当时民间丧葬习俗亦颇有参考价值。另一处明墓曾被挖掘出石顶墓道门,上有一石碑记载"白岩寺"曾名"白云寺"的历史。由此可知,白岩寺早在明代即已存在。

随着该处遗址的进一步发掘,可以预料,会有更多有价值的历史文化遗存被发现,亦必将成为未来古镇的一笔宝贵的旅游文化资源。

◆ **清代古墓的典范—花碑坟**

位于五凤跃进村的花碑坟,可以说是清代古墓的一个典范。该墓选址远离场镇,设在半山腰上,依山势而建。墓址占地面积约200平方米,由三个大的梯形组成,远望像三个大台阶。拜祭的后生晚辈们要登至墓碑处敬献祭品,必须一步一步、一阶一阶地上山,其恭敬、肃穆折射出墓中主人身份的尊贵。尤其是挺立在墓前左右的穿斗石桅,颇为罕见。石桅共有6根,左右各三,现存两根。桅高一丈二尺,斗以上杆高两尺。石杆圆润光滑,斗宽约3尺,高近两尺,斗壁雕镂均系石刻。该穿斗石桅外形壮观,制作精美,充分展露出前人的智慧与技巧,其工艺今人尚难仿造,颇有历史研究与艺术观赏价值。

■ **大哲学家贺麟先生故居及墓地**

贺麟先生故居位于镇南3公里处的金箱村(原杨柳沟村)。

贺麟(1902－1992),字自昭,成都市金堂五凤人,当代中国研究黑格尔哲学的一代宗师。1919年,贺麟进入北京清华学堂,曾受教于梁启超。1926年入美国奥柏林大学哲学系,1928年毕业。同年入芝加哥大学,后转哈佛大学。为研究斯宾诺莎的哲学思想,贺麟加入了国际斯宾诺莎学会。对斯宾诺莎的实体学说的探索使他迈入了黑格尔哲学的大门。他深入研究了新黑格尔主义者英国的T.H.格林和美国的J.罗伊斯,着手翻译了他们有关黑格尔精神现象学的论述文章,以求把黑格尔哲学的精神传播到中国。1930年在哈佛大学获硕士学位后赴德国柏林大学。因与新黑格尔主义者N.哈特曼教授接触较多,并认为哈特曼掌握了黑格尔辩证法的真谛,所以哲学思想上受其影响最大。1931年回国后到北京大学教授哲学。

贺麟先生通过对西方哲学各派的比较选择,逐渐形成独具一格的哲学思想。他把

▲ 贺麟先生◎

◀ 贺麟先生故居——
贺家大院◎

儒家传统哲学与西方哲学结合在一起，把理学与黑格尔哲学加以比较，探索中外哲学相结合的途径，创立了'新心学'。代表作有《近代唯心论简释》（1943）、《文化与人生》（1947）、《当代中国哲学》（1947）。1949年后贺麟先生治学重点集中于西方哲学史。1956年任中国科学院哲学研究所研究员。他翻译了许多西方哲学名著。论著有《现代西方哲学讲演集》（1984）和《黑格尔哲学讲演集》（1985）。

1992年9月23日，贺麟先生于北京去世。其一半骨灰安葬于故里——金堂五凤。贺麟先生墓地坐落于镇南1公里金凤4组，该地尚有贺家祠堂。

（二）风俗民情

■ 古镇风情

地处龙泉山脉中段的五凤古镇，昔日曾是成都地区最为繁华的水陆码头，亦是外省移民汇聚的地方。初入凤时，"五方之民，各从其俗"，但随着时光的流逝，各地风俗渐而融为一体，就其传统的节庆活动、婚丧礼仪与岁时习俗而言，已与川西其他古镇并无多少差异，唯有"三月三的童子会"和"六月六的王爷会"却是该镇独有。"童子会"是古老五凤百姓的一项重要的民间活动，被誉为五凤溪的"橄榄球"运动会。"王爷会"是过去古镇船帮和居民祈求禹王爷保佑行船平安暨庆祝丰收的民俗活动。这些民俗活动而今虽已不复存在，但其喜庆形式却传承至今，诸如"舞龙表演"、"川剧表演"、"龙舟竞渡"等。每逢佳节或喜庆之日，无论"龙舞"或"演戏"，较之昔日，更显得有声有色，风光无限。而"龙舞"中又加入了"凤舞"（女子龙舞队），既显示出五凤"男女龙灯合舞"的地方特色，更传达了今日五凤民众祈颂"龙凤呈祥"的美好心愿。

新中国成立之后，随着陆路交通条件的不断改善，水上运输渐呈衰微之势。昔日曾是成都东郊最为重要的物资集散中心的五凤古镇，似乎已被闲置在山地之中。正如该地民谣所唱："好个五凤溪，生在旮旯里。吃的笻兜水，爬的石梯梯。"但值得庆幸的是，古朴淳厚的民风，却随同其古老的物化载体——古街古巷古民居，一起较为完美地保留了下来。无论是"农家坝坝宴"，或者是"川剧坐唱"，或者是"茶社听书"，抑或是街头所闻所见，均能令人感受到一股淳朴而清新的民风、一片浓郁而温馨的乡土气息。

① 川剧坐唱◎
② 茶艺表演◎
③ 农家坝坝宴◎
④ "龙凤呈祥"◎
⑤ 龙舟竞赛◎

■ 沱江号子

诞生于五凤的"沱江号子",则以船歌的形式,保留了旧时古镇民俗风情的诸多记忆,成为了一笔宝贵的非物质文化遗产。

旧时五凤,是沱江水系进入成都的必经之路。在豪壮而苍凉的沱江号子声中,川西的粮食、丝绸以及日用百货等源源不断地从这里运往重庆,而重庆的洋货、宜宾的水果、自贡的井盐、内江的白糖,则沿着沱江,运到五凤,再从这里上岸,由脚夫转往成都。

沱江号子按类型可分为四:一曰打河号子,行船冲滩前奏,凝聚纤夫意气;二曰倒板号子,准备冲滩,激发锐气;三曰数板号子,挣滩途中,声情并茂,使人步调一致,劲足气盛;四曰摇橹号子,挣滩成功,舒缓轻松,抒发船工惬意之情。

沱江号子或粗犷激昂,或悠扬绵婉。其内容或即景抒情,歌不尽旖旎风光,说不尽船工辛酸,道不尽世态炎凉;或表现才子佳人,帝王将相,市井凡夫,乱世草莽。诸如:《梁山伯与祝英台》,这一千古爱情绝唱,在豪放粗犷的船夫号子声中,却唱得是那样的荡气回肠,催人泪下。又如讲说五凤码头的《说江湖》号子、讲说民间办丧事的《出丧》号子等,则把该地旧时社会风貌与风俗民情描述得入木三分。这里不妨引录几段,以飨游客。

《说江湖》:

爹妈生下我一尺五/送进学校把书读/读书又怕挨屁股/拿根笃板走江湖/说江湖就道江湖/ 这个五凤我最熟/石梯梯都走了无数遍/笋篼水一挑挑进屋/五个庙宇我心里有数/哪一个庙子我不熟/水码头的木船多得无数/货物挑一挑进店屋/关圣宫的关平大刀舞/火神庙每年都在官粮户/江西馆洋人把学校做/南华宫

▲ 沱江拉纤◎

的烧仓米堆满屋/王爷庙的钟鼓楼响几路/麻雀都不敢脚立住/郭先生吃的公粮都无数/枪毙穷鬼来栽污/毛家山的梨子要香到重庆府/红糖花生要挑过成都/三六九的夜场要闹到五更鼓/生意买卖赛过成都府/

《出丧》：

松柏树儿青又青/办理丧事多会神/油盐柴米要齐整/烟茶酒饭待客人/请个老师吉日定/又请道士来念经/香蜡钱纸办齐整/再请抬匠抬出门/多位亲友送礼信/感谢邻居帮忙人/号子喊得要起劲/前后抬匠要帮声/不要哭来不要闷/喊起号子送亲人/送到青山去安葬/幸福美满万年春/

还有不少打趣民间男女之事的号子，虽然有点"荤"，但却畅快淋漓，令人开怀大笑，其粗俗而又不失反趣的语言，尤能显现出豪放不羁的船夫本色。

随着时代的变迁和陆路交通的发达，沱江号子几成绝响。在五凤旅游文化的深度开发之中，它无疑已成为一笔宝贵的民俗文化资源。如何卓有成效地加以开发和利用，以为当今的五凤旅游事业服务，则是有待深入研究的课题。

（三）风味美食

五凤古镇的风味美食，无论选料或制作，均显现出水陆码头与山地场镇的饮食文化特色，其中最富地方特色的美食当数"沱江仔鲢"、"凤溪羊肉汤"、"老表狗肉"、"九斗碗"等。君到五凤，不妨逐一品尝。

▼ 五凤椪柑◎

▲ 五凤黄金果◎

（四）地方特产

五凤气候宜人，有各种林木3.8万多亩，森林覆盖率达54.7%。其优越的地理环境与自然条件尤其适宜各类水果生长。早在十年前该镇就被农业部评为国家级"优质水果"种植基地、成都市"水果基地乡镇"。目前计有两万余亩桃、梨、椪柑、黄金果、脐橙等各类水果，其中尤以盛产优质伏季水果而著称于世。特别是五凤的椪柑、黄金果，更是川内一大特产。

黄金果是一种天然野生水果，色泽如金，皮薄无核，汁水饱满，味略苦却回味甘美。由于其独特而神奇的清热祛毒、消炎镇痛的药用功效，被誉为"中华一绝"、"果中珍品"、"植物果宝"等，有医药、美容、制酒等多种用途。

（五）旅馆客栈

五凤镇上现有旅社两家。

一是五凤溪旅社，位于玉凤街23号，联系电话：13550194282；

二是玉凤旅社，位于玉凤街62号，联系电话：（028）84959418。

（六）五凤景区线路示意图

三、出行指南

从成都到五凤有三条线路：

1. 从成都五桂桥车站发车到五凤（全程47公里，每天往返四趟）：

上午：7：20　10：00

下午：12：20　16：40

联系电话：13881799347　13980419090

2. 成都各大客运站均有发车到金堂淮口的班车。先乘坐班车到淮口，然后转车至五凤。

3. 自驾车可由成南路淮口出收费站左转到五凤。

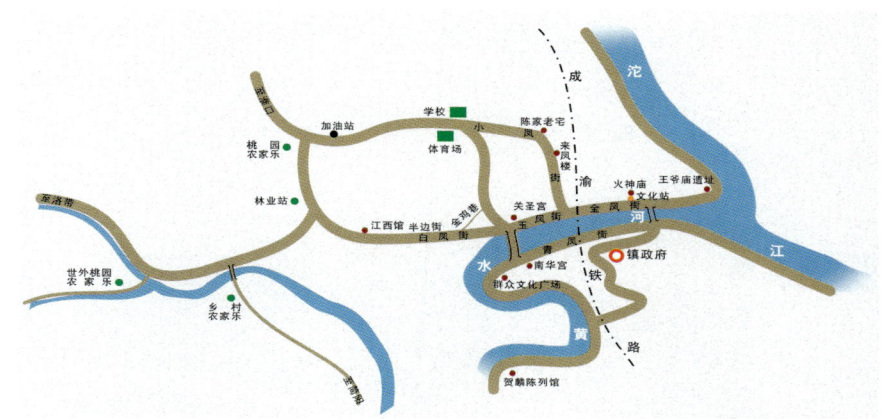

▲ 五凤景区示意图 ◎

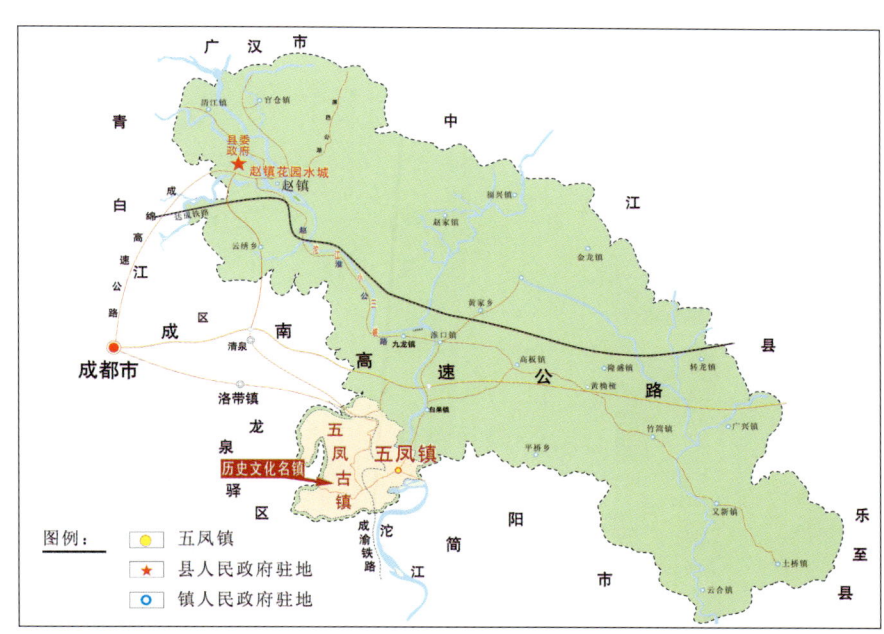

▲ 金堂县五凤镇区位关系图 ◎

四、古镇的保护与开发

融四周山水景观为一体的五凤古镇，自新中国成立以来，已发生了很大的变化。原本凭借沱江水运而著称于世的水陆码头，由于陆路交通条件不断改善，往日码头千帆待发的繁华景象不复再见，古老的场镇已呈现出一片闲适而宁静的气氛。但随着成都市"城乡一体化"建设速度的加快，在古镇，无论镇域交通、抑或电力、通讯，其基础设施均已大为改观。即如"饮水"一项，往日于河畔掘坑安置箩篼取水、而后爬坡上坎担水而归的情景，亦早已由建在五凤溪盐巷子的自来水厂供水取代。

但由于城镇建设的发展，一些新的建筑物高踞民居之上，破坏了传统建筑群落整体的空间尺度，且与传统建筑风格格格不入，在一定程度上破坏了古镇景观的完整性。一些民居改建翻修之时，外墙使用了瓷砖、铝合金门窗等现代建筑材料，对街区的传统景观亦产生了很大的影响。更为可惜的是：部分历史景点已被拆除，诸如坐落在沱江与黄水河交汇处的王爷庙，早在十年前即被拆掉，故而留下了很大的遗憾。

鉴于古镇的历史文化价值及其保留现状，在2004年春初，金堂县五凤镇县镇两级党委和政府即已聘请有关专家，制订了《金堂县五凤镇古镇保护规划》。为了有效地保护古镇的历史文化和环境风貌，《规划》依据国家《城市规划法》、《文物保护法》以及《金堂县五凤镇总体规划》等，严格遵循"保护为主，抢救第一"和"整体控制，重点保护，统一协调"等原则，综合考虑了五凤古镇的发展历史及其建筑空间与艺术成就，将古镇保护范围分为三个等级，并确定了相应的保护和用地控制要求。

核心保护区：范围包括小凤街、青年街、玉凤街、金凤街、青凤街、白凤街构成的组团，还包括南华宫、三圣宫周边范围，总面积7.35公顷。

▲ 桃花盛开的生态观光园◎

▲ 黄水河上安凤桥●

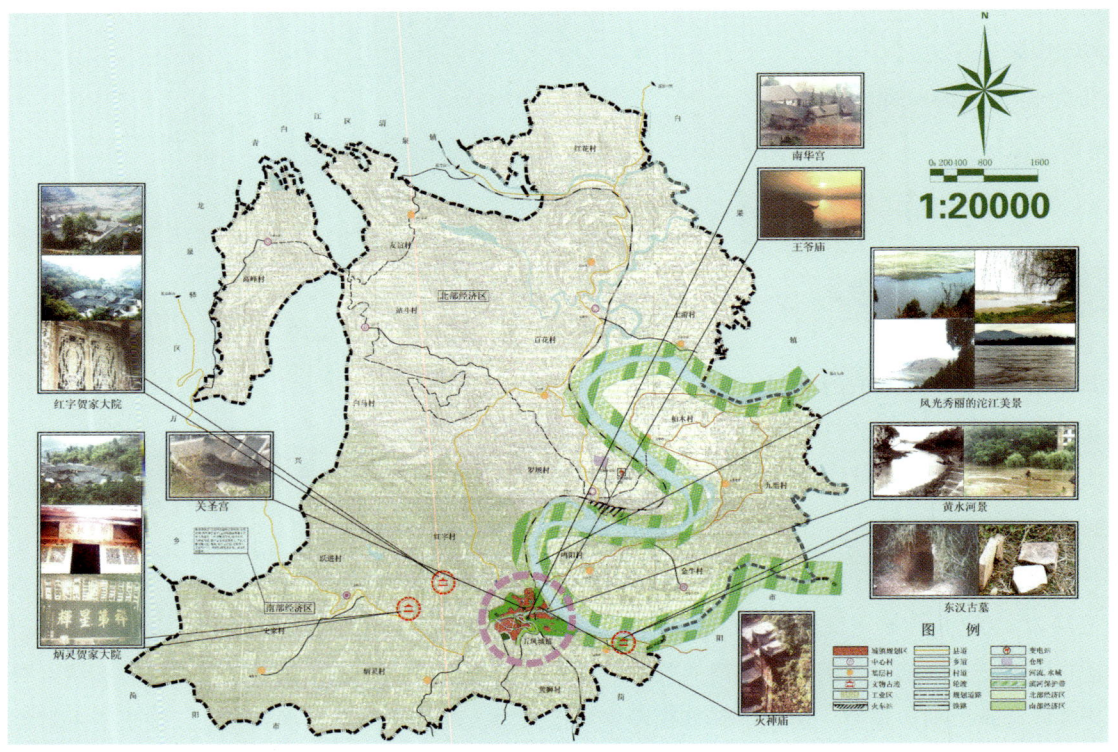
▲ 镇域历史文化环境保护规划图◎

建设控制区：范围东至沱江河，南至爱国坝，最西端至江西会馆，北至五凤中学，总面积31.16公顷。

风貌协调区：指核心保护区与建设控制区以外的城镇规划建设用地，包括古镇外围的青凤山、玉凤山、白凤山、小凤山、金凤山，面积约61.27公顷。

通过六年时间的不懈努力，对核心保护区的改善和整治已初见成效，古建筑、古街、古井、古树得到了有效的保护，对其中濒危的古建筑进行了抢救性的修缮；镇区内已建成而影响古镇风貌的建筑得到了整治，古镇内居民生活环境普遍得到改善，环境质量大大提高。建设控制区内的新建筑，无论占地面积、造型、层高、用材、色彩、外墙立面等，均得到了有效的控制，以力求与古建筑群协调统一。与此同时，还对沱江河、黄水河的污染源，作了进一步的清理，古镇四周山体植被和黄水河两岸植被，亦得到了有效的保护，古镇水景观工程、万亩生态桃花观光园等建设项目，业已基本完成，因而目前环境整体风貌与山地古镇传统格局基本协调一致，一派树木葱茏、绿水悠悠的美好景象已呈现在世人眼前。

群山环抱、绿水相拥的五凤溪，以其独有的山水自然资源和丰厚的历史文化积淀，具有发展都市休闲、观光、怀古的重要旅游潜质。鉴于此，《规划》根据地域的相近性和资源的近似性，对古镇旅游线路进行组织，拟定了"三点、两线、一中心"的旅游布局。

（1）"三点"即分布于古镇内部，保存完好，整体风貌完整的南华宫、三圣宫、江西会馆。

（2）"两线"即两条旅游路线，分为黄水河水上游线和古镇街区寻访游线。

黄水河水上游线，以黄水河与沱江汇合处为起点，沿黄水河入镇，沿途可欣赏宝塔映月、轻舟夜渡、夜半钟声、船家灯火、花舞柳岸、凤溪栈道、古榕迎宾、五凤朝阳、悬崖滴翠、三寨擎天等十大景观。

古镇寻访游线：从龙泉洛带直入五凤溪，其入口为坡状的小凤街，由小凤街至青年街，沿途可欣赏古色古香的老街、古民居、古宅院、古树、古井等；从青年街尽头，穿过成渝铁路桥梁，进入金凤街，可参观依山面街的火神庙；再沿金凤街向前，越过黄水河上安凤桥到爱国坝，可观赏广东移民会馆南华宫；沿爱国坝，跨过黄水河，拾梯而上，可抵达川西"会馆一奇"的关圣宫；再沿关圣宫后上行，即可进入白凤街（半边街），白凤街为旧社会所谓的"红灯区"，尤显山镇之典型风貌；沿白凤街往前走，便是江西会馆。沿此线路可感受古镇的古朴与典雅，可寻访五凤的古往今来，可谓别有情趣。

（3）"一中心"即是五凤溪，作为古镇风貌特征的展示中心。

上述古镇旅游线路组织，目前已然构成了五凤旅游线路的基本格局，随着古镇四周自然景观与人文景观的进一步开发和利用，以及非物遗产的合理植入，相信未来的五凤，必将以更大范围的美好景区与焕然一新的旅游布局展现在四方游客的眼前。古老而美丽的山地小镇，亦必将成为成都东北"沱江旅游休闲示范线"上的一颗璀璨的明珠！

主要参考文献

成都市城镇规划设计研究院：《金堂县五凤镇古镇保护规划说明书》（内部资料），2004年2月。

※ 本篇原基本图文资料由金堂县五凤镇人民政府提供，刁觉民 整理；资料收集：唐仕发、李德富。

19 金堂县土桥镇

金堂县土桥镇位于县城东南端，东邻乐至县良安镇、金顺镇，南接简阳市五合乡、金马镇，西连云合镇，北与又新镇和乐至县金顺镇毗邻。土桥镇距县城65公里，全镇面积40.21平方公里，辖6个村、两个社区居委会，总人口31958人。

土桥镇为四川省"小城镇建设试点镇"。镇内以旅游和商贸为主。场镇建成区面积0.88平方公里，城镇常住人口8000余人。

该场镇兴建于清代初年，原有古建筑、文物古迹总面积达37000平方米，镇内有湖广馆（禹王宫）、广东馆（南华宫）、黄州馆（帝王宫）、湖北馆（真武宫）、江西馆（万寿宫）、贵州馆（黔南宫）等6个会馆和牛王庙、火神庙、药王庙、善因寺等4座佛、道庙宇。现存禹王宫、南华宫两处，保护完好，为市级重点文物保护单位。壮观的庙宇建筑彰显着跨地域文化在此地的融合，见证着古镇的过往今来。

该镇自2006年被列为成都市级历史文化名镇以来，先后完成了全镇总体发展规划、历史文化名镇保护规划、场镇风貌整治规划、万亩晚棱脐橙发展规划等，并成立了大禹王现代农业开发有限公司和禹王文化产业有限公司。目前有关《总体发展规划》、《保护规划》及《整治规划》等，尚在逐步实施之中。

图片：◎ 金堂县土桥镇人民政府提供
　　　● 严永聪　摄影
　　　○ 任桂园　拍摄

◀ 土桥镇区一角●

一、古镇历史文化概述

（一）土桥建场简说

明末清初，战祸连年，天灾、瘟疫不断，四川人口锐减。在清朝政府大力鼓励和积极组织之下，来自湖广、广东、江西、贵州、陕西等地的外省移民先后大量涌入四川，掀起了一场规模浩大的"湖广填四川"的移民运动。顺治、康熙年间，最先进入土桥所在地的外省移民，即利用该地"五马归槽"的有利地形，开始兴建土桥沟场。土桥虽地处丘陵，边远偏僻，但随着"湖广填四川"移民运动的进一步发展，亦有大量移民入驻。一时间，"五方杂处，乡音各别"，各种会馆、寺庙相继兴建，场镇街巷、民居逐步成片。经数年发展，地处金堂、简阳、乐至、中江四县要冲之地的土桥，俨然而成金堂县城南端商贸集散大镇、商贾过往之枢。每年棉花、土布交易数额巨大，山椒、大米、小麦、豆类、玉米、红薯、生猪等尤称丰盛，呈现出了一派客商云集、经济发达的繁荣景象。

（二）文化积淀

作为一处"五方汇聚"的移民场镇，土桥的历史文化积淀本应最能显现跨地域文化在该地和谐共生的移民文化特征，但令人遗憾的是，这种文化特征的众多物质载体，早已随时光流逝而消失大半。诸如原先由六座会馆和四处公庙构成的庞大的古典建筑群，其彼此呼应、争奇斗胜的壮观景象，曾将各省移民的宗教信仰、风俗民情等有机地融会在一地，充分展现出和谐共生的移民文化特征。惜乎多处宫庙早已荡然无存，昔日的风采仅留存在人们的历史记忆之中。又如镇内形成于康熙年间（1714年前后）的油房街、广东街、正街、横街子等古街及其民居建筑，而今亦已改头换

① 从镇区流过的磨子河◎
② 禹王宫●
③ 南华宫◎
④ 文化赶场◎
⑤ 文化赶场活动中的书画展览◎

面，不见昔日之踪影。

但分别由湖南移民和广东移民始建于清乾隆年间的禹王宫和南华宫，却保存完好。原本在土桥众多会馆、寺庙建筑中最能崭露头角的这两处会馆，真可谓"硕果仅存"，及至今日，仍在默默地向人们述说着当年外省移民走过的历史足迹。

"孝亲敬长"，自古即为中华民族传统之美德，各地移民进入土桥后，更是以"孝"为先，与土著老户一起，共同营造出"成孝敬、厚人伦、美教化、移风俗"之社会风尚。这种美好的社会风尚，世代传承，历经数百年，及至今日而无一衰减。这是一笔宝贵的非物质文化遗产，在当今土桥特色文化建设中，仍然占据着十分重要的位置。

土桥位于金、简、乐三县交界处，由于其繁荣的经济，优势的区位，数百年来一直吸引着乐至、简阳、中江等周边群众前来赶场。这种赶场活动，历来以农副产品的销售和日用物品的购置为主要内容，间以进庙烧香、求神拜佛以祈求庇佑作为一种精神寄托。但在今日之土桥，不仅市场繁荣更胜往日，而且还有意识、有目的地开展"文化赶场"活动。所谓"文化赶场"，即是在赶场之日，开展以文化为主调，融时政宣传、法律法规、科技、卫生等服务为一体的"四下乡"、"常下乡"活动，其表现形式多样，内容生动活泼。由于此项活动的开展，1997年土桥被评为"成都市文明示范乡镇"；2003年被评为"四川省文化先进镇"。

每逢节日喜庆，尽管表现形式与天府各古镇多有雷同，但创建于1844年的土桥"高台狮子舞"，经世代相传和不断提炼，已成为川西"狮舞一绝"，2007年被列为"四川省非物质文化遗产"保护项目。

土桥民风古朴淳厚，环境优美洁净，历来有"土桥不土"之美誉。

禹王宫和南华宫，是土桥历史文化积淀的物质形式，是古镇两张响亮的名片；而"孝文化"与"高台狮舞"，却是两笔宝贵的"非物质文化遗产"，同样叫响着土桥的昨天、今天和明天！

②

③

④

⑤

① 禹王宫前牌坊式门墙●
② 禹王大帝金身塑像○
③ 禹王宫戏楼●
④ 禹王宫正殿内的金字匾额●

二、土桥旅游巡览

（一）镇内主要景点

■ 禹王宫

  土桥禹王宫原名禹庙，又名湖广馆，始建于清乾隆二十一年（1756），是湖南移民为"联络乡情、祀神祈福、平议帮务"而建。

  禹王宫占地面积约3000平方米，建筑面积1921.45平方米，为走马转角楼封闭式的古建筑群。宫前牌坊式门墙斗檐翘角，姿态雄伟，三道拱门，嵌以宫名、楹联，中门联曰"千年庙会歌明德　万古朝臣

① ② ③ 禹王宫内木雕●
④ 禹王宫内木雕◎
⑤ 钟楼铜钟●
⑥ 鼓楼击鼓●
⑦ 禹王宫正殿及左右钟楼和鼓楼●
⑧ 禹王宫内古木●

仰茝忠"。拱门之上，饰有"龙、云、水"彩色瓷片图案。正门前左右各有大石狮一座，形象雄俊英武，气势逼人。

宫内阔42米，背靠宫门中部为九脊歇山式万年台（戏台），木结构屋顶，抬梁式屋架，通高10米，上作戏台，下为通道。宫两边中部有六角重檐盔顶式钟鼓楼；两侧廊庑相连，上下皆有通道，成为四方可通的走马转角楼。悬山式正殿宽敞高朗，通高10.5米，正中禹王塑像慈祥、肃穆、栩栩如生。正殿前有卷棚、丹犀，筒瓦覆盖；两侧各有天井、廊庑。院内古柏巨榕，虬枝怒挺，颇为壮观。

整个建筑错落有致，气势雄伟，结构严谨，浑然一体，堪称"古建筑一绝"。此宫尤以木雕和壁画见长。殿、台、廊、庑四周刻有造型精美的《西游记》、《封神榜》、《列国志》等成套历史故事图像，木质透雕、人像涂金。额枋、撑拱、藻井、门窗、天花板亦彩绘有各种故事图像，墙壁上则绘有精美的壁画。正殿屋梁下尚悬挂有多块金字匾额，滚龙抱柱，金碧辉煌，装饰十分华丽，有“金銮宝殿”之美称。1981年4月，土桥禹王宫被列为成都市重点文物保护单位。

南华宫

南华宫又名广东馆，为广东入川移民所建。始建于乾隆二十八年（1763），光绪六年（1880）续建。该馆占地面积约3200平方米，建筑面积2112平方米，同禹王宫一样，亦是走马转角楼封闭式的古建筑群。

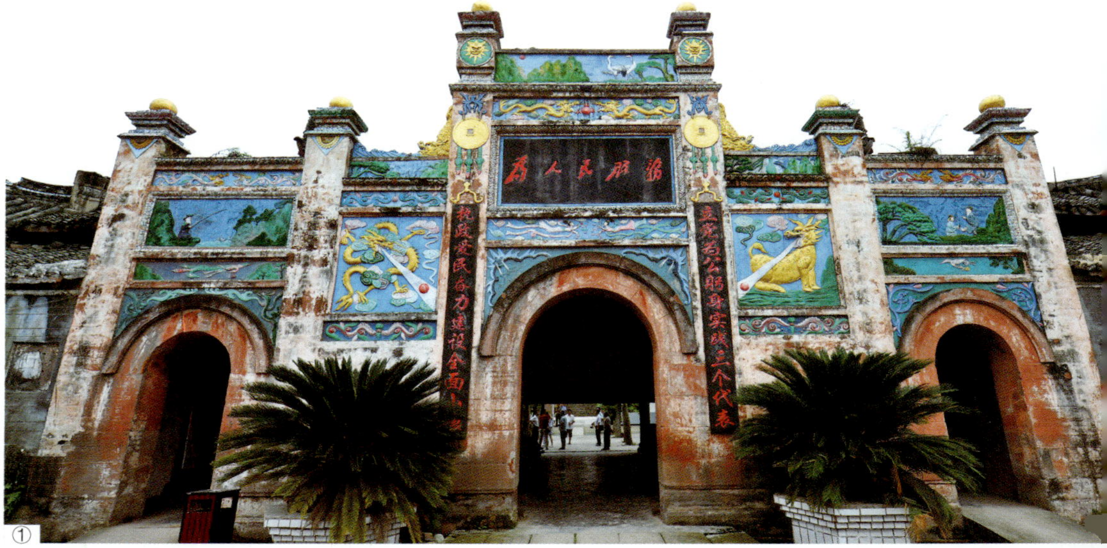
①

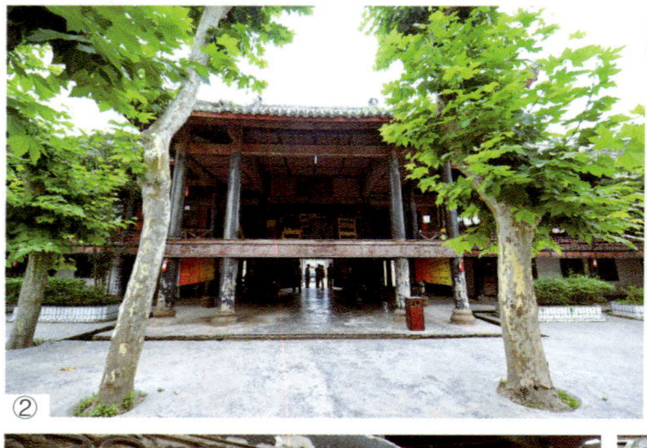
②

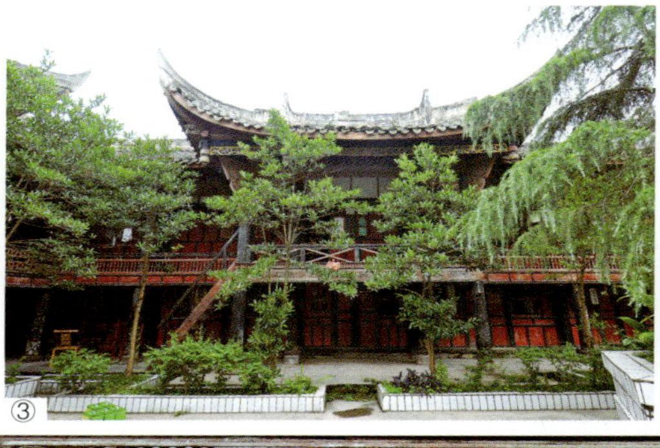
③

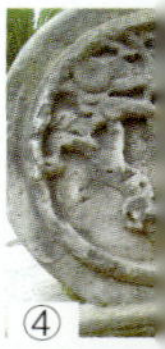
④

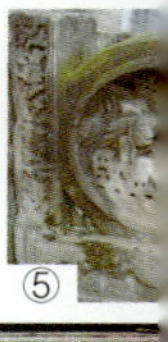
⑤

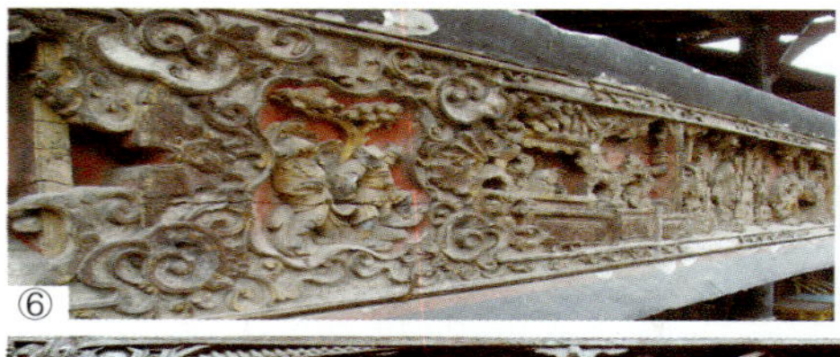
⑥

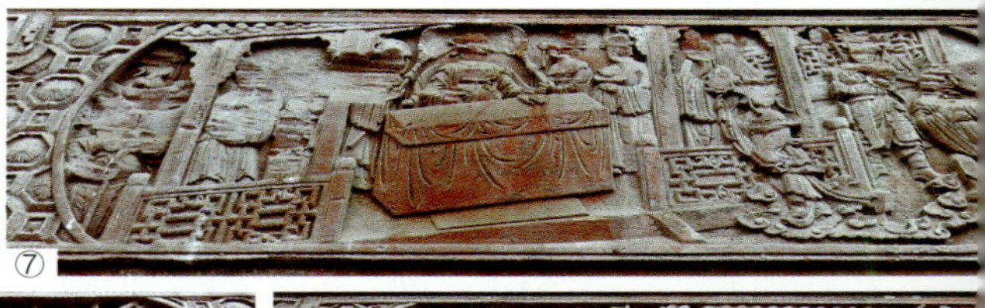
⑦

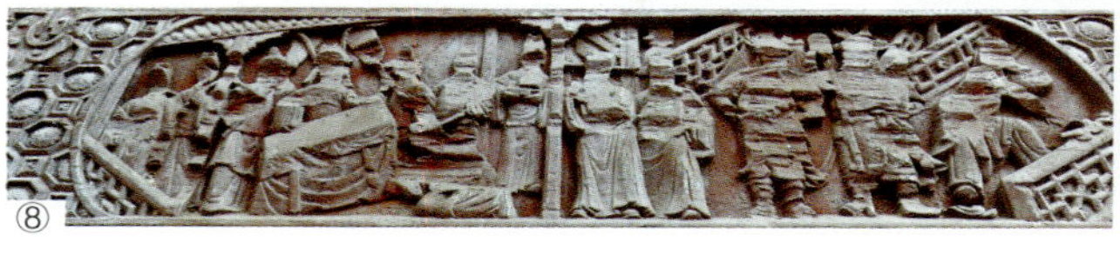
⑧

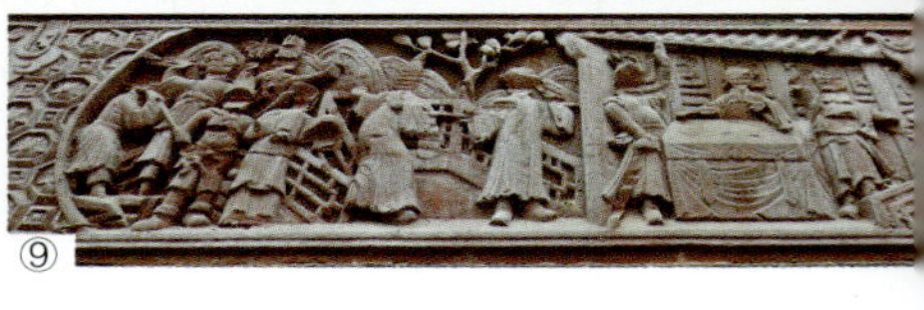
⑨

①南华宫牌坊式门墙●
②南华宫戏楼●
③宫内左侧图景●
④⑤宫门外石鼓○
⑥宫内木雕◎
⑦⑧⑨宫内木雕●

正面外墙为牌坊式建筑，有三拱门五横框六柱并排，其上嵌以宫名楹联，饰以彩色古典故事，有"二龙抢宝"、"龙凤呈祥"、"松鹤同春"、"天女散花"、"姜公钓鱼"、"张良进履"等，门外两侧有石鼓相对，鼓面刻有风景人物。

馆内背靠外墙一面，正中为九脊歇山式万年台，木结构歇山式屋顶，抬梁式屋架。10架椽屋前后乳札牵用6柱，面阔11间30米，进深3间9米，通高8米。正殿是木结构，硬山式5间6柱殿，山梁式屋架。14架椽屋，前后乳伏札牵用7柱，面阔5间19.3米，进深6间12.8米，通高6米；素面台基0.5米，如意式踏道3级。左右两侧建有歇山式钟鼓楼，并均有9间廊庑相连，上下俱有走廊、厢房，其窗棂空镂，木雕精美，颇具观赏价值。

南华宫以木雕和石刻见长。戏楼前沿有多幅木雕，宫内曝厅周围石栏杆上刻有《西游记》等神话故事，人物活现，生动自然；其后花园、假山、八角亭等处亦然。

檐牙高啄、雍容华贵的南华宫，于1981年4月被列为成都市文物保护单位。

■ 《二十四孝图》石刻

《二十四孝图》石刻位于禹王宫外墙，二十四幅石刻图文简洁明晰，形象地刻画了古代二十四名尽孝的典型人物，为古镇传承弥久不息的"孝文化"留下了珍贵的物质表现形式。

旧传元代著名天文学家郭守敬之弟郭守正，将虞舜、汉文帝、曾参、闵损、仲由、董永、郯子、江革、陆绩、唐夫人、吴猛、王祥、郭巨、杨香、朱寿昌、庚黔娄、老莱子、蔡顺、黄香、姜诗、王裒、丁兰、孟宗、黄庭坚等二十四人孝行，辑成《二十四孝》一书。同时王克孝即据此绘有《二十四孝图》，张宪有《题王克孝二十四孝图》一诗，诗中有句"惟孝先百行，惟子乃克之。问子何以克，帝舜吾其师"。及"寥寥数千载，孝行耀青史"、"今日之孝子，后日之忠臣"云云。

元代以后，"二十四孝"人物又有所增减，但仍为二十四人，故土桥《二十四孝图》石刻人物

▼《二十四孝图》石刻◎　▼"曾参至孝母子连心"图文◎　▼"虞舜圣君大孝感天"图文◎

▲ 大安水库◎

▲ 蔬菜基地◎

▼ 油酥葱子糕（金包银）◎
▲ 葱子糕◎
◀ 盘龙黄鳝◎

及其行孝事迹当为最后定本，游客至此，不妨驻足细观，从中自可获益多多。

（二）镇外自然景观

镇外约三公里处，有大安水库，就近有蔬菜种植基地，山清水秀，环境幽静，尤能显现成都东端山水田园风光。

（三）乡土美食

土桥的乡土美食极富特色，葱子糕、金包银、银包金、手工粉条、盘龙黄鳝、龙眼肉等美味食品，尤为客人称道，其中葱子糕、手工红薯粉条和盘龙黄鳝更被称为"土桥三绝"。

葱子糕为土桥特有的传统名小吃，制作历史悠久。此糕主要采用土鸡蛋、面粉、猪板油按1：1：1的比例手工制作而成，酥则外观金黄，蒸则细嫩化渣，味道甜而不腻，营养丰富。这种糕点制作起来非常考究，火候、刀工都要恰到好处，随着工艺上的进一步改进，现在已成为土桥、竹篙、简阳一带的地方名小吃。

▲ 手工红薯粉条◎

▲ 中华香李◎

盘龙黄鳝亦非他处所有。经加工后的整条带骨黄鳝，蜷屈犹如盘龙；品尝时尤为讲究，筷子轻拈"龙头"，一夹一抖，肉骨随即分离，味道鲜美，令人叫绝。

土桥手工红薯粉条，采用本镇深丘区无任何污染的红薯基地出产的红薯作为原料，在整个制作过程中，全用手工，制作精到。食之柔韧爽口，可二次回锅食用。其营养丰富，具有多项保健功用，既可作主食，又可作菜肴，故而深受顾客喜爱，素有"纯天然绿色食品"之美誉。

（四）地方特产

土桥特产除久享盛誉的手工粉条外，尚有中华香李、夏橙和反季节的晚棱脐橙等果品，在成都地区享有较高的知名度。土桥夏橙亦是反季节橙类水果，色鲜、皮薄、味甜，保存期长，且因吃后不上火而远近闻名，是伏季水果中的佼佼者。

（五）旅馆客栈

土桥现有两家旅馆，一家是位于禹王上街的土桥旅馆，一家是位于禹王下街的朝阳旅馆。这两家旅馆均集住宿、餐饮、休闲为一体，颇有土桥地方特色，客人于此两处下榻，可品尝到土桥特有的葱子糕、盘龙黄鳝、龙眼肉、金包银等乡土美食。

目前正在建造的"来凤居乡村大酒店"，选址在永兴社区的一座小石山上，离镇中心不到一里，拟建为集住宿、餐饮、休闲娱乐为一体的三星级宾馆，估计明年即可投入使用。该酒店处可俯瞰土桥古镇全景，可远眺四周林木葱茏的山川田园风光；而最富特色的是，无论台阶、梯坎、小路、凉亭、厅堂、房间，乃至大小圆桌、鼓凳等等，均就地取用石材构建或凿制，这在川西众多形态各异的旅馆客舍之

① "二十四孝"表彰暨重阳节庆祝活动◎
② 佛堂佛像○
③ 观音会烧香祈福盛况◎
④ 高台狮子舞◎
⑤ 禹王宫内佛堂◎

中，必将独树一帜，成为到土桥的客人观景、休闲与住宿、餐饮的好去处。

（六）风俗民情

土桥古镇一如五凤，随着各地文化的融合与时代的进步，其婚丧礼仪与岁时习俗，已与川西其他古镇并无多少差异，唯有今日大力开展的"孝文化活动"、与节庆之中的"高台狮子舞"及"农历二月十九"的观音会，尤能显现土桥民间习俗之独特风采。

■ "孝"文化活动

在土桥，围绕着"孝"文化所开展的各种活动，已成为该镇民俗风情的一大亮点。

为发扬中华民族数千年的传统美德，近些年来，该镇定期举办"孝"文化周活动，以生动活泼的文艺形式，大力宣传孝文化。而在九九重阳佳节，不仅隆重举行百寿宴、孝子行、敬老承诺等系列活动，而且还结合古镇文明建设，开展了"二十四孝"评选活动，全镇3万群众积极参加投票，以选出本镇新的"二十四孝"。这些不同凡响的文化活动，不仅展现出土桥古镇特有的新民俗、新风尚，而且对促进土桥社会进步和人的全面发展均具有重要的现实意义。四川电视台、成都电视台、成都商报等媒体曾相继对此进行报道，受到了社会的广泛赞誉。

■ 高台狮子舞

高台狮子舞，已在土桥发展160多年，在该镇的各种传统节日或庙会中，最能将欢乐喜庆的气氛推向高潮，成为一道耀人眼目的民俗风景。

这门技艺是由原土桥金壶村的周玉新于1844年学艺回乡后逐渐发展起来的。周玉新带领弟子从艺多年，后来又一代一代地传承下来，直到现在的掌门人周英凡。其表演内容根据历史传说演绎而成。引逗狮子的胖和尚，代表的是南宋宫廷的一位皇子，为了避难只好扮作和尚。"高台狮子舞"表演的便是逃到山顶的一段。通过与猴儿、狮子嬉戏，展示了他的艰辛和对生活的热爱和希望。众位表演者皆身手不凡，舞狮者更是敏捷矫健，各种高难动作频频出现，一头狮子玩得活灵活现，常令观众喝彩不断。高台狮子在清末民初极为盛行，加上其道具都是家常用品，适合流动演出，后来逐渐发展成为当地春节、清明等重大节日以及各种花会、庙会等必不可少的节目。

土桥高台狮子已成为四川省首批、金堂唯一的省级非物质文化遗产。成都市首届非物节开幕式上，土桥高台狮子曾代表金堂县到成都作交流表演，吸引了众多中外游客，获得了广泛好评和各家新闻媒体的关注。

■ 观音会

据民间传说，大慈大悲的观音菩萨，农历二月十九、六月十九和九月十九，都是她的生日。自古以来，土桥民众认定的则是每年农历的二月十九。每到这一天，禹王宫都要举行盛大隆重的观音会，从四面八方前来烧香拜佛的群众络绎不绝，人们燃烛焚香，拜求菩萨保佑全家人平平安安，一切顺利。热闹的庙会一直传承到今天仍未衰减，充分表现出土桥民间宗教信仰的传统习俗。

三、出行指南

公交车：由成都昭觉寺汽车站乘202路公交车可直达金堂土桥镇。

班　　车：在成都荷花池车站有直达土桥的班车，早上6：30至下午5：30不定时发车，随到随坐。

自驾车：成都经成南高速（36公里）于黄角垭下高速南走竹土路抵达土桥镇。

※ 本篇原基本图文资料由土桥镇人民政府提供。
资料收集：叶锐、钟卓；雷宏、凌红琼整理。

20 双流县黄龙溪镇

　　黄龙溪镇，坐落在成都市双流县西南部边缘，地处成都市半小时经济圈内。该镇海拔450—520米，镇域整体地势起伏舒缓，略向南倾。锦江自北由成都流入并贯穿黄龙溪镇域，在古镇区东南纳入支流鹿溪河，组成镇域内的主要水系。源于岷山都江堰的锦江，水势浩淼，水色澄明，而源于龙泉山的鹿溪河，则多泥沙，水色黄褐，一与锦江汇合，则清浊各别、泾渭分明，尤其在洪水季节，更为明显。奇特的"黄龙渡青江"之自然景观即由此形成。

　　黄龙溪镇属于四川盆地亚热带湿润气候区，年均气温16.3℃，全年无霜期287天，气候温和，冬无严寒，夏无酷暑，春暖秋凉，四季分明。古镇区内自然环境优美，古木参天，林灌繁茂，林木覆盖率达29.6%。

▲ 风光旖旎的水码头◎

▲ 古镇街景◎

　　古镇北依牧马山，史上处于三县（华阳、彭山、仁寿）交界之地，历史底蕴丰厚，文化一脉相承，是成都周边得天独厚的中国历史文化名镇。近年来，凭借其千年水码头的宜人风光与优美的自然、人文环境，前后获得了"中国历史文化名镇"、"国家AAAA级景区"、"省级风景名胜区"、"全国环境优美小城镇"、"中国民间艺术(火龙)之乡"、"中国民间文化遗产旅游示范区"等一系列美名。而今，古镇蜚声天下，名扬中外，万千游客，慕名而至，或凭吊古迹，品玩老街，或寻觅人文，寄情山水，无不自得其乐，啧啧称赞。

图片：◎ 双流县黄龙溪镇人民政府提供（⊙李刚　拍摄）
　　　● 严永聪　摄影
　　　○ 任桂园　拍摄

442 / **443**

一、厚重的历史积淀与多层次的文化底蕴

（一）两千多年的历史积淀与变化沧桑

■ 末代蜀王的最后据守之地与古蜀文化最为悲壮的一页

黄龙溪古名"赤水"，两汉时期隶属益州犍为郡武阳县。但早在先秦时期，这里已是古蜀先民的聚居之地。及至古蜀国开明王朝末期，这里又成为了末代蜀王与秦军的最后决战之地。据《华阳国志·蜀志》记载："周慎王五年（前316）秋，秦大夫张仪、司马错、都尉墨等从石牛道伐蜀。蜀王自于葭萌（广元老昭化）拒之，败绩。王遁走，至武阳，为秦军所害。"此段史实，在汉代著名辞赋家扬雄所撰《蜀记》及唐代李吉甫所撰《元和郡县志》中亦有记载。武阳赤水，地处锦江、鹿溪河汇流之处，牧马、二峨两山隔江对峙，凭借其天然的地理优势，自当成为战败而逃的末代蜀王的最后据守之地。然而在秦军凌厉的军事进攻之下，已是不堪一击。千古黄龙溪，由此宣告了古蜀王国的终结，步入了中华大一统的历史进程。

开明王朝"王蜀十二世"（约为前666—前316），自五世开明帝始，其国都自梦郭移至成都（参见《新都镇·历史沿革》），进入了它的鼎盛时期。及至开明末代时期，古蜀国已处在北面秦国的威逼

▲ 汇入锦江的鹿溪河

之下。面对强秦的进攻,葭萌失守,末代蜀王南逃武阳,选择赤水作为最后的据守之地,由中可以窥知:开明王朝国都南境的赤水,不仅拥有优越的地理形势,而且亦早已是古蜀人文荟萃之地。末代蜀王于此"为秦军所害",则为古蜀文化书写上了最为悲壮的一页!

■ 黄龙溪得名的由来与三国蜀汉文化的绚丽篇章

◆ 刘备蜀汉政权建立的舆论策源地与黄龙溪得名的由来

东汉末年,朝廷腐朽,政治黑暗,各路豪强为扩大和增强自己的割据势力,相与征战,混斗厮杀,天下四分五裂。汉献帝建安十三年(208),曹操挥师南下,与孙、刘联军于赤壁大战。曹操战败北还;而刘备则按照诸葛亮的谋划,于建安十六年(211)率步卒数万人沿江西进,进入益州地区(泛指巴蜀之地)。建安十九年(214)夏,刘备入主成都,"复领益州牧", 其后又上表称汉中王。为图谋一统天下的帝王大业,刘备军事集团决定以蜀地作为根据地,建立蜀汉政权。

而古称赤水的黄龙溪,由于其奇特的自然景观,立即成为了蜀汉政权建立的舆论策源地。

据《三国志·蜀志》记载:建安二十五年(220),军师将军诸葛亮、太傅许靖、安汉将军麋竺等臣下800余人,前后上书,咸称"闻黄龙见武阳赤水,九日乃去"。引《孝经援神契》说:"德至渊泉,则黄龙见。龙者,君之象也。"又引《易经》"乾九五,飞龙在天"之语作为依据,均言刘备"当龙升登帝位"。经过一番密锣紧鼓的舆论造势,建安二十六年(221)四月,蜀汉政权建立,刘备登上帝位,年号"章武"。是年,又于武阳赤水建庙立碑,庙称"黄龙庙",碑名"黄龙甘露碑",借以进一步宣扬刘备"顺应天命、当升帝位"的舆论依据。对于此事,晋代常璩《华阳国志·蜀志》、北魏郦

▲虬干横出的古龙树◎

道元《水经注·江水》和宋代欧阳忞所撰《舆地广记》、乐史所撰《太平寰宇记》、洪适所撰《隶续·黄龙甘露碑》、娄机所撰《汉隶字源·考碑》以及明代曹学佺所撰《蜀中广记》、清代顾蔼吉所撰《隶辨·碑考》等古籍均有较为详细的记载。曹学佺所撰《蜀中广记·方物记》更明确指出"立庙赤水溪上，以祀之。有碑，曰'黄龙甘露之碑'"。曹学佺所言"赤水溪"，即今之鹿溪河。

又据南朝梁、陈间人虞荔所撰《鼎录》记载：蜀汉章武二年（222），诸葛亮铸五鼎，分埋蜀中各地。鼎上小篆字体，皆为武侯手迹。"时龙见武阳之水九日，因铸一鼎像龙形，沉（赤）水中。"为保蜀汉政权根基牢固，诸葛亮可谓用心良苦；而龙鼎沉于赤水中，尤可见黄龙溪古镇在三国蜀汉时代的重要的政治、军事与文化地位。

武阳赤水，即因"黄龙见武阳赤水九日乃去"的奇特景观而得名为"黄龙溪"，而前述"黄龙庙"、"黄龙甘露碑"与沉于赤水溪中的"龙鼎"，则为"赤水"变名为"黄龙溪"做下了最好的诠释。至于由此而生的本土龙文化，在融入中国传统龙文化的要素之后，经过历朝历代的发展演绎，在黄龙溪古镇，一直传承到近代、现代以及当代，为古镇平添了无穷的魅力！

◆ **诸葛武侯南征前的屯兵牧马之地**

当刘备兵败夷陵，病逝于白帝城后，诸葛亮辅佐幼主刘禅，更是鞠躬尽瘁。蜀汉建兴元年（223），诸葛亮被封为武乡侯，朝中"政事无巨细，咸决于亮"。当时南中诸郡并皆叛乱，诸葛亮考虑到先主新逝，"故未便加兵"，但却积极谋划准备南征。龙鼎沉水之处的黄龙溪，凭借其舒缓平坦的优越地势，水沛草丰的天然条件，又成为了诸葛亮屯兵牧马的首选之地。今横亘在黄龙溪镇北、连绵百里的牧马山，即因此得名。经过近两年时间的厉兵秣马，建兴三年（225）春，诸葛亮率军征讨南中诸郡，"七擒孟获"，讨平四郡，是年十二月，班师返回成都。自此以后，蜀汉政权得到了进一步巩固，军资充足，国力富饶，为其后北伐奠定了坚实的基础。曾经光耀史册的三国蜀汉文化，在黄龙溪古镇，再次写下了绚丽的一页。

■ 南方丝绸之路东干道上的要津与商业重镇

与北方丝绸之路不相颉颃的南方丝绸之路（参见《临邛镇·文化底蕴》），自成都出发，其东干道却是取道水路。早在秦朝建立之初，由成都通往宜宾的岷江道，已由蜀郡太守李冰整治通畅。这段水上丝绸之路，经由锦江进入黄龙溪古镇，而后南流汇入岷江，过眉山、乐山，直达宜宾。由成都运往印度、缅甸的蜀中丝绸、茶叶等，有一部分即是经由这一条水上通道运送至宜宾，再转入云南，走五尺道运送过去的。自古盛产茶叶的武阳赤水（即黄龙溪），凭借其天然的地理优势和本土特产，成为了南方丝绸之路水上通道的要津。

自东晋以后，中国经济重心逐渐南迁东移，及至唐宋时期，已是大成气候。随着北方人口的不断南迁，经济开发速度加快，连通大江的岷江水道，成为了维系唐宋王朝出入川西的最为重要的水上交通干道，成都平原所产大米、茶叶、蜀锦、蜀布、蜀麻等等商品货物，多是经由这条水道输送出去的。而地处要津的黄龙溪，到了宋代，则已成为成都南境闻名遐迩的商业重镇。在中国历史上，"镇"在宋代以前主要指军事据点；在宋代以后，则主要指县城以下乡村以上设有税收机构的商业居住区。北宋时期上升为镇的地方全国共有106个，而黄龙溪即荣列其中，由北宋政和年间（1111—1118）欧阳忞所撰《舆地广记·成都府》"黄龙镇在赤水口"一语即可证之。难怪宋人著述中多喜说

"黄龙见武阳赤水九日乃去"的历史掌故（参见前文），亦可见当时黄龙溪作为北宋一镇，已是声名远播。

■ **战火中的千年古镇与新兴的移民场镇**

南宋理宗端平三年（1236），蒙古军队铁蹄肆虐四川，十月，成都破陷，蒙军纵火烧杀，"城中百姓无得免者"。接着蒙古军又分兵四出，深入各地抄掠，"蜀人受祸惨甚，死伤殆尽，千百不存一、二"。地处成都南境的黄龙溪，更是惨遭劫难，蒙军一把大火，将千年古镇化成了一片灰烬，唯一给她留下的是"火烧场"的别名。

明末清初，张献忠盘踞成都，于甲申（1644）冬月"僭号大西国王，改元大顺"，且遣将四出攻略，一时州县悉陷。当此之际，犍为总兵杨展，率军北攻，在黄龙溪至彭山江口镇一带，与"率众百万、蔽江而下"的张献忠摆开了战场。张、杨数日激战，已历经300余年元气恢复的黄龙溪古镇，又再次惨遭劫难。之后献忠兵败，逃亡川北。据彭遵泗所撰《蜀碧》记载：献忠逃亡之前，将"所掠金玉珠宝，及银鞘数千百，悉沉水底"。清代官修的《明史》，亦载云：其"用法移锦江，涸而阙之，深数丈，埋金宝亿万计，然后决堤放流，名'水藏'，曰'无为后人有也'"。背负着太多悲情的古镇黄龙溪，由此又留下了"献忠水藏金银"的古老传说。

无论是蒙军抄掠，或是张杨激战，皆给黄龙溪带来了毁灭性的灾难，曾经几度繁荣的千年古镇，及至清代初年，同全川许多城镇一样，已是人口凋零，几成废墟。然而，

▲ 古镇一角◎

▲ 新兴的移民场镇◎

▲ 黄龙溪夜景◎

随着"湖广填四川"的大规模的移民运动，黄龙溪以其丰厚的历史文化积淀和特殊的水运条件，吸引了大批的外省移民前往，在外省移民和仅存土著的共同开发下，黄龙溪重新焕发出勃勃生机，再次逐渐走向繁荣。一个新兴的移民场镇、水运码头应运而生，当年"日有千人拱手，夜有万盏明灯"的繁华景象，又重新呈现在鹿溪河口、锦江之滨。

（二）多层次文化底蕴述略

两千多年的历史积淀与变化沧桑，成就了黄龙溪古镇多层次的文化底蕴。这里不仅聚集了古蜀文化、水文化、三国文化、明清建筑文化、古农耕文化、宗教文化、民俗文化、茶文化，以及当代影视文化等丰富的人文旅游资源，还留下了被誉为"十古"的古街、古庙、古榕树、古建筑民居、古佛洞、古佛堰、古码头、古崖墓、三县衙门、古战场等等名胜古迹。众多的景点与历史文化遗存，争奇斗艳，异彩纷呈，向人们娓娓诉说着古镇久远的过往，演绎着古镇辉煌的未来。

二、千年古镇旅游巡览

（一）异彩纷呈的自然景观与人文景观

■ 黄龙渡清江，真龙内中藏

前文我们已经说到，黄龙溪古名"赤水"。据光绪《仁寿县志》载："赤水与锦江汇流，溪水褐，江水清，古人谓之'黄龙渡青江，真龙内中藏'。"这一奇特的自然景观，在三国时期，不仅成为刘备登基的吉兆，而且令古老的黄龙溪亦成为蜀汉政权的风水宝地。这一奇特的自然景观，年年岁岁，时隐

① 千年古榕树◎
② 远眺东寨门外码头●
③ 东寨门◯
④ 游船停靠的水码头○
⑤ 古佛堰◎

时现，见证着古镇千百年来的历史沧桑，而在今天，更使古镇成为了人们揭秘蜀汉政权如何得以催生的文化旅游胜地。

■ 古榕树

黄龙溪的古树颇多，树龄在1000年以上的有6株。其中有两株黄桷树的覆盖面积达300平方米以上。而位于锦江和鹿溪河交汇处的古榕树，更因其"一树分两江，二水分三县"成为古镇的标志性景观。

■ 古码头

黄龙溪古码头位于锦江与鹿溪河交汇处西岸、古镇东寨门外。从成都经由水路而下，必然夜宿黄龙溪。自古以来，黄龙溪码头即是成都南下水路上不可多得的天然码头，更是南方丝绸之路成都南郊水道上的物资集散地，百货山积，帆樯如林，船夫吆喝，商贩穿行，伫立码头，犹可想见往日热闹非凡的景象。而今码头依在，往日的繁华却被另一番胜景取代，但见游船泛江，快艇激浪，游人戏水，笑语欢歌一片。为谋生计而艰辛奔走者已不见踪影，喜笑颜开者多是来自天下八方的游客。

■ 古佛堰

古佛堰为建造于清代前期的水利设施，又称"小都江堰"，它最早以卵石竹篓筑堤截流，引水入堰。堤堰横跨锦江，呈"s"型，长约0.5公里。远眺堤堰，唯见水流激涌，飞瀑堆雪，映衬于远山近树之间，格外壮观。古佛堰干渠长22.5公里，年引锦江水3880万立方米，灌溉农田1.41万亩，华阳、仁寿、彭山三县的23个村、131个社受益。古佛堰事涉华阳、仁寿、彭山三县，管理事务由三县共同设立专门机构负责处理，独一无二的"三县衙门"即由此在古镇建立。

■ 一街三寺庙

自明清以来，一再得以修葺整饬的"古龙寺"、"潮音寺"、"镇江寺"，即分别坐落在古镇南北走向的正街两端和中间，这便是被称为"一街三寺庙"的独特的人文景观。黄龙溪自古香火鼎盛，特别是佛诞节日，香烟袅袅，散入民居，梵诵声声，香客不断，呈现出一派肃穆而祥和的景象。这种自古传承而来的宗教文化习俗，它寄寓着芸芸众生对吉祥平安的祈求与期待，至今未见衰减。保存完好的三座古寺庙，依然隐藏在一片民居群落之中，保佑着万千生灵和谐共生，幸福永在。

坐落在正街南端的古龙寺，相传1800年前，黄龙祖师曾来此普化百姓、脱离苦海，并在院内亲手种植了两棵榕树。到如今，两棵古榕盘根错节，树冠遮天，且树桠间立有小小庙宇，供

① 古龙寺大门○
② "庙中有树、树中有庙"奇观○
③ 潮音寺○
④ 镇江寺●

▲ 坐落在古龙寺中的"三县衙门"○

▲ 三县衙门◎

▲ 三县衙门大堂◎

奉着"黄桷大仙之神位"；树下则立有土地神庙。自然与人文高度地融合在一起，形成了"街中有庙、庙中有树、树中有庙"的奇特景观，真乃天下一绝！

■ 三县一衙门

在黄龙溪众多的历史古迹中，"三县一衙门"堪称"另类"。进入老街南端的古龙寺，穿过百年老戏台，历经沧桑的三县衙门即静静地守候在那里。大门两侧的木雕楹联："黄龙钻山伸出龙爪抱鸡翅，白马临江勒转马头望虎岩"，将当时6个地名（黄龙溪、龙爪坝、鸡翅拐、白马滩、马头、虎头岩）巧妙地嵌入其中，既介绍了当年古佛堰灌溉的地域范围，同时亦表明这些地方也是三县衙门所要管辖的地方。

三县衙门缘起于清代，时称总爷衙门。为便于协调和管理华阳、仁寿、彭山三县的水利维修、用水纠纷等诸多事务，于是就在黄龙溪设立了这一跨地域的特殊管理机构，由三县共同设专门行政机构和专人负责处理水务，也兼涉民事、治安等。民国时期，该机构设局立法，以亩计征水费，建管理局，称"三县衙门"，设有局董、经理、局士、堰长、管事、文书、打锣匠、堰差、沟长、撵水长等多种职务。

将一座尘世间行使水利管理的衙门置于佛门净地的古龙寺中，尤见当年为联络协调三县用水事务、以祈求神灵保佑一方安宁而致和谐共荣的美好心愿。

■ 王爷坎

在黄龙溪，还有一处自然景观与人文景观高度融合的景点，那就是位于正街北端的镇江王爷庙（即镇江寺）的保坎，俗称"王爷坎"，这也是锦江临镇的河岸保坎。这一道保坎，年年岁岁，守护着古镇民众的安全。在它的身上，刻满了无数水痕印记，记录下历年水位涨落的坐标，成为锦江

① 王爷坎上千年古榕树●
②③ 古镇街景◎
④⑤⑥ 古镇街景●

水位高低的见证。而坎上浓荫蔽日的千年古榕，更有似黄龙古镇的卫士和护法神，它默默地将四周人文、水文与自然风貌融合成一片，幻化出一片耐人寻味、绚丽多彩的奇妙风光。

■ 古街古巷古民居

据有关记载，明末清初几成废墟的黄龙溪，至乾隆四十年（1775），已由贺、唐、乔三户外省移民出资修复。而今置身古镇，脚踏200余年的青石板，迎面而来的是典型的明清建筑。"六街九巷子"呈鱼骨状构成古镇主体，街巷之间或斜穿勾连，或垂直衔接，或弧形相通，空间形态自由随意，漫步街头，颇能激发人的诗意遐想。街巷两旁均为一、二层传统民居建筑，以穿逗木质结构为基本特色，其建筑形制多样，分坡式、悬山式、硬山式等。青瓦木屋，鳞次栉比，雕花窗棂，飞檐翘角；宅弄深处，曲径通幽，行至尽头，豁然开朗而又别有洞天！

与锦江平行的正街为古镇主要街道，亦称"老街"，全长1146米，街宽3.44米，旧时即为主要的商业街。街道两边店铺林立，或廊柱排列，或二楼挑台飞出，颇多变化。

◆ 古镇整体结构——六街九巷子

"六街九巷子"，即复兴街、黄龙正街、横街、上河街、下河街、黄龙新街和扁担巷、鱼鳅巷、艄公巷、蓑衣巷、烟市巷、龙爪巷、篙竿巷、担水巷子、鸡脚巷。

九巷，也都叫"水巷子"，顾名

① 水巷子◎
② 古貌依然的扁担巷◎
③ 屋檐立柱上的雕花装饰◎
④ 唐家大院内景◎

思义，是下河担水的通道。传统生活用水的来源，不是从井里提，就是从河里担。水桶成为了家家户户必备的用具，一早一晚都要提桶从河里担水，从井里提水。饭馆茶楼用水量大，需雇专门的水夫担水。于是，每天早晚的街巷，担水人来来去去，好不热闹，成了古镇的一大民俗景观。有的巷子还用于交易某种农副产品或方便赶场农民置放扁担竹筐等用具，故而又取名烟市巷、鱼鳅巷、扁担巷等。别小看这些巷子，它们是沟通镇街与河岸的联系通道，数百年来，古镇与外部世界诸般经济文化交流都经此演绎成章。

◆ 古镇街巷与普通民居建筑特色

古镇街巷路面全为石板铺就，两侧多为清代保存至今的前店后院联排式民居建筑，建筑均为清瓦屋面，木穿逗结构，竹编夹壁粉墙，部分建筑两侧砌有风火墙。古镇建筑空间亲切宜人，尺度适中，街巷幽深静雅，街景错落有致，轮廓分明，富于变化。登高远望，无数清瓦屋顶，宛若青色的波浪层层铺卷开去，极具传统小镇的空间特色和建筑品质，有着较高的城镇和建筑历史研究价值。

◆ 明清老院落——唐家大院与杨家大院

唐家大院即唐家烧房。清末至民国年间，黄龙溪古镇市面繁华，行业众多，仅酿酒作坊就有四家，由唐氏、刘氏、曹氏、罗氏四个业主经营，其中以唐家烧房名气最大。唐家烧房有300余年的历史，呈

"日"字形建造格局，俗称"骑马庭"。青瓦盖顶，七柱穿逗木建筑结构，雕花门窗，具有典型的川西民居风格。烧房呈"前店后院"传统布局，前店三开门铺面，经营自酿烧酒；后面两天井，六扇半节花窗门，分隔出前后二厅。唐家大院至今保存完好，而"唐家烧酒坊"所酿白酒，作为黄龙溪老字号知名品牌，传至今日，亦盛名不衰。

杨家大院，为典型的客家移民四合院古民居，占地约7亩，掩映于修竹翠木之中。杨家大院龙门左侧置有水井一口，井侧不远处有一楠木古树。主人将树枝作支点，吊上绳，绳一端拴石，另一端拴桶，七上八下，打水提水，远观之，宛如一幅美丽的民俗风情画。

■ 古戏台

黄龙溪自古以来就是水陆要冲之地，来往商旅、船工云集码头，自然少不了说书唱戏、娱乐消遣的场所，于是，作为演出的戏台应运而生。过去，黄龙溪以古戏台多而著称于世，但至今仅古龙寺、镇江寺等寺庙内尚存。古龙寺戏台，名为"万年台"，位于正门之上，台前300平方米的院坝，成为正街的尽端广场，过去即是人们看戏、集会以及交易的最佳场所。

■ 陈家水碾

黄龙溪陈家水碾始建于清代康熙初年，是利用水作动力碾米、磨面的作坊设施，距今已有300多年历史，是黄龙溪景区显现农耕文化的一大景观。陈家水碾设计精妙，构思独特，它引用锦江之水，开渠建闸，由上碾沟、下碾沟和反碾沟三沟组成一个独岛。三沟之上建三桥，三桥之上建八碾，以直径一米的花岗石做石磙。其中，米碾1座，骨碾两座，油碾4座，面碾1座。陈家水碾在成都至乐山一带颇有名气。旧时，陈家为寻求保护而不得不捐钱买官，得了一个八品虚衔，人称"陈八品"，水碾也因此冠名"八品碾"。

■ 坐落在镇外的佛庙道观

◆ 大佛寺

从鹿溪河口泛舟沿鹿溪河而上三公里，即到大佛寺。大佛寺原建于明代，所供大佛凿刻在溪侧陡峭的崖壁上，高二丈余，被人们誉为"小乐山大佛"，号称"蜀中第二"。惜乎因年久失修而毁。近年重建的坐式大佛高60米，由汉白玉雕成。佛像基座面积300平方米。佛像形态与乐山大佛相似，庄严端坐，面向河水，双手置于膝上，两眼平视远方。大佛像内空心，陈列佛教艺术品。大佛左右崖壁上凿弟子迦叶、阿难立像，像高10米，是鹿溪河沿岸重要景观。

◆ 金华庵

金华庵坐落在牧马山东麓，五重硬山式建筑，依绝壁层级而建，又名"望江楼"。据《仁寿县志》记载，其"楼在麓，跨堰水架成。凡五层，大殿一座，后复二层。缘楼而上山顶，不知缘岩之绝险。登楼一望，江景历历在目，涤虑澄心，诚胜景也"。游人将它与川东忠县石宝寨相比，誉为"川西石宝寨"。大殿横匾，为宋乾德元年（963）刻书"古佛胜景"字样，岩壁有"灵鹫飞来"等题书镌刻，无不引人发思古之幽情。

① 古龙寺内古戏台◎
② 古戏台上川剧坐唱◎
③ 作坊水碾石磙◎
④ 陈家水碾作坊◎
⑤ 大佛寺远眺◎
⑥ 金华庵◎

而今的金华庵，佛殿、道观汇集一处，别有情趣，尤显出其丰富的宗教文化内涵。该"庵"总计五殿一楼，楼为藏经楼。五殿，一是南海观音殿，又有"小南海"之美誉，被称为是"峨眉山的脚庙"，古镇四方信众进香峨眉或朝南海，必从金华庵"起香脚"。二是三清殿，塑上清、太清、玉清三像。三是玉皇殿，塑玉皇大帝及二十八宿像。四亦是观音殿，左右列十八罗汉。五是大佛殿，塑大佛于崖洞石龛内，洞周为灵祖和二十四位诸天菩萨，且饰以镂刻花纹。二十四位诸天菩萨石刻造像是金华庵的镇馆之宝。洞前有井，为冒木井，极其少见。

（二）风情浓郁的民间习俗

黄龙溪不仅拥有众多古迹，而且还保留了不少的古风民俗。正月表演火龙灯、狮灯、牛儿灯、幺妹灯；四月初八放生会；端阳节赛龙舟等等。其中"火龙灯舞"最具特色，曾于2001年舞进了第21届世界大学生运动会。

黄龙溪是一个鲜活的、有着极强生命力的古镇。如织的游人，并没有扰乱镇上人们的日常生活秩序，他们固守着弯曲的石径古道、飞檐翘角的木质吊脚楼，平和地生活，把城市的喧嚣与嘈杂，统统消融在一杯香气馥郁的盖碗茶中。有网友在游览黄龙溪后作出了如下评价："这是一座'十古不化'的古镇！人们其乐融融地生活在由古街、古庙、古榕树、古民居建筑、古佛洞、古佛堰、古码头、古崖墓、三县衙门、古战场共同组成的"十大古景"中，演绎着传统民俗与现代时尚的完美结合，潜移默化地传递着一个坚固的人文思想：保护历史，就是守护未来。

■ 火龙灯舞（烧火龙）

烧火龙的习俗，在天府各古镇并不少见，但唯有洛带客家火龙舞和黄龙溪火龙舞最具传统特色。洛带客家火龙舞以"刘家龙"为代表，历史悠久，家族内部传承，一直没有中断，因此保存了较多的

①

②

③

④

中国古代舞龙最原始的程序和古朴的仪式，时间亦具体定在每年元宵佳节（正月十五），显现出客家龙文化的颇多特点。而在黄龙溪，火龙舞却最富有本土龙文化的传承特色。黄龙溪烧火龙的习俗，最早起源于南宋。先民们根据"黄龙见武阳赤水九日乃去"的历史掌故，再融入民间流传的"烛龙衔烛"以照耀天下等有关神话故事，创造了独具本土特色的"火龙灯舞"，其中即饱含着祈求吉祥与光明的文化意蕴。这与源于中原地区的客家刘氏"火龙灯舞"在龙文化的传承上就有了不同的历史文化渊源。及至明清，当黄龙溪成为新兴的移民场镇，繁华的水运码头再次应运而生之际，烧火龙的习俗，不仅具有本土历史文化之内涵，而且亦融进了客家文化的特色。经过不断改造、丰富、完善，火龙造型为蛇身、鹿角、虎眼、狮鼻、牛耳、鹰爪、马鬃、鱼鳞、虾须、兽脚，充分展现出中国龙的诸多特点。表演时，在一片火与烟、光与声、惊与险、喜与乐的海洋之中，火龙狂舞，逐一完成"摇头摆尾"、"随波起浪"、"反扭麻花"、"人字形水波"、"中节平行圆圈"、"穿八字"、"金龙打滚"等特定阵形。最后，龙首高昂，龙身呈盘龙状现收式，以祈求来年风调雨顺，五谷丰登，幸福美满；在这一点上，又与客家刘氏"火龙灯舞"有着异曲同工之妙。而今，黄龙溪烧火龙已成游客参与共同祈福的一大特色民俗，每逢节日喜庆，"火龙灯舞"即重现黄龙溪，且越烧越精彩，千年古镇亦赢得了"中国民间艺术火龙之乡"的美誉。

■ **狮舞（狮灯）**

在黄龙溪，每逢节日喜庆活动，与火龙灯舞相与斗胜的民间绝活就要数狮灯舞了。狮子的造型是用竹篾、纸张绑扎糊制成狮头，用牦牛尾或马尾制成狮尾，用黄色或红色布镶上花边制成狮子皮，把

① 幺妹彩龙舞◎⊙
② 街头品茶◎
③ 水边垂钓◎
④ 飘河灯◎
⑤ 火龙灯舞◎⊙
⑥⑦ 烧火龙◎⊙

狮头、狮尾连在一起，然后在狮皮上粘上麻丝或马尾作狮毛、狮须。狮身长约四米、宽两米。黄龙溪舞狮属于南狮的一种，与洛带舞狮的造型有所不同。表演分舞台、高台和破阵等三种类型，亦极具本地特色。

■ 茶馆、茶社

在黄龙溪，最为常见的民风习俗莫过于"坐茶馆"了，街道旁、江岸边、河堤上、竹林下，"一"字儿展开的竹台、竹椅、竹凳，成为了古镇上一道诱人的风景。这当然和该镇自古即为茶叶之乡和水码头的久远历史有着紧密的联系。千百年来所形成的这种饮茶习俗，到如今，更是将川西坝子的休闲风味体现得淋漓尽致。清风徐来，茶社飘香，友朋聚会，良多情趣；来一盘麻将吧，或摆一场"斗地主"，清香悠长的黄龙溪茶，定会令你在此泡上大半天。

古镇茶楼茶铺众多，煮茶须用河水，沏的茶方才更有香味，故有"河水香茶"的传统说法。

■ 打更

旧时，打更人从仁寿起锣，过华阳，走彭山，到黄龙王爷码头收锣，故有"锣鸣听三县，三县同更天"之说。打更人从亥时起更，每一时辰打一更，到卯时收锣。打更人一边鸣锣，一边吆喝。二更时吆喝的是：各家各户，关门熄灯，休息了。冬夜打三更，则吆喝：防盗防火，被窝里的火笼，别忘了提下床喔。打五更，天快亮了，吆喝声又是声声提醒：出门早看天，晴带雨伞，饱带饥粮，注意冷热。如此温馨的提示，无不充盈着深切的人文关怀，让人永志难忘。更声阵阵，传到而今，更会引动留宿镇头的游客追怀古朴民风的无尽情愫。

■ 黄龙溪船工号子

素有"千年水码头"之称的黄龙溪，旧时于府河（即锦江）行船，船工号子，声声不断。黄龙溪船工号子本属川中岷江号子支系，粗犷豪放、节奏感强，在黄龙溪一带世代相传。据当地老船工回忆，每当船只行至急流险滩，便会唱起船工号子。歌唱时，一领众和，领唱者也是全船劳作的指挥者，有时，老板娘亦会出舱帮助领唱。歌词中，领唱部分有具体内容，合唱部分则只是配合劳作节奏发出的呼喊衬

▲ 府河逆水行船（任桂园 提供）

▲ 上水拉纤◎

▲ 狮舞◎⊙

▲ 赛龙舟◎

词。因船工在急流中拼搏，领唱与合唱交接十分紧凑，甚至领合重叠，并出现阵阵呼哨声，所以府河号子又叫船工哨子。在黄龙溪流传的"府河号子"，其歌词多为谈天说地、即兴发挥。如："上江口，下江流，黄龙溪转苏码头。中和二场路好走，嗨唷嗨唷加把油！""脚蹬石头手摸沙，找钱回去供爹妈"等等。黄龙溪船工号子，可从一个侧面展现该地古老的民风民俗，可谓民俗文化中的一笔宝贵财富，亦是一笔宝贵的非物质文化遗产，惜乎而今几成绝响，如何深入发掘以为当今的旅游文化事业服务，则有待进一步研究开发。

■ 赛龙舟

赛龙舟古称"龙舟竞渡"，本起源于先秦时期南方水居民族崇龙、祭龙的习俗，但到了汉晋时代，则逐渐演变成了拯救屈原、吊祭屈原的民俗活动。而黄龙溪赛龙舟，自有着"黄龙渡青江，真龙内中藏"的历史掌故作为根底，故该地赛龙舟的习俗，即主要是还原远古时期崇龙、祭龙的文化本意；其后，民间又据此衍生出"黄龙与青龙相与恋爱"的传说故事，故而在龙舟的表现形式上便显现出了与其他地方迥然不同的本土特色。

每当农历五月初五端午节，在黄龙溪，相与竞赛的主船即是青龙舟和黄龙舟，龙舟两侧各有10名水手，所着衣装亦分青、黄两色。另有彩船两只，各伴一龙舟，好似陪伴其左右的金童玉女。竞赛项目一是比赛划龙舟，看谁先到达终点；二是比赛抢鸭子，看哪条龙舟的战果最辉煌。每当此时，在鹿溪河与锦江交汇处的宽阔水面上，饰有龙头的青龙舟、黄龙舟在惊天动地的锣鼓声中腾跃水上，两岸人群欢呼雀跃；青龙舟、黄龙舟上，各着青、黄彩服的水手，在急促、雄壮的鼓声指挥下，神态沉着、勇猛，划桨迅速、整齐，有如舞动的劲爪，推波助澜，托起龙舟并肩齐飞。赛完龙舟是抢鸭子比赛，鸭子一下河，船上的水手纷纷跃入水中。水手们或迅疾如鱼鹰，或潜泳如水獭，而两岸人群欢声雷动，掌声四起，把"赛龙舟"的民俗文化活动再次推上高潮。

■ 赶场

自古以来，赶场即是农副产品和生产、生活资料交易的主要渠道。旧时黄龙溪逢一、四、七赶场。

▲ 赶场盛况◎

▲ 琳琅满目的手工工艺品商店◎

逢场时，大街小巷，商铺里外，人满为患。无数经营农副产品、手工业产品者，或沿街摆摊，或游走于场内场外、街头巷尾，主要商品有茶叶、木耳、香菌、土烟等山货，以及棉花、棉花条子、手织线、竹器、农具、铁木器具、鸡鸭兔、瓜果、蔬菜等各色物品。场外河滩上，则是猪市、牛市、羊市，外加江湖游医、术士、乞丐、游艺等穿行其间，好不热闹。

现市场得到了规范，建立了黄龙溪农贸市场，逢双日赶场，交易商品主要是日常生活用品、农副产品和生产资料，较之过去，尤为丰富多彩，更有城市稀缺的乡村野菜，鲜活嫩翠，品类繁多，对外来游客无疑有着很强的吸引力。

（三）独具特色的美食美味

徜徉在古镇大街小巷，各种美食美味悠然飘香，令人垂涎。无论其有形的食物原材料，或是无形的制作工艺，都无不显现出黄龙溪浓郁的本土特色。这里仅择其最具有代表性的几样美味菜品与风味小吃介绍于下，以飨游人。

■ 焦皮肘子

焦皮肘子是黄龙溪一绝，以猪肘为主料，色泽红亮，口味甜鲜，炪而不烂、肥而不腻，是孝敬老人、养育幼儿、女士美容的佳品。焦皮肘子具有色、香、味俱全的特点，色：肘子亮红色，葱末纯白色，芫荽青绿色；香：蒸笼竹香，葱花清香，芫荽纯香；味：入口细腻，回味香醇，且有甘甜、酸辣之味道。其色美、香醇、味浓的品质一直为中外游客称道。

■ 仔鱼

仔鱼，俗称"猫鱼"，雅称"龙针"。因古有"武阳小鱼，一斤千头"的说法，故又称千头鱼，亦是古镇黄龙溪美味小吃中的一绝。原料来自本地鹿溪河中的一种体形极小之鱼，洗净去脏后，用加工精细的面粉调和蛋清敷裹之后，再用天然菜油煎炸而成。其皮酥而肉嫩，无骨无刺，清香可口。

■ 珍珠豆花

黄龙溪豆花包括家常豆花、灌浆豆花、珍珠豆花三种。其中珍珠豆花最为出名，是将鲜质猪肉（肥瘦兼半）剁成珍珠大小的肉末儿，然后加工灌制到豆浆中，煮熟后，豆花亮晶晶，似珍珠，故得此名。珍珠豆花麻、辣、香、酥、嫩、烫、鲜，诸品兼具，堪称一绝。豆花色泽亮丽，用二荆条海椒调制的红油能沿豆花表面自然上升，辣味足，可谓色香味俱全。有诗赞曰："粒粒珍珠落玉盘，盛开朵朵白睡莲。红花还须绿叶扶，盏盏碟碟麻辣鲜。"

■ 野菜

土肥水美的黄龙溪，野菜四处生长，种类繁多，经采撷、加工，而今已成为人们餐桌上一道极受欢迎的纯天然特色菜品。野菜可热炒、可凉拌，不但清爽可口，而且有清热、祛毒之功效。时下人们大都讲究减肥健身的饮食之道，黄龙溪种类繁多的野菜自会让你品尝到一份难得的异香美味。

▲ 焦皮肘子◎

▲ 仔鱼◎

▲ 家常豆花◎

▲ 野菜◎

（四）品类繁多的地方特产

■ 黄龙溪茶

黄龙溪自古即为茶叶之乡。西汉著名辞赋家王褒，在其所撰《僮约》一文中，即有"武阳买茶"一语。《僮约》一文，为王褒戏谑其挚友遗孀杨惠家的僮仆便了而写，时杨惠家居成都安志里。由中可以知道，早在西汉时期，黄龙溪凭借其连通成都的方便的水路交通条件，当时所产茶叶，已在蜀中颇有名气。随着时间的推移，黄龙溪更是成为了南方丝绸之路水上通道的要津之地，其种茶、卖茶、运茶、贩茶的历史亦长盛不衰，故"武阳买茶"的历史掌故能流传至今。

黄龙溪茶叶选料优质，品种多样，所产黄芽、毛峰、龙珠、芽蕊、清明香、茉莉花茶等品种，均以传统的工艺结合现代技术精制而成，色泽细润光亮，汤色碧绿明净，清香悠长，口感回甘，实为茶中之上品。

■ 芝麻糕

芝麻糕自古为黄龙溪特产。据史料记载：昔日华阳、仁寿、彭山三县一带盛产芝麻，民间用于制作糕点，在明朝已经屡见不鲜，而清朝极为盛行，因其品质优良、清香淡雅而被三县府衙选为进献皇室之贡品。芝麻糕选料考究，配料包括芝麻、核桃、花生、糯米等，加之传统的制作工序，是极富营养价值的传统旅游产品。

■ 家常豆豉

黄龙溪家常豆豉，纯系家庭手工制作，且颇具地方特色。先将黄豆或黑豆泡透蒸熟，经发酵后加入盐等调味品，然后用干竹叶或玉米叶包好，用麻绳扎口；几个扎成一捆后，在灶台上方熏烤一定时日，再挂到室外晾干即成。而今在小镇街巷，到处可见成串售卖的叶包豆豉，由此而形成了一道独具特色的民俗风景线。这种豆豉不仅外包装很具观赏性，而且是本地特作回锅肉不可缺少的原料，也可单独下饭食用。

■ 蜀绣

蜀绣又称"川绣"，与苏绣、湘绣、粤绣齐名，为中国四大名绣之一。据晋代常璩《华阳国志》记载，蜀绣在当时就已闻名。及至清朝中叶以后，已逐渐形成行业，其生产品种主要是官服、礼品、日用花衣、边花、嫁奁、彩帐和条屏等等。黄龙溪蜀绣以软缎、彩丝为主要原料，短针细密，针脚平齐，片线光亮，变化丰富，其绣刺技法甚为独特，具有浓厚的地方色彩。其产品既有巨幅条屏，也有袖珍小件；既有高精欣赏名品，亦有普通日用消费品。

■ 绣花鞋垫

该品为黄龙溪妇女纯手工制作、采取纯棉布精制而成，针脚细密，足感松软，制作尤费时日。该品具有吸汗、防臭、耐磨等特点，深受游客喜爱。

① 黄龙溪茶◎
② 黄龙溪正宗芝麻糕店◎
③ 家常豆豉◎
④ 黄龙溪巴蜀绣艺坊◎
⑤ 街边叫卖的草编制品◎
⑥ 编花帽◎
⑦ 戴上花帽拍张照◎

■ 棕编

黄龙溪民间手工艺人的棕编亦颇富地方特色。它用棕榈嫩叶为原料，以打扣为主的方式，综合运用草编、竹编中的一些编制技巧，通过撕、拉、绕、穿、刺等方法，进行艺术创作。棕编的创作题材多以十二生肖、鱼、虾、昆虫等动物为主，外形小巧精致、造型生动活泼，既是孩子们喜欢的玩具，也是一种小巧精美的艺术欣赏品。

■ 草编

黄龙溪草编起于明朝初期，此后代代相传，成为该镇民间一种沿袭至今的传统手工技艺。草编用谷草、麦秆、棕丝做原料，制作品类繁多，有草帘、草垫、草篮、草扇、草席、草制玩具、提包、草鞋等数百种花色样式，五颜六色，造型多样，既精致美观，又经济实用，是游客喜爱的特色产品。

■ 花帽

此种花帽用稻草编制成环、然后在环上插上各色鲜花和绿叶而成。制作者尤其讲究环上插花艺术，故黄龙溪所制花帽，色彩鲜艳，造型多样，花香清幽。戴上它，既美观大方，又可遮挡太阳，深受游人喜爱。

（五）客栈旅馆

■ 大院坝客栈

大院坝其实不大，但每一块青砖都是古砖，每一块牌匾都具有历史价值，身处其中，很容易忘记自己是一个现代人。古床、古桌、古椅、古灯，酝酿出一派古色古香的氛围，让人仿佛置身明、清时代。

⑤

⑥

⑦

① 大院坝客栈◎
② 天保堂◎
③ 碧浓居宾馆◎
④ 观月楼◎

端上青花瓷盖碗，品上一口黄龙溪的龙珠、黄芽，看着远处独具川西特色的青瓦屋顶，尘世繁华下孤独的心境自会悄然消逝，神闲气定，安然入梦，一觉睡到天明。

■ 观月楼

观月楼紧邻锦江，推开门窗，远山近树，一江青绿，皆可尽收眼底。该处纯然中式传统建筑风格，尤显深层历史文化底蕴。楼外江畔，设有茶园，内有会议室，是休闲度假会务的好去处。

■ 瑞祺苑客栈

该客栈位于黄龙溪镇核心景区清幽的复兴古街和黄龙新街交接地带，以安全、卫生、清洁、舒适为其特色。置身瑞祺苑，可聆听温馨提示的入夜更声，耳闻隔街潮音古刹的悠长钟鸣，品味川西滨水古镇之美食、美景，感受到古镇特有的安谧、清静，是品味千年古镇深厚文化底蕴的上佳下榻之处。

■ 天保堂

天保堂坐落在古镇西寨门下，宛若镶嵌在黄龙龙头上的龙眼。天保堂建筑为纯中式风格，青瓦屋顶红砖墙，别具一格，重楼层檐长回廊，错落有致。大厅、走廊地面及楼道，全用天然青石铺就，檐柱、楼栏、门窗等均为全木结构，栏杆、窗棂，镂刻精美，古色古香。天保堂集餐饮、住宿、娱乐为一体，老式大花床、老式家具……可让你体验一番旧时地主老爷的家居生活。

■ 碧浓居宾馆

宾馆占地10000平方米，仿古建筑，古朴典雅，集休闲娱乐于一体，内设健身场、保健馆、阅览室、书画间、棋牌室，提供家庭式食宿，宾馆式服务，医院式条理，亲情化护理，尽可让下榻的客人安心而舒心。

（六）旅游线路分布图（见下图）

三、出行指南

（一）公交班车

■ **从成都到黄龙溪有下三种方式可选：**

（1）在成都新南门游客接待中心乘坐成都——黄龙溪直达车。

▲黄龙溪标志◎

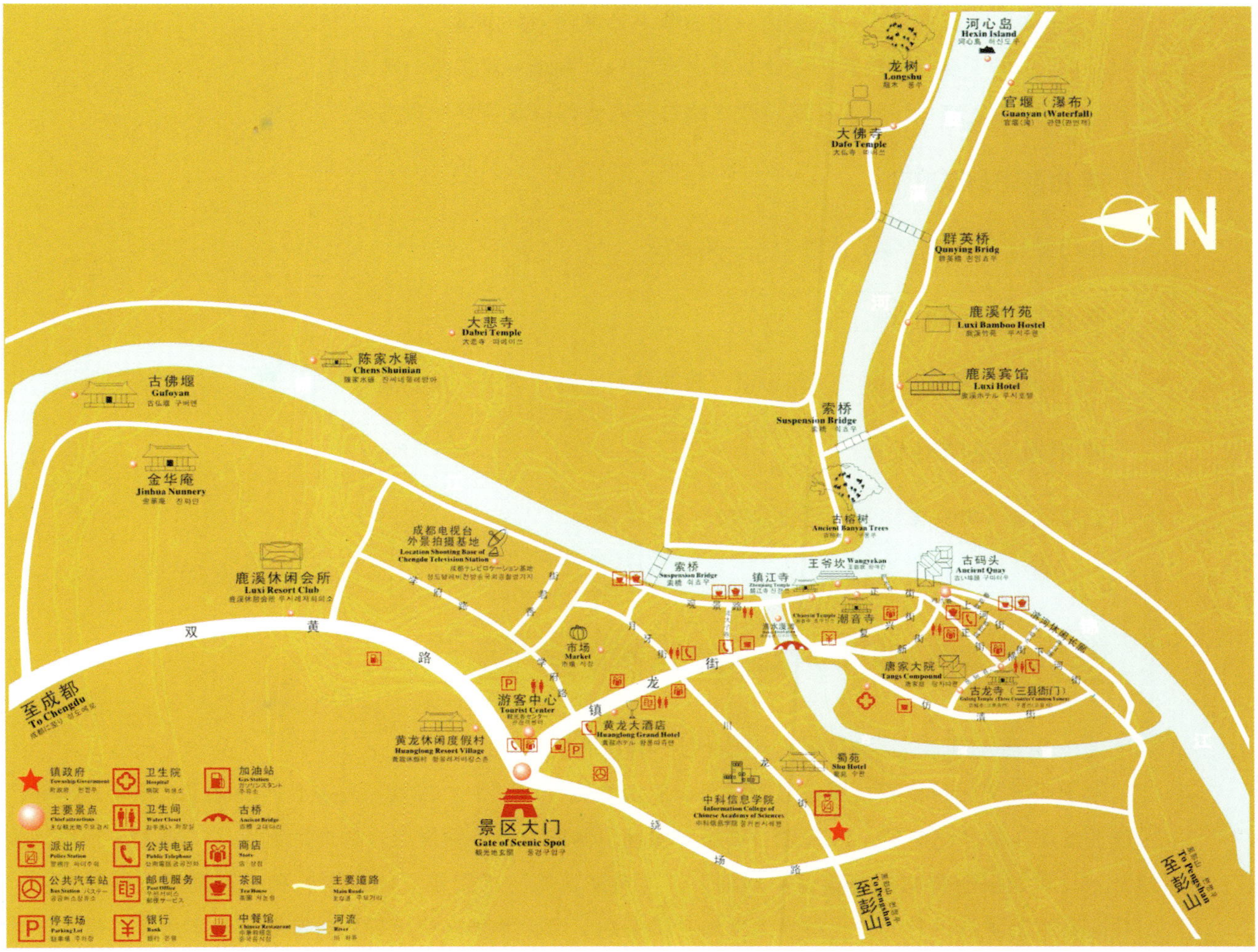

▲黄龙溪古镇导游图◎

（2）在成都金沙车站乘坐成都金沙车站至黄龙溪旅游专线客车。

（3）在成都各大车站乘公交车至双流县华阳客运中心，转乘821路公交车至黄龙溪；或在成都各大车站乘公交车至双流客运中心车站，转乘808路公交车至黄龙溪。

成都新南门车站、成都金沙客运中心站、华阳客运中心站(公交821路)、双流客运中心站（公交808路）每日6点到18点滚动发车。

■ **由彭山县至黄龙溪：**

每日从7点至17点有流动班车。

（二）自驾线路

■ **由成都出发：**

（1）沿人民南路南延线或站华路(益州大道)或元华路(剑南大道)→华阳绕城路(左岸花都处右转)，上双华路约两公里处左转上双黄路直达景区。

（2）市区→永丰立交桥成雅高速双流出口右转经双华路约两公里处右转上双黄路直达景区。

（3）人民南路南延线→正兴镇→籍田镇→籍黄路→黄龙溪。

（4）永丰立交→成雅路→新津县普兴出口→大黄路→双黄路→黄龙溪。

（5）永丰立交→成新大件路→双华路口→双华路→双黄路→黄龙溪。

■ **由彭山县城出发：**

彭山县城——江口镇（过桥）——黄龙溪

■ **由仁寿县城出发：**

成仁公路（国道213线）→籍田镇→籍黄路→（过汽车船）黄龙溪

■ **由新津县城出发：**

新津县城→普兴镇→大黄路→双黄路→黄龙溪

四、黄龙溪旅游文化资源的保护与开发

（一）旅游文化资源的保护与现代文明的有机结合

中国历史文化名镇黄龙溪，近年来，以旅游立镇，以"十大古景"为中心，确立了"千年水码头、古镇黄龙溪'的文化定位。为实现古镇旅游快速、健康、可持续发展，曾先后制定了《黄龙溪镇总体规划》、《黄龙溪历史文化名镇保护规划》、《黄龙溪旅游区旅游总体规划》和《黄龙溪发展策划》、《黄龙溪旅游发展策划》、《黄龙溪发展营销策划》等，并严格按照规划与策划分步实施，既保护了古

镇现有历史文化，又实现了镇域经济的可持续发展。

为满足广大游客精神文化与物质文化上的多种需求，在充分保护众多不可再生的历史文化遗存的前提下，该镇凭借其深厚的历史文化底蕴与得天独厚的自然地理条件，在大力弘扬水文化、民居建筑文化、古农耕文化、宗教文化、民俗文化、茶文化、影视文化等诸多方面，做出了显著的成绩。

而今伫立在古镇东寨门外千年繁华的古码头，放眼望去，古榕守望的鹿溪河、飞瀑堆雪的古佛堰、波平如镜的锦江水、鱼鹰拳立的捕鱼船……川西平原特有的水乡风光尽收眼底，让人犹如置身于诗情画意之中。随便穿过一条水巷子吧，走进青石铺地的明清古街，古老的民居建筑错落有致，保存完好，各具特色的雕花门窗，叫人目不暇接。沿街铺面，丰富多彩的农副产品盈屋充架，琳琅满目；逢双赶

① 黄龙溪西寨门〇
② 由新街进入老街处街景〇
③ 龙溪河口景观〇
④ 东寨门外府河渔船◎

场，来自四方八面的游客与乡下农民一起涌动街头，买卖不绝；而隆隆作响的陈家水碾，更是将传承已久的农耕文化连接到了今天。木铎梵诵，伴随着缕缕轻烟，飘然而至，循声而去，老街上寺庙有三。"庙中有树、树中有庙"的古龙寺，更是收藏着昔日的"三县衙门"，尘世间的纠葛在佛门净地逐一得以平息，有谁见天下有如此美妙的水利管理！至于坐落在鹿溪河畔、牧马山下的大佛寺、金华庵，则与老街三庙遥相呼应，将浓郁的宗教文化向镇外演绎开去，共同保佑着古镇万千生灵，和谐共生。火龙腾飞，龙舟疾驶，岁岁年年，传承着极具本土特色的龙文化；府河哨子，入夜更声，日日夜夜，提示着亟待整理的非物质民俗文化遗存。独具特色的芝麻糕、珍珠豆花、叶包豆豉尤显本土民间特有的饮食风尚；林下品茶，江畔观景，千百年来，古老的饮茶习俗一直联系起"武阳买茶"的历史掌故，"龙鼎沉赤水"、"献忠藏金银"等历史传说更是让茶客们津津乐道、探究不已。千年水码头，古镇黄龙溪，到如今，集吃、住、行、游、购、娱于一体的综合、完善的旅游服务体系已然具备，吸引着天下万千游客不约而至。2008年，前往黄龙溪的游客总量即达312万人次，实现旅游收入1.87亿元。凭借其保护完整的传统风貌、清幽古朴的人文环境，黄龙溪更是成为了中国影视的重要拍摄基地，截至目前，先后已有180多部电影、电视剧和纪录片在此拍摄，丰富多彩的影视文化方兴未艾，当一回群众演员的机会定会让你喜出望外，兴奋不已。

不仅如此。黄龙溪每年举办的龙狮艺术节、放生文化节、端午赛龙舟等节庆活动，到如今，已成为景区不可或缺的文化盛宴。这既丰富了古镇人民的文化生活，又为游客增添了节日的喜庆。而"黄龙溪国际古镇风情节"、"中国成都国际非物质文化遗产节"、"情定黄龙溪·成都单身白领节"、"成都啤酒节黄龙溪火龙之夜"、"中国国际美食旅游节暨四川省乡村旅游节"等一系列文化活动的成功举办，更实现了黄龙溪传统文化与现代文明的有机结合，展露出安全、美丽、民风淳朴、文化丰厚的景区形象，打造出黄龙溪亮丽的旅游文化品牌。

特别值得一提的是：2007年9月，首届黄龙溪国际古镇镇长合作论坛的成功举办，使黄龙溪与国际古镇之间搭建起了一个互相学习、合作共赢的平台。该次国际合作论坛，吸引众多国内外专家参会，来自澳大利亚、法国、德国、意大利、西班牙、瑞士、马来西亚、越南和中国的41个古镇的代表欢聚一堂，共同形成了《2007首届黄龙溪国际古镇镇长合作论坛联合宣言》。该次论坛推进了黄龙溪海外旅游市场的开发，提升了其在国内国际上的美誉度，有近百家国内外报刊、网络、电视台等媒体进行了追踪报道。

小镇的眼光，世界的胸怀。到如今，黄龙溪镇已成为川西传统小镇的代表和缩影，成为天府古镇旅游的一个标志性符号。古镇虽小，名气却如日中天，在任何一个搜索引擎里，只要以"国际古镇风情节"、"中国民间艺术火龙之乡"、"成都黄龙溪"等关键字词进行搜索，关于黄龙溪古镇的内容无不汗牛充栋、精彩纷呈。

（二）旅游文化与旅游产业的深度开发

尽管黄龙溪已名扬中外，但自强不息的黄龙溪人并不满足。为全力打造国际古镇旅游精品和优美的宜居环境，目前已着手在古蜀文化、三国文化、古农耕文化、生态湿地、世界古镇镇长论坛永久会址、现代农业园区等项目进行深度开发。

围绕着"一镇一业"的指导思想，随着旅游文化产业发展目标的进一步确定，该镇在"游、购、

娱、食、住、行"等六方面都将有所发展。游的方面，拟通过景区多层次的文化包装以增强古镇吸引力。购的方面，拟深入挖掘黄龙溪民间传统特色，包装和开发极富本土特色的旅游商品。娱的方面，拟规划设置主题公园、游乐场地、拓展训练基地等，以迎合新的旅游需求。食、住、行方面，拟进一步提升饮食、住宿、交通的特色和质量，以增进整个旅游文化产业的吸引力。

黄龙溪是一座集山、水、城为一体的水乡城镇，其本身即体现了黄龙溪人保护自然、亲近自然、天人合一的人居环境构想。在大力开发黄龙溪旅游文化资源的同时，为保护好黄龙溪千年水码头的古镇风采，使之永不谢幕，目前已进行了合理的整体规划，拟将远山、近水、生态湿地、以水为主体的主题乐园、现代农业园区与古街、古庙、古建筑等更为完美地融合在一起，成为川西平原最富特色的山水城镇。

全方位的深度开发规划与景区的文化包装需求，亦吸引着众多的国际国内旅游、房产、物流等产业的投资者纷至沓来：欧洲"途易"旅游集团与黄龙溪人民政府签下了旅游营销协议，四川亚东已着手打造"成都情怀"四星级乡村酒店；四川省旅游学校拟整体迁建黄龙溪……而风情万种、美丽多姿的黄龙溪，则以世界的胸怀，诚邀天下有识之士，前往投资，共谋发展，实现双赢。

随着全方位的深度开发与景区文化包装的日益完善，可以预见，黄龙溪的明天，将更加生机勃勃，灿烂辉煌，千年古镇必将永远矗立在世界东方！

主要参考文献

【晋】陈寿撰：《三国志·蜀志·先主刘备》卷二，上海古籍出版社《二十五史》影印本，1986年版。
【晋】常璩撰：《华阳国志·蜀志》卷三（刘琳校注本），巴蜀书社，1984年版。
【陈】虞荔撰：《鼎录》，上海古籍出版社《四库全书》影印本，1987年版。
【宋】欧阳忞撰：《舆地广记·成都府·眉州》卷二十九，上海古籍出版社《四库全书》影印本，1987年版。
【宋】祝穆撰：《古今事文类聚后集》卷十七，上海古籍出版社《四库全书》影印本，1987年版。
【清】张廷玉等：《明史·张献忠传》卷三百九，上海古籍出版社《二十五史》影印本，1986年版。
【清】彭遵泗：《蜀碧·杨展传》，北京古籍出版社，2002年版。
贾大泉：《四川通史》（五代两宋时期），四川大学出版社，1994年版。
陈世松：《四川通史》（元明清时期），四川大学出版社，1994年版。
周孟棋：《南方丝绸之路》，成都时代出版社，2008年版。
胡正军：《东方水乡古镇黄龙溪》，四川美术出版社，2007年版。

※本篇原基本图文资料由双流县黄龙溪镇人民政府提供，黄超收集整理。

21 郫县唐昌镇

唐昌镇地处都江堰、彭州、郫县交汇处，沙西线绕城区而过，距成都市区26公里。唐昌面积48.1平方公里，辖17个行政村，6个居民委员会。镇域内北有柏条河，南有走马河，中有柏木河、徐堰河自西向东穿流而过，形成自流灌溉格局，土地肥沃，生态环境优美。

唐昌镇历史上称唐昌县或崇宁县，已有1280多年历史，史称"温、郫、崇、新、灌"的崇即指崇宁县。自唐代仪凤二年（677）开始置县，直至1958年，方撤县为镇。

今唐昌镇为成都市级历史文化名镇。镇域内有市级文物保护单位3处:横山大坟包

▲ 柏条河风光●

窑址、崇宁文庙、梁家大院；县级文物保护单位两处：罗翰林住宅和梅花御井。除此而外，尚有不少保存较为完好的古民居建筑与文物古迹遗存，再加上众多历史文化名人之遗踪与传说故事，已然显现出该镇文化积淀的多样性与丰富性。

在天府古镇文化旅游勃然兴起的今天，唐昌凭借其丰厚的历史文化资源与优美的生态环境，本着"保护为主、抢救第一"的原则，正着力打造省级历史文化名镇。可以预料，不久的将来，古老的唐昌必将青春焕发，成为成都北部地区又一处旅游文化重镇。

图片：● 严永聪　摄影
　　　◎ 郫县唐昌镇人民政府提供

一、历史文化概述

（一）历史沿革

位于郫县北部的唐昌是地，早在3100年前的西周初年，已属古蜀国杜宇王朝辖地。据《华阳国志·蜀志》记载："（鱼凫）后有王曰杜宇，教民务农，一号杜主。时朱提有梁氏女利游江源，宇悦之，纳以为妃，移治郫邑。"又据《水经注·江水》所引来敏《本蜀论》云："望帝者，杜宇也，从天下。女子朱利，自江源出，为宇妻，遂王于蜀，号曰望帝。"

所谓郫邑，其故址在今郫县城北二里，民间传说称杜鹃城，即杜宇所都。杜宇"教民务农"，说明杜宇族属早已完成了从渔猎文化到农耕文化的转变，进入到稻作农业的高级阶段。其教民务农的务实精神，使之得到了蜀民的拥戴，故能取鱼凫而代之，号杜主，称王于蜀。唐昌是地，即为杜宇时代最早进入稻作农业高级阶段的地区。

秦汉时期，唐昌是地隶属蜀郡。三国蜀汉时期，唐昌是地亦仍为蜀郡领地。境内有横山，又称铁砧山。据《清一统志》记载："铁砧山，在崇宁县西六里。相传武侯铸铁砧于此，以造军器，故名。"近数十年来，该处曾陆续发现过箭镞、戈矛之类的兵器。

南朝刘宋孝建二年（455），此地曾为侨户设置永昌侨县。对此《宋书·益州·蜀郡》有载曰："永昌令，孝建二年以侨户立。"所谓"侨户"，指因战乱或其他缘故而流落至此的人户，而"侨郡、侨县"，则为安置这些流民所设置的有建制无领地之郡、县。

▲ "崇宁古韵"照壁

及至唐代高宗李治执政时期，唐昌是地已正式置县。据唐代李吉甫所撰《元和郡县志》记载：该地"本郫县、导江、九陇三县之地，仪凤二年（677）于此分置唐昌县。"又据宋代欧阳忞所撰《舆地广记》记载："唐仪凤二年析九陇、导江、郫县置唐昌县，属益州。垂拱二年（686，武则天时期）来属彭州。长寿二年（693，武则天时期）改为周昌；神龙初（705，唐中宗神龙元年）复故名。"唐代唐昌县所辖区域包括现属彭州的丰乐、桂花、庆兴、君平等地。人口约6.8万人。

五代时期，据《清一统志》等史志记载：后梁开平二年（908）唐昌改称归化县；后唐同光初年（923）恢复唐昌县名；后晋天福初（936）改名为彭山县，后汉又恢复名唐昌。

及至宋太祖开宝四年（971），县名又改为永昌；宋徽宗崇宁元年（1102）始改名为崇宁县。元因之，属彭州。

明代崇宁县属成都府。永乐二年（1404），蜀王朱椿封其三子朱悦燇（jùn）为崇宁王，将崇宁作为他的封邑。永乐十六年（1418），悦燇去世，无子，封邑取消。

清康熙七年（1668年）撤销崇宁县建制，并入郫县；雍正七年（1729年）恢复崇宁县建置。

1958年11月11日，崇宁县撤销，所属乡镇划归郫县。

综上所述，自唐代仪凤二年（677）迄至公元1958年，尽管县名多有变更，唐昌是地置为县治，前后已有1280年的历史，其历史文化积淀自当厚重于他处。

（二）文化积淀

■ 唐昌草市与唐文化

杜恩湖先生在《四川文化古迹城——唐昌》一文中写道："在唐朝的唐高宗时代，唐昌是川西地区重要商镇，近年来研究唐朝文化的日本学者，除了重点研究西安，把唐昌的古文化也作为部分唐朝文化来研究。"而唐昌"草市"，不仅是唐昌古文化的重要组成部分，而且也是唐文化研究中的一个不可忽略的内容。

中国著名历史学家范文澜先生在谈到唐代农村经济繁荣的"草市"时说："离州县城较远，在交通便利的地点因商业上需要自然形成的市称为草市。"（参见范文澜：《中国通史》第三编第二章第五节）草市作为唐代经济文化特有的现象，见诸古籍文献者不少，古人诗作中亦多有咏及，但像唐昌草市记载甚为详明者，则不多见。唐咸通十年（869）五月十五日，其时陈谿所撰《彭州新置唐昌县建德草市歇马亭镇并天王院等记》一文，即给我们留下了一份十分宝贵的历史文献资料。

咸通年间，御史中丞吴行鲁出知彭州。据陈谿所记，"唐昌县中界接导江、郫城，东西绵远，不啻两舍。虽有村落，僻在荒塘。昔置邮亭，废毁将久。遂使行役者野食而泉饮，贸易者星往而烛归，夺攘公行，投告无所。深沟雨涨，古陌桥摧，跬步难逾"。由此我们可以窥知：唐昌草市未置之前，无论商贸，抑或行役，皆有诸多不便，社会治安状况也很糟糕。鉴于此，吴公"于其心而置草市，因其乡名，便以建德为号。自此，四来者旋踵而迓迎，中望者举目而知归。老幼携挈，倏忽而至。万家欢笑，共事修营，不旬日而告就。今则百货咸集，蠢类莫遗，旗亭旅舍，翼张鳞次，榆杨相接，桑麻渐繁"。唐昌草市的建立，不仅令行人来往方便，而且很快地带来了当地商业经济的空前繁荣。据陈谿所记，"其日商旅辇货，至者数万，珍纤之玩悉有，受用之具毕陈"。

与此同时，还在此处建长亭（即"歇马亭"），"崇轩邃室，外厩内厨，帷簿（帷幕和竹帘，借指内室）精新，器物充足，则往来者非止昼食而卜夜（即"卜昼卜夜"之省文，尽情欢乐而昼夜不止之意）可矣"。"人既繁会，俗已丰饶。又置一镇，抽武士三十人而御之，亦立廨署，早暮巡警。盗逃窜迹，人遂高眠，不感晨鸡，无闻夜犬，皆云康泰不可比俦"。

商业经济的繁荣与社会治安的保障，亦使宗教文化在此得以振兴，民间风俗得以改变。据陈谿所记，此处又"置灵岩报恩院，修北方天王及侍从，奇工妙餝（shì，"饰"之异体，修饰；装饰之意），相好无双；高墉环合，门庑揭立。又度僧住持，行道无有虚日"。一改往日"乡闾求福，无处礼敬，像设之仪莫识，钟磬之声不闻"之"聋俗"。

唐昌草市实为中国唐代农村集市的缩影。由上引述可知，唐昌是地自置县之后，经过190多年的发展，其经济之繁荣、文化之兴旺已非同一般。可以说，陈谿所记之唐昌草市，亦从一个侧面为辉煌灿烂而博大精深的唐文化留下了一笔宝贵的历史记忆。

据清《崇宁乡土志》记载：唐之报恩寺，后成道观"灵宝观"。今遗址尚存，位在现邮电职工校左侧。

■ 历史记忆中的文化名人

我们在《临邛篇·文化底蕴》中，曾讲道："历史文化名人是文化的缩影，他们的事迹、遗踪和作品，其本身就是一种特殊的文化现象，也是一地的文化标志和象征。"唐昌是地，自古以来，即有不少的历史名人，或自外进入是地，或为本土出生，他们都留下了相关的事迹和遗踪，尤显示出该地文化积淀之厚重。

◆ 王褒

王褒是西汉著名辞赋家，汉宣帝五凤三年（前55），曾在蜀中遥祭"金马碧鸡之神"。班固《前汉书》载曰："或言益州有金马碧鸡之神，可醮祭而致。于是（上）遣谏大夫王褒使持节而求之。"唐人颜师古注"金马碧鸡"云："金形似马，碧形似鸡。"宋代乐史《太平寰宇记》载："青蛉故县有禺同山。俗谓山穴内有金马碧鸡之神，其光倏忽，人皆见之。"清代人冯甦所撰《滇考》说得更清楚："金马、碧鸡，二山名，在滇池左右。"但当年王褒入蜀后并没有进入今云南境内[任案：自汉武帝元封二年（前109）冬始置益州郡后，两汉时期云南滇池地属益州益州郡]，却"于道病死"。病中的王褒，只好在蜀中遥祭，并留有《碧鸡颂》一文，其辞曰："持节使王褒谨拜南崖，敬移金精神马、缥碧之鸡，处南之荒，深溪回谷，非土之乡。归来！归来！汉德无疆，广乎唐虞，泽配三皇。黄龙见兮白虎仁，归来！归来！可以为伦。归兮翔兮，何事南荒。"

据《清一统志·山川》和《四川通志·山川》记载："金马山在崇宁县北二十里，相传似云南之金马，故名。上有金马碧鸡祠。"《四川通志·祠庙》又记有"金马碧鸡祠，在崇宁县北七里"。唐昌是地两处"金马碧鸡祠"各始建于何年何代，今已无考，但当年病中的王褒，在蜀中遥祭"金马碧鸡之神"的地方，很可能就在后来的崇宁县北。既如此，那么上述历史掌故，无疑给唐昌的历史文化积淀增添了一层异样的光彩。

◆ 严君平

严君平为西汉著名哲学家。汉成帝时（前32—前7），卜筮于成都、唐昌、广汉等地，以此自养，并劝人为善。据班固《前汉书》载："君平卜筮于成都市，以为卜筮者贱业而可以惠众，人有邪恶非正

之问，则依蓍龟为言利害。与人子言依于孝，与人弟言依于顺，与人臣言依于忠，各因势导之以善。才日阅数人，得百钱足自养，则闭肆下帘而授《老子》。"又载曰："君平年九十余，遂以其业终。蜀人爱敬，至今称焉。"君平一生"不作苟见，不治苟得，久幽而不改其操"；研究老、庄哲学，著有《老子指归》等书。著名辞赋家扬雄"少时从游学"，颇获教益。

据古籍所载，或称君平为成都人、蜀人，或说为临邛人、绵竹人，各说不一。今川西各地，亦有诸多相关古迹和传说，尤可见其行踪不定和"蜀人爱敬"之情。今唐昌横山有严君平墓，古镇小南街有君平卖卜巷。又据《四川通志·古迹》载：崇宁县西有"严君平读书台"；县西南十里有"卖卜井"，均"相传为君平遗迹"。由此可见，严君平在唐昌是地居留的时间不短，其留下的遗迹和传说，则已成为一笔宝贵的历史文化。

◆ 圆悟禅师

及至北宋时期，唐昌本土更出了一位蜚声天下的高僧圆悟禅师。据南宋孙觌（dí）所撰《鸿庆居士集·圆悟禅师传》记载："圆悟禅师讳'克勤'，彭州崇宁县骆氏儒家子。犀颅月面，骨相不凡。从师受书，日记千言。""一日游妙寂院，顾见佛书，读之三复，怅然如获旧物，曰：'吾殆过去沙门也。'始弃家祝发为浮图氏。"出家之后，他前后跟从当时成都名僧文照和尚、敏行禅师学佛，又"学神于真觉胜公"。这时的圆悟禅师，已是"大善知识，名号闻四海"。但他并不满足。于是"径持一钵，徒步出蜀，入山林，践荆棘，蒙犯霜雪，问关百难，意所欲往靡不至焉"。他首先去到荆门玉泉景德院，拜玉泉皓禅师、金銮信禅师为师，接着又参拜了大沩哲禅师、黄龙晦堂心禅师、庐山总禅师。孙觌称："此五大比丘者，僧中龙也。见师（指圆悟），皆以为法器（佛教指具有学佛、弘法善根的人）。"最后他找到了禅宗一代宗师法演，在其门下学习。法演禅师简洁凝练、大俗大雅的风格，后来亦成为了圆悟禅学的一大特点。崇宁年间（1102—1106），圆悟禅师回到蜀中省亲，一时父老相庆，说："川勤传一灯归蜀矣。"其后先住成都六祖院，开堂说法之日，信众"欣踊抃蹈，如佛出世"。后住持成都昭觉禅院，凡八年。此后再次出川。政和中（1111—1118），"诏住（建）康蒋山，东南学者赴之如归，名闻京师。诏住（汴京）天宁万寿禅寺。"南宋建炎初（1127），住金山龙游寺。后改住庐山山云居。久之，还蜀，仍住持成都昭觉禅院。南宋绍兴五年（1135）八月己酉（八月初八），圆悟因病去世，享年73岁。著有被称为"禅林第一书"的《碧岩录》。《碧岩录》流传到日本后，即成为了日本僧人悟禅的必修书，对日本佛教文化产生了深远而重要的影响，迄今日本的二十四派禅系就有二十派属于圆悟禅系。

自圆悟之后，时至明清，唐昌是地更是高僧辈出，诸如晓元、义奇、通朗、大悟、了尘等。民国以来，隆光、隆粟也是在佛学界颇有影响的人物。由此可见，佛教文化在该地的传承与兴盛，真可谓源远流长。

◆ 张午

在宋代，唐昌是地文风炽盛，共出了13名进士，而著名的理学名臣——张午，即是其中最具代表性的人物。

张午，字智夫，崇宁人。据魏了翁《张午墓志铭》记载：北宋淳熙五年（1178），张午举进士，先后曾为新繁、籍县、江源县尉，宣化县令，隆州通判，达州知州。其后调回朝中，为工部郎中；再迁兵部，历任军器监、太府少卿等。张午与著名理学家蒲江人魏了翁同朝为官时，尽管比了翁年长23岁，但二人甚相契合，为忘年之交。在宋代内忧外患的情势下，张午力主抗金固边，敢于直谏，指陈时弊，语多激切。时至南宋嘉定十六年（1223）秋，张午年已69岁，又以"直宝谟阁"出知眉州。次年（1224）二月初一，舟次芜湖，因病去世于赴任途中。朝廷下诏"赠朝请大夫"，并下诏命"所过郡国发民护其丧以归"。

张午一生，以"言忠信"、"行笃敬"二语为立身之本，深得了翁称颂。"为文平实典雅，（著）有《家集》二十卷，《皇雅铙歌》二卷，《西汉评》五卷，《古律诗》五卷"。

张午事迹，亦使该地的历史名人文化平添了一笔绚丽的色彩。

◆ 明代崇宁王

唐昌是地，在明代永乐年间，曾一度成为蜀王朱椿第三子朱悦燇的封邑。

据《明史》记载：朱椿是明太祖朱元璋"第十一子"，洪武十一年（1378）封为蜀王，二十三年（1390）就藩成都府。永乐二十一年（1423）去世。朱椿"性孝友慈祥，博宗典籍，容止都雅，帝尝呼为蜀秀才"。朱椿"既至蜀，聘方孝孺为世子傅"，"独以礼教守边陲"，"蜀人由此安业，日益殷富，川中二百年不被兵革，椿力也"。

永乐二年（1404），蜀王朱椿封其第三子朱悦燇为崇宁王，唐昌是地遂成为朱悦燇之封邑。永乐十六年（1418）去世，享年33岁。逝时无子，因此除爵。悦燇被封为崇宁王，尽享荣华富贵达14年之久，虽算不上有重大影响的历史文化名人，但在唐昌是地却留下了不少历史遗迹和传说，诸如"崇宁王府梅花御井"、"崇宁王囿"、"接王亭"、"留驾街"、"竹瓦桥"、"大小莹桥"、"崇宁王墓"等等。这些遗迹和传说，从另一个侧面显现出唐昌是地文化积淀的多样性，自可为唐昌旅游文化的深度开发提供独特的历史文化资源。

◆ 清代六翰林

自北宋元祐初年（1086）崇宁县建文庙、兴儒学以后，唐昌是地崇文重教、学风隆盛，故而人才辈出。及至清代268年间，又有6名士子前后取得进士功名。乾隆七年（1742），有崇宁举人蔡时田，经殿试取为进士，并选为翰林院庶吉士。崇宁举人蔡谦，亦于乾隆七年获取进士功名，但其"性恬淡，不愿出仕"，著有《钢鉴集录》一卷。乾隆二十八年（1763），有崇宁举人米锦，取为进士，签发江西任乐安县知县，有政声；后返回故里，任唐昌书院山长。乾隆四十五年（1780），又有崇宁举人蔡曾源，被取为进士，并选为翰林院庶吉士，其后授山西翼城县知县，著有《营桥诗草》行世。咸丰三年（1853），有崇宁举人徐忠锐，取为进士，并选为翰林院庶吉士，其后授刑部主事。同治十三年（1874），又有崇宁举人罗锦文被取为进士，并选为翰林院庶吉士；光绪三年（1877）授编修；光绪二十一年至二十五年（1895—1899）任山东运河道。罗锦文在出任山东运河道总管时，监修黄河堤堰。到任后即大量收购四川之棕做袋装沙石以修筑堤堰，一改前任主官"用麻袋以装沙石"筑堤的成法。因成效显著，后升为三品兵备道。

前贤已逝，遗风尚存。及至现当代，崇文重教的学风更是得到发扬光大，以至人才济济，不可胜数，充分展现出唐昌是地自古以来教育文化积淀之丰厚。

■ 历史建筑与文物古迹

旧时唐昌，宫庙众多，曾有"七宫九庙"之说，诸如：南华宫、真武宫、万寿宫、文昌宫、天后宫、地主宫、三圣宫和文庙、武庙、东岳庙、吕祖祠、灵官庙、衙神庙、财神庙、城隍庙、火神庙等

等，后由于市政改建，今已大都不存。但值得庆幸的是，在今日唐昌城区内，仍然保留有不少的古街古巷古民居，充分地显现出明清时期迄至民国初年的建筑风格。其民居建筑布局，多采用四合院、三合院、二合院，自成体系而又相互依托。无论是深宅大院，还是临街建筑，都具有良好的采光与穿堂风。在建筑的色调上，尤为古朴、淡雅，大有"不要人夸颜色好，只留清气满乾坤"的神韵。在建筑的装饰上，多在屋脊、翼角、风火墙顶、檐口下部、撑拱、柱础、门窗等处作重点装饰。无论木雕、砖雕，抑或石雕、堆塑，均做工精细，雕刻精美，充分体现出明清时期迄至民国初年川西建筑文化的卓越水平。

而今，这些保留较为完好的传统民居以及文庙、武庙等部分遗存，在现代建筑的包裹之中，仍然自成一体，顽强地显示出历史文化街区的古旧风貌。众多的传统民居建筑与文物古迹，乃是唐昌是地的历史见证，也是该地文化积淀的物质载体，它们从不同的侧面向人们述说着唐昌过往的历史，展现出是地文化积淀的多样性。

始建于北宋元祐初年的崇宁文庙，自开庙祭孔之后，尊经重儒的文风日益隆盛，亦孕育了对理学颇有建树的一代名臣张忤。及至明代，朱悦燇为崇宁王时，由于受其老师——大儒方孝孺的影响，非常尊崇儒学，于是对文庙进行了大规模的修缮。明末清初毁于兵火，但雍正九年（1731）又得以重建。此后又经多次维修、补建，终成占地约十亩的宏伟建筑，成为唐昌是地自古以来崇文重教、学风隆盛的文化标志。

① 幽深的南西巷●
②⑥ 南西巷古民居●
③④ 南西巷古民居
　　——屋顶灰雕●
⑤ 南西巷古民居
　　——屋顶砖塑●
⑦⑧ 崇槐里古民居建筑◎
⑨ 崇槐里古民居建筑●

而在唐昌众多传统民居建筑中，最能体现清代至民国初年川西民居建筑艺术风格者，当数梁家大院。该大院建筑的掌墨师，即掌墨修建成都望江楼崇丽阁的崇宁人杨晏如、杨前生叔侄二人。大院建筑在整体上呈对称格局，颇具宫廷模式。1860年前后修筑主体，建筑完工后，又陆续增补，如砖雕龙门即在民国初年修建，且风格上受欧式建筑影响。大院建筑雕饰华美，在川西民居建筑中，实属罕见。

位于唐昌西街的翰林院（今为房管所所在），其建筑亦颇具特色。该建筑是清代同治年间崇宁人翰林学士罗锦文致仕后修建的府宅。罗锦文取得进士功名后，即选为翰林院庶吉士，故人们称其所修府宅为"翰林院"。其建筑充分体现了主人清雅的审美情趣。"翰林院"虽经130多年风雨侵袭，但至今保存较为完好。

梁家大院和"翰林院"，在唐昌传统民居建筑中最具代表性，它们不仅内敛着主人的文化素养与身份地位，而且从不同角度彰显出清代建筑艺术的文化特质。至于作为县级文物保护单位的崇宁王府"梅花御井"，如今虽然孤独地遗存在当代人的居住院落中，但该井仍保存完好，尤能勾起人们对当年朱悦燇王府生活的种种遐想。

① 文昌宫巷间门●
② 文昌宫巷古民居墙头装饰遗存●
③ 古巷景观●
④⑤ 古粮仓遗存◎
⑥ "风吹吹"处古建筑内景
（任桂园 拍摄）
⑦ 遗留在唐昌幼稚园中的古建筑
（任桂园 拍摄）
⑧ 矗立在宁馨文化广场上的原武庙雕龙石柱（任桂园 拍摄）

至于位于唐昌城西面的横山（古称铁砧山），不仅是西汉著名哲学家严君平的隐居之所和墓葬之地，亦是三国时期蜀相诸葛亮锻造兵器之处。而著名的大坟包窑址亦在横山。该窑址兴盛于隋唐五代时期。其出土的器物胎质细而坚硬，器壁略厚，内胎断面以灰白色为主，扣之发音清越。其釉为釉下彩。釉色青中带绿、泛黄，有青灰、青褐等色。釉面光亮润莹，有玻璃质感。大坟包窑址连同横山诸多古迹遗存，如今已成唐昌古代人文的彰显之地。

二、古镇旅游巡览

（一）主要景点和景区

■ 城区内主要景点

◆ 文庙

崇宁文庙位于唐昌城区西街中段。据《四川通志》记载：崇宁文庙"（原）在县西，宋元祐初建"，"明洪武中（1368—1398）徙今所，弘治中（1488—1505）重修，兵燹后毁。雍正八年（1730）复设，九年（1731）重建。匾额碑祠与府制同"。其后，又于嘉庆二年（1797）和光绪二十五年（1899）两次得以修葺，形成了有大成殿、东西庑、崇圣祠、礼亭、乐亭、泮池、棂星门、宫墙、学宫等完整体系的建筑群。

① 文庙大成殿●
② 文庙泮池桥头明代石雕遗存●
③ 文庙大成殿屋脊装饰●
④ 桥后及右侧古树遗存●

今崇宁文庙大成殿等建筑保存较为完好。走进觐圣门(小南门名)，不数分钟，即可见"万仞宫墙"立前。进庙门，前有泮池，池为半月形，周长98.25米，上有三洞拱桥三座，顺应大殿成南北走向，三桥各长18.9米，中间桥宽2.5米，两边桥宽2.2米，桥头有明代遗存麒麟石雕，颇为壮观。桥后黉（hóng）宫古桂，亭亭如盖，香气四溢，沁人心脾。

大成殿高达10余丈，五开间，进深17米，通高18米，建筑面积408平方米。殿顶为重檐歇山式，屋脊饰有飞龙、走兽和花鸟，九节宝顶屹立于屋脊中央。青色釉琉璃瓦覆盖屋面，熠熠闪光，尤显富丽堂皇。殿上高悬雍正皇帝所书"万世师表"和光绪皇帝书"斯文于兹"匾额，殿内供奉有"大成至圣先师孔子神位"。东西两庑对称，殿后有启圣宫，房屋高大，古柏参天。建筑整体构思精巧，颇具"府制"气派。君到唐昌，不妨先去文庙一游，感受一下崇宁文风何以能绵延千年的妙谛。

◆ **罗翰林住宅**

罗翰林住宅位于唐昌城区西街，建于清代同治年间。民国初年尚存两千多平方米，分三进院落和一个后花园。现存面积有1245平方米，住宅面积为1133平方米。该宅院坐北朝南，以中轴线左右对称，木结构复式四合院附以厢房，布局精巧，结构严谨。大门面阔5间宽22米，呈一字形，两侧有浮雕花墙；进深6.6米，通高6米。前厅、堂屋突出。前厅为6椽屋用5柱，面阔5间22米，进深8.8米，通高7.5米；堂屋为6椽屋用7柱，面阔5间22米，进深12.4米，通高8.5米。全宅房柱均有镂空木雕衬方。住宅建筑皆为悬山式屋顶，除大门为抬梁式梁架外，皆为穿逗式梁架。

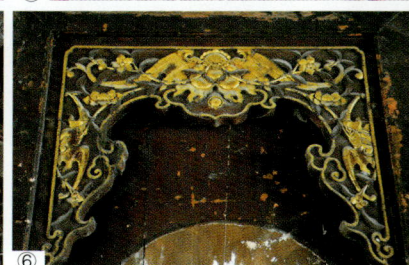

① 罗翰林住宅大门●
② 住宅院落●
③ 堂屋门厅●
④⑤ 廊柱撑弓镂雕●
⑥ 门楣雕花●

中轴线二进院落的中央挂有罗锦文手书"崇桂堂"三个镏金大字，字体雄健，风骨凛然。宅院内植有玉兰、桂花、梅花、罗汉松等。该宅院为清代官员典型府邸，无论建筑、雕花图案、庭院布置等，均无不体现出主人清雅的审美情趣。

◆ 梁家大院

梁家大院坐落在今唐昌城区北街中段。

唐昌梁家有北梁、南梁之说，但都系唐昌北门外君平乡梁家窝梁天柱兄弟的后裔。梁天柱在道光年间（1821—1850）即有土地4000多亩。梁氏兄弟虽有大量土地，但仍以"耕读传家"的古训为本，在田间劳作。梁氏兄弟去世后，其后人即在唐昌大修公馆，靠收租过活。梁氏后裔在民国期间大都出外求学，其中不乏有成就者。梁家大院即梁氏兄弟后人梁显庭购快要坍塌的水神祠而建。

大院充分体现了清代至民国初年川西民居建筑的艺术风格（参见前文）。清末民初改建门面，坐东向西，总面积原近5000平方米，门楣上方镌刻"吉庐"二字。现存面积2354平方米，房屋97间，院坝6个，天井5个。该大院在整体上呈对称格局，纵向有过厅、前厅、中厅、后厅、后花园。两翼由廊厢、小四合院、戏台、经堂及其他各类功能房屋组成。令人有庭院深深、深不可测之感。后院有合抱大银杏树两株，高20多米，为清道光年间所栽。另有桢楠20余株，系上世纪20年代所植。

在众多的房间、院落、天井组合中，该宅院运用大量的长排窗、带屏风窗的格子门间隔，使复杂的布局井然有序。在视觉效果上给人以山重水复，豁然开朗，耳目一新的感觉。

大院建筑的雕饰华美精巧。柱头、板壁、翼角、风火墙顶、檐口下部、撑拱、柱

① 梁家大院大门 ●
② 梁家大院内部庭园 ●
③ 梁家大院内部侧门 ●
④ 梁家大院内部建筑 ●

◁ 遗留在民居院落中的梅花御井 ●

▼ 梅花御井井口 ●

础、门槛、窗框等处，均雕刻有花卉、人物、飞禽异兽、几何图形等。题材有神话、戏曲、典故，手法有镂空雕、浮雕、帖花雕等。或精雕细刻，或粗犷简洁，无不因势象形，各具情态。其砖雕、堆塑、木雕、雀替、撑拱等工艺水平在川西民居中均属罕见。

◆ **梅花御井**

梅花御井位于唐昌城区小南街居民院内，为明代崇宁王朱悦燇当年王府宅内饮水用井。

该井井口约0.6米，呈梅花形状。井身上小下大，井壁为卵石砌成，井深约8米，水深约5米，终年不枯。据专井壁底部分别用四块石碑砌成，石碑高约1米，石碑上有魏碑字体"乌龙滚雪"四大字，另有"明永乐……"等小字依稀可辨。

在清代，此古井已成"崇宁八景"之一。清崇宁县令刘坛，曾对"崇宁八景"分别题有一诗，其《御井梅花》赞道："石瓮澄寒碧，梅开顷刻花。不须春点缀，如见水横斜。绘出仙源路，分来处士家。暗香闻仿佛，手汲试烹茶。"唐代陆羽谓烹茶用水，"用山水上，江水中，井水下"（见：陆羽《茶经·卷下》）；但明代屠隆却认为："或平地偶穿一井，适通泉穴，味甘而淡，大旱不涸，与山泉无异，非可以井水例观也。"（见：屠隆《茶说·择水》）

梅花御井至今仍在使用。其水色清冽，水味甘醇，终年不涸，实为沏茶之上水。

唐昌是地，关于崇宁王有多处历史遗迹（参见前文《明代崇宁王》），但其遗迹完好保存至今者，唯有此古井了。

◆ **崇宁公园**

崇宁公园位于在唐昌城区西北角。始建于民国十六年（1927），距今已有80多年的历史。

民国十六年初，在崇宁县县署背面开始修建公园，面积10余亩。由人工挖掘一葫芦形池塘，塘土堆垒成小山，山腰处掏一曲洞直通塘边。并置一石虎供游人赏玩。洞右侧设社田碑一座，清秀才万兰皋为碑作序。塘上架木桥一座，桥面用木条嵌成人字形。塘畔建草亭一座，供游人歇凉。环塘四周植有成排杨柳、桂花、梅花树，形成了"柳堤"、"桂径"和"梅林"等景观。

1946年6月，为纪念在抗日战争中牺牲的将士，在公园内建立了纪念碑。碑为石结构，全高6米，由碑顶、碑身、碑座、碑脚组成。碑身高3.8米，呈正方形，立于碑座上，高耸挺拔，巍峨壮

① 崇宁公园大门●
②③④ 崇宁公园景观●
⑤ 公园内"抗日胜利纪念碑"●

观。碑正面阴刻楷书"崇宁县抗日阵亡将士纪念碑",背面阴刻楷书"崇宁县抗日胜利纪念碑",碑左侧面阴刻楷书"为民族尽大孝",其右侧面阴刻楷书"为国尽大忠"。碑座呈六方形,有梅花形浮雕图案。

1999年,唐昌镇政府筹资60余万元扩建崇宁公园。重建后的公园为小型仿古园林,占地面积扩展到近20亩。园门单檐歇山,崇宁公园匾额居中。园中以南北向轴线为中心通道,从园门过虹桥经舒啸轩直通园中心的"崇宁县抗日胜利纪念碑"。园左揽胜亭侧有《崇宁公园赋》石碑一通,为赵仁春先生撰书。湖中濯缨楼歌声悠扬,弈棋小酌心旷神怡。崇丽亭端庄玉立,绿漪轩平添雅意。门额楹联,均为文化名人撰书,随处可见。高大乔木覆盖园内。园周东南面有回廊环绕,廊间置飞来椅;壁间嵌有12块1米多宽的黑色花岗石,上面镌刻原崇宁县之建制沿革及湮没之古迹名胜诸如晓寺鸣钟、灵宝流沙等。

崇宁公园现已成为全镇老百姓和外地游客休闲、健身、娱乐的最佳场所。

■ 横山人文景区

唐昌古代人文的彰显之地——横山,古称铁砧山(参见前文《文化积淀3》),又名横山子,位于距唐昌城区西十余里处。横山称山,并无崇山峻岭,实为一处长约4.5公里、宽约1公里的浅丘台地。徐堰河从山前淌过,绿水清滢,台地高低起伏,植被繁茂,别有一番绮丽风光。但唐昌横山,之所以名震川西,主要还在于此处丰厚的文化积淀。众多的文化古迹集中于此,形成了一片历史人文风景区,这在天府各古镇亦较为少见。下面着重介绍几处主要景观和景点,以飨游客和读者。

① 君平墓●
② 君平塔●
③ 平乐寺●
④ 平乐寺内●
⑤ 平乐寺佛堂●

◆ **君平墓及读书台、通汉井、洗砚池**

前文言及历史上的横山，曾是严君平的隐居之所和墓葬之地。今横山南端，平乐寺右侧，仍可见君平墓。墓高约两丈，墓周植有楠木、柏树，墓上柏树常有人们为祈福而挂上的红布条。两千多年来，君平墓曾几度兴衰。但时至今日，人们对严君平先生的怀念与崇敬仍未见衰减，尤可见这位西汉时期著名的哲学家在唐昌是地影响之深远。

据《四川通志·古迹》记载：崇宁县西有"君平读书台"。"君平读书台"亦在横山，系乾隆七年（1742）崇宁县尉李心正重建，为四合大院，有正殿一楼，楼下供奉严君平木雕像一座，雕像高约1.7米。

另有通汉井、洗砚池。通汉井又名"君平井"，相传严君平凿井于此，可通霄汉。此井深约5丈，投石井下，有叮咚金石之声。井旁一亭，可供游人休憩。洗砚池亦名"洗墨池"，为并列两池。两池之水，一清一浊，故又名"鸳鸯池"，池水终年不涸，相传是当年君平洗砚之处。

◆ **平乐寺**

平乐寺位于君平墓左侧。寺庙由五个大殿组成，布局严谨。进山门便见天王大殿，依次为地藏殿、大雄宝殿、观音殿、蓥华殿。庙宇高大雄伟，碧瓦金檐、朱栋赤墙、吊墩古窗等，会让你观赏不暇。而神像慈祥、衣纹流畅，更是灵气活现，令人频频赞赏。寺内右侧，新建楼房一幢，供游人食宿休闲。寺外绿荫环抱，凸显出佛门净地之清幽静寂。

平乐寺享有四季陆游风光带的盛誉，现已成为川西名刹的陆游景点之一。

◆ **大坟包窑址**

横山大坟包窑址据平乐寺约3华里。据《中国古陶瓷图典·郫县窑》介绍，大坟包窑属唐代民间瓷窑。其窑场面积较大，堆积中有瓷片和窑具。烧瓷品种以青釉为主，有的带酱斑，与长沙窑器相似。有点彩钵，以小点组成圆圈纹，与灌县窑相似。主要器物有碗、盘、碟、罐、壶、钵等。胎为红色或灰白色。碗多平底，为支钉叠烧，留五个支烧痕。壶为短流，造型特征为唐代风格，与邛窑唐代制品相似。

赵仁春先生认为，唐昌是地自唐高宗仪凤二年建县以后，农业和手工业更加兴盛起来，以至出现了"唐昌草市"这一蜀中农村经济繁荣的特有现象，这对大坟包窑陶瓷的生产起到了有力的促进作用；又，徐堰河从距该窑址一里许的地方流过，这实际上为大批量陶瓷的生产和外销提供了方便的水运条件。由此我们可以得知，大坟包窑兴盛于唐代唐昌县横山一带，并不偶然。

今大坟包窑仅存遗址，但游客至此，仍可寻觅到分布于此处的大坟包、二坟包以及周围四个显著的窑包遗址，尤能勾起对大唐盛世该处陶瓷生产的种种遐想。

（二）风味小吃

自古以来，唐昌是地即为物产富饶的"膏腴之地"。富饶的出产，奠定了唐昌一地饮食文化的多样性，而"尚滋味"、"好辛香"的饮食习惯，更使该地名厨辈出。民国期间，成都、灌县不少著名餐馆都有唐昌人主厨。近年更有名厨张育弼等人走出国门，在国外以惊人的厨艺为国争光。及至今日，不少极富唐昌地方风味的美味佳肴仍为人们津津乐道。唐昌菜品，尤其讲究滋味，只凉菜一品就有红油、麻辣、芥末、蒜泥、糖醋、姜汁等多种味型。而有名的风味小吃即有尹油糕儿、煮凉粉、朱记牛肉、酱鸡肉、姜卤肉等等。在此主要介绍几样独具地方特色的风味小吃，以飨游客和读者。

■ 尹油糕儿

唐昌的油糕儿属尹姓人家祖传，至今已传至第五代，有100多年历史，在郫县境内也仅此一家。油糕儿原料为糍粑，加不同馅后用纯菜油油炸而成，有椒盐味长方形的方形油糕儿，有甜味红豆馅半圆形的窝子油糕儿，有内加豆腐干的鸡冠状油糕儿。三种油糕儿的共同特点是外表金黄，表皮香、酥、脆，内里却保持着糍粑的乳白、绵软本色。据了解，在其鼎盛时期每天会卖出500个左右。外地人到唐昌游玩或路过唐昌，常常会一次就买下几十个；本地老百姓更把油糕儿或用作早餐，或常作为糕点零食。至今，一元五角钱两个的油糕儿，因其价廉物美，一直都受到唐昌人和外地游客的喜爱。

▼ 窝子油糕儿◎

■ 叶四娘煮凉粉

1995年叶四娘从天府时装厂下岗后，为了供养一家老小，打算卖小吃。她考虑再三，决定卖凉粉后，就去到郫县、都江堰等地取经，但根本没有吃到令自己满意的凉粉。于是她便回家自己调制凉粉的味道。经过多次实践，终于做出了独具特色的酱香型煮凉粉。她把优质的酱用纯菜油炼制后添加在煮凉粉中，再加上红油、花椒、味精、大头菜、香菜、葱等调料，结果制作出煮凉粉不仅具有麻、辣、鲜味，还有一种独特的酱香，虽然没有放糖，但却有一种淡淡的回甜味。叶四娘说，当时人们一个月工资也就两百元，可她一元钱一碗的煮凉粉一天的营业额就达到了两百多元。现在仍然有不少人以她的煮凉粉作为早餐。

▲ 叶四娘煮凉粉◎

■ 方姐锅魁

▲ 香酥肉锅魁◎

方姐打锅魁已有20余年。20多年的磨炼，方姐发酵锅魁面的技术已十分稳定，烤锅魁的技术更是炉火纯青。方姐锅魁用料上乘，不添加香料，既可充饥又可解馋，成为唐昌男女老少都很喜欢的价廉物美的风味小吃之一。其中，香酥肉锅魁：表皮香、酥、脆，内里柔软多层，中间夹有瘦肉末；椒盐锅魁：表面有一种火烤的小麦面香味，表皮香脆，里面绵软微咸；混糖锅魁：里外一致，香甜绵软。

■ 纪家肥肠粉

▲ 纪家肥肠粉◎

纪家肥肠粉油而不腻，用粉为纯手工自制红苕粉，肥肠清洗得非常干净，无异味，炮硬适中。老板会根据顾客的口味，调制出不同的味道。

■ 朱记牛肉

▲ 朱记粉蒸牛肉◎

朱记牛肉有凉拌牛肉、粉蒸牛肉、红油牛杂汤等，味道鲜美，价廉物美，深受唐昌人和外地游客喜爱，也是唐昌人招待远方亲朋好友的特色小吃之一。

■ 李豆腐干

▲ 李豆腐干◎

原崇宁县地下党员李文忠，为了便于开展地下工作，常以制作、叫卖豆腐干作掩护。新中国成立后，由于不识字，李老先生干脆放弃工作，回到唐昌，仍以卖豆腐干为生。

李老先生经过长期摸索，在制作豆腐干的过程中添加了一种纯天然调味汁，让油炸的豆腐非常蓬松。由于豆腐干里面很蓬松，凉拌调料很容易入味，拌出的豆腐干麻辣酸甜蒜味皆有，每一种味道皆恰到好处，味道十分鲜美，深受唐昌老百姓和外地游客喜爱。

20世纪90年代，80高龄的李老先生将制作豆腐干的秘方传给了镇上一个姓张的豆腐制作人。现在，这位张姓人家专为李老先生女儿所开豆腐干店提供特制豆腐干，其味道之鲜美仍不减当年。

（三）地方特产

■ 食品类

◆ 施鸭子与郭鸭子

唐昌施鸭子始创于1885年，具有100多年历史，今已有第三代传人。施鸭子以鲜嫩活鸭为原料，采用家传配方，做工讲究，火功独到，造型美观，具有色鲜味美、皮脆肉嫩、离骨爽口、回味久香的独特

风味，堪称唐昌一绝。

从1988年开始，唐昌施鸭子已连续三次被评为成都市优质产品，并获《芙蓉奖》、《四川省龙年金杯奖》、《首届天府食品博览会名特新产品金奖》、《中国食品行业优秀产品奖》等一系列殊荣以及《四川省名小吃》称号。其声名远播，广获好评，正如施鸭子加工厂门前对联所赞："技传三代留香久，名震西川余味长"。

如今在唐昌，以"施鸭子"命名的食品有限公司，已成集养殖、加工、销售一条龙生产企业。公司在省内外建有固定的销售网点，在郫县城关和都江堰等地开设有施鸭子食坊。食坊兼营批发、零售、餐饮服务。食坊特色菜品繁多，各种菜品色、鲜、味独特，加工考究，服务周到，施鸭子食坊已成郫县餐饮行业中的一朵奇葩。

而近30多年来，在唐昌，以"郭鸭子"命名的食品有限公司更是异军突起。该公司老板早年曾在"施鸭子"旗下打工，但在其后自身的发展中却不断汲取各种腌卤技术的精髓，推陈出新，历经了艰难的创业过程，最终发展成为唐昌镇家喻户晓的知名腌卤品牌——"唐昌郭鸭子"。

"唐昌郭鸭子"精选上乘乡村土鸭活禽鲜杀制作。鸭肉紧密而富有弹性，口感劲道滑腻，滋润化渣，肉骨离合力强，自然腊香，咸度适中，回味悠长，好吃而不上火，加上秘制的卤料烹饪而成，特具巴蜀风味。该公司除了主营烟熏卤板鸭以及鸭脚、鸭肝、鸭心等鸭系列卤制品以外，其他主营产品尚有烟熏卤鹅、烟熏卤兔、烟熏卤猪头、盐焗鸡等。以上各类产品均不含任何添加剂和色素，可直接提供真空包装加工，便于携带。目前彭州、成都、汶川、都江堰等部分餐馆都有销售。所售之地无不受到广大消费者喜爱，食者赞不绝口。

◆ 崇宁萝卜干

相传明朝朱元璋之孙朱悦燇在崇宁县做崇宁王时，在周边田地遍种"圆根子"萝卜，并将萝卜按本地传统加工法制作成萝卜干。时间已过600多年，但此种习尚一直延续下来。到如今，在唐昌城区南郊、当年以崇宁王妃子命名的大莹桥所在地的先锋村，不但成立了"崇宁萝卜干专业合作社"，而且还创建了种植规模达200亩的蔬菜标准化生产示范基地，使"崇宁萝卜干"的生产实现了规模化。

常言道"冬吃萝卜夏吃姜，一年四季保健康"。"崇宁萝卜干"，采用本地最优质萝卜干和民间传统

▲"郭鸭子"◎（郭琴 提供）

▶烟熏卤鹅◎（郭琴 提供）

◀盐焗鸡◎（郭琴 提供）

▲崇宁萝卜干◎

▶这味道真好◎

加工工艺制作而成，色香味俱佳，风味独特，生津开胃，川味十足，是居家健康食膳、馈赠亲朋好友的特色农产品。

■ 手工制作——唐昌布鞋

唐昌布鞋看似简单，但制作工艺却比较复杂，需经过提样、开木楦、裁帮、粘帮、清剪、堂底、裁底、打底、上鞋、排楦、整理、检验等十多道工序。

生产这种布鞋的唐昌鞋厂已有50多年的生产历史，其产品多次荣获"芙蓉杯"、"山城杯"等优胜奖。1993年至1994年期间，该鞋厂曾前后三次接受为邓小平同志制作布鞋的任务。小平同志穿上唐昌布鞋后，感到合脚而舒适，十分满意。唐昌布鞋制作一丝不苟，工艺精益求精，深受广大用户特别是中老年同志喜爱。

▼男式布鞋◎

▶女式布鞋◎

◀男式休闲鞋◎

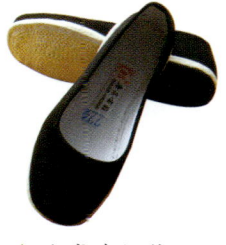
▲女式休闲鞋◎

（四）民俗风情

■ 平乐寺庙会

旧时唐昌，宫庙众多（参见前文），而相应的各种庙会亦不少，诸如观音会、东岳会、城隍会、春台会等，不一而足，可以说从农历正月到腊月，月月皆有。其形式和内容，多与曾为县城的川西其他古镇旧时庙会习俗相似。

而今在唐昌，许多庙会业已消失，但平乐寺庙会却一直延续下来。每年的正月初五和六月初六平乐寺都要举办盛大的庙会，有上万人参加，仅供应斋饭也有一两百桌。现各种神会定于每月初一、十五分别举行，居士之多、游客之众、香火之兴旺，非同一般，盛况空前。而每年的二月十九、六月

①

②

十九、九月十九传说中的观音菩萨的生日，也有很多人到平乐寺烧香拜佛吃斋饭。还有不少人去到庙侧严君平先生的墓地和君平塔前，挂红焚香，顶礼膜拜。平乐寺庙会，颇能集中地展现唐昌是地宗教文化信仰与传统的民俗风情。

■ 端午节中草药盛会与游百病

在唐昌，除了春节，每年的端午节亦最为隆重而热闹。农历五月初五这天凌晨三、四点钟，就有不少农户或用车载、或用背篼，将新鲜的艾叶、鱼腥草、蒲公英等数十种中草药从周边乡村运到城中。天刚蒙蒙亮，一条数百米长的中草药街就形成了，空气里弥漫着浓浓的草药味。购买中草药的人们纷纷涌入，寻找着自己之所需，找到后彼此就开始讨价还价；这时卖粽子、卖盐蛋的小贩们也穿梭其中，不停地吆喝。其场面好不热闹。人们摩肩接踵，手里提着、怀里抱着大包的草药或粽子、盐蛋，脸上带着满足的微笑，看见熟人的第一句话几乎都是："啊，你买那么多啊！"

在早晨的中草药盛会之后，还有一次大规模的聚会。端午节当天下午，城里的居民们早早地吃过晚饭后，不约而同地都要到柏条河边去走一走。人们希望通过流水带走所有的疾病，健康快乐地生活。上万名居民倾城而出，形成了端午节的第二个高潮。这种习俗由来已久，人们称之为"游百病"，尤具地方特色。

■ 清明祭扫烈士墓

如今的清明节，已成国家法定节假日。每到这一天，人们扫墓祭祖，踏青郊游，使中华民族优秀的传统习俗得到了发扬光大。在唐昌，人们更不忘为革命牺牲的先烈，或领着孩子去到烈士陵园，缅怀烈士的丰功伟绩，或在烈士墓前祭拜，诵读祭奠诗文。古老的清明节注入了新时代的内容，显现出唐昌是地独特的现代民俗风情。

① 平乐寺庙会◎
② 祭奠严君平先生◎
③ 清明节进入烈士陵园祭奠的孩子们◎
④ 烈士墓前诵读祭奠诗文◎
⑤ 祭扫烈士墓◎

（五）客栈旅馆 —— 崇宁大酒店

崇宁大酒店位于唐昌镇城区西南二环路旁，占地约60亩，建筑面积3000平方米。经营餐饮、娱乐、住宿等项目。可承接宴席100余桌，有套房、标间及3人间，可接待旅客80人。

（六）游览线路

崇槐里巷 —— 梁家大院 —— 崇宁公园 —— 大椿巷 —— 梅花御井 —— 文昌宫巷 —— 文庙 —— 翰林院 —— 横山省农科院茶场 —— 平乐寺

▲ 崇宁大酒店

▲ 崇宁大酒店内部环境

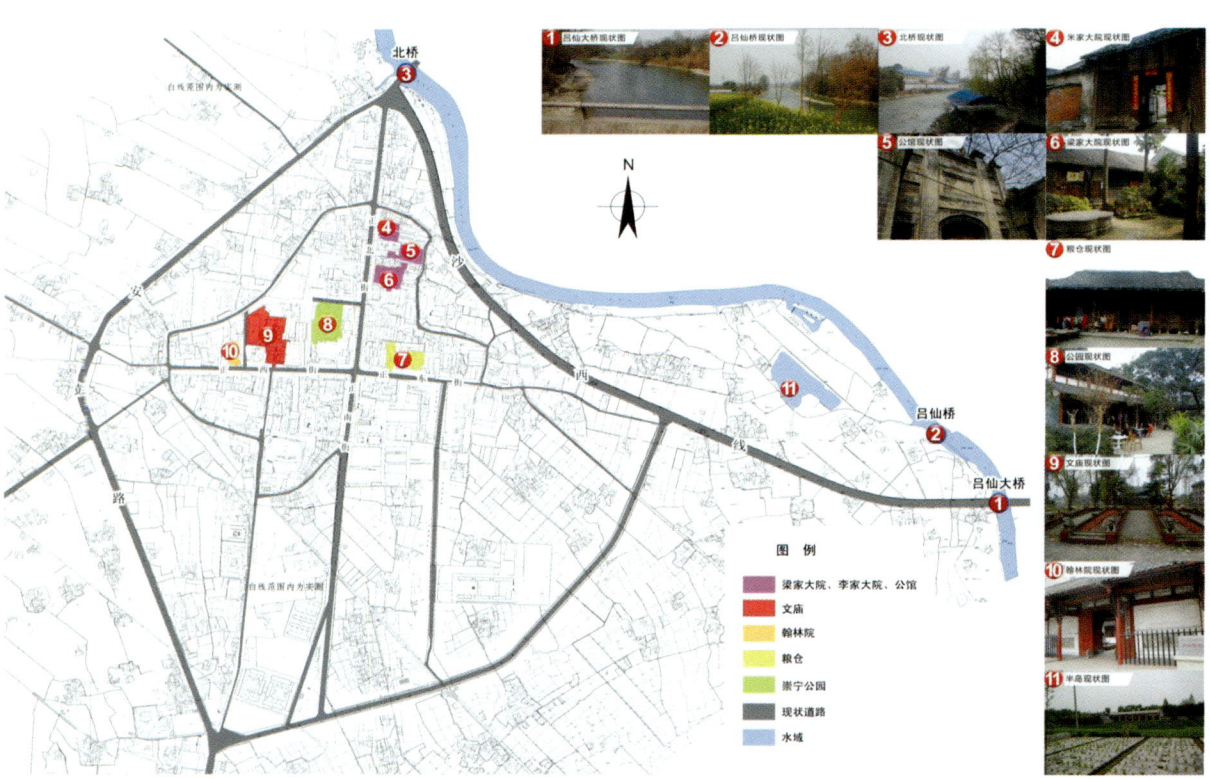
▲ 唐昌城内主要景点分布图

三、出行指南

成都九里堤乘365路公交车可直达唐昌。

成都茶店子车站乘都江堰客车到安德镇转709路公交车到唐昌。

成都金沙车站乘305路公交车到郫县转706、709路公交车到唐昌。

都江堰乘都江堰至彭州的客车到唐昌。

温江乘温江至彭州的客车到唐昌。

崇州乘崇州至彭州的客车到唐昌。

彭州乘201路公交车或乘彭州至都江堰、崇州、温江的客车到唐昌。

主要参考文献

【汉】班固撰：《前汉书·郊祀志》卷二十五（下）、《前汉书·王褒传》卷六十四（下）、《前汉书》卷七十二，上海古籍出版社《二十五史》影印本，1986年版。

【晋】常璩：《华阳国志·蜀志》卷三，巴蜀书社（刘琳校注本），1984年版。

【梁】沈约撰：《宋书·益州·蜀郡》卷三十八，上海古籍出版社《二十五史》影印本，1986年版。

【唐】李吉甫撰：《元和郡县志·剑南道·彭州》卷三十二，上海古籍出版社《四库全书》影印本，1987年版。（以下版本与此相同者，均简称：四库全书本）

【宋】欧阳忞撰：《舆地广记·成都府·彭州》卷二十九，四库全书本。

【宋】李昉等编：《文苑英华·公署下》卷八百八，四库全书本。

【宋】乐史撰：《太平寰宇记·剑南西道九》卷八十，四库全书本。

【宋】孙觌撰：《鸿庆居士集·圆悟禅师传》卷四十二，四库全书本。

【宋】魏了翁撰：《鹤山集·墓志铭》卷七十三，四库全书本。

【明】曹学佺撰：《蜀中广记·名胜记》卷五，四库全书本。

【清】张廷玉等：《明史·蜀王朱椿传》卷一百十七，上海古籍出版社《二十五史》影印本，1986年版。

【清】《一统志·成都府·建置沿革》卷二百九十二，《一统志·成都府·山川》卷二百九十二，四库全书本。

【清】黄廷桂等：《四川通志·学校·崇宁县儒学》卷五（中）、《四川通志·山川》卷二十三、《四川通志·古迹》卷二十六、《四川通志·祠庙》卷二十八上，四库全书本。

段渝：《四川通史·先秦时期》第1册，四川大学出版社，1993年版。

冯先铭主编：《中国古陶瓷图典·窑口·郫县窑》，文物出版社，1998年版。

赵仁春主编：《千年古镇 魅力唐昌》，中国三峡出版社，2007年版。

※ 本篇原基本图文资料由郫县唐昌镇人民政府提供，严蓉收集整理。

22 大邑县安仁镇

　　安仁古镇位于大邑县城东南，距成都41公里，为中国历史文化名镇和中国环境优美乡镇，亦是成都市十大魅力城镇和成都十四个优先发展重点镇之一。全镇面积56.9平方公里，辖16个行政村、12个社区，总人口5.67万人，其中集镇常住人口2.58万人。

　　安仁古镇历史悠久，自唐初武德三年(620)直至元朝至元二十一年(1284)，该镇曾为安仁县治所在地，前后长达600多年时间。

　　自古以来，安仁是地人文荟萃，尤其在民国时期，更是孕育了很多享誉中外的仁人志士，涌现出以刘湘、刘文辉为首的一大批军政要员。正由于此，在这里，留下了他们所建多处大、小公馆，现已成为国内罕见、保存完整的公馆建筑群。

▲ 中国博物馆小镇——大邑安仁 ●

不仅如此，这里还有中国民间最大的博物馆聚落——建川博物馆，有开发较早且具有相当知名度的刘氏庄园（包括大型泥塑《收租院》），有打造一新的民俗一条街——安惠里。而传承千年的"以物易物"的交易方式与传统婚俗表演如今亦在该镇勃然而兴。

而今的安仁，更有多家各类博物馆入驻，并已由中国博物馆学会正式命名为"中国博物馆小镇"。走进安仁，就犹如走进中国近现代历史。这里的一切，将让你感受到与其他古镇迥然不同的文化风韵。

图片：● 严永聪　摄影
◎ 大邑县安仁镇人民政府提供

一、古镇历史文化概述

（一）安仁古县治所之地

有关安仁置县的历史，最早可见于唐人李吉甫所撰《元和郡县志》。该书记载："安仁县，本秦临邛县地，武德三年（620），割临邛依政、唐兴等县置；贞观十七年（643）废，咸亨元年（670）依旧置。斜江水经县南五里。"宋代欧阳忞所撰《舆地广记》亦记云："安仁县，唐武德三年析临邛依政置，属邛州；贞观十七年省，咸亨元年复置。"乐史所撰《太平寰宇记》则进一步说明了县名"安仁"之取意："唐武德三年置安仁县，取仁者安仁之意。"其时安仁县治所在地就在今天的安仁古镇，古镇亦因此得名"安仁"。又据《舆地广记》载："大邑县，唐咸亨二年（671）析益州之晋原置，属邛州。"若追溯安仁古镇与大邑县建县的历史，安仁建县则早于大邑50年，可见古镇历史之悠久。

据《四川通志·古迹》记载：及至元代初年，安仁县方被撤销，原所辖之地并入大邑县，并载云"安仁废县在（大邑）县南三十里"，此处即今安仁古镇所在地。古县虽废，但其后安仁却一直是大邑东南坝区的中心场镇。

（二）独树一帜的文化特色

悠久的历史必然形成丰厚的文化底蕴。作为拥有600多年县治建置史的安仁古镇，地灵人杰，其历史文化积淀自当不同于他处。据地方志书所记，该地取得进士、举人、秀才功名者即达30多人。但这还不是安仁文化风韵耀人眼目之处。在安仁，最能显现其独树一帜的文化特色者，则主要集中体现在以下五个方面。

▼ 古镇今貌●

■ 国内罕见的公馆建筑群

安仁古镇，在近现代是一个"以武崛兴"的公馆名镇，是著名抗日将领刘湘、起义将领刘文辉等一大批民国时期军政要员的故乡，而担任过文官县长以上、武官团长以上者即多达30余人，其中军长3人、旅长9人、团长18人，故素有"三军九旅十八团"之称。他们在安仁所留下的27处公馆建筑群，规模庞大，至今保存完整，在国内实属罕见。这些公馆建筑是中国近现代社会的重要史迹，是认识和研究中国半封建、半殖民地社会经济、文化、建筑及四川军阀的重要场所，是百年中国社会发展史的一个断面。其显现出来的历史文化与建筑文化价值绝非他处可以相比。

■ 庄园文化的杰出代表

安仁刘氏庄园是中国近代民居建筑的杰出代表，与烟台牟氏庄园、惠氏庄园齐名，并称中国三大庄园，为全国重点文物保护单位。庄园作为中国建筑形式的一大类，历代遗存并不多见，而安仁刘氏庄园建筑群却规模浩大、分布集中且保存完好，是清末民初集地主、官僚、军阀三位一体乡村庄园居所的典型代表，在我国南北两大类庄园中占有极其重要的地位，反映了四川西部清代至民国建筑发展的历程，

▼ 刘氏庄园全景图 ●

① 刘氏庄园博物馆●
② 刘湘、刘文辉、刘文彩蜡像●
③ 大型泥塑《收租院》"交租"场景●
④ 安仁老街●
⑤ 建川博物馆全景图●

同时也是了解中国半殖民地半封建社会、政治、经济、文化的一个重要窗口。为中国庄园文化的杰出代表之一。

■ 中华泥塑艺术宝库

大型泥塑《收租院》，是采用我国民间传统泥塑技法，在大地主刘文彩当年收租现场创作而成的名扬世界的艺术杰作，其思想性、艺术性均达到了高度的和谐与统一，在我国雕塑史上具有革命性的创新意义。《收租院》雕塑对外参加展出，先后曾接待数十个国家的友人及国家元首，在国内外产生了广泛而深远的影响，受到了许多国内外人士的赞誉，被认为是我新中国成立以来雕塑领域取得的两大成就之一，在国内外享有"中华泥塑艺术宝库"之美名。

■ 规模宏大的建川博物馆

坐落在安仁镇的建川博物馆，为当今中国民间最大博物馆聚落。该馆由樊建川先生及成都建川房屋开发公司开办，其主要藏品为文革艺术品（20余万件）、抗战文物（10000余件）、老公馆家具（100余种）、精美笔筒（300余件）四大类别。建川博物馆特色在于重点收藏"文革"瓷器和抗战文物这两项专题，其规模与品质在国内均居前列。所收藏品不仅有收藏价值、美学价值，更具学术和历史研究价值。

■ 保存完整的历史街区

在安仁，有保存比较完整的历史街区，诸如维星街、树人街、裕民街、安惠里等古街，其历史文化积淀深厚，民俗文化氛围突出。尤其是安惠里，经由园林绿化、房屋立面改造、道路改造等三大主体工程的倾力打造，而今已是焕然一新。安惠里的成功打造，极大地提升了刘氏庄园的外部配套环境，在一定程度上解决了游客的吃、住、行、游、购、娱等问题，逐步形成了刘氏庄园、建川博物馆、老公馆和安惠里旅游经济圈，极大地促进了安仁古镇旅游和社会经济发展再上新台阶。

二、古镇旅游巡览

（一）主要景区及景点

■ 古街古巷与公馆建筑群

安仁的古街、古道、古巷、古民居，最能体现清代至民国时期的建筑风格和文化特色。其中的维星街，于1938年由刘文彩和其三哥刘文昭共同修建。因刘文昭字维三，刘文彩字星廷，故取名"维星街"。维星街全长260米，有前店后居的铺面98间，以双鱼巷口为界，北归刘文昭，东归刘文彩。此街虽为川西小镇传统构建模式，但不少房屋建筑已融入西式建筑风格。

▲ 安仁老街一角●

▲ 维星街处民国建筑●

▲ 维星街转角处的民国建筑●

坐落在仁和街—吉祥街段的刘湘公馆、刘树成公馆与安惠里南端的刘文辉公馆，以及分布在树人街两侧的郑子权公馆、刘元汤公馆、刘体中公馆、高明轩公馆、杨孟高公馆、刘元琥公馆、刘元瑄公馆、陈月生公馆和天福街北的乐自能公馆、乐述言公馆、刘体仁公馆、张旭初公馆等等大小公馆，则构成了国内罕见的公馆建筑群。众多的公馆建筑，将川西民居风格与欧式建筑风格巧妙地融为一体，并与古街、古道、古巷、钟楼等交融成一片，形成了独具特色的中西合璧式建筑风格，充分展现出清末至民国时期的建筑文化特色。

① 公馆建筑群分布示意图◎
②③④ 公馆建筑●
⑤⑥⑦ 公馆建筑◎

■ 刘氏庄园与大型泥塑《收租院》

◆ 独特的建筑风格与珍贵的文物收藏

与安惠里闾门遥相对望处，即是闻名遐迩的刘氏庄园——刘文彩公馆。刘氏庄园的亮点在于它的建筑风格。该庄园具有显著的时代特征，其主要表现为建筑风格的中西合璧倾向，既有封建豪门府邸的遗风，又吸收了西方城堡和教堂建筑的特色，形成了独特的审美文化情趣。其中，建于20世纪30年代的"小姐楼"，虽为整座公馆中的建筑小品，但精致小巧，尤为风雅。该建筑为六面六角平面，共三层。一二层面积等同，与带外围连续式拱廊，适成一圈。顶层无廊，其面积适度，光线良好，视野开阔，可俯视庭院，也可遥望田野，且极具私密性。该小姐楼基本为砖木结构，皆青砖色白线柱墙框架。尤其别致在六面攒尖屋顶，它和半圆、三角窗户及柱式拱廊结合在一起，透溢出二三十年代半封建半殖民地特定历史时期的建筑风貌，及西方文化乘虚而入冲击华夏建筑的文化色彩。

公馆内现收藏文物共计2700余件，其中尤以国家一级文物——太平天国南京天王府使用过的8把紫檀木百宝玉石如意太师椅最为珍贵，被誉为"镇馆之宝"。该套座椅质地为产于南洋群岛的紫檀木，呈暗紫红色，纹理细腻，面色光亮。其上嵌有泼墨山水纹大理石，给人以清凉、滋润的感觉。四周嵌有螺

① 刘氏庄园文物珍品馆●
② 刘氏庄园内木雕●
③ 刘氏庄园内屋顶灰塑●
④ 刘氏庄园内雇工院●
⑤ 刘氏庄园内小姐楼大门●
⑥ 庄园内深巷●

① 镇馆之宝——如意太师椅◎
② 金龙抱柱大花床●
③ 刘氏庄园内庭院一角●
④ 馆藏牙雕◎

钿装饰的人物、鸟兽、花草图案，并错嵌有碧玺、翡翠、玛瑙、珍珠等各色珠宝。其工料厚重、精美，色泽幽深、雅静，雕琢精致、细腻，光彩照人，大理石纹理清晰自然；是天然美与人工美的完美结合，可谓精美绝伦。民国时期，曾成为刘文辉将军的40岁生日寿礼，其后又成为了将军的大女儿刘元恺的"添襄陪嫁"。新中国成立后，由刘元恺夫妇捐献给国家；1958年交由刘氏庄园博物馆（原地主庄园博物馆）展出至今。

还值得一提的是保存在刘氏庄园刘文彩卧室内的金龙抱柱大花床。这间大花床占地9平方米，六根柱子金龙缠绕，门额、檐额、隔门上的雕饰生动自然，制作精巧，卧床样式别具一格，充分展现出民间工匠的精湛技艺和出奇智慧。其价值当时即约1.5万公斤大米。

◆ **中国传统泥塑与西方雕塑融合的范例——大型泥塑《收租院》**

新中国成立前，刘氏庄园内即设有收租现场，是刘文彩二十七处收租粮仓中的一处。大型泥塑《收租院》即塑造在刘氏庄园收租现场。

该大型泥塑创作于1965年，由当年大邑地主庄园陈列馆主持并邀请四川美术学院师生与当地民间艺人共同创作完成。整部场景共114个人物，全长118米，以连续性的故事情节展现出送租、验租、风谷、过斗、算账、逼租，以及佃农的反抗等历史画面，深刻地反映了旧中国半殖民地半封建社会农村经济关系和阶级关系。是旧中国农村的真实写照和艺术缩影。

该大型泥塑运用现实主义的手法，采用中国传统泥塑技法，并巧妙地融入西洋雕塑技法，以完整的群像形式，艺术地再现了农民向地主交付地租遭受剥削的典型事实和情景。在这里，泥土似乎被赋予了生命，众多人物形象个性鲜明，刻画入微，神形兼备。

大型泥塑《收租院》于1965年10月对外展出后，立即引起了国内外观众的强烈反响和震动，群像在风格气质上的民族化、大众化，创作用料上的简易化，主题思想的深刻以及艺术表现力的精湛等方面取得的独特成就，得到了社会各界的高度评赞，被誉为"雕塑史上的一次革命"、"新中国雕塑艺术的里程碑"。在特定的历史时期，收租院曾产生过巨大的社会影响，至今，其卓越的艺术成就仍为举世所公认。

1978年，曾经参与大型泥塑《收租院》创作的陈列馆专业美工李绍端、李奇生、唐顺安、廖德虎、范德高等5人，根据刘氏庄园雇工家史材料，沿用收租院的创作思想与技法，又创作了9尊反映雇工生活境遇的泥塑《雇工院》，作为前者的延续和深化。

①②③④⑤⑥⑦⑧⑨⑩大型泥塑《收租院》场景●
⑪⑫⑬⑭《雇工院》泥塑●

泥塑《雇工院》设置在原刘氏庄园的一处仓房中，包括"顶债愤"、"牛娃苦"、"猪肥人瘦"、"心事重重"、"夺奶"、"苦妹子"、"繁役"、"晚年难熬"、"灯尽油干"等共9尊塑像。它们与收租院一样，成为一个时代的缩影，成为能传之后世的雕塑艺术品。

而今，刘氏庄园连同庄园内的大型泥塑群，已是国际旅游组织认定的四川旅游发展"六朵金花"之一，在《四川省旅游发展总体规划》中被列为重点开发的旅游资源，被国家列为AAAA级旅游景区，并成为全国青少年爱国主义教育基地。

■ **安惠里旅游街**

安惠里是一条连接新、老公馆的步行街，全长300多米。"安惠里"三字是著名书法家启功所书。取"仁者安仁，惠泽百姓"之意。两边的对联由启功的学生、北师大教授赵仁圭撰联并书写。上联为"秦汉古风，安仁圣教今犹盛"，意思为古镇历史悠久，可追溯至秦汉时期，仁者安仁，自古培育的安仁风尚，在今天得到了更大的发扬。下联为"江河新貌，惠世慈波久更深"，意思为安仁的地理环境，是斜江河、桤木河两河相抱。多少年来两河慈爱地养育着当地民众，今后也将更多地施惠于安仁人民。

这条步行街，十分注重街道民居建筑和公馆建筑的协调。在色彩上，青瓦灰墙，深栗色柱窗，不仅与公馆建筑色调一致，也使步行街更富有古色古香的韵味；在立面上，利用猫拱和封火山墙，形成高低错落的天际线；在平面上，借鉴了川西古民居的部分建筑符号，如栏杆、吊脚楼、美人靠等，部分街面

① 安惠里闾门 ●
② 安惠里街景 ●
③ 安惠里绣花鞋店 ●
④⑤ 安惠里石雕艺术 ●
⑥ 安惠里石雕艺术馆 ●

又外接廊道。通过改造，街面层次较之昔日更加丰富，游人步行其中，步移景异，良多审美情趣。

道路主要用铜板石和青石板铺设。为了提升这段街的文化内涵，在建筑装饰上，采用了木雕、石刻、灰塑等工艺，装饰内容主要为吉祥的民俗图案。两边的商铺以经营古玩为主，有各类字画、钱币、瓷器、古旧家具、石雕、木雕、"文革"遗存物等。这里的商铺虽然不到100间，但却是川西平原比较大的古玩集散市场。

与此同时，"安惠里"还引灌溉水渠入街，将街分为两段，并有水、石、树组合，形成"小瀑布"景观，巧妙地连接起步行街两段。在水景街上，又有三弯的河沟和古桥三座。"三"在传统民俗中，是一个吉祥的数字，有三阳开泰、平升三级、福寿三多之说，希望经过三座古桥、转过三弯河沟，能给大家带来吉祥和好运。

■ 宏大的建川博物馆

建川博物馆为中国著名收藏家樊建川先生主持修建。1993年，建川先生为收藏辞官经商。其收藏重点为抗战文物和"文革"文物。现为四川省政协常委、中国抗日战争史学会副秘书长、四川省收藏家协会副主席、建川实业集团董事长、建川博物馆馆长。

建川博物馆目前称得上是中国民间最大的博物馆聚落，占地500亩，建筑面积12万平方米。聚落由三大系列——抗战系列、"文革"系列、民俗系列共25个馆组成。就抗战系列而言，目前已建成有正面抗战馆、中流砥柱抗战馆、川军抗战馆、飞虎奇兵馆、不屈战俘馆等5个馆。

◀ 中国壮士广场

▼ 中国壮士广场一角

① 抗战老兵手印广场 ●
② 正面战场馆 ◎
③ 中流砥柱馆 ●
④ 飞虎奇兵馆 ◎
⑤ 川军馆 ◎

  该聚落特色突出，它是安仁古镇文化旅游产业的新龙头项目，是该镇百年博物馆建设的重点。建川博物馆聚落的落成使古镇的文化价值得到提升，亦为下一步把安仁古镇打造成为世界级博物馆小镇奠定了良好的基础。

  当你走近它，你可以随时光倒流，去触摸历史最真实的印记。这里的一切都会深深地吸引住你，令任何一位想要追逐历史原貌的人都无法抗拒。

①②③④⑤ "文革"系列瓷器藏品（任凯歌拍摄）
⑥ 阿庆嫂茶馆●

（二）独具特色的民俗风情

■ "以物易物"的赶场习俗

川西赶场习俗可以追溯到千年以前。作为中国古代小农经济较为发达的时代，人们由于货币携带不方便、农家生活用品需求量不大等原因，多数人在集市上都是采用"以物易物"方式，用自己的产品换得所需的东西，交易过程很少使用钱币。

早在安仁建县之前，这里就已具场镇规模，并成为了附近区县农家用"以物易物"的方式进行集中交易的地方。随着时光的流逝，当社会经济发展到完全以货币实现商品交换时，安仁古镇亦仍然保留着这种古老而原始的交易习俗，并一直延续下来。

在古镇旅游勃然兴起之今日，安仁"以物易物"的赶场习俗更是得到了发扬光大，每逢赶场之日，农副产品琳琅满目，八方游客蜂拥而至，一时间，论物比价，拍板成交，人声鼎沸，热闹非凡。虽然如今内容形式已呈现出多样化，但其根本性质未曾改变，充分展现出了中国古代"以物易物"习俗这种"非物质文化遗产"的原生态风貌。

"以物易物"的交换规则是在交易双方采取"平等、自愿、各取所需"的基础上实现的。在安仁，为了更好地实现"以物易物"，维护交易双方的权益，交易市场特设公平台一处，配备3名工作人员，为交易双方提供所换商品的参考价格，以促使各项交易成功。

■ 春分会与烧龙表演

安仁春分会始于清康熙年间，距今已有300多年历史。每年春分前后，各地商贾云集古镇，进行农副产品、各类农具、耕牛等交易；附近十里八乡的农民亦纷纷涌入，或进行农业生产资料交易，或观看各类文艺表演，最热闹时一天可达10万人次，成为川西地区规模最大影响最广的春分盛会。

每年的春分会，为祈求风调雨顺，都要进行烧龙表演。烧龙时，由几人赤膊分别手举纸糊的龙头、龙身、龙尾游街，街道两旁群众用烟花对着龙头、龙身、龙尾喷烧，欢声雷动，高潮迭起。这种烧龙习俗在川西其他古镇亦多有所见，只不过安仁烧龙却定在春分时节，若要探究一下它的文化意蕴，不外乎是企望烧龙升天、行云布雨，以求全年风调雨顺罢了。

① 赶场日的热闹景象●
② 场上精巧的皮影制作技艺●
③ 等待交换的农副产品●
④ 交易双方比物论价●
⑤ 公平台上寻求参考价●
⑥ 公平台上的比物论价●
⑦ 以物换物交易成功●

① 婚庆表演的热闹场面◎
② 迎亲◎
③ 迎亲入堂◎
④ 拜堂◎
⑤ 拜谢来宾◎
⑥ 新郎背新娘◎

■ **传统婚庆表演**

婚俗文化，是指围绕着人们嫁娶习俗所形成的文化事象。中国的婚俗文化源远流长，据唐人司马贞《补史记·三皇本纪》记载："太皞庖牺氏，风姓，代燧人氏继天而王。……于是始制嫁娶，以俪皮为礼。"可见在上古神话传说时代，在我国就已经出现了婚俗文化。

坐落于川西的安仁古镇，千百年来，川西平原特有的民间婚俗习惯，诸如妁合、访人户、发八字、还庚礼、会亲、定年月、迎亲、出亲、拜堂、谢媒、回门等程序，则一直得以传承。但在恋爱自由、婚姻自主之今日，这种古老的民间婚俗则已演绎成为古镇文化旅游中的一大亮点，成为了为天下游客所喜闻乐见的传统婚庆表演。

安仁传统婚庆表演，场面宏大、设计合理，内容丰富，布局考究，制作精美。以清末民初为断面，展示出在川西地区一中产人家婚娶的场面，有鼓乐队、仪仗队、花轿、拜堂、洞房等，色彩艳美而华贵，加上乐号音响相伴，真令人有身处其境之感。

（三）风味小吃

安仁有不少著名的风味小吃，如郭鸡肉、彭鸡肉、陈氏干巴牛肉，以及各种富有地方文化特色的糖果糕点等。

■ 郭鸡肉

"郭鸡肉"是郭金蓉集各家之所长，将鸡肉通过蒸熟，切成鸡片，并拌以精心配制的佐料，形成的一道色、香、味俱全的名小吃。在安仁，"郭鸡肉"颇有名气，君游安仁，不妨一尝。

■ 安仁糖果

安仁糖果，名目繁多，其品牌与制作工艺多源自刘氏庄园，所以各种糖果均冠以"庄园"之名，显现出该地独有的庄园文化特色，诸如庄园牛皮糖、庄园千槌酥、地主糖、庄园龙须糖、玫瑰糖等等，不一而足。

且以"地主糖"为例。自清末至民国时期，刘氏庄园长期盛行一种糖果，是由厨子将小金橘蜜制糖化而成。因为庄主特别喜欢食用，因而被称为"地主糖"。"地主糖"甜而不腻，口感清爽，同时还具有止咳、化痰、顺气、温胃、健脾、润肺之功效，是居家旅行、馈赠亲友之佳品，也是本地休闲小吃之一。

（四）地方特产

■ 唐场豆腐乳

"唐场豆腐乳"始创于清乾隆年间，在清咸丰年间"唐场豆腐

▼ 郭鸡肉 ◎

▲ 地主糖（任桂园拍摄）

①

②

乳"即被誉为"四川一绝"而名扬省内外。唐场豆腐乳完全靠手工制作，细嫩清香，是安仁的地方特产之一。

据《大邑县志》记载：清末四川有位制台，因病而数日不思饭食。当时场镇上谭大娘家制作的家常豆腐乳已小有名气，于是这位制台的手下特地到唐场谭大娘家取了一竹篓家常豆腐乳献给他。这位制台一闻，很香；一吃，更觉味美。从此，他每餐都想吃一点。过了几天，他的胃口开了，口也不苦了。病好后，制台请客吃饭总要添上几小块从唐场带来的豆腐乳，客人们都夸好吃。这样一传十、十传百，到处都有人到唐场谭大娘那里买豆腐乳。从此以后该产品即畅销省内各地，至今盛名不衰。

本品具有味美可口、清香回甜、咸淡适宜、油滑细腻、回味悠长等特点，且含有多种氨基酸、多种维生素和蛋白质，营养丰富，有开胃健脾、增进食欲之功能。

■ 叶牌风味豆豉

"叶牌风味豆豉"由唐场叶家食品厂出产。该产品集传统工艺之精髓，融合现代科学技术精工酿制而成。观之棕黑，油亮散籽、品味鲜美、入口化渣。其独特品质已为人们所青睐，是家庭、旅游、馈赠亲友之佳品。

■ 香辣酱

香辣酱是安仁土特产之一。该产品采用家传秘方和祖传工艺，精选黄豆、辣椒、花椒、胡椒、芝麻、植物油及名贵植物香料精工配置而成。具有川味的麻辣香特点，味美色鲜，回味悠长，营养丰富，有开胃健脾、增进食欲的功能。是烹制各种川菜和各种凉菜、面食的理想调料，亦是居家、旅游的方便食品。

■ 刘氏庄园老酒

"刘氏庄园老酒"始产于1872年刘氏祖居，由刘氏八世祖（刘文彩的父亲）始创。据载：刘氏六世祖刘仕溅1821年开建祖居。刘文彩的父亲在弟兄分家独立时只分得祖田三十余亩和此祖居，于是即在

① 安仁土特产摊点●
② 现场制作龙须糖●
③ 品类齐全的豆腐乳●
④ 刘氏庄园老酒招牌（任桂园拍摄）

祖居"别创酒业",往往"残月半天","晓露欲滴",便已"董督群工,口讲指画,奔走汗下"。与此同时,又兼做煤炭、玉米等买卖,苦心经营,而致"岁获恒丰","业辄倍于昔",田地增至一百余亩,并以此"集资延学",使后辈成才者颇众。刘家所酿老酒,工艺严谨,配方独特,采用刘家祖居井水,以高粱、玉米、小麦、糯米、大米等五种粮食精心秘制而成。其醇香扑鼻、入口绵甜净爽,回味悠长,具有典型的浓香型白酒风格。昔日因产量有限,故专供当时军政要员享用。

(五)餐饮、住宿

在安仁,可供餐饮的地方甚多,诸如:坐落在建川博物馆聚落内的"阿庆嫂茶铺",可同时容纳200人就餐;坐落在斜江河畔与建川博物馆相邻的"醉月芳洲主题酒店",占地43亩,可接待500人就餐,有中餐、火锅,可供会务,亦可钓鱼、品茶;位于刘氏庄园停车场对面大新公路旁的"郭鸡肉"中餐馆,占地两亩,可接纳400人就餐;位于三百洞桥大新公路旁的"和缘农家乐"与"宋氏花园",各占地30亩和50亩,以火锅、土鸡烹制为主,可分别接待400人和150人;位于裕民街袍哥楼旁的"同庆九大碗",以川西坝子九大碗为其特色,可接待150人;坐落在廖营大桥桥尾处的"青海林原",占地20亩,可接待400人,其"萝卜烧鸡"最有特色。此外,镇内升平街75号的"彭鸡肉"、石桥路的"香味苑餐厅"、"张豆花"和迎宾路的"张师饭店"、陈列馆的"水杉林"以及安惠里中的"王氏农家乐"、"惠味园"、"竹园庄"、"藏品楼"等处,均可为君提供极富本地特色的美味佳肴。

在安仁,既可餐饮、又提供住宿的酒店客栈主要有:

1. 金桂公馆酒店

该酒店为三星级酒店,坐落在刘氏庄园广场旁,占地40亩,房间65间,可同时接纳130人住宿;其餐厅可接待500人就餐;有会议室5个,娱乐设施齐备。客人可以刷卡消费。

2. 龙门阵客栈

该客栈坐落在建川博物馆聚落内,以独门独院川西民居院子为其特色,如李老栓院等,22间房,可供42人住宿,餐厅可容纳400人就餐。客人可以刷卡消费。

3. 千禧楼

千禧楼位于千禧路,占地30亩,可接纳300人住宿、餐饮;餐饮以中餐、火锅为主,有茶坊,可供品茗休闲;有大型会议室,能容700人左右。

4. 刘家菜

"刘家菜"在安惠里,占地6亩,有餐饮、茶坊,可接待300人,菜品以刘家菜为其特色。有套房、标间和普间,可提供小量住宿。

此外,尚有不少小型旅馆客栈,可为客人提供价廉物美服务。诸如:坐落在建川博物馆聚落内的"红卫兵客栈",共有客房18间,以提供上下铺服务为其主要特色,可接纳56人住宿;位于金桂酒店后门路口处的"金华楼",可接待60人住宿,标间价位60—100元;位于千禧路的小型旅社有"庄园旅社"、"家缘旅馆"、"闲云旅馆"等,均设有单间、标间和普间,其价位在20—50元;位于迎宾路的"英豪旅社",为准三星级旅馆,有标间和普间,可接待100人下榻,价位为60—80元;位于庄园街72号的"大安旅社",标间价位40—80元,可接纳70人住宿。

（六）安仁旅游交通线路（见下图）

三、出行指南

成都——大邑安仁直通车：

每天早上9：00从成都宽窄巷子东广场出发，直达安仁游客中心；

下午4：00从安仁游客中心直达宽窄巷子东广场。中途不停靠。

往返票价为30元/人。直通车票需提前一天预订，预售票地址：宽窄巷子2号游客中心，电话：86250208。

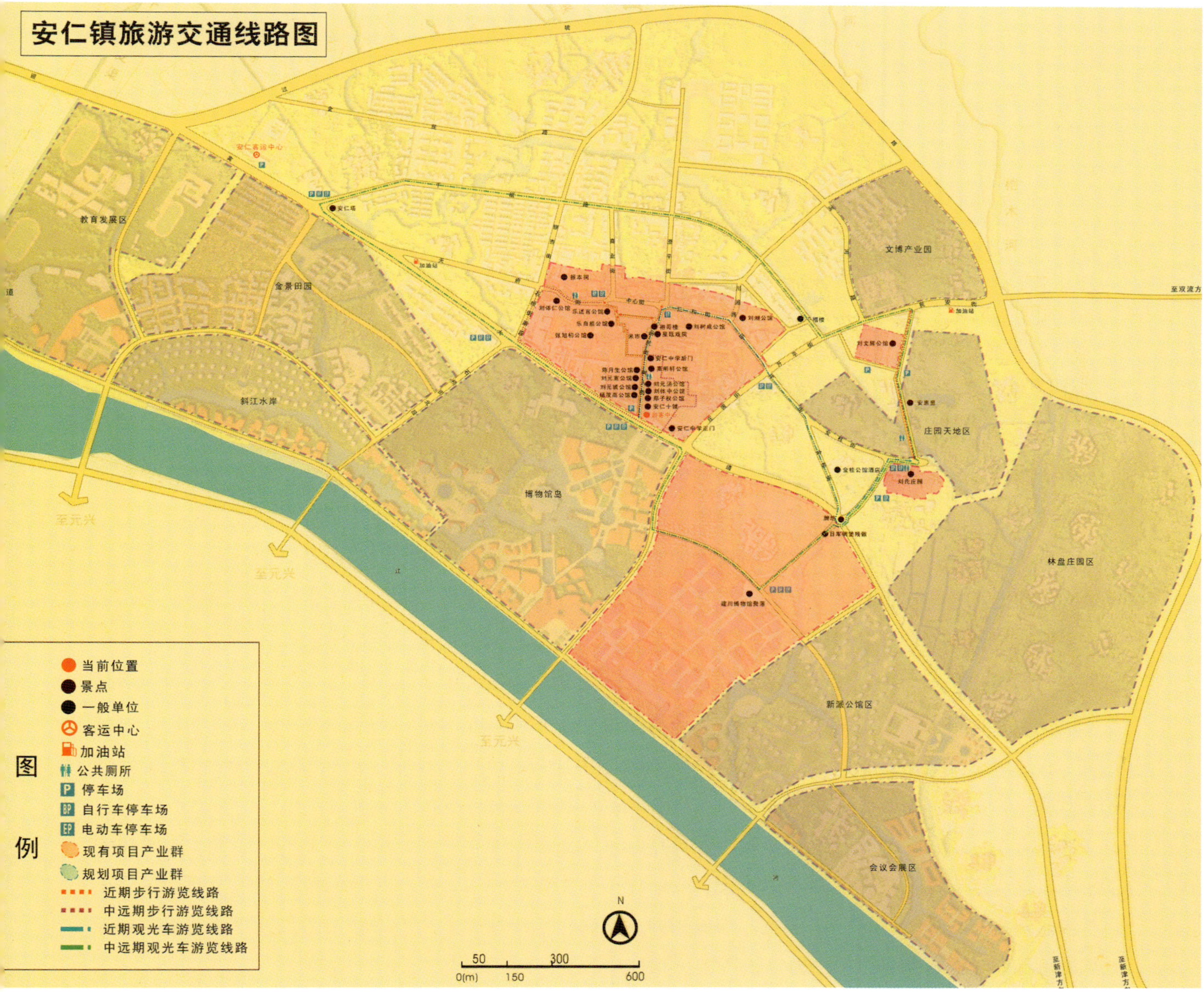

▲ 安仁镇旅游交通线路图◎

▲ 成都-大邑-安仁旅游交通示意图◎

四、"从文化游走向文博游"的安仁古镇

文化积淀独特而丰富的安仁古镇，自成为成都市优先发展重点镇和中国历史文化名镇以来，一直以"文化游"作为其旅游开发的主导。在这里，国内罕见的中西合璧式的公馆建筑群，刘氏庄园珍贵的文物收藏及其大型泥塑《收租院》，规模宏大的建川博物馆，以及"以物易物"的赶场习俗和传统婚庆表演等等，均无不透射出非凡的文化魅力。高门大院的独立建筑与传统风貌的古街古巷交相辉映，有形的物质文化遗产和无形的非物遗产融成一片，直令人目不暇接，叹为观止。走进安仁，即如走进旧时代近百年波诡云谲的中国历史，置身古镇，犹若徜徉在一座典藏丰富的大博物馆中。在这里，不仅可以清楚地看到时代转页的形态，更能直接触摸到许多看不见的历史隐动和本意。正由于此，"百年安仁、馆藏中国"的文化形象不仅得到公众的认可，而且在2009年12月，亦正式由中国博物馆学会授予了"中国博物馆小镇"的名号，成为目前国内唯一的一座以"中国"冠名的"博物馆小镇"。

2010年11月7日，享有"国际博物馆界奥林匹克"美誉的国际博物馆协会第22届大会在上海世博中心开幕，首次走向国际文博界舞台的"安仁——中国博物馆小镇"，以其独特的体验式展览吸引了来自世界各地的文博界专家，赚足了人气。与此同时，成都文博产业发展的成功经验与最新思路也借由成都文旅集团董事长尹建华先生的主题演讲传向了世界。

凭借其良好的文博基础，百年安仁，在新一轮的旅游开发中，已显现出一种大气度与大手笔。根据安仁"打造世界级博物馆小镇"的总体规划，不仅作出了全新的思路调整，从"文化游"大步跨进"文博游"，而且拟从2010年开始的5年内，通过政府引导、市场运作，预计投资20亿元，将安仁古镇打造成为世界级的博物馆小镇，其规划面积亦由原来的7.7平方公里扩展到15平方公里。正如尹建华先生所说："安仁是继金沙遗址博物馆、宽窄巷子之后，从单体博物馆到开放式街区博物馆再到博物馆城镇的演变和深化。"

截至目前，一系列新增主题博物馆已在安仁落地生根，诸如："安仁·粮仓"文化名人工作室和个人博物馆项目已在2010年国庆期间对外开放；崔永元的电影传奇博物馆已选址郑公馆，其配套建设正在加紧实施，在不久的将来，该博物馆将与其周边的林盘一起成为开放式的动态电影乐园；宏大的建川博物馆聚落今年内将完成8个新馆的建设，预计到明年底，将有约30个馆对外开放；此外，尚有一系列达成合作意向的大体量主题博物馆亦将在最近开建，如与台南大学合作面向国际的陶艺艺术馆、与中国书法家协会合作的书法博物馆、与中国航空工业集团合作建设的三线工业航空博物馆、四川省博物院安仁专馆、中国唱片公司博物馆安仁分馆等等。预计在明年，还将启动一批小型的家庭院落式博物馆建设，以租赁给藏品丰富、想办馆却资金短缺的私人收藏者。

为确保众多项目的有效实施，早在去年6月，成都文旅集团与大邑县政府即共同组建了平台公司"成都安仁文博旅游发展有限公司"，承担起安仁文博旅游发展区建设、投资融资、营运管理、市场营销等项业务，同时亦确立了安仁文博旅游发展区管委会与平台公司合作工作机制。一年多来，古镇面貌已发生了很大的变化，各种基础配套设施逐步臻于完善，连接古镇老街、博物馆岛、建川博物馆、刘氏庄园特色旅游线路的交通观光有轨电车项目业已启动一期工程，不久即可亮相，加上前述各类大小博物馆的逐一到位，可以预见，一座世界级的博物馆小镇终将雄踞在川西平原！未来的安仁，不仅将成为众多文博人士典藏珍品、展示心迹的乐园，而且更会成为天下八方游客追寻旧梦、触摸历史的天堂。

主要参考文献

【唐】李吉甫撰：《元和郡县志·剑南道成都府·邛州》卷三十二，上海古籍出版社《四库全书》影印本，1987年版。（以下版本与此相同者，均简称：四库全书本）
【宋】欧阳忞撰：《舆地广记·成都府》卷二十九，四库全书本。
【宋】乐史撰：《太平寰宇记·剑南西道四·邛州》卷七十五，四库全书本。
【清】《四川通志·古迹·安仁废县》卷二十七，四库全书本。
汪光辉：《传统古镇游进入文博游时代》，成都日报2010年6月3日第5版。
王雪娟：《咖啡为媒 中国博物馆小镇赚足人气》，成都日报2010年11月9日第3版。

※ 本篇原基本图文资料由大邑县安仁镇人民政府提供，陈开浒、毛勇、王建等收集整理。

23 大邑县新场镇

　　新场镇位于成都平原西部边缘，背靠邛崃山脉，面向川西平原，山、丘、坝兼有，镇域总面积为35.76平方公里；全年气候温和，雨量充沛，四季分明，土壤肥沃，物产丰富，生态环境十分优美。

　　古镇区面积0.76平方公里，西岭雪山之水，由奔流不息的邬江河，经头堰河、二堰河、三堰河从镇区流过，水资源非常充足，有"西蜀水乡"之称。

　　古镇历史悠久，数百年来，一直是商贸繁荣的川西重镇，木材、煤炭、茶叶、大米和杂粮等在此集散，吞吐量极为壮观，素有"一新(场),二唐(场),三灌口(场)"之美誉。悠久的历史亦留存下丰富的文化积淀，该镇现保存古建筑多达20多万平方米，

▲ 新场古镇入口处 ●

  是茶马古道上的历史文化名镇。凭借其优美的山水田园风光与悠久的历史文化，在当今成都建设世界现代田园城市11条示范线规划之中，新场古镇与隔䢺江相望的邛崃茶园，已一起成为"光华大道—成温邛高速—大双路示范线"上的重要节点。

  2008年12月，新场古镇已成功申报为国家级历史文化名镇。目前正按照西南交大古镇保护专家和成都市勘察测绘研究院编制的保护规划方案进行整治。可以预料：不久的将来，新场古镇必将成为以文化旅游和休闲旅游为特色主题的"成温邛高速—大双路示范线"上的一颗璀璨的明珠！

图片：◎ 大邑县新场镇人民政府提供
   ● 严永聪　摄影
   ○ 任桂园　拍摄

①

一、古镇历史文化概述

（一）古镇沿革简说

新场古镇最早集市成场的时间，当与邛江对岸的邛崃茶园古镇相距不远，大致已到东汉时期。据《新场乡志》记载：新场头堰始称"扇子场"，即今新场之前身，位于观音岩下方，头堰河的北岸（今头堰村），因其地形似扇子，故名"扇子场"。明嘉靖年间（1522—1566），在此依山面水、山水相连的狭长地带，已兴起房屋、街道，成为了邛江之滨一处重要的物资集散地。又因街面铺房系单边排列，故又称"半边街"。

随着农、副业和手工业的日益发展，市场逐渐走向繁荣。由于昔日市场受到地形的限制，清朝雍正年间（1723-1735），围于一隅的扇子场，远不能适应市场日益繁荣的需要，遂在原清源宫附近一带开阔地带，以原有零货摊、歇客店为基础，新建街道、铺房，以形成新的市场格局。嗣后又几经扩建，新市场逐渐兴旺发达，再加上外省客商和迁移的同乡户集资修建的众多会馆、寺庙，以及基督教传教士所建天主堂均会聚于此，一时间，远近商贾云集，沿街商店、摊铺林立，茶业商号已达数十余家，由此而构成了七街六巷的完整集镇，而原扇子场则逐渐趋于冷落，于是人们称这一新建的市场叫"新场"，称扇子场为老场。

其后，"新场"曾更名为"清源市"。至于"清源市"得名的由来，则有二说。

一说因新建市场位于邛江河畔，旷野浩渺，清气回荡，邛水碧绿，源远流长，故借此地理风貌而命名为"清源"。光绪年间秀才陈凤鸣曾撰写联语云："清气接雾山，霞蔚云蒸，人文焕发；源头来邛水，地杰人灵，明哲挺生"；横额："日中为市"。陈之联语不仅形象地勾画出新场所在的人文地理环

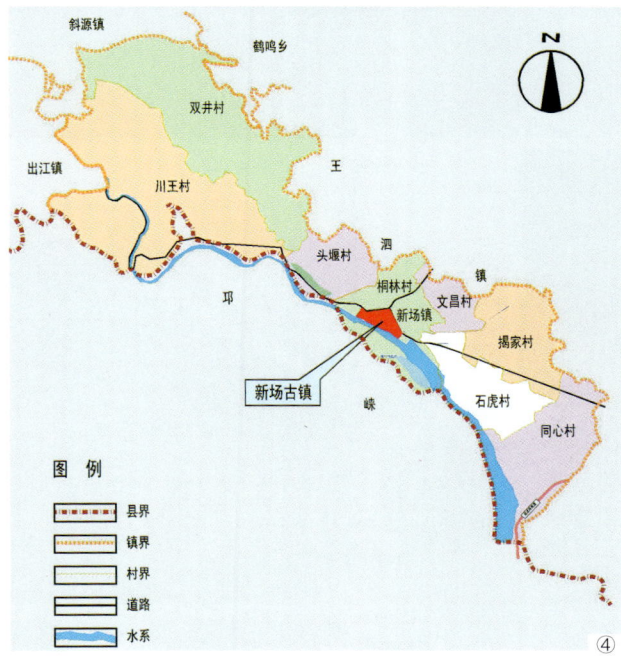

境，而且亦巧妙地将"清源市"三字嵌入上下联排头及横额之末，可谓妙绝！

一说则取义于传说。清代中叶新场常遭火灾，"新"、"薪"二字同音，乡人对"新"字忌讳，于是便借该处原清源宫之"清源"二字称新场为"清源市"。但人们却始终习惯称之为"新场"。

在清朝里甲制管理中，清源市为西乡三甲。

民国初年，改甲置区，时称大邑县西山区清源市。民国十五年（1926），改区正为团总，时称大邑县西山区清源团总办事处。民国二十四年（1935），废区团总为联保制，时称大邑县第二联保清源市办事处。民国二十九年（1940），改联保置清源乡。民国三十二年（1943），改清源乡为大邑县第三乡新新场，亦称新新

① 入口广场"正本清源"照壁●
② 二堰河新貌●
③ 古镇一角◎
④ 新场古镇与镇域关系示意图◎

① 穿场而过的二堰河◎
② 河坝街◎
③ 半边街◎
④ 上正街◎
⑤ 太平正街◎
⑥ 香市街◎

乡。此名一直沿用至新中国成立。

1951年成立大邑县第四区新新乡人民政府。1958年建立大邑县第四区清源人民公社，1959年更名为新场人民公社。1985年镇乡合并，称新场镇，并沿用至今。

（二）文化积淀

地处𨟠江河畔的新场古镇，自古即是水陆码头、茶马古道上的商业重镇。尤其是近数百年时间，新场古镇更是客商云集，商贸发达，成为邛崃、大邑两县山区农副产品的重要集散地，老百姓称之为"母猪场"，尤可见其货物吞吐量之大。清朝光绪年间，云南学政张锡荣夜宿清源市头堰客栈时，被清源市的自然风光及繁华景象深深打动，曾写诗赞美道："花外斜阳晚，云峰暗几层。人声三里市，春夜一街灯。竹屋容高枕，桃源梦武陵。床头三尺剑，气欲作龙腾。"张锡荣之诗，与前引陈凤鸣所撰联语，相得益彰，生动形象地描画出了当年时称"清源市"的新场古镇幽美的自然风光与浓厚的商业文化气息。而今我们徜徉在古镇街头，仍然可以想象出它昔日的繁华景象。

古镇街道布局呈二纵二横井字形结构，建筑面积达数十万平方米，是川西规模最大、保存最为完好的西蜀水乡古镇。正如人们对新场所誉："穿镇清波古镇新场第一；江分数堰水乡四川无双"。

目前古镇有保存完好的上正街、下正街、太平正街、太平街、太平横街、香市街、河坝街等清代古街7条，古巷6

① 民居建筑中的墙头灰雕◎
② 小巷深深◎
③ 古镇名木——桢楠◎
④ 古镇铁索桥远眺◎

条。现存的川西风格的民居建筑群中，最为完整的茶楼和民居院落有李氏古宅、黄鹤楼、积股茶楼、福临社、老文具店、孔家绣楼、裕顺号客栈、如意俱乐部等15座。房屋大都为清代及民国时期所建，建筑多为镇楼形式，店铺皆一色"木构青瓦"，木楼木柱，下商铺、上居贮，后天井毗邻河畔，凸显出昔日茶马古道上的商业重镇与西蜀水乡之特色。古建筑中尤多雕梁画栋、雕花窗饰，十分古朴美观。栩栩如生的仿生雕塑，鳞次栉比的封火墙群，随处可见，堪称一绝，令人叹为观止。

在漫长的岁月积淀中，新场古镇宗教文化底蕴亦十分深厚，如保存至今的佛子岩、壁山庙、天主教堂、川王宫等，即是最好的见证。在这当中，最具宗教文化代表性的建筑，就要数虎跳河畔始建于明代的川王宫了。川王宫背靠青山，面向㴔水，是明代先民为缅怀李冰治水功德而建，以后则逐渐演变为儒、释、道三教合一的庙宇，距今已有400多年的历史。

新场古镇还是原四川省第三军军长、川军总司令兼四川省省长、原国民革命军二十三军军长刘成勋的出生地和居住地，古镇正街尚保留有其故居遗址。

古镇有上百年的名木桢楠4棵、古索桥两座。常年生活在古镇的人们，民风淳朴，一直沿袭着古老而传统的生活习俗。每年农历正月初五到正月十五，无论场镇和乡村，都有各种形式的花灯表演，如狮灯、竿灯、高脚灯及幺妹灯等群众性的耍灯活动。其民俗文化如玩友、讲圣谕、行会戏、平台会等，都非常具有地方特色。

新场古镇有不少传统名小吃，如：百年老店的麻辣香嫩周血旺，肉质细嫩、香酥味美的麻油鸭，细腻可口的黄糕、家常汪豆花、叶耳粑等风味小吃，皆远近闻名，常令南来北往的人们津津乐道。

今天的新场古镇，因古老而厚重，因个性而时尚，因时代机遇而朝气蓬勃，因魅力无穷而风情万种！请君不妨到新场一游，此地独有的川西水乡风光与人文风情自会令你倍感惊喜。

二、古镇旅游巡览

（一）主要景观与历史文化遗存

■ 古镇区内的人文景观

◆ 民居院落与众多的茶房、茶铺

1）建筑华丽的李氏古宅

在新场古镇众多的民居院落中，李氏古宅以其檐柱雕花、建筑华丽而闻名。

李氏古宅坐落在新场古镇上正街十字路口，占地面积为3380平方米，建筑面积为2500平方米，由本土乡绅李怀芬于1921年鸠工兴建，历时4年之久方才完成。该宅正街铺面4间，香市街铺面7间，设计构图十分巧妙，如正街铺面吊脚楼即按当时成都锦华街样式设计；在兴建过程之中，由名师掌脉，巧匠施工，极尽铺张之能事。实为川西民居建筑中的精品。

李氏古宅为中西合璧建筑风格，小青瓦屋面，两端风火墙做工精美，且有制作精美的灰雕，铺面雕花鸟图案，雕花檐柱，院内屋檐有二十四孝图，建筑内部为木镇板，整体风格保存完好。今已辟为"大邑人文馆"。游人至此，不仅可以饱览其精美的建筑艺术，同时还可以通过展出实物与图片概括地了解大邑一县之人文风情。

2）交易平安的集股茶园

位于古镇上正街南侧的集股茶园，于1916年由雷裕丰、周善成、谢兴隆等16位商家集资修建。该院落坐南面北，铺面三间，宽12米，进深约40余米。木结构，上下两层，两侧有高出之封火墙。前部分楼上楼下是外来茶、木商贾下榻之处，后面是休闲之所，再后面是制茶场地，原有六口制茶斗锅，茶园则在铺面的中间。集股茶园又称股东茶园，是远来客商住宿与交易场地。当时虽然带枪出入的人不少，但不曾发生有到此骚扰的事件，故此茶园素有"商贾之家"与"平安交易之地"的美誉。

集股茶园占地面积753平方米，建筑面积为1300平方米，为近代砖木结构建筑，山墙做工精美，临街一面风貌保存较好。

3）雕刻精美的李海坡茶馆

李海坡茶馆位于古镇下正街北侧，铺面三间，占地面积为528平方米，建筑面积为600平方米，为传统的清代木构穿逗建筑。该茶馆以其屋前木柱有"拜八仙迎宾、引狮王镇馆"之精美雕刻而闻名遐迩。

光绪年间，自云南学政张锡荣夜宿清源留下"人声三里市，春夜一街灯"的赞美诗句后，古镇名气

① 位于上正街的李氏古宅◎
② 李氏古宅内景●
③ 风火墙头雕花◎
④ 屋角廊柱雕花◎
⑤ 檐下雕花◎
⑥ 宅内拱门上端雕花●
⑦ 屋顶美丽的天际线◎
⑧⑨⑩⑪⑫ 李海波茶馆木雕◎

倍增，各路商家蜂拥而至，其繁华景象更是再上层楼。当时清源市的社会贤达李海坡，为迎接八方来客，即修铺面3间，开设茶馆。就古镇地形风水而言，有如船型，而李海坡所开茶馆的地理位置恰在船尾，李吸纳社会见解和家人意见：在清源市这个"船镇"的船尾上，需把八仙请来，一寓八仙漂洋过海带来滚滚财源之意，二寓有八仙撑清源市这只船，这只船就翻不了，自己的茶馆也就有了八仙保护，生意定会永远兴隆。于是李海坡不惜代价，数次亲往邛崃南河坝，登门求请雕塑名师余占先，来到自家，历时三月之久，在屋前四根木柱上雕刻了两组图案：一组是八仙过海各显神通，另一组是绣球引来狮王镇守。两组图案既独立而又相与映衬，雕刻技艺精湛无比，栩栩如生，被人们视为雕刻精品。有意思的是：李海坡茶馆自清末开办以来，宾朋满座，生意兴隆，久盛不衰，一直延续到民国末年，其继承人病故后方才停业。而李海坡请"八仙"的故事，至今仍在古镇民间广为流传。

　　4）平纠纷、讲道理的"万顺号"茶房

　　清朝光绪年间，远在金陵（今南京市）的李登阳、李登代兄弟二人，为寻求活路，辗转奔波，最后来到时正繁华的大邑新场。李氏兄弟一方面帮工找钱，另一方面经商搞些小买卖。通过几年的努力，手上有了积蓄，便想修房建造自己的家园。李氏兄弟饱经风霜，深受压迫和剥削之苦，为让穷人有说话之处，有讲理、评理的地方，兄弟二人决定开办茶房，广交天下朋友，于是在新场下正街修铺面3间，建房约2000平方米。茶房修好以后，取名"万顺号"，寓"万事如意、一帆风顺"之意。

　　"万顺号"茶房自开张以后，广大群众都把它当做自己的家，看成是休闲娱乐的好地方。到了民国中期，李氏兄弟相继病逝，由李含福（人称李三爷）继承。李受老一辈的熏陶，团结群众，善待他人，广交朋友，为人正直，敢于主持正义，处事公道，被社会誉为新场的"黑脸包公"。人们遇事喜欢到"万顺号"请李三爷评理，辨明是非曲直；广大平民百姓遇有不平之事更喜欢到茶房向李三爷倾诉，讨个说法。好多事端在此得以了结，无数纠纷到此得到平息。如1946年秋，敦义乡匪首白如意想报复新场镇匪首孔立川，扬言"要血洗新场"。以李三爷为首的一大批社会贤达、知名人士，多次登门给白做工作，终于使新场避免了一场灾难。由于"万顺号"茶房能为民办实事、做好事，故而深得人心，其美名亦很快传遍川西。"要讲理去找李三爷"，在旧社会，此话已成民间口头禅。

　　"万顺号"不只是有茶铺，还相继开办了制茶厂，其产品远销省内外。同时还开办了旅店，成立了"济贫站"，并一直延续到解放初期。

　　5）免费提供水烟的黄鹤楼

　　坐落在新场下正街水巷子东侧的黄鹤楼，其实也是一处茶房。此楼由黄春贵于民国二十二年建造。茶楼封顶之日，主人黄春贵看见从文昌宫和卢家院子的大柏树上飞来了上百只黄鹤，在其建造的房顶上空盘旋，煞是好看，同时又有4只黄鹤歇息在其房顶上，当时有一位地理先生看见此情此景，就向黄春贵说："黄鹤来为你祝贺了！"于是黄春贵便将所建茶楼取名为"黄鹤楼"。

　　黄鹤楼自建成以来即以开设茶铺为业。如果说集股茶园为茶商平安交易之所、万顺号茶房为平纠纷讲道理之处，那么黄鹤楼则是闲人逸士的文艺活动场所了。此茶楼经常接待本县及外地的民间艺人，如成都有名的曲艺演唱家周忠新即曾来此说唱金钱板。该茶楼白天说书或演唱曲艺，

①② 原黄鹤楼状貌◎
③ 黄鹤楼新貌●
④ 何家大院现状◎
⑤ 吕氏旧宅现状◎
⑥ 范家旧宅现状◎

晚上则搞玩友清唱，常常呈现出一片锣鼓喧天、热闹非凡的景象。

该茶楼自始至终摆放着免费水烟，供众茶客及闲耍人员享用。由于茶楼主人把烧水烟的纸捻改为用香火点吸，故新场本地流传有一句歇后语：黄鹤楼的水烟——吃香。

黄鹤楼占地面积为720平方米，建筑面积为860平方米，全为木质穿逗建筑，并有出挑阳台，带飞来椅，屋面为小青瓦，临街为铺板面，整体建筑风貌保存较好。

6）其他民居院落与茶铺、客栈

在新场，尚有不少民居院落以及茶铺、客栈，诸如：作为住宅之用的何家大院、吕氏旧宅、杜氏古宅、熊家旧宅、孔家绣楼、高家院子、范家旧宅、傅家旧宅，以及作为制茶之地的雷家大院、以开设茶铺为业的如意俱乐部、供茶商交易的福临社茶庄等等，这些建筑，大都为全木穿逗结构，少部分为砖木建筑，小青瓦屋顶，雕花门窗，内部多设木镇板，后有天井院坝，建筑面积均在300平方米以上；虽经岁月磨损，面目沧桑，然旧时风韵犹存，隐约之中，尚可感受其昔日的辉煌。

▲ 原广东会馆状貌◎

◆ 广东会馆

广东会馆位于下正街南侧，为广东客商所建。该会馆为近代砖木结构建筑，小青瓦屋面，建筑色彩淡雅，并有雕花，两边风火墙做工精美。占地面积为318平方米，建筑面积为370平方米。

◆ 刘成勋故居

刘成勋（1883—1944），字禹九，于新场正街出生。其父刘荣廷原在新场正街经营油业，兼营香烛纸张，家道小康，人称"刘油行"。成勋幼年时曾在头堰绛乐寺读私塾，后曾转读他处。1905年毕业于云南武备学堂，因学业卓著，为云南总督锡良器重，毕业后即调云南创办新军，后擢升为陆军第二十七镇七十四标第三营管带。后锡良调任东三省总督，刘随调往，任襄赞军政兼步兵教练各职。

1911年，辛亥革命爆发，刘即返川，被四川都督尹昌衡、胡景伊委任为四川陆军第四师参谋、成属游击司令；后因战功，曾授少将加中将衔，并被提升为该师第二旅旅长。

1916年，袁世凯复辟帝制，成勋积极响应蔡锷领导的护国军，被任命为川军第二军左翼司令。1920年，刘被孙中山领导的广东军政府委任为筹边督办，随后升任为川军第三军军长兼成都卫戍司令。

1922年7月，成勋继刘湘之后，被推为川军总司令兼四川省长。1923年3月，四川军阀混战，邓锡侯、田颂尧、刘文辉三军进逼成都。面对三军云集，刘成勋为势所逼，于四月五日通电辞职。

刘成勋驻守成都其间，曾筹资对成都武侯祠进行过一次大规模的维修，并在武侯祠大门亲题"汉昭烈庙"匾。

1924年5月26日，卷土重来的杨森任四川军务督理，与刘成勋达成妥协，刘退据新津、驻防雅安，由北洋政府委任为西康督垦使，兼管民政事宜，同时仍担任陆军第三军军长。时人以"屯帅"呼之。

1926年，广东国民政府誓师北伐，川军响应，受命改编为国民革命军。刘成勋任二十三军军长，驻防邛、雅、宁及康定等地区。

1927年6月中旬，二十四军刘文辉图谋西康，率所部向刘成勋部突然袭击。刘成勋部人少力弱，战事不到一日成勋部即被瓦解。刘成勋被迫宣布下野，交出宁、雅、邛、康等属军政大权，极其懊恼地回

▲ 刘成勋故居●   ▲ 刘成勋◎

到家乡，隐居林下。

刘成勋退隐后，不问政事、不远游，好与农民谈心，生活单调。间有旧属来家畅饮叙旧。

1932年，刘文辉败退西康，刘成勋始活跃于大邑县城，占地建宅，前修戏院，后院出租，正院为养息之所，车马盈门，盛极一时。

1944年6月刘成勋再次返回故里新场，倡议修建铁杆桥，并发起募捐。但该年冬月初九，刘成勋突然中风病故。次年8月，铁杆桥举行开桥典礼，人们抬着他的遗像出现在桥面上，表达了对他的缅怀与敬意。

刘成勋在戎马生涯与政治激流中经历了20余年，与刘湘、刘文辉并称"大邑三刘"，属四川军阀中的"大邑系"。在为官期间和退隐之后，亦能为地方做出善举。今新场正街刘成勋出生之老屋犹存，屋后渠水缓缓流过，逝者如斯，其功过是非自可由人评说。

◆ **古镇区内的寺庙、教堂**

1）璧山寺

璧山寺坐落在古镇上正街。该寺始建于明崇祯末年（1644），为当时大邑县敦义乡的毕朋成、新场镇虎跳河村的黄有民、黄世贵、张祥照等人到璧山县（今属重庆）经商致富后，回到清源市，为纪念璧山县治县有方的清官——李万春而建。

李万春本系四川资阳人，自幼勤奋攻读诗书，人称"善学、善做"之神童。后经乡试、县试、府试，直至进京殿试，取为"榜眼"。但由于奸臣当道，安插亲信，李万春未能留京为官，而被派往璧山任县令。该县山穷水恶，匪霸横行，百姓生活饥寒交迫，李万春上任之后，励精图治，鼓励农耕与经商，治山治水，发展交通、生产，时被四川总督称之为"百县之楷模"，璧山县也成了四方百姓发财的好地方。原住大邑县敦义乡"毕山"下的乡民毕朋成，汇同新场黄有民等人，从家乡贩运茶叶、布匹等土特产品去至璧山经商，几年后皆成富翁。而璧山县令李万春，面对明朝统治者的横征暴敛和社会动荡不安，忧心如焚，于是不顾个人安危，上奏朝廷，要求安抚百姓，惩治腐败，结果被斥为与奸党勾结、为反叛开脱而被摘掉了乌纱帽。李万春愤怒之下，以一身清白于农历六月初六投嘉陵江而亡，享年72岁。消息传开后，整个璧山县及周边地区的民众义愤填膺，自发停业、罢市3天，以示对朝廷的抗议和

① 壁山寺庙门 ●
② 李万春夫妇塑像 ●
③ 庙内佛堂 ●
④ 庙内新建大雄宝殿 ●
⑤ 天主教堂外貌 ◎

对"李青天"的怀念。为资祭奠，同时亦为祈求永远保佑清源市人经商致富，毕朋成等人集资在新场修建庙宇，并把李万春夫妇的塑像供奉在庙内。

开初庙名"毕山寺"，以示毕朋成主建。毕山寺建成后，前来朝拜者无数。每年六月初六的庙会，对李青天的怀念与敬重更是推向了高潮。李万春夫妇生前信奉佛教，所以毕山寺也就成了佛教圣地。

及至清朝康熙年间，康熙皇帝派马队一行20余骑，专程到新场镇毕山寺喻旨，把"毕山寺"改为"璧山寺"，以示更好地纪念李万春这位历史人物；与此同时，还奖赏黄金1000两，用于改善璧山寺庙和新场建设。在璧山寺法云大师的主持和倡导下，先后在新场古镇修建了三千罐寺、绛鹿寺、文昌宫、财神庙、张王庙、关公庙、马王庙等。最有意思的是，鉴于古镇地形有如漂泊于水中之大船，还特地在璧山寺所处正街的两端各修建了一座字库。这两座字库，就像是插在大船两端的篙竿，使船固定稳妥，让璧山爷夫妇能安息长眠。

2）福音堂

福音堂位于上正街南侧，为近代砖木结构建筑，具有明显的天主教堂建筑风格。小青瓦屋顶，木格

①② 九洞桥新貌○
③ 二堰河龙板古桥遗存◎
④ 龙板桥新貌●
⑤ 二堰河畔休闲场地●

玻璃窗，窗洞为圆形和三角形；两端风火墙做工精美，临街采用铺板面。

清光绪十九年（1893），有天主教信徒刘会清（女）之父，从大邑县城南门外迁居新场街上，从此新场地区天主教得到传播，时邛属西禅（今茶园乡）箭道子的天主教徒亦来参加做礼拜。1908年，大邑教会高神甫（郫县人）自筹资金，在新场上正街南侧修建了该座天主教堂。该教堂辖区为王泗白水碾和项领村，西禅的箭道子上带，以及新场镇和同心村等地，共有教徒200余人。高神甫死后，由董神甫（新场街上人）接管，主持教务。今教堂保存较为完好。

◆ **九洞桥及其周边自然与人文风光**

该桥位于古镇下场口，紧夹在二、三堰之间的翻水堤上。桥头前距两丈远处，原置有三道红石碑,成排竖立，高一丈，居中刻有五个大字"江原第一桥"，字体工整，左下位刻小字明洪武四年（1371），两侧碑刻为序及捐助人姓名。该桥在当时的大邑县内是首屈一指的大桥。原桥长十余丈，宽二丈余，高一丈余，共建有卷拱溢水洞九个，以控制水量、助添并行的三堰河用水之不足。洞高八尺，宽一丈，每洞有揽联，条框内白底黑字楷书。该桥设计有方，全用大块窑砖砌成工字形以承受压力；为方便乡下人推车载大米入场销售，以换回山区生产与生活所需物资，桥上正中铺有三尺宽、八寸厚的石条以供独轮车铁圈行道，其两侧则为人行道。桥的下方系骡马驮米涉水到场销售的通道。因桥有九洞，时人简称

① 川王宫◎
② 川王宫建筑群◎
③ 川王宫顶部◎
④ 佛子崖寺庙建筑◎
⑤ 佛子崖寺庙建筑局部◎
⑥ 佛子崖石窟造像◎

九洞桥；又因该桥沿二堰河水流方向建造，故有顺河桥之称。

前文述及，古镇正街两端，原有字库塔两座，犹如篙竿将船头船尾插固，而九洞桥则好似船的踏板，供人上下。

二堰河上有龙板古桥，原古桥头屏墙上留存有比方桌大的"清源市"三字，白底黑字，颜体楷书，依稀可辨。

九洞古桥以及二堰河上之龙板古桥而今均已不存，但新建之九洞桥和龙板桥业已竣工，其周边自然与人文风光更胜当年，成为了人们品茶观景、休闲娱乐的好地方。

■ 古镇周边的人文景观

◆ 川王宫

川王宫位于距新场镇5公里之虎跳河畔，始建于明代，距今已有400多年历史。其主殿供奉川王李冰雕像，配殿供奉文殊、普贤、吕纯阳、张三丰塑像。所有房屋全为木结构建筑，共80余间，总建筑面积1500平方米，其中主殿高约30米，四层木楼可依次而上，站在高处，可俯视对岸虎跳河水电站。整座庙宇，殿、楼、阁、廊以及厢房等，均保存完好，雕梁画栋，工艺精湛，飞翠流丹的明代建筑风格非常鲜明。

川王宫目前免费对外人开放，有不少善男信女在此长期居住。

◆ 佛子崖

佛子崖位于新场川王宫后，邛江河西岸岸壁上，为县级文物保护单位。佛子崖共有明代开凿的石窟13处，佛像计约40余尊，石窟长约50余米，由石刻、石穴两部分组成。据清乾隆《大邑县志·形胜·山川》载："佛子崖，在县西35里，山岩多镌佛像。"1996年版《大邑县志续编》介绍佛子崖云："佛子岩（一名夫子崖）在县城西16公里许的新场川王宫后。此岩有明代摩崖造像，计11窟。"佛子崖石窟，其观音像窟是主窟，此石窟共3尊观音像，虽造型各不相同，但均慈眉善目、神态安详。释迦牟尼窟也同样为3尊，盘腿而坐，高约3米，形态亦各有区别。此二窟佛像虽经风雨侵蚀，但仍可见其线条流畅、造型优美，颇具历史考古价值与艺术价值。另有唐僧取经窟、比丘和尚窟、治水观音窟等，亦各具情态，造型生动。

虎跳河水电站大坝筑于佛子崖之下。放眼四望，唯见碧波潋滟，绿水盘曲，古迹依崖，雄奇险峻。而今的佛子崖风景区，已成为不可多得之游览胜地，正如邓国忠先生《咏佛子崖》一诗所云："佛崖何处逢，虎跳八景中。源远出西岭，大道达天宫。平湖碧玉镜，危崖翠屏风。刻像并排列，古意雕琢工。唯因年代久，剥蚀显朦胧。遐迩游客至，祈福觅仙踪。"

■ 历史文化遗址及其相关传说

◆ 石老猫遗址

石老猫遗址位于新场古镇下端三河口侧。据乾隆《大邑县志》载："城西三十里，红牌楼石虎村，时人凿石虎以镇压地方。"今三河口侧土墩上，尚有一尊面向北方、重达千余斤的石虎遗存，虽经风雨剥蚀，已渐风化，但卧虎轮廓犹在。历代传说："石人对石虎，石老猫银子万万五。""石人"则在邛江对岸、邛属茶园乡岩边上，今已风化无遗。由传说隐约透露出，古代先民于邛江河两岸立"石人"、"石虎"，大有镇住邛江洪水、保佑是地财路顺畅的意蕴在。新中国建立后，因搞农田水利建设，在该遗址范围内，曾发现有石条层层砌好的城墙、大量的瓦砾陶器碎片、无釉白盘和四耳罐、砖砌的六方井、锈迹斑斑的铁锅以及表面变黑的碎银等古代文物。往年每遇洪水退潮，当地人们还常去石老猫河边寻宝，每每有所收获。境内居住的邓家，曾用箩筐抬回无数唐代铜钱"开元通宝"，因而发家致富。这些出自地下和水中的文物，说明至迟在唐代开元年间，此地已是一处繁华的生活居住区和水路交通要津。至于"石人"、"石虎"究竟立于何朝何代，今已无从细考，但最晚当在唐朝以前。

◆ 三千罐寺

三千罐寺位于新场镇之南、邛江河出山口处，属今新场文昌社区辖地。三千罐寺始建年代已无从考证，但故老相传，早在唐朝即有此庙，名曰"安官司寺院"；及至宋代，此庙得以扩建，成为拥有十二殿之规模，分别为大殿、五童、观音、孔圣、关云长、娘娘、城隍、玉皇、大佛、火神、雷神、灵官等殿，占地六亩左右。

此庙的建立，与前述"石人对老虎，银子万万五"的传说有关。银子不能让它白白丢失，怎么办，得用三千个罐子去装，于是在宋代扩建"安官司寺院"之际，"三千罐寺"的名字应运而生。元朝改名东林寺院。但当地人觉得三千罐很有典故意义，至今大人小孩子都叫它三千罐。三千罐寺所在方圆十多里的地面，曾是汉族与少数民族战争频繁之地，所以在宋代这里曾设思安寨。思安寨遗址就在石老猫和三千罐寺这些地方，地盘很大。

现今的三千罐寺，虽然很难寻觅到唐宋时期的古风古貌，但寺庙遗址内古木擎天，流水潺潺，茂林修竹，绿荫蔽日，自成一番清凉、幽静的境界，在陈文彬等一批社会贤达和地方文化人

▲ 虎跳河◎

▲ 传说中的虎跃西岸爪印之遗迹◎

的维护之下，而今已成为邮江河出山口处的一处历史文化内涵十分丰富的景点，成为热闹的老年活动中心。人们一到会期，都要从四面八方赶来朝贺，聚在一起，谈三千罐的历史渊源，说新场的历史掌故。

◆ **虎跳河与虎刨泉的传说**

从前，在大邑飞凤山上的庙子里，住着一个老和尚和一个小和尚。老和尚终日打坐念经，小和尚则每天到山下抷水、回庙煮饭。一天，小和尚下山担水，在回庙子的路上，忽然有一只猛虎扑向他……过了多时老和尚仍不见小和尚回来，觉得小和尚多半出事了，就出庙去找小和尚。没走多远，老和尚看见老虎正在吃小和尚，便气冲冲的朝老虎大声吼道："孽障，你吃了我的徒弟，休想活命！"提起禅杖向老虎丢去，正好打中老虎的后背，老虎一声大叫，就趴在地上了。老和尚跑过去骑在老虎背上抡起拳头就打。老虎痛得心慌，在地上拼命地抓刨，竟刨出一个深坑，坑里冒出了一股清幽幽的泉水。老虎拼命挣扎，终于挣脱了身，带着伤朝川王宫方向逃窜。老和尚并不罢休，他提起禅杖，紧紧追赶老虎，追到河边，老虎大吼一声跳过河去。从此以后，附近的人们便把老虎跳过的河叫"虎跳河"，把老虎刨出的泉水叫住"虎刨泉"。

"虎刨泉"在前人典籍中称"虎擘泉"。据宋代祝穆《方舆胜览》记载："虎擘泉，在大邑县之飞凤山。唐契觉道人结庵于此，有虎为之擘地出泉。"看来有关虎跳河与虎刨泉的传说亦非空穴来风，但民间传说却更显精彩而丰满，自可令游人游兴倍增。

（二）风味小吃

自古商业繁荣的新场，有不少名小吃传承下来，如：百年老店麻辣香嫩的周血旺、经济实惠的家常汪豆花、香酥可口的麻油鸭以及叶耳粑、李黄糕等。到新场游览，不可不逐一品尝这些风味小吃，以感悟该镇独特的饮食文化，不然即会失之交臂、抱憾而去。

■ 百年老店周血旺

该百年老店创办于清朝雍正年间，创始人周启成。由于价格便宜，当初光顾此店者多为下苦力的船工、背夫等。为做出好味道，周启成不惜代价，请来了丰都县的血旺大师——马赢全，到新场传艺指点。其后"周血旺"名声大振，成了大邑新场地区的名小吃，顾客络绎不绝。及至民国初年，其传人周茂清继承老一辈的事业，不断钻研，并拜请多位名家指点，经过多年的探索、总结，终于形成了自家独有的选旺、制旺等传统制作工艺。此后又由一家店扩展为多家店，周茂清亦获得了"血旺大师"之美誉。新中国成立后，周茂清病故，其子女周毕玉、周毕富、周毕成、周毕云等人继承父业，在老一辈制作血旺的基础上又有了新的成就。

"周血旺"于2002年向国家主管部门申请专利，经专家评审，国家批准，"周血旺"已荣获专利称号。专家对"周血旺"给了很高的评价，称赞其特点是：工艺精细，鲜嫩味美，质优纯正，麻辣舒适，色香味一体，堪称菜谱中的精品。国内外媒体亦作了相关报道。而今，"周血旺"作为川西名小吃，已受到国内外朋友的广泛赞扬，"一花独秀"的美誉传遍天下。凡来新场旅游观光者，常常为能品尝到"周血旺"的美味而津津乐道。

▲ 周血旺制作场地◎

■ 家常饭店汪豆花

"汪豆花"的创始人汪永福，人称汪大爷，自20世纪60年代初，即开始制作石磨豆花，并挑担沿街叫卖。由于选料细、制作精，故而味美可口，整天供不应求，新场群众都叫他"汪豆花"。后来远近出了名，他便在十字街口开了家"汪豆花"饭店，凡到新场来的外地客人，都点名要品尝汪豆花。

如今的"汪豆花"饭店生意越做越红火，该店即以传统豆花及其他家常菜为主，辅以新场地方特色菜开展经营活动。汪家饭店烹饪技术一流，传统豆花特色不减，家常菜品味道鲜美，服务周到，花钱少，吃得好。"吃经济家常饭，到'汪豆花'饭店"，已成为外地游客追慕的一种时尚。

▲ 古镇小吃一条街○

■ 香酥可口的麻油鸭

大邑新场麻油鸭创制于清末刘树云之手。其后人继承祖业，不断博采众家之长，潜心研究，配料和制作工艺都

▲ 香酥可口的麻油鸭◎

在原有的基础上进行了革新，到如今，已成为一道色、香、味俱全的美味佳品。鸭子肉质细嫩，香酥可口，深受广大群众喜爱，曾于1990年6月在成都市第二届评比个体名小吃展销会上荣获优质奖。1992年四川省人民政府还授予了麻油鸭为首届巴蜀食品节地方风味小吃称号。

■ 远近闻名的李黄糕

"李黄糕"为家住新场镇下正街的李本元老人最先创制。从辛亥革命后李本元就开始制作黄糕卖，直到1982年。历经70多年时间的摸索与改进，李本元的黄糕越做越好吃，而且名气也越来越大。新中国成立后，外地有不少同行曾专程来新场向李本元拜师学艺；1954年腊月，邛崃县粮食局召开先代会，还曾派专人到新场定做黄糕，送回邛崃招待大家。

"李黄糕"的主要特点是：颜色黄亮，口感细腻，甜度适宜，香味扑鼻。其制作工艺极为讲究，在选料、用水、磨米、去杂质、用糖及香料比例、发酵、蒸糕时的火候把握等七个环节上尤显功夫。

（三）民俗风情

■ 演戏观戏之风

昔日新场号称"母猪场"，就在于它如母猪有"三多"：一是吃得多，意指各种货物都能吞进；二是装得多，满场处处都是买卖东西的；三是屙得多，各种货物都会被买光运走，没有再拿回来的。由此我们可以想见，昔日新场物资之丰富，经济之繁荣，人气之旺盛。

繁荣的经济与旺盛的人气常常造就一方独特的民俗风情。而昔日新场民俗风情的独特之处则在于喜欢演戏观戏的民风习俗总是与商业交易紧紧地联系在一起，其热闹的景象倍胜他处，所谓"四戏台六大市"至今仍为人们津津乐道。进行猪、牛、羊交易的"猪市坝"有连续演出十本大戏的万年台（戏台），茶叶交易场地有重点演出道德修养折子戏的财神庙戏台，开辟为米市的张爷庙内大坝，有常演三国戏的万年台，新场炭市坝子亦有主要演出《封神榜》剧目的戏台。每到开戏之日，由商会组织各行业出资筹办，各地码头袍哥组织亦前来送礼放鞭炮挂红祝贺，一时锣鼓喧天，人头攒动，热

①

②

③

④

闹非凡。

而今，"四戏台六大市"虽已不复存在，但商业交易遗风随处可见，不少相关的掌故传说仍然留存在人们的记忆之中。

■ "川剧坐唱"与讲"圣谕"

在川西，"川剧坐唱"俗称"打玩友"，又叫"摆围鼓"，因只是坐在板凳上清唱而无动作表演，故新场人又称之为"板凳戏"。历史上的新场，为给来自四面八方的客户提供休闲、娱乐的场所，故而演戏场地与茶馆、茶园众多，对此前文已有说明。而"川剧坐唱"一般都在茶馆、茶园进行，剧目多是短小精悍的折子戏。在新场能参与坐唱的"玩友"又特别多，故能终年演出不断。每逢节庆或庙会期间，"川剧坐唱"更是大显身手，吸引着无数听众驻足流连。本地乡绅人家子弟完婚之夜，"坐唱"班子还常常被邀请去"摆围鼓、闹花夜"。由此可见"川剧坐唱"这种民间文艺表演形式在新场古镇的活跃程度。

"讲评书"，在川西各古镇亦是一种常见的民间文艺活动，历史上的新场，也不例外，但却有其独到的特色：（1）每次讲书之前，必先讲康熙皇帝治理国家之六条谕言，即所谓"圣谕"，讲台上一面放着"圣谕"，一面立着"格言"字样的黑色金字小木牌，故新场人称"讲评书"为讲"圣谕"；（2）一般多在春节、春分或庙会期间举办，讲"圣谕"的场所或在街道庙堂，或在茶馆茶园，或在村落院坝，均可设台宣讲；（3）"圣谕"宣讲过后，方才讲说正文故事，内容多为忠、孝、节、义和因果报应之类的历史故事。此项活动妇女听众特别喜爱。

■ 新春灯会

由于地缘关系，新场古镇与隔水相望的邛崃茶园，在节庆活动中所显现出来的民俗风情多有相似之处，无论节庆名目、举办时间，或者节庆期间的活动方式以及各种民间文艺表演，都大致相仿，诸如狮灯、龙灯、牛灯、幺妹灯、高脚灯、坝坝戏、"川剧坐唱"等等，皆有异曲同工之妙。但由于新场自清代康雍之后货物吞吐量与人流量激增，人气汇聚，商业繁荣，古镇的节庆活动较之邛崃茶园，则更显得

① 川剧坐唱◎
②③④ 古镇交易场景◎
⑤ 新茶上市◎

▲ 新场狮灯舞◎

▲ 庙会中的祈祷◎

▲ 在人潮中缓步前行的幺妹灯◎

热闹。

譬如一年一度的新春佳节，从正月初五起直到正月十五止，在新场，都有各种形式的花灯如狮灯、竿灯、高脚灯及幺妹灯等群众性的文艺活动在街头演出不断。其中最富乡土风味而饶有趣味的要算"狮灯"了，其表演丰富多彩，群众喜闻乐见，一直流传至今。"狮灯"的表演内容有"翻五台山"、"天鹅抱蛋"、"海底捞月"、"开四门、关四门"、"偷扇"、"耍高架"等精彩节目，表演中还插有翻滚扑腾等民间舞蹈动作。此外狮灯表演后，紧接着还要进行寓意深奥、雅致有趣的"狮灯猜谜"活动。及至正月十五闹元宵，新春佳节的喜庆活动即推向高潮。是日夜晚，各色各样的烟花五彩缤纷、燃放天空，而"花炮烧狮灯"的群众性娱乐活动，则更是将新场狮灯舞玩到了极致。人们用燃烧的焰火花炮喷射舞动的狮灯，花炮燃烧越猛，狮灯舞动也越来越激烈，围观者情趣高涨，兴奋不已，喝彩声一浪高过一浪。

■ 璧山庙会

在新场的庙会中，璧山庙会最富有地方特色。每年六月初六这一天，前文已经述及，正是璧山爷李万春的忌日，为表示对李青天的怀念与敬重，同时亦为祈求他永远保佑清源市人经商致富，新场街上的"十大商行"，都要出资聘请川剧班子，连台演出。

这一天，穿戴齐整的年轻人抬着璧山爷和璧山娘娘的塑像缓缓行走，两侧高举各色彩旗，随后有浮身着古装的儿童固定在桌面扮演各种戏文内容的"平台会"，以及赤身燃烛挂灯的"身灯会"等行进表演队伍。沿街铺面皆点香烛、放鞭炮，作揖迎接，满街锣鼓喧天，人山人海，热闹胜过正月。

璧山庙会，可说得上是古代商业文化与传统宗教文化有机融合而成的一道民俗景观，极富新场本土特色。它既寄托了新场广大民众的感恩情怀，又令新场商家报效地方的心愿得以展现，故而每年六月初六这一天，即成为新场历史上最为盛大的集会，这在川西各古镇的庙会中，极为罕见。

■ 民俗博物馆中的历史记忆

为展示大邑新场一地的民俗风情，如今古镇已新辟有"新场印象馆"、"三寸金莲馆"、"江湖帮派馆"、"刘成勋故居"、"李氏古宅大邑人文馆"等五个民俗博物馆。众多的实物收藏与大量珍贵的历史照片分布各馆，颇能全面地唤起人们的历史记忆和反思。正如新场印象馆门前楹联所云："天地悠悠喜新不应忘古 春秋代代怀古更应求新"。君游新场，不妨去到各馆逐一观览，定会从中获得意想不到的收获。

（四）客栈旅馆

■ 锦府驿

锦府驿为新场古镇高档客栈，院落三进三出，别具韵味，建筑面积近1800平方米，具有休闲、娱乐、餐饮、住宿、会务等多项功能，目前已正式营业。

■ "三家村"乡村客栈

该乡村客栈由原来闲置的学校校舍改建，客房各异，颇具川西乡村风情。

① 三寸金莲馆●
② 新场印象馆○
③ 江湖帮派馆○
④ 三家村饮食服务部●
⑤ 锦府驿○
⑥ 三家村○

（五）古镇游览示意图

（六）出行指南

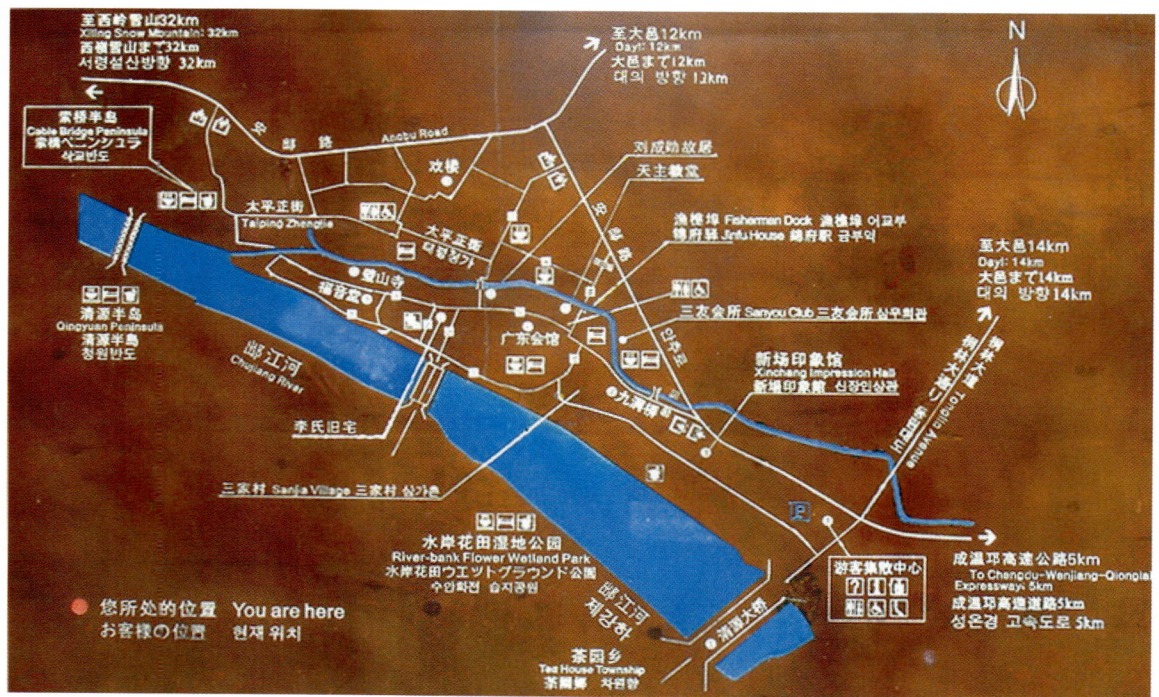

▲ 新场古镇导游全景图◎

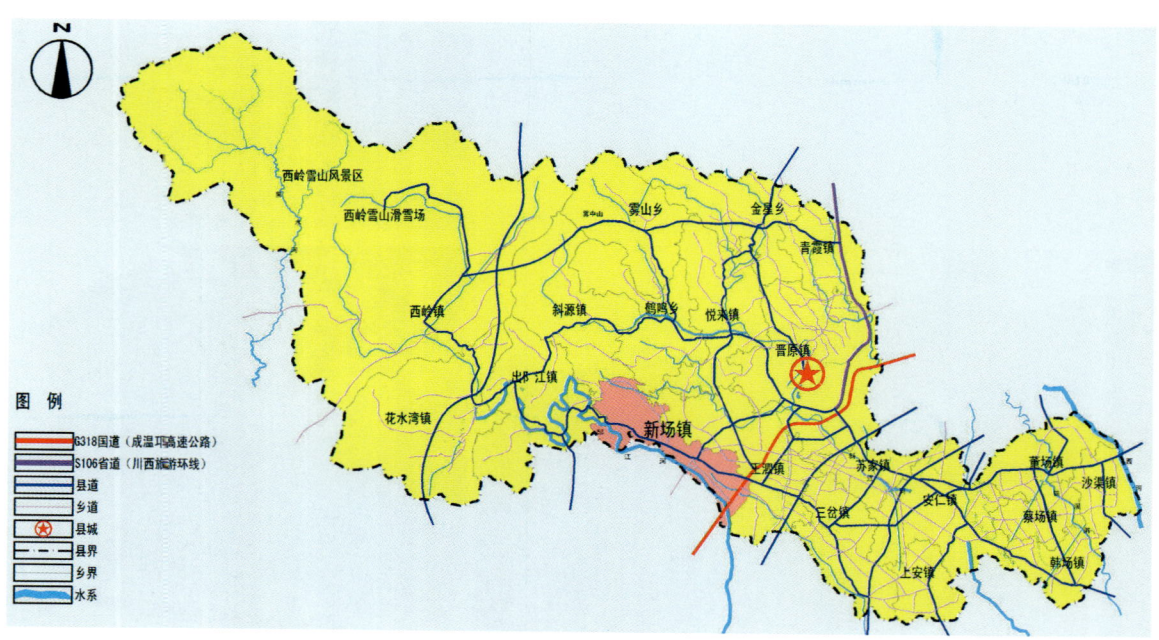

▲ 新场镇在大邑县的区位关系图◎

新场古镇地处大邑县西南，距大邑县城11.5公里，至成都58公里。从成都金沙车站乘公交车至大邑县城，在大邑县城再转乘公交车即可到达新场。

如从成都出发自驾游，可经成温邛高速公路至大邑王泗出口下高速，再经川西旅游复线车行4.5公里即到达新场古镇。

三、古镇的保护整治与旅游开发

位于成都平原西部边缘的大邑新场，过去受资金、交通等因素制约，其深厚的历史文化积淀连同优美的水乡环境一直"藏在深闺"，少为外人所知。但自2007年县、镇两级党委和政府着手规划、保护并引资实施整治以来，根据"城乡一体化"的战略部署，不仅对城镇未来的发展布局作出了总体规划，而且亦完成了众多配套基础设施建设。与此同时，许多的历史建筑和文化古迹及其独特的人文场景也得到了有效的保护和整治。而当今成都市建设世界田园城市的宏大目标，又给古镇提供了新的机遇和挑战，

▲ 新场镇保护总平面图 ◎

▲ 沿河风光 ●

对于此，新场党委和政府，坚持"以政策换资金、以项目换资金、以资源换资金"的思路，广泛引进财源，进一步加大了古镇保护与整治的力度。

为完美地显现古镇独特的历史风貌与人文场景，在已完成的3.5公里青石板街道铺装的基础上，目前已着手整治沿街大批清代及民国时期遗留下来的历史建筑，诸如前文已经述及的李氏古宅、何家大院、吕氏旧宅、杜氏古宅、熊家旧宅、孔家绣楼、高家院子、范家旧宅、傅家旧宅等民居宅院，以及黄鹤楼、李海坡茶馆、集股茶园、如意俱乐部、福临社茶庄、广东会馆等。对福音堂、璧山寺、川王宫、佛子崖等宗教文化遗存亦加大了保护力度。

为保留众多民居宅院的原有风貌，在整治过程中，不仅拆除掉了临街面卷帘门、瓷砖和其他与传统风格不和谐的外饰，将其改造为与古镇风格相协调的形式，而且拟从整体上保护其结构、造型、色彩及装修的传统性，同时保留其居住使用功能。而素以华丽著称的李氏古宅，目前已改变其原有的居住功能，通过整治，成为了"大邑人文馆"，以向人们展示大邑一地的民俗风情与人文特色。

对于各色茶馆、茶楼、茶铺及广东会馆等，其外立面不仅严格按照原有结构形式进行了加固和修护，从整体上保护其结构、造型、色彩及装修的传统性，恢复其历史本来面目，而且拟将对其内部环境进行改造，改善其内部通风、采光条件，全面恢复其茶馆使用功能或商业贸易使用功能，并结合旅游开发加以利用。

对于古镇内外的宗教文化遗存，根据其各自现状采取了不同的措施。譬如"璧山寺"，其大门为20世纪90年代复建，建筑粗糙、历史传承性差，根据本地民众愿望，规划原址重建。截至目前，寺内大雄宝殿业已建成。"福音堂"则重在改善，修缮、加固现有木结构屋架、屋顶，损坏的门窗按传统材料和形式进行修复，一层立面严格按木结构形式进行修护，并从整体上保护其结构、造型、色彩及装修的传统性，全面恢复其历史原貌及基督教使用功能。川王宫继续保持现有的宗教使用功能，重点在于进行常年维护。对佛子崖，则严格保持原有建筑的格局与风貌、空间形态和尺度、景观要素与特征等历史原状，不作任何变动和增减；对于摩崖造

像这一不可再生的旅游文化资源，亦加大了保护力度。

与此同时，该镇按照"城乡一体化"的战略部署和建设"国际旅游目的地、现代山水田园城镇"的目标，并根据新场商业贸易历史与文化传统，拟对镇区水系进行科学而全面的整治和利用，以凸显"西蜀水乡"的自然风貌和人文环境。

截至目前，古镇入口处，利用二堰河、结合广场的建造，已营造出一片宽敞、明亮的独特空间；二堰河两岸与街道有联系的地方，其空间业已局部放大，视野打开；原有穿插于建筑中的小河流得以保留，水流之上，造型优美的小桥亦已建成，呈现出了一片"小桥、流水、人家"的优美景致；而利用河流两岸空间组织的旅游线路也已成型。这些举措，极大地增强了古镇宜人的优美环境，充分显现出"近水亲水"的水乡古镇特色。

不仅如此，该镇还十分注重镇区绿地景观的组织和打造。拟通过沿河绿带、公共绿地、交通岛绿地、桥头绿地、道路绿化、居住小区的绿化等等举措，紧紧衔接起周边绿化植被较好的山体，形成内外交融的绿地系统。以上绿地景观组织，目前正在逐一实施中，不少绿地景观业已呈现出盎然的生机。

新场，这座街巷纵横、绿水绕郭的水乡古镇，如今正锁定建设"现代山水田园城镇"的宏大目标而努力地奋斗着。可以预料，不久的将来，其独特的历史文化积淀，无论有形与无形，均将得到最为完美的展现；经过科学整治的丰富水系，以及与四周青山连为一体的镇区绿地景观组织，则更会令古老的场镇青春焕发，绚丽迷人，成为天下游客向往的旅游胜地。不妨现在就走进新场吧，去追寻她过往的身影，欣赏她现在的装扮，想象她未来的容颜，你会发现：无论人们怎样打扮她，其天生丽质都永远不会改变。

主要参考文献

【宋】祝穆撰：《方舆胜览·邛州》卷五十六，四库全书本。
成都市大邑县《新场乡志》编写组：《新场乡志》，1984年10月。
大邑规划设计室：《大邑县新场镇总体规划说明书》，2007年5月。
成都市勘察测绘研究院：《大邑县新场古镇保护规划》，2008年2月。

※ 本篇原基本图文资料由大邑县新场镇人民政府提供，邓友松收集整理。

24 蒲江县西来镇

西来镇位于蒲江县域西北部，距蒲江县城13公里，北距邛崃市区11公里，距成都市区84公里。地处东经103°3′，北纬30°18′。镇域地跨临溪河与大小五面山浅丘区。东有寿安镇，西靠复兴乡，西南接大兴镇，南连鹤山镇，北接邛崃市宝林镇、固驿镇。

西魏恭帝二年（555），开始在此设置临溪县，其遗址在今西来古镇东北1公里处，乡人俗称"残城子"。在今西来古镇西原有张魁场，清康熙元年（1662），因遭遇洪水，张魁居民相继东迁临溪古渡（即今西来场镇），兴建房屋，安家立业，并逐渐形成集镇，时称"临溪场"，其后改名为"西来场"。自此以后，该场一直

▲ 临溪风光 ◇

是西来地区各个时期行政机构所在地。

全镇面积78.9平方公里，耕地35586亩。镇辖10个行政村，3个社区。主要产业有水稻种植、水果种植、茶叶种植、花卉种植，家畜禽及水产养殖业等。

古镇依山傍水，草木葱郁，溪流澄澈，畦垄相围，农耕时代的山水田园风光四望可见。凭借其悠久的人文历史与独特的自然风光，2005年该镇被评为成都市"十大魅力城镇"，同年又被列为"四川省历史文化名镇"，2007年被评为"全国环境优美乡镇"。

图片：● 严永聪　摄影
　　　◎ 蒲江县西来镇人民政府提供
　　　◇ 成都文旅西来古镇开发建设有限责任公司提供

▲ 西来果园

▲ 西来茶园

一、古镇历史文化概述

（一）古镇沿革及其得名由来

■ 古镇沿革简说

秦汉时期，西来古镇所在地域属蜀郡临邛县地。北朝西魏恭帝二年（555）于此置县，县名以临溪河命名。据《旧唐书·地理志》载："临溪，后魏（即西魏）分临邛县置也。……（唐）武德元年（618）割依政、临邛、蒲江、临溪、火井五县置邛州。"又据唐代李吉甫所撰《元和郡县志·邛州》记载："临溪县，本秦临邛县地。后魏恭帝于此置临溪县，属蒲原郡。隋开皇三年（583），罢郡县，属邛州。后医之。县城三面据险，北面平坦。孤石山在县东十九里，有铁矿，大如蒜子，烧合之成流支铁，甚刚，医置铁官。"

孤石山，常璩《华阳国志》称之为"古石山"，唐宋以后称"孤石山"，即今人所说之"大五面山"。西魏时期构筑的临溪县城，就位于今西来古镇东北之五面山上。临邛一地素以产铁闻名于世，西汉初年卓氏、程郑即因"冶铁鼓铸"而"富甲天下"。《元和郡县志》所记"孤石山在（临溪）县东十九里，有铁矿，大如蒜子，烧合之成流支铁"一语，可证临溪县孤石山即为古代临邛铁矿开采冶炼之地之一；在唐代，又于该县置有铁官。而要追溯西魏恭帝于此置县的缘由，此地产"流支铁"，恐怕是其关键。

唐朝时期，因战事频繁，临溪县亦曾短期成为"行嶲州"（古嶲州州治长期置于越嶲）州治所在地，历时近30年时间。据宋代王溥所撰《唐会要》记载："嶲州先废，（唐）大历四年（769）正月，割邛州蒲江县、临溪县复置之。"其治所即置于临溪县城，直至贞元十三年（797）原嶲州收复，其治所才从临溪迁回原址。而今五面山上尚有古代临溪县城的残存遗址，此处城址亦是当年"行嶲州"州治所在地。至于何以选择临溪县城作为"行嶲州"治所，则与该城"三面据险、北面平坦"的优越地势直接相关。

据宋代欧阳忞所撰《舆地广记》和元代所编《宋史》记载：北宋神宗熙宁五年（1072），临溪县降为临溪镇，临溪县原下属6乡，分别划入临邛、依政、蒲江、火井等4县。自西魏设临溪县，及至此时，前后已有517年的置县史了。

元灭宋后，1284年并临邛、依政、蒲江3县入邛州。洪武六年（1373），明朝政府重新设置蒲江县，将临溪镇、寿安镇划属蒲江。清朝因之。

■ **古镇得名"西来"的缘由**

康熙元年（1662），临溪河暴发百年不遇的大洪水，把上游张魁场彻底冲毁。张魁场原有一座关帝庙，庙内供奉有木刻关帝神像。这次大水不仅冲毁庙宇，也把关羽神像冲走，搁浅在临溪河南岸西林寺庙产田地里。临溪场的人们认为关帝爷从西而来，在这里停下，说明这里是块风水宝地。于是西林寺的住持静慈和尚，捐出庙产田，在关帝神像搁浅处新修了关帝庙，将关帝神像供奉其中，以祈求关老爷保境安民。一般的庙宇都是坐北朝南，唯有该处的关帝庙大门却向西开，寓有不忘关帝从西而来之意。后来以此为根基，来此定居的人口渐多，并逐渐形成繁华的市口。因临近临溪古渡，人们就称之为临溪场。康熙三十四年（1695），蒲江县县令李绅文到临溪场巡视，觉得临溪场的名字不止一个，容易混淆，便借用佛教教义中的典故，即唐玄奘把大藏三乘经从西取来之意，改临溪场为西来场。但西来镇老百姓却口碑相传云："先有关帝庙，后有西来场"。这似乎表明，古镇名"西来"，还寓有"关帝爷从西而来，带来了这里的繁荣和希望"的意义在。而今东进西来场口，"福从西来"的大照壁，即向世人昭示着古镇得名的双重文化意蕴。

▲ "福从西来"照壁◎

(二)厚重的历史文化积淀

举凡古代曾置为县城或州治之地,其历史文化积淀往往倍胜他处。早在1500多年前成为临溪县城所在地的西来镇亦不例外,其留下的文化遗存与历史记忆亦非同一般。500余年的置县史已给该镇的历史留下了浓墨重彩的一笔,但这还不是此地最早的人文记载。在西来镇域内,曾出土过距今4000多年前古人类磨制的石斧、石锛及陶器残片,这说明早在新石器时期,先民们已经生活在这块古老的土地上。而陈列在该镇博物馆内的巨大的楠木船棺,连同一起出土的极其丰富而珍贵的随葬物品,则将我们的视线一下吸引到光辉灿烂的古蜀国时期,其中所透露出的2200多年前的历史文化信息,尤令人感到该地历史文化积淀之厚重。至于镇北大五面山上如今尚存的沙子坪、铁牛寺、黄沙坝等处汉唐时代的采矿冶铁遗址,又会让我们把该地与自西汉初年开始就以冶铁闻名天下的古邛州联系在一起,回想起它历史上的辉煌时期。正如前文所言:此地产"流支铁",恐怕是西魏于此建县的关键,而到了唐代,该县更置有铁官,则说明古老的临溪县,采矿冶铁的历史已逾千年。古老的铁文化自应在当今古镇的旅游文化开发中占据一席重要的位置。

但有唐一代,临溪县所在之邛州曾数次遭受吐蕃、南诏进犯,"大历十四年(779)十月,吐蕃率南蛮二十万众来寇,一入茂州,……一入黎、雅,过邛崃,连陷郡邑";"大和三年(829),南蛮乘我无备入寇……十一月犯我西川,骚劫玉帛、子女而去";"咸通十年(869)十一月,南蛮骠信坦绰酋龙率众二十万寇巂州……蛮军乘胜进攻西川";"乾符元年(874)十二月,南蛮复寇西蜀"。临溪县城位于古邛州西南边缘,地接雅州,可想而知,战火交接之际,势必首当其冲,所遭受的打击不堪设想。及至唐末、前蜀时期(900—925),临溪县署"编竹为藩而塗之,署久泥忽陊落,惟露其竹",县衙门尚且如此寒碜、凋敝,尤可见及长期的战乱给临溪古城带来的创伤之深;再加上明末清初兵燹不止,临溪古城更是遭受到毁灭性的破坏,以至我们今日根本无法凭借其残城遗址想象它昔日的辉煌,但相关的军事文化遗存却给而今古镇的旅游文化开发留下了一抹异彩,大可吸引天下游人到此凭吊古战场,感受当年金戈铁马、剑影刀光的杀伐场面。

北宋熙宁五年,临溪县降格为镇,这以后,临溪古城似乎就此衰败下来,在人们的记忆之中显得扑朔迷离,但我们仍然可以在前人的诗作中寻觅到它的身影。南宋著名爱国诗人陆游《雨中过临溪古堠》一诗云:"道边相送驿边迎,水隔山遮似有情。岁晚无聊莫相笑,君方雨立我泥行。"所谓"古堠",一是指古代遗留下来的瞭望敌情的土堡,一是指古代留下来的记里程或分界的土坛。由诗意揣度,此处"古堠"当指后者。是时临溪古堠之处,设有驿站。该诗短短二十八字,情景交融,生动地描画出当时诗人眼中的临溪景象:水隔山遮,烟雨蒙蒙,古堠犹在,驿道远伸,友人冒雨迎送,诗人踩泥而行。如今,当我

们在雨天去到依山傍水的西来古镇，穿过古城街，走上通往邛崃的五面山，当年陆游描画的临溪景象，仿佛犹在眼前。

明末清初，全川战火连年，再加上天灾、瘟疫，人口锐减，经济残破不堪。历史上已是饱经战乱的临溪古镇，更是毁灭殆尽，荒芜一片。据清乾隆《蒲江县志·古迹》记载："临溪废县，县北四十里……遗址荒芜，仅存土埂，东、西、南皆崇山峻岭，下有长江（今临溪河），唯北面稍平，今呼为残城址。"昔日的古城早已黯然失色，往日的荣耀更是随风散尽，唯余西风古道、土埂残垣。但在随后清政府组织的"湖广填四川"的移民运动中，一座新兴的临溪场镇却又应运而生，名为"西来"，更是赋予了它独特的双重宗教文化色彩。

而今的西来古镇，清代风格的古街巷、古民居、古建筑，一直保持完好，古貌依然。青石板长街、木结构瓦房、新街子与小姐楼、古戏台与百颗灯、浮雕精美的文风古塔、清凉甘甜的龙眼古井……无一不古色古香，尽显昔日风采，把典型的川西古镇建筑特色彰显备至。河坝街外近一里路长的河堤上，12棵姿态各异的古榕树，虽历经千年风雨，但仍然繁茂婆娑，青枝摇曳，与缓缓流淌的临溪河水一起，见证着西来古镇的前世今生。在如此优美的自然环境之中，千百年来"日出而作、日落而息"的民间习俗与淳朴、敦厚的古老民风，更是传承至今，令古镇保持着一种传统的人文，一份远离尘世喧嚣的宁静。至于临溪河对岸五面山的古城遗址以及多处汉唐冶铁遗址，尽管身影模糊，但却链接起了西来古镇的过往今来，使古镇的历史文化积淀倍添厚重。

① 楠木船棺 ◎
② 临溪古城夯土城墙遗存 ●
③ 临溪古城东大门遗址（任桂园 拍摄）
④ 古镇入口 ◇

二、西来古镇旅游巡览

（一）人文景观与自然景观

■ 古镇区人文景点

西来原是三河夹两街的船形古镇，后来浪歇河虽已填没，但位于南北两面的大小临溪河仍夹镇而流，茶马古道从镇西头擦过而入大五面山，通往邛崃的古城街，向北直上临溪古城遗址，其整体风貌仍似船形。古镇内街道均顺河而建。古朴典雅的河坝街掩映在大榕树的枝叶之下，文风街、簸箕街、龙眼街、禹王街经由水巷子、烟巷子等古巷直通临溪河畔的河坝街。在大街小巷中，清代建筑风格的屋舍木楼鳞次栉比，飞檐走角，窗户雕花，呈现出一派古香古色的人文景观，直令人迷醉。

◆ 文风塔

走进古镇，转过"福从西来"照壁，矗立在广场一侧的文风古塔即扑入眼帘。该塔为砖石结构建筑，高13.6米，共三层，外加宝顶，翘角飞檐，雕花门扇，精巧至极。塔身成六角状，在离地高约二尺处，绕塔之六角塑有六个神采各异的灵兽。塔身周围刻有人物浮雕，栩栩如生，内容极其丰富。第一层浮雕为"三英战吕布"、"张飞怒鞭督邮"等三国故事，第二层为"寿昌寻母"、"安安送米"、

▲ 文风塔◇

"梦哭冬笋"、"睡冰求鱼"等《二十四孝图》中的故事，第三层为"八仙过海"等浮雕。第三层正面檐下有"文风塔"匾额；第二层有"奎星阁"匾额，两边刻有对联"鳌头分得生；笔底费权衡"；第一层正面又嵌有扇形匾额，上刻有"惜字宫"三字，两边竖刻对联"废墨收经史；遗文贮汉唐"。

川西各古镇，多建有提供焚烧有字纸张的"字库塔"，以传承"珍惜字纸、崇尚文墨"的先人遗训。从文风垯上的"惜字宫"匾额和两边对联看，很明显亦具有"字库塔"的功能。该塔始建于道光十三年（1833），此时的西来古镇，在外来移民和本土原住民的共同开发下，已大成气候，"惜字宫"、"奎星阁"、"文风塔"等匾额的设置，充分显露出"尚文重教、耕读传家、颂扬科举"的古老传统在该镇业已蔚然成风；但如果联系塔身上的浮雕内容来看，儒家传统的忠孝伦理道德观念亦得到了生动形象的彰显。

不仅如此，当年修建该塔，选址在顺河而建的古镇东头，更是蕴涵着"培地脉"的风水学理念。西来地形有如顺水之船，将"文风塔"修在船头，恰似船上桅杆；有了桅杆，船就稳定，既可平安远航，又可牢固停泊，不仅能保西来一帆风顺、物阜民安，而且亦可辅佑该镇文风昌盛，文运久远。至于塔身下部六角之灵兽，则有承载高塔而守护千年的文化意蕴在。

文风塔历180年风雨而不偏不斜，其上浮雕依然完好，说明当时建筑之精巧。到如今，已是西来标志，其所含多重文化意蕴尤令四方游人驻足流连。

◆ 古街古巷古民居

文风街为古镇正街，西至台子坝，又连接起镇西簸箕街和龙眼街。漫步街头，一色的青石板路面，典型的清代川西民居建筑，均令人感受到它昔日不凡的神韵和风采。街侧山墙重叠，楼宇毗连，房屋建筑主要为木结构，上下两层，廊柱檐拱，相与交错；雕梁画栋，令人赏心悦目。窗户样式，尤具特色，大方格、细花格、菱形、椭圆形，形式各异，不一而足；镂空的窗格上，雕有花鸟虫鱼、人物形象，古朴而典雅，件件都是精美的艺术珍品，置身其间，尤可使人感受到它不朽的艺术魅力。可以说，在古镇，能将建筑结构、实用功能和民间工艺巧妙结合在一起的，真莫过于这条老街了。

正街北侧有中兴街，此街为民国时期西来首富徐钧太所修。临正街一面的铺面仍保持着原先楼层和屋面，有"过街楼"连接起后面的小姐楼。小姐楼高出其他房屋一层，如鹤立鸡群一般。该楼全为木质结构，雕梁画栋，做工精巧，而且周围被其他房屋围起来，与外界不通，真有点"养在深闺人不识"的意味。街中部还设计建有一处当时很时髦的厕所，厕所门上书写着"神舒、气畅"字样。徐钧太把这条街取名为中兴街，喻其兴旺发达之意。正如徐均太预测的那样，街修好后，即成为西来最繁华的一条街，生意非常兴旺。

正街北侧与簸箕街有水巷子、烟巷子、亭子巷等小巷连通临溪河畔之河坝街。小巷深近百米，深邃幽静，古风依然。

①②③④ 古街风貌●
⑤ 古街风貌◎
⑥⑧ 幽静的小巷●
⑦ 独具特色的民居门扣●

① 镇头店铺"蜀雅坊" ●
② 文风街竹编店铺（任桂园 拍摄）
③ 台子坝全景 ●
④ 台子坝观戏楼遗存 ●
⑤ 竖立在镇东头的灯杆 ◎
⑥ "百颗灯" ◇

◆ 戏台与灯杆

昔日西来古镇，以钱、刘二姓居多，有"刘半场"、"钱半街"之称。刘家来自湖广，钱家来自江西，历史上因宗族原因，二姓之间，时有冲突发生。为显示各自的实力和威风，钱、刘两大家族就在场镇西东各建戏台一座，戏台前均竖有高高的灯杆。刘家所建戏台和灯杆，位于今镇东广场关帝庙遗址外，钱家所建戏台和灯杆，则位于镇西台子坝，其南侧建有观戏楼，上有"美人靠"，正对戏台。逢年过节，钱、刘两家大唱对台戏，彼此斗富。到时灯杆上都要吊上数十盏以油灯为照明的各式各样的红灯笼，号称"百颗灯"。游人至此两处，见及灯杆，尚可想象昔日两家争强斗胜的热闹景象。

如今，钱家戏台虽已损毁，而台子坝的名字却流传至今；刘家戏台则得以保留，每当重要节日喜庆活动，戏台依然会上演几出川西戏曲的经典名段。

◆ 龙眼古井

龙眼古井位于古镇龙眼街西头，是西来古老历史的见证。数百年来，它一直以清凉可口的泉水滋养着古镇的人民。时至今日，周围几十户人家，仍常到此井取水，从晨曦初露直至暮色降临，取水的人络绎不绝，桶儿叮叮咚咚，扁担吱悠吱悠，像一支支快乐的乡间小曲。简朴而高立的井架，一头吊着一扇石磨，一头拴着一根提水的竹竿，就像一头拴着历史，一头连着现实，把西来古朴的民俗风貌演绎至今。

龙眼井原有两口，相隔一丈左右。相传当时附近住着一户主人名钱万湘的人家，其夫人李氏，在一个电闪雷鸣、大雨滂沱的夏天傍晚，看见天空中有一条金龙狂舞，双眼之光像两支利剑，直射到对面徐姓人家的土地上，久久没有消失。第二天早饭后，钱李氏跑去一看，发现那里竟留下了两个相隔一丈左右的斗碗大的洞。钱、李夫妇感到这块地必为风水福地，于是便出高价买下。在沿着两个洞口往下掘井之时，掘到约三丈深处，竟发现两口井底都有红鱼一对、大鲢鱼一条，而井中之水清澈透明，甘醇可口。从此钱家用井中之水烤酒、开面房而渐致富裕，所制之酒和挂面均远近闻名。直到民国初年，徐家帮工邓绍清来此居住，占去了一口井。钱邓两家各用一井后，原来两口井则成了一壁之隔。钱家那口井因后来建造房屋被填，而邓家这口井却保留下来，至今不衰。

◆ 了翁井

相传宋代著名理学家魏了翁曾往来于蒲江鹤山书院与邛崃鹤林寺两地间讲学授徒，每当途经西来时，必取此井中水泡临溪绿茶，并在此处传道授业。

魏了翁（1178—1237），字华父，号鹤山，蒲江人。庆元五年（1199）进士，理宗朝累官至签书枢密院事、资政殿大学士。死后朝廷赠"太师"，谥号"文靖"。有《鹤山集》、《九经要义》等。开

▲ 使用至今的
龙眼古井

▲ 龙眼古井内壁

▲ 了翁茶舫

禧三年（1207），魏了翁曾力辞召命，居白鹤山下，创建鹤山书院，授徒讲学，使蜀人尽知义理之学。在此期间，了翁曾多次经过临溪古渡，亦曾在此授徒讲学，或饮茶歇息。今古镇正街北侧之"了翁茶舫"里的"了翁井"，即是因了翁先生爱饮此井水所煮之茶而得名。

◆ 临溪塔

临溪河畔，一塔高高矗立，此即新建之临溪塔。该塔高40米，地下一层，地上九层。第一层和负一层设为西来博物馆，馆藏西来出土的战国船棺和西来1700年的人文风物图片及各类历史文化遗存。蓝天塔影，与青山绿水、田畴林盘交相辉映，业已构成一幅绝妙的风景画。如若登临塔顶，远山近水，古街

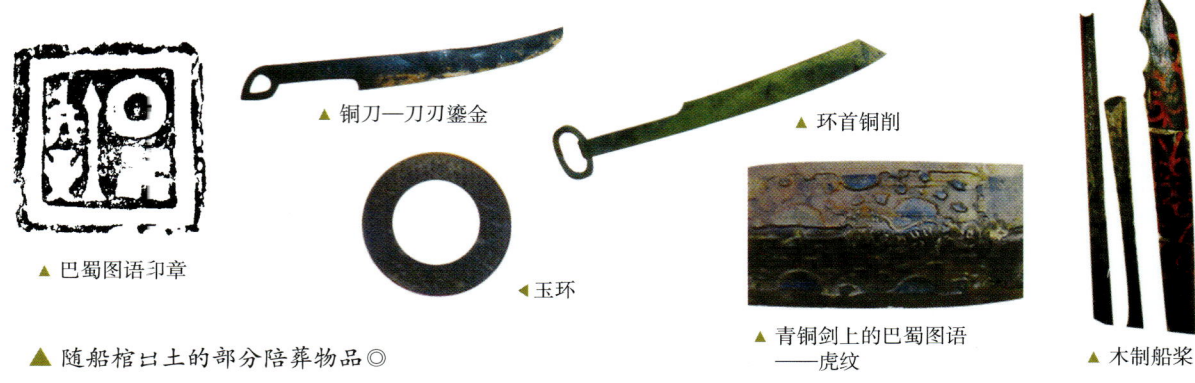

▲ 巴蜀图语印章　▲ 铜刀—刀刃鎏金　▲ 环首铜削　▲ 木制船桨
▲ 玉环　▲ 青铜剑上的巴蜀图语——虎纹
▲ 随船棺出土的部分陪葬物品◎

▲ 新建临溪塔景观效果图◇　　▲ 新建临溪塔与来安廊桥效果图◇

屋舍，均可尽收眼底。

陈放在该塔地下一层的巨大的楠木船棺，长6.8米，直径1.5米，由一棵树龄超过千年的楠木凿制而成，棺室、棺盖均为整节挖空，绝无拼接。这具船棺，出土于2006年12月8日，是蒲江县域内自1975年以来发现的第10具船棺。随船棺出土的陪葬物品极其丰富和珍贵，有玉璧、环首铜削、铜铃、桥形币、秦半两等64件文物，特别是出土的巴蜀图语印章，更是轰动了国内外史学界和考古学界。这些出土文物，对研究古蜀国的政治、经济、军事、文化、生态等方面的情况，提供了丰富的物证史料。正如船棺堂大门两侧对联所云"百件珍宝重现巴蜀神韵；千年图语印证华夏文明"。

在古蜀国丧葬礼俗中，船棺葬是当时上层社会最流行的丧葬形式。此种丧葬形式，来源于"灵魂不灭"的信仰和对祖先的崇拜。船棺被认为是"载魂之舟"，是把死者灵魂送往另一美好世界的"超度船"，所谓"船棺葬"，即具有"超度亡灵"的原始宗教文化意蕴。在我国南方不少地区，用整木凿制而成船棺安葬死者，乃是近水而居的民族之生活习俗在心理意识上的反映，它既反映出所葬之地古代自然生态环境的特点，又反映出是地先民以稻作、渔猎为主的经济生活特征。而在江河众多的蒲江县域内，以巨大的楠木整体凿制而成船棺，且于多处发现，则更具有不同凡响的意义，它既反映出是地古代自然生态环境的特点与其经济生活的特征，同时又说明西来所在的蒲江地区，在古蜀国政治、经济、文化中已处于极为重要的地位。

◆ 来安廊桥

"临溪之渡，四路要津"。廊桥名"来安"，始建于清嘉庆五年（1800），民国三十三年（1944）毁于洪水。2011年重建此桥。廊桥与临溪绿水为伴，见证着数百年来西来过往之兴衰，连接着西来的历史与现在，宁静地述说着这片美丽土地的今日繁华。

◆ **成都战役红色纪念馆**

该纪念馆位于古镇区约500米处的铜鼓村。

1949年12月，在解放战争成都战役中，胡宗南以其"王牌"部队第5兵团，集结7个军的兵力，试图全力向川康边境突围。其战略企图是打通川康公路，西窜雅安，南逃西昌，进而撤往境外，伺机卷土重来。我军将敌军分割包围，全力狙击。蒲江西来五面山地带及县境东部一带，即成为成都战役蒲江主战场。12月24日至27日，我军与敌军展开殊死决战，大获全胜，共歼敌5万余人。12月27日，成都解放。其后，在蒲江歼敌作战中光荣牺牲的我军指战员，被分别安葬在蒲江西来、复兴、中兴、寿安等地，目前已查明身份者有61位。为缅怀先烈，启迪后人，弘扬革命优良传统，深化爱国主义教育，2008年，蒲江县委、县政府已将蒲江各处的烈士墓迁至西来铜鼓村，修建了成都战役烈士陵园暨纪念馆，并已于2009年清明节对外开放。

该红色纪念馆处，成都战役纪念碑高高矗立，苍松翠柏之间，烈士陵园依坡而建，纪念馆内展出有丰富的革命历史图文资料和实物。历史的沉淀，在此绽放。在当今红色旅游方兴未艾之际，这里无疑已成为一处人们回顾解放战争历史、缅怀革命先烈的红色圣地。

◆ **鹤山书院**

新建鹤山书院坐落在古镇临溪河对岸。

原蒲江鹤山书院是由宋代理学家、思想家蒲江人魏了翁于公元1209年兴建。该书院集儒学、道学、理学、禅学之所长，汇聚名家经典，开创了理学盛世。南宋鹤山书院藏书10册，藏书量居宋代各大书院之首，是宋代得到皇帝赐额的34所书院之一。为纪念了翁当年曾多次于临溪古渡处授徒讲学，故特于此修建鹤山书院。2011年10月，新建鹤山书院将对外正式开放。

古镇区自然景观

西来古镇被两条清澈透明的小河合抱着，水流缓缓而下，两岸草木繁茂。顺古镇北沿淌过的临溪河畔，12棵树身苍老而树冠葱茏的古榕树，遮天蔽日，高大无比，更是将古镇掩映在一片翠绿之中。这

▲ 美丽的临溪河◇

▲ 临溪河上捕鱼忙◎

①②③临溪河畔古榕树●
④临溪河畔古榕树◇
⑤临溪河畔堤岸◇
⑥河畔休闲◇
⑦河畔露天茶社◇
⑧铁牛遗存●
⑨铁牛村全景图●

些古榕树，虬枝劲发，生机盎然，虽历经千年风雨，但如今却依然枝繁叶茂、摇曳多姿。如此庞大的古榕树群，与古老的民居建筑宅院交相辉映，已然而成西来古镇一道亮丽的风景线。12棵古榕，形态各异，极具观赏价值，人们根据其各自不同的形貌，将它们分别取名为"兄弟树"、"英雄树"、"母子树"、"夫妻树"、"观音树"、"莲花树"、"恐龙树"等，而且每一株树都有一个美丽动人的故事，其形神毕肖，名实相符，常令游人叹为观止，遐想无尽。

清澈碧绿的临溪河水，映照着千年古榕的巨大身影，河岸边环境幽静，空气清新醉人，游人至此，纷繁芜杂的世务定会抛之脑后，尘世间的种种烦恼必将荡然无存，大有一种置身于世外桃源的感觉。看过了古镇区内各处人文景点，再到临溪河畔、古榕树下歇会儿吧，宁静而优美的自然风光定会让你久久不忍离去。

■ 镇区内外历史文化遗址

◆ 冶铁遗址

横亘在古镇北面的大五面山，至今留存有多处古代冶铁遗址。沿古城街北走，进入五面山，来到西来铁牛村，即能见及一尊长近两米、宽约80公分的"铁牛"横卧田间。观其外形，已很难辨清其角尾口鼻细部，仅仅好似一块硕大的铸铁，但细加审视，牛之身影与神韵仍依稀可见。铁牛村原建有铁牛寺，铸铁牛而建寺庙，不仅彰显着古代是地敬牛如神的农耕文化特色，而且亦印证了古代是地冶铁业的兴旺发达。

据考古发掘，在西来镇域内，尚有多处古代采矿冶铁遗址，诸如前面提到的沙子坪、黄沙坝等处，或有矿坑显露、或有铁渣堆积，这些古代的遗址和遗存，无不见证着西来是地在西蜀冶铁工业历史上所占据的重要地位。

◆ 残城址

据清末杨子元新编《蒲江乡土地理读本》载："西来场，位于县城北三十里，为由蒲赴邛要津。场东十里临溪废县在焉，遗址荒芜，唯存土埂，俗呼残城址。"残城址即是有着517年悠久历史的临溪县治地，而今已是芳草凄迷、杂树丛生，所谓"土埂"，尚有遗存，隐隐约约显现出临溪古城之城垣身影。

◆ 魏公祠与了翁墓

魏公祠与了翁墓同在一处，位于西来古镇与蒲江县城之间的高桥乡间，距西来约十公里。魏公祠为清代光绪初年所建，祠内原有光绪二年（1876）四川提学史高赓恩所撰楹联：

三千年经义重明，湖湘江浙丕振儒风，即此邦才垂马、扬，谁复词华艳西汉；

四百里大贤踵起，濂洛关闽力肩道统，虽当时谤兴朱、李，何禁俎豆续南轩。

高赓恩所撰楹联，将了翁一生孜孜不倦倡导义理之学、大力振兴儒家传统的事迹作了高度的概括。据《宋史·魏了翁传》记载，了翁不仅曾在白鹤山下建鹤山书院，授徒讲学，"士争负笈从之"，使蜀人尽知义理之学，而且在贬官至僻远之靖州（今湖南靖县地）居住时，亦不改初衷，仍大力倡导义理，以致"湖湘江浙之士，不远千里，负书从学"，并在此期间"著《九经要义》百卷，订定精密，先儒所未有"，致使儒风大振。

宋理宗宝庆元年（1225），了翁在朝遭到了右正言李知孝和谏议大夫朱端常的弹劾，说他"首倡异论"、"朋邪谤国"，因而"诏降三官、靖州居住"，虽遭朱、李二人诽谤，但了翁所崇奉的儒家思想仍然得到了传扬光大。绍定五年（1232），了翁返回朝中，宋理宗面赐御书"唐人严武诗"及

① 残城址土埂（任桂园 拍摄）
② 高桥乡潘沟村了翁祠遗址（任桂园 拍摄）
③④ 了翁祠前石像遗存◇
⑤ 了翁墓所在处●

"鹤山书院"四大字予了翁,"恩数同执政",并信赖有加。在楹联中,高赓恩对了翁的才华亦作了热情的歌颂,称他直接继承了西汉时期蜀中两位著名的大辞赋家司马相如和扬雄的词章功底而独著于世。如此声名显赫的历史文化名人,理应受到世人的崇敬和仰慕。

而今,魏公祠其后小坡上尚有了翁墓,为省级文物保护单位。

◆ **古寺庙遗踪**

据相关记载,西来古镇内外,原建有多处寺庙,诸如关帝庙、西林寺、西山祠、王爷庙、铁牛寺等,但随着岁月流逝,除杨泗庙重建外,其他诸寺早已湮没在历史的尘埃中,只能在人们的记忆中,隐隐约约浮现出它们昔日的容貌。游人至此,如有探幽访古之雅兴,自可寻迹辨踪,自得其乐。

(二)风味小吃与地方美食

在西来古镇,人们在饮食方面甚为讲究,各种小吃名目繁多,风味独特,粑食类有铲发粑、粽子、猪儿粑、枕头粑、玉麦粑、丝网粑、窝窝粑等;面食类有炉桥面、锅魁、油糕、羊角纠、油芝饼等;糕点糖果类有油果子、桃片糕、香茗酥、米花糖、酥皮点心、鸡脚杆糖等;还有各种野生特色蔬菜,诸如折耳根、刺龙宝、灰灰菜、蕨菜、三塔菌等。而最富特色的风味小吃当数蛋醪糟、粉子醪糟、甜水面、凉面等以及临溪河鱼、山珍斗鸡公(菌)等地方美食。这些风味小吃和地方美食,不少亦为西来特产。君到西来,不妨一尝。

▲ 黄白凉面◎

▲ 西来粽子◎

(三)民俗风情

西来民风淳朴,随便走进一户人家,主人都会像亲人一样招呼你坐下,一起唠唠家常,那份热情与敦厚,足以让人感动。

烟和酒是古镇人们招待客人的传统用品。西来人很早就普遍掌握了烤酒技术,过去,几乎家家户户都烤酒,有钱

▲ 蛋茗酥与玉米皇◎

▲ 悠闲的古镇老人◇

▲ 古镇老式剃头铺◇

▲ 点天灯◇

▲ 千挂街灯◇

人家更是用精心制作的黄酒（即去糟的醪糟酒）来招待客人。镇上也有专门烤酒卖的作坊，人们称之为"烧房"，现在在老街上还可找到倒醩、天锅、黄桶等烤酒工具。古镇人爱抽烟，主要抽水烟和旱烟。抽水烟者很讲究烟具，水烟壶多用鸡血铜、苏白铜或白银精制而成。一般人爱抽旱烟，俗称"叶子烟"，用竹子钻个洞把竹节打通制成烟棒或烟杆，将烟叶卷起来抽。走进古镇人家，主人或许会请你吧上两口叶子烟，那股热情劲，会像烟锅一样滚烫。

至于西来古镇的岁时习俗与节日喜庆活动，则与川西其他古镇相差不远，腊八煮粥、正月过年、清明祭祖、中元烧纸、中秋团聚等等，其表现方式与文化意蕴均大同小异。如遇节日喜庆，亦举办各种丰富的文化娱乐活动，诸如玩狮灯、耍龙灯、抬幺妹儿、踩高跷等等。在过去，每逢农闲时间，古镇的大户人家还要请戏班唱几本戏，平时在茶馆内可听"玩友"、评书或花鼓。这些文化娱乐活动所显现出来的民俗文化，亦与川西各古镇基本雷同。

但在西来，也有较富地方特色的民间习俗，诸如：二月初一的"长年会"，农民们每年都要借此耍一天，不下田地干活，而是去串户聊天。又如四月初八的"佛祖节"，据传这天系释迦牟尼生日，过去，除西林寺大办庙会外，众多善男信女还要将事先买好的鱼、泥鳅、黄鳝、乌龟、团鱼等投入临溪河中，以示不杀生灵、存心向善之意。又如五月十三的"关刀会"，传说这一天，是关云长单刀赴会日，古镇人们多涌往镇上关帝庙中祭奠，很明显，这与关帝神像从西而来、给古镇带来了繁荣和希望的文化意蕴直接相关。又如十月初一是牛王菩萨的生日，凡是农民家庭都要磨汤圆或杵糍粑吃，这种民俗，则又使川西传统的农耕文化在民俗中得到了体现。

而最富特色的民俗文化活动，在西来则要数"点天灯"了。古代道教以奉天地、顺五行为本。明末清初，西来一些信奉道教文人，大力宣传点天灯，以为就此可以沟通神天，祈福禳灾；科举制度再次兴起后，获得功名的人更喜欢在屋前竖一根红色灯杆作为标记，因此，供"点天灯"用的灯杆便成为了权势、富有和吉祥的标志。前文所述钱、刘两大家族在场镇西东各建戏台一座、戏台前高竖灯杆、借以斗富的历史掌故，则是将"竖灯杆点天灯"的古老传统演绎到了极致。

从清朝中期到民国时期的一百多年间,在西来古镇,"点天灯"的古老传统,又从敬天敬地敬星辰的百颗灯逐渐演变而为家家户户张灯祈福的风尚习俗。每年过新年闹元宵,从正月初九直至正月十五,西来全街上下每户门前都要挂灯,万年灯、宫灯、八方灯、六方灯、长方灯、走马灯、莲花灯、鲤鱼灯、蝴蝶灯、青蛙灯、五角星灯、三角形灯、拨浪鼓灯……各种灯制应有尽有;灯上有灯谜、儿歌、唐诗、宋词和图画,灯火满城,光耀如昼,猜谜吟诗,观灯品画,真是兴味无穷。与此同时,古镇新春佳节的点灯习俗还演绎到了临溪河。每至元宵傍晚,人们便涌向河畔,点上河灯,各自祈福,然后让其顺水漂流,一时间满河皆灯,甚为壮观。

在西来,点天灯、放河灯的民间习俗传承至今。新春佳节,到西来去观灯吧!那里的百颗天灯、千挂街灯和万盏河灯,会让所有的好事都找你,所有的幸福都追你!

(四)宾馆客栈

目前在古镇街区,可供下榻的客栈主要有文风客栈、利友客栈、顺和客栈、西来客栈和雁帛客栈、紫云居等处。

雁帛客栈,原为建于清代的江西会馆旧址,曾是江西移民钱姓等家举行集会议事的场所,后曾被改作邮电局。现为情景体验式精品客栈。

紫云居,原为西来"刘半场"刘紫佶私人住宅,修建于民国年间。其建筑特色既保留了川西建筑的传统风格,也受到当时"西学东渐"思潮的影响而融合了西方建筑的特点,建筑体上的浮雕、美人靠都完好的保存了下来,是西来保存最为完好的民国建筑之一。现为民国风情精品酒店。

① 文风客栈
② 利友客栈
③ 西来客栈

（五）古镇寻览示意图（见下图）

（六）出行指南

■ **公交车乘车路线**

西来镇位于蒲江县域西北部，东临国道108线，14公里，西连国道318线，12公里，川西旅游环线（省道106线）与寿卧路（国道108、318线连接线）交叉穿镇而过。出成都沿成雅高速公路向南行至蒲江寿安出口，驱车再行约10分钟左右，便可到达西来古镇。

▼ 古镇导览示意图◎（万邦 绘制）

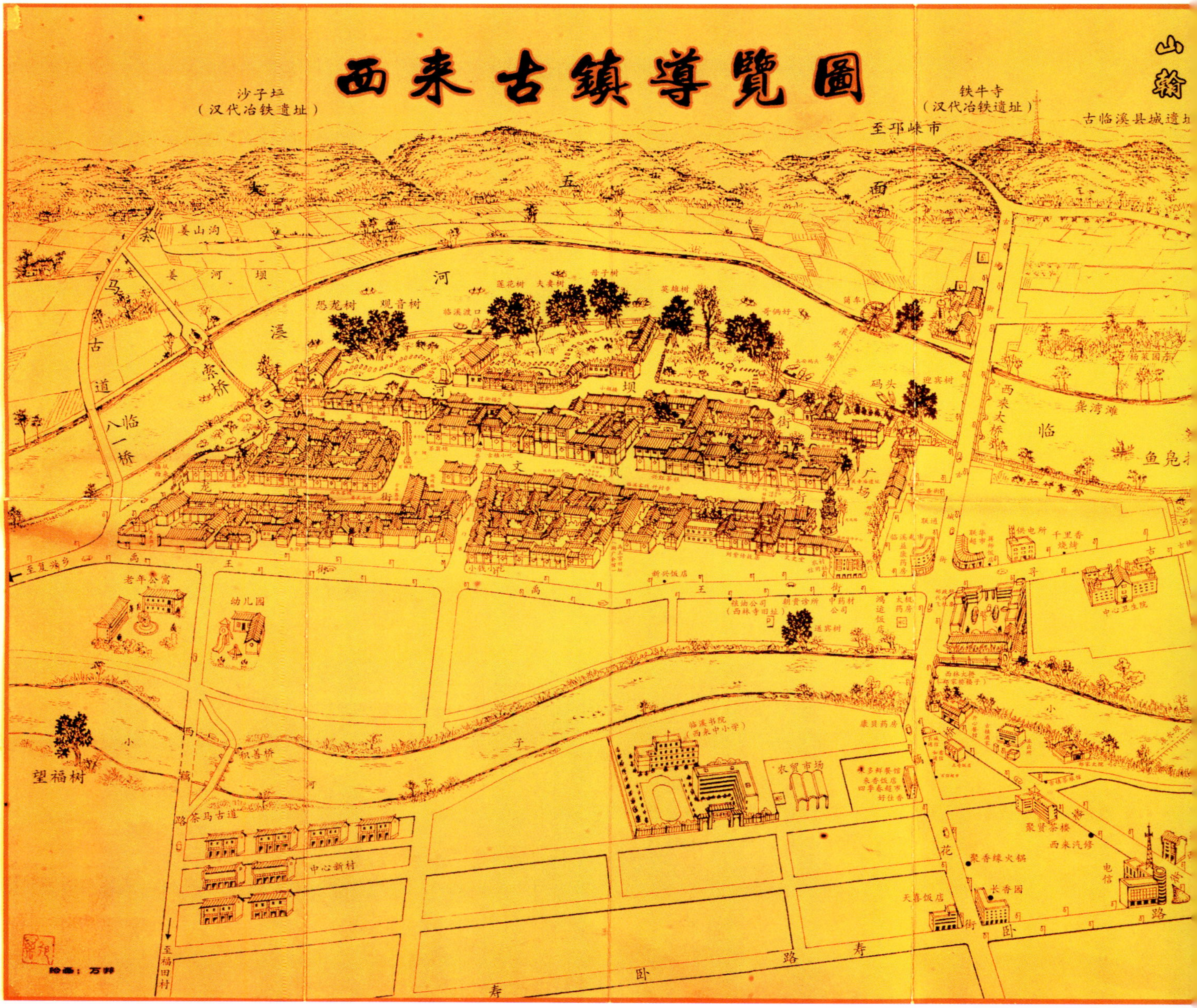

▲ "美好西来"景观效果图◇

自成都市石羊客运站乘车至蒲江,每日发车时间为7:00—18:40,每隔15-20分钟一班,票价16元/人。然后从蒲江县城坐车到蒲江寿安,票价3元/人,再从寿安转乘面包车,即可抵达西来古镇景区客运站,票价3.5元/人。返程可在景区客运站坐面包车到寿安,票价3.5元/人;再从寿安直接返回成都,票价13元/人。

成都市内,可乘12、28、52、61、78、85、94、100等路公交车抵达石羊客运站。

■ 自驾车路线

从成都出发,沿成雅高速公路向西行至寿安出口,驱车再行约10分钟,即可到达西来古镇。全程约需1个小时。

三、保护规划与旅游开发

自2004年以来,为使西来古镇成为川西旅游环线上的重要景点,西来镇党委和政府,紧密结合自身资源优势,以开发古镇旅游资源为重点,以建设民俗景观为突破口,一直坚持不懈地倾力打造着。及至2008年年底,古镇的保护与开发已初见成效。

为进一步开发以西来古镇为核心的临溪河旅游区,将西来古镇打造成为国内一流的知名品牌,建成国际乡村度假旅游目的地, 2009年,成都文旅集团与蒲江县政府共同出资成立了成都文旅西来古镇开发建设有限责任公司,由文旅集团控股,项目封闭合作区域约16平方公里范围。这一举措,无疑将使古镇旅游开发跳出了原有的逼仄空间,扩展到更大的范围之中。

在新一轮的开发建设中,文旅西来公司按照成都市委、市政府建设世界现代化田园城市的总体思路,根据西来古镇特有的自然历史人文资源,确立了以西来古镇为核心,打造"禅茶小镇、养生西来"的发展定位。该方案以禅茶养生、山水田园、特色乡村产业(茶产业、果蔬业、渔业)三大资源为依托,拟开发禅茶文化体验、健康养生度假、农业休闲观光、主题户外游乐等四大特色产品,以形成一核(禅茶古镇旅游

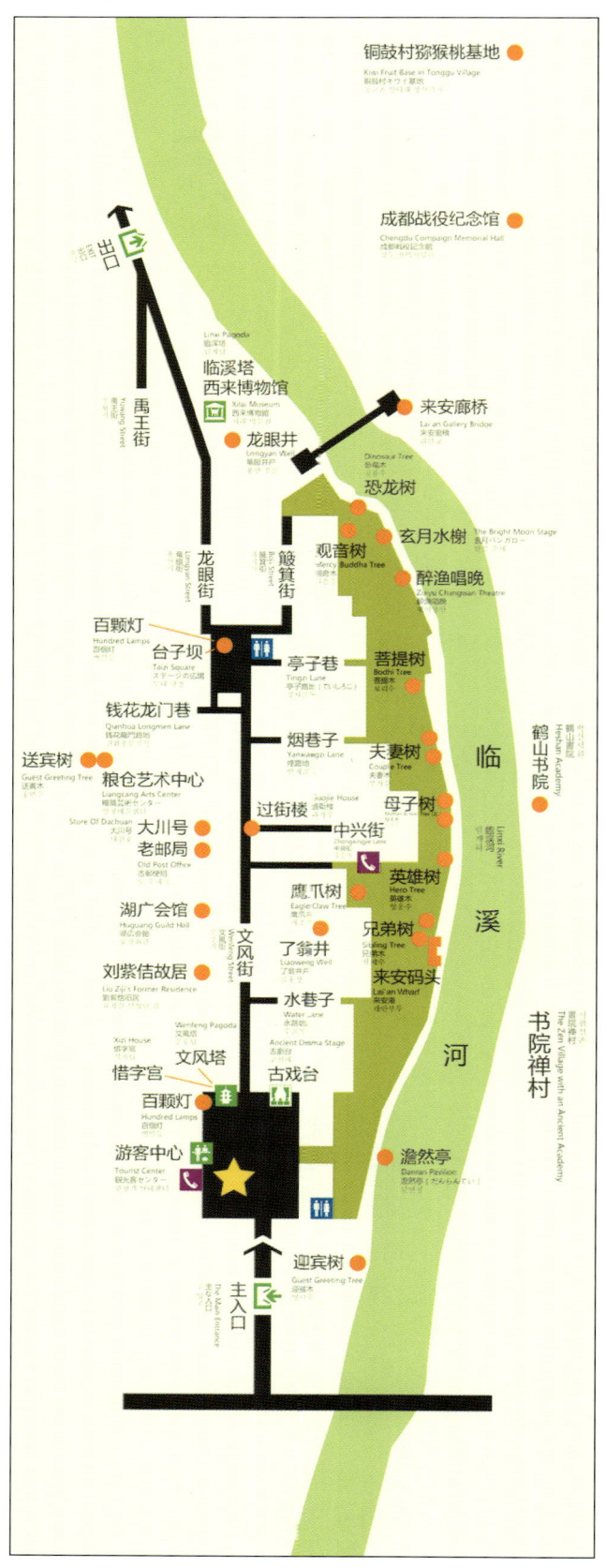

▲ 古镇导览新图 ◇

核）一带（临溪河山水田园旅游发展带）四区（原味天府古镇体验度假区、河谷生态农庄养生度假区、大五面山禅修养生度假区、小五面山禅茶养生度假区）的旅游格局。预计在3年时间内，一处集禅茶文化、养生休闲和农业观光体验为一体的古镇依托型休闲度假旅游胜地，即可全方位地展现在世人面前。

截至目前，该开发方案一期项目即将完成。其主要内容如下：

1. 灵水古榕

以临溪河12棵千年古榕景观、30亩水岸佳境为基础，建设集文化体验、休闲、养生餐饮、主题客栈、游客接待等综合功能为一体的禅茶文化休闲区。估计在2011年10月，一片让游客回归自然、修养身心的宁静之地，即会禅意湛露，风光焕然一新。

2. 书院禅村

靠近新建鹤山书院的书院禅村，以800年鹤山书院文化为体验主题，集商务会议、住宿、游憩、SPA于一体，打造心香一脉、静谧高端休闲度假物业。240亩的禅意村落，丰富的山水资源，静谧的养生胜地，得天独厚的修行净土，均会给游人以全新的文化体验。该项目一期工程业已完成，并将于2011年10月浓情献礼。

3. 老街

依托西来清代遗存的老街原真建筑群，通过时空重建恢复原真场景，创造原味怀旧体验老成都悠闲慢节奏生活氛围。该项目占地约50亩，将在2012年1月完成。

4. 粮仓艺术中心

赋予古镇旧粮仓以新的生命力，将其开发成为以当代艺术为特色的艺术体验区。该艺术中心拟集创作中心、艺术文化主题沙龙、艺术作品展示、艺术交流中心为一体，聚合画廊、设计工作室与餐饮、酒吧等于一处，形成具有国际化色彩的现代艺术聚落。该项目占地约18亩，将于2012年5月建成开放。

以上项目均位于核心景区内，皆按4A级景区标准进行打造。预计在2012年内，1000亩4A级核心景区将全部建成。

可以预料，未来的西来，将变得更加美好。林木葱

▲ 16平方公里开发范围示意图◇

▲ 古榕片区意向图◇

翠的大小五面山，碧波荡漾的临溪河，风光旖旎的田园林盘，风韵独特的古老场镇，将更加完美地融合在一起。一个古镇，一处禅乡，将挥洒出一幅山水写意的画卷，尽显西来物华天宝的存在。它将给忙碌的世人提供一个静隐幽居的休闲之所，向四方游客呈上一处禅茶养生度假的胜地，成为川西古镇旅游又一张亮丽的名片。

主要参考文献

【晋】常璩撰：《华阳国志·蜀志》卷三，巴蜀书社(刘琳校注本)，1984年版。

【后晋】刘昫撰：《旧唐书·地理志》卷四十一，上海古籍出版社《二十五史》影印本，1986年版（以下版本与此相同者，均简称：二十五史影印本）。

【唐】李吉甫撰：《元和郡县志·剑南道成都府·邛州》卷三十二，上海古籍出版社《四库全书》影印本，1987年版（以下版本与此相同者，均简称：四库全书本）。

【宋】王溥撰：《唐会要·州县改置下·剑南道》卷七十一，四库全书本。

【宋】王溥撰：《唐会要·南诏蛮》卷九十九，四库全书本。

【宋】李昉等编：《太平广记·雷三》卷三百九十五，中华书局，1961年版。

【宋】欧阳修撰：《新唐书·地理志》卷四十二，二十五史影印本。

【宋】欧阳忞撰：《舆地广记·成都府·邛州》卷二十九，四库全书本。

【宋】陆游：《剑南诗稿》卷三，中国书店《陆放翁全集（中）》，1986年版。

【宋】陈思编、【元】陈世隆补：《两宋名贤小集·魏了翁》卷二百五十九，四库全书本。

【元】脱脱等修：《宋史·地理志·成都府路》卷八十九，二十五史影印本。

【元】脱脱等修：《宋史·魏了翁传》卷四百三十七，二十五史影印本。

贾大泉主编：《四川历史辞典》，四川教育出版社，1993年版。

※ 原基本图文资料由蒲江县西来镇人民政府和成都文旅西来古镇开发建设有限责任公司提供，孙云、陈奇收集整理。

25 新津县永商镇

　　永商镇位于新津县城西南，为成都市级历史文化名镇。整个镇域东西宽3公里，南北长11公里，西南与邛崃市回龙镇、冉义镇、羊安镇接壤，东北与县城五津镇隔河相望，西以南河为界，与新平、安西两镇相邻，东接邓双镇，南临彭山县。辖6个行政村3个社区。全镇面积33.3平方公里，总人口1.72万人，其中农业人口14187人，非农业人口3128人。镇政府驻地位于商隆场（车灌社区），距县城5公里。历史街区集中在永兴场，永兴场位于新蒲路西端，距新津县城10公里，是永商镇的经济、社会服务中心。

　　永商镇历史悠久，文物丰富，为川西汉墓群集中地之一，曾出土大量的陪葬品，包括器皿和工艺品，为研究古代经济、政治、文化提供了弥足珍贵的实物资

▲ 永商南河风光带◎

料。镇域内，尚有整饬一新的全国文物重点保护单位观音寺，省级文物保护单位老君山，其丰富的人文历史资源，尤使该镇遐迩闻名。至于集中在永兴场的永商古镇区，始建于清代雍正年间的古街古巷古民居如今亦保存完好，为永商镇旅游文化的深入开发奠定了较为雄厚的基础。

永商镇山水交汇，自然环境优美，镇域内，既有梨花溪旅游风景区和旖旎迷人的南河风光带，又有全国独树一帜的都市农业主题公园——花舞人间，再加上恬静纯朴的民风习俗与独具特色的河鲜美食，而今的永商镇，已成为人们游览、观光、休闲、避暑的好去处。

图片：◎ 新津县永商镇人民政府提供
● 严永聪 摄影
○ 任桂园 拍摄
◇ 吴云 拍摄

一、永商历史文化概述

（一）镇域沿革简说

与新津县城隔河相望的永商镇所在地，自秦汉迄至南北朝时期，本属犍为郡武阳县地。及至北周闵帝元年（557），方于时称"新津渡"之地设立新津县，今永商镇域始属新津县辖地。唐垂拱二年（686）新津县划属蜀州。南宋淳熙四年（1177），蜀州升格为崇庆府，新津县及其所辖今永商镇域，即属崇庆府管辖。元、明、清三朝，属崇庆州，直至清末。

该镇历史街区集中之地的永兴场，始建于清雍正年间。雍正元年（1723年）该地伏虎寺重修竣工后，有王姓在寺侧设店，此后便逐步形成集市，因有伏虎寺，初名"猫猫场"，后改名为"永兴场"，取"永远兴旺"之意，距今已有287年的历史。场镇不断兴旺发达，长期以来，农副产品交易非常活跃，成为蒲江、邛崃、彭山、新津四县交界的农副产品集散地。

永兴场在清代属太平乡场镇；民国区段制时，为上南四区、第五区区所驻地，保甲制时属永商联保第三区区所驻地。现为永商镇辖地。

（二）历史文化积淀

就整个永商镇而言，其历史文化积淀主要显现在位于镇域内宝桥村和九莲村交界处的观音寺、位于镇域北部的老君山，以及镇域西南部的永兴场历史文化街区等处。

■ 佛教寺庙观音寺与张商英故里

观音寺本为宋代所建寺庙，其时颇具规模，但毁于元末兵燹。明宣德年间（1426—1435）重建，至弘治三年（1490）竣工，共建殿宇十二重。清康熙五年（1666）知县常九经再次重修，清咸丰年间（1851—1861）又遭毁损，可谓饱经沧桑。现存观音寺内诸多建筑中，最具宗教文化之历史价值者，当数毗卢、观音二殿。毗卢、观音二殿为典型的明代寺庙建筑、能工巧匠的经典杰作。绘制于明代成化四年（1468）的毗卢殿壁画，至今仍保存完好；完成于成化十八年（1482）的观音殿精美雕塑，如今亦栩栩如生，尤具艺术审美价值。无论壁画抑或壁塑，距今均已有500多年的历史，而且早已闻名全国，是世间难得一见的艺术珍品。正由于此，永商镇观音寺，在2001年6月25日被国务院批准为第五批全国重点文物保护单位。而今整饬一新的观音寺，连同四周环抱它的九莲山，已成为新津县风景名胜区最主要的景区之一。

又据清道光《新津县志》记载，这里还是北宋丞相张商英故里。当地民间尚有"商英舍宅为寺"之传说。据宋代祝穆《方舆胜览》记载："张商英（1043—1121），字天觉，新津人。为童子时，日记万言。十四岁，从其兄唐英游学。登治平（1064—1067）进士第。崇宁（1102—1106）中入相。"其兄张唐英（1029—1071）亦颇有名气。张唐英字次功，少苦读书，至经岁不知肉味，庆历年间（1041

① 观音寺●
② 老君山照壁●
③ 张商英故里纪念碑○
④ 隔水眺望老君山◎

—1048）登进士第。累官殿中侍御史。有史材，著有《仁宗政要》、《宋名臣传》、《蜀梼杌》等。今观音寺内，有张商英故里纪念碑，本为佛门圣地的九莲山，亦因张氏兄弟故里而平添异彩。

■ "稠粳治"与道教文化的彰显之地

位于永商镇域北部的老君山，自古即为中国道教胜地。老君山史称稠粳山，山顶建有老君庙。《唐书·地理志》有"新津县有稠粳山"之记载。宋代祝穆所撰《方舆胜览》则明确记载说："稠粳山，在新津南八里，有草名稠粳，服之长生不死。"明代曹学佺所撰《蜀中广记》则进一步记载说："（山）上有丹灶、古碑、宫阙、天池，轩辕帝于此得仙。"

东汉末年张道陵天师创立五斗米道,于汉安二年(143)设二十四治(教区),稠粳山即是二十四治"中品八治"中第四治所在地。宋代张君房所撰《云笈七签·二十四治》记云:"第四稠粳治,在新津县,去成都一百一十里,汶山江水经焉。山高,去平地一千七百丈,昔轩辕学道之处也。治左右有连冈相续,西北有味江水。山亦有芝草仙药,可养性命。"又,据当地传说,李老君在此山归隐,故山顶有老君洞,洞内有对联云:"牛驶出涵关,百二河山无隐处;蝼蚁来蜀道,五千文字有传人。"

根据上引古籍所载,我们可以推知,自汉、唐迄至宋、明,稠粳山即因盛产"服之长生不死"之稠粳草而得名,并为崇尚修道养生的中国道教视为宝地;又因山顶建有老君庙,再加上"老君在此归隐"之扑朔迷离的道教传说故事,故而稠粳山又称为老君山。

老君山孤峰突起,群山拱卫。自东汉末年张道陵天师于此设立"稠粳治",山顶始建有老君庙。唐代开元年间(713—741),老君庙香火尤为旺盛,而庙宇也逐步得以维修。明崇祯十七年(1644)遭火焚,清嘉庆元年(1796)重修。而今的老君庙,更是修葺一新,

每逢农历二月十五庙会期间,朝山者达数万人之多,场面颇为壮观。

■ **永兴场历史文化街区**

始建于清雍正年间的永兴场,由于其地处四县交界的特殊地理位置,南来北往的人甚多,市场繁荣昌盛,故昔日场镇上,亦曾建有众多宫殿寺庙,诸如禹王宫、伏虎寺、文昌宫、关帝庙、川主宫、鲁班庙、接官厅、雷主殿等,以供各路不同人等顶礼膜拜或集会议事、休憩观瞻。惜乎民国时期场镇衰退,众多历史建筑寺庙被毁,直至新中国成立后方才得到新的发展。

目前场镇上仍保存有三条传统古街巷,场镇中心是一条长约1000米的古街,形成于清代,并以此古街为依托,形成了历史文化街区,占地面积达70000平方米,其中传统建筑有1.27万平方米,均为川西民居建筑风格,部分为典型传统院落。永兴场乃是在清代"湖广填四川"移民运动中逐渐兴建起来的场镇,故而保留了诸多移民文化的历史记忆。

▲ 永兴场古街◇

二、永商旅游巡览

（一）主要景区及景点

■ 九莲胜景观音寺

国家级重点文物保护单位——观音寺，四周九峰环抱，形若九朵莲花盛开，故名"九莲胜景"。清道光《新津县志》所载"新津十二景"之一的"莲花接翠"，即指此地。

观音寺现存仿明牌坊、山门、弥勒殿，以及接引、毗卢、观音诸殿。

毗卢殿建于明天顺六年（1462）。殿内左右两壁有明成化四年（1468）绘制的十二圆觉菩萨及佛龛背后的"香山全堂"共七铺，面积约94平方米，至今保存完好。壁画风格属我国传统的工笔重彩画，以天然矿物质为颜料，采用石青、石绿、朱砂、黄丹、生漆、佛金和珍珠粉彩绘而成，显得富丽堂皇，艳而不俗。人物造型线条流畅，比例匀称，神态端庄，丰满细腻，生动地表现出菩萨沉静安详的内涵和丰富多彩的神情。其中尤以左壁最后一幅清净慧菩萨画得最为精致。菩萨身披薄如蝉翼的轻纱，透过轻纱可见肌肤的丰润和衣饰的优美，是我国现存壁画中绝无仅有者。据省内外专家评价，该处壁画可与北京法海寺明代壁画和山西永乐宫元代壁画媲

① 毗卢殿内壁画之一◎
② 明代建筑观音殿◇
③ 寺内观音禅院◇
④ 寺内玉佛殿◇
⑤ 飘海观音◎

▲ 观音寺内古榕树○　　　　　　　　　　　　　▲ 古榕树树冠◎

美，是我国灿烂的古代文化的瑰宝。1989年出版的《中国美术全集》即入选该处壁画4幅。

始建于明成化五年（1469）完成于明成化十八年（1482）的观音殿，更是一座罕见的造型艺术之宫。该殿正中为塑于明成化十一年（1475）的文殊、普贤、观音三大士塑像，高约5米，均头戴花冠，身披璎珞，面颊丰满，神态端庄。两侧木龛内的四十六尊罗汉像特别细腻传神，充满生活情趣，使人百看不厌；而两厢壁塑的五百罗汉像更是千姿百态，惟妙惟肖，且与背景相连，形成一幅幅罗汉故事图，令人有聆听佛教变文故事之感。

而最为引人注目者，当数大型雕塑"飘海观音"。其中观音造型尤为精美。立于鳌鱼头上的观音，身躯前倾，衣裙飘舞，神态安详而妩媚，于惊涛骇浪之中，似乎在向你缓缓飘移而来。在飘海观音和鳌鱼的四周 各驾水兽的众佛僧弟子错落有致地分布其间，犹如"众星捧月"，紧紧地和"飘海"这一情节相互呼应，形成一种气势磅礴、汹涌澎湃的神话色彩和浓郁的生活韵味。

"飘海观音"极好地处理了动与静、柔美与壮美的关系，被著名美学家王朝文誉为"东方维纳斯"。此外，置放于殿内的镂空石刻巨型香炉等文物，亦属艺术精品。观音殿堪称我国古代艺术珍品中的一颗璀璨的明珠，已成为当今雕塑家们学习借鉴的好地方。

■ 道教圣地老君山

道教圣地老君山，孤峰突出，地势巍峨。山顶老君庙四周古柏参天，计有明清古柏200余株。树干遒劲苍老，枝叶终年翠绿，遥望如画屏莹立，云烟缭绕。据《新津县志》载："（老君洞）每出烟云，甘霖必降。"故老君山有"稠稉出云"之美称。20世纪80年代初，成空部队将老君山列为义务植树基地，种植各种树木上万株；县林业局亦组织人力在山上栽种了数万株速生柏。今日之老君山，已是林木密布，一年四季郁郁葱葱。登临山顶，耳边林涛阵阵，尤感空气清新。极目远望，沃野千里、江流如织，川西平原尽收眼底。回首后山，牧马诸峰宛如野马奔腾，浅壑低丘，景色变幻无穷。山顶老君庙，环境幽静，每到此处，即能体会到"分明指出神仙窟，颇觉心如太古时"的真实意境。

山顶老君庙，在殿宇营建上局部与主轴紧密结合，各殿依山取式，布局严谨，组合成气势宏伟、蔚为壮观的古建筑群。现存有混元、慈航、三清、三元诸殿及八卦亭、米鹤轩、迎真亭和长廊。庙内楹联、石刻、匾额均出自名家之手。

老君山尚有三大镇山之宝：稠稉（粳）草、益寿酒、太乙炼丹炉。前文已经述及，"稠稉草"传说是"服之可长生不死"之芝草仙药，此乃道家神吹，但据药理，人食之自可轻身延年。太乙炼丹炉乃宗教文物，是依据道藏记载而发现的旷古神器。此炼丹炉为青石打造，造型精美，炉内常常有雾水滴成清泉，其味甘甜，服之令人清爽。若用道家秘制的360味药材酿制而成益寿酒，再调以炼丹炉内清泉，秘藏于老君洞内封存5年以上，开坛后，其味浓香醇和，亦实为祛病消毒、健身延寿之佳酿。此三大镇山之宝，均传有千年，绝非他处道观所有。

而今的老君山已成人们常去之处，不分节假日，上山运动健身者、朝庙者、旅游者纷至沓来，烧香拜佛，观光览胜，度假消闲，各得其乐。

■ **古街古巷永兴场**

位于镇域西南部的永兴场，是永商镇历史文化街区集中的地

① 老君庙 ●
② 老君山登山梯道 ◎
③ 老君山灵祖楼侧影 ●
④ 老君山灵祖楼 ●
⑤ 老君庙内景 ●

▲ 老君洞●

▲ 老君洞内●

▲ 老君山上八卦亭●

方。该地南傍碉堡山，北临南河，山有塘堰，场有沟渠穿越，山水交汇，环境幽静，民风淳朴，社会祥和，就其现存场镇规模及其历史风貌而言，可谓川西平原难得一见的袖珍小镇。

该场街区以南北向的建设街为主轴，保卫街为次轴，东西向各对应有三条支街（巷），呈带状形态和叶脉形的道路格局。横亘场镇中心的古街区，民居多为穿逗木构、青瓦盖顶，铺板门，竹编粉墙，是为清代川西典型的民居建筑，亦有部分砖柱砖墙，呈现出清末民初的川西建筑风格。其中，孙家大院、陈家院子以及今老年协会（原唐家大院）、敬老院（原王家大院）等处院落，尤能彰显出该场民居建筑的历史风貌。

据孙家大院主人所藏《孙氏族谱》记载，其先祖原系湖北麻城县孝感乡人氏，清代初年，其先祖孙有伦离楚入川，卜居于嘉定府乐山县□碧乡。及至康熙年间，其子孙永先与孙承先，又迁入邛州封艾里合江寺侧，不久即转迁至新津太平乡永兴场侧近居焉。由《孙氏族谱》所记，可知永兴场是地早在康熙年间已有外省移民辗转迁入，这为我们进一步追溯该地移民文化的发展史提供了极为重要的历史资料。

① 建设街一角◇
② 原顾家铺面○
③ 建设街香巷子○
④ 古民居风火墙◎

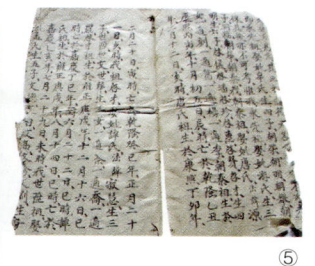

① 老协（原唐家大院）外景○
② 老协（原唐家大院）内景◇
③ 孙家大院内景一角○
④ 藏在巷子深处的孙家大院◇
⑤ 孙家所藏旧家谱○
⑥ 永兴街头树龄200年的古榕树○

永兴场古街空间错落有致，尺度亲切宜人，古民居比例精准，木作细致，是一笔宝贵的建筑文化遗产，对考察研究城镇演变、建筑艺术，进行旅游观光度假，都有着重要的研究与开发价值。

2007年8月，成都市城镇规划设计研究院遵循"保护为主、抢救第一"的方针和"有效保护，合理利用，科学管理"的原则，已对永兴场历史文化街区做出了全方位的保护规划方案，目前场镇风貌及周边山水环境的保护与整治正在分步实施之中。

■ 休闲景区梨花溪

梨花溪风景区位于新津县城南永商镇梨园村、马鞍村和邓双镇文峰村之间，距县城3公里，占地面积近5万余亩。其境内有一溪流，溪水潺潺，清澈见底。更有梨树万亩，春来花开，如银似雪；花因溪媚，溪因花美，花开花落，溢香满溪，故景区得名而为"梨花溪"。

景区内，空气清爽，环境幽静，宛如世外桃源。更有峥嵘怪石，异景奇观，如卧牛岭、鳄鱼岩、老鹰岩、锅圈岩、周大塘、龙拖槽、猴儿坡、蘑菇石、乌龟背、扑地凤等，形成了一道道迷离奇观，令人目不暇接。

"锅圈岩"位于溪涧支流猥子沟方向，一截弧形的褐红色裸岩，如铁锅口沿，横陈天际，两边与之相连的山岭翠柏森森，其景象雄浑壮观。相传大闹天宫的齐天大圣孙悟空，跳出李老君的八卦炉后，奋棒将炉捣毁，一段炉沿跌落凡间，遂生成此一大奇观——锅圈岩。锅圈岩斜对面即"龙拖槽"，据

① 梨花盛开、如银似雪◎
②③⑤ 梨花溪美景◎
④ 周大塘◎
⑥ 梨花溪周边田园风光◎

①

②

③

④

⑤

⑥

传民国三十六年夏天，连日暴雨过后，山体松动滑坡，顷刻造成石林突起、怪石峥嵘的奇观，怪石逢头处，其下有洞，可供人探奇；原山腰有一农舍，滑坡时被推移二三十米，农舍丝毫未遭毁损，被人传为神话，故有"神龙翻身、造成川西怪石奇观"之说。锅圈岩背后的"周大塘"，库容水量足比老君山下喻漕水库大近一倍，湖水顺山脚蜿蜒回环，碧水涟涟，波光粼粼。湖水含着半岛似的一座孤峰，坡上梯田层层，果树措植有序，其环境幽静清爽，景色如画。"猴儿坡"是一道幽深的峡谷，绵延几里，坐落在梨园村。其西北紧靠姜梨园，东有清澈的小溪蜿蜒谷底，与梨花溪主体景区中段相接，溪水终年不断。峡谷两边冈峦起伏，主要生长着茂密的马尾松林，一年四季满目苍翠。峡谷最宽处一百多米，最窄处一二十米。这里空气清新，冬暖夏凉，鸟语声声，虫鸣唧唧。人们漫步于郁郁葱葱的松林间，可充分领略大自然的风韵，徜徉于山谷底部的小溪畔，又可沿山览胜。

梨花溪风景区背靠老君山，依托岷江流域，是离成都主城区最近的极富诗情画意的自然风景区，是赏梨花、览奇景、休闲避暑、回归大自然的极妙去处。而今，每年都诱来百万游人以饱眼福。"东游龙泉桃花沟，南观新津梨花溪"已成众多游客之美谈。

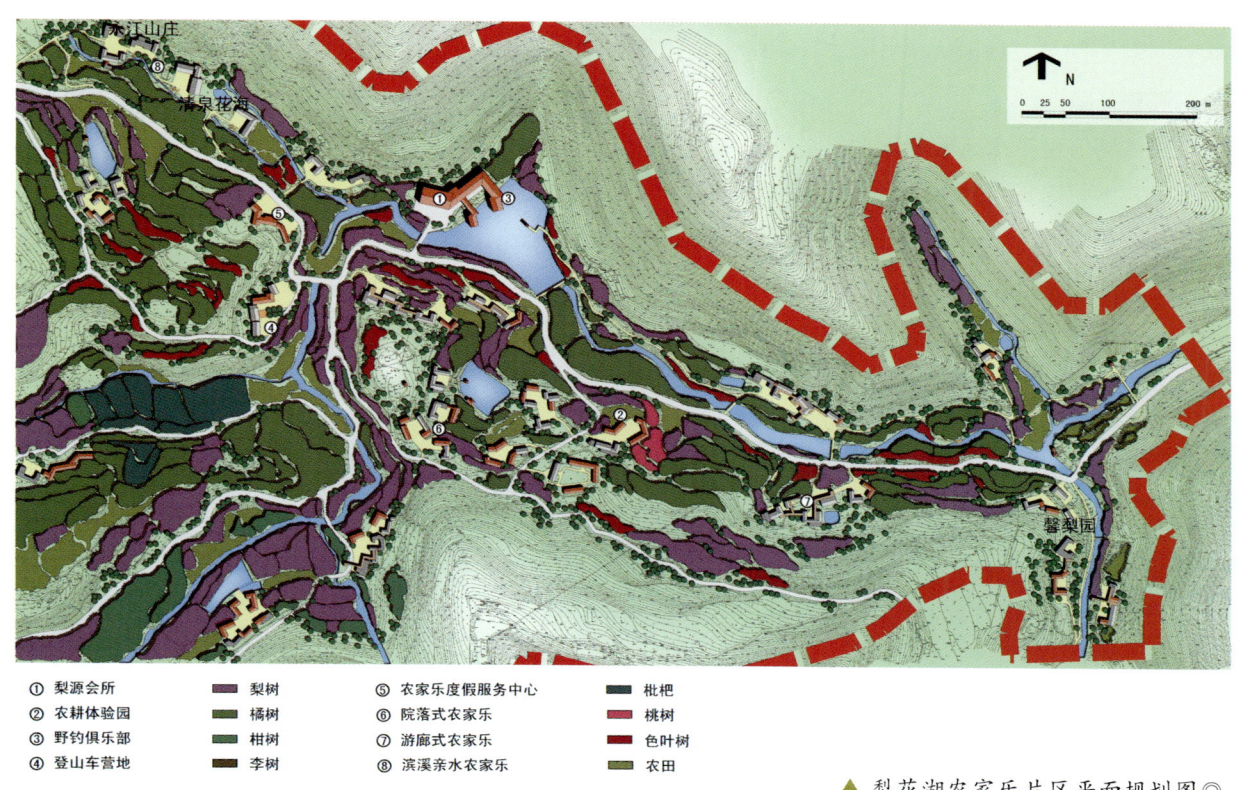

① 梨源会所　　■ 梨树　　⑤ 农家乐度假服务中心　　■ 枇杷
② 农耕体验园　　■ 橘树　　⑥ 院落式农家乐　　■ 桃树
③ 野钓俱乐部　　■ 柑树　　⑦ 游廊式农家乐　　■ 色叶树
④ 登山车营地　　■ 李树　　⑧ 滨溪亲水农家乐　　■ 农田

▲ 梨花湖农家乐片区平面规划图 ◎

▲ 梨花风景区"梨花街坊"规划鸟瞰图 ◎

■ "花舞人间"农博园

"花舞人间"为华西希望集团斥资兴建的四川希望农业科技博览园,经希望事业创始人陈育新先生多年倾心打造,目前已成为集试验示范、生产经营、科普旅游、观光健身、休闲娱乐、生态环保等多功能于一体的都市农业主题公园,在全国独树一帜。

该农博园位于永商镇老君山与梨花溪之间,距成都30多公里。

"花舞人间"以大面积的果园、草坪、树林、湖泊等景观为主体,园内乔灌相拥、四季花开,湖水荡漾、溪水蜿蜒。园区内,亦梦亦幻的"五湖"(桃花湖、樱花湖、梨花湖、金竹湖、榕树湖)、"四海"(花海、果海、云海、雾海)、"二十四池"(五花池、宝瓶池、一亩池等)、"九十九级瀑布",以及别出心裁的"同心坛"、"生命颂"、"倾心梯塘"、"情人之舟"、"清泉水梯"、"半山运河"等数十处景观,均呈现出山水交融、情景合一之妙,既节能环保,又生动有趣。而古典建筑系列之"楼"、"台"、"亭"、"阁"、"廊"、"榭"、"桥"、"塔",更是巧布其间,与山水景观高度地融合在一起,如诗如画,浑然天成。

此外,园内还有休闲车、观光车、游船、垂钓、滑草、戏水以及儿童乐园等十多种参与性游乐项目助兴,并设有多功能厅、运动会所、花草卖场、水果吧、风情屋及包房、餐厅等设施,让在旖旎风光中流连忘返的您又能享受到体贴周到的现代服务。

① 农博园迎宾花毯◎
② 园内草坪与苗圃◎
③ 同心潭◎(鲁力摄影)
④ 半山运河◎
⑤ 园内花径◎
⑥ 戏水乐园◎
⑦ 花舞人间农博园◎

TIANFU GUZHEN YANGPISHU · 新津县永商镇

②

④

③

⑤

⑥

⑦

▲ 湖上泛舟◎

▲ 练功佳地◎ ▲ 倾心梯塘◎

"花舞人间"，可谓名实俱美。在这里，都市现代化的匠心独运与乡村大自然的美丽风光融为一体，既可体味山水林泉野趣之乐，感悟农耕文化的博大精美，更能领略到大农业之大手笔的无比魅力，真是"美妙又奇妙，好看又好玩"。

■ **旖旎迷人的南河风光带**

南河风光带，自余波桥至通济堰，全长8.4公里，河面宽阔，水流平缓，风光旖旎，是连接几个主要景点的纽带和黄金水道。泛舟河上，山光水色，平畴沃野，竹林农舍，田园风光尽收眼底。荡舟垂

▲ 南河情人滩◎

▲ 翠堤春涨◎

▲ 南河湿地◎

▲ 南河渔歌◎

钓，渔歌唱晚，令人心旷神怡。南河两岸的茶馆、农家乐独具特色，别具风味。南河又是举办传统龙舟竞渡的好地方。每逢端午节龙舟竞渡，人山人海，参观者不下10万人，尤其是龙舟夜游，更是非凡的水上灯会。

（二）独具特色的河鲜美食

自古新津即是水路要津，境内河流如织，得天独厚的自然条件孕育了众多的野生河鱼，良好的水质更是河鱼生长的天堂，与新津县城隔河相望的永商镇亦不例外。

河鱼品种繁多，种类齐全，黄辣丁、刺婆鱼、石爬鱼、桃花鱼、鲢鱼、青鳝、青波鱼、水密子、潜鱼、鲟鱼、岩鳊鱼、翘鱼、石鳅、鲤鱼、草鱼、鲫鱼、团鱼……应有尽有，不胜枚举。外地客人一入新津境内，即能感受到新津河鱼之鲜美和气氛的浓烈。

我们在《新都区新繁镇·风味小吃》篇中，曾引用过著名的烹饪理论权威专家熊四智先生的一句名言："川西三新出名厨。"所谓"三新"，即成都近郊之新津、新繁、新都三地。新津人知水识鱼，烹鱼

▲ 黄辣丁◎

▲ 炝锅刺婆鱼◎

▲ 豉汁蒸江团◎

▲ 匙吻鲟◎

▶ 红汤匙吻鲟◎

▶ 干烧岩鲤◎

▲ 剁椒雅鱼◎　　▲ 金沙胭脂鱼◎　　▲ 米辣江支鱼◎

▲ 西红柿炖红鲨◎

▲ 霸王鲟鱼◎

▲ 风味青波◎

历史久远，县馆藏文物东汉庖厨杀鱼陶俑可资证明。而品种繁多、来源充足的河鲜，更是造就了新津一地众多烹制河鲜的名师大厨。心灵手巧的烹鱼厨师，用本地家酿豆瓣、泡海椒、泡青菜、各种香料、水豆豉等，做成色、香、味、形俱佳的河鲜美肴，一端上桌，就备受人们的青睐。一传十、十传百，新津河鲜美名就此叫响，成为了川菜王国中的一枝奇葩。

而濒临南河的永商镇，更是当今新津河鲜的最早叫响之地。如今在新津永商镇的各大餐馆、景区餐厅以及"农家乐"中，均可品尝到香浓味美的河鲜佳肴，其中"黄辣丁"、"鱼头火锅"尤为叫绝。

（三）地方特产——雪梨与丰水梨

永商镇大部分土地均属丘陵，经专家鉴定，永商的土壤和气候特别适宜梨树的生长。1988年，镇党委、政府大力调整农村产业结构，当年就从苍溪引进雪梨30万株，形成了万亩梨树基地。经科技人员的悉心指导和广大果农的精心管理，4年后，大部分梨树都开花挂果，成为了永商镇一大支柱产业。近年来，又大面积地引进栽培了丰水梨，永商丰水梨的特色是：个头大、含糖高、水分足，细腻化渣，味美爽口，更是深得广大消费者的好评。

（四）民俗风情的古韵新篇

■ 观音寺庙会

永商观音寺自1985年12月正式开放后，每年农历正月初九日定为该寺庙会期。届时，全寺僧人（现有常住僧18人）集中做佛事，念经祈求神灵赐福，保平安、送吉祥，香客、游人常多达数万。

此外，每年夏历七月十五日还要举行一种追荐亡灵的佛事法会，称盂兰盆会，这是根据佛经"盂兰盆经"所载故事而举行的。旧传目连听从佛言，于农历七月十五日置百味五果，供养三宝，以"解救其亡母于饿鬼道中所受倒悬之苦"。南朝梁代以后，则成为了民间超度先人的节日。是日延请僧尼结盂兰盆会，盛设佛具，诵经作法事，超度先灵，布施佛僧，前来参加者亦甚为众多。故该节又称"盂兰节"或"中元节"。

▲ 观音寺庙会场景◎

▲ 热闹的老君山庙会◎

■ 老君山庙会

农历二月十五日是老子诞辰日，每年这一天老君山道观都将举办庙会。是日老君庙内灯火辉煌，香烟缭绕，庙外商贩云集，摆摊设点，供应宗教用品和小吃，盛况空前。而前往老君山朝山礼圣、赶庙会的信众和游人，更是势如潮涌，从新津县城老南河大桥到老君山，连绵不断。方圆十余华里，以老君山为核心，到处人头攒动，摩肩接踵，人们怀抱青香，手提红烛，涌上老君山，满山是人，满庙是人，满眼是人，人数不下十万。人与大自然的亲密接触，形成了一幅生机勃勃的十万人踏青的民俗风情画卷。

此外，老君山庙会还有正月十五上元会，三月清明祭祖会，四月二十八药王会，七月十五中元会，九月报恩九皇会，十月十五下元会。每至会期，均甚为热闹，其情其景，亦颇为壮观。

▲ 庙会音乐◎

▲ 老君山道教科仪◎

■ 梨花会

▲ 梨花会开幕式盛况◎

▲ 梨花会文艺表演◎

2000年3月，依托万亩雪梨基地建设，永商镇成功地举办了第一届梨花节。自此以后，每年均要举办一次梨花会，截至2009年，已连续举办了九届梨花会，一届比一届成功。2003年，以"绿水、青山、美食、人居"为主题，以"赏万亩梨花飞雪，品百户农家美味"为口号，隆重举办的"成都·新津美食节—梨花会"，首次把赏梨花、品河鲜结合起来，把梨花会推向了高潮。游客赏花踏青，遍尝美食，尽情感受"吃在新津、住在新津、游在新津"的乐趣。每年梨花会期间，都会邀请著名文艺团体为群众表演丰富多彩的文艺节目。2004年，著名歌唱家宋祖英、郑绪岚等为梨花会助兴。2005年，东方歌舞团赴梨花会演出，张信哲、张洪亮同台献技。此外，不少文化名人也来到梨花溪，为提高梨花溪知名度出谋划策。如今，新津梨花会已成为成都市八大花会之一，梨花溪风景旅游区更是成为了远近闻名的旅游胜地。

■ 新津南河龙舟会

新津龙舟竞赛始自唐代，相传是为纪念楚国伟大诗人屈原而流传下来的民间习俗。

新中国成立前，每年端午节都要在永商镇南河举行龙舟赛、抢鸭子、抢猪尿胞（内放钞票）活动。龙舟由各乡乡长或哥老会头目组织，花船则由各机关法团及行会组织。花船除了观赏龙舟比赛外，还负责放鸭子下水供龙舟划船人员争抢。

新中国成立后，新津永商是地沿袭了这一民间习俗，不断扩大其规模和增加活动内容，延长活动时间，并与现代文化、体育、商贸活动相结合，较之过去，其形式和内容均更加丰富多彩。"文革"十年期间，龙舟赛停止活动，直至1981年端午节，南河龙舟赛方正式得以恢复。及至今日，近30年时间，年年届期举办，一次比一次精彩，一次比一次成功。会期亦延长到三天至五天。

在新时代的新津南河龙舟赛中，所有参加竞赛的龙舟，都制作了龙头龙尾，有的还在船身饰有龙鳞，使龙舟造型更加生动，更具有民间特色。同时又有女子龙舟出现，开创了新津女子划龙舟的新纪元。

在组织者的精心策划下，宽阔而平缓的南河水域与传承千年的民间习俗，不仅使新津龙舟赛这一古老的民间赛事年年大放异彩，而且还多次举办过跨省市的龙舟竞赛活动。早在1987年端午节，即成功地举办了全国第三届"屈原杯"龙舟大赛。该次活动竞赛时间长达5天。来自广东、广西、云南、贵州、

①

②

③

④

⑤

①②③南河龙舟会场景●
④⑤南河龙舟会场景○

湖南、湖北、浙江、安徽、江西、福建、四川等11个省的男女26支龙舟队和新津县28支龙舟队一起参加竞赛，国家体委、中国龙舟协会和四川省、成都市有关领导与来自十多个国家的外宾，港、澳同胞和80多万人一起观看了这场全国最高水平的龙舟大赛。不仅如此，新津龙舟赛还多次与经济贸易大会结合在一起，并极富创意地融入了龙舟造型表演赛以及射击、赛艇、皮划艇、航空模型和新型直升机的精彩表演。2010年8月，更成功地举办了"中国成都新津国际名校赛艇邀请赛"，其场景更是热闹非凡，南河两岸，人山人海，欢声雷动，盛况空前。

南河龙舟会已成为一项独具特色的传统赛事，以它特有的魅力吸引着天下万千来客。

■ **河鲜美食节**

▲ 河鲜美食节开幕式上的各地代表队◎

"品河鲜，到新津！"

前文我们已经述及，新津人知水识鱼，烹鱼历史久远，而今的新津河鲜美食，更是成为了享誉川西的招牌食品。洁白如奶的熬潜鱼汤、清蒸豆豉的软嫩鲟鱼、红溜溜的烧黄辣丁、麻辣爽口的炝刺婆鱼、香气扑鼻的鱼头火锅……一系列河鲜佳肴，一盘一盏，爽口爽心，美妙绝伦。

每至秋日，天高气爽，水肥鱼美，县政府都要举办"河鲜美食节"。截至目前，已连续成功举办十届。为彰显新津河鲜美食文化，让天下客人品好美味、吃出健康，"河鲜美食节"期间，还会举办诸如"河鲜美食论坛"、"河鲜菜品品鉴会"、"鱼头烹饪厨艺展示"等等文化活动。届时南河两岸，名厨会聚一堂，各显烹饪绝技；鱼香沿河四溢，游客大快朵颐。以"月亮湖"、"瑞馨园"、"子牙渔港"、"鱼翅孔"、"五河渔庄"、"老渔家"、"胖大姐"、"陆六渔庄"、雅卓鱼头火锅等为代表的近百家河鲜美食店，或傍水，或依山，或亭台楼阁，或假山喷泉……千姿百态，恭迎八方游人到来。

（五）乡村酒店与休闲山庄

◆ 名居风情苑

"名居风情苑"位于梨花溪自然风景区内，始建于2004年，为成都市首批"三星级"农家乐之一。该苑占地面积80亩，可同时容纳上千人休闲娱乐，300多人同时用餐，并设有大、小包间，让您和您的朋友在一个清静优雅的环境内用餐休憩。

"名居风情苑"是集自然风景、园林建筑为一体、可提供餐饮、会议、住宿、娱乐的绿色乡村酒店，在这里，可品尝地道野生鱼和具有独特乡村风味的中餐，其特色菜有：红汤黄辣丁、珍珠凤翅、连理双味鱼、风情排骨等，这些纯正的农家菜肴就像香醇甘洌的窖藏老酒，让您一上口就舍不得停嘴。实惠的价格也一定会赢得您的喜爱。

订座电话：(028)82536666

◆ **清泉花海**

"清泉花海"休闲山庄坐落在新津永商镇梨花溪内，亦是一处集休闲、餐饮、娱乐、会议、住宿为一体的首家"三星级"农家乐，环境清幽温馨，乡土气息浓郁；同时，它也是新津六家A级厨房量化酒店之一，故其卫生标准绝不低于五星级酒店。

山庄一系列土色土香的农家菜，美味诱人，定会让您印象深刻。老鸭汤，风味独特；大蒜鳝鱼、黄瓜田鸡，用材地道，口味浓郁；土鸡土鸭，肥美可口。其菜品分量扎实，消费实惠，回味悠长。

订座电话（028）：82421006（028）82501388

（六）旅游线路

今日永商镇域内各处人文与自然景观和景区，已与新津县域内众多名胜古迹、自然美景连成一片，永商一地之民俗风情、地方特产以及河鲜美食等极富特色的旅游文化项目，亦已融入新津县整体旅游线路之中，鉴于此，本章所述"旅游线路"内容，并不局限于永商一地。游人自可选择相关线路，饱览沿途美好风光，观赏永商景区景点，品味新津独特魅力。

▲ "三星级"农家乐——名居风情苑◎

▲ 名居风情苑园林景观◎

▲ "三星级"农家乐——清泉花海◎

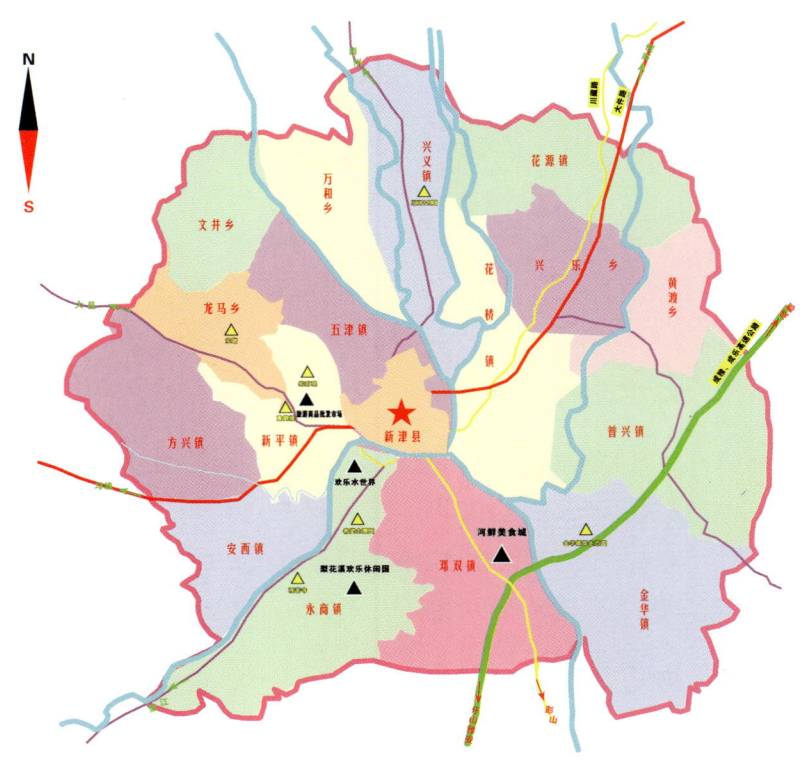
▲ 新津县行政区划及交通示意图◎

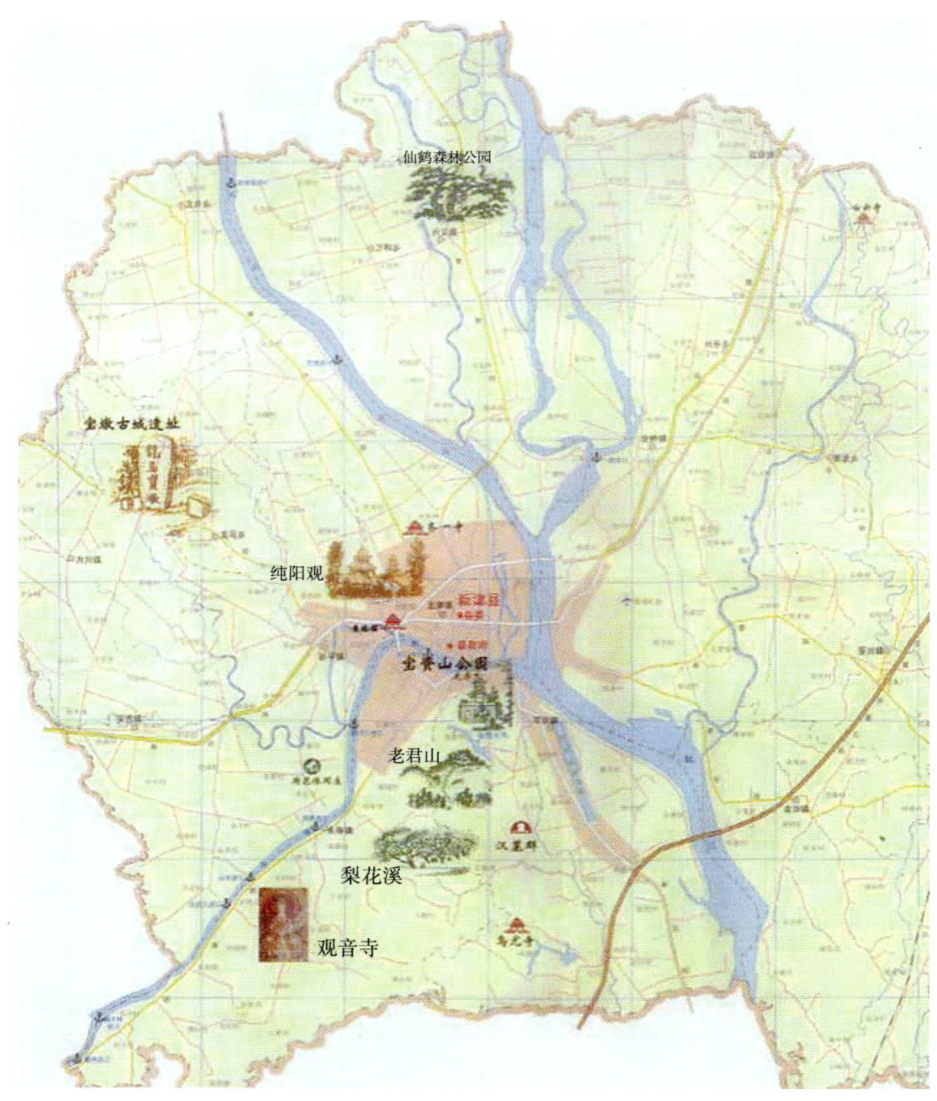

▲ 新津县旅游景区景点分布图◎

■ **生态休闲旅游线路**

成雅高速新津出口→梨花溪→希望农博园→南河风光带→永兴场（古街）→水上运动中心→天府农耕博览园→金华银杏园。

亮点　该线路为县域内田园风光和自然生态之旅。沿途可品梨尝橘，观楠木银杏，看白鹭灰鹤，食农家风味菜，观光现代农业，生态休闲、健康养生。

■ **历史文化旅游线路**

（1）成雅高速新津出口→老君山→观音寺→永兴场（古街）→纯阳观→乌尤寺。
（2）大件路→纯阳观→老君山→观音寺→乌尤寺。

亮点：该线路为新津境内佛、道、儒古文化之旅。可体验佛缘广大、道法自然、忠孝两全的和谐包容，感受新津积久深厚的文化底蕴，而沿途田园风光、南河美景亦可尽收眼底

■ **特色旅游线路**

成雅高速新津出口→新蒲路"河鲜美食一条街"→永兴场（古街）→安西鱼头火锅。

亮点：该线路为县域内品河鲜美食之旅。沿途有胖大姐鱼庄→陆六河鲜馆→岷江鱼港→五河鱼庄→老渔家→春歌饭店等河鲜名店和郑大娘→雅卓等鱼头火锅，一定会让你吃出健康美味、玩得时尚休闲。

■ **休闲游览线路**

线路（1）：成都——新津——纯阳观——观音寺——永兴场（古街）——老君山
游览内容：观赏明代精美壁画，领略道家文化和自然风光，品味忠孝之道。
线路（2）：成都——新津——纯阳观——南河风光带——永兴场（古街）
游览内容：品鲜果、香茗，赏南河美景。

三、出行指南

1. 散客：新南门、石羊场、红牌楼、城北客运中心乘车到新津，再转车至景区。
2. 自驾车：经成雅（成乐）高速公路、川藏路、大件路等可到达相关目的地。

主要参考文献

【唐】李吉甫撰：《元和郡县志·剑南道成都府·蜀州》卷三十二，上海古籍出版社《四库全书》影印本，1987年版（以下版本与此相同者，均简称：四库全书本）。

【宋】欧阳修等：《唐书·地理志》卷四十二，上海古籍出版社《二十五史》影印本，1986年版。

【宋】祝穆撰：《方舆胜览·崇庆府》卷五十二，四库全书本。

【宋】张君房撰：《云笈七签·二十四治》卷二十八，四库全书本。

【明】曹学佺撰：《蜀中广记·名胜记第七》卷七，四库全书本。

【清】《一统志·成都府》卷二百九十二，四库全书本。

【清】黄廷桂等：《四川通志·寺观》卷二十八下，四库全书本。

贾大泉主编：《四川历史辞典》，四川教育出版社，1993年版。

成都市城镇规划设计研究院：《永商古镇保护说明书》（内部资料），2007年8月。

※ 本篇原基本图文资料由新津县永商镇人民政府提供，唐志红搜集整理。

26 尚合、伏虎二村与连二里市

▲ 连二里市老街入口处

图片：● 严永聪 摄影
○ 任桂园 拍摄
◎ 温江区永盛镇人民政府提供
⊙ 崇州市羊马镇人民政府提供

▲ 走进连二里市 ◎

富饶美丽的成都平原，除25个古镇被分别命名为国家级、省级、市级历史文化名镇外，尚有3处村落被命名为成都市历史文化名村，此即是邛崃市平乐镇花楸村（参见《邛崃市平乐镇》）、温江区永盛镇尚合村和崇州市羊马镇伏虎村。

永盛镇尚合村位于温江区以西，是永盛镇最北端的一个村，西北方与崇州市羊马、廖家镇接壤，东濒金马河，南与永盛场社区相连。尚合村是由原尚义、合宣两个村于2005年合并的新建制行政村，现辖15个村民小组，曾先后荣获省级文明村、敬老模范村等光荣称号。该村历史文化积淀较为丰富，有黄家渡、中渡、宣家渡等古渡遗址，有建于康熙年间的止水庙遗存，有周家老鸹林等林盘，有崇江场、合江店等乡村集市，有黄家碾、赵家碾等老碾，有崇江桥等区级文物保护单位，有赵家院子、张家林墓群、张家墓碑等文物点。

羊马镇伏虎村位于崇州市羊马镇东北部，距离羊马场镇3公里，西向交通辐射至老君渡、歇马台、大邑等地，西北向濒临鄢家滩，有羊马河、四斗渠、石鱼河、猫猫堰穿境而过，水资源丰富，面积3.11平方公里。现辖20个村民小组。伏虎村属羊马镇总体规划的北部片区发展规划范畴，主要发展以农业种植、花卉苗木种植为主的休闲观光旅游业。该村历史文化积淀亦较为丰富，有三婆殿、娘娘殿、罗汉寺、伏虎寺等文物点。

永盛镇尚合村与羊马镇伏虎村紧紧相连，于2009年同时被评为成都市级历史文化名村。历史上两村共一桥场，当地人称之为"连二里市"，素有"一足踏二县，一市连二乡"之说。直至今日，连二里市依然如此，并以川西唯一集市林盘著称于世。

一、历史文化概述

"连二里市"古称崇江老场,蜿蜒盘曲的石鱼河自北向南从场中流过,把小场分为东西两部分。而始建于清代初年的崇江桥又把这两部分连在一起,形成了一座小桥场。

崇江老场地跨温江、崇州两地。历史上的温江、崇州两地,其地称谓与归属多有变更。据唐代李吉甫所撰《元和郡县志》(卷三十二)记载,今之温江,本汉郫县地,西魏恭帝二年(555)于此置温江县,属蜀郡。今之崇州,在汉为江原县地,西晋永嘉六年(312)李雄分蜀郡置汉原郡,改"江原"为"汉原";东晋穆帝(345—361)时期,又改汉原郡为晋原郡;北周郡废,改县为晋原;隋属蜀郡,唐垂拱二年(686)置为蜀州。(参见《崇州市崇阳镇、怀远镇·历史沿革》)而历史上的崇江老场所在地,石鱼河东归属温江县永盛乡,其西却为晋原县的江源乡,可见其地"一足踏二县"历史之悠久。千百年来,沿河两岸的民众在这片土地上辛勤耕耘、繁衍生息,创造了灿烂的农耕文明,留下了丰富的历史文化遗迹。

石鱼河据传即是因河中有石鱼而得名,至今在当地民间还流传着"石鱼对石鼓,银子万万五"的传说故事。在离崇江场不远处的老君渡,又相传是因道教始祖李老君曾到此云游而得名。这些传说故事,给崇江老场更添上了一层神秘的文化色彩。

① 原崇江桥遗址◎
② 恢复重建之崇江桥○
③ 伏虎村罗汉寺遗存●
④⑤ 罗汉寺内雕塑遗存●

清代初年，原有老场已建有场桥。据当地老人讲述，清初沿河两岸乡民为赶集方便，在小场旁边曾修有一座竹木结构的简易便桥。当时傍市临桥只有几间草房幺店子，来往行人多在此歇脚。随着"湖广填四川"大规模移民运动的深入发展，从外省迁来定居的民众日益增多，人们便将木桥改造为石桥，崇江老场亦渐至繁荣。据清宣统《温江县乡土志》记载，崇江石桥建于清嘉庆二十一年(1817)，距今已有190余年。清咸丰三年(1854)又曾加以培修。桥名崇江桥，以崇庆、温江两县名中各取一字而得之；场以桥名，原有老场亦正式名为"崇江场"。

随着集市的兴旺发达，崇江场寺庙文化亦渐趋浓厚。崇江桥西头附近有宝刹罗汉寺，是一座佛道合一的善堂寺庙，庙门前两根大柱上曾刻有对联，有云："住南海面向西天；贫僧保佑老君滩"，据传为一高僧路过此地时所题，联中寓意耐人寻味，颇有"有容乃大"的宗教文化韵味。桥东头不远处有建于康熙三十五年（1696）的止水庙，当初建庙意在祈神"止水"，保佑乡里平安。清乾隆九年(1744)温江县令冯中存曾题有止水祠对联："富贵不能淫，威武不能屈，凛凛奕奕真刚者；天地可以建，鬼神可以质，浩浩荡荡大丈夫。"其联气势恢弘，寓意深远，引人遐思。在一个不足400平方米的小桥场上竟坐落有两座寺庙，实属少见。它让人感受到崇江桥场的古老、神妙和丰厚的历史文化底蕴。

及至民国十五年(1926)，为方便通行和集市交易，崇江桥又得以重建，改为楼桥款式。其时楼桥两端已建有40余家客栈、酒肆、茶社等。从怀远、元通、廖家等地运来的木材、木器工艺品以及农副土特产品，源源不断通过崇江场，经黄家渡口过金马河，取道温江到成都，将货物销往四川和全国各地。从成都转运而来的布匹、食盐和各种日杂百货用品亦在此处集散，运销崇州、大邑、都江堰等地。这时的崇江场已成为周边数十里的物资集散地。由于交通方便，商气旺盛，一些外地官商名流亦先后在场内购地建房，置田放租，场内的黄家祠、雷家祠等在川西坝子即享有盛誉。整个集市街道两旁店挨店、铺连铺，形成了错落有致、廊桥相连的连二里市。

二、连二里市旅游巡览

（一）主要景区及景点

■ 修复一新的连二里市

"一足踏二县，一市连二乡"的崇江场，这块面积仅为400平方米的乡村小桥场，"良田美池修竹、小桥流水人家"的集市林盘风光触目可见，古人亦曾留下"渔火遥连市，村扉半掩柴。夜来溪上宿，梦已在高斋"的赞美诗句，风物所及，真是如诗如画，特别具有成都平原田园风光之特质。

▲ 崇江桥桥头

①②④ 老街新气象●
③ 老街新气象○
⑤ 棋盘中新建桥亭○
⑥ 棋盘中新建回廊●
⑦ 石鱼对石鼓半月池●

  该场原有3200平方米的明末清初建筑，"横跨二县"之楼桥款式的崇江桥，则是该场标志性建筑。崇江桥长11.85米，宽7.5米，高5.5米，跨度5.6米。桥基用石墩垒砌；桥身为全木廊桥结构、穿逗式梁架建筑，木板桥面。桥头为重檐庑殿牌楼，牌楼楣柱上雕有垂花；正中悬挂黑底牌匾，上书"崇江桥"三个金色大字。中间为重檐悬山顶式，用灰筒小青瓦覆盖，并塑有乌兽；屋盖的分脊上又雕塑有"梁山伯与祝英台"、"白蛇传"、"桃园结义"等传统戏剧故事，其人物栩栩如生。楼桥飞檐翘角，外观气势恢弘，十分引人入胜。惜乎"文革"之初，桥楼遭到严重损坏；而保留下来的具有明清建筑风格的街巷、屋舍，随着岁月的流逝，亦显得十分破败而凌乱。

  2009年，永盛镇按照温江区委、区政府关于统筹城乡发展和保护历史文化遗产的要求，组织专业单位编制了"廊桥及所在古街道保护和利用规划"，并坚持"修旧如旧"的原则，开始倾力打造传统历史文化街区。到如今，不仅崇江桥已修复一新，而且充满着历史记忆的"连二里市"亦以崭新的面貌显露出不凡的风采，呈现出川西林盘下悠闲惬意的田园生活画面。伫立桥头，四周竹木葱茏，清幽宁静；凭栏俯看，桥下流水潺潺，清澈见底，好一派美丽恬静的田园集市风光。

■ **展现农耕文化的水车水碾**

在河渠交错、水源丰富的永盛尚合村和羊马伏虎村，原有多处水车水碾，最有名者，当数坐落在尚合村12组、修建于明末清初的赵家碾，和坐落在尚合村4组（桥场旁侧）、建于清代末年的黄家碾。尤其是黄家碾，自开业以后，生意兴隆，并带动了当地商业经济的繁荣，南来北往的客商在桥场歇脚、夜宿者逐渐增多。当年为方便通行和集市交易重建崇江桥时，黄家碾主人即被本地民众推为首事主持募捐，气势恢弘的崇江桥历时一年即大功告成。本为农耕文化象征之黄家水碾，又因崇江桥的重建而名气大增。

而今在连二里市老街入口等处，高大的农用水车尤为扯人眼球，成为了农耕文化物质载体的显著标志。它似乎在默默地告诉人们，千百年来，农耕文化在这里传承不断，连二里市亦因农业经济的发达而兴旺繁荣。与此同时，对留存至今的黄家水碾，亦修整一新，使古老的水碾、石磨、风车等农具更好地展示在世人眼前，以酿造出一片农耕文化的浓郁氛围。不仅如此，镇政府还将利用石鱼河畔的水池，打造富有川西坝坝情趣的水车玩耍区。届时游人至此，不妨亲自体验一番，自当趣味无穷。

① 水塘中的农用大水车◎
② 大水车旁的石鱼浮雕◎
③ 黄家老碾外景原貌◎
④ 修整一新的黄家老碾外景●
⑤ 修整一新的黄家老碾内景●
⑥ 水车玩耍区效果图◎

▲ 保护完好的周家老鸹林○

▲ 通向林盘的幽静道路◎

■ 周家老鸹林

周家老鸹林位于尚合村1、2生产队交界处，此座林盘多高大乔木，林中所住周姓人家，世代以打鱼为生，喂养之鱼老鸹（又称鱼鹰，学名"鸬鹚"），常栖息于林子中，因此人们便叫这座林盘为"周家老鸹林"。如今在这里，川西林盘特有的自然风貌得以保持，而且原有农家小院亦进行了景观化改造，形成了一处弥漫着农家气氛的休闲娱乐的好去处。游人至此，可漫步于林盘之中，悠闲自得，获得一份清新、静谧的自然享受；可休憩于浓荫之下，或饮茶品茗，或打牌下棋，再和友人或家人一块吃上一顿"九斗碗坝坝宴"，川西林盘坝坝生活的种种乐趣即可在此得到充分地享受。

■ 历史遗址寻踪

在永盛尚合村和羊马伏虎村，尚有多处历史遗址可供游人访迹寻踪。

譬如：除崇江场外，尚有合江店等处小型乡村集市。而为了方便通行和集市贸易，在尚合村东濒金马河的老渡口就有三处。其一为始于康熙年间而后兴于清代末年的黄家渡，因该渡口离黄家老碾不远，故而人们如是称之。及至清末民初，场市日兴，商贾多会于此，黄家渡即成为贯通崇州至温江两地货物集散、中转之要津，形成了连二里市的水乡码头；其二为同样兴于清代的宣家渡，其位置正对今尚合村15组，早年间渡口一侧附近有宣家场，故名"宣家渡"；其三为兴于民国三十年(1941)前后的"中渡"，因位于黄家渡与宣家渡之间，故此得名。

又如位于尚合村境内、开凿于明代末年的"洪堰"。明末时期，有洪姓弟兄二人置田于尚合村，为灌田亩，在崇州廖家镇白鹤村处的金马河边凿一堰口，流至尚合村1组处，分为两沟，上岔沟为大洪堰沟，下岔沟为小洪堰沟，分灌洪家兄弟各自所属田亩，故名"洪堰"。1908年间，洪水冲毁堰口，当地农民改在今廖家青杠村处新开堰口，后来又被水冲毁，于是在1918年改河堰为沟堰，在今尚义村1组处的百丈堰沟起水。1961年，该社调整了部分水系，大小两个洪堰合二为一，并起水于百丈堰，灌溉农田

▲ 面向金马河的金马碧鸡台●

▲ 金马河边黄家古渡遗址○

达1500余亩。

此外，在今羊马镇伏虎村一方，尚有三婆殿、娘娘殿、罗汉寺、伏虎寺等等历史文化遗址或遗存。这些历史遗址和文化遗存，可供游人在尽享田园风光的同时，访迹寻踪，从中领悟到传承不断的农耕文化在该地的种种历史演绎。

（二）民俗风情

自古以来，崇江场乡土民俗气息浓厚。乡场虽小，但年节活动内容却丰富多彩。几乎月月都有节庆活动。农历二月初八有高皇殿庙会，二月二十八有春台会，三月初三有童子会，四月初八有放生会，十月初一有牛王会等等。每逢会期，远近乡民扶老携幼到寺庙焚香许愿，祈神求佛，放生劝善，朝会访友。

当地人不仅爱朝会，更爱赶场。崇江场农历每月逢"一、三、六、

①② 热闹的赶场景象◎
③ 河边小吃摊点◎

八"赶场，这种习俗至今不衰。赶场时期人如潮涌，各种农副土特产摆满街市两旁。而河边小摊点销售的各种小吃，如煎黄糕、糍粑等，因价廉物美，更是深受乡民喜爱。

　　1963年成大公路通车后，因不顺道，客流减少，但每逢场期，集市上的生活日用品和农副土特产品交易却仍然十分兴旺。

（三）尚合古村景点景区分布示意图

　　该"分布示意图"中部分旅游功能景区尚在逐步完善之中，暂以此作为"连二里市"导游示意图。游人自可凭借此图畅游连二里市，全方位感受尚合古村美好的未来。

三、出行指南

参见《天府古镇交通示意图》

四、保护与开发

　　温江区永盛镇尚河村与崇州市羊马镇伏虎村，早在2009年同时被评为成都市历史文化名村之前，即联手对现存历史文化遗址制订了15条规章制度。其中明确规定：对于现存的历史文化遗址必须整体保

▲ 成都国奥赛鸽赏鸽中心○

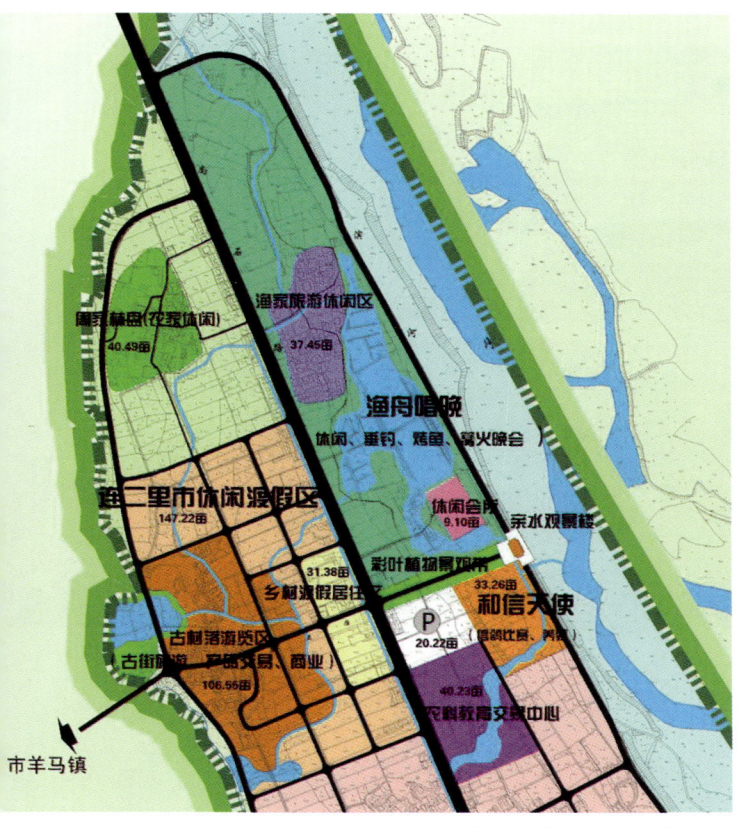
▲ 尚合古村景点景区分布示意图◎

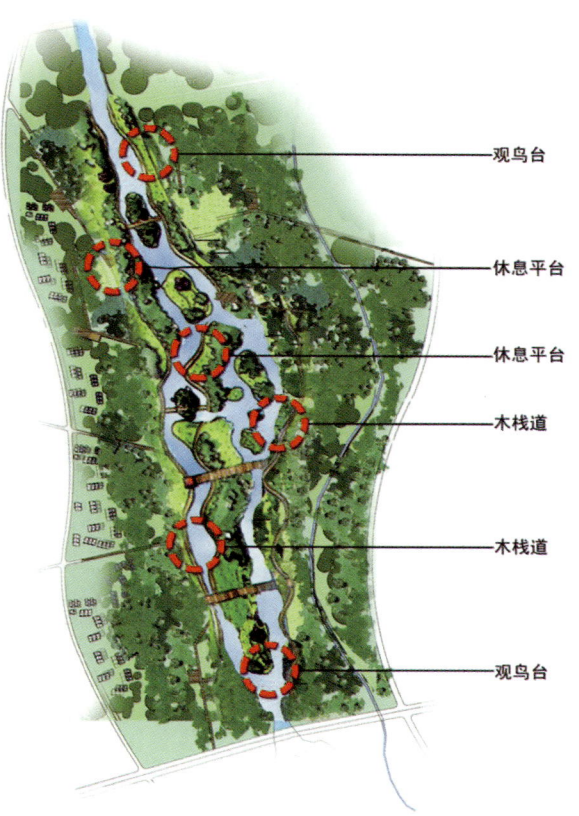
▲ "生态湿地保护区"景点规划示意图⊙

▲ 羊马河老君渡河段生态风貌●

护,保持传统格局、历史风貌和空间尺度,不得损害历史文化遗产的真实性和完整性,不得改变与其相互依存的自然景观和环境;同时,对历史文化遗址核心区以及建设控制地带的道路、建筑、水渠、鱼塘、林盘等等,均作出了具体的保护规定。

在保护与开发的实际过程中,永盛镇镇委、镇政府抓住尚河村"川西唯一集市林盘"这一特色,采取"环境综合治理+特色风貌塑造+旅游产业培育"的模式,进一步提升了林盘的品质,再现出渔樵耕读的田园村落意境;同时还在石鱼河东打造出了一片以崇江老街为中心,以赶场、川西九斗碗、七夕连里节、农耕文化为内容的川西林盘文化体验休闲地。截至目前,永盛镇尚河村在"农房改造景观化"、"景观打造生态化"和"项目发展组团化"等三个方面均取得了引人瞩目的成绩。在连二里市尚河村一端,不仅恢复重建的崇江老街具有鲜明的川西民居风格,显现出昔日小桥场的农耕文化特色,而且新建之林中回廊、桥亭、石鱼河绿道、石鱼半月池、金马碧鸡台,以及成都市国奥赛鸽赏鸽中心等等建筑,亦风格统一,显现出"顺乎自然"的生态化效果。至于三渡水(黄家渡、中渡、宣家渡)等古渡遗址,亦得到了有效的保护。而今走进尚河村,川西林盘下悠闲惬意的田园生活已然呈现在世人眼前。

位于石鱼河西的羊马镇伏虎村早在2009年2月则已纳入"崇州市羊马新城创意农业生态休闲旅游区总体规划"之中。伏虎村内羊马河老君渡河段,凭借其良好的湿地生态环境,目前已成为羊马新城的"生态湿地保护区",不久亦将成为羊马新城"湿地文化旅游休憩公园"的延伸带。按照"总体规划",该河段两岸将重点进行河滩修复和树林的营

① 金红色的桂花
② 金黄色的桂花
③ 香飘十里的桂花林苑
④ 长势喜人的紫薇花

造，结合现有的河滩地、水域，培植各种沼生植物、水生植物，以满足水禽栖息的需要，营造出由岸线与水流方向正交的梯次分布的湿地植被保护景观带，区域内以茂密的滨水森林和灌丛资源涵养水分，形成大面积的水域和浅水滩涂，利用沿河串珠式的浅水湖泊自然发育淡水鱼类，吸引各种鸟类，以此展示出富有自然生态食物链的川西湿地景观。

与此同时，伏虎村的花卉苗木产业，目前则已呈现出规模化的发展趋势，成片的桂花林苑以及紫薇花等花卉苗木均长势喜人，而今走进伏虎村，真如走进鲜花丛中，花香馥郁，沁人心脾。至于连二里市伏虎村一端的街道、建筑、水渠、林盘等方面的整治，目前亦已启动，其风格将与尚河村一端协调一致。可以预料，要不了多长时间，一座由崇江桥紧紧连接在一起的完整版的"连二里市"，将完美地展现在游人的眼前，成为成都市西部"乡村休闲和度假旅游"的又一佳妙之地。

*本篇原基本图文资料由温江区永盛镇人民政府和崇州市羊马镇人民政府提供。

后 记 HOU JI

　　2009年春初，在成都市委、市政府的指导下，为保护利用我市历史文化名镇特色景观资源，推进灾后重建和试验区建设，成都市城乡建设委员会决定组织编撰出版《天府古镇羊皮书》，并由市建委副主任袁辉牵头，对该书的内容和形式作出了总体的构想，同时对该书基本图文资料的收集与整理，亦提出了明确的要求和部署。此后，成都市村镇建设战线上的同志们，即满腔热忱地投入到该项工作中。

　　由于各古镇所提供的基本图文资料参差不齐，不少古镇所缺图文资料甚多，鉴于此，在该书的实际编撰过程中，市建委又组织主要编写人员，多次深入古镇，进行实地采访、资料搜集和图片拍摄，前后历时两年多时间，方才基本完成全书的编撰。

　　在深入各古镇实地采访、资料搜集和图片拍摄的过程中，均得到了当地党委、政府和所在区（市）县建设局以及相关部门的鼎力相助。无论领导，抑或工

作人员，皆怀着对本土的深深热爱之情，介绍如数家珍，寻访有求必应，淳朴敦厚，爽快热诚，委实令人感动。

在本书编撰过程中，自始至终得到了成都市委、市政府的关注，成都市人民政府刘仆副市长还在百忙之中，抽出宝贵时间，欣然提笔，为本书撰写序言；市政协副主席、建委主任黄平对本书的编撰工作亦曾多次做出指示，提出建设性意见。在此，谨致以衷心的感谢。

在本书后期制作过程中，巴蜀书社李嘉老师、四川人民出版社古蓉先生、文小牛先生以及四川胜翔数码印务设计有限公司的黄红女士，为本书的文字编辑、内页设计、封面设计、图片调整等倾注心力，精益求精，不厌其烦。在本书即将付梓之际，特表示诚挚的谢意。

本书内容较为浩繁，如有错漏之处，敬请各路专家和广大读者予以指出，以期再版时一一补正。

编者
2011年11月

图书在版编目（CIP）数据

天府古镇羊皮书 / 任桂园主编. —成都：巴蜀书社，2011.12
ISBN 978-7-80752-948-4

Ⅰ.①天… Ⅱ.①任… Ⅲ.①乡镇-旅游指南-四川省 Ⅳ.①K928.971.5

中国版本图书馆CIP数据核字（2011）第250075号

天府古镇羊皮书
TIANFUGUZHEN YANGPISHU

任桂园　主编

责任编辑	李　嘉
封面设计	文小牛
为文设计	古　蓉　张冬雪
出　　版	四川出版集团巴蜀书社
	成都市槐树街2号　邮编　610031
	总编室电话：（028）86259397
网　　址	www.bsbook.com
发　　行	巴蜀书社
	发行科电话：（028）86259422　86259423
经　　销	新华书店
制　　作	四川胜翔数码印务设计有限公司
印　　刷	成都东江印务有限公司
版　　次	2011年12月第1版
印　　次	2011年12月第1次印刷
成品尺寸	210mm×285mm
印　　张	37.5
字　　数	1200千
书　　号	ISBN 978-7-80752-948-4
定　　价	328.00元